O FIM DO TERCEIRO REICH

A marca FSC® é a garantia de que a madeira utilizada na fabricação do papel deste livro provém de florestas que foram gerenciadas de maneira ambientalmente correta, socialmente justa e economicamente viável, além de outras fontes de origem controlada.

IAN KERSHAW

O fim do Terceiro Reich

A destruição da Alemanha de Hitler, 1944-1945

Tradução
Jairo Arco e Flexa

COMPANHIA DAS LETRAS

Copyright © 2011 by Ian Kershaw
Todos os direitos reservados.

*Grafia atualizada segundo o Acordo Ortográfico da Língua Portuguesa de 1990,
que entrou em vigor no Brasil em 2009.*

Título original
The End: The Defiance and Destruction of Hitler's Germany, 1944-1945

Capa
Kiko Farkas e Roman Atamanczuk/ Máquina Estúdio

Foto de capa
Bettmann/ Corbis/ Latinstock

Revisão da tradução
Ronald Fucs

Preparação
Officina de Criação

Índice remissivo
Luciano Marchiori

Revisão
Ana Maria Barbosa
Marise S. Leal

Dados Internacionais de Catalogação na Publicação (CIP)
(Câmara Brasileira do Livro, SP, Brasil)

Kershaw, Ian
    O fim do Terceiro Reich : A destruição da Alemanha de Hitler,
1944-1945 / Ian Kershaw ; tradução Jairo Arco e Flexa — 1ª ed. — São
Paulo : Companhia das Letras, 2015.

    Título original : The End : The Defiance and Destruction
of Hitler's Germany, 1944-1945.
    ISBN 978-85-359-2579-1

    1. Alemanha - Política e governo - 1933-1945   2. Hitler,
Adolf, 1889-1945   3. Hitler, Adolf, 1889-1945 - Liderança militar   I.
Título.

15-01183   CDD-943.086092

Índice para catálogo sistemático:
1. Hitler, Adolf : Chefes de Estado : Período do Terceiro Reich :
Alemanha : História   943.086092

[2015]
Todos os direitos desta edição reservados à
EDITORA SCHWARCZ S.A.
Rua Bandeira Paulista, 702, cj. 32
04532-002 — São Paulo — SP
Telefone: (11) 3707-3500
Fax: (11) 3707-3501
www.companhiadasletras.com.br
www.blogdacompanhia.com.br

Sumário

Lista de imagens	7
Lista de mapas	10
Agradecimentos	11
Prefácio	15
Dramatis personae	21
Introdução: Mergulho no abismo	25
1. Um choque no sistema	41
2. Colapso no oeste	82
3. Amostra do horror	124
4. Esperanças criadas — e desfeitas	164
5. Calamidade no leste	206
6. O terror dentro de casa	250
7. O desmoronamento das fundações	294
8. Implosão	345
9. Liquidação	405
Conclusão: Anatomia da autodestruição	447

Notas 465

Lista de fontes de arquivos citadas 555

Lista de obras citadas 557

Índice remissivo 577

Lista de imagens

1. Martin Bormann, *c.* 1942. Foto: akg-images.

2. Heinrich Himmler, *c.* 1943. Foto: Walter Frentz © 2013. Scala, Coleção Florence/ Walter Frentz.

3. Joseph Goebbels, 1942. Foto: Scala, Coleção Florence/ Walter Frentz.

4. Albert Speer, 1942. Foto: Scala, Coleção Florence/ Walter Frentz.

5. Prisioneiros alemães capturados perto de Falaise, setembro de 1944. Foto: Top Foto/ Keystone Brasil.

6. Civis alemães deixando Aachen, outubro de 1944. Foto: Latinstock/ © Coleção Hulton-Deutsch/ Corbis ©.

7. Wilhelm Keitel, sem data. Foto: Walter Frentz © 2013. Scala, Coleção Florence/ Walter Frentz.

8. Alfred Jodl, 1944. Foto: Ullstein Bild.

9. Heinz Guderian, 1944. Foto: Ullstein Bild.

10. Karl Dönitz, *c.* 1943. Foto: Walter Frentz © 2013. Scala, Coleção Florence/ Walter Frentz.

11. Cavando uma trincheira perto de Tilsit, setembro de 1944. Foto: © 2013. Scala, Florence/ BPK, Bildagentur für Kunst, Kultur und Geschichte, Berlim.

12. Erich Koch numa inspeção na Prússia Oriental, agosto de 1944. Foto: Ullstein Bild.

13. Soldados alemães observando cadáveres, Nemmersdorf, outubro de 1944. Foto: Latinstock/ Album/ akg-images.

14. A ofensiva das Ardenas, dezembro de 1944. Foto: Bundesarchiv, Bild 183--J28510. Reprodução: Heinz Rutkowski.

15. Walter Model, 1941. Foto: akg-images/ Ullstein Bild.

16. Georg-Hans Reinhardt, 1939. Foto: Scala, Florence/ BPK.

17. Ferdinand Schörner, 1942. Foto: © 2013. Scala, Florence/ BPK, Bildagentur für Kunst, Kultur und Geschichte, Berlim.

18. Gotthard Heinrici, 1943. Foto: Walter Frentz © 2013. Scala, Coleção Florence/ Walter Frentz.

19. Homens da *Volkssturm* na frente oriental, outubro de 1944. Foto: Ullstein Bild.

20. Homens da *Volkssturm* desfilando diante de Goebbels, novembro de 1944. Foto: Bundesarchiv, Bild 146-1971-033-17. Reprodução: Ernst Schwahn.

21. Arthur Greiser, 1939. Foto: Scala, Florence/ BPK.

22. Josef Grohé, 1944. Foto: © 2013. Scala, Florence/ BPK, Bildagentur für Kunst, Kultur und Geschichte, Berlim.

23. Karl Hanke, *c*. 1942. Foto: Ullstein Bild/Top Foto.

24. Karl Holz, sem data. Foto: Bundesarchiv, Bild 119-1516-10. Reprodução: o. Ang.

25. Refugiados atravessando a Frisches Haff, fevereiro de 1945. Foto: © 2013. Scala, Florence/BPK, Bildagentur für Kunst, Kultur und Geschichte, Berlim.

26. Carroça abandonada na Prússia Oriental, janeiro de 1945. Foto: Mary Evans/ Süddeutsche Zeitung Photo.

27. Corte marcial volante, local desconhecido, provavelmente 1944-5. Foto: Ullstein Bild.

28. Oficial alemão enforcado, Viena, abril de 1945. Foto: Latinstock/ Interfoto.

29. Navio superlotado vindo de Pillau atravessa o mar Báltico, março de 1945. Foto:Ullstein Bild/ Archiv Gerstenberg.

30. Dresden, fevereiro de 1945. Foto: © 2013. Scala, Florence/ BPK, Bildagentur für Kunst, Kultur und Geschichte, Berlim.

31. Nuremberg, março de 1945. Foto: Walter Frentz © 2013. Scala, Coleção Florence/ Walter Frentz.

32. Jovens alemães indo de bicicleta para o front, fevereiro de 1945. Foto: © 2013. Scala, Florence/BPK, Bildagentur für Kunst, Kultur und Geschichte, Berlim.

33. Berlim, abril de 1944. Foto: Deutsches Historisches Museum, Berlim (Inv. nº F66/911).

34. Fotografia de uma série feita pelo Exército dos Estados Unidos logo depois da libertação do campo de concentração de Buchenwald, Weimar, abril de 1945. Foto: arquivos ITS, Bad Arolsen, objeto B-1, números 1 a 28, série nº 5.

35. Prisioneiros que partiram de Dachau numa marcha da morte, abril de 1945. Foto: coleção particular. Cortesia de KZ-Gedenkstätte Dachau.

36. Alemães rendem-se ao Exército Vermelho, Königsberg, abril de 1945. Foto: Deutsches Historisches Museum, Berlim (Inv. nº F61/1661).

37. Casas exibindo bandeiras brancas em Worms, março de 1945. Foto: © 2013. Scala, Florence/ BPK, Bildagentur für Kunst, Kultur und Geschichte, Berlim.

38. Heinrich von Vietinghoff, 1944. Foto: © 2013. Scala, Florence/ BPK, Bildagentur für Kunst, Kultur und Geschichte, Berlim.

39. Karl Wolff, 1942. Foto: Scala, Coleção Florence/ Walter Frentz.

40. Keitel assina a capitulação total da Alemanha, 8 de maio de 1945. Foto: Bundesarchiv, Bild 183-R77797. Reprodução: G. Petrusow.

41. Um anjo no topo do mosteiro de Friburgo, 1946. Foto: Walter Frentz © 2013. Scala, Coleção Florence/ Walter Frentz.

Lista de mapas

1. Os fronts europeus, julho de 1944
2. A ofensiva aliada no oeste, de junho a setembro de 1944
3. O avanço do Exército Vermelho, de junho a agosto de 1944
4. Prússia Oriental
5. A ofensiva das Ardenas
6. A ofensiva do Exército Vermelho em janeiro de 1945
7. O colapso do Terceiro Reich, março de 1945
8. O Reich de Dönitz, 1º de maio de 1945
9. A Europa quando da rendição final

Agradecimentos

Uma das partes mais agradáveis quando se conclui um livro é agradecer àqueles que, de diferentes maneiras, contribuíram para sua realização.

Agradeço antes de tudo à Academia Britânica pela bolsa que me ajudou a levar adiante a parte inicial da pesquisa, o reconhecimento do terreno. Sou igualmente grato aos arquivistas e ao pessoal dos diversos bancos de dados em que trabalhei: o Bundesarchiv em Berlim/Lichterfelde, o Bundesarchiv/Militärarchiv em Friburgo, a Bibliothek für Zeitgeschichte em Stuttgart, o Bayerisches Hauptstaatsarchiv e o Staatsarchiv de Munique, o Staatsarchiv de Augsburgo, o Serviço Internacional de Localização em Bad Arolsen, os Arquivos Nacionais de Londres, o Museu Imperial da Guerra em Duxford e o Centro Liddell Hart de Arquivos Militares, no King's College, em Londres. Na Bibliothek für Zeitgeschichte em Stuttgart, que faz parte da Württembergische Landesbibliothek, tive motivos de sobra para manifestar minha grande gratidão pela ajuda e pelas sugestões do diretor e meu amigo pessoal, professor Gerhard Hirschfeld, e da diretora das coleções do arquivo, a dra. Irina Renz. A dra. Susanne Urban foi de grande ajuda ao me guiar pelas inúmeras fontes relacionadas com as marchas da morte — abertas apenas recentemente aos pesquisadores — no Serviço Internacional de Localização, em Bad Arolsen, a cujo diretor, Jean-Luc Blondel, eu gostaria também de expressar meus agradecimentos. Em Duxford, beneficiei-me muito da assistência especializada do dr. Stephen Walton na consulta às valiosas informações contidas nos documentos alemães. Iniciei e concluí a pesquisa para o livro no incomparável Institut für Zeitgeschichte de Munique, onde por muitos anos tive a fortuna de ser bem recebido, e gostaria de exprimir meus mais calorosos agradecimentos a seu diretor, o professor Horst Möller, e seus colegas, em especial o pessoal da biblioteca e dos arquivos, que invariavelmente atendiam a minhas inúmeras solicitações com a maior cortesia e amizade.

O professor Otto Dov Kulka (de Jerusalém), colega e amigo pelo qual tenho a maior estima e com quem mantive ao longo dos anos uma correspondência duradoura e extremamente proveitosa, foi quem primeiro me orientou em direção aos documentos em Bad Arolsen. Além disso, como em todas as outras ocasiões, sou imensamente grato por seu interesse em meu trabalho, bem como por suas valiosas sugestões. Laurence Rees, bom amigo e brilhante produtor de documentários para a televisão, teve a generosidade de me dar acesso a transcrições importantes de entrevistas guardadas nos arquivos da BBC em Londres, de uma das séries nas quais trabalhamos juntos, fornecendo-me excelentes orientações, e mais uma vez mostrou-se uma companhia estimulante, sempre entusiasmado em colaborar com meu trabalho e me incentivar.

Inúmeros outros amigos e colegas também foram de grande ajuda, algumas vezes, talvez, sem se dar conta da importância de seu apoio. Entre eles, devo agradecimentos ao professor Daniel Blatman (de Jerusalém), por esclarecer várias dúvidas minhas sobre as marchas da morte e gentilmente me enviar um material relacionado ao tema. O dr. Andreas Kunz, do Bundesarchiv/Militärarchiv em Friburgo, forneceu-me pistas valiosas para a localização de informações de grande relevância nos arquivos da instituição quando visitei o local pela primeira vez, para fazer pesquisas relacionadas com este projeto. O dr. Heinrich Schwendemann, da Universidade de Friburgo, foi extremamente generoso em seu empenho para que chegassem às minhas mãos documentos relativos à ocupação francesa do sudoeste da Alemanha em 1945, bem como outros materiais de vital importância, aos quais eu teria difícil acesso. Outros colegas que igualmente me abasteceram com documentos, papéis ou materiais diversos, por meio dos quais pude ver respondidas minhas indagações, ou pensar de maneira mais clara sobre o objetivo que eu pretendia, incluem o professor John Breuilly, o dr. Michael Buddrus, o sr. George Burton, a dra. Simone Erpel, o dr. Wolfgang Holl, o dr. Holger Impekoven, o professor Tim Kirk, o dr. Michael Kloft, o dr. Alexander Korb, o sr. Michael D. Miller, o professor Bob Moore (que se esforçou além da conta para que eu recebesse um pacote de documentos sobre uma questão específica relacionada com os Países Baixos, a principal das áreas em que é perito), o professor Jonathan Steinberg, o dr. Klaus Wiegrefe e o dr. Benjamin Ziemann. Fico satisfeito por ter a oportunidade de estender agradecimentos calorosos a todos e peço desculpas àqueles cujo nome eu tenha inadvertidamente omitido.

À medida que avançava no projeto, foram de enorme valia para mim, como sempre, as prolongadas conversas com amigos alemães de longa data, os professores Hans Mommsen (Feldafing) e Norbert Frei (Jena), o dr. Hermann Graml e a dra. Elke Fröhlich (Munique), todos eles trazendo uma grande contribuição para que eu desse forma definitiva às minhas ideias. Sou extremamente grato a cada um deles.

Dois acadêmicos e amigos a quem devo agradecimentos especiais são o dr. Jürgen Förster, brilhante historiador e notável especialista na Wehrmacht no Bundesarchiv/Militärarchiv em Friburgo, que respondeu a inúmeras indagações, conduziu-me a documentos de grande importância e, além de tudo, leu e teceu comentários sobre meu texto final, e o dr. Nick Stargardt, do Magdalen College, em Oxford, que está trabalhando atualmente num projeto que constituirá uma análise importante da sociedade alemã durante a guerra, e que me beneficiou com agudas observações ao longo de minha jornada. Sou muito grato a ambos. Naturalmente, devo acrescentar, como sempre, que a responsabilidade pelos erros que ainda persistam é de todo minha.

Minha dívida de gratidão estende-se ainda, pelas valiosas sugestões ao meu texto, aos esplêndidos editores da Penguin — Simon Winder em Londres e Laura Stickney em Nova York —, enquanto Andrew Wylie mostrou-se, como anteriormente, um agente com uma capacidade fantástica para me estimular na tarefa. Quero ainda agradecer a todos na Penguin que me ajudaram na realização do livro: Elizabeth Stratford, por seu excelente trabalho de edição e copidesque, e Cecilia Mackay, pela pesquisa de fotografias.

Por fim, há as dívidas pessoais de gratidão. Traude e Uli Spät, repetindo o que já haviam feito tantas vezes no passado, foram extremamente generosos na hospitalidade que me proporcionaram durante minhas estadas em Munique e mostraram um agudo interesse em meu trabalho ao longo dos anos. Companhia constante neste projeto, Beverley Eaton, há muito tempo minha secretária, continua a me prestar um apoio excelente, mesmo agora que deixei a Universidade de

Sheffield, e sou particularmente grato a ela por assumir com tanta eficiência a exaustiva tarefa de organizar a lista de obras citadas. Para encerrar, minha família permanece como a fundação sobre a qual tudo se constrói. Meus agradecimentos e meu amor a Betty, David, Katie, Joe e Ella, e a Stephen, Becky, Sophie, Olivia e agora Henry — o mais recente e maravilhoso acréscimo à família.

Ian Kershaw
Manchester, novembro de 2010

Prefácio

Enquanto a derrota fragorosa se aproximava, no começo de 1945, escutavam-se às vezes os alemães dizendo que, para eles, seria preferível "um fim com horror a um horror sem fim". Um "fim com horror", certamente, foi o que eles experimentaram, de um modo e em dimensões sem precedentes na história. O fim trouxe destruição e perdas humanas numa escala gigantesca. Grande parte dessa desgraça poderia ter sido evitada se a Alemanha estivesse preparada para aceitar os termos de rendição das forças aliadas. Assim, a recusa em considerar a capitulação antes de maio de 1945 representou para o Reich e o regime nazista não apenas a destruição, mas também a autodestruição.

Um país derrotado na guerra quase sempre busca, a certa altura, algum tipo de compensação. A autodestruição como resultado da persistência na luta até o fim, até a devastação quase total e a completa ocupação de seu território pelo inimigo, é algo raríssimo. No entanto, foi o que os alemães fizeram em 1945. Por quê? É tentador dar uma resposta simples: seu líder, Hitler, recusava-se terminantemente a considerar qualquer possibilidade de rendição, e desse modo não havia outra opção além de continuar lutando. Mas uma resposta como essa apenas sugere novas perguntas. Por que motivo as ordens autodestrutivas de Hitler continuavam a ser obedecidas? Que mecanismos de comando lhe permitiram determinar o destino da Alemanha quando já havia se tornado evidente, a todos que tivessem olhos para ver, que a guerra estava perdida e o país, irremediavelmente arrasado? Em que medida os alemães se dispunham a continuar apoiando Hitler até o fim, mesmo sabendo que ele levava o país à destruição? Será que o povo alemão estava mesmo, de maneira consciente, disposto a lhe dar todo apoio possível? Ou os alemães agiam desse modo apenas por força do terror? Como e por que as Forças Armadas permaneciam no campo de batalha e toda a máquina governamental continuou funcionando até o fim? De que alternativas os alemães, civis e militares, dispunham na fase derradeira da guerra? Essas e outras questões logo vêm à tona quando nos defrontamos com aquilo que inicialmente parece ser apenas uma pergunta direta e objetiva, que não merece mais que uma resposta simples. Elas só podem ser esclarecidas se examinarmos as estruturas de comando e as mentalidades vigentes enquanto a catástrofe tomava conta da Alemanha em 1944-5. É isso que o presente livro procura fazer.

Inicialmente, decidi escrever este livro porque, para minha surpresa, não fui capaz de encontrar outra obra que houvesse tentado fazer o que eu tinha em mente. É claro que há bibliotecas inteiras sobre o fim da guerra, escritas a partir de perspectivas distintas e com diferenças enormes no que diz respeito à qualidade. Existem estudos importantes sobre os principais líderes nazistas e um número crescente de trabalhos focalizando os chefes regionais, os *Gauleiter*.[1] Encontram-se também biografias de muitas das principais figuras militares.[2] Há literalmente milhares de relatos sobre os acontecimentos nas derradeiras e decisivas semanas do Terceiro Reich, tanto no front de batalha como, às vezes assim parece, em cada cidade ou aldeia da Alemanha. Inúmeros estudos locais fornecem descrições explícitas — muitas vezes horríveis — do destino de povoados à medida que eram tomados pelo avanço irresistível das forças aliadas e soviéticas.[3] Não faltam recordações de fatos vividos no front ou nas cidades, em áreas onde as pessoas estavam sob o ataque das bombas aliadas ou enfrentando o drama da fuga ou da perda de suas casas. São frequentes ainda relatos militares detalhados, muitas vezes minuciosos, ou então depoimentos de natureza pessoal sobre unidades específicas da Wehrmacht ou de grandes confrontos, ao mesmo tempo que a batalha pelo domínio de Berlim, em especial, tem sido o foco de diversos trabalhos.[4] O sexto volume da história oficial sobre a guerra da República Democrática da Alemanha, realizado em 1980, apesar de seu evidente viés ideológico, representa uma valiosa tentativa de traçar uma história militar abrangente, não restrita aos acontecimentos no front.[5] E, mais recentemente, os últimos volumes da história militar oficial da República Federal fornecem um estudo detalhado e de alto nível da Wehrmacht, muitas vezes indo bem além de questões operacionais.[6] Mesmo assim, esses e outros trabalhos notáveis sobre a história militar[7] abordam apenas alguns aspectos — por mais importantes que sejam — do que considerei necessário no sentido de responder às dúvidas que pretendia esclarecer.

Minha intenção inicial era abordar o problema examinando as estruturas de comando na Alemanha nazista durante essa fase final. Parecia-me que os principais relatos estruturais do Terceiro Reich tendiam a perder força quando chegavam à parte final de 1944, abordando de maneira muito superficial os últimos meses do regime.[8] Isso também se aplica aos estudos sobre o Partido Nazista e seus afiliados.[9] Contudo, logo ficou claro para mim que uma simples análise estrutural não seria suficiente, e que minha prospecção deveria estender-se às mentalidades — em diferentes níveis — que sustentaram o funcionamento ininterrupto do regime. Ninguém ainda havia tentado realizar um estudo abrangente das mentalidades alemãs naqueles meses finais.[10] A tarefa de reconstruí-las, portanto, teria de ser feita a partir de fragmentos.

Procurei levar em conta as mentalidades dos que davam e dos que recebiam ordens, dos líderes nazistas e dos membros mais humildes da população civil, dos generais e da maioria dos soldados, tanto no front oriental quanto no ocidental. Trata-se de um quadro amplo, que precisa, portanto, ser pintado com grandes pinceladas. Eu poderia, naturalmente, apresentar apenas exemplos escolhidos para ilustrar o grande espectro de atitudes. Isso porque, quando se tenta fazer uma generalização sobre as mentalidades, não é o menor dos problemas que, ao longo daqueles meses finais, o regime nazista estivesse se estilhaçando. A Alemanha era um país vasto e, é claro, embora as intensas pressões da guerra afetassem todas as regiões, isso não ocorria ao mesmo tempo ou exatamente do mesmo modo. As experiências da população civil e dos soldados nos diversos cenários da guerra variavam. Tentei abordar as diferentes mentalidades, em lugar de recorrer a generalizações superficiais.

O livro refere-se em especial ao que poderíamos chamar de maioria da população alemã. Houve outros, contudo, cujas experiências, também não reduzíveis a uma generalização fácil, estavam bem distantes daquelas da maior parte da população, uma vez que não pertenciam nem podiam pertencer à corrente predominante na sociedade alemã. O destino dos grupos de párias, vitimados por perseguições terríveis, nas garras dos nazistas, constitui ainda uma parte adicional na história do funcionamento contínuo do regime nazista, em meio ao inevitável colapso e à desgraça final. Pois, por pior que fosse a situação para a maioria dos alemães, no que diz respeito aos inimigos raciais e políticos do regime, cada vez mais expostos a represálias brutais, os sangrentos últimos meses tornaram-se um tempo de terrores quase inimagináveis. Mesmo quando já se encontrava nas últimas e em falência quase completa, o regime nazista mostrava-se ainda capaz de aterrorizar, matar e destruir até o derradeiro momento.

A história do regime nazista em seus últimos meses é uma história de desintegração. Na tarefa de enfrentar as questões que propus a mim mesmo, o principal problema de método com que me defrontei foi o desafio assustador de tentar unir os diversos aspectos da queda do Terceiro Reich numa única história. Isso equivale a tentar escrever de maneira integrada uma história de desintegração.

A única maneira convincente de conseguir isso, a meu ver, seria por meio de uma abordagem narrativa — mesmo que tematicamente estruturada dentro de cada capítulo — que cobrisse os meses finais do regime. Um ponto de partida lógico teria sido junho de 1944, uma vez que a Alemanha encontrava-se acossada no oeste pelo desembarque bem-sucedido dos Aliados na Normandia, e no leste pela investida devastadora do Exército Vermelho. No entanto, decidi começar pelos desdobramentos do atentado contra a vida de Hitler em julho de 1944, porque o fato representou um trauma *interno* significativo no regime nazista. A partir daí, examinei em capítulos sucessivos as reações alemãs ao colapso da Wehrmacht no oeste, a primeira incursão do Exército Vermelho em território alemão no mês seguinte, as esperanças criadas e logo frustradas pela ofensiva das Ardenas em dezembro, a catástrofe nas regiões ao leste à medida que iam sendo derrotados pelos soviéticos em janeiro, a marcante escalada do terror sobre a população em fevereiro, o esfacelamento do regime em março, as derradeiras e desesperadas tentativas de resistência — acompanhadas de uma violência desenfreada contra os cidadãos alemães e, em especial, aqueles considerados inimigos do regime — em abril e os esforços do regime de Dönitz ainda no princípio de maio para continuar lutando até que as tropas atuando no leste pudessem voltar. O livro termina com a capitulação da Alemanha em 8 de maio de 1945 e a subsequente prisão dos membros do governo Dönitz.

Apenas por meio de uma abordagem narrativa, acreditei, seria possível apreender a dinâmica — e o aspecto dramático — da fase agonizante do regime, quando ele inexoravelmente se despedaçava como consequência da fragorosa derrota militar. Só assim, pensei também, seria possível acompanhar os esforços cada vez mais desesperados — porém assim mesmo parcialmente efetivos por alguns meses — de impedir a chegada do inevitável, as improvisações e o apelo a recursos derradeiros que permitiram ao sistema continuar funcionando, a brutalidade crescente que no final das contas correu desenfreada, e a implosão autodestrutiva do comportamento nazista. Certos elementos importantes da história necessariamente voltam a aparecer em mais de um capítulo. O bombardeio de cidades, a deserção de soldados, as marchas da morte de prisioneiros de campos de concentração, a evacuação da população civil, o colapso do moral, a escalada da repressão interna, os artifícios de propaganda cada vez mais desesperados, tudo isso, por exemplo, nunca fica confinado em um só episódio. Mas a estrutura narrativa é importante para mostrar como a devastação e o horror, mesmo que já estivessem presentes, foram se intensificando nesses meses. Procurei, em consequência, prestar muita atenção à cronologia e montar o quadro retornando basicamente às fontes de arquivo, o que incluiu a utilização substancial de diários e cartas da época.

É importante deixar bem claro aquilo que este livro *não é*. Ele não é uma história militar, portanto não descrevo em detalhes o que ocorreu no campo de batalha, limitando-se apenas a fornecer uma visão panorâmica dos acontecimentos nos vários fronts, como pano de fundo para as questões que toma como centrais. Tampouco tento aqui apresentar uma história do planejamento das forças aliadas, ou das fases de sua conquista.[11] Na verdade, o livro examina a guerra sempre pelos olhos alemães, na tentativa de compreender melhor como e por que o regime nazista conseguiu sobreviver por tanto tempo. Por fim, não abordo a importante questão de continuidades além da capitulação e no período de ocupação, nem o comportamento da população alemã quando algum território foi ocupado antes do fim da guerra.[12]

É impossível ter uma noção precisa de como foram aqueles meses terríveis, como pessoas comuns sobreviveram em meio a circunstâncias extraordinárias — e horripilantes. E, mesmo tendo estudado o Terceiro Reich durante muitos anos, considero igualmente difícil apreender por inteiro a extensão do sofrimento e da morte durante o clímax da guerra. O sofrimento não deve e não pode ser reduzido à mera contagem das vítimas. Assim mesmo, apenas saber que as perdas (mortos, feridos, desaparecidos e capturados) na Wehrmacht — sem levar em conta as baixas entre os Aliados do bloco ocidental e do Exército Vermelho —

chegaram, na fase final da guerra, a cerca de 350 mil homens por mês dá uma ideia da absoluta carnificina nos fronts, muito além do que ocorreu na Primeira Guerra Mundial. Dentro da Alemanha, a morte também estava em todo lugar. A maior parte do estimado meio milhão de baixas civis dos bombardeios aliados foi causada pelos ataques aéreos às cidades alemãs nos últimos meses do conflito. Nesse mesmo período, centenas de milhares de refugiados perderam suas vidas ao fugir do Exército Vermelho. Igualmente terríveis foram as marchas da morte dos prisioneiros dos campos de concentração, a maioria ocorrida entre janeiro e abril de 1945, bem como as atrocidades que as acompanharam, deixando cerca de 250 mil mortes causadas pela exposição às intempéries, pela subnutrição, pela exaustão e pela matança indiscriminada. É quase inimaginável em que medida a Alemanha se converteu num imenso matadouro nos derradeiros meses do Terceiro Reich.

Pelo menos ao chegar perto do fim da escrita deste livro, achei que tinha me aproximado de uma resposta à questão que fizera a mim mesmo: como e por que, diante das dimensões daquela crescente calamidade, o regime de Hitler pôde funcionar — mesmo que, é claro, com uma eficiência progressivamente reduzida — por tanto tempo. Se outras pessoas concluírem que, depois de ter lido o livro, são capazes de compreender isso melhor, ficarei plenamente satisfeito.

Dramatis personae

A lista a seguir inclui apenas os líderes políticos e militares alemães de algum modo citados com destaque no livro, limitando-se a indicar as posições ou os postos que ocupavam nos meses estudados, de julho de 1944 a maio de 1945.

LIDERANÇA POLÍTICA

No Reich

BORMANN, Martin (1900-45). Chefe da Chancelaria do partido; secretário de Hitler.

GOEBBELS, Joseph (1897-1945). Ministro de Esclarecimento e Propaganda do Reich; plenipotenciário para a Guerra Total do Reich a partir de julho de 1944.

GÖRING, Hermann (1893-1946). Marechal do Reich, indicado como o sucessor de Hitler; chefe do Plano Quadrienal; presidente do Conselho de Defesa do Reich; comandante em chefe da Luftwaffe.

HIMMLER, Heinrich (1900-45). *Reichsführer-SS*; chefe da Polícia Alemã; comissário do Reich para o Fortalecimento da Nacionalidade Germânica; comandante em chefe das Forças de Reserva a partir de julho de 1944.

HITLER, Adolf (1889-1945). Líder; chefe de Estado; chefe do governo do Reich;

chefe do Partido Nazista; comandante supremo da Wehrmacht; comandante em chefe do Exército.

KALTENBRUNNER, Ernst (1903-46). ss-*Obergruppenführer* (general da ss); chefe da Polícia de Segurança e do Serviço de Segurança.

KRITZINGER, Wilhelm (1890-1947). Secretário de Estado na Chancelaria do Reich.

LAMMERS, Hans-Heinrich (1879-1962). Ministro do Reich e chefe da Chancelaria do Reich.

LEY, Robert (1890-1945). Chefe da Organização do Partido Nazista do Reich; chefe da Frente Alemã do Trabalho.

RIBBENTROP, Joachim von (1893-1946). Ministro do Exterior do Reich.

SCHWERIN VON KROSIGK, Lutz Graf (1887-1977). Ministro das Finanças do Reich; primeiro-ministro e ministro do Exterior no governo Dönitz.

SEYß-INQUART, Arthur (1892-1946). Comissário do Reich para os Territórios Ocupados dos Países Baixos.

SPEER, Albert (1905-81). Ministro dos Armamentos e da Produção de Guerra do Reich; ministro da Indústria e da Produção do Reich no governo Dönitz.

STUCKART, Wilhelm (1902-53). ss-*Obergruppenführer*; secretário de Estado no Ministério do Interior do Reich; ministro do Interior do Reich no governo Dönitz.

Nas províncias

GIESLER, Paul (1895-1945). *Gauleiter* de Munique-Alta Baviera.

GREISER, Arthur (1897-1946). *Gauleiter* de Reichsgau Wartheland.

GROHÉ, Josef (1902-88). *Gauleiter* de Colônia-Aachen.

HANKE, Karl (1903-45). *Gauleiter* da Baixa Silésia.

HOFER, Franz (1902-75). *Gauleiter* do Tirol.

HOLZ, Karl (1895-1945). *Gauleiter* da Francônia.

KOCH, Erich (1896-1986). *Gauleiter* da Prússia Oriental.

RUCKDESCHEL, Ludwig (1907-86). *Gauleiter* de Bayreuth, abr.-maio de 1945.

WÄCHTLER, Fritz (1891-1945). *Gauleiter* de Bayreuth até abril de 1945.

WAHL, Karl (1892-1981). *Gauleiter* da Suábia.

LIDERANÇA MILITAR

BLASKOWITZ, Johannes (1883-1948). Coronel-general; comandante em chefe do Grupo de Exércitos G, maio-set. 1944, depois dez. 1944-jan. 1945; comandante em chefe do Grupo de Exércitos H, jan.-abr. 1945.

DIETRICH, Sepp (1892-1966). SS-*Oberstgruppenführer* (coronel-general da SS) e coronel-general da Waffen-SS; comandante do Sexto Exército Panzer-SS, out. 1944-maio 1945.

DÖNITZ, Karl (1891-1980). Grande almirante; comandante em chefe da Marinha; presidente do Reich depois da morte de Hitler.

GUDERIAN, Heinz (1888-1954). Coronel-general; chefe do Estado-Maior Geral do Exército, jul. 1944-mar. 1945.

HARPE, Josef (1887-1968). Coronel-general; comandante em chefe do Grupo de Exércitos A, set. 1944-jan. 1945; comandante do Quinto Exército Panzer, mar.-abr. 1945.

HAUSSER, Paul (1880-1972). SS-*Oberstgruppenführer* e coronel-general da Waffen-SS; comandante em chefe do Grupo de Exércitos G, jan.-abr. 1945.

HEINRICI, Gotthard (1886-1971). Coronel-general; comandante do Primeiro Exército Panzer, ago. 1944-mar. 1945; comandante em chefe do Grupo de Exércitos Vístula, mar.-abr. 1945.

HOßBACH, Friedrich (1894-1980). General; comandante do Quarto Exército, jul. 1944-jan. 1945.

JODL, Alfred (1890-1946). Coronel-general; chefe do Estado-Maior de Operações da Wehrmacht no Alto-Comando da Wehrmacht.

KEITEL, Wilhelm (1882-1946). Marechal de campo; chefe do Alto-Comando da Wehrmacht.

KESSELRING, Albert (1885-1960). Marechal de campo; comandante em chefe do Sul até março de 1945; comandante em chefe do Oeste, mar.-abr. 1945.

MANTEUFFEL, Hasso von (1897-1978). General das Tropas Panzer; comandante do Quinto Exército Panzer, set. 1944-mar. 1945; comandante do Terceiro Exército Panzer, mar.-maio 1945.

MODEL, Walter (1891-1945). Marechal de campo; comandante em chefe do Grupo de Exércitos Centro, jun.-ago. 1944; comandante em chefe do Oeste, ago.-set. 1944; comandante em chefe do Grupo de Exércitos B, set. 1944-abr. 1945.

REINHARDT, Georg-Hans (1887-1963). Coronel-general; comandante em chefe do Grupo de Exércitos Centro, ago. 1944-jan. 1945.

RENDULIĆ, Lothar (1887-1971). Coronel-general; comandante em chefe do Grupo de Exércitos Courland, jan. 1945-mar.-abr. 1945; comandante em chefe do Grupo de Exércitos Norte, jan.-mar. 1945; comandante em chefe do Grupo de Exércitos Sul (nome alterado para Grupo de Exércitos Ostmark no fim de abril), abr.-maio 1945.

RUNDSTEDT, Gerd von (1875-1953). Marechal de campo; comandante em chefe do Oeste, set. 1944-mar. 1945.

SCHÖRNER, Ferdinand (1892-1973). Coronel-general a partir de 5 de abril de 1945; marechal de campo; comandante em chefe do Grupo de Exércitos Norte, jul. 1944-jan. 1945; comandante em chefe do Grupo de Exércitos Centro, jan.-maio 1945.

VIETINGHOFF-SCHEEL, Heinrich von (1887-1952). Coronel-general; comandante em chefe do Grupo de Exércitos Courland, jan.-mar. 1945; comandante em chefe do Sul, mar.-maio 1945.

WOLFF, Karl (1900-84). SS-*Obergruppenführer*; general da Waffen-SS; general plenipotenciário da Wehrmacht na Itália a partir de julho de 1944.

Introdução:
Mergulho no abismo

Quarta-feira, 18 de abril de 1945: tropas norte-americanas estão às portas da cidade de Ansbach, capital administrativa da Francônia Central. O líder nazista do distrito fugiu no meio da noite, os soldados alemães foram em sua maioria removidos para o sul e os cidadãos estão há dias acampados em abrigos antiaéreos. A razão indicaria que chegou o momento da rendição. Mas o comandante militar da cidade, o dr. Ernst Meyer — coronel da Luftwaffe, com doutorado em física —, é um nazista fanático, que insiste em lutar até o fim. Um estudante de teologia de dezenove anos, Robert Limpert, considerado incapaz para o serviço militar, decide entrar em ação para evitar que sua cidade seja destruída numa batalha final sem o menor sentido.Um mês antes, Limpert havia testemunhado a devastação completa da bela cidade de Würzburg, atingida pelas bombas dos Aliados. O episódio levou-o, no começo de abril, à perigosa aventura de distribuir folhetos implorando que Ansbach se rendesse sem lutar, enquanto ainda estavam intactas suas pitorescas construções em estilo barroco e rococó. Ele agora assume um risco ainda maior. Por volta das onze horas da manhã naquele encantador dia de primavera, corta os fios telefônicos que, imagina, sirvam para que o comandante da base entre em contato com a Wehrmacht fora da cidade — uma inútil tentativa de sabotagem, uma vez que, sem que Limpert soubesse, a base já tinha sido transferida para outro local. Ao fazer isso, ele é visto por dois meninos, membros da Juventude Hitlerista. Ambos relatam o que viram, e a polícia de Ansbach logo trata de resolver o assunto. Um policial é enviado à casa de Limpert, encontrando o jovem com uma pistola, além de provas que o incriminam, e o prende no ato.

A polícia local comunica a prisão ao chefe daquilo que restou da administração civil de Ansbach, que por sua vez telefona ao comandante militar, no momento fora da cidade. Previsivelmente enfurecido com o relato, o comandante dirige-se às pressas à delegacia e de forma categórica organiza um tribunal composto de três pessoas — o chefe dos policiais, o segundo em comando no local e seu próprio assistente. Depois de um simulacro de "julgamento", com a duração de apenas alguns minutos, no qual o acusado não tem o direito de falar, o comandante o condena à morte, a sentença devendo ser cumprida de imediato.

Quando o laço da forca está sendo colocado em seu pescoço, na porta de entrada da cidade, Limpert consegue se soltar e tenta fugir correndo, mas a menos de cem metros é alcançado pela polícia, espancado e arrastado pelo cabelo antes de ser conduzido de volta à forca, aos gritos. Ninguém na multidão que se reuniu faz a menor menção de ajudá-lo. Alguns até lhe dão socos e pontapés. Nem mesmo a essa altura seu sofrimento chega ao fim. O laço é posto em volta de seu pescoço outra vez e ele fica suspenso no ar. Mas a corda se rompe e Limpert cai no chão. De novo passam o laço em seu pescoço e dessa vez ele fica pendurado até a morte na praça principal da cidade. O comandante ordena que o corpo permaneça pendurado "até que comece a feder". Pouco depois, ele aparentemente requisita uma bicicleta e deixa a cidade às pressas. Quatro horas mais tarde, os americanos entram em Ansbach sem que um único tiro tenha sido disparado e cortam a corda na qual estava pendurado o corpo de Robert Limpert.[1]

Como revela esse episódio sombrio, o regime nazista, em sua repressão terrorista, funcionou até os estertores. Mas não se tratava apenas do furioso comandante militar nazista, o coronel da Luftwaffe dr. Meyer, agente do regime que impunha sua vontade, por meio da força, ao eliminar de maneira implacável um rapaz que considerava traidor e sabotador. Mesmo testemunhando tanto fanatismo, e sabendo que em poucas horas as tropas dos Estados Unidos entrariam na cidade, os policiais poderiam ter agido de modo a evitar problemas futuros com as forças de ocupação, em vez de se apressar a prender Limpert e interrogá-lo. Mas eles preferiram obedecer aos regulamentos e cumprir ordens da maneira mais rápida possível, continuando a se comportar tal qual pequenos guardiões de uma lei que, como mais tarde alegariam ter percebido na ocasião, nada mais era que a expressão da vontade arbitrária do comandante.

O mesmo poderia ser dito do responsável pela administração civil da cidade. Para contemporizar, ele também poderia ter recorrido à sua experiência e às informações de que o fim do conflito era uma questão de horas. No entanto, preferiu fazer tudo que podia para acelerar os procedimentos, cooperando com o comandante. O povo da cidade, que apareceu na praça e presenciou a tentativa de fuga de Limpert, poderia ter feito algo para ajudá-lo naquelas circunstâncias. Nada disso: alguns até ajudaram os policiais a levar de volta ao local da execução o rapaz que se debatia, procurando se libertar. Assim, em todos os níveis, naquelas circunstâncias incomuns e naqueles momentos finais da guerra, no que diz respeito a Ansbach, as pessoas dotadas de algum poder continuaram trabalhando de acordo com os interesses do regime — e ao fazer isso não deixaram de contar com o apoio popular.

Episódios angustiantes como esse, em que moradores de uma localidade tentam evitar uma destruição sem sentido quando o conflito já está chegando ao fim e sofrem violenta represália, enquanto outros continuam prontos a dar seu apoio à repressão dos funcionários do regime, não foram uma raridade nos estágios finais da mais terrível guerra da história. Dúzias de outros casos poderiam ser escolhidos para ilustrar o funcionamento ininterrupto do terror no regime — nos últimos meses do conflito, dirigido contra seus próprios cidadãos, bem como contra trabalhadores estrangeiros, prisioneiros, judeus e outros que havia muito tempo eram vistos como inimigos.[2]

Não foi apenas nas manifestações cada vez mais violentas de terror por fanáticos e facínoras que o regime conseguiu funcionar até o último momento. O aspecto mais importante foi o comportamento dos militares. Se a Wehrmacht tivesse deixado de funcionar, o regime teria entrado em colapso. Havia múltiplos sinais de dissolução e desintegração na Wehrmacht nos derradeiros estágios da guerra, mais evidentes no front ocidental. Soldados desertavam, apesar da ameaça de punição brutal. No começo de 1945, certamente no oeste, a maioria acreditava que não havia o menor sentido em prosseguir na luta e desejava apenas voltar às suas famílias. A Wehrmacht, no entanto, continuava lutando. Generais e oficiais de comando não cessavam de transmitir suas ordens, mesmo nas circunstâncias em que já não havia a menor esperança. E as ordens eram obedecidas.

Debaixo de bombardeios, em meio à desordem em que pequenos povoados e cidades eram destruídos enquanto o Reich entrava em colapso diante de um poderio militar imensamente superior, tanto no leste como no oeste, os quadros da burocracia mantinham uma aparência de "normalidade" no caos que não parava de crescer, apelando para os derradeiros resquícios de organização para continuar sobrevivendo. Era evidente que o Reich estava encolhendo dia após dia, os canais de comunicação quase não funcionavam mais, o sistema de transportes já havia chegado ao fim da contagem regressiva, milhões de pessoas já não dispunham de serviços públicos essenciais, como gás, eletricidade e água, e a administração burocrática enfrentava uma enorme quantidade de problemas de ordem prática. Mas, em todas as regiões em que os alemães ainda não estavam submetidos ao domínio das forças de ocupação, não se mergulhou na anarquia. Por maiores que fossem os danos à sua eficiência, diante das adversidades e dos deslocamentos forçados, a administração civil ia em frente. Tanto as cortes militares como as civis seguiam promulgando sentenças cada vez mais severas. Os soldos e os honorários por serviços prestados continuavam sendo pagos em abril de 1945.[3] Numa prestigiosa academia de Berlim, as bolsas que haviam sido concedidas a estudantes estrangeiros foram bancadas até a última semana da guerra, o que era considerado, mesmo naquelas circunstâncias, um investimento na constante influência alemã na "nova Europa".[4]

Apesar dos crescentes obstáculos, a distribuição das cada vez mais restritas rações alimentares era mantida, ainda que com dificuldade, e, mesmo tendo de recorrer à improvisação, os serviços do correio cumpriam como podiam a sua missão. Algumas formas de entretenimento, de certo modo, continuavam a ser apresentadas, sem dúvida como estratégia para manter a autoestima da população e por determinado tempo desviar sua atenção do desastre que se aproximava. Um último concerto da Orquestra Filarmônica de Berlim ocorreu em 12 de abril, quatro dias antes que fosse desferido o derradeiro ataque soviético à capital do Reich. Naturalmente, o grandioso final de *Götterdämmerung* [*O crepúsculo dos deuses*], de Richard Wagner, estava no programa da noite.[5] Alguns cinemas permaneciam abertos. Apenas uma semana antes da capitulação de Stuttgart, em 22 de abril, seus cidadãos podiam encontrar momentos de distração e esquecer temporariamente seu trauma diário indo ao cinema para assistir *Die Frau meiner Träume* [*A mulher dos meus sonhos*].[6] Até mesmo os jogos de futebol continuavam sendo disputados. O último jogo realizado durante a guerra ocorreu em 23 de abril de

1945, quando o Bayern de Munique, *Gaumeister* [campeão do distrito] daquele ano, venceu seu rival da mesma cidade, o TSV 1860 Munique, por três a dois.[7] Jornais, mesmo incompletos, ainda circulavam. O principal periódico nazista, *Völkischer Beobachter* [Observador do povo], foi publicado na parte não ocupada do sul da Alemanha até o final. Sua última edição, em 28 de abril de 1945, dois dias antes do suicídio de Hitler no bunker de Berlim, exibia a manchete: "Fortaleza Baviera".

As razões para o colapso da Alemanha são evidentes e bem conhecidas. Por que e como o Reich de Hitler continuou funcionando até o amargo desfecho é menos óbvio. É isso que este livro procura explicar.

O fato de que o regime *conseguiu* resistir até o fim — e de que a guerra só terminou quando a Alemanha foi militarmente fustigada até a submissão, sua economia destruída, as cidades em ruínas, o país ocupado por potências estrangeiras — é algo raríssimo em termos históricos. Por tradição, guerras entre nações na era moderna chegam ao fim por meio de algum tipo de solução negociada. As elites dirigentes de um país, na iminência de uma derrota militar, a certa altura costumam propor a paz e, sob coerção, acabam chegando a um acordo territorial, por mais desvantajoso que seja. O fim da Primeira Guerra Mundial seguiu esse padrão. O fim da Segunda Guerra foi completamente diferente. Os dirigentes da Alemanha em 1945, mesmo sabendo que a guerra havia sido perdida e já eram evidentes os sinais da completa destruição, estavam decididos a continuar lutando até que seu país fosse quase varrido da Terra.

Regimes autoritários, diante da derrota em guerras impopulares e se encaminhando para o desastre, dificilmente sobrevivem para ter algum tipo de participação ativa quando se estabelece a completa catástrofe. No passado, alguns foram derrubados por uma revolução vinda de baixo, como aconteceu com a Rússia em 1917 e com a Alemanha em 1918 (neste último caso, depois que a elite militar já havia dado passos para encerrar uma guerra perdida). Outros — o que é mais frequente — caem por força de um golpe interno, conduzido pelas elites, que não se dispõem a acompanhar o regime derrotado em sua queda e pretendem salvar alguma coisa. A deposição de Mussolini, efetuada por seu próprio Grande Conselho Fascista em 1943, é um excelente exemplo. Já na Alemanha, o regime — embora todos reconhecessem, não apenas a população, mas também o círculo das pessoas em posição de poder, civis e militares, estar a caminho do caos — lutou até ser destruído por completo e, ao contrário do que ocorrera em 1918, até estar sob ocupação estrangeira.[8] Paralelos próximos vêm à mente apenas no caso do

Japão em 1945 (que, no entanto, se rendeu quando o país ainda não estava ocupado) e, em tempos mais recentes — e grau bem menor, uma vez que se tratou de uma guerra muito curta e na qual apenas um dos lados estava plenamente militarizado —, no Iraque de Saddam Hussein.

O contraste entre 1918 e 1945 na Alemanha mais uma vez traz à tona a indagação: como e por que a Alemanha de Hitler foi capaz de lutar até aquele amargo desfecho? Não haveria outra conclusão possível para o terrível conflito? E, se não havia, por que motivo? "O verdadeiro enigma", como acertadamente já se observou, "é por que pessoas que desejavam sobreviver lutaram e mataram de maneira tão desesperada e tão feroz quase até os últimos momentos da guerra."[9]

Claro, na Primeira Guerra Mundial não havia a exigência aliada de "rendição incondicional". A fórmula apresentada pelo presidente dos Estados Unidos, Franklin D. Roosevelt, na Conferência de Casablanca em janeiro de 1943 — com a concordância do primeiro-ministro britânico, Winston Churchill —, representou a primeira vez que se exigia de um Estado soberano nada menos do que a capitulação total e incondicional.[10] Nos primeiros anos do pós-guerra, tal imposição foi muitas vezes citada, em especial pelos generais alemães, como a única e adequada explicação para a prolongada luta de seu país, uma vez que, como foi alegado, a exigência de "rendição incondicional" excluía qualquer outra opção.[11] Alguns antigos combatentes, muito depois do fim da guerra, ainda insistiam em afirmar que fora essa exigência dos Aliados a motivação decisiva para que continuassem lutando.[12] Certamente, pode-se argumentar que a exigência foi contraproducente, e que de algum modo acabou ajudando a propaganda nazista. Nesse sentido, uma imposição tão categórica contribuiu, pelo menos no início, para fortalecer a vontade alemã de resistir. No entanto, a noção de que se deve culpar os Aliados pela política equivocada da "rendição incondicional" nada mais é, segundo o comentário de um acadêmico, que "uma desculpa esfarrapada".[13] De acordo com o general Walter Warlimont, subchefe de Operações do OKW, "praticamente não se tomou conhecimento dela" no Alto-Comando da Wehrmacht, e "o Estado-Maior de Operações não examinou suas consequências militares".[14] Em outras palavras, a exigência não fez nenhuma diferença na estratégia — ou falta de estratégia — adotada pela liderança militar alemã na última fase da guerra. Os motivos pelos quais a Alemanha continuou lutando não devem ser procurados na exigência aliada, sejam quais forem seus méritos ou suas falhas, e sim nas estruturas do regime alemão em sua fase de agonia e nas mentalidades responsáveis por suas ações.

Por que, diferentemente do que ocorreu em 1918, o povo da Alemanha não se levantou contra um regime que de maneira tão evidente estava arrastando todos para a perdição? Nos primeiros anos do pós-guerra, quando os alemães mal começavam a refazer suas vidas depois do trauma de tanto conflito e destruição, e não estavam nem um pouco ansiosos em se debruçar sobre as causas profundas da catástrofe que assolara o país, parecia desnecessário procurar explicações mais complexas além do terror que caracterizava o regime nazista. Para os alemães era fácil, e de certo modo reconfortante, ver-se como um povo desafortunado, vítima de uma opressão impiedosa por parte de governantes brutais, reprimido em todo tipo de ação pela polícia de um Estado totalitário. Tais sentimentos eram compreensíveis e, como os capítulos seguintes mostrarão, certamente tinham alguma justificava. É claro que havia certo tom de autojustificação nesse tipo de explicação que poderia ser — e foi — usado na Alemanha do pós-guerra para inocentar quase toda a sociedade pelos crimes cometidos por Hitler, o ditador todo-poderoso, e seu séquito de líderes nazistas implacáveis e criminosos. No pós-guerra, igualmente, as explicações acadêmicas enfatizavam ao máximo o terror e a repressão, dentro do teorema do "totalitarismo" que dominou grande parte da literatura relativa à ciência política e à história naquele período (embora sem um foco direto na última fase da guerra).[15] Uma sociedade forçada ao consentimento, incapaz de agir devido à completa coerção de um "Estado totalitário" extremamente repressivo, constituía, ao que parecia, explicação suficiente.

Acima de qualquer dúvida, o terror tem um papel crítico na indagação sobre como e por que o regime continuou funcionando até o final. Como se verá, o nível da repressão terrorista, que, depois de exercida sobre as populações conquistadas, retornava como um bumerangue para atingir o próprio povo alemão, assim como aqueles considerados "inimigos raciais", desempenha papel muito importante para explicar por que não aconteceu uma revolução vinda de baixo, por que um levante organizado das massas não foi possível. Diante do nível da repressão, além do imenso deslocamento ocorrido nos meses derradeiros, uma revolução popular, como a que ocorreu ao fim da Primeira Guerra Mundial, era uma impossibilidade. Mas o terror, isolado, não pode explicar completamente a capacidade demonstrada pelo regime de seguir em frente. Não foi o terror que atuou sobre as elites do regime. O terror não explica o comportamento dos "paladinos" — tanto aqueles que compartilhavam a mentalidade *Götterdämmerung* de Hitler e estavam prontos para ver a Alemanha desaparecer em meio às chamas como o número imensamente maior daqueles preocupados em salvar a pele. Não explica o funcionamento continuado da burocracia governamental, nas esferas centrais e regionais. Tampouco explica a disposição da Wehrmacht — ou pelo menos a disposição dos líderes da Wehrmacht — de prosseguir na luta. Por fim, o terror não explica o comportamento daquelas pessoas do regime que, em graus variados, estavam prontas para *usar* o terror até as últimas consequências, mesmo quando ele já não servia a nenhum propósito racional.

Embora depois do fim da Guerra Fria o teorema do "totalitarismo" tenha conhecido certa renascença,[16] a ênfase sobre o papel do terror e da repressão no controle da "sociedade total" nunca recuperou as dimensões que havia alcançado no começo do pós-guerra, como interpretação do comportamento do cidadão típico da Alemanha durante o Terceiro Reich. Pelo contrário: pesquisas recentes cada vez mais tendem a enfatizar o apoio entusiástico do povo alemão ao regime nazista, e sua colaboração espontânea, sua cumplicidade nas políticas que levaram à guerra e ao genocídio.[17] "Uma questão permanece", observou um escritor alemão. "O que foi realmente que nos levou a seguir [Hitler] até o abismo, como as crianças na história do flautista de Hamelin? O enigma não é Adolf Hitler. Nós somos o enigma."[18] Tal comentário, deixando de lado a sugestão de que as pessoas foram iludidas, pressupõe uma unidade essencial, do princípio ao fim, entre líder e liderados.

Enquanto antes se costumava lançar a ênfase num conflito entre sociedade e regime — presumindo essencialmente a tirania sobre um povo de modo geral relutante, mas coagido[19] —, a visão passou a ser de uma sociedade atrelada aos objetivos do regime, em grande parte afinada com suas políticas racistas e expansionistas e favorável a elas, apoiando por completo o esforço de guerra. A persistente propaganda nazista fizera seu trabalho; era "a guerra que Hitler venceu", segundo uma interpretação proposta havia muitos anos.[20] Os nazistas foram bem-sucedidos, alega-se agora com frequência, em inculcar nos alemães a ideia de que faziam parte de uma "comunidade do povo" nacional-racista inclusiva, integrada pela exclusão dos judeus e de outros, considerados inferiores e não aptos a pertencer a ela, e unida pela necessidade de defender a nação dos poderosos inimigos à sua volta, que ameaçavam sua existência.[21] "Apesar da desilusão e da amargura de grande parte da população alemã durante os últimos anos da guerra, a 'comunidade do povo' permaneceu intacta até o amargo fim", observou um acadêmico.[22] Além disso, o regime de Hitler havia "comprado" a população alemã, garantindo sua lealdade por meio de um padrão de vida baseado no saque dos territórios ocupados.[23] Embora seja habitualmente reconhecido que essa "comunidade do povo" estivesse começando a se esfacelar diante da derrota iminente, o duradouro apoio ao nazismo — sustentado pelo conhecimento dos terríveis crimes cometidos pela Alemanha — constitui razão significativa para que o regime de Hitler resistisse até o derradeiro momento.[24] "A legitimidade básica do Terceiro Reich permanecia intocada", sustentou outro historiador, "porque os alemães não podiam imaginar uma alternativa desejável ao nacional-socialismo", manifestando "um notável comprometimento com o nacional-socialismo durante a guerra." A subsequente sensação de que haviam sido traídos pelo nazismo "baseava-se numa forte identificação com o Terceiro Reich até o momento do abandono".[25] Naquilo que talvez seja o ponto culminante dessa abordagem, foi sugerido que "a grande maioria do povo alemão logo tornou-se devotada a Hitler e o apoiou até o amargo desfecho em 1945". "Alguns", admite-se, aludindo a uma minúscula minoria, "já estavam fartos", mas o consenso que havia sustentado a ditadura desde o começo manteve-se até o fim.[26]

Os capítulos que se seguem apresentarão uma série de evidências capazes de lançar dúvidas sobre essa interpretação. Porão em dúvida que a escalada do terror ou a extensão do apoio ao Terceiro Reich possam explicar de maneira adequada como foi possível ao regime resistir até que a Alemanha estivesse em pedaços. Contudo, se nem o terror nem o apoio conseguem justificar o fenômeno, então qual seria a explicação?

Diversas questões surgem de imediato. Além do significado da exigência de "rendição incondicional", pode-se perguntar até que ponto os equívocos cometidos pelos Aliados na estratégia e nas táticas — que decerto ocorreram — enfraqueceram seus esforços para encerrar logo a guerra e temporariamente aumentaram a confiança dos alemães. Mas, por mais expressivo que seja o significado desses fatos, as razões determinantes para a continuada resistência dos alemães sem dúvida devem ter uma explicação interna, de dentro do Terceiro Reich, e não externa, mesmo sendo decorrente das políticas dos Aliados. Que peso, por exemplo, deve ser atribuído à avaliação dos líderes nazistas de que nada tinham a perder ao continuar lutando, já que, de um jeito ou de outro, eles já haviam "queimado os seus navios"? Que significado teve, de fato, o enorme crescimento dos poderes do Partido Nazista na fase final, quando tentava se revitalizar evocando o espírito do "período de lutas" anterior a 1933? De que formas uma burocracia estatal altamente qualificada e competente contribuiu para a capacidade de resistir, apesar da desordem administrativa que não parava de crescer? Que papel teve o medo do Exército Vermelho na decisão de combater até o fim? Por que os oficiais alemães, em especial os generais em postos-chave de comando, mostraram-se dispostos a continuar lutando, mesmo tendo reconhecido a futilidade do combate e o caráter absurdo das ordens que recebiam? E qual foi o papel desempenhado pelos líderes nazistas abaixo de Hitler — sobretudo o poderoso quadrunvirato formado por Bormann, Himmler, Goebbels e Speer — e pelos vice-reis das províncias, os *Gauleiter*, assegurando que o esforço de guerra podia ser mantido apesar das crescentes e depois gigantescas adversidades, até que o regime tivesse se destruído no turbilhão da completa derrota militar? Particularmente, até que ponto foi indispensável a atuação de Speer ao desafiar seguidas vezes obstáculos enormes para fornecer armamentos à Wehrmacht? E para encerrar, embora esse fator esteja longe de ser o menor deles, há o papel desempenhado pelo próprio Hitler e a duradoura lealdade a ele das elites do poder da Alemanha.

Uma resposta simples, embora evidentemente inadequada, à indagação de como e por que a Alemanha resistiu até o amargo final é, na verdade, que Hitler recusou-se o tempo todo e de forma categórica a considerar a hipótese da capitulação, fazendo assim com que a única opção fosse prosseguir lutando. Mesmo encerrado em seu bunker, como que numa catacumba, com os limites entre fantasia e realidade cada vez mais nebulosos, Hitler manteve o poder até se suicidar, em 30 de abril de 1945. Um princípio fundamental de sua "carreira" sempre foi a vingança pela humilhação nacional de 1918; a "síndrome de 1918" estava profundamente entranhada em sua psique.[27] Não haveria, ele declarou diversas vezes e de maneira insistente, uma repetição do que ocorrera em 1918, nada de uma nova versão da capitulação "covarde" ao fim da Primeira Guerra Mundial. Destruição mas com a honra intacta, que seria alcançada pela luta até o final, mantendo o código militar quase místico de combater até a derradeira bala, criando uma lenda de bravura para a posteridade nascida do desespero da derrota e, acima de tudo, inscrevendo na história seu legado de heroísmo — isso, para ele, era infinitamente preferível a negociar uma rendição "vergonhosa". Uma vez que, depois da derrota, ele próprio não teria futuro algum, o recurso ao suicídio não era uma opção difícil de adotar. Mas não se tratava apenas de um sentimento pessoal autodestrutivo. Significava também condenar seu povo e seu país à destruição. Aos olhos de Hitler, o povo alemão o decepcionara, provando não ser digno de sua liderança. Eles eram descartáveis. Sem ele, segundo seu ego monstruoso, tudo era descartável. No grosseiro dualismo que constituía seu modo de pensar, tudo se resumia a vitória ou destruição. Sem a menor hesitação ele obedeceu à sua lógica peculiar.

O papel fundamental de Hitler na compulsão autodestrutiva da Alemanha enquanto o Reich entrava em colapso é evidente. Acima de tudo, seu continuado exercício do poder impunha uma barreira a toda possibilidade — que seus paladinos estavam ansiosos por explorar — de negociar uma saída daquela escalada de morte e destruição. Mas isso apenas nos leva de volta àquela indagação: como Hitler foi capaz de agir dessa maneira? Por que sua vontade ainda prevalecia quando se tornava claro para todos à sua volta que ele os estava arrastando para a queda consigo e levando o país à perdição? Aceita a hipótese de que Hitler era um indivíduo autodestrutivo, por que as elites dirigentes posicionadas abaixo dele — os militares, o partido, o governo — permitiram-lhe bloquear todos os caminhos racionais de saída? Por que não ocorreu nenhuma outra tentativa, depois que o atentado de julho de 1944 fracassou, para obstruir a determinação de Hitler de continuar a guerra? Por que os líderes nazistas subordinados a ele, bem como os comandantes militares, dispuseram-se a segui-lo até a completa destruição do Reich? Não é que eles quisessem acompanhá-lo numa viagem cega rumo ao fim. Assim que Hitler morreu, fizeram tudo o que podiam para evitar o abismo. Quase todos os líderes nazistas trataram de fugir, sem a menor intenção de imitar o exemplo de autoimolação. Os comandantes militares naquele momento já estavam preparados para oferecer, um depois do outro, sua capitulação parcial, prosseguindo na luta apenas com o objetivo de levar o maior número possível de seus soldados para a zona ocidental, longe do Exército Vermelho. Havia até aqueles que acalentavam fantasias de prestar um eventual serviço futuro aos Aliados do bloco ocidental.

A capitulação total chegou pouco mais de uma semana após o último ato do drama no bunker. A fuga desenfreada dos nazistas, então sem motivo para continuar lutando, seguiu-se de imediato. As forças de ocupação iniciaram o trabalho de pôr alguma ordem no caos e estabelecer novas formas e novos padrões de governo. Assim, Hitler, indiscutivelmente, manteve-se como figura crucial até o último momento, mas seu poder só pôde se prolongar por tanto tempo porque outros o ratificaram, por não estarem dispostos a desafiá-lo ou por não terem condições de fazer isso.

A questão, portanto, vai além da personalidade intratável de Hitler e de sua inabalável fidelidade ao dogma absurdamente polarizado de vitória absoluta ou aniquilamento. Ela se estende à natureza intrínseca das regras impostas por Hitler e às estruturas e mentalidades que as sustentaram, a maioria dentro da elite do poder.

A maneira mais apropriada de descrever o caráter da ditadura de Hitler é como uma espécie de "dominação carismática".[28] Estruturalmente, ela tem muitas semelhanças com uma forma moderna de monarquia absolutista. Como um monarca absoluto, Hitler estava cercado de cortesãos aduladores (mesmo que faltasse à sua "corte" o esplendor de Versalhes ou de Sanssouci); dependia de sátrapas e personagens de uma nobreza provinciana, comprometidos com ele por lealdade pessoal, para colocar em prática suas diretivas e assegurar que suas ordens fossem cumpridas; além disso, ele dependia de marechais de campo confiáveis (recompensados generosamente com doações substanciais de dinheiro e propriedades) para conduzir suas guerras. A analogia logo se desfaz, contudo, quando nela são incluídos componentes cruciais do Estado moderno — uma burocracia elaborada e mecanismos (no caso, nas mãos sobretudo de um partido monopolizador) para orquestrar o apoio e o controle da população. Uma parte importante dessa estrutura, que sustentava de maneira crucial a autoridade de Hitler e atribuía a ele um status de criatura intocável, quase divina, capaz de pairar muito acima das instituições do Estado nazista, residia no apoio maciço, de caráter plebiscitário, que uma combinação de propaganda e repressão ajudou a produzir. Por mais que essa imagem fosse fabricada, era indiscutível a genuína e imensa popularidade de Hitler entre a grande massa do povo alemão até a metade da guerra. A partir do primeiro inverno na Rússia, porém, tudo aponta para o fato de que sua popularidade diminuía. Depois do segundo inverno — o inverno da debacle de Stalingrado, pela qual Hitler foi considerado o responsável direto —, ela já se encontrava em queda pronunciada. Em termos de apelo às massas, portanto, o "carisma" de Hitler estava sendo minado de maneira irreversível à medida que a guerra ficava cada vez mais difícil e sucediam-se as derrotas.

Estruturalmente, contudo, sua "dominação carismática" estava longe de chegar ao fim. Mesmo em comparação com outros regimes autoritários, a personalidade de Hitler assumia dimensões incomuns, e vinha sendo assim desde o início, em 1933. Não havia politburo, conselho de guerra, gabinete (desde 1938), junta militar, senado ou reunião ministerial que pudesse mediar ou contestar seu domínio. Nada se aproximava, por exemplo, do Grande Conselho Fascista que acionou o movimento da deposição de Mussolini em 1943. Um sinal marcante dessa "dominação carismática" personalizada havia sido, desde o começo, a erosão e a fragmentação do governo. Em meados de 1944, quando começa este livro — num momento de choque intenso e reestruturação interna na sequência imediata ao fracassado atentado à bomba em 20 de julho de 1944 —, o processo de fragmentação estava crescendo e se expandindo. Não havia um corpo unificado que estivesse em posição de desafiar Hitler. Dito de outra forma, as estruturas e mentalidades da "dominação carismática" continuavam válidas mesmo quando o apelo popular de Hitler já estava entrando em colapso. Não era uma fé cega no líder que as sustentava. O mais importante, para os nazistas extremados, era a noção de que, sem Hitler, eles não teriam futuro. Isso estabelecia um poderoso elo negativo: seus destinos estavam ligados de modo inexorável. Tratava-se da lealdade daqueles que, juntos, haviam queimado os últimos cartuchos e agora não tinham mais saída. Para muitos dos que a essa altura mostravam-se indiferentes, senão francamente hostis ao nazismo, era praticamente impossível separar o apoio a Hitler e a seu regime da determinação patriótica de evitar a derrota e a consequente ocupação estrangeira. Hitler representava, afinal, a defesa fanática do Reich. Removê-lo (como se tentou em julho de 1944) poderia ser, e assim era visto por muitos, uma repetição do mito de 1918, uma "punhalada pelas costas". Nem se podia desprezar — como todos estavam cientes — o implacável poder de coação e repressão que o ditador ainda tinha em mãos. O medo (ou ao menos uma grande dose de cautela) desempenhava um papel evidente no comportamento de muitos. Até os que estavam nos mais altos escalões sabiam que era preciso pisar com bastante cuidado. Independentemente da motivação de cada um dos personagens em cena, o efeito era o mesmo: o poder de Hitler foi mantido até o fim.

À medida que o fim se aproximava e o governo central já estava quase inteiramente despedaçado, decisões de vida e morte começaram a descer cada vez mais na hierarquia, alcançando os níveis regionais, distritais e locais, até o ponto em que indivíduos como o comandante militar de Ansbach acabaram conquistando poderes executivos arbitrários e letais. Porém, essa radicalização nos fundamentos da hierarquia, por mais crucial que tenha sido durante a crescente irracionalidade da fase final, seria impossível sem o encorajamento, a autorização e a "legitimação" atribuídas pelas esferas superiores, pela liderança de um regime em seus espasmos finais que não enfrentava nenhuma contestação interna.

Talvez o elemento mais fundamental, quando se tenta encontrar respostas à questão de como e por que o regime resistiu até o ponto de destruição total, gire em torno das estruturas e mentalidades da "dominação carismática". Unindo essa abordagem a uma avaliação diferenciada do modo como os alemães em geral reagiram ao Armagedom que se aproximava com rapidez, teremos o potencial para estabelecer um quadro razoavelmente nítido dos motivos pelos quais o comando nazista permaneceu funcionando até o fim.

Os capítulos que se seguem obedecem a uma ordem cronológica, iniciando com as consequências da frustrada tentativa de assassinato de Hitler com uma bomba, em 20 de julho de 1944 — uma interrupção nas estruturas governamentais do Terceiro Reich —, e estendendo-se até a capitulação, em 8 de maio de 1945. Ao combinar história estrutural e história de mentalidades, e observando a sociedade alemã de alto a baixo, a abordagem cronológica permite descrever com precisão os estágios dramáticos do colapso do regime, mas ao mesmo tempo também seu fantástico poder de resistência e sua luta desesperada para sustentar uma causa que de modo cada vez mais evidente já estava perdida. Ao longo da obra, o foco é exclusivamente alemão; o que os Aliados, com frequência perplexos com a disposição dos alemães de continuar lutando sob circunstâncias que já não ofereciam a menor esperança, estavam planejando, pensando ou fazendo não entra na análise. É claro que não se pode ignorar a importância desses fatos para o desenrolar do conflito, e o que aconteceu no campo de batalha nos diversos teatros de operações, em última instância, foi decisivo. Mas este livro não é uma história militar, e as etapas mais importantes do avanço aliado em território alemão, pelo leste e pelo oeste, serão apresentadas de maneira sumária, suficiente para fornecer basicamente um pano de fundo para as avaliações subsequentes.

Uma vez que conhecemos o final da história, é difícil não questionar por que os contemporâneos não puderam, na ocasião, enxergar os acontecimentos com a clareza como enxergamos agora, em retrospectiva: que no momento em que os Aliados ocidentais avançaram pelo território polonês, no verão de 1944, estava claro que a guerra já havia sido perdida. Contudo, até um momento surpreendentemente tardio, não foi essa a percepção dos alemães. Eles estavam cientes, por certo, de que aqueles grandiosos objetivos de 1941 e 1942 não poderiam mais ser alcançados. Mas a liderança alemã — e não apenas Hitler — acreditava que ainda havia algo a conseguir com a guerra. Graças à força de vontade e à mobilização radical, assim eles pensavam, seria possível prolongar o conflito até que novas "armas miraculosas" se tornassem disponíveis. O esforço de guerra seria mantido por tanto tempo que a certa altura os Aliados acabariam considerando uma solução negociada, diante das grandes baixas sofridas em combate, à medida que suas incursões fossem detidas ou revertidas. Haveria de surgir uma cisão entre o leste e o oeste, deixando a Alemanha em condições de conseguir alguns ganhos territoriais e, algum dia, com a ajuda ocidental, voltar-se contra o inimigo comum representado pelo comunismo soviético. Tais esperanças e ilusões, ainda que acalentadas por um número cada vez mais reduzido de alemães (sobretudo depois que o Exército Vermelho atingiu o rio Oder, no fim de janeiro de 1945), perduraram quase até o último momento. Assim, mesmo na derradeira e terrível fase de morte e devastação, enfrentando obstáculos intransponíveis, a luta continuou em meio a uma crescente série de colapsos regionais, guiada por uma energia destrutiva cada vez mais irracional, mas que se autossustentava.

Tentar compreender como foi possível que isso ocorresse — de que maneira o regime, despedaçado por todos os lados, continuou funcionando até que o Exército Vermelho chegasse às portas da Chancelaria do Reich — é o objetivo deste livro.

1. Um choque no sistema

Hitler precisa de uma bomba debaixo do rabo para usar a razão.
Joseph Goebbels, 23 de julho de 1944[1]

I

Era o começo do fim para o Terceiro Reich. Nos últimos dias de julho de 1944, os desembarques do Dia D dos Aliados ocidentais, que haviam ocorrido na Normandia em 6 de junho de 1944, estavam consolidados. Tropas e armamentos eram despachados para o continente em quantidades cada vez maiores. O ataque direto por terra ao próprio Reich já estava sendo cogitado. No front oriental, o Exército Vermelho, em sua maciça ofensiva "Operação Bagration", desfechada apenas uma quinzena depois do Dia D, havia esmagado as defesas do Grupo de Exércitos Centro da Wehrmacht (uma imensa formação de 48 divisões, em quatro exércitos, essencialmente posicionada numa extensão de setecentos quilômetros do enorme front), causando grandes perdas e avançando mais de trezentos quilômetros. Ao sul, Roma tinha caído em poder dos Aliados, e as tropas alemãs, acuadas, lutavam na retaguarda perto de Florença. Enquanto isso, um número cada vez maior de cidades e aldeias alemãs sofria implacáveis ataques aéreos.

Com recursos materiais e humanos beirando o esgotamento e uma capacidade muito inferior à das forças combinadas do inimigo, que agora obrigava a Wehrmacht a recuar nas operações do leste, oeste e sul, o regime de Hitler havia entrado irremediavelmente na contagem regressiva.

Pelo menos, era assim que os Aliados ocidentais viam o quadro. Eles confiavam que a guerra teria terminado no Natal.[2] Do ponto de vista germânico, a situação era outra. Entre os alemães, as atitudes a respeito do estado da guerra e dos projetos do país variavam amplamente, tanto no nível da elite, entre as lideranças civis e militares do Reich, como entre a população no "front doméstico" e os milhões de homens a postos para o combate. Derrotismo, uma aceitação relutante de que a guerra estava perdida, reconhecimento da superioridade de forças do inimigo, confiança cada vez menor em Hitler e um evidente receio quanto ao futuro tornavam-se dia a dia mais evidentes. Por outro lado, o apoio ao regime, não apenas entre os nazistas fanáticos, estava ainda bastante difundido. E muitos, nos escalões superiores e inferiores, recusavam-se a contemplar a possibilidade da derrota. O inimigo — aquela amaldiçoada coalizão entre as democracias ocidentais e a União Soviética comunista — poderia ainda ser repelido se o esforço de guerra fosse revigorado; e, se ocorresse uma profunda derrota, haveria a possibilidade de uma cisão entre os adversários; armas novas e devastadoras estavam a caminho e haveriam de provocar uma reviravolta nas fortunas da guerra; e, caso sofressem reveses significativos, os Aliados se veriam obrigados a pensar num acordo, deixando à Alemanha alguns de seus ganhos territoriais e contemplando-a com uma paz honrosa. Pensamentos desse tipo de modo algum haviam desaparecido no verão de 1944.

Entre a massa da população, no entanto, o sentimento predominante em meados de julho de 1944 era de preocupação e ansiedade crescentes. Mesmo com todas as críticas cuidadosamente formuladas aos líderes do regime (incluindo o próprio Hitler) e, em particular, ao Partido Nazista e seus representantes, a grande maioria dos cidadãos comuns era inquestionavelmente leal em seu apoio ao esforço de guerra. O clima era de ansiedade, não de rebeldia. Não havia o menor traço de algo similar à crescente insatisfação que acabaria explodindo em revolução aberta em 1918, apesar da fixação patológica de Hitler com o colapso interno daquele ano. Havia planos de emergência para lidar com a possibilidade de um levante de trabalhadores estrangeiros (cujo número, a essa altura, somado aos prisioneiros de guerra, ultrapassava 7 milhões). Mas não existia nenhuma expectativa séria de revolução por parte da população alemã.

Relatórios regionais do SD (*Sicherheitsdienst*; Serviço de Segurança) indicavam um crescente clima de apreensão, que às vezes gerava um estado de paralisia e "depressão profunda", chegando à "psicose de ansiedade" e ao "progressivo pânico" diante das notícias do avanço do Exército Vermelho no leste. Havia intensa preocupação com o que poderia acontecer à Prússia Oriental. O povo temia que, uma vez em território alemão, nunca mais fosse possível expulsar os russos de lá. Essa apreensão era profunda, em particular, entre as mulheres. "O front oriental provavelmente desmoronará logo", dizia um comentário que foi divulgado. "Se os bolcheviques entrarem aqui, é melhor que nos enforquemos todos, junto com nossas crianças. O Führer deveria fazer a paz com a Inglaterra e os Estados Unidos. Não é mais possível ganhar a guerra." Não se tratava de um sentimento isolado.

Apesar de ofuscadas pelos acontecimentos no leste, as atitudes em relação ao front ocidental também eram sombrias, com um reconhecimento geral da imensa superioridade do inimigo em homens e recursos. Ainda havia esperança quanto às prometidas "armas miraculosas", embora expectativas exageradas sobre o impacto dos mísseis V1 nos ataques aéreos a Londres tivessem gerado uma atmosfera de desapontamento e ceticismo quanto às informações divulgadas pela propaganda do regime. E a inabilidade da Luftwaffe em oferecer proteção contra os "ataques de terror aéreo" que ocorriam em plena luz do dia era uma fonte constante de ira e de contínua e crescente ansiedade. O colapso da Wehrmacht no leste fez com que muitos buscassem explicações e bodes expiatórios. Tinham igualmente impacto negativo no sentimento geral os relatos de soldados que estavam de licença e comentavam sobre o moral das tropas, relatando sua falta de confiança na vitória e a inabilidade dos oficiais, acostumados ao conforto de suas posições na retaguarda, no sentido de proporcionar uma defesa adequada. E um número cada vez maior de famílias recebia as temidas visitas do líder local do Partido Nazista, com a notícia de que um parente amado havia tombado no front de batalha. "Por quanto tempo conseguiremos resistir?" era uma pergunta frequente.[3]

Do outro lado do espectro de opiniões, na elite do regime, ninguém falava nessas questões, fossem ou não cogitadas tacitamente. Os líderes nazistas continuavam manifestando apoio total e lealdade a Hitler, entre outros motivos porque era só dele que seu próprio poder dependia. Mas havia frustrações, assim como uma permanente disputa por posições de prestígio, algo endêmico no Ter-

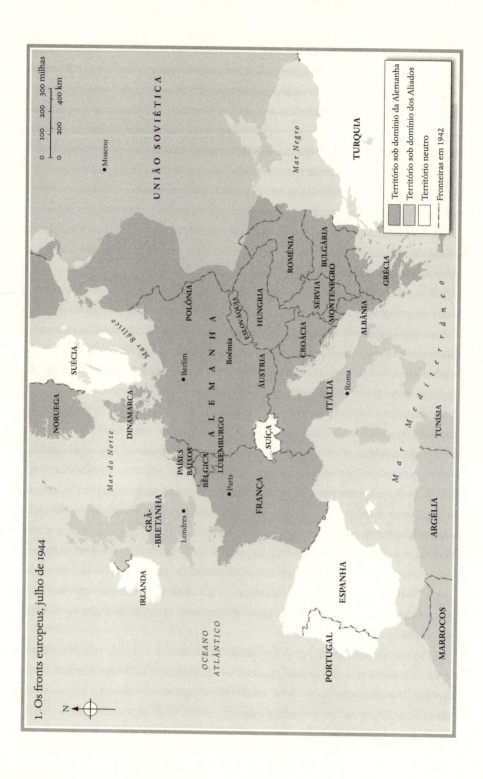
1. Os fronts europeus, julho de 1944

ceiro Reich. Hermann Göring continuava sendo o sucessor designado de Hitler. Sua popularidade, no entanto, evaporara, e dentro da elite nazista sua estrela estava cada vez mais apagada em razão dos sucessivos fracassos da Luftwaffe. Hitler era acometido de frequentes crises de raiva, provocadas pela impotência do comandante em chefe da Luftwaffe em impedir a destruição das cidades alemãs. Bem de acordo com as características de sua personalidade, porém, ele não estava disposto a demitir Göring, consciente da perda de prestígio que isso acarretaria e do bônus que a medida representaria para a propaganda inimiga. Outro personagem que perdera sua antiga preeminência era o outrora influente ministro do Exterior, Joachim von Ribbentrop, cujas predições e iniciativas tinham se mostrado todas catastroficamente equivocadas. Ele, também, agora quase não era consultado — entre outros motivos porque, na verdade, a essa altura não havia política externa a conduzir.

Enquanto alguns figurões do nazismo estavam em baixa, outros tiravam proveito da adversidade. Martin Bormann, chefe da Chancelaria do Partido, valia-se mais do que nunca de sua constante proximidade de Hitler, controlando o acesso à presença do ditador e servindo como porta-voz de seu senhor. Bormann, nascido em 1900, figura despretensiosa no uniforme que lhe caía mal, baixo, atarracado, de pescoço grosso, meio calvo, era odiado e temido em proporções iguais pelos líderes nazistas, que sabiam bem como ele agia de maneira implacável, conheciam sua capacidade de intriga e as oportunidades que ele tinha para exercer influência sobre Hitler. Bormann fora durante muito tempo indispensável para o Führer, como um personagem que se movimentava nos bastidores, administrando por vários anos suas finanças e supervisionando em meados da década de 1930 a construção do Berghof, o retiro palaciano do ditador em Obersalzberg, nas proximidades de Berchtesgaden. Seu grande trunfo era a confiança irrestrita que Hitler depositava nele. Bormann havia ascendido praticamente sem ser notado no escritório central do partido em Munique, onde, com suas incansáveis energia e eficiência, aliadas à necessária habilidade em abrir caminho à força, conquistou o domínio do aparato burocrático do partido. No entanto, ele não era um mero funcionário. Já tinha atuado em organizações antissemitas e paramilitares nos anos 1920, antes de conseguir aproximar-se de Hitler, e havia cumprido pena na prisão por seu envolvimento com um assassinato político. Seu fanatismo ideológico manteve-se intacto até o fim.

Em 1929, Bormann casou-se com Gerda, nazista fanática como ele e filha do chefe do tribunal do partido (instância na qual se decidiam questões disciplinares da organização), Walter Buch. O casal teve dez filhos (nove dos quais sobreviveram, oito deles convertendo-se ao catolicismo depois da guerra; um chegou a ser ordenado padre, apesar — ou talvez em consequência — do ódio radical que os pais nutriam pela Igreja católica). Pelo que se depreende de sua correspondência, os Bormann parecem ter sido muito dedicados um ao outro. O casamento, no entanto, estava longe de ser convencional. Gerda teve uma reação bastante positiva quando o marido lhe contou, em janeiro de 1944, que tinha conseguido seduzir a atriz Manja Behrens, manifestou esperanças de que ela lhe desse um filho e até fez o rascunho de um projeto de legalização da bigamia.

A essa altura, Bormann era um dos homens mais poderosos da Alemanha. Logo após o voo de Rudolf Hess à Inglaterra, em maio de 1941, ele já se tornara a escolha óbvia para assumir a direção do partido e, assim que Hitler o nomeou chefe da Chancelaria, rapidamente consolidou o controle sobre a burocracia da organização. Seu papel como factótum de Hitler enfim ganhou reconhecimento formal em abril de 1943, quando recebeu o título de "secretário do Führer". Quando o brilho da Alemanha começou a se esvanecer, Bormann valeu-se de sua posição de comando na administração central do partido, apoiado pelo fanático Robert Ley, líder da Organização do Reich (e chefe da Frente Alemã do Trabalho), para revigorar a agremiação nazista e expandir sua área de atuação, reforçando assim uma segunda fonte de poder e tornando-se personagem de importância crucial.[4]

Contudo, havia limites ao poder de Bormann, que não podia impedir que outras figuras de proa do regime tivessem acesso a Hitler e exercessem influência sobre ele. Mesmo dentro do partido, Bormann enfrentava certas restrições. Não conseguiu ser tão bem-sucedido na pretensão de estender seu poder aos chefes regionais, cerca de quarenta, os *Gauleiter*. Embora lhe fossem oficialmente subordinados, alguns deles, "velhos companheiros" de lutas que já haviam provado seu valor quando o partido dava os primeiros passos, em muitos casos tinham linha direta com Hitler, o que limitava o controle de Bormann. Um *Gauleiter* que personificava essas dificuldades de se impor algum tipo de controle centralizado — na verdade, qualquer tipo de controle, mesmo por parte das autoridades da Wehrmacht em sua região — era Erich Koch, que conduzia seu domínio na Prússia Oriental como se estivesse em um feudo particular.[5] Como muitos outros *Gauleiter*, Koch tinha sido nomeado comissário de defesa do Reich, cargo que lhe dava amplos poderes na organização da defesa civil e consequentemente a possibilidade, que ele logo tratou de aproveitar, de interferir, em sua província, em assuntos fora da alçada do partido. Já em meados de julho de 1944, Koch usava seu acesso direto a Hitler para barrar uma proposta de Goebbels. O ministro da Propaganda e *Gauleiter* de Berlim negociara com as autoridades ferroviárias a evacuação de aproximadamente 170 mil berlinenses que, depois do bombardeio sofrido pela capital, haviam se refugiado na Prússia Oriental. Essa região encontrava-se agora em perigo. Koch conseguiu que Hitler limitasse a evacuação a apenas 55 mil mulheres e crianças, abrigadas em um pequeno número dos distritos mais ameaçados pelos ataques aéreos soviéticos. Foi a primeira de várias intervenções de Koch no sentido de impedir evacuações em sua região, provocando confusões administrativas e, o que se mostrou muito mais grave, com consequências fatais para os habitantes da Prússia Oriental.[6]

O enorme aumento do poder conquistado por Heinrich Himmler (chefe da ss, comandante da polícia alemã, comissário do Reich para o Fortalecimento da Nacionalidade Alemã e ministro do Interior do Reich) lhe concedera extraordinária habilidade no controle de todos os aparelhos repressivos do regime nas regiões ocupadas da Europa. O sinistro personagem, dotado de tão imensos poderes, então com pouco mais de quarenta anos, era um indivíduo estranho, mal-humorado, mas também um ideólogo fanático. Sua aparência não causava grande impressão: estatura não mais do que mediana, porte delgado, rosto pálido no qual predominava o bigode fino, óculos sem aro, queixo recuado, cabelo seguindo um padrão extremo do corte rente nos lados e atrás. Ele tratava seus líderes da ss de forma paternalista e exigente, exortando-os a seguir as virtudes da "decência" ao mesmo tempo que presidia o assassinato orquestrado de milhões de judeus na "Solução Final". Como o mais temido líder nazista abaixo de Hitler, Himmler conseguira expandir ainda mais seu poder dentro da Alemanha ao substituir Wilhelm Frick como ministro do Interior do Reich, em agosto de 1943. Esse novo cargo tornava desnecessária sua intenção de criar um Ministério da Segurança do Reich, retirando a polícia do Ministério do Interior e colocando-a sob sua autoridade.[7] Em julho de 1944, o chefe supremo da ss, faminto por poder, encaminhava-se para estender mais ainda seu império, a essa altura na esfera da Wehrmacht. A rivalidade com a Wehrmacht sempre constituíra um freio ao crescimento do braço militar de Himmler, a Waffen-ss. Mas em 15 de julho, Hitler atribuiu a Himmler a responsabilidade pela doutrinação dos ideais nazistas e pelo controle da disciplina militar em quinze novas divisões do Exército que estavam sendo planejadas.[8] Tratava-se de um avanço importante nos domínios da Wehrmacht.[9]

Joseph Goebbels (ministro da Propaganda do Reich e chefe do setor de propaganda do partido) e Albert Speer (ministro dos Armamentos e da Produção de Guerra do Reich) haviam aproveitado as necessidades da guerra para enfatizar a Hitler a noção de que lhe eram indispensáveis. As baixas no front tinham causado um grande desfalque no número de combatentes.[10] A destruição de equipamentos demandava o fornecimento urgente de novos armamentos. Era preciso procurar por toda parte para conseguir outras fontes de recrutamento para a Wehrmacht, bem como para a produção de armas e munições. Igualmente imperiosos eram novos esforços de propaganda, vitais para mobilizar a população, levando os alemães a reconhecer a necessidade de grandes sacrifícios pelos interesses da guerra. Aqui, no entanto, tornavam-se evidentes as frustrações com a liderança de Hitler, ainda que dentro de um quadro de lealdade inquestionável. Elas estavam centralizadas na falta de disposição do Führer de ceder às exigências de uma "guerra total", o que significaria medidas muito mais drásticas a fim de maximizar o recrutamento para a Wehrmacht e para a produção de guerra.

Goebbels — um homem pequeno de quase cinquenta anos, muito manco da perna direita (uma deformidade da qual ele tinha plena consciência), um dos mais inteligentes líderes nazistas, dono de uma ironia cruel, implacável e dinâmico, hábil na organização, seguidor fanático de Hitler que, com seu domínio da propaganda, foi capaz de combinar um cinismo profundo com o mais brutal fanatismo ideológico — pressionava, desde fevereiro de 1943, imediatamente após a desastrosa derrota em Stalingrado, para que o país entrasse na "guerra total" (maximização de todo tipo de recursos humanos concebíveis ainda não aproveitados e corte drástico de toda atividade não essencial à economia de guerra). A essa altura, Speer tinha se unido a ele na campanha para reorganizar e revitalizar, com a maior urgência, o esforço de guerra no país. Goebbels desejava acima de tudo assumir o comando do front doméstico, deixando que Hitler se concentrasse nas questões militares. Mas nesse sentido o Führer havia tomado decisões pouco mais que simbólicas, e a guerra total era praticamente só um slogan de propaganda. Numa demorada reunião privada com Hitler em 21 de junho de 1944, pouco antes da investida soviética no front oriental, mas com os desembarques aliados no norte da França constituindo uma grande e clara ameaça, Goebbels voltou a defender com veemência a necessidade da guerra total, além de uma ampla revisão na estrutura política e militar de comando. Hitler mais uma vez se opôs. Afirmava que pretendia, no momento, agir "conforme a linha evolucionária, e não revolucionária".[11]

Em julho, o esgotamento da força de trabalho como consequência das invasões inimigas no leste e no oeste havia levado Albert Speer a unir forças com Goebbels na tentativa de convencer Hitler a adotar medidas de guerra total, aproveitando ao máximo todas as reservas de mão de obra ainda disponíveis. Speer — na época com apenas 39 anos, de boa aparência, culto e muito inteligente, extremamente talentoso como organizador e administrador e, desde o início, bastante ambicioso — em pouco tempo firmou-se, na década de 1930, como um dos "favoritos da corte", ao explorar a paixão de Hitler por grandes projetos arquitetônicos. Antes de completar trinta anos, recebeu do ditador a incumbência de projetar o estádio para a Convenção do Partido do Reich em Nuremberg. Em 1937, tornou-se responsável pela transformação de Berlim numa capital condizente com uma raça superior. No último ano de paz entregou a Hitler, cumprindo o prazo e trabalhando a toda a velocidade, a imponente nova Chancelaria do Reich. Hitler viu em Speer o arquiteto genial que ele próprio havia sonhado em se tornar. Speer, por seu lado, tinha reverência por Hitler e estava intoxicado pelo poder que lhe traziam os favores do ditador.

Quando Fritz Todt, encarregado da produção de armamentos e munições, morreu num desastre aéreo misterioso em fevereiro de 1942, Hitler, de forma um tanto surpreendente, nomeou Speer para a função de novo ministro dos Armamentos, com amplos poderes. Desde então, Speer conseguira aumentar de maneira extraordinária a produção de armamentos. Mas estava ciente de que havia alcançado seus limites. Não era possível competir com a superioridade dos Aliados.[12] Num memorando enviado a Hitler em 12 de julho, Speer disse estar de acordo com a argumentação do ditador segundo a qual aquela situação de crise poderia ser superada num prazo de aproximadamente quatro meses com a ajuda de novas armas, em especial o foguete A4 (que logo teria o nome trocado para V2). E concordou que, apesar de todas as dificuldades, seria possível recrutar novos elementos, vindos de diferentes setores da economia, incluindo a área de armamentos, para tornar a suprir a Wehrmacht. Ao mesmo tempo, argumentava que seria preciso fazer de tudo para fortalecer a capacidade de trabalho na indústria de equipamentos de guerra, e não apenas por meio de novos trabalhadores estrangeiros recrutados nos territórios ocupados pelo império nazista. Era essencial exigir da população o máximo empenho, com o objetivo de tornar a guerra total uma realidade. As pessoas estavam dispostas a fazer os sacrifícios necessários em sua vida cotidiana, sustentava Speer, uma crença que os relatórios sobre as pesquisas internas realizadas pelo SD pareciam comprovar.[13] Ele sugeriu que um grande número de mulheres poderia ser liberado para o trabalho e que os aperfeiçoamentos na área organizacional seriam capazes de criar fontes adicionais de mão de obra. Entre as recomendações de Speer destacava-se a adoção de medidas severas para "revolucionar" as condições de vida. De acordo com ele, o anúncio da mobilização das derradeiras reservas produziria um entusiasmo não visto desde as guerras contra Napoleão, no começo do século XIX.[14]

Hitler por fim deu a indicação de que aceitava a necessidade de ação. O chefe da Chancelaria do Reich, Hans-Heinrich Lammers, figura algo apagada, informou em 17 de julho que Hitler queria uma reunião dos representantes dos ministérios, relacionada principalmente a um "próximo remanejamento estratégico de homens e mulheres para a defesa do Reich", que deveria ocorrer em quatro dias.[15]

Fazendo de tudo para pressionar por medidas da guerra total, Goebbels encarregou-se, em 18 de julho — seguindo os rumos traçados por Speer e em plena coordenação com o ministro dos Armamentos —, de uma manobra com o mesmo objetivo.[16] Em seu memorando a Hitler, Goebbels afirmava ser urgente conceder amplos poderes a um único homem (e pensava obviamente em si mesmo), que atuaria em níveis regionais por meio dos *Gauleiter* para desencadear a ação. As rigorosas medidas que tinha em mente, alegava, seriam capazes de criar cinquenta novas divisões para a Wehrmacht em menos de quatro meses.[17]

Apenas uma semana após o primeiro memorando, Speer elaborou o segundo, fornecendo números sobre a força de trabalho nas áreas de armamentos, administração e negócios, chamando a atenção para os erros de organização que haviam provocado um enorme desperdício no aproveitamento da mão de obra e indicando fontes potenciais de recrutamento para fortalecer a Wehrmacht. Ele calculava (embora os números fossem fortemente contestados por aqueles que teriam a responsabilidade de ceder a mão de obra) que poderiam ser encontrados para a Wehrmacht 4,3 milhões de homens a mais, por meio de um processo guiado por máxima eficiência. Apesar do imperativo de proteger a força de trabalho especializada em equipamentos bélicos — uma reivindicação em benefício próprio —, ele garantia que o problema da mão de obra para as necessidades do front podia ser resolvido, mas só se a responsabilidade fosse confiada a uma "personalidade" investida de poderes plenipotenciários e preparada para trabalhar com energia e dinamismo, de modo a superar interesses contrários e coordenar as mudanças de organização necessárias na Wehrmacht e na burocracia do Reich que permitissem o aproveitamento integral dos recursos humanos disponíveis.[18]

Speer não fazia muita questão de disfarçar o que pretendia: ganhar o controle total da coordenação de armamentos e pessoal em todas as seções da Wehrmacht, o que iria somar-se aos poderes que já detinha sobre a produção de armas. Caso tivesse conseguido satisfazer essa ambição, Speer se tornaria, por meio de seu império de armamentos, o senhor supremo da operação pela guerra total.[19] O impacto, nas circunstâncias, que esse memorando poderia ter causado em Hitler, bem como na reunião planejada para 21 de julho, na qual se discutiria a guerra total, é algo que não se pode saber. Pois não houve tempo para apresentar esse segundo memorando a Hitler antes que os acontecimentos do mesmo dia em que ele foi escrito, 20 de julho de 1944, ocupassem a mente do ditador.[20]

II

As esperanças que os alemães ainda mantinham sob o impacto dos acontecimentos no front ocidental e em seguida no oriental, no verão de 1944, cristalizaram-se naquilo que viera à tona como o derradeiro objetivo da guerra: a defesa do Reich. As grandes e utópicas ideias de uma Alemanha comandando todo o território que ia do Atlântico aos montes Urais já estavam esquecidas havia tempo, persistindo apenas como um devaneio para alguns. Aos poucos, de maneira quase imperceptível e até mesmo sorrateira, as antigas visões de uma gloriosa "vitória final", por mais incipientes que tivessem sido, foram se curvando à amarga realidade e a um objetivo bem limitado e defensivo: manter o inimigo fora do solo alemão. A era das ofensivas blitzkrieg, quando a Wehrmacht passava por inimigos mais fracos como a faca passa pela manteiga, era coisa do passado. Numa guerra que se transformara numa prolongada atitude de defesa diante de inimigos poderosos, com imensos recursos, as limitações de Hitler como senhor da guerra ficavam cada vez mais evidentes. Ao mesmo tempo, o que ele via como o objetivo da conflagração, ou como esta poderia chegar ao fim, havia se tornado algo inteiramente nebuloso.

Ele simbolizava, por certo, uma vontade indômita de resistir até a última polegada de território, jamais capitular. E ainda era capaz de empolgar as pessoas próximas pela força de sua determinação, pelo otimismo sem limites. Comandantes militares calejados pelas batalhas no front começavam uma reunião com Hitler tomados pelo ceticismo e saíam dela sentindo-se revigorados, cheios de otimismo. Outros, entretanto, ficavam chocados diante da ausência de um pensamento definido sobre estratégia e táticas. Quando o general Friedrich Hoßbach encontrou-se com Hitler na noite de 19 de julho de 1944, para receber o comando do Quarto Exército, viu o ditador, de quem havia sido ajudante na Wehrmacht, como "curvado e precocemente envelhecido", incapaz de apresentar algum objetivo estratégico de longo alcance e muito superficial em seus comentários sobre a posição tática. Hoßbach limitou-se a aceitar o cargo, disse a Hitler que agiria de acordo com o juízo que fizesse ao avaliar a situação e se esforçaria ao máximo para recuperar uma posição perdida durante a destruição do Grupo de Exércitos Centro.[21]

A essa altura, inúmeros comandantes militares já haviam questionado, em vão, as decisões de Hitler. Era impossível manter uma argumentação racional diante de sua presença dominadora. Como líder supremo, ele não tolerava a menor objeção. Seu direito de comando era aceito por todos. E aqueles em posição de autoridade continuavam tentando executar suas ordens. No entanto, sua retórica emotiva porém vazia e a exoneração de generais que não conseguiam alcançar o inalcançável dificilmente funcionavam como estratégia, muito menos como uma definição clara de objetivos. Em particular — e essa era uma questão crucial —, Hitler não tinha a menor saída estratégica para a guerra a que arrastara seu país. Repelir a invasão aliada, ele declarou certa vez a seus assessores militares, seria decisivo para a guerra.[22] Quando a invasão mostrou-se bem-sucedida, contudo, ele não tirou conclusão nenhuma, além da disposição de prosseguir lutando. Uma vitória categórica já não era mais possível. Até mesmo Hitler podia entender isso. Mas negociar com o inimigo a partir de uma posição de fraqueza era uma hipótese que não podia ser considerada nem por um segundo. Só restava continuar guerreando e esperando que alguma coisa acontecesse. E isso significava ganhar tempo.

O general Alfred Jodl, chefe do Estado-Maior de Operações da Wehrmacht, porta-voz e braço direito de Hitler nas questões militares, refletiu em seus comentários a ausência de objetivos estratégicos definidos, ao dirigir-se à sua equipe em 3 de julho de 1944:

Nossa orientação na guerra, em todos os fronts: o foco agora está em ganhar tempo. Alguns poucos meses podem tornar-se decisivos para salvarmos nossa pátria [...]. Os armamentos podem justificar grandes esperanças [...]. Tudo está sendo preparado, e os resultados devem aparecer num futuro próximo. O fundamental, portanto, é lutar, defender, resistir, fortalecer psicologicamente as tropas e a liderança. Vamos fazer de tudo para manter o front no ponto em que se encontra agora.[23]

Muitos oficiais nos altos escalões da Wehrmacht tinham a mesma postura: reforçar as defesas abaladas, resistir, reerguer as linhas de batalha enquanto trabalhando febrilmente para aumentar a produção de equipamentos bélicos, conseguir reforços para as tropas e desenvolver novas armas tornaram-se fins em si mesmos, em vez de etapas na consecução de uma estratégia militar e política previamente traçada. O coronel-general Heinz Guderian, indomitável comandante de blindados, à época inspetor geral das Tropas Panzer, observou de maneira aprovadora que, ao substituir o marechal de campo Ernst Busch (de uma lealdade indiscutível, mas transformado em bode expiatório devido a graves erros cometidos no desastre que atingiu o Grupo de Exércitos Centro) pelo marechal de campo Walter Model, típico linha-dura, Hitler encontrara "o melhor homem possível para executar a tarefa fantasticamente árdua de reconstruir uma linha no centro do front oriental".[24] Esse não era, contudo, um objetivo estratégico, mas uma mera incumbência do tipo "apagar incêndio" a ser efetuada pelo homem que, em consequência do número de posições difíceis que era chamado a recuperar, tornou-se conhecido como "bombeiro de Hitler". Muitos comandantes militares, por mais variados que fossem seus níveis de entusiasmo pelo regime, agiam como Model, empenhando-se ao máximo para cumprir profissionalmente suas obrigações, segundo uma disciplina férrea, indo ao limite extremo de suas capacidades e — ao menos em público — sem fazer perguntas sobre os objetivos políticos. Aqueles ousados o bastante para exprimir opiniões que, embora realistas, não se encaixavam no otimismo exigido por Hitler viam-se substituídos, como aconteceu com o comandante em chefe do Oeste, militar de enorme experiência, o marechal de campo Gerd von Rundstedt, e o habilidoso comandante do Grupo Panzer Oeste, o marechal de campo Geyr von Schweppenburg, no princípio de julho.

Em conversas privadas, oficiais do alto escalão da Wehrmacht estavam divididos em sua visão das perspectivas da guerra. Entre aqueles da mais irrestrita lealdade, assim como entre comandantes no front de batalha, que raramente dispunham de tempo para análises detalhadas e, de todo modo, tinham poucas informações sobre o quadro geral, havia os que consideravam as perspectivas militares e políticas da Alemanha longe de promissoras. O próprio Hitler, por anos, já tinha punido as atitudes consideradas derrotistas e negativas, que, no seu entender, caracterizavam o Estado-Maior Geral do Exército, responsável pelo planejamento das operações no front oriental. Seus crescentes e amargos desentendimentos com o chefe do Estado-Maior Geral, Franz Halder, fizeram com que este fosse substituído em setembro de 1942 pelo enérgico e dinâmico Kurt Zeitzler. Mas, esgotado pelos seguidos conflitos com o ditador, que haviam chegado ao clímax com a destruição do Grupo de Exércitos Centro, Zeitzler sofreu um colapso nervoso no fim de junho de 1944. Tinha acabado de dizer a Hitler que a guerra estava militarmente perdida e que "alguma coisa teria de ser feita para encerrá-la".[25]

Zeitzler exprimia um sentimento muito difundido no Estado-Maior Geral, de acordo com uma carta redigida em sua defesa por seu auxiliar, o tenente-coronel Günther Smend, no dia 1º de agosto de 1944. Smend fora preso por sua conexão com a conspiração de Stauffenberg, seria condenado à morte em 14 de agosto e executado em 8 de setembro. É bem possível que antes da carta tivesse sido torturado e, de algum modo, ele houvesse exagerado o sentimento subversivo existente no quartel-general do Estado-Maior Geral. Assim mesmo, a carta oferece uma visão clara do clima reinante. Em face de uma ameaça de execução praticamente certa, Smend não teria motivos para inventar histórias. As dúvidas quanto a uma vitória final haviam aumentado, escreveu Smend, desde a derrota catastrófica em Stalingrado, em fevereiro de 1943. A distância crescente entre as recomendações do Estado-Maior Geral e as decisões de Hitler havia causado fortes críticas ao Führer, em especial na Seção de Operações, críticas essas que oficiais graduados não se preocuparam em atenuar. Na verdade, o chefe de Operações, o general Adolf Heusinger, endossara a condenação do modo como Hitler conduzia a guerra.[26] Não existia mais uma crença firme no ditador. O clima, em todo o Estado-Maior Geral, era de desespero, motivado sobretudo pelos desastres no leste mas também pelas más notícias vindas de todos os fronts, indicando que a guerra estava perdida. Erros graves tinham sido cometidos, e Hitler já era considerado um fardo para os militares. No dia de seu colapso nervoso, segundo o relato de Smend, Zeitzler fora extremamente duro na avaliação do quadro geral, em tudo que tivesse relação com Hitler. Ele havia recomendado a indicação de

Himmler como uma espécie de "ditador da pátria", capaz de conduzir a Alemanha ao engajamento no esforço pela guerra total, algo que vinha sendo alardeado pela propaganda sem jamais ter sido posto em prática com o necessário rigor. Desde então, com Zeitzler fora de ação e o Estado-Maior efetivamente sem líder por quase um mês, o sentimento crescente era de que "Hitler não vai resolver isso". As opiniões tornaram-se ainda mais contundentes, indicando que "é tudo uma loucura". Os jovens oficiais, em particular, consideravam o Führer o grande responsável pela situação. Era do conhecimento geral, escreveu Smend, que já circulavam ideias de eliminar Hitler.[27]

Em 20 de julho de 1944, essas ideias — sugeridas, concebidas e elaboradas numa conspiração envolvendo figuras proeminentes das Forças Armadas, da inteligência militar, do Ministério do Exterior e de outras áreas na liderança do regime — culminaram no atentado à vida de Hitler cometido pelo conde Claus Schenk Graf von Stauffenberg e no subsequente *coup d'état* fracassado que se originou no quartel-general das Forças de Reserva, em Berlim. Nesse 20 de julho, Stauffenberg colocara uma bomba sob a mesa de Hitler durante uma reunião militar, pouco depois do meio-dia, no quartel-general do Führer na Prússia Oriental. A bomba explodiu, matando ou ferindo gravemente a maioria dos presentes no barracão de madeira. Mas Hitler sobreviveu, sofrendo apenas ferimentos leves. E assim que isso ficou evidente, desfez-se o apoio ao golpe planejado para suceder à sua presumida morte, e que desmoronou por completo até o fim da tarde. Stauffenberg e três outros colaboradores próximos foram abatidos por um pelotão de fuzilamento tarde da noite. Os outros membros da conspiração logo estavam presos. Muitos deles foram torturados, submetidos a sinistros simulacros de julgamento e em seguida barbaramente executados.

A tentativa de assassinato planejada por Stauffenberg assinalou uma mudança interna na história do Terceiro Reich.[28] Com o fracasso do atentado veio não apenas o temor de retaliações aos envolvidos, mas também uma significativa radicalização do regime, tanto na repressão como na mobilização. Os desdobramentos do golpe frustrado causaram um enorme impacto nas estruturas governamentais do regime, nas mentalidades das elites civis e militares (em certa medida, também, na população em geral) e nas possibilidades que restavam, tanto de "mudança no regime" como no de fim da guerra.

III

Ao examinar os acontecimentos daquela época durante os interrogatórios a que foi submetido em maio de 1945, Göring considerou que teria sido impossível organizar um movimento bem-sucedido contra Hitler no momento do atentado à bomba.[29] Opinião idêntica, no mesmo mês, teve o general Hoßbach, que havia sido ajudante do ditador na Wehrmacht. De acordo com Hoßbach, o atentado contra a vida do Führer não tinha a menor base de apoio entre a massa da população nem entre os oficiais. "Apesar de todos os reveses, Hitler ainda detinha grande popularidade em 1944", ele declarou. A conexão entre o ditador e o apoio patriótico à guerra era muito forte, tornando extremamente difícil "derrubar o deus".[30] De fato, os participantes da conspiração para assassinar Hitler sabiam muito bem que suas ações não tinham apoio popular.[31] O próprio Stauffenberg admitiu que ficaria "marcado na história da Alemanha como um traidor".[32] As reações imediatas aos acontecimentos de 20 de julho dão crédito a tais opiniões.

No público alemão, espalhou-se um sentimento de profundo choque e de consternação diante das notícias da fracassada tentativa de assassinato. Imediatamente surgiram de todos os lados efusões de lealdade e apoio a Hitler, acompanhadas por uma revolta furiosa contra a "pequena turma" de oficiais "criminosos" (como o Führer havia se referido a eles) que tinha perpetrado aquele ato canalha, bem como uma incredulidade generalizada pelo fato de uma traição tão baixa ter sido possível. É óbvio que qualquer manifestação pública de pesar pela sobrevivência de Hitler seria quase como cometer suicídio — embora aquela fosse a opinião privada de um bom número de pessoas. Desse modo, a quantidade das expressões de apoio obtidas por meio de uma pesquisa formal inevitavelmente fornece uma impressão distorcida do que as pessoas de fato sentiam em seu íntimo. Isso era verdadeiro sobretudo quando se levam em conta os excessos do fervor pró-Hitler que emanava dos enormes "comícios de lealdade", que em questão de poucos dias passaram a ocorrer em todo o país, promovidos por um Partido Nazista revitalizado, com o objetivo de mobilizar os alemães ao orquestrar demonstrações "espontâneas" de alegria pela sobrevivência de Hitler e de indignação diante da monstruosa tentativa de assassinar seu líder.[33] Seja como for, tudo indica que uma onda de genuínas manifestações pró-Hitler percorreu o país logo depois do atentado.

No dia seguinte à tentativa de assassinato, o SD passou a realizar pesquisas de opinião. "Todos os relatos concordam que o pronunciamento sobre o atentado provocou fortíssimos sentimentos de choque, espanto, indignação e raiva", dizia o resumo das reações iniciais. Em lojas ou nas ruas de Königsberg e Berlim, muitas mulheres irrompiam em lágrimas de alegria ao saber que Hitler tinha sobrevivido. "Graças a Deus o Führer está vivo" era uma expressão frequente de alívio. "O que teria sido de nós sem o Führer?", perguntavam-se as pessoas. Hitler era encarado como o único baluarte possível contra o bolchevismo. Muitos pensavam que sua morte teria significado a perda do Reich. As suposições iniciais eram de que o atentado a Hitler fosse obra de agentes estrangeiros, embora essa opinião logo tivesse dado lugar ao reconhecimento de que se tratava de uma operação interna e à fúria por saber que tamanho ato de traição partira de oficiais alemães.[34]

Relatos das repartições regionais de propaganda vindos de todo o país traziam a mesma história. As pessoas estavam chocadas. O atentado teve como consequência o fortalecimento da confiança no Führer. Alguns oficiais, dizia-se, acreditavam que a reputação do Exército fora conspurcada de tal maneira que estavam decididos a pedir transferência para a Waffen-SS. Havia bastante especulação sobre como o atentado teria sido possível: a Wehrmacht recebera muita liberdade, e o Führer não vinha sendo corretamente informado sobre o que acontecia. Hitler teria sido tolerante demais com seus generais, limitando-se a demiti-los, quando o certo seria executá-los pela incapacidade de cumprir com suas obrigações. A sensação geral era de que "novos ventos" começariam a soprar. Exigiam-se punições severas aos "traidores" e a divulgação de seus nomes ao público. Circulavam boatos segundo os quais diversos líderes militares estariam envolvidos, entre eles o ex-comandante em chefe do Exército, Walther von Brauchitsch, o marechal de campo Gerd von Rundstedt, que recentemente fora substituído como comandante em chefe das forças do oeste, e até mesmo o marechal de campo Wilhelm Keitel, chefe do Alto-Comando da Wehrmacht.[35] As pessoas não conseguiam compreender como uma conspiração dessas dimensões poderia ter passado despercebida. Sentiam-se extremamente perturbadas pelo fato de haver oficiais conspirando contra os objetivos e as ações do Führer em pleno coração do Exército.[36] Não demorou muito para surgir a noção de que a razão óbvia para o recente e desastroso colapso do Grupo de Exércitos Centro fosse sabotagem interna.[37]

Por mais exagerados que fossem esses relatos, sem dúvida continham elementos de uma opinião genuína. Pessoas enviavam dinheiro para manifestar agradecimento pela sobrevivência do Führer. Quantias apreciáveis eram recolhidas e enviadas à NSV (Nationalsozialistische Volkswohlfahrt, Organização Nacional-Socialista de Previdência Social Popular), destinadas a crianças que tinham perdido os pais na guerra.[38] Uma mulher, casada com um operário e mãe de várias crianças, enviou à Cruz Vermelha, juntamente com sua doação, uma nota de quarenta marcos do Reich acompanhada de um bilhete ao escritório local do partido, declarando que a doação "provinha de um grande amor pelo Führer, porque nada lhe aconteceu". Ela estava feliz por saber, escreveu ainda, "que nosso Führer foi poupado para nós. Que ele tenha longa vida e nos leve à vitória".[39] Um cabo pedia desculpas à esposa por não ter enviado dinheiro algum para casa desde o começo de agosto, pois o doara inteiramente a uma coleta feita pela Wehrmacht, para mostrar sua gratidão ao Führer. Muitos, ele disse, haviam contribuído com quantias bem mais altas. Por maior que fosse a obrigação que eles sentiam de colaborar com a coleta, o nível de generosidade foi além do necessário.[40]

Muitas cartas e anotações da época em diários particulares refletem sentimentos espontâneos pró-Hitler. "Não acredito que eu esteja errado quando digo, numa ocasião tão triste, em nome de todos nós: 'A Alemanha ficará de pé ou cairá nesta luta com a presença de Adolf Hitler'", anotou num diário, em 21 de julho, um jovem adepto do nazismo, prisioneiro de guerra no Texas. "Se esse atentado a Hitler tivesse sido bem-sucedido, estou certo de que nossa pátria estaria agora no caos."[41] Não se tratava de uma opinião isolada. Nas semanas seguintes à tentativa de assassinato, mais de dois terços dos prisioneiros de guerra em cativeiro nos Estados Unidos expressavam sua confiança em Hitler, um sentimento favorável maior do que o observado antes da conspiração para matá-lo.[42] A fé no Führer mantinha-se igualmente forte entre os soldados na linha de frente. "O grande número de manifestações de contentamento por Hitler estar a salvo", observado em cartas enviadas para casa por soldados no front, chamou a atenção do encarregado da censura à correspondência.[43] As pessoas deviam ser muito cuidadosas no caso de exprimir algum ponto de vista negativo em cartas que poderiam ser lidas pelo censor. Mas não havia necessidade de ser efusivo em comentários favoráveis a Hitler. Sentimentos semelhantes podiam ser notados nas cartas que os soldados recebiam. "Não consigo imaginar o que poderia ter acontecido sem a presença do Führer diante da situação atual do país", escreveu uma mulher de Munique ao marido.[44] Um major da unidade de suprimentos em uma divisão da infantaria atrás das linhas escreveu em seu diário em 20 de julho: "É noite. Más notícias. Atentado contra o Führer", anotando no dia seguinte, depois de ouvir o pronunciamento de Hitler na transmissão noturna, que o fato se devera a um pequeno grupo de oficiais, e que haveria um expurgo. "É uma vergonha enorme", acrescentou, que acontecesse uma coisa dessas, e com os russos "às nossas portas".[45] Outro oficial no front ocidental, sem dúvida cético quanto ao andamento da guerra, no dia seguinte reviu sua opinião inicial de que o golpe fora iniciativa de um pequeno número de militares e considerou o atentado "uma grande conspiração contra A[dolf] H[itler]", indicando a existência de uma cisão na Wehrmacht entre soldados leais e opositores. Lembrou-se de alguém que havia conhecido Stauffenberg, referindo-se a ele como excelente oficial e soldado de muita coragem. Mas era "evidentemente estúpido do ponto de vista político", acrescentou.[46]

Nos altos escalões do Exército, a reação também foi de forte apoio ao regime.[47] Houve um sentimento inicial de consternação e de condenação a Stauffenberg pelo ataque ao chefe das Forças Armadas em meio a uma guerra mundial.[48] A reação do coronel-general Georg-Hans Reinhardt fornece um exemplo revelador. Ele era um comandante experimentado e de notável competência que permanecia fiel a Hitler, mesmo sendo forçado a cumprir as ordens absurdas do Führer, no final de junho de 1944, que impediram o recuo do Terceiro Exército Panzer, o que acabou provocando sua destruição pelos soviéticos. Reinhardt ficou perturbado com as notícias sobre o atentado à vida de Hitler.[49] "Graças a Deus ele se salvou", foi sua reação imediata, demonstrando consternação e incredulidade por tal episódio ter sido possível. "Completamente arrasado", ele acrescentou um dia depois. "Incompreensível! Qual o resultado disso para nossa classe de oficiais? A única coisa que podemos sentir é uma profunda vergonha."[50] Sua crença em Hitler continuava intacta, assim como seu senso de dever em cumprir as vontades do Führer. "O dever nos chama. Irei aonde o Führer me ordenar", ele escreveu, um mês mais tarde, ao assumir o comando do que sobrara do Grupo de Exércitos Centro. "É a maneira de justificar sua confiança."[51] O general Hermann Balck, rígido comandante de blindados, experimentado nas campanhas do front oriental, extremamente leal e tido em alta conta por Hitler pela eficiência no comando de formações blindadas, havia conhecido Stauffenberg e o admirava, mas não hesitou em condená-lo como "um criminoso". Seu ato, que Balck comparava ao assassinato de César por Brutus, tornara a situação da Alemanha, que já era ruim, ainda pior. Ele via as causas dessa crise numa longa inabilidade dentro do corpo de oficiais em colocar "juramento e honra" acima de tudo. A "revolta do Estado-Maior" era "uma vergonha" para o corpo de oficiais. Mas parecia também ser uma "tempestade capaz de fazer uma limpeza", vinda na hora certa. Agora deveria ocorrer um impiedoso expurgo de todos os conspiradores, uma tábula rasa. "Para nós, isso significa obter a vitória sob a bandeira do Führer, apesar de tudo", Balck concluiu.[52]

Oficiais que estavam longe de ser inteiramente nazistas em seus sentimentos ainda enfrentavam o visível dilema de que, mesmo em meio aos problemas que afligiam a Alemanha, matar Hitler era um ato de extrema falta de patriotismo, que minava a motivação no front de batalha, era em si moralmente errado e constituía traição ao Führer. Tais atitudes, quaisquer que fossem as dúvidas sobre a capacidade de liderança de Hitler, acabaram dotando os líderes militares da Alemanha, em sua maioria, de uma lealdade instintiva. O general Hoßbach, que mais tarde seria destituído por Hitler do comando do Quarto Exército durante a batalha pelo leste da Prússia, no início de 1945, atuava como representante de muitos que pensavam assim. Refletindo sobre a conspiração da bomba apenas uma quinzena após a capitulação da Alemanha, em maio daquele ano, e completamente a par das perdas calamitosas e da colossal destruição nos últimos meses da guerra, Hoßbach não apresentou nenhuma alternativa realista para o que havia acontecido. Ele reconheceu a necessidade patriótica de as Forças Armadas "redimirem a Alemanha da dominação por um bando de criminosos". Mas como isso poderia ser alcançado, ele não tinha ideia. Hoßbach condenou a tentativa de derrubar o regime de Hitler pelo assassinato e por um *coup d'état* como "imoral e anticristão", uma "punhalada nas costas", e o "mais infame ato de traição contra nosso Exército".[53] Ao rejeitar a força, contudo, sua única alternativa parecia a de pressupor um desafio coletivo, feito pelos generais, à desastrosa liderança de Hitler. Como ele admitia que as ligações com Hitler, tanto no interior da Wehrmacht como entre a população, ainda eram muito fortes em 1944, não fica claro de que forma imaginava que tal desafio coletivo tivesse sido possível.

O ressurgimento do apoio de caráter pessoal a Hitler e a correspondente exigência de punições severas aos "traidores", além de uma limpeza drástica de todos os suspeitos de sabotagem ao esforço de guerra, acabaram dando ao regime uma sobrevida num momento particularmente crítico. Abria-se a oportunidade, que os líderes nazistas souberam perceber de maneira aguçada, de uma profunda radicalização em todos os aspectos do regime e da sociedade, com o objetivo de injetar outra vez no país, agora com as costas na parede, os autênticos ideais do nacional-socialismo e o espírito de luta indispensáveis para escorraçar os inimigos predadores.

IV

Nos dias imediatamente após a fracassada tentativa de assassinar Hitler os poderes de Himmler, Göring e Goebbels aumentaram. Speer, o quarto grande barão, percebeu-se espremido no contexto dominado por esse trio. Assim mesmo, sua posição, de encarregado dos armamentos, ainda fazia dele uma figura insubstituível, de enorme influência. Esses quatro homens controlavam a maioria das vias do poder e trabalharam bastante para dirigir o curso do regime em seus meses finais. Faziam isso, entretanto, dentro da estrutura da autoridade suprema de Hitler, que ninguém pensava em desafiar. Pelo contrário, as próprias bases do poder individual de cada um derivavam diretamente dela. Desse modo, as ligações com Hitler, que tinham sido elemento decisivo de sua autoridade carismática desde os primeiros dias do movimento nazista e haviam se tornado um dos alicerces do regime depois de 1933, mantinham-se intactas e impediam qualquer colapso interno. O impacto corrosivo dessa autoridade carismática nas estruturas de governo tampouco diminuíram. No entanto, assim como antes, não existia um governo unificado nos níveis abaixo de Hitler. Os integrantes do quadrunvirato, longe de agir como um organismo coerente, estavam ferozmente em guerra entre si, procurando usar o acesso ao ditador em sua disputa pelo poder, competindo por recursos e pela expansão das respectivas áreas de atuação.

Poucas horas depois de ter sobrevivido ao ataque à bomba, em seu quartel-general situado na Prússia Oriental, Hitler deu o primeiro grande passo na radicalização ao indicar Himmler para substituir o general Friedrich Fromm de seu posto de comandante em chefe das Forças de Reserva.[54] O quartel-general das Forças de Reserva tinha sido o epicentro da conspiração para o fracassado *coup d'état*, e, a despeito dos esforços do comandante por provar sua lealdade — assim que soube da sobrevivência de Hitler — denunciando os conspiradores e, na noite de 20 de julho, mandando um pelotão de fuzilamento executar Stauffenberg e mais três participantes do atentado, Fromm também foi preso e, alguns meses mais tarde, igualmente executado.[55] As Forças de Reserva eram vistas como a Estrebaria de Áugias, precisando passar por uma faxina geral. Himmler era o homem disponível para o serviço.

Na verdade, Himmler tinha fracassado como chefe de Segurança do Reich, ao não ter protegido o Führer da tentativa de assassinato nem descoberto a conspiração. Ou Hitler ignorou ou então deixou de levar em conta essas omissões e recorreu a ele para deixar sua marca numa área central da Wehrmacht. Himmler, como observado, já havia colocado um pé para dentro da esfera de competência das Forças de Reserva, ao tornar-se responsável pela "educação ideológica" no dia 15 de julho. Mas agora sua influência aumentava de forma substancial, pois teria também sob sua égide uma das posições mais importantes da Wehrmacht. A seu cargo ficariam os setores de armamentos, disciplina militar, prisioneiros de guerra, pessoal da reserva e de treinamento. Com as Forças de Reserva, seriam quase 2 milhões de homens no serviço militar convencional sob o controle de Himmler.[56] Tratava-se de um acréscimo significativo ao conjunto de seus poderes, que já era enorme.

O impacto de Himmler logo se fez sentir. Ele imediatamente revogou as ordens que Fromm havia dado em 20 de julho e começou a preencher as posições-chave de seu novo domínio com tenentes da ss de sua confiança, nomeando o chefe da Central de Operações da ss (ss-*Führungshauptamt*), Hans Jüttner, como seu suplente no comando das Forças de Reserva.[57] Em seguida, iniciou uma série de discursos motivacionais aos oficiais do Exército. Embora pouco chegassem a abordar temas específicos, esses discursos deixavam bem claro que sob a direção de Himmler o clima era outro.

Em 21 de julho, ele dirigiu-se aos oficiais sob seu comando como chefe dos Armamentos do Exército, área que agora fazia parte de seu império. Começou dizendo que em 1918 a revolta dos conselhos de soldados haviam custado à Alemanha sua vitória. No conflito atual não havia o perigo de que acontecesse algo parecido. A grande massa da população, nas cidades sob bombardeio e nas fábricas, era de uma "decência" sem precedentes ("decência" era uma das palavras favoritas de Himmler) em seu comportamento. Mas agora, pela primeira vez na história, um coronel alemão quebrara seu juramento e atacara o supremo comandante. Ele sabia que isso acabaria acontecendo algum dia, continuou, sem se deter em que tipo de informações lhe teria sido possível conseguir a respeito dos bastidores da conspiração. A tentativa de matar o Führer e derrubar o regime fora reprimida. Mas tinha sido um grande perigo. Era algo que podia acontecer em Honduras, na América do Sul, mas nunca na Alemanha. Na tarde anterior, ele recebera de Hitler a missão de restabelecer a ordem e assumir o comando do Exército em solo alemão. Himmler disse tê-la aceitado como "um seguidor incondicional do Führer", que "nunca em minha vida fui culpado de deslealdade e nunca serei". Exerceria a tarefa, afirmou, como um soldado alemão, e não como o comandante em chefe de uma organização rival, a Waffen-ss. Teria de fazer uma limpeza. Restauraria a confiança e promoveria o retorno dos valores de lealdade, obediência e camaradagem. Algumas vezes era preciso passar pelo inferno, declarou, mas a suprema liderança tinha nervos fortes e sabia agir com brutalidade quando necessário. Para finalizar, fez uma descrição do significado da guerra: confirmação da Alemanha como potência mundial; criação de um Reich germânico para crescer até 120 milhões; e uma nova ordem dentro do Reich. Uma "invasão vinda da Ásia" voltaria a ocorrer periodicamente em prazos de cinquenta, cem ou duzentos anos. Mas nem sempre haveria um Adolf Hitler para impedi-la. Tornava-se necessário, portanto, preparar uma fortaleza contra ataques futuros, colonizando territórios do leste por meio de assentamentos alemães. "Vamos aprender a governar povos estrangeiros", declarou. "Deveríamos nos envergonhar profundamente se agora ficássemos fracos demais."[58]

Dois outros discursos de Himmler a oficiais, nos dias seguintes, tinham tom bem parecido: o recurso ao sombrio precedente de 1918, o cumprimento do dever, naquele momento, pelo povo e quase todo o Exército, mas a vergonha que "um coronel" levara ao corpo de oficiais, a falta de lealdade de alguns deles e a necessidade de ações implacáveis contra militares culpados de covardia. Mais uma vez a ênfase ficou nos objetivos da guerra, dos quais não se podia desistir — incluindo agora o domínio sobre o continente como forma de proteção em guerras futuras, por meio do prolongamento das fronteiras de defesa.[59] A brutalidade sem limites que, mais do que nunca, se tornaria a marca registrada do *Reichsführer*-ss, durante os meses subsequentes, estava clara na mensagem a seu oficial de ligação no quartel-general de Hitler, Hermann Fegelein. Nela, Himmler determinava que, ao menor sinal de desintegração entre divisões atuando no leste (que ele tinha em má conta por suspeitar de atitudes rebeldes supostamente causadas por infiltração comunista), "destacamentos de recepção" (*Auffangkommandos*) chefiados pelos "mais brutais comandantes" deveriam fuzilar "qualquer um que abrisse a boca".[60]

A autoridade de Himmler, de intervir em áreas que até então haviam sido de interesse unicamente militar, aumentou ainda mais com um novo decreto do Führer, em 2 de agosto. Ele dava poderes ao *Reichsführer*-ss, por meio de uma reestruturação radical, de inspecionar e "simplificar" (significando uma redução em tamanho, com consequente economia da força de trabalho) "toda a base administrativa e de organização do Exército, a Waffen-ss, a polícia e a Organização

Todt", liberando assim mais mão de obra para as Forças Armadas.[61] O último desses organismos, a OT, era o imenso complexo de construção cuja maciça força de trabalho Speer havia concordado em ceder ao *Reichsführer*-ss como medida de economia de material humano.[62] Cortes naquilo que Himmler considerava uma administração militar inchada eram parte de suas intenções desde o início, e com essas amputações ele conseguiu aumentar em meio milhão de homens o efetivo de tropas no front, criando com esses novos recrutas quinze divisões de *Volksgrenadier* (granadeiros do povo).[63] Graças a essa nova autoridade, Himmler participava agora da disputa travada na cúpula do regime pelo controle do novo movimento de guerra total.

Goebbels ocupava a segunda posição na lista dos grandes vencedores resultante dos acontecimentos de 20 de julho. O papel crucial que ele havia desempenhado ao esmagar a revolta em Berlim foi reconhecido por Hitler. Sob o impacto do atentado à sua vida, e do choque ao sistema que isso representava, Hitler agora estava preparado para conceder a seu ministro da Propaganda a posição que Goebbels desejava havia mais de um ano, e finalmente o tornou ministro plenipotenciário do Reich para o Esforço pela Guerra Total.

O encontro dos ministros ou de seus representantes presidido por Lammers em 22 de julho, um dia depois da data prevista de início, resumiu-se praticamente à aclamação ritual de Goebbels como o novo todo-poderoso da guerra total.[64] Logo no começo da reunião, Lammers — sentindo-se seguro ao saber que os quadros da Chancelaria do Reich, que ele presidia, tinham sido poupados por Hitler de interferências — propôs o ministro da Propaganda para a tarefa de mobilizar o setor civil. Keitel, Bormann e os demais presentes apoiaram a proposta. Goebbels falou durante uma hora, apresentando a questão como tendo três aspectos: fornecer mais mão de obra mediante cortes na administração da Wehrmacht, reduzir drasticamente a burocracia estatal e proceder a uma "reforma da vida pública", formulada de maneira um tanto vaga. O partido, reconheceu Goebbels, não seria afetado por essas medidas. Aquele era o domínio de Bormann, e tudo relacionado a ele deveria ficar apenas em suas mãos. Interferências no setor militar igualmente ficavam de fora das operações que estavam sendo propostas. Qualquer medida nessa área deveria ser tomada pelo novo comandante em chefe das Forças de Reserva, Heinrich Himmler.

Speer, que em meados de julho tanto havia se empenhado na campanha pela guerra total, sentia-se agora colocado à margem do processo. Seu memorando de

12 de julho recebeu — de acordo com as instruções de Hitler — atenção apenas moderada, para impedir que a importante reunião marcada para poucos dias mais tarde fosse prejudicada por um grande número de detalhes. De fato, quando Speer tomou a palavra, os dados que apresentou sobre a economia que poderia ser feita na burocracia estatal foram imediatamente contestados por Lammers e pelo secretário de Estado no Ministério do Interior do Reich, Wilhelm Stuckart. Os conflitos de interesse logo vieram à tona quando Stuckart apontou de maneira enfática que a capacidade de economizar mão de obra na burocracia estatal era muito pequena. Goebbels conseguiu impedir que a reunião se dispersasse com discussões supérfluas sobre detalhes, conduzindo-a de volta ao tema principal. Para o ministro da Propaganda, como ele disse com toda a clareza, a guerra total "não era apenas uma questão material, mas sobretudo uma questão de natureza psicológica", reconhecendo que algumas das medidas tomadas teriam "em parte um caráter meramente visual". O encontro encerrou-se, de maneira previsível, com Lammers concordando em propor Goebbels para o cargo de plenipotenciário no dia seguinte, em que muitos dos presentes voltariam a se reunir para apresentar seus relatórios a Hitler no quartel-general no leste da Prússia.[65]

Goebbels estava feliz. "Todos os participantes", ele anotou em seu diário,

> são da opinião de que o Führer deve passar as mais extensas atribuições plenipotenciárias, de um lado à Wehrmacht e de outro ao Estado e à vida pública. O nome de Himmler foi proposto para a Wehrmacht e o meu, para a área do Estado e da vida pública. De modo análogo, Bormann deve receber poderes totais para engajar o partido nesse grande processo totalizante, e Speer já recebeu os poderes para intensificar o processo de armamentos.[66]

A reunião prosseguiu na tarde seguinte, com a presença de Hitler, Göring e Himmler. Em vão Göring protestou contra a diminuição ainda maior de seu poder, com a atribuição a Himmler da responsabilidade por assuntos que, segundo sua argumentação, deveriam caber ao comandante em chefe da Wehrmacht. Hitler interveio, confirmando o apoio a Himmler. A experiência resultante foi então utilizada por Göring e pelo grande almirante Karl Dönitz, respectivamente comandantes-chefes da Luftwaffe e da Marinha, que continuaram responsáveis por seus próprios domínios. O acordo foi aceito. Quanto ao resto, Hitler, que com certeza havia lido com atenção o memorando de Goebbels de 18 de julho, deu todo apoio ao ministro da Propaganda e à proposta de novas e drásticas medidas no esforço pela guerra total. "O Führer declara que não há mais necessidade de debater pontos específicos", recordou Goebbels. "Alguma coisa fundamental precisa ser feita, caso contrário, não poderemos vencer a guerra." A posição de Hitler, ele observou, foi "muito radical e incisiva". Naquilo que se tornara um clichê no decorrer dos últimos meses, Hitler falou da nova radicalização como um retorno às raízes do partido. De modo característico, também recorreu ao argumento populista de que "o povo quer uma guerra total e, a longo prazo, não podemos ir contra a vontade do povo". Goebbels ficou radiante com o resultado do encontro e com a mudança de atitude por parte de Hitler. "É interessante observar", ele comentou, "como o Führer mudou desde nossa última conversa em Obersalzberg [em 21 de junho]. Os acontecimentos, especialmente no dia da tentativa de assassinato e naqueles no front oriental, deixaram claras para ele as decisões a serem tomadas."[67]

Dois dias mais tarde, em 25 de julho, Hitler assinou o decreto tornando Goebbels plenipotenciário para a Guerra Total.[68] Goebbels estava exultante com seu triunfo — um sucesso muito maior, garantiu, do que havia imaginado. Seu secretário de imprensa, Wilfred von Oven, considerou-o agora "o primeiro homem no Terceiro Reich depois de Hitler".[69] Três vezes em seu diário o ministro da Propaganda referiu-se a uma "ditadura da guerra interna", indicando que o objetivo que tanto almejava estava agora em suas mãos.[70] Toda essa presunção tinha lá suas razões, mas Goebbels sabia que, mesmo com a autoridade aumentada, permaneceria como apenas uma, e não como a única, fonte de poder abaixo de Hitler. Também sabia que, mais do que nunca, esse poder passaria a ser exercido num clima de competição, e não dentro de uma atmosfera de unanimidade. Os próprios termos do decreto de nomeação, como ele reconhecia, limitavam o alcance de seus poderes. Teria o poder de encaminhar diretrizes às "mais altas autoridades do Reich", mas todo decreto no sentido de colocá-las em prática deveria ser negociado com Lammers, Bormann e Himmler (em sua capacidade como plenipotenciário geral para a administração do Reich, da qual fora investido quando se tornou ministro do Interior). Goebbels dependia do apoio de Bormann para medidas que envolvessem o partido. E, no caso de alguma ordem de Hitler provocar conflitos não inteiramente resolvidos entre seus subordinados, o Führer usaria sua autoridade para tomar as decisões necessárias. Contudo, havia certos auxiliares diretos que ficavam dispensados da autoridade expressa de Hitler. Os dirigentes do Reich, os chanceleres do partido e do sistema prisional, o pessoal encarregado do transporte do Führer e aqueles envolvidos no planejamento e na reconstrução de Berlim, Munique e Liz estavam excluídos.[71] E é claro que uma área fundamental, o Exército, também fora posta de lado, ficando exclusivamente sob o comando de Himmler.

Inabalável, Goebbels deu início nas semanas seguintes a uma impressionante sequência de atividades, disparando diariamente ao meio-dia, pelo telefone, instruções a todos os *Gauleiter*.[72] Tinha de enfrentar inúmeros obstáculos e interesses de dirigentes que se sentiam ameaçados, problemas que nem sempre ele conseguia superar. E, por mais drásticas que fossem suas intervenções, a verdade é que havia um número menor de áreas eventualmente mal administradas da economia que, por meio de amplos cortes, podiam fornecer o aumento de mão de obra que ele havia antecipado. Além disso, muitas de suas "racionalizações" mostraram-se ineficazes. Em alguns casos, o próprio Hitler precisou intervir para limitar os cortes que Goebbels queria efetuar. Por meio de Bormann, o ditador solicitou que o ministro da Propaganda considerasse, em cada caso, se os fins justificavam os meios e se causariam algum prejuízo significativo aos serviços públicos, como no caso da entrega da correspondência pelos correios.[73] Mesmo assim, em outubro Goebbels já havia conseguido quase meio milhão de homens a mais para a Wehrmacht, e perto de 1 milhão até o fim do ano.[74] Muitos deles, na verdade, estavam longe de satisfazer as necessidades do serviço militar, e de todo modo seu número era superado pelas baixas alemãs no front durante o mesmo período.

Como meio para tentar se contrapor à maciça superioridade numérica dos Aliados, era evidente que o empenho de Goebbels no sentido da guerra total, tendo para isso que raspar o fundo do tacho, estava desde o início fadado ao fracasso. Mas no que diz respeito ao prolongamento do conflito, e à possibilidade de que a Alemanha pudesse continuar lutando mesmo enfrentando a derrota em todos os fronts, a mobilização pela guerra total decorrente dos novos poderes atribuídos a Goebbels certamente teve algum resultado. Com suas medidas a população alemã ficou mais coagida, manipulada e controlada do que nunca. Poucas pessoas mantinham-se realmente entusiasmadas por muito tempo. A maioria, quando não lhes restava opção, nada podia fazer além de tentar adequar-se às novas exigências. O resultado de tudo isso eram deslocamentos compulsórios, crescentes restrições aos direitos individuais e um sentimento de resignação. Embora a disposição para uma luta que era cada vez mais desesperada estivesse diminuindo, dificilmente surgia espaço para alguma alternativa.

Martin Bormann, chefe da administração do partido, estava em terceiro lugar na lista dos vencedores que se seguiu aos desastres do verão e, em especial, da radicalização do regime decorrente do choque provocado pelo atentado contra Hitler. Ele aproveitou a atmosfera da nova crise para revigorar e expandir ao máximo os poderes do partido, bem como os seus próprios e sua influência no processo.[75] Mesmo antes da tentativa de assassinato, Bormann já vinha fazendo pesquisas dentro da organização do partido, em busca de quadros que pudessem ser úteis no sentido de fornecer força de trabalho à Wehrmacht ou à indústria de armamentos.[76] Para ele, portanto, a iniciativa de Goebbels pela guerra total era oportuna e poderia ser usada em seu próprio benefício. Goebbels organizara em Berlim um grupo de coordenação relativamente pequeno, mas imaginava o trabalho fundamental do esforço pela guerra total sendo realizado pelas agências do partido em nível regional. Isso era música para os ouvidos de Bormann. Ele poderia usar o novo clima vigente para reforçar o poder dos *Gauleiter* nas regiões, à custa da burocracia estatal.

Como comissários de defesa do Reich (*Reichsverteidigungskomissare*, RVKS), os *Gauleiter* já tinham entre suas atribuições o direito de intervir em questões relativas à defesa do Reich em suas regiões. Uma semana antes da tentativa de assassinato, essa atribuição havia sido ampliada por meio de um decreto de Hitler, estipulando aquilo que mais tarde se mostraria uma diretriz obscura para a colaboração entre a Wehrmacht e o partido em zonas de operação militar dentro do Reich. O decreto abria a porta para futuras interferências dos RVKS em questões cruciais no interior das zonas de operação, como a evacuação da população civil e a imobilização ou destruição da indústria.[77] Bormann estava agora em condições de expandir substancialmente seus poderes, uma vez que sob o manto da guerra total havia se instalado uma situação que, na prática, era de crise permanente. Dentro desse novo quadro, os *Gauleiter* ficariam autorizados a dar ordens à administração do Estado em áreas que até então permaneciam fora de sua alçada.[78] Eles, que conquistaram seus poderes graças à disposição de abrir caminho à força, estavam muito felizes em obedecer a esse convite, que lhes permitiria, mais do que nunca, exibir seu poder.[79]

No entanto, a descentralização do poder que essas medidas representavam constituía apenas uma pequena parte daquilo que havia sido chamado, de maneira um tanto canhestra, de "partificação".[80] Ao mesmo tempo que fortalecia os *Gauleiter* contra as autoridades do Estado, Bormann era hábil o bastante para estender o controle da Chancelaria do partido sobre os chefes regionais, mantendo ainda em suas mãos todas as rédeas da autoridade em questões políticas cruciais. O domínio resultante desse apoio que ele recebia na atuação regional ocorria também na administração central: cada vez mais, a Chancelaria do partido empurrava a Chancelaria do Reich, sob o comando de Lammers, para fora de áreas--chave da política. O gabinete de Lammers, que como chefe da Chancelaria do Reich já tivera grande importância ao servir de ligação entre os ministros do Reich e Hitler, perdeu então todo o significado, servindo para pouco mais do que caixa postal e agência de distribuição das ordens emitidas por Bormann. Completamente marginalizado, Lammers veria Hitler pela última vez em setembro.[81] Seu desespero chegou a tal ponto que em março ele se tornou incapaz de trabalhar e por pouco não sofreu um colapso nervoso.[82] Mas na segunda metade de 1944 já não existia mais governo central no sentido convencional do termo. Bormann havia usurpado a administração do Reich, unindo seu controle sobre o partido à proximidade conquistada com Hitler para criar um verdadeiro centro de poder no quartel-general do Führer.

Porém, por mais importante que fosse, o centro de poder de Bormann não era o único. A "partificação" à custa da burocracia estatal não criou uma administração ágil nem um governo central alternativo, à medida que o Reich começava a se fragmentar. Na verdade, os aspectos em que a "partificação" mostrou-se bem-sucedida foram o aumento da capacidade de organização do partido e, acima de tudo, o fortalecimento maciço do poder da agremiação sobre o próprio governo e a sociedade.[83]

As posições-chave ocupadas no movimento nazista por Himmler, Goebbels e Bormann lhes permitiram, em meio aos gritos estridentes de traição e sede de vingança depois do atentado de Stauffenberg, aproveitar o clima de crise para ampliar seus respectivos poderes. Em contraste, Speer não desfrutava de nenhuma posição ou cargo de destaque dentro do partido. Faltavam-lhe tanto um toque populista, característica que Goebbels possuía instintivamente, como o dom para o trabalho de organização de um Himmler ou um Bormann. Na personalidade de Speer, o lado de tecnocrata do poder sobrepujava o ativista partidário. Ele se aliara a Goebbels na tentativa de convencer Hitler a adotar medidas radicais para a guerra total. Mas isso foi antes da explosão da bomba de Stauffenberg. Suas esperanças de ganhar controle sobre a área de armamentos do governo caíram imediatamente por terra quando Himmler foi nomeado chefe das Forças de Reserva. Além disso, Speer viu-se alvo da suspeita, logo após a tentativa de assassinato, de estar envolvido na conspiração.[84] E, nas rápidas articulações para instituir um plenipotenciário para a guerra total, o populismo e o ímpeto de Goebbels seduziram Hitler, enquanto a aridez da argumentação de Speer quanto às necessidades da indústria de armamentos ficou em segundo plano. O controle de Bormann sobre as engrenagens do partido e seu empenho consciente em ampliar os poderes dos *Gauleiter*, como RVKs, também enfraqueceram Speer, uma vez que sua atuação na área de equipamentos bélicos invariavelmente entrava em confronto com os arraigados interesses dos líderes do partido nos distritos e suas constantes intervenções em nível regional.

Para complicar a situação, assim que começou de fato o movimento pela guerra total, Speer logo se viu em lado oposto ao de seu ex-aliado Goebbels e da aliança que o ministro da Propaganda fizera com Bormann, oficial que em geral conseguia conquistar o apoio de Hitler. A questão óbvia das demandas que recaíam sobre a escassa mão de obra, criadas pela entrada em vigor das diversas medidas de "racionalização" — se essa força de trabalho deveria ser alocada à Wehrmacht ou à produção de armamentos —, tinha sido evitada durante a breve aliança entre Goebbels e Speer. Assim que ficou resolvida a disputa sobre quem iria liderar o esforço pela guerra total, e no momento em que o problema da alocação da mão de obra tornou-se agudo, Speer descobriu-se numa posição defensiva.[85] Ao lutar por seus domínios, ele havia feito inimigos poderosos. O comentário lacônico de Goebbels sobre o ministro dos Armamentos, logo depois de ter vencido a batalha, foi: "Acho que deixamos esse rapaz crescer um pouco demais".[86]

A posição de Speer diante de Hitler também foi diminuída. Além de deixar de ser um dos favoritos do Führer, ele ainda enfrentava a crescente influência de seu ambicioso subordinado Karl Otto Saur, chefe do setor técnico no ministério, que no início do ano fora encarregado por Hitler da defesa aérea. Não seria conveniente, contudo, interpretar a relativa perda de poder por parte de Speer nos altos escalões do regime — algo que o ex-ministro dos Armamentos fez questão de deixar bem claro para a posteridade — como uma indicação de que ele havia ficado de fora de todas as esferas significativas de influência. O fato é que Speer continuava a ocupar uma posição decisiva na interseção entre a área militar e a indústria. Os militares tinham necessidade dos armamentos que ele tornava disponíveis.

A indústria precisava de sua iniciativa para produzir as armas, diante das severas e crescentes dificuldades. Não havia propaganda ou repressão por parte dos populistas do partido capaz de fornecer armas ao Exército.

Em 1º de agosto, quando Göring viu-se obrigado a passar a Speer o controle da produção de armamentos para a Luftwaffe, este teve a oportunidade de estender seus domínios.[87] Quaisquer que fossem as disputas internas que tinha de enfrentar na selva em que o Terceiro Reich se transformara durante a fase de seu inexorável declínio, Speer continuava sendo uma figura indispensável a Hitler e ao regime. Num texto que enviou ao ditador quando a guerra estava quase chegando ao fim, ele alegou: "Sem meu trabalho, a guerra talvez estivesse perdida em 1942-3".[88] E decerto tinha razão. Suas realizações desempenham um papel relevante quando se questiona como a Alemanha conseguiu resistir por tanto tempo.[89] Nesse sentido, mesmo levando-se em conta o enfraquecimento de sua posição interna, Speer foi um membro crucial — possivelmente até o mais importante — do quadrunvirato que dirigiu o caminho da Alemanha para o abismo nos meses finais do Terceiro Reich.

V

Os esforços combinados do quadrunvirato teriam sido de pouca serventia se as Forças Armadas tivessem demonstrado sinais de desinteresse e fraqueza em seu apoio ao regime. Entretanto, como visto, em meio à reação de choque diante da tentativa de assassinato liderada por Stauffenberg, os líderes militares manifestaram, mais do que nunca, sua lealdade a Hitler, repudiando o levante contra o regime. O superleal Jodl, com a cabeça envolta em ataduras pelos ferimentos leves que sofreu com a explosão da bomba, e em profundo choque emocional com o ocorrido, sintetizou essa postura. Disse a Goebbels que os generais próximos a Hitler iriam ajudá-lo a "perseguir impiedosamente os derrotistas, golpistas e instigadores do assassinato".[90] Jodl estava a tal ponto indignado com o ato de "traição" interna que era favorável até mesmo à dissolução do Estado-Maior Geral.[91] "O dia 20 de julho", ele disse a oficiais do Estado-Maior de Operações da Wehrmacht, foi a data "mais negra na história da Alemanha", pior até que o dia 9 de novembro de 1918, "único em sua monstruosidade". Agora haveria vinganças implacáveis contra os responsáveis. Depois que "toda a podridão tivesse sido extirpada", surgiria uma nova unidade. "Mesmo que a sorte esteja contra nós, devemos nos manter unidos ao Führer até o fim, para que possamos nos justificar perante a posteridade."[92] Jodl empenhou-se em obter uma manifestação pessoal de lealdade por parte dos oficiais presentes, cobrando deles um aperto de mãos simbólico, indicando que cada um estava unindo seu destino ao destino do Führer.[93]

O receio de alguma ligação com os conspiradores e as terríveis consequências que tal descoberta haveria de causar naturalmente desempenharam papel importante nessa nova onda de demonstrações de lealdade inquestionável. Mas o apoio a Hitler e à denúncia, por parte do Exército, da traição ao comandante supremo e chefe de Estado era em sua maior parte espontâneo e genuíno. Mesmo assim, Hitler e os líderes do regime não deixaram nada ao acaso. O sentimento de cólera dirigido ao corpo de oficiais por fanáticos do partido, que Bormann até precisou atenuar, oferecia agora a oportunidade perfeita para introduzir novos mecanismos de controle, assim como para aprimorar a doutrinação ideológica do Exército. A substituição da saudação militar tradicional pelo *"Heil* Hitler" (promovida em 23 de julho pelos comandantes-chefes das Forças Armadas, não pelo ditador) era um sinal claro dos reforçados laços de lealdade com o Führer.[94]

O passo seguinte de Hitler, horas depois da tentativa de assassinato, foi no sentido de restabelecer a ordem, dentro do que ele já vinha considerando, muito antes da bomba, o ponto fraco mais crítico do Exército. Desde o colapso nervoso de Zeitzler, três semanas antes, no início de julho, o Exército estava na prática sem um chefe do Estado-Maior Geral. Diante do perigo iminente da invasão da Prússia Oriental pelo Exército Vermelho, ocupar esse cargo era uma necessidade vital. E como, segundo a visão do Führer, a origem do câncer que levara ao atentado estava nesse importante centro de planejamento operacional do Exército, um novo comandante de absoluta confiança era fundamental para que o Estado--Maior Geral fosse não apenas eficiente do ponto de vista militar como também forte no âmbito político. O oficial que Hitler tinha em mente para o posto, general Walter Buhle, ficara ferido na tentativa de assassinato. Assim, o ditador se voltou para um respeitado especialista em tanques, Heinz Guderian, oficial de vasta experiência e que desde o início de 1943 exercia o cargo de inspetor geral das Tropas Panzer. Guderian era um nacionalista fervoroso, anticomunista, militar dotado de grande iniciativa e dinamismo, que sempre defendia vigorosamente suas opiniões. Estrategista ousado, admirador de Hitler desde a primeira hora, desempenhara um papel notável ao convencer o Führer da importância tática que ataques rápidos e concentrados efetuados pelas Panzer haviam assumido na guerra moderna. Guderian recebera enormes elogios por sua grande ofensiva Panzer nas Ardenas em 1940, operação que tivera papel decisivo na espetacular derrota imposta aos Aliados na campanha da França. Um ano mais tarde, suas forças Panzer foram ponta de lança na ofensiva inicialmente muito bem-sucedida no front russo. Um conflito sobre táticas com o comandante em chefe do Grupo de Exércitos Centro, o marechal de campo Hans Günther von Kluge, e o temperamento explosivo de Guderian provocaram sua exoneração durante a crise no inverno de 1941, mas ele foi chamado de volta por Hitler em fevereiro de 1943, na esteira de uma nova crise, a catástrofe de Stalingrado. Embora cada vez mais cético quanto ao modo como Hitler conduzia a guerra, e a despeito de ter sido procurado pelos conspiradores, Guderian mantivera as mãos limpas no episódio do atentado e, depois de encerrada a guerra, continuou condenando a conspiração de Stauffenberg. Certamente tinha a aprovação de Goebbels, que descreveu Guderian como "insuperável em sua lealdade ao Führer".[95] Nos meses seguintes, em seus encontros com Hitler, Guderian logo aprenderia que lealdade e competência em análises militares raras vezes coexistem na mesma pessoa. Mas logo em seguida à sua nomeação, em 21 de julho, ele fez questão de deixar bem claras suas credenciais como oficial de irrestrita lealdade, estabelecendo a mesma fidelidade em relação a um Estado-Maior Geral quase todo reconstruído, uma vez que muitos de seus antigos integrantes tinham sido presos por suspeita de cumplicidade com a conspiração. Guderian não perdeu tempo em denunciar o derrotismo e a covardia que em sua opinião tinham causado a desgraça do quartel-general, e garantiu que a partir de sua nomeação o corpo de oficiais seria inteiramente leal ao Führer. Uma das primeiras medidas tomadas por ele foi assegurar que, além da alta competência associada ao quartel-general, a "elite intelectual" do Exército, também seria exigido dos oficiais o comprometimento ideológico com os ideais nazistas. Em 29 de julho ele emitiu a ordem de que todo oficial do Estado-Maior Geral deveria ser um oficial da liderança nacional-socialista (*Nationalsozialistischer Führungsoffizier*, NSFO), que "precisaria demonstrar e provar, tanto nas táticas como na estratégia, por meio de uma postura exemplar em questões políticas, e da constante orientação e instrução dos camaradas mais jovens quanto às intenções do Führer, que pertence à 'seleção dos melhores'".[96] O quartel-general, tendo fracassado de maneira desastrosa e criminosa aos olhos dos líderes do regime, havia se tornado alvo prioritário da nazificação. Novas atitudes de negligência e deslealdade não seriam mais admitidas naquele setor.

Hitler estabelecera uma unidade da NSFO dentro do Alto-Comando da Wehrmacht em dezembro de 1943, deixando-a a cargo do general Hermann Reinecke. A tarefa da NSFO era instilar o espírito nazista nas tropas, que, ele receava, estavam sendo afetadas pela propaganda subversiva soviética. Para Hitler e para a liderança do regime, injetar fanatismo nos militares era o caminho para a vitória.[97] Havia pouca simpatia pela nova instituição entre o corpo de oficiais, e a NSFO custou a ser aceita. O malsucedido levante de julho de 1944 mudou essa situação de maneira drástica.[98] Isso não quer dizer que a NSFO tenha passado a ser recebida de braços abertos pela maioria dos soldados, nem sua mensagem bem-vinda e aceita de coração. Pelo contrário: de modo geral, os oficiais continuavam ressentidos com sua presença, e as preleções proferidas por seus integrantes em geral não tinham o menor efeito. Mesmo assim, grande parte do pessoal da Wehrmacht mantinha-se receptivo aos ideais nazistas, uma vez que cerca de um terço dos soldados era ou havia sido filiado ao partido.[99]

Em todo caso, de acordo com as novas circunstâncias, já não havia proteção alguma contra a ocupação de espaços cada vez maiores por esses soldados, que ao mesmo tempo eram também missionários encarregados de propagar a ideologia nazista. Seu chefe, o general Reinecke, apontou as possibilidades em agosto: "Com os traidores escorraçados, os últimos oponentes de uma politização decisiva da Wehrmacht foram eliminados. Não pode mais haver obstáculos ao trabalho da liderança do nacional-socialismo".[100] No final de 1944, o número de NSFOs em tempo integral já ultrapassara o milhar, havendo ainda cerca de 47 mil em tempo parcial, a maioria dos quais membros do partido servindo na Wehrmacht. A tarefa destinada a eles era "educar" os soldados, incutindo-lhes uma "disposição irrestrita a destruir e odiar".[101]

As "Diretrizes para a liderança nacional-socialista", distribuídas em 22 de julho, dão uma boa ideia de como se processava essa doutrinação. As tropas deveriam ser inteiramente informadas do "ataque covarde e assassino ao Führer" e dos acontecimentos de 20 de julho. Os pronunciamentos de Hitler, Göring e Dönitz naquela noite tinham de ser lidos para as tropas. Todo soldado precisaria estar ciente de que qualquer sinal de insubordinação seria punido com a morte. Era dever de cada soldado honrado, consciente de suas obrigações, intervir com todo o rigor possível contra "sintomas de comportamento desonroso e antimilitar". A

Alemanha nacional-socialista saberia como impedir uma repetição da "punhalada nas costas" de 1918 ou de qualquer ato semelhante à "vergonhosa traição na Itália" (a queda de Mussolini em julho de 1943). Somente a força unida de todos os alemães poderia proteger a totalidade da Europa dos inimigos do Reich. Apenas um homem seria capaz de salvar a Alemanha do bolchevismo e da destruição: "nosso Führer, Adolf Hitler". A mensagem, portanto, era para alinhar-se a Hitler de maneira sólida e fervorosa, e lutar com um fanatismo ainda maior.[102]

Uma consequência fatídica e duradoura do episódio do atentado foi a eliminação de qualquer possibilidade de que as Forças Armadas atuassem como agente da mudança no regime durante os derradeiros meses do Terceiro Reich. Em seus postos no Alto-Comando da Wehrmacht, bem no topo da hierarquia militar, Keitel e Jodl mantinham-se firmes em seu apoio a Hitler, ligados emocionalmente a ele de um modo que ultrapassava suas obrigações funcionais. Wilhelm Keitel, oficial alto e de físico imponente, que havia servido na Primeira Guerra Mundial, com grande capacidade de organização e vasta experiência na administração do Exército, tinha ficado muito impressionado com Hitler desde que o encontrara pela primeira vez, em 1933. Por ocasião da completa reorganização da Wehrmacht, no princípio de 1938, Hitler, ao criar o OKW, havia colocado Keitel no cargo de chefe administrativo. A partir daí, Keitel, que já devotava grande fidelidade ao Führer, passou a se comportar praticamente como seu servo — a ponto de tornar-se alvo geral de comentários jocosos, que se referiam a ele como lacaio do ditador. Alfred Jodl, outro oficial de elevada estatura, com um princípio de calvície, também servira na Primeira Guerra Mundial, e, assim como Keitel, no pequeno exército alemão da República de Weimar. Experimentado no planejamento de operações, Jodl tinha sido nomeado chefe do Grupo de Operações da Wehrmacht pouco antes da invasão da Polônia em 1939, e alguns meses depois impressionou Hitler por sua atuação no planejamento da invasão da Escandinávia — naquele momento a principal ofensiva do lado ocidental — na primavera de 1940. Por seu lado, Jodl igualmente enchera-se de admiração pela liderança de Hitler na grande vitória sobre a França. Considerava o ditador um gênio — e, apesar de desentendimentos posteriores com relação a questões táticas, não mudou de opinião.

Além do OKW, no que diz respeito ao Estado-Maior Geral do Exército, sob o comando de Guderian, não havia o perigo de nenhum sinal de insatisfação. Da Luftwaffe, que tinha Göring como comandante, nada podia ser esperado além de uma lealdade extrema. E a Marinha era dirigida pelo grande almirante Dönitz, pró-nazista radical. Com as Forças de Reserva sob o controle rígido de Himmler e o Estado-Maior Geral devidamente expurgado e enquadrado, qualquer nova tentativa de resistir à trilha de autodestruição das lideranças nazistas proveniente das duas áreas mais ligadas à tentativa de assassinato estava fora de cogitação. Tampouco seria possível esperar algum movimento de insurreição por parte dos generais do mais alto escalão, dos comandantes em chefe no front de combate ou dos oficiais a eles subordinados.

Entre os comandantes do Grupo do Exército, aquele que podia ser considerado o mais hesitante, o marechal de campo Von Kluge, comandante em chefe do Oeste, tinha se manifestado, alternadamente, tanto favorável como contrário ao movimento de resistência. Embora procurasse distanciar-se dos conspiradores, isso não impediu que fosse considerado suspeito por parte do quartel-general de Hitler. Algumas semanas mais tarde, Von Kluge acabaria se matando, afirmando até o fim sua lealdade a Hitler. Oficiais dissidentes em Paris, Viena e Praga foram vítimas do expurgo que se seguiu ao levante fracassado.[103] Os outros comandantes e generais mais destacados do Grupo de Exércitos Centro, apesar das discordâncias que pudessem ter com relação às ordens de Hitler, eram militares de indiscutível lealdade e assim permaneceram. O marechal de campo Von Rundstedt e o coronel-general Guderian atuaram — este último, como alegaria mais tarde, com extrema relutância — no "Tribunal de Honra", que excluiu do Exército oficiais implicados no atentado, jogando-os à mercê do "Tribunal Popular" e do notório juiz que o presidia, o célebre Roland Freisler.

O marechal de campo Walter Model, comandante em chefe em diferentes ocasiões de três Grupos de Exército no front oriental, excelente tático, organizador eficiente e severo na disciplina, que havia adotado posições contrárias a Hitler em várias situações, mas continuava gozando de alto conceito junto ao Führer, via-se exclusivamente como um militar profissional, mantendo-se afastado da política. Mas, fosse qual fosse a autoimagem do soldado apolítico — uma ilusão que Model partilhava com outros generais —, ele sem dúvida agia politicamente dentro de um sistema que tornava impossível outro tipo de atitude. Model não acreditou na declaração dos conspiradores, em 20 de julho, de que Hitler teria morrido, e foi o primeiro líder militar, quando soube que o Führer sobrevivera, a divulgar declaração de lealdade ao ditador. Em momento algum vacilou em seu apoio a Hitler.[104] No fim de julho, por meio de uma combinação de sua renovada confiança no Führer e de genuína preocupação, ele se empenhou em restabelecer o moral e a disciplina enfraquecidos do Grupo de Exércitos Centro, que perdera 350 mil homens, mortos em combate ou aprisionados. "O inimigo encontra-se nas fronteiras do leste da Prússia", disse ao dirigir-se às tropas. Mas seus homens ainda mantinham uma posição que lhes permitia "defender o solo sagrado da pátria" e repelir o perigo de "assassinato, fogo e pilhagem nas aldeias e cidades da Alemanha", como esperavam o Führer, o povo e os camaradas lutando nos outros fronts. "Os covardes não têm lugar em nossas fileiras", ele prosseguiu. "Todo aquele que vacilar perderá a vida. Aqui estão em jogo nosso país, nossas mulheres e nossas crianças." Uma concentração intensa de forças enfrentaria a superioridade temporária do inimigo em números e *matériel*. As novas responsabilidades dadas a Himmler e a Goebbels tinham fornecido os requisitos necessários para tanto. "Nenhum soldado no mundo é melhor do que nós, soldados de nosso Führer, Adolf Hitler! Salve nosso amado Führer!" — assim ele encerrou o discurso.[105]

Se cada um desses exemplos ilustra a corrupção do profissionalismo militar no Terceiro Reich, o último é de um comandante, o coronel-general Ferdinand Schörner, de tipo diferente, fanático em sua lealdade, nazista até as entranhas, com uma crença inabalável no "triunfo da vontade" e na necessidade de uma revolução no espírito do Exército.[106] Um indicador do fanatismo de Schörner foi o fato de ter servido por um curto período em março de 1944 como "chefe da liderança nacional-socialista do Exército", com a responsabilidade de coordenar as relações entre os militares e o partido.[107] Ao ser transferido para o Grupo de Exércitos Norte em 23 de julho, levou para lá um nível sem precedentes de ferocidade na disciplina interna, que causou, como já ocorrera nas outras áreas sob seu comando, inúmeras execuções por "covardia", "derrotismo" e deserção. Schörner fez questão de deixar claro desde o início que o menor sinal de desobediência seria impiedosamente punido. Numa declaração a seus generais, expôs sua crença de que a guerra "não era para ser vencida apenas por medidas táticas". Crença no regime, lealdade e fanatismo tornavam-se elementos cada vez mais necessários, pois o inimigo se aproximava das fronteiras alemãs. Todos precisavam se dar conta de que o objetivo do bolchevismo era "a destruição de nosso povo". Tratava-se de uma "batalha pela existência" na qual as únicas opções eram "vitória ou queda". Para deter a "enchente asiática", como ele descrevia o avanço soviético, a fé na vitória era "a mais poderosa força vital". Schörner encerrou a declaração com as palavras: "Salve o Führer".[108] Dez anos depois da guerra, um oficial que servira sob suas ordens descreveu-o como alguém que tentava "substituir energia por brutalidade, flexibilidade operacional por princípios inflexíveis de defesa, senso de responsabilidade por falta de consciência".[109] Sob liderança tão cruel, o menor sinal de insubordinação — ou, pior ainda, a mais tênue suspeita de revolta — era equivalente a suicídio.

Mesmo sem levar em conta a lealdade pessoal de cada um a Hitler, e por mais diferentes que fossem as opiniões sobre o modo como ele conduzia a guerra, ou as perspectivas da Alemanha, esses e outros generais em postos de comando consideravam que era seu dever incondicional fazer tudo que estivesse a seu alcance para defender o Reich da invasão inimiga. Os valores nazistas misturavam-se, muitas vezes de maneira subliminar, com um patriotismo antiquado. À medida que a pressão nos fronts leste, oeste e sul crescia de modo inexorável, os comandantes mal tinham tempo para alguma coisa além de providências militares de extrema urgência. Se todos eles tivessem uma única mente, e apenas lhes passasse pela cabeça a ideia de um novo golpe, na tentativa de evitar a catástrofe iminente, a organização do movimento teria sido impossível. Assim como a ideia de confrontar Hitler com um ultimato para que se rendesse ou tentasse uma paz negociada. Na prática, entretanto, pensamentos desse tipo nunca passaram pela mente das elites militares. Jodl resumiu a postura dominante no topo da hierarquia militar: "Por sorte, a exigência dos Aliados de rendição incondicional [apresentada na Conferência de Casablanca em janeiro de 1943] bloqueou o caminho para todos esses 'covardes' que tentam encontrar um modo político de cair fora".[110] Fazer tudo o que fosse humanamente possível para impedir a destruição do Reich era visto como um imperativo inquestionável. Em sua adesão a tal objetivo, contudo, os generais acabaram garantindo que precisamente aquela destruição ocorresse.

VI

Numa época em que a Alemanha estava abalada pela desastrosa derrota militar, em meio à crescente ansiedade diante da superioridade das forças inimigas, da liderança militar de Hitler e das perspectivas quanto ao futuro nacional, a tentativa de assassinato e o levante tiveram o efeito de fortalecer o regime — pelo menos a curto prazo. Como consequência, modificaram-se percepções, estruturas de comando e possibilidades de ação.

Ocorreu um ajustamento de atitudes, que até certo ponto foram reformuladas. O próprio Hitler mudou. Sua paranoia, que nunca chegara a ficar muito longe da superfície, agora já não tinha mais limites. Ele desconfiava de traição por todos os lados. A traição lhe fornecia uma explicação para o fracasso militar e para todo sinal do que ele percebia como fraqueza das pessoas à sua volta. Graças a ela, a personalidade narcisista do Führer não sentia necessidade de levar em conta o papel que desempenhara na catástrofe. "Qualquer um que vier me falar de paz sem vitória perderá a cabeça, seja quem for e esteja na posição que estiver." Foi assim, segundo relatos, que Hitler teria repetidamente ameaçado aqueles que estavam próximos a ele, à medida que se sucediam as derrotas no front.[111] Semelhante postura por parte do chefe do regime difundia-se por todos os lados. Uma fúria cega, dirigida não apenas contra os conspiradores mas também contra o corpo de oficiais como um todo, era alimentada por um discurso inflado e odiento feito por Robert Ley. Chefe da Frente Alemã do Trabalho e líder da Organização do Partido Nazista, Ley propunha o extermínio da aristocracia (descrita como lixo idiota e degenerado). Naqueles dias, além de correr pelas veias dos fanáticos do partido — diversos conspiradores vinham de famílias aristocráticas —, esse ódio atingia igualmente um público maior.[112] Foi necessária até a intervenção de Bormann para conter essa onda de ódio, conseguindo assim manter o controle da situação em vez de derramar mais combustível nas chamas.[113] Vozes cautelosas e de mais sabedoria trataram de se manter em silêncio. O mais leve sinal de atitude que pudesse ser interpretada como derrotismo significaria represálias terríveis.

Dentro das Forças Armadas, comandantes na linha de Schörner não precisavam ser encorajados. Mas a mudança de postura ia além dos militares fanáticos. Acreditar com firmeza na vitória, comprometer-se até o último alento em resistir, rejeitar toda atitude que pudesse sugerir, mesmo que de longe, a menor sombra de dúvida quanto ao resultado da luta, tornaram-se, mais do que nunca, dogmas que deviam ser obedecidos em todas as conversas em público. Esses princípios eram constantemente reforçados pela atuação cada vez mais disseminada das NSFOS. Dúvidas ou desconfianças? Era melhor não abrir a boca. Em todos os níveis de convivência, quem manifestasse alguma crítica em relação ao esforço de guerra corria sério risco. Até mesmo entre amigos íntimos e camaradas era preciso o maior cuidado para evitar que um comentário capaz de ser visto como subversivo fosse ouvido por algum curioso. De alto a baixo, em todas as divisões, todos os batalhões, todas as companhias, os oficiais sentiam que era necessário demonstrar lealdade e eliminar até o menor sinal de discordância. Portanto, não deve causar surpresa que disparasse o número de execuções entre os militares, assim como entre os civis.

O levante fracassado foi responsável também pelas mudanças que examinamos nas estruturas de comando. Algumas dessas mudanças já haviam começado, diante das crescentes pressões da guerra, quando a bomba de Stauffenberg explodiu.[114] O papel ampliado dos RVKS e, ao lado disso, a intervenção crescente do partido na burocracia do Estado e nas esferas de responsabilidade militar constituem um exemplo. Goebbels considerou isso uma interferência ainda maior no poder dos generais.[115] Porém, mesmo onde as mudanças já estavam ocorrendo, os acontecimentos de 20 de julho e seus desdobramentos serviram para torná-las mais rápidas. O processo de radicalização acentuou-se. Era como se a represa tivesse se rompido e agora, finalmente, pudesse ser travada uma guerra revolucionária, segundo os princípios mais verdadeiros do nacional-socialismo.[116]

Embora os pilares do regime tivessem sido abalados pelos acontecimentos de 20 de julho, eles não apenas continuavam de pé, mas foram reforçados. Fazia tempo que o apelo carismático de Hitler começara a diminuir, mas foi temporariamente revivido depois do atentado à sua vida. Ainda mais importante era o fato de que seu poder sobre o regime continuava o mesmo. As figuras mais influentes tinham seus conflitos internos, mas permaneciam unidas em sua dependência dos favores de Hitler. Cada general da Wehrmacht sabia que seu comando duraria até o momento em que Hitler o retirasse. Abaixo do Führer, o controle do regime tinha sido fortalecido. Os postos-chave encontravam-se nas mãos de líderes nazistas que nada tinham a perder: eles sabiam que haviam participado de crimes contra a humanidade, o mais óbvio dos quais era o extermínio dos judeus.

O império de Himmler estendia-se na própria Wehrmacht. Sua repressão implacável, que agora crescia tanto contra os membros da "comunidade do povo" como contra os *"Untermenschen"* [sub-humanos] conquistados e os "inimigos raciais", chegou a novos extremos. A mobilização pela guerra total entrou num estágio de atividade frenética sob o comando de Goebbels, que ao mesmo tempo fazia a máquina de propaganda funcionar em sua potência máxima para o esforço final desesperado. Bormann revitalizou o partido, finalmente oferecendo a ele a perspectiva de revolução social e política que seu núcleo de ativistas fanáticos sempre desejara. Quanto a Speer, soube desafiar as adversidades com suas novas tentativas de dinamizar a indústria de armamentos.

Também o poder militar tinha se consolidado nas mãos dos oficiais leais ao regime. Enquanto a situação nos fronts de batalha se agravava, mais forte ficava o apoio das lideranças militares a Hitler. Nesse processo, os oficiais tinham cortado qualquer possibilidade de se libertar da ligação visceral com o Führer. De fato, haviam se comprometido precisamente com o dualismo personificado de modo exemplar por Hitler: ou a vitória ou o aniquilamento. Uma vez que a primeira mostrava-se uma possibilidade cada vez mais remota, e Hitler, invariavelmente e repetidas vezes, descartava qualquer tentativa de procurar uma paz negociada, só restava o aniquilamento. As possibilidades tinham mudado. Agora já não havia uma rota de saída.

No início de agosto, a uma distância confortável de todos esses problemas, em uma prisão nas imediações de Londres, o tenente Freiherr von Richthofen, oficial da Luftwaffe — então capturado havia pouco tempo —, disse numa conversa interceptada pelo serviço de inteligência britânico que ficara satisfeito com o fracasso do atentado à vida de Hitler. De acordo com o raciocínio do tenente, se o atentado tivesse sido bem-sucedido, surgiria uma lenda sobre a "punhalada nas costas" semelhante à que infernizara a política alemã depois de 1918. Dessa vez, ele acrescentou, para a nação tornava-se necessário, do ponto de vista político, descer a ladeira até o amargo fim.[117] Essa avaliação deixaria fora dos cálculos os milhões de vidas que teriam sido salvas se o atentado à bomba não tivesse falhado e a guerra tivesse logo terminado. Mas estava sem dúvida correta em sua premissa de que surgiria uma nova lenda sobre a "punhalada nas costas", que seria uma ameaça a qualquer acordo pós-Hitler. E estava indubitavelmente correta ao presumir que o fracasso em derrubar Hitler por meio de um golpe interno, em julho de 1944, significava que a partir daí o regime só poderia cair em consequência de uma derrota militar completa. De que maneira o regime seria capaz de sustentar seu esforço de guerra até aquele ponto — que, como se veria, só iria ocorrer mais de oito meses depois — era uma questão, entretanto, que Richthofen não chegou a formular.

2. Colapso no oeste

Queremos construir uma nova Europa, nós, os jovens, enfrentando os velhos! Mas o que somos? Famintos, exaustos, nossas energias sendo sugadas por loucos. Pobres e cansados, esgotados e com os nervos à flor da pele. Não, não, não! Já não adianta mais nada.

De um oficial no front ocidental, setembro de 1944

"A vitória tem de ser nossa... Cada um de nós cumpre seu dever e seria covardia não lutar até o fim." "Não perdemos a esperança. Tudo depende dos líderes. Vai acontecer uma coisa completamente diferente do que todos estão esperando." "Se não vencermos, será o fim da Alemanha. Portanto, vamos vencer."

Opiniões de soldados alemães capturados no front ocidental, setembro de 1944

I

Na época da tentativa do levante, em 20 de julho, o avanço dos exércitos americanos e britânicos na Normandia tinha sido, do ponto de vista dos Aliados, desapontadoramente lento e difícil. Eles ainda não tinham conseguido romper uma área reduzida, em termos relativos, no noroeste da França. Em meados de julho, da perspectiva dos alemães, era como se os Aliados ainda não tivessem conquistado terreno. Se fosse possível ganhar tempo, novas possibilidades poderiam surgir. Nada estava perdido ainda.

O desembarque no começo de junho já fora consolidado. Ao longo do mês, os americanos haviam avançado oeste adentro para tomar o importante porto de Cherbourg, mas a conquista levou 23 dias, em vez dos quinze previstos. Além disso, o porto estava tão destruído que seriam necessárias seis semanas até deixá-lo em condições de receber as embarcações aliadas. A cidade de Caen era um dos objetivos do Dia D, mas, diante da feroz resistência alemã, só foi possível aos Aliados assegurar o domínio de seus arredores em meados de julho. Então, enquanto os ingleses abriam caminho pelo sul em direção a Falaise, viram-se envolvidos em novos e árduos combates antes que seu avanço na malfadada Operação Goodwood fosse cancelado, em meio a chuvas torrenciais e grandes perdas de homens e de tanques — precisamente no dia em que a bomba de Stauffenberg explodia no quartel-general de Hitler. Cinco dias depois, com um imenso bombardeio de saturação sobre as linhas alemãs, começaria a grande Operação Cobra. O objetivo era apoiar a investida das tropas americanas no sentido de romper as forças defensivas numericamente inferiores dos alemães — submetidas ainda a pesados ataques aéreos — na marcha para oeste, em direção a Avranches, perto da costa francesa. Em 30 de julho, a investida já tinha sido um sucesso. Naquela noite, Avranches caiu em poder dos Aliados.[1] A partir dessa posição era possível uma penetração mais intensa pelo território francês. O caminho rumo ao oeste, tendo como destino os portos no litoral da Bretanha, estava aberto (embora se passassem semanas até ser possível superar a ferrenha resistência alemã e tomar os portos). Ao sul estava o vale do Loire. A leste, em direção a Paris, apenas contingentes alemães enfraquecidos ficavam no caminho dos Aliados.

Até aquele momento, a estratégia de Hitler consistia em ganhar tempo. Ele calculava que a reação obstinada dos alemães era uma garantia de que os Aliados teriam de continuar a avançar lentamente. Sua prioridade no front oeste era manter as bases alemãs de submarinos no litoral francês, além da defesa fanática dos portos para impedir o desembarque em grande escala de mais soldados aliados. Os submarinos eram essenciais para os combates no Atlântico, dos quais, segundo o Führer, tanto dependia o futuro da guerra. Conter os Aliados na região noroeste da França e continuar ganhando tempo permitiria o fortalecimento das defesas e a preparação para uma grande ofensiva alemã, uma ideia que já germinava na mente do Führer. Infligir uma derrota aos Aliados no oeste, contendo assim sua pretensão de uma marcha para a vitória, haveria de forçá-los a uma negociação pelo armistício.[2]

Mas Hitler precisava agora enfrentar as implicações da captura de Avranches pelos Aliados. Para ele, era uma péssima notícia. Numa atitude bem característica, o ditador não reagiu ordenando a retirada de suas tropas para o leste. Em vez disso, encarregou o marechal de campo Hans Günther von Kluge — na verdade, o dono da ideia — de desferir uma rápida contraofensiva no oeste, passando por Mortain, com o objetivo de recuperar Avranches, dividindo assim as forças americanas e restabelecendo as posições alemãs. O ataque de Kluge ocorreu nas primeiras horas de 7 de agosto, mas chegou na prática ao fim depois de apenas um dia. Os alemães foram bem-sucedidos na retomada de Mortain e avançaram cerca de onze quilômetros. No entanto, submetidos a um bombardeio intenso, não conseguiram ir adiante. Com sua insistência em fazer Kluge prosseguir no ataque bem depois que a prudência recomendava uma retirada rápida, Hitler cortejou o desastre. Uma vez que Kluge enfrentava a ameaça cada vez maior de ficar cercado pelas tropas americanas, Hitler acabou permitindo uma retirada da área de Mortain em 11 de agosto, mas no dia 15 recusou os pedidos desesperados de Kluge para retirar das proximidades de Falaise 100 mil soldados em situação de grande perigo.

As suspeitas de Hitler quanto a Kluge atingiram o ponto máximo quando ele não conseguiu entrar em contato com o outro pelo rádio. O Führer imediatamente o afastou de seu posto, substituindo-o por um homem de confiança, perito em solucionar problemas, o marechal de campo Model, inflexível oficial de linha dura. Pouco depois, receando com bons motivos que seria levado a julgamento no Tribunal Popular por sua ligação com o atentado à vida de Hitler (embora tivesse sido cauteloso, recusando-se a aderir à conspiração), Kluge cometeu suicídio. Model conseguiu colocar 50 mil homens a salvo do cerco cada vez mais apertado ao "bolsão de Falaise". Mas praticamente o mesmo número de soldados acabou sendo capturado e outros 10 mil morreram, além de grande quantidade de munição e equipamentos ter de ser abandonada. Durante o mês de agosto, no front ocidental da Europa, o Exército alemão perdeu mais de 200 mil homens, entre mortos, feridos ou capturados.[3]

Foi um desastre. A retirada em grande escala das tropas alemãs encerrou-se com uma derrota acachapante. E poderia ter sido ainda pior se os Aliados, aproveitando-se da situação vantajosa, fechassem o bolsão em torno das forças alemãs, impedindo que muitos guerreiros temperados pelas luta e oficiais experimentados escapassem para voltar ao combate no dia seguinte. Mesmo assim, os Aliados agora estavam em condições de avançar para o norte e para o leste. O ânimo alemão parecia ter chegado à beira de um colapso.[4] Quando Paris caiu, em 25 de agosto, foi sem a menor luta. Em algumas partes da Bélgica e de Luxemburgo também já ocorriam retiradas. Ao final de agosto, cerca de 2 milhões de soldados aliados encontravam-se em território francês, e outros rapidamente iam se somando a esse contingente. Em direção ao norte, podiam dirigir-se aos portos do canal da Mancha. Na Bélgica, a investida aliada teve como consequência a libertação de Bruxelas, em 3 de setembro e, no dia seguinte, a tomada de Antuérpia. Em 15 de agosto, tropas americanas e francesas já tinham desembarcado na costa sul da França. Até o fim daquele mês, elas tomariam Marselha e avançariam para Lyon. Não é de espantar, portanto, que a essa altura o otimismo dos Aliados estivesse no auge. Os alemães, ao que parece, não conseguiriam resistir durante o inverno. A guerra chegava ao fim. Logo tudo estaria acabado.

Inesperadamente, porém, o avanço aliado estacionou. O objetivo de estender a ofensiva até as fronteiras do Reich antes que os alemães pudessem consolidar suas linhas de defesa, que no começo de setembro parecia evidente para o supremo comandante aliado, o general Dwight D. Eisenhower, logo se mostrou uma impossibilidade.

A situação dos Aliados ficou ainda pior ao norte. Lá, graves erros táticos levaram o avanço a uma paralisação. O arrogante comandante britânico, o marechal de campo Bernard Montgomery, impaciente para se valer da confusão reinante nas hostes alemãs, avançando com ímpeto pelo vale do Ruhr a caminho de Berlim, cometeu uma série de equívocos que prejudicaram seus objetivos — que na verdade, de qualquer ponto de vista, eram fruto de teimosia, além de serem arriscadíssimos. Naquele momento vital, o conflito de estratégia e personalidade entre Montgomery e Eisenhower mostrou-se indubitavelmente prejudicial aos Aliados. Montgomery cometeu uma falha grave quando não soube aproveitar a valiosa tomada do porto de Antuérpia, que não fora destruído, forçando a ofensiva para assegurar o controle do estuário do rio Scheldt. Esse erro de Montgomery fez com que o porto, de importância crucial, só pudesse ser utilizado no fim de novembro, permitindo assim que escapasse um grande número de soldados ale-

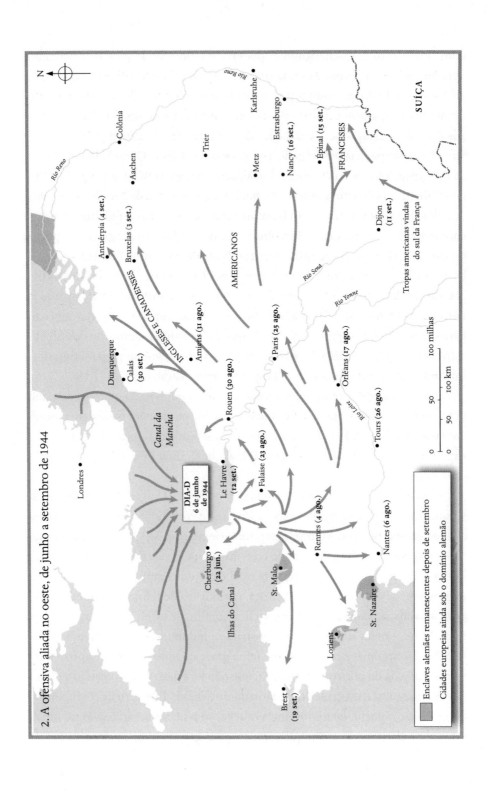

mães que poderiam ter ficado isolados na área. Para agravar o quadro, houve o desastre em Arnhem, em que a insistência de Montgomery num ousado ataque aéreo para atravessar o rio Reno causou pesadas baixas às tropas inglesas. A arriscada ofensiva Market Garden começou em 17 de setembro, porém tornou-se efetiva somente três dias mais tarde. A partir daí, as esperanças de um avanço rápido através do Reno, penetrando o coração industrial da Alemanha, o Ruhr, precisaram ser abandonadas.

Na parte sul do front, o Terceiro Exército dos Estados Unidos, sob o comando do general George Patton, tinha avançado em direção ao leste durante a segunda quinzena de agosto, atravessando o rio Meuse para atingir a região do Mosela. Otimista, Patton acreditava que poderia prosseguir para o interior da Alemanha e que a guerra estaria vencida em pouco tempo. O primeiro passo seria, a partir do Mosela, chegar a Lorena. O importante cinturão industrial do Sarre deveria vir em seguida. Mas no começo de setembro, o ímpeto do avanço de Patton começou a diminuir até quase estacionar. A linha de suprimentos para chegar até Cherbourg estendia-se por quase 650 quilômetros e seus tanques simplesmente estavam ficando sem combustível, e Eisenhower dera prioridade ao projeto de Montgomery de avançar pelo vale do Ruhr. Patton, furioso, viu-se obrigado a deter a investida. Com seu avanço praticamente paralisado, as defesas alemãs ganharam um rápido reforço, sendo colocadas sob o comando do temível general Hermann Balck, calejado pelas lutas no front oriental e tido em alta conta por Hitler. O impulso ofensivo dos Aliados havia sido perdido. Seriam necessários mais dois meses e uma extenuante série de conflitos até dobrar a feroz resistência alemã em Metz, fortaleza situada no coração da Lorena.[5]

As melhores perspectivas estavam no setor central do front. O Primeiro Exército dos Estados Unidos, comandado pelo general Courtney Hodges, que avançava na direção nordeste a partir da área de Paris no final de agosto, destruíra várias divisões Panzer alemãs, fazendo 25 mil prisioneiros antes de alcançar Mons, na Bélgica. Parte desse exército, a Quinta Divisão dos Estados Unidos, voltou-se então para a direção sudeste, a fim de prosseguir através de Luxemburgo até quase a fronteira alemã, nas proximidades de Trier, em 11 de setembro. Enquanto isso, a Sétima Divisão avançava diretamente rumo ao leste, até Aachen. Por volta das seis da tarde de 11 de setembro, os primeiros soldados americanos pisaram em solo alemão, ao sul de Aachen, cidade a essa altura em grande medida livre das tropas de defesa e com seus moradores em estado de pânico. Mas os americanos forçaram o avanço sobre uma área grande demais. As forças alemãs se reagrupa-ram e, por meio de uma luta obstinada, conseguiram bloquear as tropas aliadas, em maior número e mais poderosas. Cinco dias depois, reforçadas, as unidades alemãs haviam sido bem-sucedidas em repelir o ataque americano. As autorida-des alemãs foram capazes — pelo menos por algum tempo — de retomar seu controle sobre Aachen e impedir as incursões na direção de Colônia. Outra opor-tunidade fora perdida. Seriam necessárias mais cinco semanas de intensos comba-tes até Aachen tornar-se a primeira cidade alemã a cair sob domínio aliado, em 21 de outubro. E os americanos ainda levariam quase seis meses para conquistar Colônia, situada a cerca de noventa quilômetros de distância.

Nesse ínterim, Rundstedt fora chamado de volta para o posto de comandan-te em chefe do Oeste (com autoridade sobre todos os efetivos militares naquela área), deixando Model, brilhante estrategista, encarregado do Grupo de Exércitos B (um dos dois grupos do Exército no front ocidental; o outro, o Grupo de Exér-citos G, estava sob as ordens do coronel-general Johannes Blaskowitz). Comanda-da por Model, a defesa alemã, com a ajuda de reduzidas linhas de suprimentos e reforço de soldados experientes — ambos resgatados da Normandia e transporta-dos através do front oriental —, estava mais robusta. Em meados de setembro, os Aliados aproximavam-se das fronteiras alemãs ao longo de uma ampla faixa de território que, a partir do front belga, estendia-se quase até a Suíça. Mas a essa al-tura já havia ficado claro que as esperanças mantidas pelos Aliados havia meses — com base na experiência da Primeira Guerra Mundial, quanto ao colapso sofri-do em 1918 pela Alemanha — não se aplicavam a esse caso.[6] A guerra estava des-tinada a se prolongar.[7]

Os Aliados haviam vacilado e cometido graves erros em momentos cruciais. Mas os alemães também deram uma grande contribuição ao prolongamento da guerra. Para a Alemanha, apesar da luta feroz e corajosa sustentada pelas forças numericamente inferiores da Wehrmacht, o colapso na França teve o efeito de um choque terrível. Em pouco mais de três meses, os Aliados foram capazes de libertar a França, chegando até as fronteiras alemãs. Tornava-se evidente que o combate logo seria travado em território germânico. Sob o hábil comando de Model, contudo, as tropas conseguiram sobreviver à derrota crítica — porém não fatal — ocorrida nas proximidades de Falaise. Desde então, elas vinham surpreen-dendo os Aliados com a tenacidade e até mesmo o fanatismo de sua resistência. Apesar de numericamente inferiores, conseguiam mostrar energia e iniciativa. E dispunham ainda de alguma superioridade técnica em relação a armamentos e tanques — mesmo sendo em quantidade insuficiente. A maior fraqueza não estava em terra, mas no ar, onde a Luftwaffe estava cada vez mais paralisada e os Aliados tinham imensa superioridade.[8] Ainda assim, a defesa alemã era obstinada e difícil de romper. Diferentemente do que ocorrera com o Exército russo em 1917, com o alemão no ano seguinte, com o italiano em 1943, ou em outras ocasiões em que pesadas derrotas haviam provocado uma queda no moral, com consequências políticas devastadoras, no fim do verão e no outono de 1944 a situação na Alemanha era outra. As Forças Armadas do país estavam longe do ponto em que não teriam mais disposição para continuar lutando. O que existia por trás dessa extraordinária tenacidade demonstrada ao longo dos combates no front ocidental?

II

Se os Aliados tivessem visto os relatórios que chegavam às lideranças alemãs naquele período sobre o baixo moral da população civil nas fronteiras no lado oeste do Reich e dentro da Wehrmacht, causado pelo desastroso colapso militar no front ocidental, talvez se animassem a levar adiante a "teoria do colapso", baseada nos acontecimentos de 1918.[9] Aqueles relatórios com certeza não davam a impressão de que a Alemanha seria capaz de manter-se na luta por mais oito meses.

A sensação de alívio provocada na Alemanha pelas boas-novas sobre uma aparente estabilização no front oriental parece ter se dissipado em meados de agosto, com a notícia desanimadora do grande avanço aliado no lado ocidental. Essa era uma notícia para a qual a população estava completamente despreparada.[10] Opiniões otimistas sugerindo que a guerra ainda poderia ser vencida, desde que fosse feito um esforço supremo, tinham pouca receptividade diante do clima sombrio causado pela enorme superioridade das forças inimigas, do ceticismo quanto às prometidas "armas milagrosas" e da percepção de que o esforço de guerra total, embora de modo geral bem recebido, chegara tarde demais e, de toda forma, ficaria muito complicado distribuir essa sobrecarga de maneira equitativa. Cartas enviadas do front por pessoas queridas, e até mesmo boletins oficiais vindos da França, indicavam que a Alemanha não estava em condições de competir com a supremacia aliada, tanto em armamentos como em número de soldados. "Não acredito que vamos conseguir deter essa tempestade do inimigo", dizia a carta de um soldado à família. "A superioridade deles é muito grande, no ar e, acima de tudo, com tanques, tanques e mais tanques." "Onde estão as grandes reservas de que viviam nos falando?", perguntavam as pessoas. Em meio a esse clima de depressão, o desejo de que a guerra acabasse logo predominava, e com ele a noção de que as consequências da derrota não seriam tão terríveis como se propalava. Ceticismo e derrotismo estavam se tornando inseparáveis.[11]

No começo de setembro, relatórios das centrais de propaganda vindos de todo o país indicavam que o moral da população havia atingido seu ponto mais baixo desde o início da guerra. Como o propósito desses relatórios — mais do que aqueles produzidos pelo SD — era sempre enfatizar os sentimentos de simpatia ao nazismo por parte das pessoas comuns, tornava-se ainda mais evidente a conclusão quanto ao estado de depressão e à falta de esperança expressos por eles. A sensação de insegurança era generalizada. Crescia o número de cidadãos com atitudes "negativas", e eles minavam o moral de todos com seus comentários derrotistas e "críticas veladas à liderança". Muitos perguntavam por que não se evitara o desembarque das tropas aliadas, por que a "guerra total" não havia sido proclamada mais cedo e por que o "veneno" responsável pelo levante de 20 de julho não fora detectado e destruído a tempo. O conteúdo das críticas não poupava nem mesmo o Führer, embora as pessoas tomassem o cuidado de nunca mencionar diretamente seu nome.

Os que pensavam assim não viam forma de melhorar a situação e repelir o inimigo. Soldados feridos em combate e refugiados que vinham do front ocidental apenas reforçavam o pessimismo. Nem os simples soldados nem a "mãe pátria" poderiam ser culpados, dizia-se, se tudo desse errado e a Alemanha perdesse a guerra. Não era uma questão de destino. Questionava-se a competência dos generais, bem como o fato de que as lideranças não haviam feito todo o necessário. Acima de tudo, a sensação de impotência diante da imensa superioridade do inimigo, em números e em equipamentos, era desalentadora. Dizia-se que as mulheres com filhos pequenos eram as pessoas mais propensas à ansiedade com relação ao futuro. Tornavam-se cada vez mais frequentes os pensamentos de suicídio. A esperança quanto às propaladas novas armas diminuía, especialmente porque a opinião geral era de que tudo havia sido feito tarde demais e de que àquela altura já não seria mais possível que as tais armas pudessem fazer alguma diferença. Dizia-se que se Lorena e Sarre não pudessem ser mantidos, a perda desses centros vitais de produção de armamentos obrigaria a Alemanha a se render. Poucos acreditavam que a Westwall — a maciça linha alemã de fortificações construída em 1918, conhecida pelos Aliados como Linha Siegfried — resistisse às ofensivas inimigas, assim como a Linha Maginot dos franceses tampouco impedira a marcha da Wehrmacht pelo território da França em 1940. Com o inimigo diante das fronteiras do Reich, com a deserção dos aliados da Alemanha — a Romênia, depois de ter feito uma proposta de paz, unira-se à guerra contra a Alemanha em 25 de agosto, a Finlândia também estava prestes a romper relações e outros países davam sinal de que logo tomariam a mesma atitude —, e submetidos, sem nenhum tipo de defesa, ao "terror vindo dos céus", era difícil evitar o pessimismo.[12]

Refugiados de Rombach, na Lorena, contribuíram para aumentar o desânimo nas fábricas próximas da fronteira com boatos de que teriam sido alvejados enquanto deixavam a cidade, por trem; de que paraquedistas inimigos haviam descido perto de Metz e de que a retirada alemã fora um caos, com os oficiais abandonando seus soldados, fugindo em quaisquer veículos que encontrassem. Para piorar as coisas, eles diziam que os mísseis V1 não estavam mais sendo disparados. Como era de esperar, tais relatos, tidos como mero exagero, não foram levados em conta em Berlim. Mas isso não diminuiu o dano que vinha sendo causado por esse tipo de boato.[13] História semelhante foi contada ao *Reichsführer-ss* Heinrich Himmler pelo professor Karl Gebhardt — seu amigo dos tempos de escola, na ocasião diretor do sanatório da ss em Hohenlychen, norte de Berlim — durante uma visita ao front ocidental, no começo de setembro. De acordo com Gebhardt, a população de Trier estava assustada em virtude dos inúmeros boatos em circulação e da "desagradável visão" de veículos da Wehrmacht escapando de Aachen. Determinada pelas autoridades, a evacuação de Eupen-Malmédy — antigo enclave da Bélgica, anexado pela Alemanha em 1940 — tornou-se uma fuga da população alemã, em pânico, acompanhada por funcionários do partido que evidentemente não tinham a menor intenção de voltar para lá.[14]

A evacuação de Aachen (primeira cidade importante da Alemanha no caminho dos Aliados) e das áreas adjacentes, próximas da Westwall, pelo partido, provocada pela aproximação dos americanos, fora uma desordem completa. Os planos para a evacuação estavam prontos, e em 11 de setembro Hitler dera sua aprovação. A desocupação da cidade começou por volta do meio-dia de 12 de setembro. Logo em seguida, porém, ocorreram pesados ataques de artilharia e repetidas incursões aéreas, e os moradores, imaginando que a queda da cidade era iminente, entraram em pânico. Em meio ao caos que se instalou, tornou-se impossível conduzir uma retirada ordenada. No meio da tarde, cerca de 10 mil civis assustados amontoavam-se nas estações de Aachen, desesperados para escapar. As bombas que não paravam de cair nas proximidades, porém, tornavam o transporte extremamente difícil. Milhares de pessoas decidiram agir por conta própria e começaram a se precipitar para fora da cidade a pé, formando grandes colunas humanas, o que congestionou as estradas da região. Alguns dias mais tarde, as próprias autoridades nazistas calcularam que cerca de 25 mil pessoas tinham conseguido deixar a região entre 11 e 13 de setembro, somando-se às 20 mil que haviam fugido na semana anterior.

Logo depois, tarde da noite de 12 de setembro, oficiais do partido, membros da Gestapo, policiais e bombeiros juntaram-se ao pânico generalizado e também trataram de escapar, deixando a população sem nenhuma liderança. Precisamente nessa ocasião, chegou à cidade uma equipe da 116ª Divisão Panzer, sob o comando do general Gerd Graf von Schwerin. Diante da ausência dos líderes do partido, dois dias depois Schwerin assumiu a responsabilidade de restaurar a ordem, entre outros motivos, para permitir a movimentação das tropas. A evacuação "selvagem" foi suspensa, conduzindo-se as pessoas a abrigos. Calculando que os americanos chegariam logo, Schwerin deixou uma nota, redigida em inglês, informando o oficial no comando das forças americanas de que ele interrompera a "evacuação estúpida" da população. Àquela altura ainda havia em Aachen de 20 mil a 30 mil pessoas, a maioria das quais de fato deixou a cidade nos dias seguintes.

Quando as forças alemãs, de modo inesperado, conseguiram ao menos temporariamente repelir o ataque aliado, impedindo assim a ocupação, as autoridades nazistas confiscaram a nota de Schwerin, que caíra em suas mãos, na tentativa de encobrir seus próprios e lamentáveis erros. O assunto foi encaminhado ao conhecimento do próprio Hitler. Schwerin foi sumariamente afastado, e Hitler ordenou que se tomassem medidas radicais para defender a cidade. Uma investigação posterior, contudo, revelou que Schwerin agira de maneira adequada dentro de suas responsabilidades e que a culpa pelo fracasso devia-se exclusivamente às autoridades do partido. Depois do fim da guerra, como resultado da mudança na postura oficial, Schwerin passou a ser considerado "o salvador de Aachen". Com efeito, não houvera desacato a ordens nem ações humanitárias por parte do general. Ele não tentara nenhum ato de resistência. Numa situação de crise, apenas procurou cumprir da melhor maneira possível o que considerava seu dever, em linha com as exigências militares do regime.[15]

Goebbels apontou "dificuldades extraordinárias" na evacuação dos territórios situados nas proximidades da Westwall, com a população dos distritos sendo "jogada de um lado para outro", mas viu o problema como algo inevitável num momento de crise como aquele.[16] Alguns dias depois, admitindo que a situação em Aachen tinha se tornado "crítica", ele defendeu o princípio de "terra arrasada" na evacuação. Com o futuro da nação em jogo, não se poderia ficar muito preocupado com as pessoas que moram lá.[17] Goebbels tinha sido plenamente informado da situação — embora por meio de um relato algo tendencioso —, tanto em relação ao "panorama desolador" como às circunstâncias da evacuação de Aachen, conduzida pelo *Gauleiter* de Colônia-Aachen, Josef Grohé (cuja autoridade ficara muito prejudicada pela debandada de seus subordinados). O partido e a Wehrmacht encontravam-se em desavença. O primeiro havia deixado a cidade. Seguiu-se o caos generalizado. "Cenas sem precedentes" ocorreram nas estradas que iam de Aachen para o leste. A situação, tanto lá como em Trier — cujo centro (incluindo o enorme salão do imperador Constantino, datado do início do século IV) tinha sido muito danificado pelas bombas nos primeiros dias de agosto, e na madrugada de 13 para 14 de setembro sofrera intenso ataque de artilharia —, devia ser considerada "extremamente séria".[18]

Speer, voltando de uma visita à região, onde ficara no meio da multidão em fuga, reproduziu os relatos sobre a "debacle".[19] Os soldados que viu estavam exaustos. As novas divisões de *Volksgrenadier* (Granadeiros do Povo), formadas havia pouco tempo, contavam com muitos recrutas mais velhos, sem condições físicas para os esforços necessários. Houve uma grande queda na efetiva capacidade das forças de combate, e o clima de desconfiança se agravava. Funcionários do partido referiam-se aos oficiais de modo geral como "criminosos de 20 de julho", culpando-os pelos reveses militares nos fronts oriental e ocidental; os próprios soldados os apelidaram de "sabotadores da guerra" e os recriminaram pela falta de espírito combativo. A incompetência demonstrada durante a evacuação de Aachen teve um péssimo efeito sobre as tropas. Os trens foram paralisados sem que tivesse ocorrido nenhum aviso prévio, obrigando mulheres, crianças e idosos a abandonar a cidade a pé. Por toda parte viam-se colunas de refugiados, dormindo a céu aberto e atrapalhando o movimento nas estradas. Faltavam munições, armas e combustível.[20] No relatório que enviou a Hitler, Speer ressaltou o contraste entre os uniformes surrados e encardidos dos soldados e os trajes oficiais dos funcionários do partido, com seus adereços dourados, que fez com que eles ficassem conhecidos, de modo sarcástico, como "os faisões dourados" (*Goldfasane*). Funcionários, aliás, que ninguém viu quando foi necessário efetuar a evacuação dos moradores de Aachen de modo organizado, nem para atenuar o sofrimento dos refugiados.[21]

Xaver Dorsch, um dos principais assessores de Speer, encarregado das fortificações, comentou, ao fornecer seu depoimento pessoal sobre uma visita à área feita nos dias 12 e 13 de setembro, a impressão extremamente negativa causada pela maneira desastrada como se procedeu à evacuação, e contou como tinha sido um choque notar que um número tão reduzido de funcionários do partido havia se preocupado com a situação dos refugiados. Segundo Dorsch, a evacuação desnecessária poderia ter causado uma catástrofe se a ofensiva aliada tivesse continuado nos dias seguintes. Ele receava que a ira incitada por funcionários do partido que culpavam os oficiais da Wehrmacht pela retirada das tropas na França pudessem provocar um quadro de desintegração no Exército.[22]

Ernst Kaltenbrunner, chefe dos serviços de segurança, ao enviar a Himmler, em meados de setembro, um longo relato sobre o estado de ânimo dos moradores durante a evacuação e a ocupação das áreas situadas na fronteira ocidental, fez questão de não deixar a menor dúvida quanto à situação calamitosa que reinava. A evacuação da cidade de Luxemburgo — anexada ao Reich em agosto de 1942 e colocada sob o comando do *Gauleiter* de Koblenz-Tier, Gustav Simon — fora efetuada em meio a uma atmosfera de pânico total. As medidas do *Gauleiter* tinham sido extremamente precipitadas, e a administração civil entrou em colapso. Em consequência das ordens de Simon para proceder à evacuação, interromperam-se as obras para o fortalecimento da Westwall e os operários foram embora. De todo modo, o moral desses operários já estava bem baixo. Eles tinham sido muito mal organizados por funcionários do partido, que deram ainda um péssimo exemplo quando se limitaram a supervisionar o trabalho, sem trabalhar. As enormes deficiências na administração do *Gauleiter* tornaram-se evidentes durante a evacuação de 14,5 mil moradores do distrito de Saarburg, onde instalaram-se o pânico e o caos. As condições de transporte oferecidas aos refugiados eram desanimadoras, de tão insuficientes. Os mais afortunados conseguiram escapar num trem especial, e algumas das mulheres, crianças e pessoas enfermas foram levadas de ônibus. Mas a maioria viu-se obrigada a abandonar a cidade a pé, formando colunas enormes e sofridas que ocuparam as estradas ao longo de vários dias; os pertences eram transportados em carroças puxadas por cavalos. O fornecimento de roupas, calçados e cobertores para os refugiados era bastante reduzido.

Em consequência desse caos, o partido tornou-se alvo de uma grande dose de fúria. Muitas pessoas recusavam-se a obedecer às ordens da agremiação, com frequência confusas e contraditórias, de deixar as cidades. Outras, por não encontrar acomodações, acabavam voltando. Em Aachen, onde milhares de cidadãos tinham desafiado as ordens de retirada, retratos do Führer foram arrancados e lençóis brancos, pendurados nas janelas em sinal de rendição. O partido ficou desmoralizado com a fuga de seus funcionários. A organização era precária; mulheres e crianças ficaram separadas durante as retiradas. E praticamente não havia o menor sinal de alguma coisa semelhante a uma "comunidade do povo". As pessoas com acesso a automóveis logo partiam, sem se preocupar com os outros. Era cada um por si.[23]

Kaltenbrunner fez uma lista com alguns dos indivíduos preeminentes que deixaram Luxemburgo e Trier em busca de segurança para suas famílias. O próprio *Gauleiter* e o líder do distrito (*Kreisleiter*) de Metz estavam entre as figuras apontadas como desertoras num relatório enviado em separado a Himmler sobre os deslocamentos incontroláveis dos refugiados na Lorena, que colocavam em risco a movimentação das tropas. As ferrovias deixaram de operar porque os empregados alemães tinham partido, e a administração civil havia destruído instalações essenciais antes da fuga, de modo que ocorriam interrupções nos serviços de energia elétrica e de água e os telefones não funcionavam. Prisioneiros de guerra russos tinham sido libertados e permaneciam nas proximidades, o que representava uma ameaça à segurança.[24]

Um oficial, o tenente Julius Dufner, que servia em Kyllburg — pequeno balneário situado no Eifel, na área de Bitburg, ao norte de Trier —, rabiscou em seu diário um relato sobre a precária situação. "A guerra está perdida!", escreveu de maneira categórica no dia 1º de setembro. Na própria cidade de Trier, acrescentou no dia seguinte, já não se conseguia mais nada. O combustível era tão escasso que logo os veículos não poderiam sair do lugar. "Queremos construir uma nova Europa", anotou Dufner. "Nós, os jovens, enfrentando os velhos! Mas como estamos? Famintos, exaustos, nossas energias sendo sugadas por loucos. Pobres e cansados, esgotados e com os nervos à flor da pele. Não, não, não! Já não adianta mais nada." Quando cidadãos, em tom de censura, perguntaram a alguns soldados por que estavam batendo em retirada, eles responderam que também queriam voltar "para casa, para o Reich". Tudo havia sido um blefe, Dufner escreveu, referindo-se às "armas miraculosas". É isso que acontece quando o chefe da propaganda — ele se referia a Hitler — torna-se o comandante supremo da Wehrmacht. Uma enorme quantidade de arquivos e documentos estava sendo destruída. "Tudo que a certa altura parecia indispensável agora não tem mais valor, não é nada." Quem é o culpado por tudo isso?, perguntou o autor do diário. Com certeza não são aqueles que estão nas esferas mais baixas, ele respondeu, aqueles que simplesmente não estavam dispostos a lutar e a morrer por uma causa perdida. Tudo tinha ficado perfeitamente claro. Toda aquela conversa sobre a nova Europa, sobre povos jovens e decrépitos, liderança alemã, zelo revolucionário, era tudo "conversa fiada", "fraude". Dufner não teria dito essas coisas em voz alta.

Quando a artilharia inimiga efetuou seus disparos em Trier, no começo da noite de 13 de setembro, levando à evacuação dos moradores, no dia seguinte, centenas de trabalhadores dos serviços de emergência — "uma coluna de gente velha, desgastada, de aspecto deplorável, e alguns rapazes da Juventude Hitlerista" — arrastava-se pela cidade, debaixo de chuva, para cavar trincheiras. Que talvez servissem para resistir aos hunos ou aos mongóis, ironizou Dufner, duvidando que tivessem alguma utilidade contra tanques modernos. Poucos daqueles trabalhadores tinham onde dormir. Mas não havia queixas, somente aceitação resignada. Tinha-se a impressão de que eles estavam queimando suas últimas reservas de energia. Quando a própria cidade de Bitburg passou a ser atacada, alguns oficiais ainda conseguiram comemorar o aniversário de um de seus camaradas com um bom vinho do Sarre e champanhe.[25] Tudo dentro do espírito "vamos beber hoje porque talvez não haja amanhã".

Essa disposição para festejar, mesmo com o inimigo às portas da cidade, serviria para confirmar o preconceito, difundido entre funcionários do Partido Nazista, boa parte da população civil e muitos soldados da linha de frente, contra os *Etappengeist* — o "espírito de quem fica na retaguarda" — o estilo de vida fraco e decadente de oficiais ainda em condições de aproveitar as coisas boas da vida enquanto outros morriam por seu país. Essa atitude teria sido a causa do colapso na França.[26] Atrás do front estavam as linhas de comunicação, as bases de provisão, administração, transporte, hospitais de campo e das equipes de planejamento do Exército. Tudo isso constituía a *Etappe*, elemento essencial na estrutura de toda máquina militar, mas, como na Primeira Guerra Mundial, desprezado pelos soldados do front, que estavam na extremidade suja do combate, prontos para enviar aos entes queridos em casa histórias difamando os oficiais que ficam aproveitando o conforto e a boa vida, bem longe das agruras da guerra.

"O fato de nossos imbecis da retaguarda fugirem em disparada, morrendo de medo", comentou Goebbels, "só pode ser explicado pela falta de disciplina adequada e porque durante o longo período de ocupação da França eles passaram o tempo com champanhe e mulheres francesas em vez de se dedicar a exercícios militares." Ele culpou a falta de liderança dos generais pela "debacle".[27] No princípio de setembro, o *Gauleiter* de Baden relatou à Chancelaria do partido que as unidades em retirada "exibiam o pior tipo de comportamento de quem fica na retaguarda, com uniformes desarrumados, ao lado de garotas bêbadas, um bando de soldados sem disciplina, caminhões abarrotados com todo tipo de coisa, mobília retirada de apartamentos, camas etc. Para os veteranos de guerra, essas imagens lembravam as condições de 1918".[28]

Logo em seguida ao colapso do exército alemão em Falaise, Himmler enviou ordens aos maiores líderes da ss e da polícia — seus agentes principais em questões de segurança — para que, em colaboração com os comandantes militares das áreas ocidentais, abolissem de uma vez por todas "as repulsivas linhas da retaguarda alemã na França" e enviassem os envolvidos ao front de combate ou os pusessem para trabalhar.[29] Poucos dias depois, Martin Bormann encaminhava a Hitler uma carta que recebera de Karl Holz, o *Gauleiter* interino de Francônia, com informações sobre "disciplina precária, subversão e falta de responsabilidade" nas linhas de retaguarda na França. Holz sugeria que fossem enviados "inspetores gerais" que fossem "nacional-socialistas enérgicos e brutais", para acabar com a desordem, embora Himmler considerasse impossível atender à sugestão sem receber mais detalhes.[30]

Uma descrição das falhas militares que levaram à tomada de Avranches pelos Aliados — "o mais grave acontecimento do verão" — encontrou um bode expiatório na suposta covardia nas linhas de retaguarda, ao mesmo tempo que se elogiavam os esforços alemães que impediram uma catástrofe maior.[31] Um relatório da *Geheime Feldpolizei* (polícia secreta militar) chegou à mesma conclusão. O fracasso dos oficiais durante a retirada no front ocidental contribuiu para criar esse clima de crítica, num reflexo da desconfiança de que eles vinham sendo alvo desde 20 de julho. A esse panorama negativo vieram se somar relatos de soldados sobre comportamento negligente da parte dos oficiais — semelhantes, de acordo com um desses relatos, ao que ocorrera em 9 de novembro de 1918 —, sinais indicativos de desintegração no Exército.[32] Entre as denúncias mais fortes estava aquela vinda do gabinete do general Reinecke, chefe da liderança nacional-socialista do Exército, com base em uma visita ao front ocidental no fim de setembro e começo de outubro para avaliar o trabalho das NSFOS. Estas, dizia o informe, estavam se saindo bem. As condições prévias na linha de retaguarda da França tinham sido "escandalosas". Durante quatro anos, os militares situados atrás das linhas de retaguarda ficaram vivendo a "leite e mel". A retirada de 1918, na época da revolução, fora como a marcha orgulhosa de um regimento de guarda, em comparação com essa "tropa de gentinha fujona".[33]

Apesar de obviamente tendenciosos na necessidade de encontrar bodes expiatórios para o desastroso fracasso no front ocidental, esses relatórios indicam com clareza o moral baixo e os sinais de desintegração nas tropas alemãs em retirada. Levando em conta o caos que as evacuações nas regiões de fronteira causaram, o pânico da população e ainda o desprezo pelo partido — agravado em consequência da fuga de seus funcionários —, já era impossível ignorar a potencial ocorrência de um colapso em larga escala semelhante àquele de 1918. A diminuição no ímpeto do avanço aliado, acompanhada pelo fortalecimento das defesas alemãs, fizeram muito para evitar que isso acontecesse. Também desempenharam um papel importante as medidas políticas para reforçar a disposição de levar a guerra adiante, bem como para impedir algum movimento que pudesse minar a disposição dos combatentes ou o moral da população. Essas medidas, entretanto, baseavam-se na postura daqueles que já haviam se afundado na resignação, não de alguém inflamado por um sentimento de rebeldia, e sido convencidos, ao menos parcialmente, de que era justa a causa pela qual lhes haviam dito que a Alemanha lutava. Assim, eles se dispunham, por menor que fosse seu entusiasmo, a conformar-se com as limitações cada vez mais rígidas a suas vidas e a submeter-se às exigências do esforço de guerra.

III

O passo mais crucial era reforçar o front ocidental, que desmoronava. Model teria de fazer todo o possível para pôr novamente de pé um exército feito em pedaços em consequência da derrota em Falaise. O tamanho das forças do Exército no front ocidental tinha caído de 892 mil homens, no começo de julho, para 543 mil, em 1º de setembro. Contudo, as estruturas de comando permaneciam intactas. Elas agora serviam de base para o estabelecimento de novas unidades. As linhas de suprimentos foram encurtadas, as fortificações (em especial ao longo da Westwall), reforçadas, e os campos, minados. O mais importante era que estavam sendo enviados ao front os reforços de que as tropas necessitavam desesperadamente. Por certo que as novas divisões criadas eram unidades improvisadas, carentes de armas e equipamento de melhor qualidade.[34] Mas em setembro foram reforçadas, com a transferência de centenas de tanques e outros veículos blindados provenientes do front oriental. Novos padrões de rigor intransigente também foram introduzidos na frente ocidental, entre os quais medidas severas para enquadrar os soldados displicentes ou de baixo rendimento, despachando-os para outras unidades. Ao mesmo tempo, cerca de duzentos NSFOS foram enviados aos distritos de defesa ocidental, com o objetivo de revigorar o moral, em baixa. Os NSFOS, a polícia militar e o pessoal do partido davam uma força ao Exército, impondo ao longo do front um sistema de controle destinado a acabar com o relaxamento da disciplina.

Em 10 de setembro, o marechal de campo Keitel, chefe do Alto-Comando da Wehrmacht, advogou a utilização de "brutalidade extrema" para esmagar todo tipo de subversão ao moral. Menos de uma quinzena depois, citando instruções textuais de Hitler, ele enviou diretrizes para conter os "sinais de dissolução nas tropas" por meio de "severidade extrema", o que incluía a instalação de cortes sumárias com execuções imediatas à vista das tropas, para servir de elemento dissuasivo.[35] Mais de cem soldados foram fuzilados pelas unidades da SS quando fugiam do front, nas semanas seguintes. Em 14 de setembro, o marechal de campo Von Rundstedt, recém-nomeado para a posição de comandante em chefe do Oeste, deu ordens à Westwall para que resistisse "até a última bala e a completa destruição". Dois dias mais tarde, Hitler ampliou essas ordens. O conflito no front ocidental, declarou, tinha atingido o solo alemão. Era necessário "fanatizar" o esforço de guerra, tarefa que deveria ser cumprida com o máximo de severidade: "Cada bunker, cada quarteirão de residências de toda cidade alemã, de todo vilarejo alemão, deve tornar-se uma fortificação diante da qual o inimigo sangrará até a morte ou seus ocupantes serão sepultados depois de um combate homem a homem".[36]

A combinação de medidas de emergência — por meio de organização, mais suprimentos, recrutamento e repressão — conseguiu, por algum tempo, sustentar uma situação crítica. Por volta do fim de setembro, as perspectivas, mesmo não sendo róseas, eram pelo menos bem melhores do que um mês antes.

Torna-se difícil concluir até que ponto as ordens de Hitler e Rundstedt para "lutar ou morrer", dentro do espírito de resistir até a última trincheira, foram obedecidas. Sentimentos de impotência diante da superioridade do inimigo, resignação, pessimismo, derrotismo e um medo cego, à medida que o momento da batalha se aproximava, não se dissipavam facilmente, por mais intensos que fossem os apelos para lutar até o fim, por mais impiedosos os mecanismos de controle para "encorajar" a dedicação total, por mais ferozes as ameaças por atitudes que não fossem do mais absoluto fanatismo, por mais severas as punições a quem não cumprisse seu dever. A fadiga de combate se disseminava também entre a população civil. A maioria dos soldados no front ocidental estava mais preocupada em sobreviver do que em lutar até a última bala. O coronel Gerhard Wilck, comandante das forças em Aachen, a quem Rundstedt lembrara de modo enérgico a obrigação de "manter a posse dessa antiga cidade alemã lutando até o último homem e, se necessário, ser enterrado em suas ruínas", diversas vezes reiterou sua intenção de combater até a última granada. Suas ações, porém, não corresponderam às palavras. Ao contrário, ele se preparou para a rendição.[37] Logo depois da capitulação da cidade, em 21 de outubro, Wilck viu-se prisioneiro dos ingleses. Dirigindo-se a seus colegas oficiais, sem saber que sua conversa estava sendo grampeada, ele criticou a mentalidade da "última trincheira" do Alto-Comando da Wehrmacht. Entre suas tropas, a sensação era de que o sacrifício de 3 mil homens forçados à rendição em Aachen "apenas para manter a posse de um amontoado de cascalho por mais dois ou três dias" era "um desperdício inútil".[38]

Essas atitudes, contudo, não eram uniformes. Em meados de setembro, as forças no front ocidental incluíam blindados e divisões de infantaria da Waffen-ss, conhecidas por seu fanatismo na luta e imbuídas dos valores nazistas.[39] Ao aproximar-se o fim de 1944, o efetivo da Waffen-ss chegava a 910 mil homens, com algumas das divisões Panzer mais bem equipadas.[40] Mas nazistas fervorosos não existiam apenas na Waffen-ss. Eles também podiam ser encontrados nas divisões muito mais numerosas das Forças Armadas convencionais. Era nelas, e não na Waffen-ss, que alguns integrantes da ss prestavam serviço.[41]

Em meio às cartas enviadas para casa do front, cheias de críticas (correndo o risco de serem vistas pelos censores, com drásticas consequências), havia outras com conteúdo fortemente pró-nazista.[42] Cerca de um terço dos soldados da Wehrmacht havia passado por alguma "socialização" no Partido Nazista ou em seus afiliados (com frequência muito acentuada pela experiência da guerra). Todos aqueles nascidos depois de 1913 que estivessem servindo às Forças Armadas passaram por certo grau de "educação" nazificada, pelo menos no Serviço do Trabalho do Reich ou no serviço militar obrigatório (introduzido em 1935).[43] Não era de surpreender, portanto, que ainda houvesse a manifestação de mentalidades nazistas.

Um relatório aliado de 4 de setembro sobre o moral, baseado no interrogatório de soldados capturados, apresentou um panorama variado de atitudes. Entre os soldados da infantaria, os sinais de moral baixo eram indiscutíveis. No entanto, o nível do moral era elevado entre paraquedistas, oficiais subalternos e o pessoal da ss. Citaram-se alguns comentários bem representativos. "A vitória tem que ser nossa [...]. Cada um cumpre seu dever e seria covardia não lutar até o fim." "Não perdemos a esperança. Tudo depende dos líderes. Vai acontecer uma coisa completamente diferente do que todos esperam." "Se não vencermos, será o fim da Alemanha. Portanto, vamos vencer." "O espírito contra o material. Até hoje nunca aconteceu que a mera tecnologia fosse capaz de conquistar o espírito." "Fiz minha parte e dei ao meu Führer, Adolf Hitler, aquilo que só pode ser dado uma vez", escreveu um soldado na carta que enviou à esposa. "O Führer vai conseguir, isso eu sei [...]. Caí como um soldado de Adolf Hitler." Fé na vitória alemã, concluía o relatório, estava relacionada de maneira mais forte com "devoção pessoal a Hitler, identificação com a doutrina nacional-socialista, [e] absolvição da Alemanha de culpa na guerra".[44]

Outro relatório, uma semana mais tarde, extraía conclusões sobre as fontes ideológicas do inabalável moral da Wehrmacht em combate, baseadas em cerca de mil interrogatórios realizados no mês de agosto. Os temas predominantes eram: receio de voltar a uma Alemanha que estivesse sob o domínio da Rússia; convicção quanto à justeza da causa alemã e crença de que os Aliados haviam atacado a Alemanha, em vez de lhe fazer concessões justas e necessárias; devoção a Hitler, que pensava unicamente no bem da Alemanha; e o sentimento de que a política de "rendição incondicional" dos Aliados significava que os alemães não podiam esperar que as potências ocidentais os ajudassem na reconstrução do pós-guerra. Cerca de 15% dos soldados capturados, dizia-se, mantinham tais crenças "com uma devoção fanática" e influenciavam os indecisos, enquanto até 50%

eram "ainda devotados a Hitler". Havia uma boa dose de admiração entre os combatentes pela capacidade de luta da Waffen-ss.[45]

Assim como acontecia com os soldados no front, a postura dos cidadãos comuns em relação à guerra e ao regime era muito variada. Apesar de mais de uma década de governo nazista, a Alemanha permanecia, por baixo da aparente uniformidade, uma sociedade pluralista em alguns aspectos. Crenças que eram produto profundamente arraigado das primeiras subculturas socialista e comunista não tinham como se expressar. Mas haviam sido sufocadas e não erradicadas. Fervorosas crenças e tradições cristãs, sustentáculo institucionalizado dentro do protestantismo e, em especial, dentro da Igreja católica, persistiam apesar da implacável coerção ideológica do nazismo. Por outro lado, anos de doutrinação e obrigação de se conformar inevitavelmente deixaram sua marca. E a pressão ainda maior da ameaça externa ao país, de um modo ou de outro, afetava todos os alemães, criando também um impulso ao conformismo. O pânico pela aproximação dos americanos tinha ficado restrito às regiões nos arredores do front. Mesmo ali, alguns se empenhavam teimosamente em deter a crescente onda de se distanciar do regime. Longe das províncias próximas ao front, nada indicava um colapso. Tampouco seria possível supor que o pessimismo disseminado com relação à guerra pudesse ter como resultado um levante popular. Apesar do claro pessimismo que descrevia, o relatório semanal emitido pela área de propaganda em 4 de setembro concluía que o povo estava disposto a qualquer sacrifício para evitar a destruição ou a escravidão. Os alemães não iriam "jogar a toalha".[46] A própria liderança nazista fazia a distinção entre "estado de ânimo" e "atitude", admitindo que seria difícil esperar que as pessoas se mostrassem radiantes quando suas casas estavam sendo destruídas e suas vidas, viradas de ponta-cabeça por causa da guerra, mas elogiando a resistência e a disposição para a luta indicativa da determinação popular de superar as dificuldades e alcançar a vitória.[47] No caso, tratava-se, é claro, de racionalizar de maneira proveitosa a reação popular às repetidas más notícias, e de dar forma à propaganda da guerra total. Mas essa interpretação não era de todo enganosa. Porque entre os pessimistas ainda havia muitos — provavelmente uma minoria cuja quantidade é impossível calcular com precisão e cujo número vinha diminuindo — que, ao menos na aparência, manifestavam-se de acordo com as linhas positivas da propaganda. Essas pessoas apoiavam de maneira leal o regime e exprimiam sentimentos que refletiam muitos anos de exposição à doutrina nazista.

Alguns, sem dúvida, ainda acreditavam que Hitler encontraria uma saída para a crise e queriam que ele se dirigisse ao povo para lhes transmitir uma mensagem de confiança.[48] Goebbels tinha em mãos uma vasta correspondência que transmitia, entre os "genuínos nacional-socialistas", profunda confiança em que a crise seria superada.[49] Em certos segmentos da população ainda havia esperança, mesmo que menor a cada dia, de que as novas e prometidas "armas miraculosas" pudessem reverter a sorte da guerra.[50] As pessoas que pareciam não partilhar desse sentimento, que não se mostravam inteiramente comprometidas com o esforço de guerra, e em especial aquelas que de algum modo davam a impressão de "subversivas" eram alvo de atitudes hostis, muitas vezes agressivas e recriminadoras. As ferozes represálias aos "traidores" de 20 de julho, segundo relatos, eram comemoradas com satisfação por muitos alemães.[51] Apesar da preocupação e da ansiedade generalizadas quanto à guerra, o mais leve sinal de oposição ainda provocava reações terríveis, que a polícia só conseguia conter com a ajuda dos cidadãos comuns. Sintonizar estações radiofônicas de outros países, fato cada vez mais comum apesar dos perigos que isso acarretava, com frequência também trazia problemas. Qualquer pessoa suficientemente ousada para, em público, fazer comentários de natureza derrotista ou criticar a liderança de Hitler arriscava-se a ser denunciada às autoridades por cidadãos zelosos de sua lealdade.[52] E as medidas de Goebbels na mobilização pela guerra total, quanto mais radicais, maior aprovação pareciam receber, sobretudo quando endereçadas às pessoas em melhor situação econômica. No final de agosto, mais de 50 mil cartas haviam chegado ao Ministério da Propaganda, a maioria vinda de operários, de gente da classe média e de soldados, aprovando vigorosamente as providências adotadas no sentido da guerra total, mas muitas vezes querendo que elas fossem ainda mais radicais.[53] Mesmo levando em conta o receio, a ansiedade e a depressão do povo em relação à guerra, o SD considerava, com alguma razão, que o desejo de resistir permanecia, embora os alemães não já tivessem certeza sobre se essa resistência valeria a pena.[54]

O fato de que, apesar da crescente e aguda situação de adversidade, as reservas de lealdade e apoio ao regime persistissem não era uma surpresa. O Partido Nazista, por meio de intensos esforços para compensar as perdas em combate sofridas pela Wehrmacht, tinha cerca de 8 milhões de membros — quase um décimo da população (com uma proporção significativamente maior de adultos) em 1944.[55] Por certo, nem todos eram fervorosos ativistas ou seguidores devotados. À medida que o panorama da guerra se agravava, aumentava a pressão entre grupos da Juventude Hitlerista, por exemplo, para que seus integrantes se filiassem ao partido, mas esse esforço não era garantia de que fossem surgir mais fanáticos pela causa. De todo modo, os membros, qualquer que tenha sido a sua motivação para ingressar, tinham, pelo menos superficialmente, demonstrado algum comprometimento com Hitler e com o regime, e, uma vez dentro do partido, ficavam mais propensos que o resto da população às exigências de uma atitude conformista. Os tentáculos da organização do Partido Nazista tinham grande penetração em toda a vida social. As 42 regiões (*Gaue*), 808 distritos, 28376 grupos locais, 89378 "células" e 379040 "blocos" em que a Alemanha tinha sido dividida pelo partido asseguravam que não apenas os membros do partido ficavam sujeitos a controles de natureza invasiva e vigilância rotineira. A esse corpo passivo de filiados somavam-se os funcionários, os quais, mesmo que quisessem, dificilmente poderiam escapar das doses regulares de doutrinação enquanto trabalhavam. Em julho de 1944, os funcionários do partido e de organizações afiliadas trabalhando em regime de tempo integral chegavam a 37192 homens e nada menos de 140 mil mulheres, por volta de 60 mil dos quais na organização previdenciária do nazismo, a NSV. E cerca de 3 milhões de cidadãos serviam ao partido em alguma função não remunerada.[56]

Esse exército de *apparatchiks* constituía um vasto instrumento de controle social e político, em geral trabalhando em estreita cooperação com a polícia e outras forças de repressão, de modo que, para os cidadãos comuns, o espaço para organizar alguma forma de movimento oposicionista simplesmente não existia. Além disso, os funcionários do partido formavam uma base significativa da "comunidade carismática" ligada à liderança de Hitler. Embora o apelo popular do Führer estivesse em franco declínio, os funcionários, que em tempos melhores constituíam o núcleo dos adoradores, ainda estavam menos inclinados do que a maioria a romper a sua fidelidade. Além de alguns resquícios de devoção que persistiam, ainda que agora com frequência diluída, os funcionários há tempos tinham aderido de corpo e alma à bandeira do partido. Este lhes dera carreiras, posição social, privilégios, vantagens financeiras e muitas vezes — em graus variados — algum tipo de poder sobre os demais cidadãos, mesmo que apenas em nível local. Não eram poucos os que acreditavam que sua única opção era permanecer no partido ou cair com ele — e com Hitler — devido às suas ações anteriores. Sem dúvida, alguns se sentiam mal com isso, ou ao menos tinham certa apreensão com as possíveis "vinganças" do pós-guerra, provocadas por seu envolvimento com episódios do passado. Muitos sentiam um medo justificado de um futuro sem Hitler, do que poderia ocorrer quando seus postos no partido deixassem de existir e do que o destino lhes traria no caso de vitória do inimigo e de uma Alemanha ocupada. Quanto mais altos seus cargos, maior o fanatismo que demonstravam, mais sujas suas mãos, maiores os motivos para preocupação. Isso significava, por sua vez, que eles teriam pouco ou nada a perder à medida que o fim se aproximava.

Naquele momento, porém, à exceção das áreas muito próximas do front de combate, o partido não manifestava sinais exteriores de desmoronamento. Na verdade, a revitalização do Partido Nazista empreendida por Martin Bormann na segunda metade de 1944 fez com que ele contribuísse bastante para o empenho da população civil no esforço de guerra. Suas ações alcançaram certo sucesso em impedir a completa catástrofe militar. O partido, assim, ajudou a manter a Alemanha na luta — a um custo enorme em mortes e destruição.

IV

O ímpeto por trás da nomeação de Goebbels para o posto de plenipotenciário para a guerra total, que teve início com o fracassado atentado à bomba, tinha sido a destruição do Grupo de Exércitos Centro na ofensiva dos soviéticos no final de junho e em julho. Mal o programa começou, as graves perdas causadas pelo colapso no front ocidental em agosto elevaram significativamente a necessidade de um amplo remanejamento da mão de obra, que já era previsto, permitindo o envio de mais homens para o front. Em 1º de setembro, Goebbels providenciara 300 mil homens. Mas Hitler agora queria outros 450 mil ao longo do mês seguinte.[57] As novas circunstâncias provocaram a dissolução da aliança de interesses entre Goebbels e Speer, que levara Hitler a concordar com o esforço pela guerra total. A partir do fim de agosto, à medida que ficavam evidentes as implicações do desastre no front ocidental, Goebbels e Speer viram-se cada vez mais em campos opostos.

Goebbels tinha se atirado, com as habituais e enormes doses de energia, a seu novo papel como plenipotenciário para a guerra total. O comitê de planejamento que ele estabeleceu, comandado por Werner Naumann, seu secretário de

Estado no Ministério da Propaganda, preparara em pouco tempo um conjunto de medidas de transferência de mão de obra com o objetivo de fornecer soldados à Wehrmacht. Para Goebbels, rapidez na ação e uma imagem de dinamismo constituíam um fim em si mesmo, e habitualmente pressa e improvisação criavam dificuldades em vez de resolvê-las. No entanto, quaisquer que fossem as dúvidas sobre a eficácia das medidas adotadas, o fato é que elas causaram profundas perturbações na vida pública. Os serviços dos correios sofreram cortes, teatros pararam de funcionar, reduziu-se o número de orquestras, a produção de filmes foi diminuída, as universidades mantiveram em atividade apenas as áreas de estudo essenciais ao esforço de guerra,[58] editoras foram fechadas e os jornais reduziram-se apenas a poucas páginas ou simplesmente deixaram de circular. A idade até a qual as mulheres estavam obrigadas pelo Estado a trabalhar subiu de 45 anos para cinquenta. No final de agosto, a jornada de trabalho para os homens era de sessenta horas por semana e, para as mulheres, de 48.[59]

Goebbels teve o cuidado de manter Hitler informado sobre as medidas que introduziu e foi também habilidoso ao tratar de agir, sempre, acompanhando os humores do Führer.[60] Mas nem sempre conseguiu que as coisas saíssem do modo que desejava. Ele foi bem-sucedido ao superar a resistência inicial de Hitler, conseguindo uma nova elevação na idade obrigatória de trabalho para as mulheres — até os 55 anos[61] — e sobretudo o fechamento de teatros e shows de variedades, bem como a extinção de certas revistas que apreciava. Entretanto, Hitler vetou os planos de Goebbels de interromper a produção de cerveja e de doces. Nem mesmo os bolcheviques paralisaram a produção de doces, argumentou o Führer, que os considerava necessários não apenas para os cidadãos em suas casas, mas também para os soldados no front. E, no que diz respeito à cerveja, ele receava acima de tudo as "sérias repercussões psicológicas na Baviera", acreditando ainda que a medida poderia causar ressentimento popular.[62] O instinto de Hitler, muito mais aguçado que o de Goebbels, no sentido de evitar descontentamento popular, não havia diminuído e voltaria a ser demonstrado em meados de agosto, em sua diretriz para financiar o fornecimento de 190 mil frascos de gemada, que deveriam ser entregues pela NSV às pessoas na zona oeste do país que estavam sofrendo por causa dos bombardeios (embora seja difícil imaginar por que gente que as bombas haviam expulsado de suas casas haveria de ficar satisfeita com aquele licor repulsivo).[63]

Cortes na administração dentro de repartições públicas também mostraram-

-se bem menos fáceis de pôr em prática do que Goebbels acreditara. Os comissários de defesa do Reich, por exemplo, receberam ordens no começo de setembro, conforme instruções de Hitler, para desistir de requisitar pessoal em gabinetes ministeriais ou nos departamentos do *Länder* (regiões administrativas) para servir nas recém-criadas divisões da Wehrmacht.[64] O Ministério das Finanças da Prússia foi finalmente extinto — medida de pouca significação, aventada um ano antes —, mas outro setor público também redundante, o gabinete do ministro-presidente da Prússia (parte da ampla coleção de gabinetes de Göring), foi mantido.[65] O processo de "enxugamento" produziu ganhos substanciais em algumas áreas. Mais de 250 mil funcionários foram dispensados pelo serviço dos correios e acima de 50 mil pelas ferrovias, entre outras reduções significativas. Mas, no cômputo final, os cortes nos quadros ficaram abaixo das expectativas.[66] E os elementos dispensados eram, previsivelmente, ou velhos demais ou incapacitados para atividades militares. A verdade é que homens em boas condições físicas e em grande número só podiam ser encontrados na indústria de armamentos, uma área em que não fazia muito sentido abrir mão de indivíduos experientes e com conhecimentos especializados para substituí-los por pessoal menos preparado.[67] A óbvia tensão entre as necessidades de conseguir homens para a Wehrmacht e de mantê-los na produção de armamentos tinha tudo para gerar um conflito entre os antigos aliados Goebbels e Speer. À medida que crescia a necessidade de pessoal para compensar as baixas no front, ao mesmo tempo que aumentava a pressão sobre Speer para produzir armas e munições com o objetivo de cobrir as deficiências causadas pelo material perdido em combate, o conflito ia se tornando inevitável.

Até o colapso no front ocidental, Speer — pelo menos em público — manifestava otimismo.[68] Na verdade, no começo de setembro ele dizia a Goebbels que a indústria de armamentos estaria em condições de abastecer adequadamente as tropas até o início de 1946, mesmo que todos os territórios ocupados tivessem sido perdidos.[69] E a princípio ele atendia os pedidos de Goebbels quanto ao fornecimento de material humano. No começo de agosto, Speer propôs o deslocamento de 50 mil homens da produção de armamentos para o esforço pela guerra total.[70] Na noite de 9 de agosto, chegou a um acordo com Goebbels, indicando que estava pronto a lhe fornecer 47 mil funcionários dos setores menos críticos de armamentos e das indústrias relacionadas à área bélica, que até aquele momento encontravam-se disponíveis. Os homens poderiam ser transferidos desde que Speer tivesse a garantia de que receberia substitutos para eles.[71] A essa altura,

Speer ainda estava otimista, acreditando que por meio do esforço pela guerra total poderia conseguir a mão de obra necessária para suas indústrias. Mas a harmonia logo iria acabar. O que estava em jogo era o controle sobre toda a economia de guerra.[72] No início de setembro, Goebbels já tinha se tornado um dos maiores adversários de Speer.[73]

Goebbels não se preocupava nem por um momento se tivesse que pisar nos calos de todo mundo para conseguir atingir a exagerada economia em mão de obra que tinha prometido a Hitler. Os *Gauleiter*, como era de se esperar, competiam entre si, cada um empenhado em fazer a maior economia possível. Assim, Speer sentiu-se empurrado para uma posição vulnerável, como alvo de atitudes agressivas que entendia como extremamente prejudiciais à indústria de armamentos.[74] No princípio de setembro, Goebbels ainda esperava que Speer lhe fornecesse os 50 mil homens prometidos para aquele mês. Mas a queda de braço entre os dois já tinha começado e o conflito ia se agravando com o decorrer do tempo.[75] Sem contar com uma base de apoio no partido, e considerado insistente demais em proteger sua área dos sacrifícios que outros setores tinham sido forçados a realizar, Speer entrou numa luta que estava condenado a perder. Seus inimigos eram muito poderosos. Não se tratava apenas de Goebbels e Bormann; Himmler e Robert Ley também estavam entre aqueles que o criticavam.[76] Cresciam os ataques feitos pelo partido, assim como as interferências dos *Gauleiter* nos níveis regionais. O próprio Speer não ajudou nem um pouco sua causa quando, no início de setembro, admitiu a Goebbels que a produção de armamentos adaptara-se à situação da saída dos trabalhadores que foram cedidos à Wehrmacht.[77]

Speer percebeu que sua única saída seria apelar diretamente a Hitler. Foi o que fez num extenso memorando em 20 de setembro, defendendo-se das duras acusações de Goebbels e Bormann, para os quais o Ministério dos Armamentos era uma "coleção de líderes avarentos e reacionários" e "hostis ao partido". Alegando que sua tarefa "não era política", ele foi contra a interferência do partido numa área de sua responsabilidade, declarando ainda que na questão de armamentos os *Gauleiter* deveriam reportar-se a ele, não a Bormann.[78] Mas Hitler jamais retiraria o controle sobre os *Gauleiter* da esfera do partido para deixá-lo nas mãos de Speer. Bormann fora categórico ao dizer ao ministro dos Armamentos que, em relação ao esforço pela guerra total, ele, Speer, estava subordinado a Goebbels.[79] De qualquer modo, Speer já não exercia sobre Hitler a influência que tivera alguns anos antes. Sua repetida tese de que aquela era uma guerra de natureza técnica, e portanto mais e melhores armamentos a decidiriam,[80] e não o mero fornecimento de mais soldados à Wehrmacht, não teve nenhum efeito, pois Hitler e Goebbels a rebateram com a óbvia contra-argumentação de que o aumento de homens *e* de armamentos era uma necessidade. Goebbels, que todo o tempo apresentava a Hitler dados sobre o sucesso que seu esforço pela guerra total vinha alcançando, parecia ter mais chances de chegar ao fim do conflito como vencedor.

Speer voltou a se dirigir diretamente a Hitler, rejeitando a exigência de Goebbels para lhe fornecer 100 mil trabalhadores da área de armamentos, que seriam recrutados dentro da cota prevista, em setembro, para a guerra total (além dos 200 mil que a Wehrmacht já recebera desde 25 de julho). Um número tão grande não poderia ser fornecido, alegou Speer, sem prejuízos à produção de armamentos. Ele precisava de tempo para se ajustar a esses constantes desfalques em sua força de trabalho, e a duras penas poderia fornecer 60 mil em 25 de outubro e os 40 mil restantes em 15 de novembro. Para sua frustração, ao voltar de uma visita ao front ocidental no fim de setembro, foi informado da decisão de Hitler de enviar os 60 mil ao Exército antes do que imaginava, o que ele descreveu como "uma medida extraordinariamente séria e drástica".[81]

Assim mesmo, Speer deixou Goebbels enfurecido por sua obstinação em resistir a novas demandas de lhe fornecer trabalhadores. À medida que se aproximava o outono, e Hitler reconhecia a capacidade de Speer — "um organizador genial" — em superar dificuldades extraordinárias para manter a produção de armamentos, a disposição deste último em defender os interesses de sua indústria ficava mais forte.[82] Seus esforços lhe valeram de novo os favores do Führer. Por mais que tentasse, Goebbels não conseguia convencer Hitler a obrigar Speer a lhe ceder mais 180 mil trabalhadores da indústria de armamentos.[83] A constante disputa de Speer com Goebbels quanto à liberação dos funcionários, além de consumir um tempo valioso, acabou chegando a um beco sem saída. Como já havia ocorrido outras vezes, Hitler mostrava-se relutante em tomar uma decisão num confronto importante entre dois de seus principais paladinos. A luta interna entre eles, contudo, ficava impossível de ser resolvida, a menos que Hitler apresentasse a solução.

Speer considerava esse demorado conflito em torno da escassa mão de obra como extremamente desgastante para sua energia e recursos. Apesar disso, realizou esforços extraordinários na esteira dos reveses no front ocidental para deixar a Alemanha em condições de prosseguir na luta.

O ponto alto na produção de armamentos para toda a guerra tinha sido alcançado em julho de 1944. O nível atingido, porém, mostrou-se enganador. Foi corretamente descrito como a arrancada final do maratonista momentos antes de perder o fôlego, quando já esgotou toda a sua energia.[84] Durante o outono, a queda acentuou-se em todas as áreas de produção. A causa principal foi o enorme aumento dos bombardeios aliados — 60% de todas as bombas lançadas sobre a Alemanha caíram depois de julho de 1944. Em seguida à irrupção dos Aliados na França, o mês de setembro trouxe um aumento crucial nos devastadores ataques aéreos. Com a aviação aliada capaz, a essa altura, de usar bases mais próximas das fronteiras alemãs, e a Luftwaffe cada vez mais paralisada devido à destruição e à falta de combustível, ataques continuados às instalações militares e à rede de transporte haviam se tornado bem mais fáceis. Nos meses do outono, a produção de matérias-primas teve uma redução de quase dois quintos. Os ataques aliados a sete fábricas de óleo mineral num só dia, 24 de agosto de 1944, causaram uma diminuição de dois terços na produção de combustível para aviões em setembro, contribuindo muito para reduzir a eficiência das defesas aéreas remanescentes. A infraestrutura industrial sofreu enormes danos quando várias usinas de energia deixaram de operar, em consequência dos ataques. Foi muito afetado o fornecimento de gás e eletricidade. Em outubro, a produção de gás estava reduzida a três quartos do que tinha sido em março. Os seguidos ataques à rede ferroviária da Deutsche Reichsbahn, às linhas, locomotivas, a todo tipo de veículos sobre trilhos, pontes, terminais, pátios de manobras, assim como aos canais e aos transportes efetuados pelo rio Reno, tudo isso provocou não só uma enorme desorganização nas vias de transporte do país, como em muitos casos até sua paralisação, com sensíveis reflexos em todo o processo de abastecimento da indústria, entre os quais se destaca o fornecimento de carvão da região do Ruhr. Pelo menos até aquele momento, as minas de carvão no oeste permaneciam em sua maioria a salvo dos ataques. A queda no fornecimento de armamentos de vital importância não cessaria, embora os níveis de produção alcançados ainda ultrapassassem aqueles de 1942.[85]

O mais surpreendente, porém, não foi por que a produção de armamentos caiu de modo tão drástico, mas sim como, diante da extensa, quase insuperável, natureza dos problemas, Speer foi capaz de mantê-la num nível relativamente elevado.

A rapidez com que Speer compreendia não apenas os problemas, mas também possíveis maneiras de solucioná-los ou ao menos atenuá-los, sua imensa energia aliada a um indiscutível talento para a organização, mais a autorização que tinha para seguir em frente com as mudanças, graças à manipulação que fazia das frequentes reuniões com Hitler para discutir armamentos, tudo isso contribuiu para sua habilidade, no outono de 1944, de encobrir as deficiências crescentes. Ele estava empenhado em fazer todo o possível para elevar ao máximo o fornecimento de combustível (extremamente afetado pelos ataques aéreos às instalações de hidrogenação na região central da Alemanha, desde a primavera), para enfrentar os bombardeios pela intensificação das defesas antiaéreas, para manter toda a estrutura de transporte em funcionamento e para salvar tudo o que fosse possível para a indústria durante a evacuação das áreas próximas ao front.[86] Ao batalhar pelas necessidades da indústria de armamentos, ele também protegia sua área de atuação das investidas das outras "grandes feras" na selva nazista, impedindo o partido de minar o "senso de responsabilidade da indústria", assim como evitando a destruição deliberada, pelos próprios alemães, de material útil ao parque industrial quando suas tropas batessem em retirada, visando torná--lo inaproveitável pelo inimigo.

Speer fez duas visitas às regiões da fronteira ocidental em setembro: a primeira, entre os dias 10 e 14, passando por Karlsruhe, Saarbrücken, vizinhanças de Metz, a Westwall até Trier e em seguida Aachen até Venlo. Observou deficiências significativas nas áreas de munição e fornecimento de combustível e problemas graves durante a retirada das tropas. Entre as falhas, Speer apontou o fato de os oficiais da intendência, encarregados dos suprimentos, terem pouco contato com os responsáveis pelos negócios na área, e assim deixarem de aproveitar a experiência deles para resolver, por exemplo, problemas de transporte. Apontando uma saída, lembrou que Hermann Röchling, o magnata do aço, tinha reuniões diárias com os líderes militares no Sarre para informar-se sobre suas necessidades quanto a munição e para fazer com que elas fossem adequadamente atendidas. Speer recomendou o estabelecimento de uma unidade ligada ao quartel do comandante em chefe do Oeste que poderia tomar a iniciativa de conseguir e encaminhar às tropas o equipamento necessário. Uma medida prática para melhorar o abastecimento seria aproveitar os caminhões utilizados no recolhimento do material valioso do front, no caso de uma retirada, para levar suprimentos às linhas de combate no dia seguinte. Outra providência com bons resultados para a economia estaria no planejamento de linhas de transporte que aproveitassem ao máximo as áreas industriais situadas nas proximidades do front. Recorrer a essas áreas para abastecer diretamente as tropas, indicou Speer, acabaria com o desperdício de tempo e combustível provocado pelo deslocamento de veículos entre regiões mais afastadas da Alemanha e as linhas do front. Sua principal preocupação era que "nas áreas em situação de perigo a produção continuasse até o último minuto" — portanto, ele se opunha ao que considerava evacuações prematuras. Mesmo sob pesada artilharia, a produção de munição deveria prosseguir, próxima ao front, até a etapa bem tardia.[87] Em setembro, Speer enviou uma série de ordens aos *Gauleiter* do oeste, orientando-os a não reduzir a produção cedo demais; e, diante da possibilidade de retomar as áreas abandonadas (pura retórica, com o objetivo de agradar a Hitler, a julgar pelo relato posterior de Speer[88]), o recuo da indústria em direção ao leste deveria seguir-se apenas ao desmonte, e nunca à destruição de suas instalações. Em seu relatório a Hitler, Speer salientou também a escassez de armas, reiterando uma tese de seu constante conflito com Goebbels, segundo a qual tropas sem armamento pesado eram inúteis, e acrescentando que "nesta guerra, que é uma guerra técnica, um *levée en masse* não é decisivo".[89]

Na segunda ida de Speer ao front ocidental, de 26 de setembro a 1º de outubro — realizada com tal rapidez que seus colegas de viagem tiveram dificuldade em acompanhá-lo —, ele enfatizou a necessidade urgente de proteger a área fronteiriça a oeste do rio Reno e sua preocupação com a ameaça à área industrial de Rhineland-Vestfália, que fornecia metade dos armamentos da Alemanha. "Se a ação do inimigo provocar perdas significativas de territórios naquela região", advertiu, "isso será muito mais grave do que todas as perdas nos demais teatros de guerra." Seu relatório a Hitler serviu também como propaganda de suas próprias realizações. Os soldados estavam entusiasmados, ele comentou, com o modelo novo e aperfeiçoado do tanque Tiger que fora produzido. O fornecimento de novas armas tinha contribuído bastante para recuperar o moral depois da retirada da França, e agora havia a confiança de que uma nova linha de resistência poderia ser mantida, sublinhando a importância de entregar mais armas e munições ao front. Isso não poderia ser feito, ele ressaltou, se, como havia ocorrido anteriormente, trabalhadores valiosos e especializados fossem retirados da produção de tanques, algo que os próprios comandantes desse setor não queriam que acontecesse. Em termos práticos, portanto, sua conclusão era um novo pedido para que não fossem retirados mais homens das linhas de produção para reforçar as tropas da Wehrmacht.[90]

Na verdade, pelo menos até certo ponto, Speer estava preparado para ver sua força de trabalho ser deslocada para outras áreas. Desesperado para conseguir toda a mão de obra disponível, para que o nível de produção de armamentos não sofresse redução, no final de outubro ele se queixou a Himmler de que o pleno aproveitamento dos prisioneiros de campos de concentração estava sendo retardado pela escassez de guardas, sugerindo — provavelmente sem grandes resultados — que um contingente de integrantes da Wehrmacht fosse transferido para a ss, ficando com essa atribuição.[91]

Se não fosse o constante e extraordinário empenho de Speer em manter ativa a produção de armamentos e providenciar o reparo rápido das ferrovias e pontes destruídas pelos bombardeios, certamente a guerra teria acabado bem antes. Mais tarde, Speer deu a impressão de que, a partir da invasão aliada, já considerava a continuação da guerra algo sem sentido, e de que em setembro a "situação era desesperadora".[92] Essa atitude e seus posteriores relatos indicam que Speer agiu com o objetivo de preservar a indústria alemã. Não há dúvida de que esse era efetivamente um de seus objetivos. Ele decerto já pensava numa Alemanha depois de Hitler (na qual, é bem provável, esperava ter uma participação significativa). O país iria precisar de suas fábricas, e em sua insistência em apenas suspender a atividade industrial, em vez de destruí-la, Speer naturalmente trabalhava em concordância com os principais empresários do setor, os quais — como era esperado — se uniram num grande esforço conjunto para produzir armamentos, já de olho, embora não abertamente, na sobrevivência após a derrota militar.[93] No entanto, documentos mais recentes sobre o Ministério dos Armamentos revelam que esse não era o único objetivo, nem mesmo o principal. Ao que parece, Speer estava genuinamente dedicado a realizar tudo que fosse possível para que a Alemanha pudesse levar a guerra adiante. A energia e o espírito de iniciativa que demonstrou não combinavam com alguém que considerasse o prosseguimento do conflito algo sem sentido e a situação desesperadora. Speer poderia ter se empenhado menos sem que isso o pusesse em perigo. Se agisse desse modo, faria com que o fim — o qual julgava inevitável — chegasse mais cedo. Não havia dúvida, Speer reconhecera àquela altura que a "vitória final" havia se tornado impossível. Será que naquele momento ele também acreditava que a única opção era a derrota completa? As aparências sugerem que nem de longe Speer admitia que o Reich estivesse condenado. Por mais alguns meses, ele acreditou que a Alemanha poderia evitar o pior. Se tivesse feito menos para prolongar a guerra, talvez tivesse mesmo sido possível evitar o pior para milhões de pessoas.

Mas é claro que a situação não dependia apenas de Speer. Ele presidia um vasto império, conduzido por uma imensa máquina burocrática — 70 mil pessoas no começo de 1943.[94] Nos departamentos de seu ministério, contava com tenentes hábeis e implacáveis como Xaver Dorsch e Karl Otto Saur (este, cada vez mais, seu grande rival na disputa pela simpatia de Hitler). O próprio Saur, de quem se disse depois da guerra que tudo conduzia na base do medo, tratando sua equipe — assim como sua força de trabalho — com brutalidade, ainda não havia chegado a ponto de considerar a guerra perdida.[95] Situado a meio caminho entre os militares e a indústria, Speer mantinha estreito contato com os maiores líderes industriais da Alemanha, empenhado em proteger suas fábricas, mas também com o objetivo de ampliar ao máximo a produção para o esforço de guerra. E tinha o apoio dos departamentos de repressão do partido, da polícia, dos serviços prisionais e da administração da justiça — dezenas de milhares de prisioneiros, a essa altura, haviam sido colocados para trabalhar na produção de armamentos[96] —, além de contar com a colaboração de Fritz Sauckel, o duro e impiedoso plenipotenciário do Reich para o trabalho, que lhe fornecia legiões de estrangeiros para servir como escravos nas fábricas de armamentos, em condições próximas do indescritível.[97] Mas a iniciativa de Speer, seu dinamismo e sua disposição constituíam o componente indispensável capaz de fazer com que o império dos armamentos, com todas as dificuldades que enfrentava, funcionasse tão bem como funcionou. A ambição pessoal de Speer, somada à determinação de não perder sua base de poder, significava que ele, pessoalmente, não estava disposto a capitular. Tratava de empregar sua notável energia para barrar as tentativas de Goebbels, Bormann e dos *Gauleiter* de invadir seu império, recorrendo ao apoio de Hitler, que ele nunca chegou a perder por completo. E, é claro, ele não tinha escrúpulos em dedicar um tratamento totalmente desumano às centenas de milhares de trabalhadores estrangeiros submetidos à escravidão para permitir que o Reich continuasse lutando muito tempo depois de a razão deixar evidente que a guerra devia ter acabado.

V

O povo alemão — especialmente os "inimigos do povo" sob o domínio do regime — passou a ser submetido a controles muito mais rigorosos conforme o inimigo se aproximava das fronteiras do Reich. A coerção tornou-se elemento presente em todos os setores da vida cotidiana. Ao lado das restrições causadas pelas medidas de Goebbels no empenho pela guerra total, com intervenções nos locais de trabalho da população civil para recrutar homens para o front, os horários de expediente ficavam cada vez mais longos. Todo trabalhador suspeito de fazer corpo mole via-se ameaçado de ser tratado como um desertor. Operários estrangeiros — que a essa altura constituíam cerca de um quinto da força de trabalho na Alemanha — eram sempre os alvos principais nas batidas policiais, bem como nas investigações sobre a existência de material subversivo, o que poderia enviá-los a campos de concentração ou destino pior.[98]

Para os alemães, as ordens de evacuar áreas próximas ao front podiam dar prazo de uma hora. Nas aldeias e cidades bombardeadas, os moradores tinham de obedecer às ordens berradas pelos funcionários locais do partido e pelas autoridades militares e da polícia. A vigilância intensificou-se. As suspeitas do regime quanto à população cresciam à medida que se reviviam as lembranças e o medo do que ocorrera em 1918. Invadiram-se e destruíram-se células comunistas, prendendo seus integrantes e outros suspeitos de oposição ao regime, que frequentemente eram torturados.[99] A polícia ficava em estado de alerta quanto à ameaça de algum levante interno, com instruções de esmagar sem piedade o menor sinal de perturbação da ordem pública. Himmler autorizou os líderes da ss e da polícia a eliminar, com todos os recursos à sua disposição, toda agitação em suas áreas, prendendo de imediato aqueles que ameaçassem a segurança e a ordem.[100] Os oficiais do partido receberam armas extras para lidar com "agitação interna ou outras circunstâncias extraordinárias".[101] Cada vez mais a Alemanha transformava-se numa sociedade atomizada, encurralada, dirigida à base do medo. A essa altura, já era uma sociedade inteiramente militarizada.

Em suas novas atribuições como comandante em chefe das Forças de Reserva, Himmler pôde estender seu poder de polícia às esferas militares. Hitler lhe deu plena autoridade para "instaurar a ordem" nas áreas atrás da zona de combate, e no começo de setembro enviou-o às fronteiras do oeste para interromper a retirada das tropas nas "linhas da retaguarda". Em 24 horas, segundo o relato de

Goebbels, ele deteve a "onda" de soldados em fuga e as imagens de pânico que os acompanhavam.[102] Os *Gauleiter* foram orientados no sentido de que todos os integrantes da Wehrmacht, da Waffen-ss, da polícia, da ot e do Serviço de Trabalho do Reich, bem como os "desgarrados", deveriam ser capturados e entregues às Forças de Reserva até 9 de setembro. Os líderes do partido deveriam informar aos líderes distritais, às sete horas da noite, o número de desgarrados em suas respectivas áreas, e estes por sua vez teriam duas horas para transmitir a informação aos *Gauleiter*, os quais a repassariam então ao comandante da Defesa do Distrito.[103] Himmler orgulhou-se de seu trabalho ao acabar com a desintegração na zona oeste e recomendou "ação brutal" contra as manifestações de baixo moral por parte dessa "gente da retaguarda".[104] Em meados de setembro, 160 mil desses "desgarrados" haviam sido capturados e enviados de volta ao front.[105]

Hitler recompensou a ação decisiva de Himmler confiando-lhe uma nova atribuição, que surgiu quando a preocupação crescente pela segurança interna se combinou com a necessidade de proteger as fronteiras, especialmente no leste, na esteira das investidas desencadeadas pelo Exército Vermelho durante o verão. Desde o começo da guerra, a Wehrmacht passara a convocar civis como medida de emergência para apoiar operações de defesa em determinadas áreas. A polícia também já atuara nos preparativos iniciais da formação de milícias. Em 1942, Himmler organizara os "Vigilantes do Campo", mais tarde seguidos pelos "Vigilantes Urbanos", constituídos principalmente de membros do partido não convocados pela Wehrmacht, com a missão de ajudar a polícia local na busca de prisioneiros de guerra que houvessem fugido e ainda na repressão de eventuais tentativas de agitação por parte de trabalhadores estrangeiros. No final de 1943, os Vigilantes do Campo e os Vigilantes Urbanos, juntos, totalizavam cerca de 1 milhão de homens. Em 1943 e no ano seguinte, alguns *Gauleiter* trataram de formar suas "Tropas de Proteção da Pátria", que não se limitavam aos membros do partido, estendendo-se a todos os homens entre dezoito e 65 anos de idade. Àquela altura, no entanto, Hitler não se interessou por essas iniciativas, por acreditar que elas teriam impacto negativo no moral da população.

Mesmo assim, à medida que a sorte na guerra ia de mal a pior, a Wehrmacht também começou a planejar milícias maiores e estruturadas de modo mais rigoroso. Com o Exército Vermelho se aproximando da fronteira leste do Reich, o general Heinz Guderian, recém-nomeado chefe do Estado-Maior, propôs a criação de uma unidade chamada *Landsturm* (como eram designadas as milícias prussianas que enfrentaram o Exército de Napoleão em 1813), a ser composta de homens que, por alguma razão, estavam isentos do serviço militar, com a incumbência de reforçar a proteção da fronteira oriental. Guderian recomendou a disposição estratégica de unidades de alarme encarregadas de ações de guerrilha nas respectivas regiões. Cada oficial deveria agir "como se o Führer estivesse presente". Guderian defendia que astúcia, trapaça e imaginação fossem empregadas como táticas militares, alegando que o tipo de ação dos peles-vermelhas americanos poderia ser usado com êxito em operações nas ruas, em jardins ou dentro de casas, e que as histórias de aventura de índios e caubóis de Karl May — que Hitler apreciava muito — já tinham provado sua eficácia como manuais de treinamento.[106]

Os esquemas fantasiosos de Guderian nunca se tornaram realidade. Foram superados por planos para a criação de um organismo de alcance nacional sob o comando do partido, e não da Wehrmacht. Em agosto, alguns *Gauleiter*, encorajados por Bormann, já haviam criado milícias em suas regiões. No começo de setembro, Wilhelm Schepmann, o líder da *Sturmabteilung* (SA), a organização das tropas de choque nazistas, e Robert Ley, chefe da enorme Frente Alemã do Trabalho, planejaram separadamente a construção de uma *Landsturm* para a defesa nacional, cada um deles imaginando que a comandaria.[107] Quando o conflito entre os dois se tornou evidente, Hitler decidiu que a única pessoa em condições de concretizar o projeto da *Landsturm* seria Himmler. Goebbels, como sempre, concordou. Schepmann em pouco tempo sucumbiria "à letargia da SA"; caso a tarefa fosse confiada a Ley, "o resultado seria apenas uma idiotice".[108]

Silenciosamente, porém, nos bastidores, outro líder nazista percebeu a possibilidade de aumentar seus poderes. Com o inimigo próximo das fronteiras da Alemanha, tanto no leste como no oeste, e a possibilidade de ocorrerem agitações internas, abria-se o caminho para Martin Bormann, trabalhando em conjunto com Himmler, desenvolver propostas para uma milícia nacional e persuadir Hitler de que a organização e o controle dessa milícia deveriam ficar nas mãos do partido, em vez de serem confiadas ao Exército, "no qual não se podia confiar". Sob o comando do partido, garantia-se que as operações da milícia estariam dominadas pelo necessário fanatismo nazista. Em meados de setembro, Bormann preparou um esboço, que teve a aprovação de Goebbels, para que Hitler decretasse a criação de uma "Defesa Popular" (*Volkswehr*).[109] Poucos dias depois, o nome seria mudado para outro, de maior impacto, "Tempestade Popular" (*Volkssturm*). Himmler disse aos comandantes de defesa dos distritos, em 21 de setembro, que, "se o inimigo nos invadir em alguma região, irá encontrar um povo tão fanático, lutando de modo tão alucinado até o fim, que certamente não conseguirá ir adiante".[110]

O decreto de Hitler sobre a criação da *Deutscher Volkssturm*, datado de 25 de setembro, embora só fosse assinado no dia seguinte e publicado apenas em meados de outubro, estipulava que a nova milícia deveria ser formada por todos os homens entre dezesseis e sessenta anos capazes de portar armas. Os *Gauleiter*, sob o comando de Bormann, ficavam com a responsabilidade de convocá-los e distribuí-los em companhias e batalhões, assumindo ainda todos os encargos relativos à organização. Bormann, agindo em nome de Hitler, cuidaria dos aspectos políticos dessa nova milícia. Com isso, ele ganhava um grande espaço para definir os limites de sua atuação. Himmler, como comandante em chefe das Forças de Reserva (não como chefe da ss e da polícia), ficava encarregado da "organização militar, do treinamento, de armas e munições" da *Volkssturm*. As operações militares ficariam também em suas mãos, obedecendo às diretrizes de Hitler. Himmler, no entanto, delegou essas funções ao chefe do Gabinete Central da ss e general da Waffen-ss, o *Obergruppenführer* Gottlob Berger.[111] A própria divisão dos mecanismos de controle prevista no decreto já assegurava, bem de acordo com as características do Terceiro Reich, que ocorreriam seguidas disputas internas em torno de responsabilidades e poder de decisão. Contudo, por mais poderosos que fossem, tanto Himmler como a ss, o vencedor nos conflitos pelo controle da *Volkssturm* foi Martin Bormann. Graças à proximidade com Hitler, ele conseguiu neutralizar todas as tentativas para diminuir seus poderes nesse novo domínio, recorrendo à posição singular que tinha no partido para inculcar na "comunidade do povo" o espírito fanático do nacional-socialismo na defesa do Reich.[112]

Do ponto de vista militar, ao longo dos meses seguintes o valor da *Volkssturm* mostrou-se reduzido, como era previsível. O sacrifício dos muitos homens — velhos demais, jovens demais ou incapacitados demais para tarefas militares — que acabaram morrendo a serviço da *Volkssturm* foi inteiramente inútil. A criação dessa milícia representou claramente uma tentativa desesperada de reunir as derradeiras reservas humanas do Reich. Mas estava longe de significar o reconhecimento, pelo regime, de que a guerra estava perdida. Aos olhos da liderança nazista, a *Volkssturm* deteria o inimigo caso este invadisse o território alemão, ajudando assim o país a ganhar tempo. Novas armas, imaginavam, estavam a caminho. A coalizão de forças do inimigo era frágil. Quanto maiores fossem as perdas infligidas ao adversário, especialmente aos Aliados do Ocidente, maior era a probabilidade de que essa coalizão se desfizesse. Seria então possível um acordo, ao menos com o Ocidente. Sob essa perspectiva, o tempo daria uma oportunidade à Alemanha. Além disso, a *Volkssturm* conseguiria atingir seus objetivos ao incutir no povo alemão o espírito autêntico do nacional-socialismo. A *Volkssturm* personificaria a verdadeira revolução nazista como um movimento sem classes, no qual posição social e prestígio nada significariam, uma concretização alcançada por meio de comprometimento fanático, lealdade, obediência e sacrifício.[113] Graças a ela, era o que se imaginava, também o moral do povo se elevaria.[114] Na verdade, esses ideais nazistas mal passavam pela cabeça da imensa maioria daqueles que estavam sendo empurrados, assustados e contra a vontade, para o serviço na *Volkssturm*, com armamento precário, dos quais, assim mesmo, esperava-se que fossem capazes de derrotar um inimigo poderoso. Uma minoria, impossível de quantificar com precisão, mas que incluía muitos líderes da *Volkssturm*, era composta de nazistas convictos, alguns deles fanáticos. Mesmo nos dias em que o regime já agonizava, integrantes da *Volkssturm* estavam se envolvendo em "ações" policiais e atrocidades contra outros cidadãos alemães, vistos como covardes ou derrotistas. Portanto, com todas as suas óbvias deficiências como força de combate, a *Volkssturm* — uma imensa entidade com efetivo calculado em 6 milhões de homens[115] — atuou como um instrumento a mais pela mobilização, organização e arregimentação do nazismo. Nesse sentido, fez sua parte na prevenção de um colapso interno e na garantia de que a guerra, que do ponto de vista racional estava irremediavelmente perdida, levasse ainda mais alguns meses para acabar de vez.

VI

Ao chegar o fim o verão de 1944, os alemães que não tinham armas de fogo nas mãos estavam provavelmente empunhando pás. Quando o inimigo aproximou-se das fronteiras alemãs, introduziu-se a convocação obrigatória — que incluía as mulheres — para cavar trincheiras e armadilhas para tanques, bem como para erguer fortificações, bunkers e barreiras nas estradas. Também nesse caso, Bormann orquestrava as operações. Seus agentes, os *Gauleiter*, na posição de RVKS (comissários de Defesa do Reich), organizavam o trabalho no nível local. Os líderes do partido no distrito, e posteriormente os líderes locais, certificavam-se de que o trabalho seria executado. Membros do partido, como os integrantes da Juventude Hitlerista, auxiliavam nas tarefas de mobilização dos moradores e na alocação deles em postos de trabalho. A polícia, mais uma vez, estava a postos para obrigar o pessoal vacilante a participar do esforço. Assim, à medida que crescia a ameaça de que logo se combateria em território alemão, as imposições do regime à população e o nível de controle a que ela ficava submetida todos os dias aumentavam progressivamente.

No leste, a construção frenética de fortificações por meio da convocação compulsória das populações locais havia começado em julho, logo após o ataque do Exército Vermelho, quando o *Gauleiter* Koch convenceu Hitler a iniciar a construção de uma enorme "muralha oriental", como barreira às incursões soviéticas.[116] Em agosto, o colapso no oeste forçou a adoção imediata de semelhantes medidas de defesa, sobretudo ao longo da Westwall, cuja série de 14 mil bunkers numa extensão de 630 quilômetros precisava urgentemente ser reforçada. Em 20 de agosto, Hitler determinou a convocação compulsória, sob o comando de quatro *Gauleiter* ocidentais, com o objetivo de erguer as fortificações nessa região. No fim do mês, deu poder adicional aos *Gauleiter* para que convocassem trabalhadores civis a fim de reforçar as defesas ao norte, estendendo o chamado também para as tarefas na Westwall. Mão de obra extra, quando necessária, ficaria a cargo das Gaue vizinhas.[117] A essa altura, toda a região ao longo da Westwall, do lado alemão, deveria ser posta em estado de prontidão. Os RVKs ficavam com a responsabilidade de providenciar acomodações e alimentação para centenas de milhares de trabalhadores, tratando ainda de proceder à evacuação dos moradores numa faixa de aproximadamente dois quilômetros atrás da Westwall.[118]

Como acontecera no caso da *Volkssturm*, Robert Ley tinha ambições de ficar encarregado do comando nacional do trabalho de fortificações. Ley, detentor de um doutorado em química, era um dos nazistas mais fanáticos, devotando a Hitler uma crença quase mística. No final de 1932, Hitler o nomeara chefe da organização do partido e, alguns meses depois, o convocara para comandar a gigantesca Frente Alemã do Trabalho. Ambicioso, Ley estava sempre tentando ampliar seu império pessoal, tendo já no princípio da guerra se tornado responsável pelo projeto habitacional da Alemanha. Mas a maneira arrogante e arbitrária como exercia seu poder, além da reputação de alcoólatra, fez com que criasse inimigos em altas posições. E, na tentativa de controlar o trabalho das fortificações, para satisfação de Goebbels — que fazia mau juízo das capacidades de Ley como administrador —, ele logo ficaria desapontado.[119] Uma vez mais, Martin Bormann, muito próximo ao Führer e gozando de sua confiança, encontrava-se na posição de ganhar controle exclusivo dessa nova fonte de poder. Em 1º de setembro, Hitler deu a Bormann plena autoridade para orientar os *Gauleiter*, em seu nome, com relação a todas as medidas referentes às fortificações. Nenhuma outra esfera do partido tinha direito de intervir. Ficava a cargo de Bormann indicar os administradores, os quais deveriam reportar-se diretamente a ele, que convocaria membros do partido sempre que isso fosse necessário para realizar o trabalho — por meio de supervisão e controle, ou seja, sem ter de cavar os buracos das trincheiras. Como líder da Organização do Partido Nazista do Reich, Robert Ley ficava à disposição de Bormann para providenciar esses membros — uma nítida vitória para o chefe da Chancelaria do partido sobre seus rivais.[120]

O trabalho começou sem demora e com grande urgência. Em 3 de setembro, o *National-Zeitung* de Essen referiu-se a "toda a população da fronteira" envolvendo-se na ampliação das defesas na região ocidental, e aos homens e mulheres dos distritos do oeste dando início, "com pás e picaretas", à tarefa de "assegurar a liberdade de nossa pátria".[121] Em 10 de setembro, 211 mil mulheres, jovens e homens que já tinham ultrapassado a idade do serviço militar, ao lado de 137 unidades da Frente de Trabalho do Reich e da Juventude Hitlerista, iniciavam um trabalho pesado na Westwall. O período mínimo da convocação fora estipulado em seis semanas. Depois disso, os alemães, mas não os trabalhadores estrangeiros, poderiam ser substituídos.[122] Bormann chamou a atenção dos *Gauleiter*, no começo de outubro, sobre a urgência de concluir o trabalho das trincheiras antes que começasse o clima úmido e frio do outono, quando mulheres, moças e rapazes deveriam ser colocados para trabalhar apenas por um período limitado, e quando certamente aumentariam os casos de doença entre os homens, que deveriam agravar-se como resultado de prováveis carências na alimentação, no vestuário e nas acomodações.[123]

A essa altura, Hitler já havia ampliado os poderes dos *Gauleiter* para o caso de a guerra passar a ser travada em solo alemão. Numa emenda a seu decreto de 13 de julho, por meio de novas medidas tomadas em 19 e 20 de setembro, ele concedia aos *Gauleiter*, na qualidade de RVKS, autoridade executiva em questões civis dentro de suas áreas operacionais, com poder para emitir decretos e impor diretrizes a todos os departamentos da administração do Estado. Com essas decisões, a autoridade centralizada na figura de Bormann tornava-se ainda maior, embora Hitler, mais uma vez, complicasse a questão, permitindo a criação de conflitos e disputas para demarcação dos terrenos de cada um, já que seu decreto estipulava que a coordenação das medidas determinadas pelos RVKS ficaria a cargo de Himmler.[124]

Bormann encontrava-se nesse momento no auge de seus poderes. Graças à sua presença no quartel-general do Führer, à sua capacidade de controlar em grande medida o acesso a Hitler e de influenciá-lo, ao proveito que tirava de sua posição para ganhar as lutas contra outros figurões do Terceiro Reich, ao controle que tinha sobre a complicada máquina do partido e à sua grande capacidade de trabalho — como indicam as frequentes cartas que enviava à esposa, Gerda, ele trabalhava quase sem descanso —, Bormann se tornou talvez o personagem mais importante nos altos escalões nazistas depois de Hitler. E sua fidelidade era absoluta. Diferentemente de Himmler ou Speer, parecia não ter projeto pessoal para um mundo sem Hitler. Mais: ao contrário de Himmler, Goebbels, Göring e Ribbentrop, em nenhum momento Bormann deu a impressão de pensar em algum tipo de negociação com o inimigo como meio de pôr termo à guerra. Satisfazia-se sendo o porta-voz de Hitler, com todo o poder que isso lhe conferia. No final de agosto, comentando com Gerda sobre a dificuldade de ver algo de positivo enquanto o inimigo chegava cada vez mais perto, ele fez uma ressalva: "Apesar de tudo, nossa fé no Führer e na vitória continua inabalada, o que é de fato necessário, porque nessa situação muita gente, compreensivelmente, começa a amolecer".[125] Algumas semanas depois, Bormann julgou até que seria possível lembrar os catastróficos meses de 1944 com certa satisfação porque, a despeito das derrotas militares no leste e no oeste, "a comunidade nacional resistiu a esse teste, e agora somos capazes de superar as mil dificuldades que o domínio aéreo do inimigo cria para nós".[126] É provável que seu otimismo nascesse da necessidade. Como os demais líderes nazistas, Bormann sabia que, depois de Hitler, nenhum deles teria futuro.

Em 1944, a Chancelaria do partido, dirigida por Bormann — à qual Goebbels, com sarcasmo, referiu-se certa vez como a "chancelaria do papel" por causa da montanha de diretrizes que produzia —, distribuiu 1372 circulares, comunicados ou determinações, juntamente com inúmeras outras instruções e ordens do Führer.[127] A burocracia do Estado continuava em funcionamento, embora estivesse se transformando cada vez mais num órgão administrativo para iniciativas e diretrizes oriundas do partido. A defesa civil em todas as suas ramificações, as convocações em massa para a tarefa de cavar trincheiras, a mobilização de civis para a *Volkssturm*, o atendimento às populações evacuadas e a implementação da miríade de ordens para a guerra total — tudo isso estava nas mãos do partido, que agora controlava a Alemanha como nunca antes.

Para os alemães comuns, já quase não existiam aspectos de vida que estivessem a salvo das interferências invasivas do partido e de seus afiliados. Também nas Forças Armadas, a possibilidade de escapar da nazificação diminuíra. As repercussões do fracassado atentado à bomba, a necessidade constante de provar lealdade, a presença e as exigências cada vez maiores por parte dos NSFOS, a vigilância ampliada e o medo de cair nas garras de Himmler (a essa altura com um poder maior de intervenção na área militar) deixavam sua marca entre oficiais e soldados. Tanto no front de combate como entre os civis, com a guerra às portas de casa e a base popular do regime encolhendo, a obediência a controles cada vez mais invasivos não parava de crescer e dominar a vida cotidiana.

Durante o verão, o regime parecia estar à beira do precipício. O país sobrevivera a uma revolta interna, mas suas Forças Armadas haviam sofrido derrotas pesadas no leste e no oeste. Enquanto o verão se tornava outono, a situação militar se estabilizava e o regime redobrava suas energias para estimular à ação uma população com frequência relutante ou truculenta, de modo a reforçar as defesas e fornecer efetivo ao front e à indústria de armamentos.

Em meados de outubro, Aachen — agora em ruínas, os moradores remanescentes amontoados em porões — tornou-se a primeira cidade alemã a cair nas mãos do inimigo. Mas a essa altura o foco das atenções se transferira para o leste. Lá, na Prússia Oriental, a população já começava a ter uma terrível mostra do que haveria pela frente com a invasão soviética.

3. Amostra do horror

O ódio [...] nos consome desde que retomamos a área ao sul de Gumbinnen e vimos a devastação que os bolcheviques espalharam por ela. Para nós, não pode haver outro objetivo além de resistir e proteger nossa pátria.

Coronel-general Georg-Hans Reinhardt à sua esposa, depois de visitar a cena das atrocidades soviéticas nas proximidades de Nemmersdorf, na Prússia Oriental, 26 de outubro de 1944

I

O colapso desastroso do Grupo de Exércitos Centro, esmagado pelo Exército Vermelho — quando este, em sua gigantesca ofensiva de verão, a Operação Bagration, forçou o recuo da Wehrmacht —, a destruição dos Grupos de Exércitos Norte e Sul da Ucrânia e o isolamento no Báltico do Grupo de Exércitos Norte deixaram a região leste da Alemanha extremamente desguarnecida. Do ponto de vista alemão, as dimensões dessa calamidade quase não poderiam ser exageradas. Em 150 dias, entre mortos, feridos ou desaparecidos, as forças alemãs no leste perderam mais de 1 milhão de homens — 700 mil deles desde agosto. Em outras palavras, morriam mais de 5 mil homens por dia. Para ter bons resultados, as baixas diárias do Exército deviam se limitar a apenas um terço desse contingente. Em 1º de outubro de 1944, o efetivo total da Wehrmacht era de pouco mais de 10 milhões de homens. Dos 13 milhões com os quais as forças alemãs tinham entrado na guerra, 3 milhões haviam sido perdidos.[1]

Em relação às perdas humanas, o desastre no front oriental ocorrido no verão de 1944 era de longe a pior catástrofe militar na história da Alemanha, com resultados ainda mais infelizes que os da carnificina de Verdun na Primeira Guerra Mundial e perdas muito acima das registradas em Stalingrado.[2] O Grupo de Exércitos Centro, com uma força operacional de cerca de meio milhão de homens a menos do que as tropas soviéticas, era como um castelo de cartas esperando para ser desmanchado. Na fase inicial da ofensiva, 25 divisões com mais de 250 mil homens do Grupo de Exércitos Centro foram destruídas.[3] No fim de julho, o Exército Vermelho tinha avançado pela Bielorrússia, retomando todo o território perdido desde 1941, e pela região leste da Polônia, até o rio Vístula. No flanco norte da investida, os soviéticos apossaram-se também de grande parte da Lituânia, incluindo cidades importantes, como Vilnius e Kovno. As fronteiras da Prússia Oriental, a região situada mais ao leste do Reich, estavam agora perigosamente próximas. Durante uma rápida incursão em 17 de agosto, tropas soviéticas chegaram a atravessar a fronteira oriental do Reich nas proximidades de Schirwindt, pisando pela primeira vez em solo alemão, embora nessa ocasião logo tivessem sido repelidas.[4]

Ao sul do Grupo de Exércitos Centro, em pouco tempo sucederam-se mais desastres. O Grupo de Exércitos Norte da Ucrânia (o antigo Grupo de Exércitos Sul, cujo nome fora mudado no começo do ano) sofreu perdas severas durante intensos combates quando o Exército Vermelho entrou na Galícia, parte sul da Polônia, tomando Lemberg (Lvov) e forçando um recuo de quase duzentos quilômetros por parte dos alemães, numa faixa de mais de quatrocentos quilômetros de largura. Das 56 divisões do Grupo de Exércitos Norte da Ucrânia (incluindo algumas divisões húngaras), quarenta haviam sido parcial ou totalmente destruídas. À medida que as tropas soviéticas no flanco norte pressionavam no sentido noroeste, rumo ao Vístula e nas proximidades de Varsóvia, o flanco sul empurrava as forças alemãs de volta na direção dos Cárpatos. A tentativa desesperada dos alemães na defesa de Galícia era um reconhecimento da importância estratégica e econômica da região. Em meados de agosto, quase toda a Ucrânia e a maior parte da Polônia Oriental encontravam-se em poder dos soviéticos, ao mesmo tempo que já estava preparada a base para o ataque ao importante cinturão industrial da Alta Silésia, duzentos quilômetros a oeste.[5] Enquanto isso, em 1º de agosto, começava o martírio de Varsóvia, com o levante de seu Exército Polonês de Resistência. Com as tropas soviéticas inativas na vizinhança, sem disposição para ajudar os rebeldes, a ss avançou para destruir o levante e arrasar a capital polonesa.[6] No desenrolar da tragédia, ao longo dos dois meses seguintes, a cidade foi reduzida a pilhas de escombros, com cerca de 90% dos edifícios destruídos e 200 mil civis mortos em meio à terrível retaliação alemã.[7]

Também nos Bálcãs, onde o petróleo romeno, a bauxita húngara e o cobre iugoslavo eram cruciais para a economia de guerra alemã, a Wehrmacht sofreu pesadas derrotas, o que levou seus aliados na região a abandonarem-na. A posição do Grupo de Exércitos Sul da Ucrânia, que tinha metade de seu efetivo composto de unidades romenas esgotadas pela guerra, já estava enfraquecida em meados de agosto, por causa da retirada de onze das 47 divisões para ajudar os castigados Grupo de Exércitos Centro e Grupo de Exércitos Norte da Ucrânia. Quando começou uma grande ofensiva soviética, em 20 de agosto, muitas unidades romenas, já sem a menor disposição para prosseguir na luta, desertaram. Três dias mais tarde, depois de um golpe de Estado, a Romênia fez um acordo de paz e mudou de lado. Durante os dias seguintes, o Grupo de Exércitos Sul da Ucrânia foi desmantelado. O Sexto Exército da Alemanha, reconstruído após Stalingrado, viu-se mais uma vez cercado e destruído. No total, deixaram de existir dezoito divisões do Grupo de Exércitos; as demais foram forçadas a se retirar para oeste e noroeste. Em duas semanas, mais de 350 mil efetivos alemães e romenos tinham sido mortos ou feridos, ou haviam sido feitos prisioneiros.[8] Perderam-se também grandes quantidades de armamentos, assim como as jazidas petrolíferas de Ploesti, de importância vital para o esforço de guerra alemão, e às quais Hitler atribuía tanto valor. Logo depois, a Bulgária seguiria o exemplo da Romênia, mudando de lado e declarando guerra à Alemanha em 8 de setembro. A ocupação alemã na Grécia e na Iugoslávia já não era mais viável. O controle sobre os Bálcãs estava praticamente acabado. E para o Exército Vermelho abria-se o caminho para a entrada na Eslováquia e na Hungria — e, mais adiante, no território tcheco e na Áustria.[9]

No lado oposto ao front oriental, no Báltico, o Grupo de Exércitos Norte lutou durante todo o verão, tentando desesperadamente não ficar isolado. O avanço soviético havia aberto uma grande lacuna entre o Grupo de Exércitos Norte e o que sobrara do Grupo de Exércitos Centro. Pedidos insistentes a Hitler, feitos desde o início de julho, para permitir que o Grupo de Exércitos Norte recuasse até uma posição mais defensiva no oeste, foram previsivelmente recusados. Não seria possível abrir mão do Báltico, uma vez que o aço sueco, o níquel da Finlândia e o xisto (utilizado pela Marinha) da Estônia eram fundamentais para o esforço de guerra. Mas Hitler estava influenciado também pela necessidade de manter a posse dos portos do Báltico para os testes da nova geração de submarinos, os quais, segundo tinha sido convencido pelo grande almirante Dönitz, ainda dariam à Alemanha uma chance de reverter a fortuna da guerra a seu favor, estrangulando o abastecimento da Inglaterra e impedindo que os Aliados enviassem homens e *matériel* ao continente.[10] Os duros combates prosseguiram por todo julho e agosto, enquanto o Grupo de Exércitos Norte era forçado a recuar cerca de duzentos quilômetros para o noroeste, retirando-se de partes da Estônia, da Letônia e da Lituânia, embora até então conseguisse impedir que o Exército Vermelho invadisse pelo Báltico. Qual teria sido a contribuição — se é que houve alguma — a essa resiliência do Grupo de Exércitos Norte da liderança fanática e feroz de seu comandante em chefe, o coronel-general Schörner, um dos grandes favoritos de Hitler, é difícil saber. Schörner, o mais brutal dos comandantes do Führer, cobrava incessantemente dos soldados um espírito de luta fanático e impiedoso e não mostrava a menor misericórdia ao punir qualquer comportamento que julgasse ter ficado abaixo de suas exigências.[11] Seus erros táticos, porém, agravaram as dificuldades do Grupo de Exércitos.[12] Com quase 250 mil homens, abrangendo três exércitos, o grupo permanecia numa situação precária, obrigado a combater forças soviéticas em três frentes e dependendo sobretudo de suprimentos vindos pelo mar através do Báltico. Nesse meio-tempo, em 2 de setembro, a Finlândia, importante aliada da Alemanha na região norte, abandonou a luta e logo estaria assinando um armistício com a União Soviética.

Após uma breve trégua nos combates, em 14 de setembro o Exército Vermelho deu início a uma grande ofensiva no norte. Até o fim do mês, a Wehrmacht já havia se retirado da Estônia e da maior parte da Letônia, com grandes perdas em homens e equipamento. As forças principais, contudo, conseguiram recuar, concentrando-se num front menor. Foi possível conter uma investida soviética na área de Riga — porém não por muito tempo. No começo de outubro, o Exército Vermelho abriu passagem pela costa do Báltico, ao norte de Memel. Esse avanço fez com que as principais forças do Grupo de Exércitos Norte ficassem isoladas do leste da Prússia. A essa altura, os alemães já se retiravam de Riga, e a cidade caiu em mãos soviéticas em meados do mês. No final de outubro, as extenuantes tentativas germânicas para restabelecer contato com o Grupo de Exércitos Norte tinham fracassado irremediavelmente. Por ora, as posições de defesa do Grupo de Exércitos estavam estabilizadas. Suas 33 divisões, porém, encontravam-se totalmente isoladas em Courland, a península a noroeste de Riga. Com exceção de três divisões que logo foram evacuadas e dez outras trazidas pelo mar no começo de 1945, sua maior força, compreendendo cerca de 250 mil homens de linha de frente — tão necessitados em outras áreas —, iria permanecer lá, isolada e com sua eventual importância estratégica reduzida, até a capitulação, em maio de 1945.[13]

Do Báltico aos Bálcãs, os exércitos alemães estavam atordoados com os ferozes ataques das tropas soviéticas no verão de 1944. Ao longo daqueles meses, a dimensão das perdas e a perda de importantes aliados significavam que a fé da Alemanha quanto a um final vitorioso no leste tinha desaparecido. Goebbels foi um dos líderes nazistas que reconheceram plenamente essa situação. Em setembro, ele acatou uma sugestão feita pelos japoneses no sentido de realizar sondagens separadas de paz com a União Soviética e apresentou a proposta a Hitler, numa longa carta.[14] Hitler não tomou conhecimento. E seria duvidoso que Stálin mostrasse interesse em estabelecer a paz com a Alemanha num momento em que seus exércitos conquistavam vitórias tão retumbantes. Entretanto, a ideia não foi posta à prova. O veto silencioso de Hitler já havia sido suficiente para eliminar qualquer possibilidade de aproximação. As estruturas de poder do nazismo asseguravam a inexistência de qualquer tipo de plataforma na qual a recusa inflexível de Hitler em considerar um fim negociado para a guerra, tanto no leste como no oeste, pudesse sequer ser discutida, quanto mais desafiada.

Na União Soviética, como ocorreu entre os americanos e os britânicos, a dimensão das derrotas alemãs criou expectativas de que a guerra logo estaria encerrada. Isso teria sido possível se Stálin e seus conselheiros militares, assim como os Aliados do Ocidente, não tivessem cometido erros em seu planejamento estratégico. Por mais poderosa que tenha sido a "Operação Bagration", a investida nas quatro frentes mostrou-se menos decisiva que o ataque mais temido pelos alemães: uma ofensiva gigantesca e concentrada pelo sul da Polônia rumo a Varsóvia e dali à costa do Báltico, a leste de Danzig, eliminando dois Grupos do Exército (Centro e Norte) inteiros e abrindo caminho até Berlim.[15] As derrotas colossais sofridas pela Wehrmacht no verão, por mais graves que houvessem sido as perdas, em nada poderiam se comparar ao golpe mortal que aquela manobra teria provocado. Os exércitos do leste, bem como os do oeste, poderiam ser recuperados para novas lutas. Rapidamente, arrebanharam-se as reservas cada vez menores de homens e munições. Era como esparadrapo numa ferida aberta. Mas permitiu que a guerra continuasse por meses de crescente horror e derramamento de sangue.

II

Por trás da capacidade de prosseguir na luta estavam, assim como no oeste, posicionamentos na Wehrmacht que não eram uniformes em sua natureza, mas mostravam-se essencialmente flexíveis, e estruturas de governo e de administração à beira da crise, porém ainda intactas. Para a população civil, não havia escolha além de manter a determinação e ir adiante. Num estado de perpétua emergência, o regime impunha ao povo pressões extremas no sentido de conformar-se e colaborar. Espaços privados para evitar essa pressão estavam reduzidos praticamente a zero. Tentativas esparsas, *ad hoc*, de conter as invasões do Exército Vermelho poderiam, então, ser tomadas por uma força de trabalho que, naquele momento, abrangia quase toda a população adulta (e bem jovem) da Alemanha, e que quase nunca (ao contrário do que acontecia em partes da Juventude Hitlerista) se mostrava entusiasmada, às vezes revelava ter certa disposição, e com mais frequência ficava de má vontade, embora dificilmente se rebelasse. Na origem dessa disposição para colaborar, mesmo que com relutância, predominava um sentimento bem mais forte e penetrante do que no lado ocidental: medo.

Na Prússia Oriental, região mais exposta do leste, o medo era palpável. Cidadãos mais velhos ainda se lembravam das incursões russas durante o início da Primeira Guerra Mundial, antes de serem finalmente expulsas pelos alemães, em fevereiro de 1915. Cerca de 350 mil pessoas fugiram em apressadas evacuações à medida que os russos se aproximavam, em agosto e setembro de 1914. Quando foi possível expulsar as tropas russas da Prússia Oriental, de acordo com os relatórios alemães (embora não haja razões para duvidar de sua essencial veracidade), o quadro era de cidades e aldeias saqueadas, mais de 40 mil edifícios destruídos, muitos milhares de habitantes deportados para a Rússia e cerca de 1500 civis mor-

3. O avanço do Exército Vermelho, de junho a agosto de 1944

tos.[16] Trinta anos depois, o medo permanecia, e não apenas nas antigas lembranças. A propaganda antibolchevique, incessantemente martelada pelos nazistas entre a população, parecia menos abstrata nessa região do que na porção ocidental da Alemanha. Durante três anos, soldados passaram pelo leste da Prússia, avançando e recuando na direção do front oriental. Todos ouviam histórias — não apenas vagos boatos, muitas vezes relatos com detalhes concretos — de acontecimentos assustadores no leste. Mais do que lendas a respeito da dureza dos combates, ouviam-se relatos sobre atrocidades praticadas contra a população civil da Rússia e sobre o massacre de judeus. A guerra aos *partisans*, sabia-se bem, havia sido brutal. Ninguém era poupado. Enquanto a situação do conflito mantinha-se favorável às forças do Reich, ninguém se preocupava muito com o que os soldados alemães faziam aos russos e aos judeus. Muitas pessoas, influenciadas pela propaganda, sem dúvida tinham aprovado. Mas agora o jogo se invertera: eram os soviéticos que estavam por cima, esmagando as forças alemãs, fazendo pressão nas fronteiras e ameaçando invadir a Prússia Oriental.

Em outras regiões das províncias do leste, o perigo da ocupação soviética não era tão iminente. Porém, o medo não era muito diferente daquele que sentiam os moradores da Prússia Oriental. Alguns dos maiores sucessos do Partido Nazista antes de 1933 haviam ocorrido nas regiões orientais da Alemanha — em grande parte, afora o cinturão industrial da Silésia, protestantes e rurais. Questões relativas a fronteiras, ressentimento quanto às perdas territoriais sofridas no Tratado de Versalhes e sentimentos revanchistas contribuíram para um apoio desproporcionalmente vigoroso dessas regiões ao regime de Hitler, depois de 1933. Os primeiros anos do conflito, quando estava protegida pela ocupação da Polônia e pelo pacto nazi-soviético de 1939, tinham sido relativamente calmos para a Alemanha Oriental. Mas o início da guerra contra a União Soviética, em junho de 1941, deixou as regiões muito mais próximas do front de combate. Algum tipo de compensação veio da nova importância militar adquirida pelas províncias orientais; a instalação do governo e das bases do Exército mais perto do quartel-general de Hitler na Prússia Oriental, por exemplo, trouxe certos benefícios econômicos à região. Em seguida às rápidas conquistas da Wehrmacht, a realidade da guerra, mesmo no front oriental, inicialmente pareceu algo distante. A região também estava a salvo dos bombardeios pesados — a Prússia Oriental sofrera alguns ataques a bomba em junho de 1941, mas não muito além disso —, que cada vez mais castigavam as áreas ocidentais da Alemanha, a partir de 1942. Na verdade, um dos principais papéis reservados a ela consistia em atuar como área de recepção, obrigada a recolher grandes contingentes de populações evacuadas, provenientes das cidades e aldeias da Alemanha Ocidental submetidas a bombardeios. No início de 1944, perto de 825 mil refugiados haviam conseguido abrigo nas regiões do leste.[17] Com frequência, eles eram vistos como um fardo, constituindo um verdadeiro teste à solidariedade tantas vezes alardeada da "comunidade do povo". A presença de refugiados em tal número era uma indicação clara de que a guerra estava próxima de casa. Até aquele momento o leste havia sido poupado do pior. Mas isso ia mudar rapidamente.

Não é de surpreender que, diante do colapso da Wehrmacht, o pânico tenha se espalhado no lado oriental como um incêndio na floresta.[18] Mas, quando o avanço do Exército Vermelho perdeu força e o front alemão conseguiu conquistar certa aparência de estabilidade, o pânico inicial diminuiu. Mesmo assim, a população continuava apreensiva, deprimida e preocupada ao extremo. A sensação geral era de tensão. Toda notícia negativa tinha um impacto pronunciado sobre os moradores. "A situação militar desfavorável e perigosa no leste tem tal efeito deprimente no espírito de grande parte da população", informava um relatório do SD do começo de agosto, "que a mesma ansiedade quanto ao desenvolvimento subsequente da guerra pode ser sentida em todas as camadas sociais."[19] Sob a influência de cartas recebidas do front, bem como de histórias contadas por refugiados de áreas da Polônia antes ocupadas, as pessoas mostravam-se céticas quanto à capacidade das forças alemãs de deter inteiramente o avanço soviético, e não acreditavam que a Prússia Oriental estivesse agora em menos perigo.[20] Temia-se que os soviéticos acabassem sendo bem-sucedidos. E todos, era o que se dizia, sabiam o que representava a ameaça do bolchevismo. O que aquilo poderia significar, em termos concretos, era algo de que não se falava.[21] Mas a implicação das terríveis consequências que a invasão soviética haveria de trazer era muito clara. No começo de outubro — após a defecção dos aliados orientais da Alemanha, a destruição do Sexto Exército na Romênia e o cerco ao Grupo de Exércitos Norte em Courland —, o estado de ânimo na Alemanha Oriental caiu a zero.[22]

O medo também era um dos fatores primordiais de motivação para muitos soldados no front de batalha. Cientes — se não em detalhes, pelo menos em linhas gerais — de algumas das ações executadas pelas tropas alemãs durante a ocupação da União Soviética, eles receavam cair nas mãos do Exército Vermelho, um receio enorme e bastante compreensível. Quaisquer que fossem os sentimentos em relação aos inimigos britânicos e americanos no lado ocidental, nada eram quando comparados a isso. Além do mais, vinha o medo de engrossar o crescente e incontável contingente de vítimas da guerra no front oriental. Ainda que o medo da morte e as esperanças pela sobrevivência fossem comuns aos soldados de todos os exércitos e de todos os fronts, as notícias sobre perdas fatais e sobre a intensidade dos combates no leste faziam um calafrio percorrer a espinha dos que eram convocados para lutar no front oriental. Como era previsível, embora os relatórios oficiais dificilmente o admitissem, crescia a ansiedade sobre uma possível convocação.[23] E qualquer um que recebesse a notificação desejava com todas as suas forças que o chamado fosse para servir no oeste, e não no leste.

Assim como acontecia no front ocidental, as atitudes dos soldados que de fato estavam lutando no lado oriental variavam. Relatórios do Exército datados de agosto e setembro apontavam o previsível impacto negativo provocado pelas retiradas e reconheciam a grande superioridade do inimigo, em homens e armamento pesado. Dizia-se que jovens combatentes e soldados mais velhos, agregados por meio do "pente-fino" das ações de recrutamento para a guerra total, eram especialmente afetados pelo estresse de lutar de forma intensa diante de perdas tão elevadas. Todos temiam uma nova grande ofensiva soviética, e suas energias para resistir a ela estavam muito abaladas. As causas seriam a ansiedade e a fadiga de guerra. "Situação séria, mesmo assim segura" era, contudo, o otimismo bastante improvável atribuído à atmosfera reinante. "Confiança inabalável no Führer", naturalmente, era uma expressão repetida como um mantra. Mas, de acordo com os relatos vindos do Grupo de Exércitos Norte, isolado no Báltico, as conhecidas "condições bolchevistas" e o receio de nunca mais rever a mãe-pátria se a guerra fosse perdida serviam para fortalecer o ânimo nas batalhas. E soldados com espírito de luta abaixo das expectativas eram submetidos a um processo disciplinar cada vez mais feroz. Para os que tinham lares na região leste, havia preocupação com as ameaças à Prússia Oriental e a suas famílias.

Um estado de espírito mais positivo, dizia-se, podia ser encontrado entre as tropas do Quarto Exército, na Prússia Oriental, no começo de outubro, como resultado da estabilização do front e de condições melhores para os soldados da área. Um resumo da atitude dos soldados no front italiano no mês anterior sem dúvida poderia ser aplicado também às tropas no leste. De acordo com esse relato, na linha de frente os soldados tinham pouco tempo para reflexão. Os acontecimentos que diziam respeito a um indivíduo chegavam e iam embora como num piscar de olhos. Apenas a impressão geral permanecia. As pressões físicas e psicológicas do combate exigiam dos homens o cumprimento do dever no limite de suas possibilidades. Qualquer que fosse o estímulo fornecido pelos NSFOS, tinha curta duração. As preocupações com o cotidiano das trincheiras e com a própria vida logo voltavam a predominar. Ideais e grandes causas não estavam em jogo, dizia o relato. O soldado "luta porque recebeu ordens para fazer isso, e para salvar sua vida".[24]

Como esse comentário lapidar sugere, para os soldados, mas também para a população civil, o dever e a compulsão eram os motivos principais para que as pessoas seguissem em frente. E que alternativa teriam? Havia ainda o medo e o forte sentimento de que a terra natal — significando, em termos concretos, famílias e propriedade — deveria ser defendida. Emoções como essas podem facilmente ser exploradas pelo regime. Mas, por trás da propaganda, da retórica, das exortações e da intimidação, a crença no nacional-socialismo, no partido e até no Führer estava diminuindo, embora seja impossível saber com precisão quais os níveis do apoio restante.

No entanto, o que quer que as pessoas pensassem, a onipresença do Partido Nazista e de suas ramificações era suficiente para mantê-las na linha — e mais ainda dada a urgência das medidas de defesa que vinham sendo implementadas na região leste com velocidade total, como consequência do rápido avanço do Exército Vermelho. A prioridade era criar uma rede de fortificações e trincheiras ao longo das fronteiras orientais do Reich e reforçar as já existentes. O princípio de considerar determinadas cidades ou aldeias como '"fortalezas" que deviam ser mantidas até o fim — tática fracassada na Rússia, onde foram arrasadas pelo Exército Vermelho — passou a ser adotado no leste da Alemanha, à medida que a Wehrmacht recuava. Mais de vinte dessas "fortalezas" foram estabelecidas na Alemanha e nas partes ocupadas da Polônia, incluindo as cidades mais importantes e de maior valor estratégico, com consequências desastrosas para os moradores da maioria dessas cidades. Além disso, a organização de um imenso programa de fortificações por todo o leste da Alemanha, a toda velocidade, dessa vez ficou sob a responsabilidade do partido, sob o controle dos *Gauleiter*, na condição de comissários de Defesa do Reich (RVKS). Ao longo do verão, antes que o trabalho começasse a diminuir no outono, até parar por completo no final de novembro,[25] cerca de meio milhão de alemães (muitos deles jovens, idosos e mulheres) e trabalhadores estrangeiros foram convocados para executar longas e extenuantes tarefas diárias nas regiões da Prússia Oriental, Pomerânia, Silésia e Brandemburgo e construir o que ficaria conhecido como Ostwall (o "Muro do Leste"), para complementar o muro existente no oeste. Calcula-se que somente na Prússia Oriental tenham sido mobilizadas 200 mil pessoas. Nas partes da Polônia ocupadas pela Alemanha (Danzig-Prússia Ocidental, Warthegau e o que sobrou do Governo Geral, a região central da Polônia ocupada pelos nazistas), esse serviço pesado ficou a cargo de poloneses em regime de trabalho forçado.[26]

As defesas fronteiriças no leste haviam sido levantadas antes da Primeira Guerra Mundial. Novas fortificações foram construídas depois, durante a República de Weimar, quando a Polônia era considerada uma perigosa ameaça militar. O Terceiro Reich, nos anos que precederam a guerra, viu a ampliação dessas linhas de defesa e a construção de outras. Apesar de o andamento dos trabalhos de construção ter se acelerado bastante — e de o trecho de quase oitenta quilômetros ao longo dos rios Oder e Warthe ser ainda mais fortalecido que a Westwall —, o fato é que, quando a guerra começou, ainda faltava muito para que a linha de defesa estivesse completa. Durante os cinco anos seguintes, a ocupação alemã avançou tanto em direção ao leste que uma linha maciça de defesa dentro das fronteiras do Reich parecia desnecessária. Seja como for, ela continuou sendo em grande parte negligenciada até a derrocada do Grupo de Exércitos Centro no verão de 1944, ocasião em que, entre o Exército Vermelho e a Prússia Oriental, já não havia mais linha de defesa efetivamente digna desse nome.[27] O esforço, naquele momento, tinha o objetivo de remediar essa falha em questão de semanas, por meio da convocação de mão de obra e de uma organização improvisada às pressas.

Em 28 de julho de 1944, na transmissão do decreto feito na véspera por Hitler sobre a construção das fortificações no leste, Guderian, o novo militar nomeado para o posto de chefe do Estado-Maior Geral do Exército, declarou que "todo o leste da Alemanha precisa tornar-se imediatamente uma só fortaleza, preparada em todos os seus escalões". O secretário de Estado no Ministério do Interior do Reich, Wilhelm Stuckart, ampliou a ordem, passando aos *Gauleiter* do leste e a Hans Frank, chefe do Governo Geral, detalhes para colocar em prática os trabalhos de construção. O pessoal encarregado de trabalhar nas fortificações precisava de pás, picaretas, cobertores, utensílios para refeições e ração para alimentá-los durante as marchas. Os guardas, de pistolas e outras armas — uma indicação de que talvez fosse necessário impor sua autoridade a algum trabalhador que mostrasse má vontade. Caberia ao ministro dos Transportes do Reich e às autoridades ferroviárias providenciar o transporte. Material de construção e equipamentos deviam vir das repartições da OT. Cavalos e carroças seriam levados tão longe quanto possível para transportar o material de construção. A tarefa de distribuir as rações ficaria a cargo dos serviços de alimentação de cada região ou, se fosse o caso, do Governo Geral, por meio da requisição das provisões disponíveis na área.[28]

No começo de setembro, Hitler deixou claro que a autoridade quanto ao trabalho das fortificações ficaria exclusivamente nas mãos do partido, com as atribuições sendo distribuídas pelos RKVS sob a direção de Bormann.[29] Na verdade, os *Gauleiter*, na qualidade de RKVS, tinham boa dose de independência no modo como conduziam as questões em suas respectivas províncias. Eric Koch, o brutal *Gauleiter* da Prússia Oriental, um dos líderes de província favoritos de Hitler, foi o primeiro a obrigar a população sob sua autoridade ao trabalho compulsório nas fortificações. Já em 13 de julho ele decretara que todos os homens de determinados distritos, com idade entre quinze e 65 anos, deveriam apresentar-se de imediato para trabalhar nas fortificações. Todo aquele que desobedecesse à ordem estaria sujeito a punição por uma corte marcial. Lojas e estabelecimentos comerciais que não fossem absolutamente necessários ao esforço de guerra seriam fechados, e seus proprietários e funcionários, mandados cavar trincheiras. Os trens deixando a Prússia Oriental eram controlados, e os homens que neles estivessem seriam retirados e levados de volta ao trabalho nas fortificações.[30] O exemplo de Koch foi seguido pelos demais *Gauleiter* do leste. Um relatório de Königsberg, na Prússia Oriental, interceptado por autoridades do serviço de inteligência britânico, revela o efeito dessa convocação obrigatória no cotidiano da província.

Grandes simplificações foram introduzidas na vida cotidiana da população. Nos restaurantes, os clientes têm de levar seus pratos à cozinha, para que todos os garçons e demais funcionários possam ir cavar trincheiras. Os jornais já não publicam edições regionais, mas unicamente uma edição padrão. Assim, editores, profissionais responsáveis pela arte e impressores ficam liberados para o trabalho nas fortificações. Toda atividade não fundamental para o esforço de guerra foi suspensa. Todo cidadão da Prússia Oriental apto para o serviço militar foi convocado. Os amplos portões da Universidade de Königsberg foram fechados. Estudantes e todos os funcionários homens da universidade estão cavando.

Até mesmo trabalhadores na agricultura, na fase mais importante do ano para o setor, foram levados para cavar trincheiras, embora em turnos separados, para não prejudicar o armazenamento das colheitas.[31]

A ansiedade provavelmente aliava-se a uma disposição preexistente de ajudar no trabalho de fortificações, sobretudo na Prússia Oriental, mais próxima da linha do front. Por certo, havia uma resposta inicial positiva a apelos desse tipo, de participar, quando a população local, em especial os integrantes da sempre pronta Juventude Hitlerista, acorria em situações de emergência, embora a propaganda quanto ao entusiasmo dos convocados para cavar trincheiras não deva ser tomada ao pé da letra.[32] O próprio partido, apesar de alegar que havia grande compreensão quanto à necessidade de escavar a terra e construir essas fortificações, estava ciente das inúmeras críticas à sua precária organização e também da falta de convicção sobre o efetivo valor militar do trabalho nas trincheiras.[33] Dificuldades de ordem prática — parcas acomodações e alimentação, problemas de transporte e até mesmo escassez de pás — e a própria natureza exaustiva e debilitante daquele tipo de trabalho, de cavar o solo duro sob o calor do verão, tudo fazia minguar, em pouco tempo, qualquer boa disposição que pudesse ter havido no início. Mulheres da Pomerânia escreveram a Goebbels, queixando-se de não ter passado por nenhum exame médico antes de começar o trabalho, de dormir em esteiras de palha em precários alojamentos coletivos e relatando que a comida e as instalações sanitárias eram deploráveis. É desnecessário dizer que, para os trabalhadores estrangeiros e os prisioneiros de guerra, as condições eram muito piores.[34]

O comportamento dos oficiais do partido e dos supervisores em geral não ajudava, com frequência. Havia informações sobre oficiais que bebiam, desviavam comida e bebida destinada aos que cavavam, comportavam-se de maneira arrogante e, com os constantes desvios de conduta, davam o pior exemplo possível aos trabalhadores convocados. Passar de carro ao lado das fileiras dos que cavavam buracos, fiscalizar o serviço sem jamais pegar numa pá e ainda gritar com homens e mulheres em idade avançada, que faziam o trabalho duro, certamente não podia despertar o menor entusiasmo pela tarefa nem levar toda aquela gente, convocada à força, a ficar encantada com o partido. Assim, não é de surpreender que tenham ocorrido tentativas de fuga. Até mesmo veteranos da Primeira Guerra Mundial, segundo relatado na Prússia Oriental, trataram de se evadir, nada afeiçoados à tarefa que executavam e ainda por cima preocupados com a proximidade do front de combate. Eles tinham de ser arrastados de volta pela polícia.[35]

Do ponto de vista militar, as semanas de extenuantes trabalhos realizados por centenas de milhares de homens e mulheres foram praticamente inúteis. Mesmo Goebbels admitiu que as fortificações planejadas por Koch na Prússia Oriental de nada valeriam se não houvesse soldados e armamentos para defendê-las.[36] No papel, as realizações impressionavam: quatrocentos quilômetros de defesas erguidas na Pomerânia, por exemplo, e um anel de 120 quilômetros para abrigar cinco divisões armadas, cercando a fortaleza em que se transformara a cidade de Breslau.[37] Depois que os russos foram obrigados a recuar, a propaganda alemã procurou explorar ao máximo o valor das fortificações, enaltecendo o trabalho pesado investido nelas. Mas a verdade é que aqueles quilômetros de escavações, trincheiras e fortificações executados às pressas, guarnecidos de modo inadequado, jamais deteriam o Exército Vermelho, nem mesmo resistiriam às suas forças por muito tempo. O valor de tudo aquilo era extremamente limitado. E, entre as assim chamadas "fortalezas", Königsberg, é verdade, caiu apenas em abril de 1945, e Breslau resistiu até 6 de maio. Tudo isso significou uma ampliação na perda fútil da vida de civis, para não mencionar dos soldados do front. Se a maratona das escavações no leste serviu para alguma coisa, foi em grande parte como um exercício de propaganda, comprovando o desejo obstinado de resistir. Medir até que ponto essa função da propaganda foi efetiva é um cálculo difícil. Alegou-se que o empenho demonstrado no trabalho das fortificações intensificou o patriotismo da população do leste da Alemanha e sua disposição de defender o próprio país; que o trabalho coletivo serviu de inspiração a todas as outras regiões do país, consolidou a fé no partido e levantou o moral militar, ao deixar claro às tropas que, ao contrário do que ocorreu em 1918, dessa vez elas podiam contar com o apoio coeso e permanente do "front doméstico". Trata-se de alegações impossíveis de comprovar com exatidão, mas que quase certamente são muito exageradas.[38]

Seria um equívoco supor que esse incontido trombetear propagandístico sobre o trabalho das fortificações não tivesse causado nenhum efeito. Tudo indica que tanto alarido ajudou a reforçar o sentimento patriótico no leste da Alemanha. E deu ainda a entender que as ações dos cidadãos comuns da Alemanha desempenhavam papel significativo na luta para impedir a invasão do Exército Vermelho. Mas, no máximo, a propaganda reforçou uma disposição já existente — nascida do medo, ao menos — de defender a pátria. Fora das regiões do leste, e talvez também em seu interior, as pessoas estavam propensas a ver aquele frenético trabalho de fortificações menos como feito heroico do que como uma demonstração de pânico, um sinal de que a situação era de fato muito grave.[39] Quanto à questão da fé no partido, esse sentimento estava tão em baixa durante o verão e o outono de 1944 — apesar de todas as reservas de esperança que ainda restavam com relação à figura do próprio Hitler — que era praticamente impossível ao programa das fortificações mudar alguma coisa. Talvez pudesse, no máximo, impressionar alguns indecisos das regiões do leste com as atitudes enérgicas de Koch e de outros *Gauleiter*. Enfim, se por um lado os soldados se sentiam sem dúvida agradecidos ao saber da solidariedade demonstrada em casa, por outro é questionável que seu ânimo para o combate aumentasse muito quando ouviam que o imenso trabalho das fortificações estava sendo feito por garotos, idosos e mulheres em trincheiras e edificações cujo potencial de defesa contra o poderoso Exército Vermelho era visto com compreensível ceticismo.Qualquer que fosse o discutível valor propagandístico do trabalho nas fortificações, ele era ofuscado por sua função objetiva, a de permitir um sistema de controle ainda maior sobre a população. Isso não significa que muitos dos trabalhadores não fossem patriotas idealistas. Muitos deles o eram, com certeza, e não poucos apoiavam com entusiasmo os esforços do partido para mobilizar toda a população disponível para a tarefa. Mas, depois de encerrado o momentâneo surto inicial de entusiasmo, a verdade é que poucos, é razoável supor, eram voluntários autênticos, que teriam se apresentado espontaneamente, sem convocação. O trabalho de cavar trincheiras acabava com as energias da população, obrigava todos à obediência total e deixava claro que não havia mesmo alternativa, que o partido controlava todas as etapas da vida civil. Era um meio adicional de inculcar no povo o espírito da "defesa até o fim" — com a clássica escolha de Hitler entre "resistir" ou "ser destruído". A obediência relutante, e não a disposição de engolir tal imperativo, era a postura de muitos cidadãos comuns. Poucos estavam preparados para sucumbir. Mas, à medida que aumentava a ameaça às fronteiras orientais do Reich, eles tinham pouca escolha além de acatar as ordens ditadas por quem estava no poder e decidia o destino de todos.

Esse era o caso, também, do serviço na *Volkssturm*, lançada, com grande alarde publicitário, em 18 de outubro, com um discurso proferido por Himmler em Bartenstein, Prússia Oriental, transmitido pelo rádio a toda a nação. Keitel, Guderian e Koch estavam presentes enquanto Himmler dirigia-se a treze companhias reunidas de integrantes da *Volkssturm*. A data havia sido escolhida com todo o cuidado: o aniversário da altamente simbólica "Batalha das Nações", em Leipzig, em 1813, combate que causou a derrota de Napoleão em solo prussiano. Era uma data crucial em termos de propaganda, com profundas ressonâncias na história alemã, pois evocava a lendária defesa da pátria pelas *Landsturm*, quando, sob a ameaça de escravização pela França, a população inteira se ergueu para repelir os invasores. Lendo a proclamação de Hitler ao criar a *Volkssturm*, Himmler anunciou que o Führer havia convocado o povo para defender o solo da pátria. "Ouvimos da própria boca de nossos inimigos", ele declarou, "que deles devemos esperar a destruição de nosso país, a derrubada de nossas florestas, o colapso de nossa economia, a devastação de nossas cidades, o incêndio de nossas aldeias e a eliminação de nosso povo." Os judeus, é claro, foram mais uma vez retratados como a raiz de todo esse horror. Os homens da *Volkssturm*, declarou Himmler, lembrando que os prussianos do leste haviam formado seus primeiros batalhões, jamais deviam, portanto, capitular.[40]

Isso foi recebido pela maioria com ceticismo, a julgar pelos relatos sobre a reação à propaganda. Crescia o sentimento de estar "sendo obrigado a uma defesa sem esperanças", e o anúncio da *Volkssturm* foi interpretado, com frequência, como a confirmação de que as forças da Alemanha estavam esgotadas.[41] Qualquer entusiasmo inicial que houvesse logo se evaporou quando surgiram dúvidas sobre o valor militar da *Volkssturm*, e o clima de ansiedade fez difundir-se a ideia de que seus integrantes não teriam garantidos os direitos internacionais previstos para prisioneiros de guerra, sendo considerados partidários do regime.[42] Receava-se que eles fossem executados sumariamente no momento da prisão e que o inimigo adotasse represálias contra a população civil — suspeitas que indicavam que os alemães tinham consciência de como seus soldados se comportavam nos territórios ocupados.[43] O regime procurou minorar esses temores e definir as obrigações da *Volkssturm* de acordo com os termos da Convenção de Haia de 1907. Tais receios, contudo, não eram infundados, o que ficaria claro pelo modo como os soviéticos tratariam os integrantes da *Volkssturm* capturados.[44] De qualquer forma, a frequente relutância em servir na *Volkssturm* era inútil. Ao longo das semanas seguintes, a organização do partido estenderia ainda mais seus tentáculos pela vida civil do país, arrastando ao serviço militar centenas de milhares de homens, sobretudo os de meia-idade, com armas insuficientes e equipamentos precários. Uns poucos estavam contagiados pelo fanatismo exigido pelos líderes do partido. Contudo, raramente se escapava do serviço. Conseguir uma dispensa era muito difícil. E os comandantes da *Volkssturm* — muitos dos quais tinham alguma experiência, quer militar, quer no partido ou nas instituições a ele filiadas — em geral mostravam um comprometimento bem maior do que os homens que lideravam, por mais limitadas que fossem suas habilidades e sua competência.[45] Assim, era bastante difícil manter-se afastado dos ideais e do fanatismo nazistas nessa gigantesca organização, que estava inteiramente nas mãos do partido e, no fim de novembro, tinha um contingente de 6 milhões de homens, além de potencial para arregimentar um número duas vezes maior.[46] Se apenas uma fração desses homens entrasse de fato no combate, a arregimentação e a militarização da sociedade civil seriam maciças.

A futilidade militar e a perda inútil de tantas vidas entre os homens da *Volkssturm* levados a combate ficariam evidenciadas nos primeiros meses de 1945. Mas na Prússia Oriental, onde em julho do ano anterior Koch já propusera a criação de milícias locais, a *Volkssturm* teria seu batismo de fogo. Mais de uma semana antes que Himmler anunciasse sua existência, os integrantes da *Volkssturm* puderam provar, pela primeira vez, o gosto da ação nos subúrbios da periferia do porto fortificado do mar Báltico em Memel (parte norte da Prússia Oriental, anexada pela Alemanha em 1939). Duas companhias de integrantes da *Volkssturm*, com armamento leve e em trajes civis, usando apenas braçadeiras verdes como identificação, sofreram pesadas perdas ao se opor a débeis tentativas soviéticas que pretendiam romper o perímetro de segurança. A posição só ficou estável com a chegada de tropas regulares.[47]

Pouco mais de uma semana depois, a *Volkssturm* voltava a entrar em ação, dessa vez dentro das fronteiras da Prússia Oriental. Pois em 16 de outubro, o Exército Vermelho atravessou a fronteira alemã, penetrando a região mais ao leste do país. Foi o começo de onze dias que deixariam marcas profundas na mente do povo alemão no leste do país — e não apenas lá.

III

Em 5 de outubro, tropas soviéticas desfecharam seu ataque a Memel e, cinco dias depois, estavam no Báltico, cercando a cidade. O Terceiro Exército Panzer, mesmo enfraquecido, conseguiu resistir ao cerco até a chegada de reforços, com a ajuda, como visto, de unidades bem maltratadas da *Volkssturm*. Dois dias antes do ataque do Exército Vermelho, moradores civis da cidade ainda cavavam, em ritmo frenético, trincheiras e valetas antitanques. A Wehrmacht queria a evacuação da área.[48] Mas só em 7 de outubro, já tardiamente, as ordens de evacuação foram emitidas pelas autoridades locais do partido. Quem as desobedecesse deveria ser tratado como traidor. O resultado foi que se instalaram o caos e o pânico, situação que se agravou quando o líder distrital do partido revogou a ordem, determinando que por ora as pessoas deviam permanecer onde estavam. Isso apenas aumentou a confusão, uma vez que no princípio de agosto já havia ocorrido uma evacuação parcial em Memel e nos distritos vizinhos, mas a população voltara quando o perigo diminuiu. Portanto, no início havia algum sentido na suposição de que, mais uma vez, se tratava de alarme falso. Mas, quando enfim deu-se a ordem de abandonar a cidade, para muitos já era tarde demais. Milhares ficaram para trás, cortados pelo front da invasão, que avançava rapidamente. Grande parte das pessoas relutava em largar suas fazendas desprotegidas contra o que consideravam uma "horda maltrapilha" de prisioneiros de guerra e trabalhadores poloneses. Esses perderam a oportunidade de escapar. A maioria daqueles que podiam fazê-lo — sobretudo mulheres, crianças, os mais velhos e os enfermos, já que os homens em geral tinham de ficar para alguma tarefa ao lado da *Volkssturm* ou para outros deveres — pegou a estrada em carroças puxadas a cavalo, ou a pé, levando consigo alguns pertences recolhidos às pressas. Boatos de que o Exército Vermelho estava bem perto causaram renovadas doses de pânico. O sentimento de terror espalhava-se por todo lado.

Explosões e medo de ataques aéreos algumas vezes levavam os refugiados a abrigar-se onde fosse possível, nos campos afastados da estrada. As mulheres punham-se de joelhos para rezar. À medida que as tropas soviéticas bloqueavam os principais caminhos, tinha início uma corrida contra o tempo. Carroças e utensílios domésticos eram abandonados à beira da estrada. Os mais afortunados, depois de uma espera angustiante nas praias, finalmente se amontoavam numa frota de pequenos barcos que os levariam — embora sem os animais da fazenda e a maioria de suas posses — a uma segurança provisória na enseada de águas salgadas nas proximidades, a Kurisches Haff, de onde iam para alojamentos improvisados em áreas da Prússia Oriental. Alguns tentaram fazer a travessia a nado, morrendo afogados. A última visão que a maioria deles teve de Memel foi um clarão vermelho no céu noturno. Cerca de um terço da população caiu nas mãos dos soviéticos. Narraram-se casos de pilhagem, estupro e homicídio praticados pelos soldados do Exército Vermelho.[49]

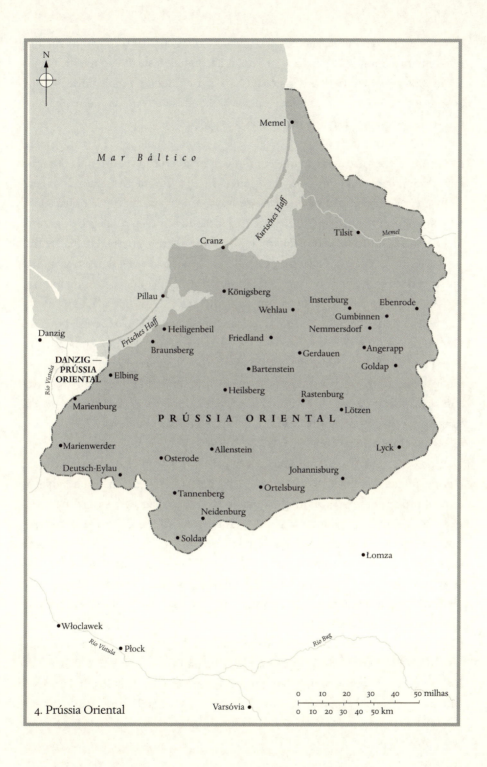

4. Prússia Oriental

O destino de Memel significou o início de mais de duas semanas de medo e horror para a população das áreas próximas à fronteira leste da Alemanha. O pior ainda estava por vir. Como o general Guderian comentaria mais tarde, "o que aconteceu na Prússia Oriental indicou aos habitantes do resto da Alemanha qual seria seu destino no caso de uma vitória russa".[50]

Em 16 de outubro, o Exército Vermelho iniciou sua ofensiva por toda a Prússia Oriental, em meio a um ataque contínuo da artilharia que se estendia por uma faixa de quarenta quilômetros do front, além de seguidos ataques aéreos às aldeias da fronteira. Era como se não houvesse a menor defesa por parte da Luftwaffe, e o Quarto Exército alemão, extremamente enfraquecido com o colapso do Grupo de Exércitos Centro no verão, foi forçado a retirar-se para o oeste. No dia 18, tropas soviéticas avançaram pela fronteira alemã. Em três dias elas penetraram nas linhas germânicas, abrindo passagem por quase sessenta quilômetros no interior do Reich, através de um front com cerca de 150 quilômetros. As cidades fronteiriças de Eydtkau, Ebenrode e Goldap caíram nas mãos dos soviéticos, enquanto Gumbinnen e Angerapp escaparam por pouco do mesmo destino, embora a primeira tenha sofrido pesados danos provocados por ataques aéreos, e as tropas soviéticas chegaram a seus arredores. No início da manhã de 21 de outubro, os invasores alcançaram a vila de Nemmersdorf, onde, embora encontrassem intacta uma importante ponte sobre o rio Angerapp, a ofensiva se deteve.

A liderança do Grupo de Exércitos Centro esperava que o ataque soviético, quando ocorresse, fosse o prelúdio a uma ofensiva maciça que poderia alcançar o coração da Alemanha. Nas circunstâncias em que se deu, a pausa do invasor em Nemmersdorf permitiu que o Quarto Exército tornasse a se agrupar, reunisse suas energias e, com a ajuda de reforços das divisões Panzer, arriscasse uma ousada e bem-sucedida manobra de cerco aos soviéticos, numericamente superiores, que foram tomados de surpresa e sofreram pesadas baixas. Impressionados pela contraofensiva da Wehrmacht, os comandantes inimigos de pronto passaram à defensiva, retirando suas tropas. No dia 17 de outubro, a ofensiva soviética foi abandonada. Em 3 de novembro tropas alemãs libertaram Goldap — reduzida a ruínas e saqueada pelos soldados do Exército Vermelho — e, dois dias mais tarde, a "primeira batalha da Prússia Oriental" chegava ao fim, ao custo de perdas extremamente altas para ambos os lados. Foi possível evitar uma investida soviética à capital da Prússia Oriental, Königsberg, que teria sido destrutiva ao extremo. Os soldados alemães — em especial aqueles que

144

tinham vindo do leste —, apesar do treinamento muitas vezes reduzido e dos armamentos inadequados, lutaram com fúria para deter os invasores. Mesmo assim, uma faixa de cem quilômetros de extensão e 27 adentro da Prússia Oriental ficaram sob ocupação soviética. O front dessa área permaneceu estável até janeiro.[51] Mas os habitantes da Prússia Oriental eram de agora em diante uma espécie altamente ameaçada de extinção.

O motivo pelo qual o Exército Vermelho se deteve após ter conquistado uma boa posição ao atingir Nemmersdorf ficou claro quando as tropas nazistas conseguiram retomar a área, em 23 de outubro, mal tendo se passado 48 horas da ocupação soviética. O que encontraram à sua espera foi uma cena de horror. O nome de Nemmersdorf em pouco tempo tornou-se familiar para a maioria dos alemães. Passou a significar o que estes deveriam esperar se o Exército Vermelho viesse a conquistar o Reich.

A tragédia que se abateu sobre Nemmersdorf e os moradores dos distritos vizinhos foi agravada pelo lamentável fracasso das autoridades nazistas — repetido com consequências ainda piores poucos meses mais tarde — em proceder à evacuação de seus habitantes em tempo hábil.[52] A evacuação de toda a região ameaçada foi caótica. Koch representou o exemplo paradigmático do que ocorre quando o poder escoa do centro de decisões até os chefes do partido nas províncias, processo que se intensificaria no começo de 1945. Instigado por seu assessor, Paul Dargel, Koch tinha completo controle sobre as medidas de evacuação. E, com o apoio de Hitler, recusou-se a autorizar que se procedesse à evacuação mais cedo, por receio de que isso provocasse uma retirada em massa da província e sinalizasse a derrota para o resto do Reich. A população deveria permanecer no local pelo maior tempo possível, indicando com isso sua determinação e a certeza de que nada seria capaz de abalar seu moral. O desejo da própria Wehrmacht — de que a área deveria ser totalmente esvaziada — foi ignorado.[53] O comandante em chefe do Grupo de Exércitos Centro, coronel-general Reinhardt, viu-se reduzido a inúteis paroxismos de fúria diante do comportamento arrogante de Koch na ocasião.[54] Quando as ordens para a evacuação por fim foram dadas, mostraram-se previsivelmente caóticas em sua execução. Dargel e outros funcionários do partido só foram localizados horas mais tarde. Um líder de distrito surgiu por alguns instantes, para logo refugiar-se num bar local e embriagar-se até o estupor. Um caminhão requisitado para ajudar na evacuação não apareceu e, ao que tudo indica, foi sequestrado por um oficial do partido para escapar com comida e bebida. No momento mais crítico, funcionários do partido — as únicas pessoas que poderiam dar ordens — fracassaram miseravelmente em suas obrigações.[55]

Nemmersdorf, a posição mais a oeste na incursão soviética, teve forte envolvimento com a evacuação atrasada e caótica. À medida que as tropas soviéticas se aproximavam, moradores das cidades e aldeias vizinhas saíam correndo em pânico, em cima da hora. Carroças puxadas por cavalos vindas de toda parte faziam fila para atravessar a crucial ponte de Nemmersdorf. As pessoas levavam os poucos pertences que conseguiam recolher e fugiam para salvar a vida. Ajudadas pela cobertura da pesada névoa de outono, muitas delas conseguiram de fato cruzar a ponte, encontrando segurança mais a oeste, mesmo nas últimas horas antes da chegada do Exército Vermelho. Mas para alguns moradores, tanto de Nemmersdorf como de outras localidades vizinhas, já era tarde demais. Eles acordaram nas primeiras horas de 21 de outubro para se deparar com os soldados soviéticos já em suas aldeias.[56]

Os soldados do Exército Vermelho, calejados pelos sucessivos combates, tinham aberto caminho rumo ao oeste saindo de seu próprio país, atravessando a Polônia e entrando, pela primeira vez, no território de seu odiado inimigo. Enquanto avançavam por desertos de morte e destruição, eles testemunharam o legado de selvagem brutalidade deixado pelas conquistas e pela subjugação alemãs, bem como o rastro de terra arrasada, claro indício da fuga desembestada de um Exército outrora conhecido pela arrogância. Observaram também os sinais inconfundíveis do terrível sofrimento de seu próprio povo. A propaganda soviética encorajava claramente uma retribuição drástica. "Vinguem-se sem piedade desses fascistas, assassinos de crianças e carrascos; façam com que eles paguem na mesma moeda pelo sangue e pelas lágrimas das mães e das crianças soviéticas", dizia uma proclamação típica em outubro de 1944.[57] "Matem. Não há nada de que os alemães não sejam culpados" era a exortação de outra.[58] Ao atingir o território alemão, e encontrando pela primeira vez uma população civil inimiga, ódios represados explodiram numa vingança violenta. Quando tropas alemãs entraram em aldeias e cidades retomadas pela Wehrmacht depois de dias de ocupação soviética, depararam-se com os cadáveres de civis assassinados, amarga indicação das atrocidades que haviam ocorrido. As piores aconteceram em Nemmersdorf e passaram a simbolizar essas primeiras monstruosidades do Exército Vermelho.

No entanto, detalhes do que aconteceu em Nemmersdorf permanecem obscuros. Desde o início, tornou-se difícil fazer a distinção entre fatos e propaganda. Certos depoimentos, que foram prestados alguns anos mais tarde e marcaram o episódio com imagens horríveis, são duvidosos. De acordo com o relato mais vívido, apresentado cerca de nove anos depois dos fatos, um homem da *Volkssturm* cuja companhia recebera ordens de ajudar na limpeza de Nemmersdorf após o ataque declarou ter encontrado várias mulheres nuas presas pelas mãos às portas de um celeiro, em posição de crucifixo; uma mulher idosa cuja cabeça fora cortada em duas partes por um machado ou uma pá; e 72 mulheres e crianças selvagemente assassinadas pelo Exército Vermelho. Segundo o relato desse homem, todas as mulheres haviam sido estupradas. Os corpos, ele alegou, haviam sido exumados, e as violências sexuais, confirmadas por uma comissão internacional de médicos.[59]

Relatório compilado pela *Geheime Feldpolizei* (polícia militar secreta), enviada em 25 de outubro, dois dias após a saída das tropas soviéticas, para interrogar eventuais testemunhas e descobrir o que havia acontecido, apresenta, contudo, um retrato diferente — assim mesmo, bastante sombrio. Tinham ocorrido pilhagens, indicava o relatório, e duas mulheres haviam sido estupradas. Encontraram-se os cadáveres de 26 pessoas, principalmente homens e mulheres de idade avançada, mas também crianças. Algumas foram encontradas em covas abertas, outras em valetas, na estrada ou dentro de casas. A maioria morrera com um tiro na cabeça, embora o crânio de uma das vítimas tivesse sido esmagado. Mas não havia descrições macabras de crucificações. Um médico alemão de um regimento do distrito procedeu ao exame dos cadáveres. É interessante notar que o médico pessoal de Himmler, professor Gebhardt, abalou-se até Nemmersdorf um dia após a saída das tropas soviéticas, embora, presumivelmente, não fosse necessária a presença de alguém de seu nível hierárquico apenas para determinar a causa das mortes. A essa altura, ao que tudo indica, as principais lideranças nazistas já haviam atribuído a Nemmersdorf uma importância especial. Logo chegaram ao local funcionários do Departamento de Propaganda, acompanhando a retomada da área, afoitos para explorar a crueldade dos soviéticos como meio de incentivar os alemães a prosseguir na luta e que não hesitavam em exagerar na narrativa quando isso servia a seus propósitos.[60]

Naturalmente, a propaganda alemã fez tudo o que podia das atrocidades dos soviéticos. As cenas mais escabrosas podem ter sido inventadas. Por outro lado, as atrocidades não foram mera obra da propaganda, ou de alguma elaboração posterior. O general Werner Kreipe, chefe do Estado-Maior da Luftwaffe, em visita à

Divisão Panzer Hermann Göring, situada nas proximidades de Gumbinnen, na área de Nemmersdorf, registrou, numa anotação em seu diário, poucas horas depois da retirada soviética, que corpos de mulheres e crianças encontravam-se pregados em portas de celeiros. Ele então determinou que as barbaridades fossem fotografadas para servir de prova.[61] Se as fotos chegaram a ser tiradas, desapareceram há muito tempo. Um atirador das tropas alemãs que entrou em Nemmersdorf no dia 22 de outubro rabiscou, no diário que escondia sob o uniforme, a descoberta de "incidentes terríveis envolvendo corpos mutilados", alguns deformados, um velho com o corpo perfurado por um forcado e pendurado na porta de um celeiro, imagens "tão terríveis que alguns de nossos recrutas saíam correndo em pânico e vomitavam".[62] A quantidade de mortos em Nemmersdorf pode ter sido menor do que a alegada pelos relatos alemães, embora alguns dos números mais elevados provavelmente incluam as vítimas dos soldados do Exército Vermelho em localidades vizinhas.[63] É possível também que o número de estupros tenha sido menor do que o denunciado, embora alguns com certeza tenham ocorrido — e o comportamento posterior do Exército Vermelho em sua passagem pelo leste da Alemanha não sugere que se deva fazer bom juízo de seus soldados. O coronel-general Reinhardt esteve no distrito em 25 de outubro. No dia seguinte, enviou uma carta à sua esposa contando que "os bolcheviques devastaram tudo como animais selvagens, incluindo o assassinato de crianças, sem falar nos atos de violência contra mulheres e garotas, que eles também mataram". Reinhardt se disse profundamente abalado com o que viu.[64] Apesar de todas as dúvidas que possam existir sobre a verdadeira dimensão dos homicídios e estupros, e é necessário levar em conta a natureza e o objetivo da exploração do episódio pela propaganda, as atrocidades não foram produto da imaginação de algum propagandista do regime nazista. Fatos terríveis aconteceram realmente em Nemmersdorf e arredores.

Além disso, seja qual for a verdade sobre os detalhes precisos das atrocidades, a propaganda acabou por adquirir uma realidade própria. Em termos do impacto causado por Nemmersdorf, é provável que seu principal efeito tenha sido reforçar a disposição dos soldados em defender o leste a todo custo, lutando até o fim para que não fossem derrotados pelo Exército Vermelho, e ainda encorajar a população civil a fugir tão logo tivesse oportunidade. A imagem de Nemmersdorf acabou por se tornar mais importante do que a autenticidade factual de sua horrível realidade.

IV

A máquina de propaganda logo entrou em ação. Goebbels de imediato percebeu o presente que lhe tinha chegado às mãos. "Essas atrocidades são realmente aterradoras", ele escreveu em seu diário, depois que Göring lhe telefonou com os detalhes. "Vou utilizá-las para uma grande campanha pela imprensa." Isso garantiria que as pessoas ainda com dúvidas fossem "convencidas do que o povo alemão pode esperar se o bolchevismo de fato dominar o Reich".[65] O chefe do Serviço de Imprensa do Reich, Otto Dietrich, transmitiu instruções para a divulgação da história pela *Deutsches Nachrichtenbüro* (DNB; Agência Alemã de Notícias), responsável pela circulação de notícias dentro e fora do país. "É particularmente desejável", informava a diretriz, "que o comunicado da DNB revele os pavorosos crimes bolcheviques na Prússia Oriental de maneira minuciosa e efetiva, fazendo comentários sobre eles nos mínimos detalhes. O monstruoso banho de sangue realizado pelos soviéticos precisa ser denunciado no layout e nas manchetes." Deveria ser ressaltado que não se tratava de um ataque a latifundiários ou a grandes industriais, mas sim a pessoas comuns, marcadas pelo bolchevismo como alvos de extermínio.[66]

As manchetes seguiram as instruções à risca. "Ataque alucinado das bestas soviéticas", berrou o principal jornal nazista, o *Völkischer Beobachter*, em 27 de outubro.[67] "Banho de sangue executado por bolcheviques espalha terror nas fronteiras da Prússia Oriental", e "Terror bestial assassino no leste da Prússia", diziam as manchetes de diários regionais no leste da Alemanha.[68] Outros órgãos da imprensa deram sequência coordenada às denúncias.[69] Em todas as histórias sobre saques, destruição, estupros e homicídios, a intenção era provocar o maior choque possível. Dizia-se que comissões de médicos haviam confirmado o assassinato de 61 pessoas, entre homens, mulheres e crianças, e o estupro da maioria das mulheres. Fazia-se referência a uma crucificação. Fotografias de filas de cadáveres eram imagens explícitas do horror.[70] Uma foto na primeira página do *Völkischer Beobachter* mostrando crianças assassinadas era acompanhada de uma advertência do que aconteceria se os alemães não mantivessem suas defesas e seu espírito de luta.[71]

A atmosfera reinante na parte leste da Alemanha fez com que a campanha de propaganda sobre as revelações de Nemmersdorf chegasse na hora certa. Antes que fossem divulgadas as notícias sobre as ocorrências, relatórios do Departamento de Propaganda já informavam que "as conquistas territoriais dos bolcheviques na Prússia Oriental causaram profunda consternação", principalmente porque o *Gauleiter* Koch afirmara num discurso, poucos dias antes, que o solo alemão não seria mais cedido ao inimigo. Koch foi alvo também de queixas amargas por parte de refugiados da Prússia Oriental, que chegaram a Danzig num estado lamentável, afirmando que soldados em retirada os haviam avisado de que "os bolcheviques já estavam nos seus calcanhares".[72] Foi em meio a esse clima de moral vacilante que Goebbels viu, nas atrocidades do Exército Vermelho, um valioso material de propaganda.

A enxurrada de propaganda sensacionalista, contudo, obteve menos sucesso do que Goebbels esperava. As reações iniciais indicaram que havia algum ceticismo sobre reportagens vistas como obra de propaganda.[73] Nesse sentido, Goebbels acabou caindo em sua própria armadilha. No começo do mês, ele orientara seus especialistas em propaganda para que retratassem "as condições nas áreas ocupadas pelos anglo-americanos de modo exatamente igual, com a mesma dramaticidade, o mesmo tom drástico empregado na descrição daquelas ocupadas pelos soviéticos". A decisão era uma resposta a relatos segundo os quais "se a questão chegar a esse ponto, nosso povo preferirá cair nas mãos dos anglo-americanos a sofrer a ocupação soviética". Não seria possível permitir que tal hipótese passasse pela cabeça do cidadão comum — "o homem do povo" — porque reduziria a determinação para lutar. "Pelo contrário, ele precisa saber... que se o Reich for perdido, não importa para qual inimigo, não haverá mais possibilidade de existência para ele."[74]

Na verdade, as autoridades nazistas estavam bem cientes de que os alemães das regiões do oeste já em poder dos americanos haviam sido, de modo geral, bem tratados, muitas vezes até dando boas-vindas ao inimigo, acostumando-se logo com a ocupação.[75] O próprio Goebbels admitiu que os relatos de atrocidades cometidas pelas tropas inglesas e americanas não mereciam crédito, e que era fácil para as pessoas — à parte funcionários do partido — entregar-se voluntariamente aos ingleses ou aos americanos, uma vez que não seriam maltratadas. A opinião da população comum era que os americanos, em especial, não pareciam tão maus como a imprensa alemã os retratava.[76] Os relatórios da propaganda informavam a Goebbels que os refugiados na parte oeste da Alemanha espalhavam a ideia de que a "paz a qualquer preço" era preferível à continuação da guerra.[77] E, em regiões do Reich bem afastadas dos tormentos pelos quais passara a população do leste, certamente a tendência era considerar os relatos dos refugiados um exagero.[78]

A propaganda também teve efeito contraproducente numa outra perspectiva. Um relatório comentava que "o grande destaque com que se noticiaram as atrocidades bolcheviques na fronteira leste da Prússia" estava sendo rejeitado, "uma vez que a propaganda sobre Nemmersdorf significava, de certa forma, uma autoincriminação do Reich pelo fato de a população não ter sido evacuada a tempo".[79] As alegações foram contestadas apenas por meio de argumentos fracos (e falsos), que diziam que a área diretamente atrás da zona de combate teria sido evacuada muito tempo antes; que o impetuoso ataque soviético surpreendera os refugiados, mas os moradores de Nemmersdorf já não estavam no local; que a quantidade de pessoas que o partido conseguira colocar a salvo era inteiramente satisfatória e comprovava sua atuação enérgica e bem-sucedida, e que — com certa contradição — algumas pessoas precisaram ficar na zona de perigo durante o maior tempo possível para cuidar das colheitas, fundamentais para o envio de alimentos ao resto do Reich.[80] O fato é que, feitas as contas, o próprio Goebbels acabou tendo de admitir que "os nossos relatos de atrocidades não estão mais convencendo. Em especial, os relatos sobre Nemmersdorf foram capazes de convencer apenas uma parte da população".[81]

Em outras partes do país, bem longe das fronteiras leste do Reich, outra razão — extremamente reveladora — foi apresentada para explicar por que a propaganda dos horrores de Nemmersdorf não causava a impressão desejada. No começo de novembro a agência do SD em Stuttgart informou que a população considerava os artigos da imprensa "vergonhosos", perguntando qual seriam as intenções da liderança ao publicar fotos das atrocidades. De acordo com o relato da agência, os líderes do Reich deveriam perceber

> que toda pessoa capaz de raciocinar, ao ver essas imagens de horror, pensará nas atrocidades que temos cometido em território inimigo, e até mesmo na Alemanha. Será que não trucidamos judeus aos milhares? Os soldados não vivem dizendo que na Polônia os judeus têm de cavar suas próprias covas? E o que nós fizemos com os judeus que estavam no campo de concentração [Natzweiler] na Alsácia? Os judeus também são seres humanos. Agindo dessa maneira, estamos mostrando ao inimigo o que eles poderiam fazer conosco no caso de serem vitoriosos... Não podemos acusar os russos de se comportar com os outros povos com a mesma crueldade que nosso povo empregou contra os próprios alemães.

Não havia motivo para se preocupar muito "só porque eles mataram algumas pessoas na Prússia Oriental. Afinal de contas, que valor tem a vida humana aqui na Alemanha?".[82]

O Reich era um país grande. E a distância entre Stuttgart e Nemmersdorf era enorme. O fato de esses comentários revelarem tanto conhecimento dos crimes alemães contra a humanidade, especialmente do genocídio contra os judeus, indica que os moradores de Stuttgart sentiam que estavam muito longe de quaisquer atrocidades soviéticas nas fronteiras do extremo leste do Reich. Já a população das áreas ao leste tinha motivos de sobra para se alarmar com a proximidade do Exército Vermelho. Para os civis comuns, indefesos e espremidos entre a recusa das autoridades do partido em proceder à sua retirada rumo ao oeste e o iminente ataque do inimigo demonizado, é quase certo que a propaganda sobre os horrores de Nemmersdorf haveria de criar um sentimento intenso de medo. Naturalmente, manifestou-se um alívio profundo quando a Wehrmacht conseguiu repelir os invasores e a região voltou a conhecer certa estabilidade.[83] Ao trombetear o sucesso pela expulsão do inimigo, os textos de propaganda não hesitaram em ressaltar o valor do trabalho empregado na construção das fortificações do leste, as quais, segundo esses textos, teriam detido o Exército Vermelho. A participação da *Volkssturm* foi igualmente exaltada.[84] Mas Goebbels mostrou-se habilidoso ao não valorizar excessivamente o "milagre da Prússia Oriental". Era importante, ele observou, "não elogiar o dia antes que a noite tenha chegado".[85] Uma ideia sensata. Quando o Exército Vermelho voltou à Prússia Oriental, dessa vez para ficar, em janeiro de 1945, o que caracterizou o comportamento da imensa maioria da população não foi a determinação de lutar até o fim: foi o completo pânico.

Não seria certo, porém, imaginar que as reações de ceticismo ou cinismo aos relatos da propaganda sobre Nemmersdorf signifiquem que os esforços de Goebbels tenham sido inúteis. Contrariando os indícios de que as histórias das atrocidades não causaram o desejado impacto, os relatórios da área de propaganda divulgados em meados de novembro alegavam que aqueles que inicialmente haviam duvidado do noticiário escrito mudaram de opinião depois de ver a publicação das fotografias. As pessoas ficaram "cheias de ódio", dispostas a lutar até o fim.[86] Por mais variada que fosse a reação da população civil, parece claro que, para dois grupos em especial — grupos dotados de poder —, Nemmersdorf transmitia uma mensagem que não era de medo, mas sim de necessidade de resistir a qualquer custo.

Para representantes do Partido Nazista, tanto do alto como do baixo escalão, e para seus afiliados, a violência e a crueldade dos invasores na Prússia Oriental ofereceram uma amostra do que com certeza estaria reservado a eles se caíssem nas mãos dos soviéticos. O próprio Hitler reagiu de maneira característica às notícias e imagens de Nemmersdorf. "Ele jurou vingança e atiçou as chamas do ódio", escreveu posteriormente sua secretária mais jovem, Traudl Junge: "Eles não são mais seres humanos, são animais das estepes da Ásia, e a guerra que travo contra eles é uma guerra em nome da dignidade da humanidade europeia", esbravejou o Führer. "Devemos ser duros e lutar com todos os meios de que dispomos."[87] Hitler, mais do que qualquer outra pessoa, não tinha ilusões sobre qual seria seu destino se os soviéticos o capturassem. Em hipótese nenhuma isso poderia acontecer. A saída no caso de uma derrota catastrófica estava planejada. Já em meados de 1943 ele informara o *Gauleiter* de Viena e ex-líder da Juventude Hitlerista, Baldur von Schirach, que a única forma de chegar ao fim da guerra seria dando um tiro na cabeça.[88]

Hitler estendeu as implicações de seu destino pessoal a todo o povo alemão. Durante uma reunião com os *Gauleiter*, em outubro de 1943, afirmou que os alemães haviam queimado seus navios; a única possibilidade era seguir adiante.[89] O que estava em jogo era a própria existência. O Führer não era o único que tinha esse sentimento de que nada havia a perder. Goebbels ficava satisfeito com o fato de os navios terem sido queimados; isso unia as pessoas em torno da causa. Ao informar os líderes do partido sobre a matança em massa de judeus no outono anterior, Himmler os tornava, deliberadamente, cúmplices, de modo que os presentes soubessem que não havia como escapar da conspiração dos implicados.[90] Da mesma forma, nas esferas inferiores do partido, o comportamento de muitos funcionários diante da aproximação do inimigo — tentativas de esconder sua filiação a organizações nazistas queimando insígnias, escondendo uniformes e, o que era mais frequente, tratando de fugir — revelava o sentimento de ansiedade sobre o que os aguardava caso caíssem nas mãos do inimigo. Contudo, em situações em que o baixo escalão podia sonhar com certa segurança graças à sua obscuridade, os figurões nazistas sabiam que, para eles, a única opção consistia em resistir. O desespero gerava a determinação.

Outro setor crucial em que o impacto de Nemmersdorf e de todo o significado do episódio não dava margem a dúvidas estava no meio do exército, particularmente entre os soldados vindos da parte leste da Alemanha. No oeste, o colapso resultante da invasão aliada na França trouxera confusão, além de queda no moral. Uma eventual reação alemã não seria capaz de disfarçar o ardente anseio, presente em muitos soldados, de um fim rápido ao purgatório daquele combate incessante. Era possível até imaginar que cair nas mãos do inimigo seria uma libertação. A provável sentença de morte estaria em prosseguir na luta, e não em chegar ao fim como prisioneiro de guerra. Já no leste, a sensação era bem diferente. O coronel-general Reinhardt expressou sentimentos certamente bastante disseminados quando, quase na sequência da expulsão dos soviéticos, presenciou o que eles haviam feito em áreas da Prússia Oriental. Escreveu à esposa sobre "a raiva, o ódio que nos consome desde que retomamos a área ao sul de Gumbinnen e vimos a devastação que os bolcheviques espalharam por ela. Para nós, não pode haver outro objetivo além de resistir e proteger nossa pátria". No entanto, para os soldados na Prússia Oriental e nas regiões vizinhas, já não se tratava mais da defesa abstrata da pátria, muito menos da luta pela causa do Führer. A vida e o bem-estar de seus entes queridos é que estavam em jogo. A fúria e a sede de vingança pelo que havia sido feito eram palpáveis. "Estive ontem [25 de outubro de 1944] nessa área para visitar minhas tropas depois de nosso ataque bem-sucedido", prosseguia Reinhardt em sua carta, e "testemunhei a fúria cega com que eles massacraram regimentos inteiros."[91]

Um vislumbre, embora registrado em data posterior, do impacto que os acontecimentos na Prússia Oriental provocaram nas mentalidades dos soldados que atuavam longe das áreas sob domínio do Exército Vermelho é fornecido pelo diário de um integrante da equipe do comandante em chefe da Wehrmacht na Noruega. Os relatos de "assassinato, tortura, estupro, mulheres sendo arrastadas a bordéis, deportações" produziram um efeito devastador nas tropas, ele recordou. Isso estimulou a "crença mística" de que a salvação chegaria no final. Aqueles com uma visão mais clara do provável futuro ficavam em silêncio, pois manter a disciplina que, sob a superfície, havia enfraquecido, era imperativo, e isso só era possível "com a ajuda de falsas esperanças". A preocupação com os parentes, no entanto, aumentava a cada momento.[92]

É evidente que os soldados, mesmo nas áreas diretamente afetadas das fronteiras orientais do Reich, não pensavam todos de maneira idêntica. Mas um número expressivo o bastante dos efetivos lutando no front oriental, assim como muitos dos que haviam sido transferidos para o oeste, pareciam convencidos — como Hitler, Goebbels e outros não cessavam de lembrá-los — de que estavam de fato engajados numa luta por sua própria existência, pela de seus camaradas e de seus entes queridos. A invasão soviética servia como um reforço visual horrível dos estereótipos sobre os "bolcheviques".[93] Não se tratava, num primeiro momento, de depositar uma crença ideologicamente firme na doutrina nazista nem nos poderes salvadores do Führer.[94] Era a simples convicção de que, ao menos no leste, ocorria uma luta de vida ou morte contra inimigos de índole bárbara. E, para aqueles que não estavam de todo convencidos, havia o aparato intensificado da repressão, do controle e das punições severas dentro da própria Wehrmacht. Uma tendência de crescimento nas sentenças de morte por deserção, falta de disposição para o combate, comportamentos de efeito negativo no moral da tropa ou outras transgressões refletia as vicissitudes militares da Alemanha.[95]

A "guerra de extermínio" no front oriental sempre teve natureza bem distinta, em termos qualitativos, daquela do conflito do oeste. O confronto ideológico presente no leste, a selvageria na luta exibida pelos dois lados, a "barbarização da arte da guerra"[96] — que preconizava abertamente a completa destruição da vida civil — e, não menos, a dimensão de genocídio presente desde o lançamento da Operação Barbarossa, em junho de 1941, não tiveram equivalentes reais no oeste, mesmo que seu impacto se tenha feito sentir em todos os territórios do continente europeu ocupados pelos alemães. Não que se deva minimizar a severidade dos amargos combates travados no front ocidental, como os ocorridos na Normandia após os desembarques aliados, onde as tropas alemãs, certamente à beira do colapso em meados de agosto, lutaram com todas as forças e com baixas que por algum tempo igualaram-se às taxas no leste.[97] Nem se deve esquecer as ásperas condições da vida civil nas regiões da Europa Oriental sob ocupação alemã, muito menos os tentáculos da política genocida que se estendeu por todos os espaços do império nazista. As populações subjugadas dos Bálcãs, da Grécia e da Itália (na fase final da guerra) e de outros países sofreram de maneira dolorosa as crescentes atrocidades e as impiedosas represálias impostas pelas forças alemãs de ocupação à medida que a situação do Reich tornava-se mais desesperada. Os alemães também cometeram atrocidades no oeste, das quais a mais horrenda foi a chacina perpetrada pela Waffen-ss em junho de 1944, tendo como vítimas centenas de moradores de Oradour-sur-Glane, na França. No entanto, aquilo que no oeste era raro, no leste era o mais habitual. A sociedade alemã estava ciente de que os fundamentos dos conflitos no leste e no oeste tinham caráter totalmente antagônico. Essa noção havia ficado bem clara desde a invasão efetivada pela União Soviética, em 1941. A incursão do Exército Vermelho em território alemão e as terríveis experiências para a população civil decorrentes dela aguçaram a percepção da divisão que havia entre os fronts oriental e ocidental, tanto para militares como para a população civil.

Para esta última, as experiências da guerra no oeste estavam agora dominadas de maneira quase absoluta pela destruição gratuita e pelo terror vindo dos céus. A caixa de correio de Goebbels vivia tomada praticamente apenas por cartas — que ele considerava "até certo ponto alarmantes" — sobre o efeito dos ataques aéreos e o desespero provocado pelo fato de não haver defesa contra eles. De que adiantava manter alto o moral, indagavam os remetentes das cartas, se os bombardeios estavam destruindo os meios de continuar lutando? As cartas, observou Goebbels, refletiam um nível preocupante de apatia quanto a levar a guerra adiante.[98] Para a maioria das pessoas nas regiões ocidentais, castigadas de modo tão intenso pelos bombardeios, nunca seria cedo demais para o fim da guerra, que significaria libertar-se da miséria. É verdade que poucos preferiam a perspectiva de viver sob uma força de ocupação. Mas a vida, de alguma forma, haveria de continuar. As afirmações da propaganda, de que a conquista pelos Aliados ocidentais acabaria com a existência da Alemanha, eram vistas com amplo ceticismo. Havia poucos receios em relação aos americanos ou os ingleses. O medo em vigor dizia respeito aos bombardeios. "Medo, medo, medo, isso é tudo que conheço", escreveu em setembro de 1944 uma alemã mortalmente doente de preocupação com sua filha na escola enquanto aviões de bombardeio cruzavam os céus em plena luz do dia, e também ansiosa quanto a seu marido no front. Pelo menos ele está no oeste, ela escreveu. "Cair nas mãos dos soviéticos significaria o fim."[99]

Nas regiões do leste, o medo em relação aos soviéticos estava por toda parte, corroborado por Nemmersdorf e pelo que esse episódio representou. Tal sentimento estimulava entre os civis a disposição para cavar trincheiras, sofrer as privações necessárias e fazer tudo que fosse humanamente possível para evitar o pior. Criava também pânico em massa quando a ocupação tornava-se iminente. Naturalmente, as pessoas nessas regiões também desejavam desesperadamente que a guerra acabasse. Mas para a maioria, ainda pouco afetada pelos bombardeios — um suplício diário para a população da área ocidental —, o fim da guerra, de alguma forma aceitável, deveria afastar de vez a ameaça de domínio soviético, salvando assim famílias, seus bens e a terra natal da ocupação por um inimigo temido e odiado. Assim, o desejo de que o terrível conflito tivesse um fim rápido mesclava-

-se com a vontade de que a guerra continuasse até que os objetivos propostos fossem atingidos. Isso significava que se tinha de depositar esperanças na capacidade da Wehrmacht de prosseguir na luta, impedindo que acontecesse o pior.

Os soldados faziam a distinção entre leste e oeste de forma um pouco diferente. Era inegável que os soldados no front ocidental empenhavam-se com obstinação no combate. Segundo reflexões posteriores de um alto oficial sob o comando de Model, àquela altura os soldados já não mantinham grandes ideais, embora muitas vezes lhes ocorressem certos lampejos de fé em Hitler e esperanças quanto às prometidas armas miraculosas. Acima de tudo, eles não tinham mais nada a perder.[100] Suas qualidades como combatentes com frequência eram até, com relutância, admiradas pelos Aliados no front ocidental. O fanatismo sem limites, porém, centrava-se basicamente nas unidades da Waffen-SS. E, para a maioria dos soldados, a perspectiva de se tornarem prisioneiros não era o fim do mundo. No front oriental, o fanatismo, mesmo sem ser onipresente, era algo muito mais corriqueiro. A simples ideia de cair nas mãos dos soviéticos significava que resistir era um imperativo. Do inimigo, só se podia esperar guerra sem quartel. O episódio de Nemmersdorf provava, aparentemente, que todos os receios quanto a uma ocupação soviética estavam mais do que justificados, que a imagem apresentada pela propaganda, da "bestialidade bolchevique", era correta. No front oriental, não era possível entregar os pontos. Nem se podia pensar em rendição quando o que estava em jogo era um horror tão inconcebível.

V

Por mais terrível que fosse a situação da população alemã, bombardeada de forma ininterrupta no oeste e vivendo sob o medo da invasão soviética no leste, o destino do principal alvo ideológico do nazismo, o povo judeu, era infinitamente pior.

Durante a primavera Hitler decidiu fortalecer o espírito de luta e o comprometimento com os ideais nazistas de combate racial sem limites ao dirigir-se a uma ampla reunião com generais e outros oficiais prestes a partir para o front. Ele lhes disse como havia sido essencial lidar de modo tão impiedoso com os judeus, cuja eventual vitória na guerra representaria a destruição do povo alemão. Toda a bestialidade do bolchevismo, discursou, fora criação dos judeus. Hitler chamou a atenção para o perigo que a Hungria, segundo ele um Estado inteiramente dominado por judeus, representava para a Alemanha, acrescentando no entanto que graças à sua intervenção — pela ocupação do país, efetuada em março — logo o "problema" lá também estaria resolvido. Os comandantes militares interromperam o discurso em várias ocasiões com aplausos entusiasmados.[101] Eles foram feitos cúmplices pelo conhecimento do que havia acontecido aos judeus em grande parte da Europa e que acontecia agora na Hungria.

No verão de 1944, enquanto o Exército Vermelho abria caminho na Bielorrússia, destroçando o Grupo de Exércitos Centro, trens abarrotados de judeus ainda eram transportados da Hungria para a morte no campo de extermínio de Auschwitz-Birkenau, na Alta Silésia. Quando as deportações foram interrompidas no princípio de julho por uma liderança húngara, atendendo às crescentes pressões vindas do exterior, o ataque nazista à maior comunidade judaica remanescente na Europa já contabilizava mais de 430 mil mortes.[102] Os crematórios em Auschwitz trabalhavam em tempo integral para dar conta de todo o material humano que não parava de chegar — naquele verão, foram mais de 10 mil mortos por dia.[103] No final de julho, o Exército Vermelho, avançando pela Polônia, havia libertado Majdanek, perto de Lublin, e surpreendeu-se pela primeira vez com a monstruosidade dos campos de extermínio, divulgando as descobertas pela imprensa mundial (embora poucas pessoas na Alemanha tivessem acesso a ela).[104] Auschwitz-Birkenau, contudo, ainda prosseguia em seu trabalho macabro. Com o fechamento de Belzec, Sobibor e Treblinka, em 1943, e uma onda final no trabalho de extermínio em Chełmno, no verão de 1944, Auschwitz-Birkenau — o maior campo de extermínio — tornou-se o último em funcionamento. Judeus trazidos do gueto de Łódź, na Polônia, foram mortos lá, com gás, em agosto; trens vindos da Eslováquia e do campo de Theresienstadt, na região que fora antes território tcheco, chegaram em setembro e outubro. Em novembro, satisfeito com o fato de que a "Questão Judaica", de acordo com seus objetivos e para todos os efeitos, tinha sido resolvida com a morte de milhões, e preocupado com a aproximação do Exército Vermelho, Himmler deu ordens para que as câmaras de gás fossem demolidas.[105]

É impressionante como os alemães parecem ter se mantido tão alheios ao que acontecia com os judeus, totalmente preocupados — não sem razão — com os próprios sofrimentos e angústias. A propaganda seguia despejando seu veneno antissemita, culpando os judeus pela guerra e associando-os com a destruição da

Alemanha.[106] Mas isso agora não passava de abstrações banais. A maioria dos cidadãos comuns parece não ter se preocupado com o sumiço dos judeus, nem com o que poderia ter acontecido com eles. Em termos relativos, era reduzido o número de pessoas dentro da Alemanha com acesso a informações de primeira mão, detalhadas, sobre os assassinatos em massa que continuavam sendo cometidos no leste; é claro que a "Solução Final", oficialmente, permanecia um segredo de Estado muito bem protegido. De todo modo, porém, sufocados por suas próprias ansiedades, poucos alemães interessavam-se por aquilo que acontecia lá longe, com uma minoria que, mesmo sem ser propriamente odiada, não era querida.

Para a maioria, era um caso típico de "o que os olhos não veem o coração não sente", para além do desagradável temor de que as maldades perpetradas pelos poderosos da Alemanha poderiam, mais tarde, voltar-se contra a população em caso de derrota e ocupação. Tal inquietação manifestava-se de duas maneiras, ambas num plano mais subliminar do que consciente. De acordo com os relatórios de Stuttgart, já citados, havia uma impressão generalizada de que a Alemanha colhia o que semeara, de que a miséria à qual seu povo estava sendo submetido nada mais significava que uma retribuição por tudo que fora infligido aos judeus e a outros grupos. E um segundo sentimento, não muito difícil de encontrar naquela época, indicava que os judeus voltariam com as forças de ocupação para se vingar. Esse sentimento, bastante comum, foi expresso de maneira bem direta numa carta enviada para casa por um soldado no front em agosto de 1944. "Vocês sabem que os judeus vão exercer sua maldita vingança sangrenta, em especial sobre as pessoas do partido. Infelizmente, fui um daqueles que vestiram o uniforme do partido. Já me arrependi disso. Peço que vocês se livrem o quanto antes desse uniforme, não importa onde, nem que precisem pôr fogo nele."[107] Sem dúvida, não eram poucos, sobretudo entre os nazistas mais ferrenhos, aqueles para os quais o bombardeio e a destruição de cidades e aldeias alemãs já faziam parte dessa vingança. A incessante propaganda nazista sobre o poder do judaísmo mundial deixara marcas duradouras.[108]

Para os poucos judeus que haviam permanecido no Reich, vivendo como párias, fazendo de tudo para não chamar a atenção, quase sem contato com não judeus, era um mundo de sombras, uma existência completamente incerta, extremamente precária, repleta de angústia — mas de um modo que contrastava com as angústias e incertezas da maioria da população. O acadêmico Victor Klemperer, um arguto observador que vivia em Dresden, cujo casamento com uma não judia permitiu-lhe evitar a deportação, ficou tomado de apreensão quando, numa rara e rápida saída de casa, ela demorou para voltar. Levava consigo partes de um diário secreto que pretendia passar para um amigo, que o esconderia em Pirna, não muito longe dali. Se o diário caísse nas mãos das autoridades, seria morte certa não apenas para Klemperer, mas também para sua esposa e os amigos que tinha citado.[109] Ele e a mulher de fato compartilhavam com a massa da população o medo dos bombardeios. Contudo, também nesse caso havia grandes diferenças. Para as vítimas do nazismo, os bombardeios eram um sinal da iminente derrota alemã e libertação de um regime terrorista.[110] Mas o medo existencial de Klemperer era sobreviver a um ataque aéreo, ser evacuado, separado da mulher e enviado a algum lugar para morrer numa câmara de gás.[111] Havia ainda o receio, partilhado com amigos, de ter de sobreviver a outro inverno de guerra com provisões insuficientes de alimentos e combustível. "Mais um inverno é uma perspectiva terrível", ele escreveu.[112] Outro conhecido pensava no futuro com apreensão, antecipando problemas de subnutrição, falta de medicamentos, disseminação de epidemias, guerra interminável e, por fim, morte de todos aqueles obrigados a usar a estrela amarela. Klemperer tinha consciência, mesmo que sem detalhes, do destino dos judeus na Europa Oriental. Exatamente naqueles dias fora informado por um soldado em licença sobre os "terríveis assassinatos de judeus no leste".[113]

A reação de Klemperer aos acontecimentos na Prússia Oriental também contrastava com as da população não judia. Enquanto esta via confirmados seus receios acerca do bolchevismo, Klemperer preocupava-se com as consequências para os judeus. Ele comentou sobre as novas agitações contra judeus desencadeadas por Martin Mutschmann, o *Gauleiter* da Saxônia, acrescentando em seguida: "E as atrocidades cometidas pelos bolcheviques na Prússia Oriental, nas quais o povo provavelmente acreditou, poderiam voltar-se contra nós".[114]

Para as incontáveis outras vítimas do regime — judeus, centenas de milhares em campos de concentração, mais de 7 milhões de trabalhadores estrangeiros e prisioneiros de guerra,[115] além de milhões de antigos oponentes políticos dos nazistas —, o fim da guerra era um momento pelo qual todos ansiavam. No outono de 1944, porém, esse fim ainda não aparecia no horizonte. A desgraça iria continuar.

VI

Um intenso cansaço da guerra tomava conta, a essa altura, de grande parte da sociedade alemã, entre a população civil e entre os soldados rasos. Um perspicaz observador estrangeiro em Berlim recordou, bem depois dos acontecimentos, sua impressão de que, naquele outono, os alemães sentiam-se como se estivessem numa avalanche que ganhava velocidade à medida que se aproximava do abismo. O que os fazia seguir adiante era uma questão que lhe vinha repetidas vezes à mente, e também à de seus colegas. Além do terror, ele julgava que "inércia e hábito" — apatia e necessidade de condições algo normais, uma procura pela rotina mesmo em meio a um quadro de extrema anormalidade, que ele via como "uma característica não especificamente germânica, mas universal" — talvez fornecessem alguma explicação.[116] A essas explicações poderiam ser somados a absoluta letargia debilitante, resultado da constante ansiedade sobre o destino das pessoas amadas, o temor cotidiano quanto aos bombardeios, os deslocamentos diários para se proteger de ataques aéreos (ou para voltar para casa depois deles), o excesso de trabalho, a exaustão, as filas para conseguir a dose diária de ração — cada vez mais reduzida —, a subnutrição, além da permanente sensação de desamparo, de exposição a circunstâncias fora de qualquer controle. Uma vez que não havia opções, que não havia medida a ser tomada por indivíduos cuja consequência não fosse a autodestruição, e que, além disso, nada mudaria, as pessoas simplesmente iam tocando a vida do melhor jeito possível.

Do ponto de vista político, a exaustão provocada pela guerra manifestava-se numa ampla e crescente aversão ao regime nazista, mas sem potencial de se traduzir em ação concreta. O alvo dessa onda de críticas não era apenas o Partido Nazista; na verdade, censurava-se também o próprio Hitler, por ter arrastado a Alemanha à guerra, provocando tanta desgraça.[117] Um claro sinal disso estava no fato de que a saudação *"Heil* Hitler" vinha desaparecendo.[118] Dizer que "a Providência decretou a destruição dos alemães, e Hitler será o carrasco a executar essa pena" era algo amplamente disseminado, segundo afirmou um membro do SD no começo de novembro.[119] Hitler, antes reverenciado quase como um deus por milhões de alemães, a essa altura só ocupava o pensamento deles nesses termos negativos, como a causa do horror e o obstáculo ao fim da guerra.

É verdade que uma proporção, cada vez menor, de alemães permanecia fiel em seu apoio ao regime, mantendo a determinação fanática de lutar até o fim. A maioria deles, no entanto, via-se como vítima de Hitler e de seu regime, com frequência esquecendo-se de como, em tempos melhores, haviam idolatrado seu líder, aplaudido seus êxitos e o tratamento cruel que eles mesmos aplicaram aos outros e que agora se voltava contra eles em forma de sofrimento. A guerra havia chegado à Alemanha, um país castigado, quebrado, com a rede industrial e de transportes em colapso, dominado, tanto a leste como a oeste, por forças que lhe eram superiores em termos econômicos e militares. Todas as esperanças porventura depositadas em "armas miraculosas" já tinham evaporado. À frente, nada mais havia além da devastação. A maioria das pessoas queria apenas que a guerra acabasse, esperando que a ocupação anglo-americana mantivesse os bolcheviques longe de suas gargantas.[120]

Sentimentos como esses, ainda que não fossem universais, espalhavam-se amplamente entre a população — embora em vão. Não eram partilhados pelos que detinham o poder — a liderança do regime, o Alto-Comando da Wehrmacht, comandantes militares e aqueles que dirigiam o partido, no centro ou nas províncias. Além disso, mesmo tendo sido o sistema terrivelmente castigado, com derrotas militares e incessantes bombardeios, ele ainda continuava — mais ou menos — a funcionar. Uma resiliência espantosa e uma capacidade ainda mais notável de improvisação permitiam que governo, partido e burocracias militares dessem conta de suas obrigações, se não de maneira normal, ao menos ainda com certa eficiência. Acima de tudo, os mecanismos de controle e repressão estavam em ordem. Não existia estrutura organizada capaz de desafiá-los.

E bem no topo do regime não havia, como nunca houvera, a menor inclinação a se contemplar qualquer possibilidade de entendimento ou rendição. Hitler deixou isso claro, mais uma vez, em seu pronunciamento de 12 de novembro.[121] Não restou a menor dúvida a ninguém: enquanto ele estivesse vivo, a guerra prosseguiria. Na verdade, ele vinha planejando havia semanas o que, dados os recursos disponíveis, seria quase certamente uma tentativa final e desesperada de virar o jogo. Permanecer na defensiva poderia prolongar o conflito, mas nunca tomaria do inimigo sua disposição para combater, ele pensou. Era preciso aplicar um golpe decisivo. No caso de se tentar uma medida dessas, a escolha óbvia seria o ameaçado front oriental. Afinal, a perspectiva de uma investida bolchevique e uma vitória definitiva era assustadora demais para se admitir. O chefe do Estado-Maior do Exército, Guderian, responsável pelo front oriental, apresentou a questão com todo o vigor. Contra os conselhos dele, no entanto,

Hitler mostrou-se irredutível na tese de que uma ofensiva teria maior chance de sucesso não em alguma área ao longo do imenso front oriental, mas especificamente num ponto vulnerável das linhas aliadas do oeste, com vistas a chegar até a Antuérpia.[122] Infligir aos Aliados uma derrota contundente no front ocidental não apenas seria decisivo para a campanha do oeste, mas voltaria a elevar o moral alemão e permitiria a transferência de tropas para o leste, aumentando assim as chances de repelir a aguardada ofensiva de inverno do Exército Vermelho. Se o plano falhasse, porém, não apenas os Aliados poderiam prosseguir em sua marcha nas fronteiras do Reich contra uma Wehrmacht extremamente debilitada como o front oriental ficaria enfraquecido e exposto.

Tratava-se, como todos os envolvidos podiam ver, de uma estratégia de alto risco. Um apostador não colocaria muitas fichas em suas chances de sucesso. Mas, do ponto de vista de Hitler, era quase tudo que restava. "Se o plano não for bem-sucedido, não vejo outra possibilidade de levar a guerra a um desfecho favorável", ele disse a Speer.[123] Em 16 de dezembro, foi lançada a nova ofensiva contra os americanos, com uma inesperada ferocidade. A derradeira esperança militar da Alemanha de influir seriamente no desfecho da guerra estava agora em jogo.

4. Esperanças criadas — e desfeitas

A vitória nunca esteve tão perto como agora. O resultado será logo alcançado. Vamos atirá-los ao oceano, esses macacos arrogantes e falastrões do Novo Mundo. Eles não entrarão na nossa Alemanha. Vamos proteger nossas mulheres e nossas crianças de toda dominação inimiga.

Mais uma vez vou marchar sobre a Bélgica e a França, mas não tenho a menor vontade de fazer isso [...]. Se [pelo menos] essa guerra idiota acabasse. Por que eu deveria lutar? Isso serve unicamente para a existência dos nazistas. A superioridade do nosso inimigo é tão grande que não há o menor sentido em combatê-lo.

Visões contrastantes de soldados alemães durante a ofensiva das
Ardenas, dezembro de 1944

I

Todas as esperanças dos líderes alemães depositavam-se agora na grande ofensiva do oeste. Se fosse bem-sucedida, ela poderia — assim se pensava — assinalar uma mudança decisiva no curso da guerra. Se fracassasse, a guerra estaria perdida de vez. Mas insistir em permanecer na defensiva levaria ao esmagamento pelo avanço das forças do leste e do oeste, que poderiam explorar seus recursos superiores e suas reservas aparentemente inesgotáveis de combatentes. O general Jodl, responsável pelo planejamento estratégico, apresentou um resumo do quadro no começo de novembro. "O risco do grande objetivo, que do ponto de vista técnico parece estar em desproporção com nossas forças disponíveis, é inalterável. Mas em nossa situação atual não temos outra opção além de apostar tudo numa única cartada."[1]

A carta a ser jogada consistia num ataque rápido e decisivo, com o objetivo de infligir um golpe tão forte nos Aliados ocidentais que os faria perder a vontade de seguir lutando. A consequência seria o desmantelamento do que era considerado uma coalizão artificial de forças contra a Alemanha. O raciocínio típico de Hitler foi claramente delineado quando ele se dirigiu a seus comandantes de divisão quatro dias antes do início da ofensiva. "As guerras são enfim decididas", afirmou, "quando um dos lados reconhece que não pode mais ser o vencedor. Portanto, a tarefa mais importante é fazer com que o inimigo admita isso." Mesmo quando forçado a permanecer na defensiva, "ataques impiedosos" têm o efeito de mostrar ao inimigo que ele que não venceu e que a guerra irá continuar, "que, não importa o que ele venha a fazer, nunca poderá contar com uma capitulação — nunca, jamais". Sob o impacto de severas derrotas e forçado a admitir que é impossível alcançar o sucesso, "o inimigo vai fraquejar". E o inimigo da Alemanha era uma coalizão dos "maiores extremos que podem ser encontrados neste mundo: Estados ultracapitalistas de um lado e marxistas do outro; de um lado, um império mundial moribundo, a Grã-Bretanha, e do outro uma colônia em busca de uma herança, os Estados Unidos". Essa coalizão estava pronta a entrar em colapso se recebesse um golpe suficientemente forte. "Se uns poucos golpes pesados tivessem êxito aqui, essa aliança mantida artificialmente poderia desabar a qualquer momento, com um grande estrondo."[2]

As deliberações iniciais para o ataque no oeste ocorreram justamente no momento da crise alemã naquele front — durante o colapso na Normandia, em meados de agosto. Em setembro, tomou-se a decisão da ofensiva, com o codinome "Vigília no Reno" (mais tarde alterado para "Brumas de outono"). Sigilo absoluto era essencial para o plano. Poucas pessoas no Alto-Comando da Wehrmacht e entre os líderes do regime tinham acesso às informações. Até mesmo o marechal de campo Von Rundstedt, que em 5 de setembro reassumira o posto de comandante em chefe do Oeste, ficou sabendo dos objetivos da operação apenas no final de outubro.[3] Os planos de Jodl para o ataque passaram por sucessivas alterações até Hitler ordenar que entrasse em ação, em 10 de novembro. Depois, o início da ofensiva, planejado para o fim de novembro, precisou ser adiado várias vezes por falta de equipamentos e pelo fato de, fora de época, o tempo apresentar-se bom — o ataque dependia de tempo ruim para manter em terra os aviões inimigos —, até a data ser enfim marcada para 16 de dezembro. O objetivo militar era, como em 1940, atacar pelas Ardenas cobertas de árvores, no vazio situado entre as forças americanas e britânicas, avançar rapidamente para tomar a Antuérpia e, em linha com as divisões alemãs avançando rumo ao sul vindas da Holanda, cortar por trás as linhas de comunicação inimigas, cercando e destruindo o 21º Grupo do Exército Britânico e o Primeiro e o Nono Exércitos americanos num "novo Dunquerque". De acordo com as diretrizes passadas por Hitler, a operação provocaria "uma mudança decisiva na campanha do front ocidental, e talvez em toda a guerra".[4]

A situação, tanto no front oriental como no ocidental, havia se deteriorado drasticamente desde que surgira a ideia inicial da operação. No lado leste, a incursão soviética na Prússia Oriental fora repelida, é verdade, mas desde então a área sob maior ameaça passou a ser a Hungria, fonte crucial de petróleo e outras matérias-primas. Lá, ao longo do outono, as tropas alemãs estiveram envolvidas em intensos combates, procurando impedir a tentativa soviética de tomar Budapeste, operação ordenada por Stálin no final de outubro.[5] Enquanto isso, no oeste, tropas americanas permaneciam em solo alemão, em Aachen. Depois da captura da cidade em fins de outubro, nas semanas seguintes, o avanço dos Aliados pelas colinas densamente arborizadas situadas além da Westwall — a floresta de Hürtgen (Hürtgenwald) —, entre Aachen, Eupen e Düren, ao leste, passou a enfrentar uma defesa muito forte, o que tornou a operação extremamente custosa para os americanos.[6] Quando a ofensiva das Ardenas teve início, o avanço deles se estendia só até o rio Roer, perto de Jülich e Düren.[7] Mais ao sul, os americanos obtiveram um sucesso maior, embora, uma vez mais, a um custo alto e apenas depois de enfrentar a árdua resistência da Wehrmacht. Na Lorena, o Terceiro Exército do general Patton conseguiu forçar a rendição de Metz, cidade pesadamente fortificada, em 22 de novembro, embora, extenuado pelos combates nos quais, além do inimigo, foi necessário enfrentar chuvas, lama e granizo, não tenha conseguido fazer a ofensiva chegar até Saarbrücken. Na Alsácia, o Sexto Grupo do Exército do general Jacob Devers, encontrando defesas alemãs fracas, avançou pelas montanhas Vosges para tomar Estrasburgo em 23 de novembro, atingindo o Reno nas proximidades de Kehl.[8] Mesmo assim, a liderança nazista — atribuindo, como lhe era característico, a queda de Estrasburgo a uma traição ocorrida na Alsácia — ficou encorajada pela dura resistência demonstrada durante o outono, que detivera os Aliados ocidentais.[9]

Segundo a visão de Hitler e de seus conselheiros militares, Keitel e Jodl, as incursões aliadas, desde o verão, em lugar de enfraquecer, serviram para fortalecer os argumentos em favor da planejada ofensiva no oeste. A pressão militar e econômica sobre a Alemanha não parava de crescer. O cerco, acreditava-se, só poderia ser rompido por meio de um ataque ousado. As perdas alemãs em homens e equipamento aumentaram muito, em especial no front oriental, mas também no ocidental. Isso, porém, também acontecera com o inimigo. As baixas americanas registradas ao longo do outono, em confrontos que resultaram em modestos ganhos territoriais, chegaram a quase 250 mil homens, entre mortos, feridos ou capturados.[10] Hitler insistiu com seus comandantes que tinha chegado a hora de atacar um inimigo que havia sofrido fortes perdas e encontrava-se "esgotado".[11] Adicionalmente, a situação no front leste — apesar dos intensos combates na Hungria — parecia estabilizada, embora ninguém tivesse dúvida de que logo ocorreria uma nova ofensiva. Isso era visto como uma razão a mais para se tirar proveito da circunstância, lançando o quanto antes o ataque alemão ao oeste.

Deu-se grande prioridade às exigências dessa ofensiva quanto ao fornecimento de homens e armamentos. Três exércitos do Grupo de Exércitos B tomariam parte. O Sexto Exército Panzer-ss, comandado pelo coronel-general Sepp Dietrich, um dos veteranos mais enérgicos e confiáveis de Hitler, e o Quinto Exército Panzer, sob as ordens do general Hasso von Manteuffel, seu brilhante comandante e especialista no combate com tanques, iriam liderar no norte e no centro do front.[12] Ao Sétimo Exército, a cargo do general Erich Brandenberger, foi atribuída a missão de proteger o flanco sul. Cerca de 200 mil homens em cinco divisões Panzer e treze divisões de Granadeiros do Povo estavam escalados para a primeira investida, apoiados por cerca de seiscentos tanques e 1,6 mil armas pesadas. Muitos dos soldados, porém, eram jovens e inexperientes. Algumas divisões vieram, já cansadas pelos combates, das operações no Saar. A escassez de combustível causava grande preocupação, mesmo com o reforço de algum material vindo do pressionado front oriental, e uma inquietação ainda maior residia na fraqueza da Luftwaffe. Todos os aviões disponíveis — incluindo dois terços da força de combate — foram reunidos para o ataque. Era preciso depositar as esperanças no mau tempo, que limitaria a ampla superioridade aérea dos Aliados. Ainda assim, a Wehrmacht começou com uma expressiva vantagem numérica em tropas terrestres e armamento pesado na zona de ataque, que se estendia por 170 quilômetros.[13] O fator surpresa seria vital para tirar proveito dessa superioridade momentânea. Mas mesmo a surpresa não bastaria se não fosse possível sustentar a ofensiva.

Havia muita razão para ceticismo quanto às chances de sucesso. Tanto Rundstedt como o marechal de campo Model, comandante em chefe do Grupo de Exércitos B, consideravam que ter como objetivo a Antuérpia, a cerca de duzentos quilômetros de distância, era ambicioso demais, diante do poderio das forças disponíveis. Ambos eram favoráveis a fixar metas mais limitadas à operação de expulsar e destruir as forças aliadas ao longo do Meuse, entre Aachen e Liège. Mas Hitler não queria uma "pequena solução" nem uma vitória "comum". Não se afastaria do objetivo que tinha definido para a ofensiva. Ao fim, Rundstedt e Model declararam estar "inteiramente de acordo" com o ambicioso plano do Führer. Em caráter privado, contudo, ambos continuavam extremamente incrédulos. Model acreditava que o ataque não teria "a menor chance". Dietrich e Manteuffel também resignaram-se ao imperativo, mesmo mantendo suas dúvidas.[14] Como muitos comandantes militares, eles consideravam que seu dever era apresentar objeções, mas, se elas fossem rejeitadas, acreditavam que deviam dedicar o máximo de sua capacidade para cumprir as ordens do chefe supremo da melhor maneira possível, por mais inviáveis que elas lhes soassem. Hitler, no entanto, seguia capaz de fazer o impossível parecer possível. O próprio Manteuffel reconheceu que as orientações do ditador aos comandantes de divisões em 11 e 12 de dezembro tiveram um impacto positivo. "Os comandantes", ele escreveria mais tarde, "saíram da conferência tendo um retrato da situação geral do inimigo. Receberam uma avaliação do quadro militar vinda da única fonte em condições de visualizar o panorama completo, e ela pareceu lhes dar boas garantias de que as condições eram favoráveis."[15]

Nos escalões superiores do Alto-Comando da Wehrmacht, não havia propensão a apoiar os receios fundamentados daqueles que iriam liderar a ofensiva. Keitel e Jodl diariamente estavam próximos de Hitler e permaneciam todo o tempo sob sua influência dominadora. Ambos continuavam acreditando em suas qualidades únicas como Führer, adeptos da autoridade carismática do ditador.[16] Se tinham dúvidas, trataram de guardá-las para si. Jodl absteve-se de críticas às decisões de Hitler até mesmo quando interrogado pelos Aliados que o capturaram, em maio de 1945.[17]

Em 15 de dezembro, Rundstedt emitiu sua "ordem do dia" fazendo uma exortação às tropas na véspera da batalha. "Soldados do front ocidental", proclamou, "chegou a sua grande hora. Poderosos exércitos de ataque estão marchando hoje contra os anglo-americanos. Não preciso dizer mais nada. Todos vocês estão sentindo: é tudo ou nada!" Seguiu-se a vibrante exortação de Model: "Não vamos trair a confiança que o Führer depositou em nós, nem a da pátria, que forjou a espada da vingança. Avante, com o espírito de Leuthen" (a lendária vitória de Frederico, o Grande na Guerra dos Sete Anos, quase dois séculos antes).[18] Às 5h30 da madrugada de 16 de dezembro iniciou-se uma barragem da artilharia que perdurou por uma hora. Por volta das sete, antes que o sol nascesse na manhã gelada, com nuvens cerradas oferecendo proteção contra a aviação inimiga, a infantaria alemã, marchando para fora da neblina, iniciou seu ataque. A última grande ofensiva da Alemanha estava em andamento. Dificilmente a aposta poderia ter sido maior. Como disse Jodl, foi tudo jogado numa cartada.

II

Naquele outono deprimente, as lideranças civis do Reich ainda não tinham perdido todas as esperanças. Quaisquer que fossem as ilusões que os líderes nazistas acalentassem, por mais dispostos que estivessem para se enganar e acreditar na própria propaganda, tinham inteligência suficiente para perceber a rapidez com que a situação se deteriorava. No entanto, eles acreditavam, contra todas as evidências, que Hitler conseguiria encontrar uma saída, que a coalizão aliada afundaria sob o peso de suas próprias contradições, ou que a utilização das novas "armas miraculosas" seria capaz de provocar uma reviravolta dramática no curso da guerra.

Poucos líderes nazistas estavam a par do plano para a ofensiva das Ardenas. Um deles era Albert Speer, que integrava o grupo dos que já se conformavam com o inevitável destino da Alemanha (de acordo com seu posterior relato), mas talvez fosse, entre os tenentes imediatos de Hitler, o de maior importância para o prosseguimento da guerra. Sem os esforços, o dinamismo e a capacidade de organização de Speer, fundamentais para consolidar a produção de armamentos naquele outono de 1944, a ofensiva das Ardenas não teria saído do papel, por mais que Hitler e seus principais assessores militares assim o quisessem.

É surpreendente, de fato, como o colapso quase completo da economia demorou tanto para ocorrer e como, naquela ocasião, foram enormes os esforços para vencer as crescentes dificuldades. Nos interrogatórios do pós-guerra, Speer e as figuras mais importantes de seu ministério afirmaram com convicção que os danos à infraestrutura econômica da Alemanha só se tornaram insuperáveis no outono de 1944, sobretudo pela destruição sistemática da rede de transportes e comunicação causada pelos incessantes bombardeios aliados, que começaram em outubro. Quaisquer que fossem suas opiniões pessoais sobre as chances alemãs de evitar a derrota, as ações dos competentes e enérgicos subordinados de Speer mostraram que eles estavam longe de se resignar a um desastre inevitável. Exibiram uma capacidade de organização quase miraculosa (mesmo que, em parte, graças à exploração desumana dos trabalhadores estrangeiros) para permitir que a economia se mantivesse em pleno funcionamento, o que prolongou a guerra em sua fase mais destrutiva. Alguns, em especial Karl Otto Saur, o implacável chefe do Departamento Técnico, mantiveram uma visão espantosamente otimista das chances da Alemanha até quase o final de 1944.

No outono daquele ano, o volume da produção já não acompanhava a intensidade das perdas.[19] Pesados ataques aéreos provocaram uma queda significativa na quantidade de aço disponível para fabricar munição.[20] A produção de carvão foi poupada até o final do outono, dado o reduzido fornecimento para os estoques de inverno, mas, de novembro em diante, chegou a um nível catastrófico, ao passo que crescia a falta de produtos essenciais no segundo semestre de 1944. Speer calculou ter havido uma queda de 30% a 40% na produção de armamentos em 1944, diminuição que foi se acentuando ao longo do ano. No fim do outono, a escassez de gás e petróleo chegou a um ponto crítico. O fornecimento de emergência para a Luftwaffe só pôde ser atendido até outubro. Como resultado dos ataques às fábricas de petróleo sintético no início do ano, não foi possível satisfazer inteiramente os níveis de combustível necessários à aviação, embora a produção mínima de gasolina e óleo diesel se mantivesse até o fim da guerra. No outono, a defesa antiaérea passou a receber prioridade sobre a construção de aviões de caça. Nas estimativas de Speer, cerca de 30% de toda a produção de armas em 1944 e 20% da munição de alto calibre, somados a 55% dos armamentos fabricados pela indústria eletrotécnica e 33% dos produtos da indústria óptica, foram destinados à defesa antiaérea. Isso fez diminuir a provisão de armamentos para o front e enfraqueceu o poder de combate da Wehrmacht. Soluções de emergência na área de transportes permitiram que a produção de armamentos prosseguisse em níveis razoáveis até o fim do outono. A essa altura, ataques cada vez mais danosos à rede de transportes, incluindo alguns devastadores aos canais, provocaram a interrupção maciça dos abastecimentos civis e militares, para crescente preocupação do OKW. A alarmante falta de combustível e de outros suprimentos — tão evidente no início da ofensiva das Ardenas — que preocupou Model e Dietrich foi causada em boa parte por dificuldades na área de transportes, uma vez que o número de vagões ferroviários disponíveis para os armamentos ficou reduzido a menos da metade. Speer chegou a ponto de afirmar que os problemas do transporte — que impediam o fornecimento necessário de combustível, a tempo, às tropas no front — foram decisivos no rápido colapso da ofensiva das Ardenas.[21]

Os chefes de departamento de Speer concordaram, de modo geral, com sua afirmação de que o final do outono foi o momento em que a crise econômica tornou-se insuperável. Segundo Hans Kehrl, chefe dos departamentos de Matérias-Primas e de Planejamento, os ataques aliados ao sistema de transportes do Reich tiveram, a partir de outubro, um efeito cada vez mais drástico na produção e tornaram-se um fator decisivo depois de dezembro. Ele calculou que, de junho a outubro, a queda provocada pela falta de transporte adequado chegou a 25%, atingindo 60% entre novembro e janeiro de 1945.[22] Os impactos na distribuição de matérias-primas foram particularmente graves. Werner Bosch, do departamento de Kehrl, ressaltou a escassez crítica de cimento, necessário para construções (incluindo o grande número de fábricas subterrâneas que, em sua quase totalidade, funcionavam à custa de trabalho escravo), conforme os suprimentos caíam pela metade, a partir de novembro. Ele procurou distribuí-los da melhor maneira possível, por meio de um racionamento rigoroso, dentro de um sistema de prioridades. Após o fim do conflito, Bosch alegou que durante a primavera de 1944 já havia concluído não ser mais possível vencer a guerra, julgando (assim como, imaginava Bosch, o próprio Speer acreditava) que os líderes alemães deveriam ter se empenhado em buscar um tratado de paz o quanto antes. "Naquelas circunstâncias, porém", ele observou, "as pessoas em sua posição nada podiam fazer além de prosseguir no próprio trabalho."[23] Quaisquer que tenham sido suas alegações depois da guerra e suas reflexões íntimas naquele período, ao "prosseguir no próprio trabalho" — atendendo, portanto, de maneira bastante eficaz às demandas do esforço de guerra —, Bosch havia contribuído para manter as coisas funcionando mesmo em situação tão desesperadora.

O impacto do problema do escoamento da produção de ferro e aço, durante a crescente crise do outono, foi gravíssimo. Os suprimentos vindos da Bélgica e da França haviam se tornado escassos ao longo do verão, mas a produção alemã permaneceu quase a plena carga até setembro, entrando em acentuado declínio a partir de outubro e caindo pela metade em dezembro, de 2 milhões para 1 milhão de toneladas no mês.[24] Hermann Röchling, chefe da Federação do Ferro do Reich e membro do Departamento Técnico no ministério de Speer, chamou a atenção para a forte queda no volume de aço bruto obtido, pouco mais de 350 mil toneladas por mês, quando cessou a produção na Lorena e em Luxemburgo. A de Saar e do distrito de Ruhr também se reduziu quase à metade, em parte como consequência do bloqueio das ferrovias, causado pelos bombardeios.[25] No Ruhr, coração industrial da Alemanha, apesar das crescentes dificuldades, durante os primeiros nove meses de 1944 havia sido possível manter o volume de aço em níveis relativamente estáveis, segundo o dr. Walther Rohland, chefe do principal comitê para a produção industrial de aço no ministério de Speer e subchefe da Federação do Ferro do Reich. As reservas, contudo, estavam quase esgotadas em setembro. E, a partir de outubro, todos os fornecimentos caíram de forma drástica, à medida que a crise no sistema de transportes se agravava.[26]

De acordo com Günther Schulze-Fielitz, chefe do Departamento de Energia, a capacidade total das centrais elétricas da Alemanha se expandira a cada ano desde o início da guerra. O suprimento de energia elétrica manteve-se em nível suficiente até novembro, mas depois foi declinando rapidamente, conforme o fornecimento de carvão era seriamente comprometido. Em novembro, o estoque do minério nas centrais registrava uma queda de 30% em comparação com o ano anterior. Em grande parte do país a quantidade do carvão duraria no máximo uma semana.[27] Como a maioria dos relatórios reconhecia, o impacto dos incessantes ataques aéreos ao sistema de transportes foi a causa principal dos problemas de produção no final de 1944. Ao fim do outono, as dificuldades estavam se tornando insuperáveis.

Sem a improvisação constante em todas as áreas de produção, levada a cabo pelos competentes subordinados de Speer, sem dúvida o declínio teria começado mais cedo e teria sido mais abrupto. Richard Fiebig, responsável pelo principal comitê de transporte ferroviário, apontou, por exemplo, que graças a eficientes medidas seu departamento "não apenas foi bem-sucedido em compensar a redução de oficinas, decorrente dos bombardeios e das perdas territoriais, mas chegou a aumentar a produção". A partir de setembro, a cada mês, de 1,1 mil a 1,2 mil locomotivas eram danificadas em consequência dos ataques inimigos, mas durante o outono consertavam-se 6,8 mil mensalmente, apesar da diminuição de recursos nas oficinas.[28] Com uma rapidez extraordinária, ainda que por partes, depois dos bombardeios realizavam-se reparos também em aldeias e cidades, fábricas e oficinas, em boa parte graças à mão de obra que se tornara excedente quando setores da produção foram desativados, o que se deu justamente por causa dos ataques aéreos. Do outono em diante, entre 1 milhão e 1,5 milhão de pessoas estiveram, em algum momento, ocupadas em reparar danos causados pelos bombardeios.[29]

Talvez o aspecto mais notável, de acordo com Saur, seja que, em virtude dos longos períodos que passou na área de produção, o fornecimento total de armamentos tenha crescido continuamente ao longo de 1944, atingindo seu ápice em quase todos os tipos de armas em dezembro daquele ano.[30] Saur tinha tendência a um otimismo excessivo (que nunca deixava de transmitir a Hitler). Chegou a afirmar, como "um dos homens mais bem informados da Alemanha sobre a situação da guerra", que, em termos puramente estatísticos, a situação do país na véspera da ofensiva das Ardenas "parecia boa". Ele chamou a atenção para o fato de o número de soldados da Alemanha ser o maior na história do país, o mesmo acontecendo com a produção de armas, tanques e submarinos, naquele mês, e com a quantidade de munição e armamentos que as tropas tinham em mãos. Como ele próprio admitiu, era evidente que, quando se tratava da *qualidade* das tropas — que sem dúvida caiu, em virtude da convocação de soldados jovens demais, mal treinados ou esgotados por batalhas anteriores —, o panorama era outro. O argumento final de Saur, ressaltando a grande força em números da *Volkssturm* — cuja capacidade para o combate era em geral ridicularizada pela Wehrmacht e pela própria população civil —, é um indicador suficiente de que os motivos de seu otimismo não podiam ser levados a sério. No entanto, era impressionante que, longe de se conformar com a derrota inevitável, Saur mantivesse a convicção de que, no início da ofensiva das Ardenas, "a Alemanha tinha muitas cartas boas na manga".[31]

Speer sem dúvida fez tudo que podia durante a crise nos transportes e na produção, que se agravava cada vez mais, para manter de pé a vacilante economia de guerra alemã. Seus esforços incluíram uma visita ao Ruhr e três ao front ocidental, para inspecionar a extensão da crise e avaliar que medidas poderiam ser improvisadas para tentar melhorar a péssima situação. Toda vez que retornava, Speer se reportava diretamente a Hitler, o que lhe permitia apresentar em seus despachos uma série de propostas específicas, na expectativa de que o ditador as aprovasse.[32]

Em 11 de novembro, ele informou Hitler sobre a situação cada vez mais séria no distrito de Ruhr, que naquele outono sofria bombardeios sistemáticos.[33] A maior preocupação era com o transporte. Speer indicou um plenipotenciário, responsável pela administração da rede ferroviária Reichsbahn, o dr. Karl Lammerz, com poderes para coordenar o transporte na região sem aguardar orientações de Berlim, e apresentou medidas de emergência para que o fluxo dos suprimentos (inclusive alimentos para a população civil) não fosse interrompido e para que a indústria retomasse seu funcionamento. Entre essas providências estava a utilização de 50 mil trabalhadores estrangeiros que Bormann forneceu, retirando-os da tarefa nas fortificações, de mais 30 mil que viriam da indústria de armamentos — um sinal de desespero — e de 4,5 mil eletricistas com grande experiência, bombeiros hidráulicos e soldadores trazidos de outras partes do Reich. Bormann ordenou aos *Gauleiter* que convocassem a população de suas áreas, em caso de necessidade, para ajudar na remoção de destroços. Cerca de 10% dos mineiros foram cogitados para esse trabalho, mesmo com prejuízo para a extração de carvão — outro extraordinário indicador da gravidade da situação. Outras medidas de emergência foram postas em prática para facilitar a circulação pelos canais. A população local deveria ser mobilizada, como durante as épocas de inundações, para ajudar nos consertos. Apesar de tudo isso, afirmou Speer, a curto prazo não seria possível impedir uma drástica queda na produção. Em virtude da severidade dos danos, os estoques de carvão não durariam mais de dez dias, esgotando-se por completo no final de novembro, a não ser que houvesse uma grande melhoria. O transporte ferroviário e o fornecimento de gás e energia elétrica estavam seriamente ameaçados. Ele estava, dessa maneira, defendendo um programa de emergência (o qual previa rigor na distribuição de vagões ferroviários e prioridade para o transporte de carvão) que, a curto prazo, garantiria ao menos parte da produção de armamentos e manteria os níveis correntes do fornecimento de armamentos.[34]

Entre 15 e 23 de novembro, Speer visitou diversas unidades do Grupo de Exércitos B, as instalações da Krupp em Essen e várias outras áreas industriais importantes no Ruhr. Indicou uma série de providências para superar os danos aos canais, aos postos de embarque e às pontes, bem como para aprimorar as defesas antiaéreas. Insistiu na importância de acelerar a construção de aeroportos para a decolagem do caça a jato Messerschmitt 262 e de outros aviões modernos, bem como no aproveitamento mais eficiente da força de trabalho. Deixou claro seu descontentamento quanto à demora de outras partes do Reich em fornecer mão de obra, especialmente pelo fato de 128 mil homens do Ruhr, entre eles operários especializados, terem sido convocados para trabalhar fora da área, nas fortificações, quando eram tão necessários para reparar os danos ao centro industrial do Ruhr. Speer queria mudanças no fornecimento do aço, transferindo a prioridade dos submarinos para a restauração dos transportes e a reconstrução das unidades industriais do Ruhr. Em outras áreas, ele pôde propor apenas pequenas melhorias. A falta de transportes significava que as pessoas deviam percorrer diariamente longas distâncias por estradas deterioradas até chegar ao local de trabalho. Havia carência de calçados, os quais, segundo a proposta de Speer, deveriam ser trazidos de outras áreas do Reich. Por causa dos danos às estações geradoras de energia e aos cabos elétricos, muitas pessoas estavam sem luz. Ele recomendou uma "ação especial" para providenciar velas e outros meios de iluminação, incluindo lanternas a óleo usadas por mineiros. As fábricas não podiam se comunicar umas com as outras, já que a rede telefônica não estava funcionando direito, e o serviço postal do Reich não dispunha de força de trabalho para restabelecer seu sistema. Speer propôs o envio de um regimento de comunicações do Exército, com o objetivo de restaurar e manter em funcionamento uma rede de comunicações para a indústria. De modo geral, a ideia de seu relatório era que, apesar dos grandes danos, havia recursos humanos e materiais ainda não aproveitados, capazes de evitar o pior se aplicados de maneira sistemática.[35]

Hitler aceitou as recomendações de Speer num encontro no final de novembro. Concordou, por exemplo, que o Reich deveria providenciar uma força de trabalho de 100 mil a 150 mil homens para dar assistência ao Ruhr, e que todos os trabalhadores da área convocados para cavar trincheiras em outras partes deveriam retornar. Ordenou ainda que fosse melhorado o fornecimento de calçados para o Ruhr.[36]

Na preparação para a ofensiva das Ardenas, Speer fez outra visita ao front ocidental, dessa vez curta, entre 7 e 10 de dezembro, detendo-se principalmente em unidades dos Grupos de Exércitos B e G para ouvir suas experiências e sugestões quanto à situação dos armamentos. Grandes melhorias já não eram mais possíveis. A indústria de armamentos, a essa altura, raspava o fundo do tacho. (No entanto, isso não havia impedido Speer, pouco antes de sua visita ao front, de impressionar uma seleta plateia com uma descrição de armas de última geração que estariam em desenvolvimento.[37]) Ele não pôde fazer mais do que recomendar certas medidas de incentivo — mais lojas do exército, mais licenças — nas unidades que tivessem sofrido perdas especialmente baixas de armamentos. Também incentivou a intensificação dos esforços de propaganda por parte dos NSFOS, para explicar como a indústria de armamentos conseguia fazer um bom trabalho apesar de todas as dificuldades, e para combater os boatos sobre falta de tanques e de combustível, prejudiciais ao moral das tropas. Speer lembrou a Hitler que o carvão e o gás do Saar mantinham em funcionamento toda a indústria do sudoeste alemão. Assim, tornavam-se óbvias as graves consequências para a Alemanha se a região caísse em mãos inimigas.[38]

A terceira viagem de Speer ao front ocidental ocorreu na segunda metade de dezembro, durante a ofensiva das Ardenas, quando fez sondagens em diversas unidades do Grupo de Exércitos B. Essa visita rendeu poucos benefícios concretos. A parte mais significativa de seu relatório mais uma vez enfatizava a crise nas ferrovias. A rede da Reichsbahn na região, ele informou, havia sido "quase totalmente destruída", sem possibilidade de recuperação. (Sepp Dietrich queixou-se de que suas tropas não recebiam munição porque as vias de comunicação tinham sido destruídas pelos ataques aéreos.)[39] Seria necessário usar outros métodos para garantir que o material fosse entregue e que atitudes ineficientes — por exemplo, a prática de deixar vagões carregados à mercê de ataques aéreos — deveriam ser combatidas. Speer recomendou o emprego de líderes locais do partido, que, em colaboração com chefes de estação, poderiam organizar transportes alternativos, proceder ao descarregamento dos vagões e entregar mensagens importantes aos comandantes do Exército por automóvel ou motocicleta. No entanto, pequenas soluções improvisadas, na tentativa de manter as coisas funcionando, não eram capazes de disfarçar, nem mesmo para Hitler, o fato de que o fim estava se aproximando.[40]

Com o final da guerra e a perspectiva de uma era pós-Hitler claramente delineados, grandes doses da energia de Speer, em colaboração com o Exército e com líderes da indústria, dirigiram-se à preservação do que pudesse ser salvo da indústria alemã.[41] Os grandes industriais não tinham ilusões sobre o final da guerra. A principal preocupação do grupo era evitar que suas indústrias fossem totalmente destruídas numa luta fútil; a ideia era que elas pudessem ser rapidamente recuperadas, voltando a funcionar depois que Hitler saísse de cena. Albert Vögler, chefe da Federação da Indústria do Aço e um dos maiores magnatas da indústria do Ruhr, apoiador de Hitler de longa data, perguntou diretamente ao ministro, mostrando pleno reconhecimento da desoladora situação econômica, quando o Führer poria fim à guerra. "Estamos perdendo muito material", ele disse. "Como poderemos reconstruir se a destruição da indústria prosseguir dessa maneira por mais alguns meses?"[42]

Nem as ações posteriores de Speer no sentido de evitar a ordem de Hitler de adotar a tática da "terra arrasada" nem essa ordem em si vieram do nada. Desde julho, o ministro vinha se comunicando com os fronts do leste e do oeste.[43] A partir da ficção cada vez mais óbvia de que se o parque industrial da Alemanha fosse apenas paralisado, em vez de destruído por completo, seria mais fácil colocá-lo de novo em condições de funcionamento quando as áreas perdidas para a ação militar fossem retomadas, Speer vinha emitindo diretivas nesse sentido tanto no front oriental quanto no ocidental. No começo de dezembro, ele teve de ouvir de Keitel que, de acordo com as instruções de Hitler, sempre que instalações industriais pudessem ser recuperadas em pouco tempo e usadas pelo inimigo, deveriam ser totalmente destruídas, e não apenas paralisadas. Keitel foi particularmente enfático ao dizer que as minas de carvão do Saar em hipótese alguma poderiam cair nas mãos do inimigo ainda em condições de aproveitamento — sua destruição deveria ser completa.[44] Speer, é claro, procurou intervir, reportando-se diretamente a Hitler para que ele revogasse tal ordem. No mesmo dia, enviou um telegrama a Saarbrücken: "Todas as diretrizes determinando que as minas de carvão não devem ser paralisadas mas sim destruídas são inválidas. Hoje, o Führer tornou a determinar que quer que elas sejam apenas paralisadas, da maneira como havíamos acertado". Quatro dias depois, Keitel transmitiu a decisão de Hitler de que as instalações industriais ameaçadas pelo inimigo na área do Grupo de Exércitos G deveriam simplesmente ser paralisadas, e não destruídas — e de que todas as ordens em sentido contrário estavam canceladas.[45] Os esforços de Speer para impedir a destruição do parque industrial da Alemanha, no entanto, ainda não haviam chegado ao fim. Ele ainda teria de enfrentar um grande conflito com Hitler sobre essa questão.

Speer era lúcido o bastante para perceber as dimensões do desastre que se aproximava. Mas seus imensos esforços para manter em funcionamento a economia de guerra — que estava na iminência de um colapso — nunca esmoreceram. Quaisquer que fossem seus motivos, o empenho que demonstrou ajudou-o a manter sua posição de poder e influência num momento em que ela se encontrava ameaçada.[46] Para alguém como ele, tão consciente a respeito do poder, isso era importante. Naturalmente, Speer e seus competentes subordinados no Ministério dos Armamentos, todos, em sua maioria, realistas (com a exceção, talvez, de Saur, um superotimista incorrigível), sabiam muito bem que seriam incapazes de evitar a desintegração inexorável da economia de guerra. Se não fossem o empenho extraordinário e o talento para a improvisação que demonstraram, contudo, é difícil imaginar como os esforços de guerra alemães teriam resistido, ainda que cambaleante, até maio de 1945.

III

Os outros membros do quadrunvirato do poder — Goebbels, Himmler e Bormann — também lutaram ao máximo durante aquelas densas semanas de outono para garantir que o esforço de guerra não arrefecesse. Em momento algum deram a menor indicação de que era impossível vencer a guerra, mantendo a população sob controle por meio de propaganda, organização e uma implacável coerção.

Uma tarefa era fornecer aos *Gauleiter*, figuras cruciais no aparato do poder regional, todo o apoio que eles julgassem necessário. Perto do fim de outubro, Bormann repassara a Himmler uma cópia de comunicado feito pelo *Gauleiter* Friedrich Karl Florian, chefe provincial na área de Düsseldorf e representante dos *Gauleiter* do oeste, a respeito da "situação extremamente séria e difícil" enfrentada por cidades e pela rede de transportes, provocada por ataques aéreos. Florian dizia não ser possível controlar a situação, que podia se tornar ameaçadora, a menos que o Reich enviasse socorro logo. Reuniões individuais com ministros ou seus representantes até aquele momento haviam sido inúteis, uma vez que eles não tinham poder de decisão. Os *Gauleiter* do oeste agora procuravam "novas maneiras" de convencer Hitler a convocar uma reunião ministerial, a ser presidida por Bormann, para coordenar, sem perda de tempo, medidas de transporte, alimentação, armamentos, trabalho e outras providências urgentes. Bormann concordou com o encontro, mas a pedido de Hitler transferiu a responsabilidade para Himmler.[47]

A reunião ocorreu em 3 de novembro, com a presença de representantes do partido, da Wehrmacht e do setor empresarial e de secretários de Estado de importantes ministérios, num local inexpressivo, Klein-Berkel, Baixa Saxônia, não muito longe de Hameln, na área de Hanover, a salvo de ataques aéreos. Uma das brilhantes ideias de Himmler foi que comunidades menores, distantes das áreas mais ameaçadas do leste e do oeste, poderiam pagar por um caminhão equipado com gerador elétrico. O nome da localidade seria orgulhosamente exibido no veículo, que seria entregue com um motorista. "Desse modo", sugeriu Himmler, "seria possível fazer alguma coisa com disposição e humor." Tão pouco estimulante como a ideia do caminhão com o nome da localidade foi sua sugestão de montar pequenas unidades de artilharia antiaérea em trens ou caminhões, para derrubar bombardeiros que estivessem voando a pouca altura. Somando-se a essa iniciativa, haveria uma competição, organizada pelo partido, para escolher os franco-atiradores de melhor pontaria, em que os vencedores seriam contemplados com uma Cruz de Ferro de Segunda Classe. Outra sugestão que dificilmente atrairia uma multidão de voluntários era a criação de cursos de curta duração ensinando a desarmar bombas, permitindo assim que um cidadão comum, e não apenas um especialista no assunto, pudesse ajudar a salvar vidas — embora, no processo, muitas vezes acabasse perdendo a sua. Sempre era possível aprender alguma coisa com os russos, os quais, se não houvesse veículos disponíveis, recorriam a pôneis e armadilhas, trenós e até mesmo vagões de carga para fazer as munições chegarem ao front. "Eles podem nos ensinar muito sobre como improvisar", observou Himmler.

Era preciso enviar homens aos distritos de Essen, Düsseldorf e Colônia-Aachen para que ajudassem nas fortificações, liberando mão de obra desses locais para o reparo de ferrovias. Manter o fornecimento de carvão e deixar livres as rotas de comunicação com o front também era vital. Além disso, era necessário garantir barracas para abrigar os homens e refeitórios para alimentá-los. Ele queria que Bormann retirasse 100 mil homens dos distritos na região central da Alemanha, enviando-os para ajudar a cavar trincheiras. Himmler encarregou-se ainda de conseguir mão de obra adicional, aproveitando prisioneiros de guerra poloneses, eslovacos e russos e despachando-os para trabalhar nas ferrovias. Teria também de fornecer de quinhentos a seiscentos prisioneiros, naquele momento mantidos em quatro trens de carga pertencentes à Brigada de Construção de Ferrovias da SS, e encontrar mais dez trens lotados com prisioneiros para se juntar a eles. Outros 40 mil operários precisavam ser retirados da gigantesca unidade de construção Organização Todt, e quinhenhos veículos requisitados da Itália deveriam transportá-los. Ele exortou os *Gauleiter* a coordenar, em caráter de emergência, a distribuição de alimentos imediatamente após ataques aéreos, como garantia de que nenhuma área tivesse mais privilégios do que outra.

Himmler ainda salientou a importância da *Volkssturm* (que deveria receber, ele ordenou, 350 mil rifles antes do fim do ano). O levante de Varsóvia demonstrara — em prejuízo da Alemanha, como ele deixou implícito — que não havia posição defensiva melhor do que uma cidade arrasada. A *Volkssturm* existia para mobilizar, entre o povo alemão, os infindáveis recursos existentes para a defesa da pátria. Lutar até a última bala em meio às ruínas na defesa de todas as cidades tinha de ser realidade, e não apenas palavras. É difícil imaginar que suas próprias palavras fossem capazes de transmitir uma grande sensação de segurança à sua plateia. Ele encerrou o pronunciamento com um floreio de retórica, provavelmente recebido com graus diferentes de convicção, invocando a defesa da pátria, uma visão do futuro e a lealdade a Hitler. "Defenderemos nossa terra, e estamos dando início a um grande império mundial. Da mesma forma que a curva às vezes declina, logo ela tornará a subir." Himmler acreditava que todos os presentes concordavam que as dificuldades, por maiores que fossem, poderiam ser suplantadas. "Não há obstáculos que não possamos superar, decididos que estamos a vencê-los com obstinação, otimismo e humor. Estou convencido de que todas as nossas preocupações nada significam em comparação com as de um homem na Alemanha, nosso Führer." Tudo que deveria ser feito nada mais era que a obrigação diante do "homem a quem devemos agradecer pela ressurreição da Alemanha, a essência de nossa existência, Adolf Hitler".[48]

Himmler não fora capaz de propor nenhuma panaceia. Tampouco estava em condições de atender às exigências dos *Gauleiter* diante das dimensões da crise nos transportes. Estes não se mostraram nem um pouco satisfeitos. Tudo o que conseguiram foi a esperança de que ajuda suficiente haveria de ser providenciada pelo Reich para que sobrevivessem no pior momento da crise. Quanto ao resto, teriam de recorrer a esquemas de "autoajuda", transferindo aos líderes dos distritos a responsabilidade pelos reparos nas ferrovias em suas respectivas áreas. A reunião, concluiu Goebbels, tinha dado em nada.[49]

Se aos *Gauleiter* restou apenas lidar com a situação da melhor forma que pudessem, o discurso de Himmler pelo menos deixou claro que, diante das maiores dificuldades, não havia outra opção além de manter uma postura positiva e construtiva para tentar superá-las. Na condição de altos representantes do regime, esperava-se deles que não se curvassem diante dos problemas — um sinal de fraqueza e falta de determinação —, mas que mostrassem iniciativa e capacidade para improvisar soluções. Em especial, Himmler apelava para a lealdade de todos a Hitler, cuja "autoridade carismática" dependia, em última análise, das ligações de caráter pessoal, íntimo, construídas dentro do sistema nazista. E, como arquileais seguidores, que deviam seu poder exclusivamente a Hitler, e que nada tinham a perder, os *Gauleiter* nem de longe pensavam em abandoná-lo. Suas ligações com o Führer podiam ter enfraquecido, mas não haviam se rompido. A imagem pública do regime ainda estava intocada.

A noção da força de vontade como capaz de superar os obstáculos, que era central à operação "autoridade carismática" em todo o sistema, era em sua essência radicalmente oposta à impessoalidade da administração burocrática — base de todos os Estados modernos. O partido sempre fizera distinção entre as qualidades positivas e desejáveis da "liderança do povo" (*Menschenführung*) e os atributos negativos, áridos da mera "administração". Em qualquer nível, os líderes "faziam as coisas acontecer". Já os burocratas apenas administravam regulamentos, decretos e portarias que, invariavelmente, se não fossem atropelados pela "vontade", bloqueavam a iniciativa e minavam o dinamismo. Contudo, no momento de agir em termos práticos, com a intenção de concretizar as aspirações e os objetivos de longo prazo do Führer, o partido, apesar de seu éthos contrário à burocracia, sempre fora, na realidade, visceralmente burocrático como organização. A tensão entre tentar, de modo burocrático, trabalhar para alcançar objetivos de natureza não burocrática estivera lá desde o início; crescera após a tomada do poder e, nas condições de guerra total, havia se intensificado de maneira exponencial.[50]

No final de 1944, quando cada vez menos se conseguia realizar, a burocracia do partido foi levada a um extremo absoluto.[51] Burocratas de uma estrutura inchada da organização jogavam fora tempo e energia em questões extremamente triviais. A Chancelaria do partido desperdiçava infindáveis horas, por exemplo, estabelecendo em minúcias os detalhes do trabalho da *Volkssturm* — tratando de obrigações, fixando os períodos de treinamento, dispondo sobre trajes e equipamento e sobre eventuais isenções e, entre os mais notáveis absurdos, determinando quais deveriam ser os cabeçalhos e os selos oficiais a aplicar em cada documento e descrevendo as insígnias que deveriam ser utilizadas pelos diferentes níveis da organização.[52] Goebbels referiu-se à burocracia envolvida como "risível".[53] Mas ela não cedia. Quando Bormann mudou-se para o novo quartel-general de campanha de Hitler, em Ziegenberg, perto de Bad Nauheim, em Hessen, antes do início da ofensiva das Ardenas, descobriu que "os teletipos haviam sido instalados de maneira incorreta, os cabos não estavam conectados, não havia mesas para as máquinas de escrever nem prateleiras instaladas na pequena sala em que minhas datilógrafas teriam de trabalhar".[54] Mesmo assim, a atividade burocrática da Chancelaria do partido continuou exatamente como antes.

A presença permanente e controladora da energia burocrática em todos os níveis do regime chegava a ser espantosa. Ordens eram emitidas sem parar. Todo funcionário, por mais baixa que fosse sua patente, bufava de irritação ante a papelada que se acumulava em sua mesa (apesar dos esforços para economizar papel).[55] O ministro dos Correios do Reich escreveu a todos os departamentos oficiais, na esfera nacional e nos níveis regionais, queixando-se amargamente de que o sistema postal estava cada vez mais sobrecarregado devido ao aumento na burocracia. "Uma montanha crescente de comunicações, como uma avalanche", foi como descreveu o fenômeno na ocasião em que os danos à malha ferroviária e às instalações dos correios, acompanhados pela perda de pessoal para a Wehrmacht, haviam afetado gravemente a eficiência dos serviços.[56] Suas repetidas súplicas para que se reduzisse o volume da correspondência não foram ouvidas por ninguém.

Mais e mais atividades eram controladas, orquestradas, regulamentadas, classificadas, militarizadas, dirigidas e organizadas. No entanto, cada vez menos resultados eram obtidos depois de tanto esforço — a não ser, fundamentalmente, a asfixia progressiva de todos os já limitados níveis de espaço livre remanescentes no sistema. Se a expressão "sociedade total" significa que muito pouco ou nada que não esteja sujeito ao controle do regime consegue existir, e que manifestar em público alguma opinião destoante da postura oficial é uma ousadia envolvendo riscos pessoais enormes, então a Alemanha, nos últimos meses de 1944, estava se aproximando dessa definição.

Enquanto as condições de vida pioravam drasticamente sob o impacto das bombas aliadas, intensificava-se a pressão sobre a população. As exigências da guerra total, por exemplo, longe de arrefecer depois do enorme esforço do último verão, redobraram no outono, com o objetivo de arrebanhar todas as reservas ainda disponíveis de mão de obra para a Wehrmacht. No início de novembro, Goebbels salientou o fato de que, àquela altura, a Wehrmacht já havia recebido 900 mil homens extras. Mas esse número, admitiu, não era suficiente. As baixas nos três meses anteriores tinham sido de 1,2 milhão de homens. Ele queria o apoio de Hitler para pressionar Speer, sempre relutante, a lhe ceder mais mão de obra do setor de armamentos. Speer acabou concordando em transferir 30 mil homens, porém apenas temporariamente, até que a situação dos transportes melhorasse. Goebbels não poderia aceitar essa condição, e o problema foi transferido para Hitler. Como era habitual nesses casos, não havia solução à vista.[57]

Mais importante para Goebbels, no entanto, era que Hitler o autorizasse a efetuar uma "varredura" na Wehrmacht com o objetivo de conseguir mais homens para o front, como já fora feito com a população civil. Por fim conseguiu que o Führer assinasse um decreto nesse sentido em 10 de dezembro. Goebbels sentiu-se revitalizado, transbordando com novas energias, e disposto a superar toda oposição no interior do próprio Exército à obtenção de mais soldados. Ele esperava — mais uma vez, coordenando o trabalho central com uma pequena equipe e contando com os *Gauleiter* no nível regional — conseguir resultados extremamente positivos por ocasião do Ano-Novo. Estava convencido de que a ofensiva seguinte, no front ocidental, só havia se tornado possível graças à sua iniciativa pelo esforço da guerra total. Esperava agora, disse, ter condições de oferecer a Hitler a base para um Exército ofensivo no front oriental, como a "varredura" no setor civil permitira em relação ao oeste.[58]

Tratava-se, é claro, de pura ilusão. Mas naquelas semanas Goebbels oscilava entre uma visão claramente realista da difícil situação da Alemanha, proveniente das informações que recebera sobre a destruição de uma cidade após outra causada pelos bombardeios aliados (o que, diferentemente de Hitler, ele viu em primeira mão ao visitar regiões atacadas), e a contínua esperança de que a força de vontade, com o apoio da propaganda, fosse capaz de manter a luta, não importavam as circunstâncias, até que a instável coalizão inimiga caísse por terra. "A crise política no campo inimigo aumenta a cada dia" — essa era apenas uma das constantes afirmações segundo as quais as divisões internas e as perdas sofridas pelo inimigo logo levariam ao fim da coalizão.[59] Inúmeras anotações no diário sugerem ceticismo sobre a situação da Alemanha. E, quando Goebbels viu os novos submarinos, moderníssimos e impressionantes, sendo construídos em Bremen no fim de novembro, deu um suspiro de desespero, comentando que era tarde demais.[60] No entanto, estava longe de entregar os pontos. Em seguida a uma longa conversa com Hitler — que se prolongou noite adentro —, alguns dias mais tarde, quando o aguerrido Führer esbanjou otimismo, expondo em minúcias a próxima ofensiva e antecipando uma grandiosa reconstrução das cidades alemãs e a revitalização da cultura com o fim da guerra, Goebbels ficou tão empolgado que não conseguiu pegar no sono.[61] Ele ainda estava, como sempre estivera, sob completo domínio de Hitler.

De acordo com sua visão, a propaganda tinha a tarefa vital de intensificar o desejo de resistir, "ao fortalecer outra vez a espinha dorsal da nação e restaurar sua autoconfiança, que havia diminuído".[62] Cerimônias realizadas por toda a Alemanha, nos locais onde integrantes da então recém-criada *Volkssturm* prestaram seu juramento de obediência — em 12 de novembro, um domingo, só em Berlim foram cerca de 100 mil homens, em dez eventos separados —, eram parte dessa tarefa. Em meio à névoa sazonal, e tendo as ruínas de Wilhelmplatz como pano de fundo macabro, Goebbels, da varanda do Ministério da Propaganda, dirigiu-se aos homens enfileirados da *Volkssturm*. "Alguns já estão armados", ele anotou em seu diário — reconhecendo involuntariamente os precários níveis de suporte fornecidos à nova organização. De fato, rifles, bazucas e algumas metralhadoras tinham sido entregues logo antes da cerimônia. Poucos dos homens sabiam como usar essas armas, mas de todo modo tiveram de devolvê-las assim que a cerimônia acabou. O silêncio tomou conta da praça quando eles, ainda sem uniforme, ergueram seus quepes num juramento ao Führer antes de se porem a marchar em "sagrada seriedade". Tudo foi filmado, para causar uma grande impressão nos cinejornais. O efeito visual foi excelente, comentou um assessor de Goebbels, Wilfred von Oven. Mas o que as câmeras não mostraram foram rapazes e soldados de licença na calçada, fazendo todo o possível para não cair no riso ao ver a marcha dos recrutas. De acordo com a opinião de Von Oven, a *Volkssturm* não valia "um tiro de pólvora".[63]

Em outra tentativa de preservar o espírito de luta, em 1943 Goebbels havia encomendado o filme em cores *Kolberg* — produção espetacular destinada a apresentar a defesa da cidade costeira da Pomerânia durante as guerras napoleônicas como um épico heroico, para servir de inspiração aos novos defensores do Reich.[64]

Ao aproximar-se o final de 1944, a obra — com um gigantesco elenco de figurantes, ao que tudo indica incluindo 187 mil soldados dispensados do front em caráter temporário, num momento em que se precisava desesperadamente de novos recrutas — estava quase pronta. Depois de ver o copião do filme, no começo de dezembro, Goebbels ficou muito impressionado pelo que chamou de "obra-prima" que "respondia a todas as dúvidas que hoje incomodam o povo alemão". Ele tinha grandes expectativas em relação ao filme, que julgava equivalente a "uma batalha vitoriosa", pelo impacto que deveria provocar no espírito do público.[65] Mas receava que "cenas de destruição e desespero", na situação vivida então pela Alemanha, tivessem o efeito de desencorajar as pessoas a vê-lo.[66] Como o comentário deixa perceber, Goebbels estava bem consciente da árdua tarefa que tinha pela frente para afastar a depressão profunda que ameaçava tomar conta da Alemanha quando o desastroso ano de 1944 se aproximava do fim.

IV

Os relatórios que Goebbels recebia dos departamentos regionais de propaganda não deixavam dúvidas sobre a situação preocupante do moral dos alemães. Notícias sobre o êxito na expulsão do Exército Vermelho na Prússia Oriental tinham pouquíssimo efeito no clima de depressão reinante no começo de novembro. Os sentimentos iam de uma extrema ansiedade quanto ao futuro a uma resignação fatigada (inclusive entre membros do partido, sobretudo no oeste) e fatalismo. Grande parte das pessoas queria simplesmente "paz a qualquer preço".[67] Nas áreas do oeste, onde a população estava mais exposta ao terror noturno da devastação vinda dos céus, que naquele momento atingia a maioria das grandes cidades industriais da Alemanha, o estado de ânimo estava no fundo do poço. Em meio aos nervos em frangalhos e à preocupação constante, Goebbels observou que se podia perceber "uma grande irritação contra o partido, considerado responsável pela guerra e suas consequências".[68]

Não era de surpreender. Colônia, por exemplo, sofreu outro grande ataque na noite de 30 de outubro, descrito por uma testemunha como o "golpe mortal" à cidade. As 250 mil pessoas que ainda viviam lá — antes do início das seguidas investidas aéreas, o número era por volta de 800 mil — não tinham gás nem eletricidade. A pouca água disponível só podia ser obtida nos hidrantes de rua. A NSV distribuía magras rações de comida a pessoas que faziam fila. Quase todas as áreas habitáveis encontravam-se destruídas. Amontoadas com seus poucos pertences nas pontes sobre o Reno, as pessoas queriam fugir. Mas conduzir um processo de evacuação em massa era impossível, devido à falta de transportes. Com a crise ferroviária, não havia como enviar trens para lá. Todo veículo militar que se dirigia para o leste era forçado a parar e obrigado a receber gente fugindo da cidade, até estar totalmente abarrotado. Havia um sentimento de profunda amargura em relação ao regime, acompanhado da noção da futilidade daquele conflito. O êxodo prolongou-se por mais de uma semana. Colônia tornou-se "praticamente uma cidade fantasma". Nas palavras de Goebbels, "essa adorável metrópole às margens do Reno, pelo menos por enquanto, deve ser considerada perdida".[69]

Entre os moradores remanescentes, abrigados em barracões improvisados ou sobrevivendo em porões nas ruínas da cidade, grupos de jovens dissidentes, trabalhadores estrangeiros, soldados desertores e antigos membros do Partido Comunista passaram a atuar de maneira semelhante à dos *partisans*, numa forma de resistência que atingiu o clímax em dezembro. Com granadas de mão e metralhadoras que conseguiram roubar dos depósitos da Wehrmacht, eles declararam sua guerra particular contra a polícia da cidade, matando o chefe local da Gestapo e, numa ocasião, envolvendo-se numa batalha armada contra os policiais que se estendeu por doze horas até que fossem dominados. Foi com dificuldade que a Gestapo conseguiu controlá-los, vingando-se de modo selvagem dos cerca de duzentos sobreviventes que prenderam.[70]

Nenhuma ação parecida ocorreu nas outras cidades do cinturão industrial de Reno-Ruhr. Mas centenas de milhares de pessoas passaram por situações de tormento semelhantes às da população de Colônia depois dos devastadores ataques aéreos registrados durante o outono em Bochum, Duisburg, Oberhausen e outras grandes cidades da região.[71] O estado de ânimo no Ruhr era ruim. A atmosfera de guerra criava "um clima de profunda depressão", concluiu Goebbels, com base nos relatórios que chegavam às suas mãos.[72] Um único tópico tomava conta das conversas: "a fadiga de guerra de todo mundo".[73]

Ainda assim, não houve colapso da disciplina nos locais de trabalho nem no Exército. As pessoas procuravam cumprir da melhor maneira possível o que consideravam sua obrigação.[74] Não se viam sinais de sabotagem, de greves ou — à exceção do que acontecera em Colônia — de outras manifestações claras de resistência.[75] Logo depois de encerrada a guerra, o dr. Walther Rohland avaliou que o esforço extraordinário demonstrado pelos trabalhadores menos entusiasmados pela guerra (ou pelo regime) podia ser explicado pelo fato de que "cada um percebia com clareza que não conseguiria, como indivíduo, fazer nada contra a guerra". "Contudo, se formos derrotados, então, num contraste com 1914-8, a própria Alemanha estará perdida e, com ela, qualquer possibilidade de existência para o indivíduo."[76] Tais temores eram sustentados pelo bônus propagandístico que foi o Plano Morgenthau, nome pelo qual ficou conhecido entre os alemães o programa elaborado pelo secretário do Tesouro dos Estados Unidos, Henry Morgenthau, de dividir a Alemanha do pós-guerra e torná-la um país desmembrado, sem nenhum poder, com uma economia pré-industrial.[77]

Em 12 de dezembro, Goebbels foi ao distrito de Ruhr para inteirar-se pessoalmente da situação, e lá presenciou um pesado ataque aéreo a Witten, que transformou grande parte da cidade num verdadeiro inferno. Viu também a miséria dos 100 mil moradores de Bochum, desprovidos de todo tipo de conforto, sobrevivendo em condições primitivas dentro de porões e em abrigos que eram pouco mais que buracos no chão. Seu discurso na fábrica da Krupp em Essen foi incapaz de levantar o ânimo dos operários de expressão sombria que tinha sido forçados a ouvi-lo, golas levantadas para se proteger do frio e as mãos enfiadas nos bolsos. Houve parcos aplausos, que já estavam chegando ao fim quando as sirenes começaram a tocar. O ministro da Propaganda e seu séquito tiveram de se abrigar rapidamente em porões bem abaixo da terra, protegidos como cofres de banco, onde viram "rostos cinzentos, desconsolados". Pouco se falou, mas o olhar dos homens "não era amistoso".[78] Goebbels foi informado sobre o forte sentimento dos líderes do partido e dos industriais do Reno e de Ruhr quanto ao fracasso de Göring (culpado por sua incapacidade de proteger as cidades alemãs dos "gângsteres do ar"), e de Ribbentrop (visto em geral com desprezo e considerado incompetente na condução da política externa), mas foi embora convencido da permanente "fé cega e inabalável" em Hitler.[79] No começo de dezembro, Goebbels ainda estava convencendo a si mesmo de que "a fé em Hitler está basicamente inabalada e muitos — depois de ver a preparação das tropas perto do front ocidental e percebendo a iminente ofensiva — estão de novo começando a acreditar numa vitória alemã".[80]

Era basicamente uma ilusão. É verdade que na elite do partido, entre aqueles com influência nas várias esferas e no centro do regime, não havia sinais de que a lealdade a Hitler estivesse fraquejando. E isso era importante para que o regime permanecesse em funcionamento.[81] Em meio à população civil, contudo, longe do círculo dos nazistas obstinados e das seções da juventude, o panorama era bem diferente. No final de novembro, os informes da propaganda davam conta do "perigo de uma crise de confiança em relação aos líderes" que "não pode mais ser ignorada". A preocupação era considerada relevante e urgente.[82] Pela primeira vez, Hitler deixou de discursar pessoalmente — foi Himmler quem leu sua proclamação — na reunião anual, em Munique, da "Velha Guarda" do partido para comemorar o Putsch de 8 de novembro. De imediato começaram a circular boatos (a maioria nascida de especulações vindas do exterior) de que o ditador estaria morto, ou seriamente doente, de que teria sofrido um colapso nervoso, ou de que havia fugido e Himmler ou Goebbels teria assumido o poder.[83] Ainda assim, a crença popular em Hitler não havia desaparecido por completo. De fato, até mesmo naquelas circunstâncias havia quem se agarrasse à antiga fé no Führer e em sua habilidade para salvar a Alemanha, como quem se agarra a uma tábua de salvação. Mas essas pessoas constituíam uma minoria em declínio. O carisma de Hitler, no sentido do apelo popular, a essa altura estava se apagando rapidamente.

Na véspera da ofensiva das Ardenas, Goebbels anotou em seu diário uma avaliação moderada sobre o sentimento popular na base dos informes regionais da propaganda — os quais, sempre que possível, inevitavelmente tendiam a enfatizar os aspectos positivos. "O ceticismo entre a população alemã continua", ele escreveu. "Não há a devida fé no poder de resistência da Alemanha [...]. Tem havido muitas decepções militares nos últimos tempos para que possam voltar a crescer as esperanças do povo."[84]

É arriscado generalizar sobre as atitudes dos soldados. Graduação, temperamento e contatos iniciais com o nazismo influíam no julgamento deles. Havia relatos, por exemplo, de que o moral era baixo entre os novos recrutas das divisões de Granadeiros do Povo.[85] Entre veteranos calejados pelos combates, porém, o sentimento era outro. A confiança transmitida por generais como Model era um fator adicional a influenciar o moral. A situação nos diferentes fronts de combate — e em partes dos fronts — produzia experiências e perspectivas muito variadas.

No fim do outono de 1944, longe dos constantes e ásperos combates na Hungria, o front oriental estava relativamente calmo. Um oficial da Marinha que havia servido em Memel e depois em Gotenhafen (agora Gdynia), no Báltico, perto de Danzig, ficou chocado quando viajou pelo sul da Alemanha no outono.

Enquanto presenciava repetidos bombardeios, com aviões voando a baixa altitude e um controle constante efetuado pela polícia militar nos vagões superlotados de trens que se moviam com lentidão, quase sempre atrasados, ele se sentiu como se até aquele momento tivesse vivido numa ilha isolada. A experiência deixou a ele e a seus colegas oficiais "profundamente pessimistas, em parte até desesperados". Durante a viagem de volta, quando quase todos no trem estavam a caminho para a luta contra os soviéticos, ele ficou chocado com a clara postura crítica em relação ao partido e a seus funcionários. Eles eram considerados responsáveis pelo constante clima de guerra com os *partisans* no leste, que teria sido causado pelo tratamento brutal imposto à população.[86]

Outro oficial, servindo no sudoeste da Alemanha, também ficou abalado pelo que viu quando esteve de licença no final de novembro. Embora não tivesse de ir longe, era difícil percorrer até mesmo pequenos percursos pelas vias férreas. Seu trem, muito atrasado, estava repleto de refugiados e de pessoas que estavam sendo removidas da área, muitas delas mulheres e crianças. Enquanto passava por localidades próximas ao front, o oficial ficou chocado com as estradas congestionadas, cheias de gente carregando suas minguadas posses, esperando encontrar refúgio em algum lugar do Reich. Chegando, por fim, a seu destino, em Emmendingen, ele foi informado do bombardeio de 27 de novembro de Friburgo, cidade próxima dali cujo centro medieval era atraente como um livro de ilustrações, não muito afastada da fronteira suíça ao sul, desprovida de importância estratégica ou industrial, e com uma população superior a 100 mil pessoas. Quando viajou para Friburgo, alguns dias depois, mal conseguiu acreditar no que viu. Quase toda a cidade velha havia sido arrasada. Apenas a gloriosa catedral gótica, que com sua torre alta era o próprio símbolo da cidade, ainda estava de pé, embora gravemente danificada, do mesmo modo como a catedral de Colônia, que testemunhara tudo que os Aliados haviam despejado sobre a cidade. Quase 3 mil corpos jaziam sob os destroços. Era uma imagem terrível de devastação. A fúria impotente daqueles que haviam sobrevivido, cercados pela desgraça, dirigia-se apenas em parte à tripulação dos aviões que lançaram as bombas; seu alvo era, antes, o Partido Nazista e seus líderes, que haviam provocado tudo aquilo. Quando a licença terminou, o oficial seguiu para o norte, passando por Mannheim e Koblenz, mais uma vez profundamente entristecido e perturbado com a destruição daquelas cidades outrora adoráveis. Em meio aos edifícios destroçados de Koblenz, na confluência dos rios Reno e Mosela, ele se lembrou de como a "profecia" que Robert

Ley, líder da Frente Alemã do Trabalho, fizera em 1933 havia se concretizado, de maneira não intencional: "Daqui a dez anos você não reconhecerá sua cidade".[87]

O comentário sardônico refletia uma cansada resignação, proporcional à destruição. Tais sentimentos eram bastante comuns. Mas entre os soldados havia outras atitudes menos pessimistas, e ainda favoráveis ao regime e ao que consideravam os objetivos da Alemanha no prosseguimento da luta. Um sargento, numa carta enviada à sua casa no começo de dezembro, referiu-se com saudade e melancolia à "festa da paz" do Natal. No entanto, as bombas continuavam caindo e os sinos não tocavam em saudação à paz, "que é tão desejada por todas as pessoas de índole pacífica". "Nossos inimigos", ele continuou, "não conseguem compreender esse desejo"; portanto, "nós, todo o povo alemão, continuamos nessa época numa batalha feroz contra essas pessoas degeneradas, conduzidas pelos parasitas judeus. que não conhecem nem têm pátria".[88]

Dentro da ss, não surpreende que visões de um nazismo extremado ainda prevalecessem. Um cabo, interessado nas condições de vida de sua família após um ataque aéreo contra Munique mas aliviado por saber que todos estavam bem, lançou a culpa do "terror aéreo" sobre os judeus, "porque os malditos judeus estão preocupados com seu saco de dinheiro e percebem que o mundo inteiro aos poucos está compreendendo que eles são os culpados pelas guerras e conseguem ganhar dinheiro com sangue e lágrimas". Ele acreditava, contudo, "que seremos vitoriosos, embora isso vá custar muito sacrifício e sofrimento".[89] Assim como tantos outros soldados, o cabo depositava grandes esperanças nos foguetes V2, lançados na Antuérpia e em Londres, depois de ver publicadas notícias sobre a destruição que eles haviam causado na capital britânica. "Os V2 são o assunto das conversas entre nós", escreveu em meados de novembro. "Talvez seja possível lançá-los sobre a América [...]. Acredito com toda a certeza que a vitória final será nossa."[90] Outro cabo, escrevendo para casa no mesmo dia, esperava que os V2 "decidissem a guerra contra a Inglaterra" em 1945. Em seguida seria a vez da Rússia, em 1946. "Não consigo evitar. Tenho a sensação de que tudo vai correr bem", ele comentou.[91] Um atirador, escrevendo de Schneidemühl, na Pomerânia, para a família, alegrou-se com as notícias sobre o ataque dos V2 à Inglaterra. "Ótimo, não é?", ele comentou. A arrogância dos Aliados, sentia o oficial, estava recebendo o troco que merecia. Sua confiança também fora reforçada pelo modo como, aparentemente contrariando as expectativas, as tropas alemãs tinham sido capazes de estabilizar a situação nos fronts. "O soldado alemão provou mais uma vez que depois de cinco anos de guerra ainda não foi derrotado", declarou com orgulho.[92]

Um relatório do setor de censura do Alto-Comando do Exército, emitido no começo de novembro, que caiu nas mãos dos Aliados, indicava que atitudes como essas não eram isoladas. Claro, era sensato evitar fazer comentários negativos nas cartas, uma vez que seriam lidas pelos censores e poderiam ter sérias consequências. No entanto, não havia obrigação de expressar, na correspondência, opiniões abertamente favoráveis ao nazismo ou comentários positivos sobre o desenrolar da guerra. Mesmo assim, lia-se no relatório do censor: "Apesar de agora haver mais cartas manifestando uma confiança um pouco fraca na vitória final, a maioria da correspondência ainda mostra que a confiança é forte. Como sempre, os soldados continuam acreditando no Führer, e muitos até acham que o destino do povo alemão depende unicamente dele". Prevaleciam nas cartas as crescentes dúvidas sobre novas armas e a noção de que "todos os nossos esforços serão inúteis se as novas armas não estiverem logo disponíveis".[93]

Entre os oficiais mais graduados, embora variassem as atitudes em relação à liderança nazista, não havia sinal de deslealdade a Hitler. Isso era crucial para a sustentação do regime. Mesmo aqueles que estavam longe de manifestar entusiasmo por ele sempre tinham algumas palavras de aplauso em relação ao Führer em sua correspondência privada. Nos comentários diários que escreveu no final de dezembro, o coronel Curt Pollex, encarregado do treinamento de oficiais em Döberitz, as instalações militares situadas a oeste de Berlim, criticou o partido e os "figurões" que o dirigiam, mas referiu-se a Hitler com elogios. Fez observações positivas sobre a necessidade do nacional-socialismo e ainda justificou a guerra (pela qual culpava Roosevelt e Stálin). A Alemanha tinha de romper o Tratado de Versalhes, alegou, e a guerra fora deflagrada na hora certa. Alguns subalternos de Hitler eram patifes e idiotas que o enganaram, bem como ao povo. No entanto, a despeito de erros crassos evidentes em assuntos militares, da "propaganda falastrona" e de outras bobagens, o coronel Pollex continuava achando que a liderança das questões do Estado estava certa. Se Hitler adoecesse e não pudesse mais dar conta de suas obrigações, deveria renunciar, mas nenhuma pessoa decente, de juízo, poderia menosprezar tudo que ele conseguira realizar.[94]

Além da permanente lealdade a Hitler, vigorava ainda entre o corpo de oficiais um "código de honra" independente. Esse código não chegou a impedir certa cumplicidade em atrocidades cometidas na campanha do front oriental, mas evitou ações que pudessem minar o esforço de guerra. O major-general Johannes Bruhn, que comandava uma divisão de Granadeiros do Povo antes de ser aprisionado no front ocidental em novembro de 1944, e considerado pelos que o capturaram como tendo atitudes "antinazistas", referiu-se a sugestões vindas da Suíça segundo as quais os generais alemães deveriam depor suas armas. "Isso não seria compatível com sua honra. Nem poderia ser feito: está absolutamente fora de questão", ele comentou com colegas oficiais, sem saber que a conversa estava sendo escutada pelos britânicos. "O corpo de oficiais ama seu país e implicitamente acredita em sua respeitabilidade e em sua noção de honra, vivendo de acordo com elas; e, como uma criança confiante, considera impossível que esteja sendo conduzido de maneira errada, que o comando que recebe seja diferente daquilo que afirma ser, e que eles tenham manchado suas mãos com sangue etc., da maneira mais desprezível."[95]

Essas observações são fragmentos de um amplo mosaico, e como tal nunca chegam a apresentar o quadro completo. Na medida em que é possível generalizar, a impressão dominante é que o moral dentro na Wehrmacht era algo melhor do que na população civil. As atitudes variavam muito e, assim como acontecia com a população civil, sinais de ceticismo, apatia e resignação eram evidentes também entre os soldados, juntamente com ansiedade a respeito de parentes que estariam sofrendo e morrendo nos ataques aéreos e preocupação quanto ao futuro. O aumento no número de deserções, mesmo punidas com a morte, é significativo.[96] No segundo semestre de 1944, a cada mês cerca de 350 integrantes da Wehrmacht eram condenados à morte por deserção.[97] Não é fácil determinar os motivos precisos das deserções. É provável que medo e desespero tenham um papel importante nisso. Àquela altura da guerra, muitos soldados, assim como os civis, estavam extenuados, querendo apenas que o conflito acabasse para se ver livres da miséria cotidiana e voltar para casa. Ao mesmo tempo, porém, havia ainda o comprometimento, a determinação, uma noção de dever patriótico e, entre uma minoria, também a crença em Hitler. A grande maioria dos soldados — provavelmente sem refletir muito — fazia o que os oficiais mandavam fazer. A obediência irrestrita, que era o axioma da vida militar, não apenas na Alemanha, continuava a prevalecer. "Se os soldados não quiserem [lutar], é tudo inútil", observou o coronel Pollex.[98] Mas os soldados *queriam* lutar — ou ao menos estavam preparados para isso. Quaisquer que fossem suas opiniões sobre a guerra, a liderança de Hitler, os problemas da Alemanha, suas chances pessoais de sobrevivência, para a esmagadora maioria dos soldados não havia opção além de continuar lutando. Diferentemente do que acontecera nos meses finais da Primeira Guerra Mundial, não existia o perigo de uma rebelião que provocasse o colapso interno.

V

Havia, de fato, otimismo entre as tropas alemãs que iniciaram a ofensiva das Ardenas nas primeiras horas da manhã de 16 de dezembro. De acordo com o general Von Manteuffel, muitos ainda acreditavam na habilidade de Hitler de mudar o curso da guerra usando as novas "armas miraculosas" e os submarinos, e sentiam que era sua obrigação ganhar tempo para o Führer.[99] Os primeiros estágios da ofensiva foram tão bem-sucedidos que o otimismo e as expectativas pareciam justificados. O manto de sigilo envolvendo a operação funcionou de modo excepcional. Os Aliados foram apanhados inteiramente de surpresa. E o mau tempo, que complicava bastante os ataques aéreos aliados, era exatamente o que os alemães queriam. As primeiras posições inimigas foram logo dominadas. Pelo flanco norte, o Sexto Exército Panzer-ss de Dietrich, prejudicado pelas más condições das estradas e pela forte resistência que encontrou, fez um progresso relativamente lento, ainda que suas forças mais avançadas incluíssem o Primeiro Regimento Panzer-ss, comandado pelo brutal tenente-coronel Joachim Peiper, que deixara em sua esteira um rastro de atrocidades, assassinando mais de oitenta prisioneiros de guerra americanos perto de Malmédy durante a investida. Mais ao sul, o Quinto Exército Panzer de Manteuffel registrou progressos iniciais espetaculares, rompendo as defesas americanas, fazendo de 8 mil a 9 mil prisioneiros e abrindo no front inimigo uma brecha com mais de trinta quilômetros. Suas tropas passaram por ela e, em 18 de dezembro, tinham avançado ainda mais — embora, retardados por estradas praticamente intransitáveis e pontes dinamitadas, numa progressão mais lenta do que requeria o plano operacional — até quase alcançar o rio Meuse, a uma distância de cerca de cem quilômetros, onde tiveram de enfrentar uma pesada defesa americana em Bastogne, ponto vital no que dizia respeito às comunicações. Para que o plano de avançar até a Antuérpia tivesse alguma chance de sucesso, seria preciso tomar Bastogne e atravessar o Meuse. Mas a ofensiva estava desacelerando. E em 19 de dezembro Eisenhower suspendeu a ofensiva aliada ao longo do resto do front, para poder enviar reforços ao Meuse. A ofensiva de Hitler estava prestes a ser detida.[100]

Para os soldados, essa situação não estava nada clara. Um tenente anotou em seu diário que naquele dia ficara impressionado com "as colunas de prisioneiros que não paravam de passar; inicialmente, perto de cem, metade deles negros, em seguida mais mil". Quando seu veículo emperrou, ele viu o marechal de campo Model — "um homem pequeno e de aparência comum, usando um monóculo" — a orientar o tráfego. As estradas, notou o tenente, estavam "apinhadas de veículos americanos destruídos, carros e tanques. Outra coluna de prisioneiros passa. Contei mais de mil homens".[101] Outro tenente, explicitamente nazista, mostrava-se exultante com a ofensiva e entusiasmado com a brutalidade do que via, convencido de que ocorrera uma virada no rumo da guerra e que os americanos estavam sendo derrotados. "Você não consegue imaginar as horas e os dias gloriosos que estamos vivendo agora", escreveu numa carta à esposa.

> Parece que os americanos não conseguem resistir ao nosso poderoso golpe. Hoje encontramos uma fila de inimigos em fuga e acabamos com eles [...]. Foi um banho de sangue glorioso, vingando nossa pátria destruída. Nossos soldados ainda conservam a mesma velha garra. Sempre avançando e esmagando tudo. A neve precisa ficar vermelha com o sangue americano. A vitória nunca esteve tão perto como agora. O resultado será logo alcançado. Vamos atirá-los ao oceano, esses macacos arrogantes e falastrões do Novo Mundo. Eles não entrarão na nossa Alemanha. Vamos proteger nossas mulheres e nossas crianças de toda dominação inimiga. Se quisermos preservar todos os aspectos belos e delicados de nossas vidas, não podemos ser muito brutais nos momentos decisivos deste combate.[102]

Tais atitudes radicais (encorajadas pelas invenções da propaganda quanto ao terror representado pelos "soldados pretos americanos", inclusive a acusação caluniosa de que "negros bêbados matam crianças alemãs")[103] por certo não eram raras, mas deviam ser menos representativas do que sugerem as contrastantes anotações encontradas no diário de um soldado alemão morto no front em janeiro. Sua casa em Hamburgo havia sido destruída e ele já não tinha mais disposição para lutar, atribuindo a culpa, em relação não só à sua tragédia pessoal, mas também à calamidade maior da guerra, a Hitler e aos nazistas. "Em 16 de dezembro, mais ou menos às 5h30 da manhã, nós atacamos", ele escreveu. "Mais uma vez vou marchar sobre a Bélgica e a França, mas não tenho a menor vontade de fazer isso [...]. Se [pelo menos] essa guerra idiota acabasse. Por que eu deveria lutar? Isso serve unicamente para a existência dos nazistas. A superioridade do nosso inimigo é tão grande que não há o menor sentido em combatê-lo."[104]

É impossível avaliar como a maioria dos soldados se sentia enquanto avançava rumo às Ardenas. Sua principal preocupação provavelmente era manter-se vivo — sobreviver para poder contar a história —, combinada com a esperança de que a ofensiva talvez fosse o ponto em que o rumo da guerra seria mudado, abrindo caminho para a paz. Cartas e anotações em diários dos soldados em ação nas Ardenas e em outros fronts sugerem que essa esperança estava por toda parte. "Penso que a guerra no oeste está mudando outra vez", escreveu um cabo da Terceira Divisão de Granadeiros Panzer em 17 de dezembro. "O mais importante é que a guerra logo será decidida e estarei de novo em casa com minha querida esposa e poderemos mais uma vez construir um novo lar. Agora no rádio, os sinos de nossa terra estão tocando."[105] Outro cabo ficou sabendo do ataque quando a proclamação do marechal de campo Model foi lida no quartel. "Tenho esperança que a mudança esteja chegando, a Alemanha vença a batalha final e a paz venha num futuro bem próximo", ele anotou em seu diário.[106] Um oficial não comissionado (NCO) em Courland expressou sentimento idêntico. "As notícias do relatório de ontem do OKW, de que a ofensiva no oeste começou, decerto devem ter deixado você muito feliz. Aqui, ficamos todos empolgados. Ninguém tinha pensado que fosse acontecer uma coisa dessas antes do Natal. Esperemos que esse acontecimento leve a uma decisão e, com ela, ao fim da guerra no oeste."[107]

Entre os civis, o ânimo também melhorou muito com as informações sobre a ofensiva. As primeiras notícias que o público ouviu foram dadas pelo breve comunicado de 18 de dezembro do OKW. Goebbels estava exultante e mais disposto do que nunca a assumir o crédito por ter tornado possível a ofensiva, com seu empenho incessante em prol da guerra total. Isso era a prova, ele pensou, do que pode ser conseguido por meio da tenacidade, da dureza, da agilidade e da recusa em capitular diante de dificuldades, ou desanimar quando ocorrem "pequenos tropeços". Mesmo assim, ele pediu que a reportagem fosse cautelosa, para não criar "expectativas exageradas".[108] Nos jornais, a ofensiva foi noticiada pela primeira vez em 19 de dezembro e, de acordo com a orientação de Goebbels, sem muita fanfarra.[109] A resposta ao ataque das forças alemãs foi, mesmo assim, imediata e extremamente entusiástica. "Grande surpresa" e "uma alegria interior profunda" foram alguns dos comentários com que os serviços de propaganda reagiram às primeiras informações veiculadas pelas notícias do OKW. Havia uma nítida sensação de que a população estava sendo "libertada de um pesadelo". Outro comentário escutado com bastante frequência falava num "maravilhoso presente de Natal". O simples fato de uma ofensiva desse porte poder ter sido lançada tinha elevado a confiança nos líderes do Reich e em sua força, mesmo estando muito claro "que a França e a Bélgica não poderiam ser imediatamente reconquistadas".[110] No dia seguinte, Goebbels estava convencido de que o impacto no moral do Reich sem dúvida havia sido bem-sucedido. "As poucas sentenças no relatório do OKW no domingo [18 de dezembro] causaram no país uma reação emocional que lembra o tempo de nossas grandes ofensivas", ele comentou. "Naquela noite, em Berlim, toda a ração de *schnapps* reservada para o Natal foi consumida. As pessoas estão profundamente felizes porque voltamos a tomar a iniciativa e sobretudo porque nenhum alemão, a não ser aqueles que estavam inteirados da operação, podia esperar uma coisa dessas. Em resultado, a surpresa foi ainda maior."[111]

O serviço de propaganda da própria Wehrmacht, que fazia sondagens secretas em Berlim, reconheceu o "clima muito bom", embora tentando moderar o otimismo excessivo dos "patriotas do oba-oba". Algumas pessoas acreditavam que dessa vez franceses e belgas receberiam os soldados alemães de braços abertos, depois de passar pela experiência de conhecer a "ocupação anglo-americana".[112] Também quem estava fora do aparato de propaganda alemão captou uma impressão positiva. Um correspondente sueco em Berlim informou que havia um grande entusiasmo com as notícias da ofensiva, uma sensação de alívio e confiança entre os soldados, desfazendo o clima de depressão que prevalecera antes.[113] Mas a euforia não iria perdurar por muito tempo. Perto do Natal ela já se dissipava.

Por alguns dias as notícias vindas do front continuaram mantendo o clima positivo. O próprio Hitler estava eufórico, como um homem rejuvenescido.[114] A pequena cidade de Saint-Vith, ao norte do front, havia sido tomada no dia 21, porém, mais ao sul, Bastogne, localidade de importância bem maior, fortemente sitiada (e, nesse processo, conseguindo conter três divisões alemãs), ainda resistia. As tropas de Manteuffel, do Quinto Exército Panzer, atoladas na lama e enfrentando uma resistência feroz, conseguiram avançar muito pouco. Em 23 de dezembro, elas alcançaram Buissonville e Celles, a uns sete quilômetros do Meuse, a leste de Dinant. Mas foi só isso que conseguiram. O ponto alto da ofensiva já havia passado.

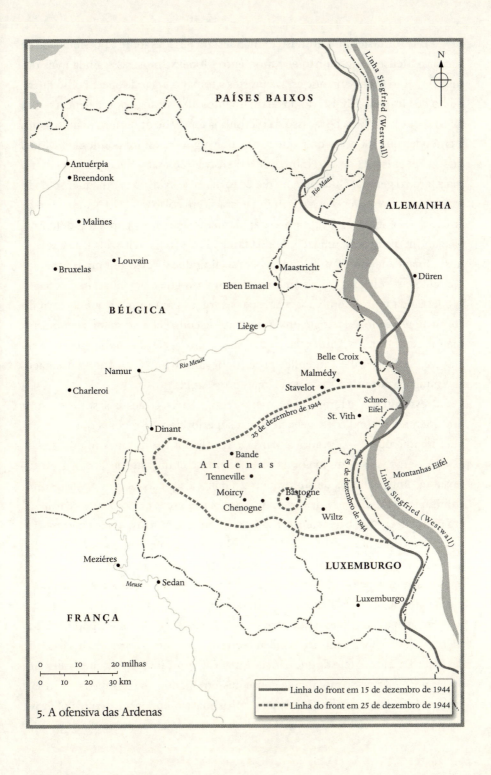

5. A ofensiva das Ardenas

Em 20 de dezembro, Rundstedt manifestara dúvidas sobre a possibilidade de cruzar o Meuse (embora naquele momento Model se mostrasse ainda mais otimista).[115] Karl Otto Saur, que estava prestes a tomar o lugar de Speer como queridinho de Hitler no Ministério dos Armamentos, declarou, depois de encerrada a guerra, que percebera o fracasso da ofensiva já em 19 de dezembro (dando assim a entender que foi nessa data que soube que a guerra estava perdida).[116] Model disse a Speer em 23 de dezembro que a ofensiva fracassara.[117] Como comentaria mais tarde o general Guderian, no dia 24 tornava-se evidente a qualquer soldado mais atento que a ofensiva havia enfim entrado em colapso.[118] No Natal, reforços americanos e ingleses dirigiram-se rapidamente à área para apoiar a defensiva aliada. Um dia depois, unidades blindadas do Terceiro Exército dos Estados Unidos, comandadas por Patton, que haviam se dirigido ao norte, por fim romperam o círculo em volta das tropas americanas em Bastogne e derrubaram o cerco.[119] Model ainda tentou, em vão, reagrupar as forças para retomar a iniciativa do combate próximo a Bastogne, na esperança de consolidar ao menos conquistas mais modestas que a Antuérpia, a qual, a essa altura, ele já admitia estar fora do alcance. A ofensiva de Manteuffel, porém, chegara ao fim. O ataque foi espetacular enquanto durou, mas não podia mais prosseguir.

Nesse ínterim, o tempo havia melhorado, e a aviação aliada já se encontrava novamente em condições de exercer sua superioridade, à medida que seus ataques ininterruptos — durante a ofensiva, os Aliados realizaram um número de assaltos aéreos seis vezes maior do que a combalida Luftwaffe de Göring — trituravam as linhas alemãs de suprimentos. Diante daquelas circunstâncias, como admitiu Rundstedt em 27 de dezembro, receber reforços de homens e de *matériel* era impossível.[120] As baixas aliadas de 76 890 homens, mortos, feridos ou capturados, na verdade superavam as perdas do lado alemão, que chegaram a 67 461. Todavia, não havia mais como compensar as baixas alemãs, nem os seiscentos tanques destruídos pelos Aliados. Apesar de todos os seus momentos de brilho, a última grande ofensiva alemã tinha fracassado.

Foi apenas aos poucos que esse fracasso se tornou aparente à população da Alemanha. Goebbels tentou descobrir o que saíra errado na ofensiva e, em 29 de dezembro, aceitou o fato de que não seria possível avançar mais e de que os alemães deveriam se dar por contentes se conseguissem manter seus ganhos territoriais até aquele momento. À medida que se aproximava o fim do ano, com a ofensiva em ponto morto, muitas pessoas, observou Goebbels, ainda mantinham grandes esperanças, alimentadas por soldados que voltavam do front e falavam em ir a Paris antes do Ano-Novo. "Era uma enorme besteira, claro", ele comentou, acrescentando porém: "Grande parte do povo alemão ainda acredita que a guerra no front ocidental pode chegar ao fim num futuro próximo".[121] Contudo, apenas dois dias depois, precisamente em 31 de dezembro de 1944, Goebbels fez uma avaliação contraditória, com base em relatórios dos escritórios regionais de propaganda. "O povo alemão não mantém ilusões exageradas quanto à ofensiva no oeste", afirmou, e pensa apenas em "objetivos menores, embora, como é natural, todos desejem ardentemente que possamos desferir um golpe decisivo no front ocidental".[122] A bolha tinha estourado. Desfaziam-se as ilusões. Um oficial servindo no front ocidental tirou suas próprias conclusões sobre a proclamação do marechal de campo Model a seus soldados, no Ano-Novo, quando ele declarou: "Vocês resistiram aos testes do ano de 1944. Mantiveram o Reno sob guarda". Isso queria dizer, concluiu o oficial, que, depois de terem sido forçados a desistir da "fortaleza Europa", manter a "fortaleza Alemanha" já seria um excelente resultado.[123]

VI

Após o fracasso da ofensiva das Ardenas, seria praticamente impossível — deixando de lado os otimistas incorrigíveis, que insistiam na chegada iminente das "armas miraculosas" ou em alguma cisão nas hostes aliadas — conservar esperanças realistas quanto a um final de guerra que fosse positivo para a Alemanha. Quase toda a população podia ver que o regime estava condenado. No entanto, abaixo de Hitler — que como sempre descartava qualquer outra opção que não fosse a de continuar lutando — ninguém era capaz ou tinha a intenção de fazer alguma coisa quanto a isso. Assim, internamente, nada havia mudado.

O sexto Natal da guerra transcorreu sem grande alvoroço, com muita conversa sobre aspirações pela paz e mais ainda sobre como a Alemanha poderia resistir aos poderosos inimigos. Durante as comemorações natalinas mais tristes de que as pessoas se recordavam, as exortações de Hitler traziam poucas esperanças de que pudessem ocorrer grandes mudanças em 1945. Em meio ao eco das manifestações rotineiras dos departamentos de propaganda, comentando o efeito revitalizador do "discurso do Führer", tornava-se impossível esconder o desapontamento generalizado por Hitler não ser capaz de oferecer nenhuma garantia a respeito do desenvolvimento das novas armas e da situação da ofensiva no front ocidental (que ele nem chegou a mencionar) e, o mais grave, não dar nenhuma esperança sobre como acabar com a ameaça dos ataques aéreos. Muitas pessoas, dizia-se (sem o menor traço de ironia), ficaram com lágrimas nos olhos quando o discurso acabou. Algumas, por sinal, não puderam ouvi-lo porque estavam sem energia elétrica.[124] Apesar do tom bombástico e da dose habitual de ódio lançada contra a "conspiração judaica internacional" empenhada na destruição da Alemanha, o discurso de Hitler não conseguiu prometer nada além de mais dificuldades, sofrimento e derramamento de sangue sem final à vista.[125] Diante de perspectivas tão negras, as pessoas comuns, na base da sociedade, sabiam que nada mais podia ser feito senão continuar na mesma luta de sempre pela sobrevivência cotidiana.

O regime nazista se mantinha como uma ditadura imensamente forte, sustentando-se em meio às crescentes adversidades e pronto para usar de brutalidade cada vez maior no controle e na arregimentação da população alemã em quase todas as esferas possíveis. Deixava pouco espaço para a oposição — que, além de suicida, era reconhecida como fútil. Com graus variáveis de entusiasmo, desde os que eram cem por cento fiéis ao regime, adeptos de resistir até o último instante, até a maioria, que se limitava a manifestar formalmente seu apoio, os funcionários — de todos os escalões — continuavam fazendo seu serviço. Nesse caso, também, a maioria dos funcionários civis não via outra possibilidade. Assim, o mecanismo burocrático permanecia em movimento, e com ele mantinham-se as engrenagens do controle sobre a sociedade. Não havia assunto, por mais trivial que fosse, que escapasse de sua atenção. Em meio às múltiplas preocupações, ao mesmo tempo que lidavam com os sucessivos deslocamentos pós-ataques aéreos, com problemas de refugiados, falta de moradias, racionamento de comida e diversas outras questões, os funcionários civis nunca se esqueciam de preencher e selar adequadamente todos os formulários para aprovação. O pessoal do Departamento de Polícia de Munique gastou tempo e energia (além de usar preciosas resmas de papel), em dezembro de 1944, averiguando se cinco baldes de limpeza tinham sido solicitados para substituir aqueles perdidos no último ataque aéreo, decidindo como obter exemplares de periódicos oficiais — que, segundo o regulamento, deveriam ser enviados pelos departamentos dos correios (mesmo que estes estivessem destruídos naquele momento) —, ou solicitando permissão para transportar um aquecedor em boas condições de uso à Central de Polícia, que ficara sem aquecimento depois do último bombardeio.[126] No alto da burocracia, o chefe da Chancelaria do Reich, Lammers, cujos poderes àquela altura haviam sido em grande parte usurpados por Bormann, pouco mais tinha a fazer além de lembrar as autoridades da decisão de Hitler, segundo a qual o envio de saudações de Natal e de Ano-Novo deveria ser muito restrito, para não sobrecarregar os serviços de transporte e dos correios.[127]

A burocracia do partido, com áreas que se sobrepunham e por vezes competiam, era igualmente um transtorno e ainda mais opressiva para os cidadãos comuns. Quase todo aspecto da defesa civil estava agora sob a orquestração do Partido Nazista. O frequente som das sirenes levava a tentativas frenéticas de pôr gente em abrigos antiaéreos, organizar a remoção dos destroços após os bombardeios, providenciar teto e assistência às pessoas que tinham perdido suas casas (com a ajuda da NSV, que já se encontrava insuportavelmente atarefada) e cuidar da distribuição de alimentos em caráter de emergência (serviço que ainda permanecia bastante satisfatório, em contraste com a situação quase de fome perto do fim da Primeira Guerra Mundial), além de uma série de outras obrigações. Numa outra sociedade, todo esse trabalho possivelmente seria recompensado com agradecimentos e aprovação. Àquela altura, entretanto, poucas pessoas fora do círculo dos fanáticos poderia sentir alguma coisa que não fosse raiva e amargura em relação aos funcionários do partido que, mesmo então, combinavam suas tentativas de assistência social com prepotência e discurseira propagandística, além da vigilância e monitoramento que podiam ter consequências sinistras a quem saísse da linha.

Num nível mais alto do partido, os *Gauleiter*, por mais desesperados que estivessem diante da situação que se deteriorava a cada dia, após aquele breve surto de esperança, nada podiam fazer além de manter seu firme apoio a Hitler. Nas respectivas províncias, eles ainda eram figuras dotadas de poder, capazes de uma repressão feroz aos pobres mortais que parecessem representar alguma forma de ameaça. Fora de seus domínios, porém, constituíam um grupo dividido, sem condições de realizar nenhuma ação positiva em conjunto para impedir a avalanche de autodestruição, certos apenas de que seus destinos estavam ligados à inevitável morte do regime.

As estratégias de sobrevivência variavam, embora, em geral, envolvessem alguma recusa em aceitar a realidade. Göring estava provavelmente entre os mais realistas, ao admitir a destruição irremediável da Luftwaffe, embora ainda fizesse visitas frequentes aos aeroportos para dar apoio a seu desmoralizado corpo de pilotos. Ele procurava passar todo o tempo possível em seu luxuoso refúgio, a residência de campo de Carinhall, em Schorfheide, a 65 quilômetros ao norte de Berlim, bem afastado dos círculos mais próximos a Hitler e da influência maligna de Bormann. Lá podia cercar-se de parentes e de amigos bajuladores, vestir-se com trajes opulentos, tomar suas pílulas de codeína e lamentar os fracassos dos generais da Luftwaffe.[128] Fazia tempo que ele já não tinha mais força. Ribbentrop ainda insistia, na primeira semana de janeiro, que a ofensiva das Ardenas havia sido um sucesso, dizendo ao embaixador japonês, Oshima Hiroshi, que "agora é a Alemanha que toma a iniciativa em toda parte". Ele se mantinha inflexível em sua certeza de que a coalizão aliada iria se esfacelar se a Alemanha e o Japão conseguissem resistir até o fim de 1945, alimentando ilusões de que mesmo num momento tão tardio ainda seria possível negociar a paz.[129] Robert Ley, quando estava sóbrio, entrava em devaneios sobre uma revolução social iminente, ao mesmo tempo que permanecia como um dos mais fanáticos tenentes de Hitler ao postular um confronto decisivo com o inimigo, na linha do tudo ou nada.[130]

Bormann era outro que tinha momentos de delírio, assim como ocorria, evidentemente, com sua esposa, Gerda. Numa carta que lhe enviara em 26 de dezembro, quando a ofensiva das Ardenas já definhava e com ela a última chance de sucesso militar da Alemanha, Bormann se refere a "ideias sobre coisas que estão para acontecer", que "de modo algum são extravagantes", e delineia seu futuro cenário pessoal.

> Não há dúvida de que no futuro seremos obrigados a construir fábricas importantes e coisas assim que ficarão bem abaixo da superfície. Sempre que houver cidades construídas em declives, será necessário o quanto antes cavar profundos poços nas colinas ou nas encostas das montanhas, com áreas especiais — alojamentos — destinadas a todos os habitantes. Nas novas casas de campo que ergueremos no norte, os edifícios deverão ter três ou quatro subsolos, e será preciso desde o início construir abrigos coletivos em diversos pontos para toda a comunidade.

Gerda achou fascinantes os planos para as construções do pós-guerra, mas ficou "furiosíssima ao pensar que nós, com nossa necessidade inata de claridade e luz do sol, sejamos obrigados, por causa dos judeus, a construir nossas moradias como se fôssemos criaturas subterrâneas".[131]

Himmler, que em meados de dezembro, quando ficou temporariamente na

Floresta Negra como comandante em chefe do recém-formado Grupo de Exércitos do Alto Reno, teria, segundo alguns boatos, caído em desgraça no quartel-general de Hitler, ao defender a ideia de que a Inglaterra concluiria que o melhor para seus interesses seria unir forças com a Alemanha para combater o crescente poder soviético no continente. Ele se julgava um elemento essencial daquela luta continuada.[132] Goebbels mantinha-se como um dos líderes nazistas com a visão mais clara dos fatos, cauteloso desde o princípio quanto às chances de um grande triunfo nas Ardenas. No entanto, também ele chegou ao fim do ano com perspectivas otimistas, convencido de que a investida ampliara o conflito entre os Aliados e de que os alemães haviam recuperado o controle no oeste e reduzido a pressão no front ocidental.[133] Entre os líderes nazistas, o enigmático Speer era o menos inclinado a alimentar ilusões. Conhecia toda a extensão dos apuros econômicos em que a Alemanha se encontrava. E tinha visto em primeira mão a realidade da ofensiva das Ardenas, a inviabilidade, apesar do sucesso inicial, de romper o bloqueio das poderosas forças inimigas, nitidamente superiores. Para ele, como alegaria mais tarde, "com a ofensiva das Ardenas, a guerra estava acabada", à parte o prolongado processo de ocupação da Alemanha pelos inimigos.[134] Mas o apetite de Speer por poder e influência — assim como suas ambições, mesmo àquela altura, de assumir algum papel num mundo sem Hitler — fazia com que ele sempre seguisse em frente. Por mais conformado que estivesse com a iminente derrota de seu país, ele não via uma saída — nem, é claro, nenhum caminho a trilhar além de fazer todo o possível para manter em funcionamento o esforço de guerra alemão.

Entre os generais — excluída a liderança do OKW, onde, devido à proximidade de Hitler, as ilusões ainda se mantinham —, havia um amplo reconhecimento de que as defesas estavam desesperadamente sobrecarregadas, os recursos, quase acabados, e as chances de manter à distância poderosos inimigos, mínimas. O general da Waffen-SS Karl Wolff, ex-chefe dos assessores pessoais de Himmler e agora "general plenipotenciário da Wehrmacht" na Itália, por fim se convenceu de que a guerra estava definitivamente perdida, depois de várias conversas com jovens oficiais da SS que haviam estado à frente da ofensiva nas Ardenas.[135] É provável que Guderian representasse o sentimento da maioria dos generais em sua frustração com a liderança de Hitler e sua crassa inflexibilidade, que agravaram a situação da Alemanha. Ele reconhecia a grande desvantagem que pesava contra a Wehrmacht, dado o desproporcional poderio militar do inimigo. Acreditava, contudo, que era necessário fazer das tripas coração para defender o Reich e ganhar tempo — talvez esperando por uma ruptura na coalizão inimiga, talvez por uma paz negociada que pusesse fim ao pesadelo, talvez... quem sabe por quê?

Ciente do que estava prestes a acontecer no front oriental, Guderian solicitou a Jodl, em vão, a transferência de tropas do oeste. Jodl recusou-se, insistindo que elas eram indispensáveis para conservar a iniciativa no oeste.[136] A ofensiva auxiliar na Alsácia, de codinome Vento Norte — para a qual as tropas, desesperadamente necessárias no leste, eram consideradas tão essenciais —, fora planejada para fortalecer o flanco sul na ofensiva principal das Ardenas. Ordenada por Hitler em 21 de dezembro e iniciada na véspera do Ano-Novo, a investida obteve apenas um pequeno avanço e, em 3 de janeiro, já havia sido paralisada.[137] A consequência desse fracasso previsível, somada às baixas na ofensiva das Ardenas, foi que a situação militar ficou bem pior do que estivera em meados de dezembro. Para todos os efeitos, a Luftwaffe estava acabada no oeste. Perderam-se cerca de 80 mil soldados muito necessários — efetivo reunido com extrema dificuldade —, uma enorme quantidade de armamentos foi destruída e as reservas de combustível diminuíam rapidamente. No front oriental, a aguardada ofensiva teria de ser encarada com o máximo de apreensão — que se tornava ainda maior diante das baixas ocorridas no oeste. Mesmo assim, os generais não viam outra opção senão continuar obedecendo às ordens de Hitler, por mais insanas que elas lhes parecessem. Entre eles não havia nem vontade nem capacidade de organização para desafiar coletivamente sua autoridade, muito menos no sentido de confrontá-lo de maneira individual, impondo algum ultimato para evitar a catástrofe iminente. Um comentário feito por Göring, no começo de novembro, ao general Werner Kreipe, que acabara de ser exonerado de seu posto como chefe do Estado-Maior da Luftwaffe, oferece uma visão da mentalidade dominante. Kreipe havia pressionado Göring — ainda transbordando de otimismo em sua convicção de que o inimigo seria derrotado e de que a coalizão aliada iria se esfacelar — a dirigir-se a Hitler, insistindo em que ele encontrasse uma saída política para pôr fim à guerra. O marechal do Reich foi categórico em sua recusa, dizendo que fazer isso seria acabar com a autoconfiança do Führer.[138]

No pináculo do regime, Hitler ainda podia valer-se da sua exibição tantas vezes provada de suprema confiança e otimismo, por mais sombria que fosse a realidade. Mesmo àquela altura, ele podia inflamar os que o cercavam. Mais importante ainda é que, dada a fragmentação da liderança imediatamente subordinada a ele, que se mostrava incapaz de articular uma crítica coletiva às suas disposições, muito menos apresentar um desafio frontal à sua autoridade, ele podia continuar exigindo deles o impossível e esperar que suas ordens fossem obedecidas. Ainda acalentava esperanças e ficava aguardando, em vão, que a coalizão aliada se rompesse. Sua compreensão da realidade fraquejava, mas ainda estava longe de desaparecer. Por baixo do verniz de invencibilidade exigido por seu papel de Führer, ele era perfeitamente capaz de antever as consequências do desastre que se avizinhava. Seu assessor na Luftwaffe, Nicolaus von Below, surpreendeu-o uma noite, após o fracasso da ofensiva nas Ardenas, deprimido e reconhecendo que a guerra estava perdida — e, de modo bem característico, atribuindo a derrota a traições e à incompetência de outros. Naquele momento, para ele, a luta dizia respeito a seu lugar na história — um final heroico, e não uma capitulação covarde, vergonhosa para a Alemanha, como havia sido em 1918. "Não vamos nos render", Below o ouviu dizer. "Nunca. Podemos sucumbir. Mas levaremos o mundo conosco."[139]

Em seguida ao fracasso das Ardenas, as defesas no oeste ficaram seriamente enfraquecidas. Apesar disso, continuariam resistindo por mais algumas semanas, até o devastador ataque aliado em março. No front oriental, porém, a catástrofe era iminente.

5. Calamidade no leste

A máquina do dever, a vontade e a aplicação obrigatória, jamais questiona-da, da última gota de energia para nós funcionam automaticamente. Apenas em momentos muito raros pensamos na grande pergunta: "E agora?".

Coronel-general Georg-Hans Reinhardt, comandante em chefe do Grupo de Exércitos Centro, 20 de janeiro de 1945

A convicção de que a vitória dos soviéticos representaria a extinção da vida do povo alemão e de cada indivíduo em particular é o sentimento generaliza-do de toda a população.

Relatório dos serviços de propaganda sobre o sentimento popular, 24 de janeiro de 1945

I

A tempestade começou em 12 de janeiro de 1945 e persistiu com selvagem ferocidade nas três semanas seguintes. Perto do fim do mês, regiões vitais do leste do Reich — a Prússia Oriental ao norte, o leste de Brandemburgo (entre o Oder e o que antes fora a fronteira polonesa), a Silésia, com sua crucial indústria pesada ao sul — e tudo o que sobrara da Polônia ocupada estavam perdidos. Ao longo de ferozes e amargos combates, a Wehrmacht sofrera perdas imensas e irreparáveis. A população civil da Alemanha defrontou-se com horrores indescritíveis enquanto fugia em pânico. O Exército Vermelho mantinha-se firme às margens do Oder, a última barreira natural antes de Berlim. O Terceiro Reich estava em apuros.

A grande ofensiva soviética já era esperada. O Estado-Maior alemão havia até calculado com exatidão quando ela aconteceria.[1] Mas quando veio, a Wehrmacht ainda não estava preparada.

No fundo, isso apenas refletia o enorme desequilíbrio de forças. Ao longo de todo o front oriental, de aproximadamente 2440 quilômetros, a superioridade do inimigo era descomunal: na infantaria, uma quantidade de soldados onze vezes maior; sete vezes mais tanques do que os alemães e, tanto nos armamentos como no poder aéreo, a capacidade dos soviéticos correspondia à da Alemanha multiplicada por vinte.[2] A discrepância era um pouco menor na parte norte do front, a Prússia Oriental, embora mesmo lá fosse maciça. Mais ao sul, na área central do front, a diferença era avassaladora. No segundo semestre de 1944 as baixas alemãs no período por pouco não se igualaram às perdas sofridas durante os três anos anteriores, desde o ataque à União Soviética. Além disso, praticamente todas as possíveis reservas — compostas quase sempre de homens mal treinados e inadequados para o combate — a essa altura já haviam sido utilizadas.[3] No caminho do Exército Vermelho, ao longo do Vístula, defendendo um setor de cerca de 725 quilômetros, encontravam-se o Nono Exército, o Quarto Exército Panzer e o 17º Exército, todos fazendo parte do Grupo de Exércitos A, comandado pelo coronel-general Josef Harpe e significativamente enfraquecido nos meses anteriores. O flanco sul do Grupo de Exércitos, nos Cárpatos, tinha a proteção do Primeiro Exército Panzer do coronel-general Gotthard Heinrici. Na parte norte do front, defendendo a Prússia Oriental, rota da invasão russa do Reich em 1914, encontrava-se o reconstruído Grupo de Exércitos Centro, sob o comando do coronel-general Georg-Hans Reinhardt, cujos Terceiro Exército Panzer, Segundo e Quarto Exércitos, somados a 120 batalhões com aproximadamente 80 mil homens mal equipados da *Volkssturm*, tinham de cobrir cerca de 650 quilômetros de terreno bastante fortificado. No total, Harpe comandava perto de 400 mil homens e Reinhardt, ao redor de 580 mil. O número de tanques à disposição dos dois comandantes estava em torno de 2 mil.[4]

Diante deles postavam-se as assustadoras forças soviéticas, reunidas para o grande ataque às fronteiras do Reich. No centro do front, na parte média do Vístula, e preparado para a ofensiva principal, encontrava-se o Primeiro Front Bielorrusso, do marechal Georgi Zhukov. O Primeiro Front Ucraniano, do marechal Ivan Konev, estava mais ao sul no Vístula. Somando-se os efetivos, Zhukov e Konev tinham à disposição quase 2,25 milhões de homens, algo perto de 6500 tanques, 32 mil armas pesadas e mais de 4500 aviões. Seu objetivo era avançar por uns quinhentos quilômetros em direção ao Oder, rumo a Posen e Breslau, tomar a região industrial da Silésia e dispor-se para a ofensiva final contra Berlim. Ao norte, na linha auxiliar do grande ataque, o Terceiro Front Bielorrusso, sob as ordens do general Ivan Chernyakhovsky, em ação conjunta com o Primeiro Front Báltico do marechal Ivan Bagramyan, estava pronto para lançar-se ao ataque rumo ao oeste através da Prússia Oriental, em direção ao bastião pesadamente fortificado de Königsberg, enquanto o Segundo Front Bielorrusso, sob o comando do marechal Konstantin Rokossovsky, já se punha a postos para dirigir-se do rio Narev, na Polônia, ao norte, rumo à costa da Prússia Oriental. As forças reunidas giravam em torno de 1,7 milhão de homens, auxiliados por 3300 tanques, 28 mil armas pesadas e 3 mil aeronaves.[5] Assim como em 1914, as forças de ataque vindas do leste e do sul em direção à fortificada área dos lagos Masurianos tinham o objetivo de tomar Königsberg, isolar a Prússia Oriental do resto da Alemanha e destruir as principais forças alemãs que defendiam a província.

Por mais esmagadoras que fossem as forças que o Exército alemão precisava enfrentar, a tarefa ficava ainda pior devido à estrutura de comando da Wehrmacht, pesada e bastante dividida, o que tornava Hitler, como seu chefe, uma figura impossível de ser desafiada. Ele detinha todos os poderes de decisão, tanto na esfera militar como na política. Não havia mecanismo capaz de tirá-los de suas mãos, mesmo que ele tomasse medidas totalmente irracionais, que serviam apenas para prolongar uma guerra que sem sombra de dúvida estava perdida, sobretudo quando tentativas de encerrá-la já deveriam ter sido requisitadas, com a máxima urgência, a ele ou a qualquer pessoa que ocupasse seu lugar.

Num momento de profunda crise militar, a prolongada e crucial divisão na estrutura da Wehrmacht — que teve início com as mudanças efetuadas na organização quando Hitler assumiu o comando do Exército, em dezembro de 1941 — acentuara-se de maneira extraordinária, tornando-se altamente prejudicial.[6] A falta de coordenação estava enraizada na divisão entre as responsabilidades do

Alto-Comando da Wehrmacht (OKW) e as do Alto-Comando do Exército (OKH). O OKW era responsável pelo planejamento estratégico em todos os fronts, exceto o oriental. Esse front, em que a Luftwaffe e a Marinha tinham participações apenas secundárias, era território do OKH. O problema se agravava porque os comandantes subordinados a Hitler no OKW, o marechal de campo Keitel e o general Jodl, sempre o apoiavam. Embora Keitel e Jodl não pudessem intervir em eventuais medidas que os comandantes em chefe da Marinha e da Luftwaffe (Dönitz e Göring) sugerissem a Hitler, no que diz respeito às operações em terra os dois formavam uma barreira intransponível às propostas com as quais não estivessem de acordo ou que tivessem a oposição do Führer. Além disso, havia a dificuldade adicional de que Hitler, desde dezembro de 1941, era o comandante em chefe do Exército, interferindo regularmente em disposições táticas. Cada vez mais desconfiado de seus generais num teatro de operações tão decisivo, ele se recusava, teimosa e persistentemente, a nomear para o front oriental um comandante em chefe cuja atuação correspondesse à do marechal de campo Von Rundstedt no oeste ou do marechal de campo Albert Kesselring na Itália. Assim, a existência de um comando militar coordenado no leste, abaixo de Hitler, ficava impossível. E qualquer planejamento estratégico do general Guderian, chefe do Estado-Maior Geral do Exército, tornava-se duplamente difícil: em primeiro lugar, porque teria de superar as objeções de Hitler relativas ao próprio comando do Exército; em segundo lugar, porque lhe seria necessário ir de encontro às prioridades que o Führer estabeleceria em outros teatros de operações.

Guderian encontrou essas dificuldades em três visitas que fizera a Hitler, no quartel-general do oeste, entre 24 de dezembro de 1944 e 9 de janeiro de 1945. Seus apelos para que as defesas reconhecidamente debilitadas do front oriental fossem reforçadas, transferindo-se para lá divisões do oeste, foram de pronto rejeitadas pelo Führer. O front oriental deveria "fazer o que precisa ser feito com aquilo que tem", declarou Hitler. Ele descartou os números levantados com todo o cuidado pelo coronel Reinhard Gehlen, do Departamento de Exércitos Estrangeiros Leste do Estado-Maior Geral, criticando-os como muito exagerados, parte de um "enorme blefe" dos soviéticos — ponto de vista endossado por Himmler. Jodl também apoiou a recusa de Hitler em deslocar tropas para o leste, continuando a atribuir importância decisiva ao front ocidental. O máximo que Guderian conseguiu arrancar do Führer, em sua segunda visita, foi a transferência de quatro divisões. Contudo, Hitler insistiu que elas não fossem enviadas à porção mais extensa do front oriental, sob ameaça de uma ofensiva iminente, mas sim à Hungria, onde ocorriam havia semanas conflitos ao redor de Budapeste, que se estenderiam até meados de fevereiro.

Foi só quando a ofensiva soviética já se encontrava a caminho e o fracasso em atingir as Ardenas e a Alsácia já estava definitivamente consumado que Hitler por fim mostrou-se preparado para deslocar forças para o leste. Mas Guderian ficou furioso ao saber que essas forças, do temível Sexto Exército Panzer-ss de Sepp Dietrich, retornando das Ardenas, também seriam enviadas à Hungria. A preocupação principal de Hitler era proteger os campos petrolíferos húngaros, vitais para o esforço de guerra da Alemanha.[7] Depois de pressionado pelo ministro dos Armamentos, Albert Speer, o ditador considerou que as poucas jazidas petrolíferas ainda disponíveis para a Alemanha eram indispensáveis ao esforço de guerra e deveriam ser protegidas a todo custo, mesmo sacrificando a capacidade defensiva dos Grupos de Exércitos A e Centro.[8] De fato, o Danúbio, com os intensos conflitos que lá ocorriam, transformava-se rapidamente num evento secundário diante do grande espetáculo prestes a se abrir no front oriental. Mas quando Guderian apresentou-lhe, em 9 de janeiro, a estimativa detalhada da preparação das tropas soviéticas que recebera de Gehlen, Hitler teve um acesso de fúria, retorquindo que o responsável por aquela estimativa era "um idiota completo" e deveria ser posto num manicômio. De modo previsível, ele também se recusou a permitir que Harpe e Reinhardt recuassem para as posições mais defensivas que recomendavam, proferindo sua condenação habitual a generais que só pensam em retiradas. E, durante a investida dos soviéticos, ignorou as objeções de Guderian, insistindo na transferência de um formidável corpo blindado, o *Großdeutschland*, do exército de Reinhardt, àquela altura submetido a enorme pressão na Prússia Oriental, para ajudar as defesas na Polônia — apenas para descobrir que Kielce, a área que pretendiam defender, já havia caído. Antes disso, Guderian dissera a Hitler que o front oriental era "como um castelo de cartas de baralho": bastava um empurrão e elas desmoronariam.[9] Era uma profecia muito razoável.

Em suas memórias do pós-guerra, os generais alemães muitas vezes tendiam a jogar a culpa pela catástrofe militar quase inteiramente nas costas de Hitler. Sua liderança dominadora, com interferências constantes e atitudes cada vez mais instáveis, sem dúvida aumentou as dimensões do desastre e, por consequência, a perda de vidas. Mas personalizar a culpa dessa maneira significa fechar os olhos ao apoio que, em tempos melhores, os generais deram ao comando jamais contestado de Hitler e às estruturas que garantiram a ele total domínio na esfera militar. Mesmo quando a sorte dos campos de batalha voltou-se contra a Alemanha de forma impiedosa após 1942, os generais jamais se organizaram para tentar alterar as estruturas de comando. Em março de 1944, todos os marechais de campo presentearam Hitler com uma declaração na qual juravam lealdade inabalável ao ditador.[10] E em seguida ao fracasso do atentado de Stauffenberg, em julho de 1944, eles simplesmente admitiram que nada poderia ser feito, por mais absurdas que lhes parecessem as ordens. Além disso, de modo algum seria possível dizer que faltava apoio a Hitler entre os generais, por mais irracionais que suas decisões se provassem num momento posterior, como mostram os registros das reuniões militares. Sua recusa em atender ao pedido de Guderian para transferir um grande número de soldados do oeste para fortalecer as defesas no front oriental, por exemplo, embora tivesse sido formulada com toda a contundência, era pouco mais que um reflexo da realidade. Qualquer deslocamento de efetivos em grande número teria aberto sérias brechas em suas linhas de defesa no oeste e, na melhor das hipóteses, poderia apenas retardar a investida do Exército Vermelho, mas é quase certo que não a impediria. Na exausta e despedaçada Wehrmacht do início de 1945, poucos eram capazes de ter uma visão abrangente da situação, e muitos generais estavam acima de tudo ansiosos para realizar o que lhes fosse possível com os homens e os recursos de que dispunham. O principal apoio a Guderian vinha dos comandantes dos Grupos de Exército que estavam bem no caminho do avanço soviético. Mesmo nessa área, entretanto, sua relutância, com poucas exceções, em recomendar um prudente recuo para posições mais defensáveis (já que ele sabia que Hitler rejeitaria tal sugestão) significava que estava a postos, pronto para acatar as ordens do Führer, embora soubesse perfeitamente que os resultados seriam desastrosos.[11] Ainda que fosse outro o chefe supremo da Wehrmacht, a calamidade que estava prestes a se abater sobre o leste da Alemanha não poderia ter sido evitada. Apenas a imediata capitulação teria alcançado esse efeito. Mas a extensão total do desastre poderia ter sido significativamente diminuída. Uma estratégia de defesa mais racional, combinada com a evacuação orquestrada da população civil sob ameaça, poderia ter mantido o Exército Vermelho afastado por mais tempo e, dessa forma, é bem possível que tivesse salvado incontáveis vidas.

II

Às quatro horas da gélida madrugada de 12 de janeiro, o Primeiro Front Ucraniano deu início a um bombardeio de artilharia pesada contra as posições do Quarto Exército Panzer ao longo do Vístula, cerca de duzentos quilômetros ao sul de Varsóvia. Mesmo o impacto imediato já indicava o que iria se seguir. Por volta do meio-dia, aquela artilharia inicial, sozinha, já havia destruído o quartel-general do Quarto Exército Panzer, incapacitado dois terços de sua artilharia e matado ou ferido um quarto de seus homens. No fim do dia, a infantaria soviética tinha adentrado mais de vinte quilômetros de um front com extensão de quarenta, enquanto tanques, atuando como pontas de lança, já haviam avançado mais de 32 quilômetros, esmagando a resistência alemã ao passar. A Cracóvia foi tomada em 19 de janeiro, a bela cidade ainda incólume, pois os alemães não tiveram tempo para destruí-la. Apenas oito dias depois, em 27 de janeiro, os soldados do Exército Vermelho se depararam com o pavoroso cenário do campo de concentração de Auschwitz, no qual mais de 1 milhão de judeus e outras vítimas do terror nazista tinham sido exterminadas. Eles libertaram cerca de 7 mil prisioneiros esquálidos e doentes, encolhidos de medo, que os alemães haviam deixado para trás enquanto fugiam. Em 28 de janeiro, a vizinha cidade de Katowice também caía. As forças alemãs conseguiram escapar da destruição enquanto evacuavam a área, mas no dia seguinte quase toda a Alta Silésia, o vital e derradeiro cinturão industrial ainda intacto da Alemanha, encontrava-se também em mãos dos soviéticos. Antes do fim do mês, Breslau, capital da Silésia, estava cercada. A cidade, designada como uma "fortaleza" cuja liderança fanática fizera com que resistisse até o fim, não viria a cair até maio. Foi um fútil ato de desafio, a um custo humano enorme, que no entanto mal chegou a perturbar o rolo compressor soviético. Já no dia 22 de janeiro, tropas avançadas tinham atravessado a parte alta do Oder, perto de Brieg, entre Oppeln e Breslau, estabelecendo uma cabeça de ponte — logo reforçada — nas margens do lado oeste. No fim do mês, cinco dos exércitos de Konev tinham fixado posições ao longo do Oder, embora a travessia de um grande número de homens e equipamentos tivesse sido difícil, pois a fina camada de gelo sobre o rio começara a se romper.

Um bombardeio maciço na densa neblina do início da manhã de 13 de janeiro anunciou o início de um grande ataque à Prússia Oriental pelo Terceiro Front Bielorrusso, de Chernyakhovsky, seguido, um dia depois, pela investida rumo ao norte do Segundo Front Bielorrusso, de Rokossovsky. Uma feroz resistência alemã, somada à neve pesada que inicialmente dificultou o apoio aéreo à ofensiva, fez com que os soviéticos conseguissem progredir apenas um pouco mais para o sul. Após os primeiros dias, porém, as defesas alemãs começaram a desmoronar. Tilsit caiu em 20 de janeiro. As forças de Chernyakhovsky passaram sem grande dificuldade pela chamada Fenda de Insterburg rumo a Königsberg, embora a fortificadíssima cidade em si resistisse, apesar do intenso ataque, até abril. Goldap, Gumbinnen e a área em torno de Nemmersdorf, no leste da província, cena da notória incursão efetuada pelo Exército Vermelho em outubro, foram retomadas. Em seu avanço partindo do sul, os soldados de Rokossovsky descobriram que o grande monumento nazista em comemoração à batalha de Tannenberg e à vitória sobre os russos em 1914 fora dinamitado pelos alemães, que rapidamente exumaram os restos do marechal de campo Hindenburg, herói de Tannenberg, e de sua esposa, enviando-os numa lancha para fora de Pillau, em direção ao oeste.[12] O antigo quartel-general de Hitler perto de Rastenburg, a Toca do Lobo, tinha sido invadido, e os soldados do Exército Vermelho vagavam perplexos em volta das ruínas de concreto do centro de comando de seu arqui-inimigo. Assim que as forças soviéticas derrotaram a bateria de fortificações na área de Allenstein, em 23 de janeiro, o caminho ficou livre para o ataque rumo ao mar. A principal linha férrea de Königsberg a Berlim encontrava-se inutilizada. Em 26 de janeiro, as forças principais do 51º Exército de Tanques alcançaram a Frisches Haff — a enorme, embora rasa, lagoa que se estende por mais de oitenta quilômetros, das proximidades de Elbing até Königsberg —, em Tolkemit, ao leste de Elbing. A partir daí, a Prússia Oriental estava separada do resto do Reich.

Depois de ter caído numa armadilha que provocou um acesso de fúria em Hitler, o Quarto Exército Alemão abandonou as defesas fortificadas de Lötzen, em meio aos lagos Masurianos, e tentou abrir caminho para o oeste, com o objetivo de chegar ao rio Nogat e ao outro lado do Vístula, avançando cerca de 32 quilômetros antes de ser forçado a recuar em Heiligenbeil. Uma última tentativa para romper o cerco foi barrada em 30 de janeiro. A maioria das forças alemãs restantes — o grosso delas composto de 23 divisões do Quarto Exército — encontrava-se agora comprimida entre o Exército Vermelho e o mar, num enclave de tamanho considerável, com cerca de sessenta quilômetros de extensão e vinte de largura ao longo da Frisches Haff, sudoeste de Königsberg, com centro em Heiligenbeil. Remanescentes do Terceiro Exército Panzer, umas nove divisões severamente castigadas, ainda defendiam a península de Samland, a noroeste de Königsberg, e com isso uma posição crucial, o porto de Pillau. Os demais ficaram para defender a própria fortaleza de Königsberg, sitiada. Com isso, cerca de meio milhão de soldados ficaram isolados.[13] No fim de janeiro, após pouco mais de duas semanas de combates ferozes, quase toda a Prússia Oriental estava sob domínio soviético.

Em 14 de janeiro, Zhukov lançou seu Primeiro Front Bielorrusso a partir de cabeças de ponte no Vístula, avançando de maneira impiedosa por meio de combates pesados para cercar Varsóvia, com a ajuda de divisões polonesas que haviam se unido à operação, investindo rumo ao oeste e passando pelo centro da Polônia na direção de Łódź e Posen — porta de entrada para Berlim. A rapidez e a selvageria da ofensiva destroçaram as defesas alemãs. Em 17 de janeiro, quando as tropas polonesas e soviéticas entraram em Varsóvia, poucos eram os edifícios ainda em pé. A destruição da cidade levada a cabo pelos alemães, durante e após a rebelião, conforme orientação expressa de Himmler em obediência às ordens de Hitler, havia sido de uma ferocidade implacável. Os ocupantes empenharam-se numa última orgia de destruição desenfreada antes de partir em fuga rumo ao oeste, com as tropas alemãs da retaguarda oferecendo apenas escassa resistência. A grande cidade têxtil de Łódź foi tomada pelo Oitavo Exército da Guarda, do general Vasily Chuikov, em 19 de janeiro, enfrentando pouca resistência e sem demolições, tão rápido se deu o avanço soviético. Dois dias depois, tanques soviéticos chegaram aos arredores de Posen, governo e centro de comunicações do que os alemães haviam denominado "Wartheland". De início, porém, os soviéticos não conseguiram superar as pesadas fortificações e esmagar a resistência dos alemães, cerca de 25 mil homens, encerrados no que antes fora considerado "uma fortaleza", a qual só seria liquidada em definitivo em meados de fevereiro. Enquanto isso, outras divisões soviéticas dirigiam-se para noroeste, rumo à costa do Báltico do oeste da Pomerânia, protegendo ao mesmo tempo o flanco das forças principais de Zhukov que avançavam para oeste, em direção à parte central do Oder. Uma unidade alcançou o rio, então congelado, em 30 de janeiro e conseguiu atravessá-lo na manhã seguinte, estabelecendo uma pequena mas significativa cabeça de ponte ao norte de Küstrin. Berlim já estava à vista, a não mais de uns oitenta quilômetros de distância. Zhukov, e ao sul Konev, embalados pelas dimensões e pela velocidade de seus êxitos, por um curto tempo pensaram numa entrada triunfal na capital do Reich, cada um deles já imaginando um retorno heroico

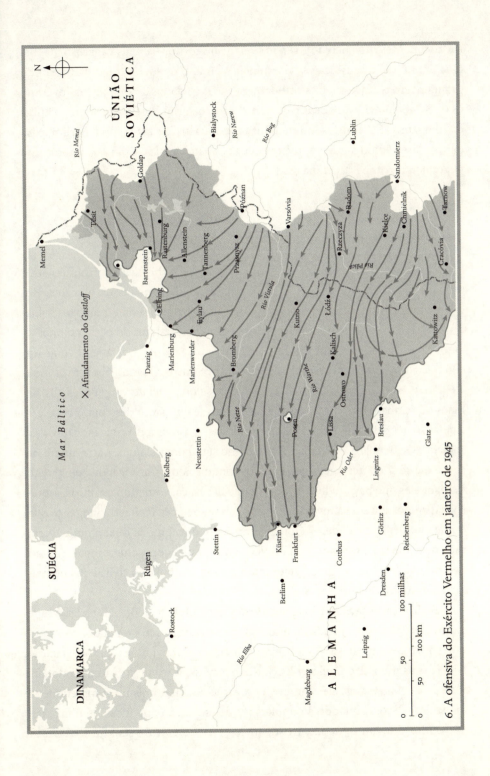

6. A ofensiva do Exército Vermelho em janeiro de 1945

a Moscou. Mas o avanço do Exército Vermelho tornou-se mais vagaroso, na medida em que se intensificava a resistência alemã. E os soviéticos tinham sofrido grandes perdas em homens e equipamentos. Os soldados de Zhukov, assim como os de Konev, precisavam de um descanso antes da grande ofensiva sobre a capital da Alemanha. Esperanças momentâneas de uma arrancada rumo a Berlim, para dar um fim rápido à guerra, tiveram de ser abandonadas. Era mais importante guardar as forças para a etapa final.[14]

III

O desastre militar que foi se desenhando para a Wehrmacht diz muito pouco ou nada da inimaginável agonia da população civil apanhada na ofensiva. Enquanto avançavam rapidamente por partes antes ocupadas da Polônia, os soldados do Exército Vermelho podiam ver-se como libertadores do povo polonês — embora os poloneses, subjugados, muitas vezes pensassem apenas que um conquistador brutal estava sendo substituído por outro. Quando pisaram em solo alemão, porém, os soldados soviéticos viram-se no papel de vingadores. Os alemães não tinham demonstrado a menor piedade enquanto destruíam cidades e aldeias soviéticas, queimando casas e fazendas, massacrando civis inocentes. Os soldados do Exército Vermelho, assim como seus comandantes, não sentiam necessidade de se conter, agora que eram os conquistadores, avançando pelo território daqueles que haviam lhes causado tanta desgraça, cometido estupros, saques e assassinatos durante a invasão. A propaganda soviética incitava à vingança com o máximo de brutalidade. A rápida incursão de outubro, da qual o nome Nemmersdorf havia se tornado o símbolo, agora empalidecia em comparação aos horrores, difíceis de imaginar, pelos quais passou a população civil alemã no massacre de janeiro de 1945.

Assim como haviam feito pouco antes, em outubro, os oficiais nazistas, apegados à própria propaganda de que o ataque soviético seria repelido, contribuíram para o desastre ao se recusar teimosamente a ordenar uma rápida evacuação. Na Prússia Oriental, o *Gauleiter* Erich Koch serviria de exemplo.[15] Repetindo uma série de slogans vazios, ele manteve a pregação de um otimismo completamente injustificado, conclamando a população a defender sua província até o fim. Isso não o impediu, em 21 de janeiro, de incitar sua secretária e seus amigos a fugir enquanto ainda podiam.[16] Na véspera, a mulher de Koch já havia embarcado num trem especial para a Baviera.[17] O próprio Koch e seu séquito deixaram Königsberg em 28 de janeiro, transferindo seu quartel-general para a segurança de um bunker na base aeronaval de Neutief, em Frische Nehrung, perto de Pillau.[18] Koch ainda insistiu para que nenhum de seus subordinados permitisse a evacuação sem que ele a tivesse autorizado. Não é de surpreender que surgisse uma reação de fúria e ressentimento dirigida aos representantes do partido, ainda que àquela altura a fé em Hitler não tivesse desaparecido completamente.[19] Tentativas de última hora de organizar uma evacuação foram feitas com frequência por líderes locais do partido e pela NSV. No entanto, conforme o pânico de imaginar que cairiam nas mãos dos soviéticos se espalhava como uma doença contagiosa, diversas famílias não esperaram pelas ordens e trataram de fugir por conta própria. Para muitos, era tarde demais.[20]

Mesmo pelos padrões da Prússia Oriental, onde o inverno é sempre bastante rigoroso, naquele janeiro a temperatura estava excepcionalmente fria, chegando a vinte graus negativos. As perspectivas — dias e noites ao ar livre sem roupas quentes, dando passos lentos e sofridos por caminhos gelados, com o rosto castigado pelo vento cortante, por estradas bloqueadas pela neve, tentando evitar os combates — eram muito assustadoras. Havia alguns que, doentes ou fracos demais para correr o risco, decidiam simplesmente ficar onde estavam, esperando trêmulos a chegada dos invasores soviéticos. Outros, sem forças para enfrentar o futuro, punham fim a suas vidas. Era fácil encontrar cianeto, ao menos em Königsberg, e se falava muito em usá-lo.[21] Mas, para a maioria, o apego à vida e o medo dos russos eram mais fortes do que as preocupações com o frio ou a ansiedade quanto ao futuro. Não havia tempo a perder. "O pânico toma conta das pessoas quando elas ouvem: 'Os russos estão perto'", recordou uma mulher. "Depois chega um homem a cavalo, avisando em voz alta: 'Salve-se quem puder. Os russos vão chegar em meia hora'. Um medo paralisante nos toma."[22] Nessas cenas de caos, as pessoas reuniam apressadamente alguns poucos pertences, atirando-os em carrinhos de mão, trenós ou carroças puxadas por cavalos, abandonavam quase tudo que tinham, seus animais, e fugiam em direção ao desconhecido. Soldados alemães em retirada agarravam às pressas o que fosse possível, empilhando tudo em caminhões e abatendo em sua fuga o gado que estivesse vagando pela estrada.[23]

Nos primeiros dias após o início da invasão, trens que rumavam ao oeste, pela Pomerânia, foram o meio de escape para dezenas de milhares de pessoas. Seguiram-se cenas de caos nas plataformas das estações, conforme homens e mulheres em fuga tentavam desesperadamente embarcar nos trens. A grande praça em frente à estação de Königsberg estava congestionada com as fileiras de carroças de refugiados. Guardas armados mantinham as pessoas na estação, embora membros do partido e alguns outros com "conhecimentos" conseguissem arranjar lugar nos trens. A Wehrmacht tinha prioridade na utilização do insuficiente número de trens disponíveis. Os soldados abriam caminho à força para dentro dos poucos veículos que partiam.[24] Os refugiados eram obrigados a esperar — muitas vezes em vão. As condições eram terríveis, sem instalações sanitárias, alimentos ou água para as multidões que se espremiam em volta das plataformas.[25] Milhares ficaram para trás quando as últimas composições partiram. Em 23 de janeiro, os trens que se dirigiam ao oeste voltaram, pois as vias férreas haviam sido bloqueadas pelos soviéticos.[26] Alguns tiveram a sorte de conseguir transporte em veículos militares seguindo para o oeste, até mesmo em caminhões abertos, nos quais ficavam expostos por horas ao frio extremo. Mas a maioria recorria a carroças cobertas, enfileiradas na estrada. As pessoas das áreas situadas mais a oeste eram as mais afortunadas. No leste, os caminhantes muitas vezes não conseguiam avançar, em estradas intransitáveis devido à neve ou bloqueadas por veículos militares, antes de serem ocupadas por tanques soviéticos. Também havia aqueles que inadvertidamente iam parar em zonas de combate, caindo em mãos do temido inimigo. Depois de cortada a conexão por via férrea com o Reich, restaram apenas duas rotas de fuga — ambas extremamente perigosas.

Uma saída era fugir de navio de Pillau, o porto que, da Frisches Haff, dava passagem para o Báltico. Mas a primeira embarcação para recolher refugiados chegou apenas quinze dias após o início da ofensiva soviética.[27] Em pouco tempo, a cidade-porto foi tomada por dezenas de milhares de pessoas que vinham sobretudo de pontos situados na área nordeste da província. Todas as casas estavam repletas de gente. Dormia-se onde fosse possível, em celeiros ou currais, ou até expostos ao frio intenso das dunas, ao ar livre. Grandes cozinhas comunitárias foram rapidamente providenciadas para fornecer refeições básicas.[28] Quando os navios por fim chegaram, repletos de refugiados até o convés, inclusive doentes retirados de um hospital, foi necessária ainda uma espera demorada até ser possível partir. As pessoas a bordo estavam sempre com medo de ataques aéreos.[29] Uma professora que já passara, depois de longa espera, mais de 24 horas no convés descoberto de um pequeno navio ao lado da mãe idosa, fugindo pela costa antes mesmo de chegar a Pillau, teve de "ficar de pé o dia inteiro com milhares de pessoas em meio à imundície do porto e esperar. [...] Vidros quebrados por toda parte, sujeira e excrementos. É impossível conseguir um navio. Só permitem o embarque de famílias com muitas crianças". Foram doze dias de miséria, incertezas e perigos até que ela e a mãe enfim chegassem a Rügen.[30]

No fim de janeiro, cerca de 200 mil refugiados espremiam-se na península de Samland, ainda em poder dos alemães. Aproximadamente 150 mil também peregrinaram, de início, para Königsberg, imaginando que a cidade fortificada fosse um santuário. Depois que se tornou impossível a saída por trem, grande número desses refugiados dirigiu-se para Pillau, esperando escapar pelo mar. A equipe de enfermeiras dos hospitais militares de Königsberg recusou a chance de unir-se a esses refugiados, decidindo permanecer para cuidar dos feridos.[31] No fim do mês, quando Königsberg já não tinha mais comunicação com o resto da Alemanha, ainda havia perto de 100 mil pessoas presas lá, embora um bom número tenha conseguido partir quando a conexão com Samland foi restabelecida por um breve período, em meados de fevereiro. Muitos perderam a vida na travessia quando seus pequenos barcos afundaram. A Marinha alemã enviou ajuda aos refugiados. Durante os meses seguintes, 679 541 refugiados foram levados por ferryboat dos portos do Báltico até o oeste (450 mil de Pillau), juntamente com 345 mil feridos e 182 mil soldados, embora muitos mais pudessem ter embarcado se a Marinha não tivesse dado prioridade às necessidades militares.[32]

Outra opção seria atravessar a gelada baía de Stettiner Haff até Frische Nehrung, uma estreita península com pouco mais de um quilômetro de largura em seu ponto mais largo e aproximadamente setenta quilômetros em sua costa norte, e seguir rumo a Danzig, a oeste (ou, em alguns casos, rumo ao leste, para tentar a sorte em Pillau). Nas últimas semanas de janeiro, em desespero, centenas de milhares de refugiados tinham passado fome e sede, enfrentado baixíssimas temperaturas, feridas provocadas pelo frio e ataques aéreos soviéticos para alcançar a diminuta extensão de terra ainda sob domínio alemão no extremo sul de Haff e, em meio ao crescente caos, arriscar a travessia sobre o gelo até as glaciais dunas de Nehrung. Dia e noite, ao longo de semanas, milhares de refugiados de aparência sofrida, famílias ansiosas conduzindo carroças abarrotadas puxadas por cavalos, ou empurrando carrinhos de bebê, pequenos caminhões de madeira improvisados e trenós sobre os quais empilhavam todos os seus pertences — alvos fáceis para os aviões soviéticos voando a baixa altitude —, avançavam com dificuldade sobre a camada de gelo em rotas indicadas pelos militares, em direção ao que, assim esperavam, seria um refúgio seguro. Até mesmo essa rota de fuga ficou algum tempo bloqueada, quando a Marinha alemã utilizou um quebra-gelo para forçar passagem por Haff, permitindo que três torpedeiros fossem enviados de Elbing a Pillau, impedindo que caíssem em poder dos soviéticos. Milhares de pessoas ficaram presas no gelo até que, com a improvisação de pontões, foi possível abrir caminho novamente.[33]

Uma vez em Nehrung, contudo, o sofrimento continuava. No caminho estreito e sem pavimentação, entupido de veículos militares e carroças de refugiados, o avanço era penosamente lento, e as colunas estavam expostas ao constante terror vindo dos céus. Para muitos, a arriscada travessia acabou em tragédia. O frio extremo fez suas vítimas, sobretudo entre as crianças e os mais velhos. Outros morriam de pura exaustão, ou eram atingidos pelos ataques aéreos. Em alguns casos, os esforços desesperados para fugir terminavam com as carroças e as famílias que elas transportavam, caindo pelas brechas no gelo nas águas escuras da Haff. A mulher de um fazendeiro, depois de lutar por oito dias para chegar à baía, viu, horrorizada, fileiras de carroças afundarem nos buracos abertos pouco antes pelas bombas lançadas por um avião.[34] Nem mesmo em meio a esse quadro traumático os controles nazistas se abrandaram. Com regularidade, homens da ss e da polícia militar examinavam as filas em busca de refugiados do sexo masculino com idade entre dezesseis e sessenta anos para que fossem servir na *Volkssturm*.[35] Ao todo, talvez tenham chegado a 30 mil os que morreram nessa fuga.[36] Mas quando o gelo começou a derreter, no fim de fevereiro, perto de meio milhão havia conseguido escapar.

De uma maneira ou de outra, desafiando tantos perigos, a maioria da população da Prússia Oriental, quase 2 milhões de pessoas no início do ano, conseguiu fugir, evitando o destino inominável que se abateu sobre os 500 mil moradores que caíram nas mãos dos soviéticos. Embora houvesse muitas honrosas exceções, grande parte dos soldados do Exército Vermelho fez tudo o que pôde para validar as caricaturas divulgadas pela propaganda nazista em seu comportamento bestial, com a tolerância e em muitos casos o incentivo de seus superiores. "Um sentimento cego de ódio", foi assim que um veterano do Exército Vermelho descreveu a atitude dos soldados soviéticos quando entraram em território alemão. "A mãe alemã deveria amaldiçoar o dia em que deu à luz um filho! As mulheres alemãs agora têm de conhecer os horrores da guerra! Agora, elas têm de sentir na própria pele o que desejaram para outros povos!", escreveu um soldado numa carta enviada para casa. "Agora, nossos soldados podem ver como as casas alemãs se incendeiam, como suas famílias ficam vagando sem rumo, arrastando consigo seus filhotes de víboras [...]. Eles querem continuar vivendo. Mas para eles não haverá misericórdia", escreveu outro.[37] O álcool teve um papel importante. Saques e pilhagens eram endêmicos entre soldados com frequência embriagados vindos de regiões desesperadamente pobres da União Soviética que imaginaram chegar a uma terra de grandes riquezas ao encontrar as áreas do leste da Alemanha devastadas pela guerra. Nas cartas que enviavam para as famílias, eles comentavam maravilhados a grande quantidade de comida e bebida que viam. "Todo mundo come o que tem vontade de comer e bebe todo o álcool que quiser", escreveu um soldado. "Estou usando botas de montaria, tenho mais de um relógio [...], em resumo, estou nadando em riqueza", comentou outro, orgulhoso.[38] Para esses soldados, tudo que conseguissem roubar nada mais era do que uma compensação simbólica por aquilo que eles, suas famílias e seus conterrâneos haviam sofrido nas mãos do inimigo alemão.

A sede de vingança parecia insaciável. Casas eram saqueadas e destruídas, edifícios eram incendiados, algumas vezes queimavam-se áreas inteiras de cidades e aldeias. Os homens alemães eram frequentemente fuzilados fria e arbitrariamente, muitos sendo brutalmente espancados ou submetidos a maus-tratos variados. Qualquer um que fosse identificado como funcionário nazista era executado sumariamente. Aqueles de posse de algum uniforme, mesmo ferroviários ou bombeiros, sem nenhum vínculo com o Partido Nazista, estavam propensos a ser executados da mesma forma. Calcula-se que o número de indivíduos assim assassinados nas regiões do leste da Alemanha tenha chegado a 100 mil.[39] O estupro de mulheres, jovens e velhas, com frequência repetidamente — um fenômeno que ocorria em massa e era um ato de vingança levado a cabo para infligir o máximo de humilhação à população masculina derrotada, por meio da degradação de suas esposas e famílias —, tornou-se uma terrível marca registrada dos primeiros encontros com os conquistadores soviéticos, mencionada em inúmeros depoimentos de testemunhas oculares.[40] "Está ouvindo?", perguntou desesperado um fazendeiro enquanto vinham gritos de sua casa. "Eles pegaram minha filha de treze anos pela quinta vez nesta manhã."[41] Esse horror tornou-se comum. De acordo com algumas estimativas, 1,4 milhão de mulheres — quase um quinto da população feminina — foram vítimas de estupro nas províncias do leste conquistadas pelo Exército Vermelho naquelas semanas.[42] Felizes foram as que conseguiram se esconder ou de algum modo escapar dessa bestialidade. Os alemães que sobreviveram a tais horrores, contudo, ficaram sujeitos a novas e infindáveis misérias: à crueldade de mais maus-tratos e trabalhos forçados sob a ocupação soviética ou — destino reservado a cerca de 250 mil alemães — a serem transportados nas condições mais abjetas, com altíssimas taxas de mortalidade, a campos de trabalho localizados sobretudo nas regiões industriais da União Soviética, onde as brutais condições de trabalho foram responsáveis por um elevado número adicional de mortes.[43]

O que ocorreu na Prússia Oriental também aconteceu, com variações, em todo o leste da Alemanha. Enquanto o sofrimento da população da Prússia Oriental e da Silésia se deu ao longo de quase quatro meses, a minoria alemã vivendo nas regiões da Polônia que ainda não tinham caído sob o domínio soviético teve apenas cerca de duas semanas para fugir dos exércitos de Zhukov e Konev que avançavam em direção ao Oder. Só a metade, em especial das regiões ocidentais mais próximas do Reich, conseguiu escapar da captura pelo Exército Vermelho. A parte leste de Brandemburgo, com uma população superior a 600 mil pessoas, quase todas alemãs, vinha acolhendo refugiados de Wartheland, na Polônia Ocidental, fazia muitos dias quando o pânico provocado pela chegada iminente dos russos levou a uma debandada em massa para o outro lado do Oder, em busca de segurança. Até quase o fim de janeiro, as autoridades nazistas da região recusaram-se a ordenar a evacuação das pessoas, apostando na crença otimista de que as linhas de fortificação serviriam como uma poderosa barreira ao avanço do Exército Vermelho. Resultado: um grande número de alemães caiu em mãos inimigas quando a área foi rapidamente dominada.[44]

A maioria da população alemã ao leste da linha Oder-Neiße encontrava-se na Silésia, lar de mais de 4,5 milhões de pessoas no início de 1945. Lá, não muito longe da fronteira do Reich e de rotas que levavam aos Sudetos e à Boêmia, nem todo o território caiu de imediato sob domínio do Exército Vermelho. E, diferentemente do que ocorrera em regiões situadas mais a leste, houve algum aviso do avanço soviético. Assim, as condições para a fuga eram mais favoráveis do que na Prússia Oriental e em outras regiões do leste. Mais de 3 milhões de pessoas conseguiram, de algum modo, fugir para áreas da antiga Tchecoslováquia ou para o oeste do Reich, em direção à Saxônia e à Turíngia. Ao sul, porém, no distrito industrial da Alta Silésia, em poder dos soviéticos desde o fim de janeiro, apenas mulheres e crianças tiveram permissão para partir. A liderança do Gau da região, obedecendo às exigências de Speer, ordenou a permanência dos homens para manter a produção de armamentos funcionando enquanto fosse possível. Mesmo assim, muitos fugiram em trens abarrotados, em ônibus, em caminhões ou a pé. De acordo com relatos, importantes instalações industriais foram deixadas intactas em meio ao pânico. Não houve tempo para destruí-las.[45] Isso não impediu, entretanto, que centenas de milhares de pessoas fossem capturadas pelos soviéticos.

Ao norte, na Baixa Silésia, a ordem de evacuação, instigada pelas autoridades militares (que, no entanto, em outras ocasiões procuraram retardar a retirada, para impedir o bloqueio das rotas de suprimentos),[46] em diversos casos tinha chegado com antecedência, e muitos habitantes tiveram a chance de escapar — com frequência em carroças ou a pé no inverno gelado, já que os meios de transporte por via férrea e pelas estradas logo se provaram inadequados. Em Breslau, capital e de longe a maior cidade da Silésia, o trovejar de artilharia em 20 e 21 de janeiro fez com que fossem emitidas ordens urgentes — apoiadas por uma forte pressão do partido — para que mulheres, crianças, doentes e idosos deixassem a cidade. Mas não havia trens ou veículos motorizados em número suficiente para atender à evacuação em massa. Houve relatos de crianças esmagadas e mortas na debandada dos que tentavam embarcar nos trens ainda disponíveis e de saguões de espera das estações transformados em necrotérios.[47] Sem transporte, cerca de 100 mil pessoas, na maioria mulheres, foram obrigadas a enfrentar, a pé, a baixíssima temperatura noturna do inverno, empurrando carrinhos de bebê, trenós e carroças ao longo das estradas cobertas de gelo, lutando contra a neve e levando consigo apenas alguns pertences. Corpos de crianças que pereceram em consequência das baixas temperaturas tiveram de ser deixados em valas. Muitas mulheres, sem forças para continuar, voltaram e ficaram entre os 200 mil ou mais civis em Breslau quando o cerco sobre a cidade se fechou, em meados de fevereiro.[48]

Mais ao norte, um enclave na costa da Prússia Oriental, com centro em Danzig e Gotenhafen (Gdynia), foi igualmente envolvido na crise dos refugiados. Da metade de janeiro em diante, a área tornou-se o destino temporário de incontáveis milhares de refugiados que se dirigiam ao norte, para longe dos exércitos de Rokossovsky, e se espalhavam rumo ao oeste para afastar-se da Prússia Oriental quando a região foi separada do resto da Alemanha, na margem oposta à última brecha de Frische Nehrung ou chegando de barco de Pillau. No fim do mês, a região fervilhava, com quase 1 milhão de refugiados somando-se aos seus 3 milhões de habitantes. A NSV e a Cruz Vermelha alemã estavam sobrecarregadas. Era impossível oferecer assistência minimamente adequada às pessoas que estavam doentes, debilitadas ou feridas depois das exaustivas jornadas. Barracas e acampamentos provisórios foram usados para abrigar os refugiados que chegavam em massa. Muitos tentaram prosseguir viagem assim que podiam, mas não conseguiam lugar nos trens e nos navios superlotados. Entre as embarcações que transportaram refugiados, muitos deles doentes e feridos, estava o *Wilhelm Gustloff*, anteriormente "Força através da Alegria", usado em cruzeiros turísticos, que, depois de uma longa demora, saiu de Gotenhafen em 30 de janeiro, abarrotado com possivelmente 8 mil pessoas a bordo — quatro vezes sua lotação habitual em tempos de paz. Naquela noite, o navio foi torpedeado por um submarino soviético e afundou nas águas geladas pouco mais de uma hora depois da partida. Em torno de 7 mil pessoas morreram afogadas na maior catástrofe marítima da história, número de vítimas quase cinco vezes maior que no naufrágio do *Titanic*.[49] Foi um dos muitos desastres no mar que ocorreriam ao longo das semanas seguintes. Mesmo assim, entre os últimos dias de janeiro e o fim de abril, cerca de 900 mil pessoas escaparam pelo Báltico e outras 250 mil por terra, via Pomerânia, antes que essa região também fosse engolida pela ofensiva soviética.[50] Um derradeiro horror ainda aguardava aproximadamente 200 mil pessoas, muitas delas refugiadas, que antes, já com bastante dificuldade, tinham conseguido escapar da Prússia Oriental, quando Danzig e toda a área ao redor caíram, vitimadas pelo turbilhão de violência conduzido pelo Exército Vermelho nos últimos dias de março.[51]

Mesmo quando conseguiam escapar do pior, os refugiados ainda enfrentavam enormes adversidades — e estavam longe de receber uma acolhida calorosa quando alcançavam seu destino. No final de janeiro, de 40 mil a 50 mil pessoas iam diariamente para Berlim, a maioria chegando de trem. As autoridades, então sobrecarregadas de trabalho, incapazes de lidar com o imenso afluxo de pessoas e apreensivas diante do risco de surgimento de doenças infecciosas, faziam todo o possível para que os refugiados seguissem viagem para além de Berlim ou para que a rota dos trens fosse redirecionada, circundando a capital do Reich.[52]

Nesse pesadelo interminável de miséria e sofrimento, é difícil imaginar algo pior do que o destino das pessoas que estavam no leste da Alemanha fugindo do Exército Vermelho nas terríveis condições daquele sinistro mês de janeiro. Mas o destino das vítimas raciais do regime foi ainda pior: o seu horror estava longe de chegar ao fim. Mesmo àquela altura dos acontecimentos, a máquina de morte da ss não dava trégua.

Para cerca de 6,5 mil a 7 mil judeus, recolhidos de campos de concentração da Prússia Oriental, subsidiários do campo de Stutthof (este situado na parte ocidental da Prússia) e fechados às pressas nos dias 20 e 21 de janeiro, quando o Exército Vermelho se aproximava, dias de um terror inimaginável começaram conforme eles foram retirados — não em direção ao oeste, como outros prisioneiros, mas *ao leste*. O objetivo inicial parece ter sido o de enviá-los a um pequeno campo satélite em Königsberg antes de transportá-los até o oeste pelo mar, supostamente a partir do porto de Pillau, para mantê-los em poder dos alemães e impedir que fossem libertados pelo Exército Vermelho. Mas eles nunca chegaram a Pillau.

Os prisioneiros, enviados poucos meses antes a Stutthof, vindos de regiões do Báltico, da Polônia e de outras áreas, foram vigiados em sua marcha forçada por mais de vinte homens da ss e quase 150 membros da Organização Todt (incluindo ucranianos, letões, lituanos, estonianos, belgas e franceses). Depois da longa caminhada para chegar a Königsberg, em condições deploráveis, a marcha seguiu adiante até a pequena cidade báltica de Palmnicken, na pitoresca costa de Samland, que outrora fora um lugar atraente. Muitos judeus foram fuzilados ainda a caminho de Königsberg. Quando a marcha da morte rumo a Palmnicken começou, outros foram mortos, seus corpos, abandonados pelas ruas da capital da Prússia Oriental. Os sobreviventes foram conduzidos como gado, vestindo pouco mais que farrapos e calçando tamancos de madeira. Caminhavam sobre a neve e o gelo com extrema dificuldade, e os que ficavam para trás ou caíam eram fuzilados no instante seguinte. No trajeto de Königsberg a Palmnicken, de cinquenta quilômetros, os guardas executaram mais de 2 mil prisioneiros, abandonando seus corpos na beira da estrada. Cerca de duzentos a trezentos cadáveres foram encontrados no último trecho, de pouco mais de um quilômetro. Em 26 e 27 de janeiro, cerca de 3 mil trôpegos sobreviventes chegaram a Palmnicken.

Quando se tornou evidente que não havia como transportar aqueles prisioneiros para o oeste, o problema do que fazer com eles ganhou contornos ainda mais claramente fatais. Logo surgiram ideias de como se livrar de todos eles de uma vez. O chefe da companhia estatal de exploração de âmbar em Königsberg e a liderança do Gau da Prússia Oriental por fim concordaram com a sugestão de que os guardas levassem os judeus a uma mina abandonada e em seguida bloqueassem a entrada. Exaustos, sujos e morrendo de frio, os judeus, entretanto, se depararam com um raro ato de compaixão quando o administrador estatal ordenou que fossem providenciados alimentos para os prisioneiros, dizendo que enquanto ele vivesse ninguém iria matá-los. O diretor das minas corajosamente se recusou a abrir os túneis que conduziriam os judeus às minas.

No dia 30 de janeiro, contudo, o bravo administrador foi encontrado morto. Ele havia sido ameaçado pela ss e presumiu-se que se suicidara; ou isso, ou então, como pensaram alguns, foi assassinado. De todo modo, a ideia de transformar a mina num túmulo para os judeus foi deixada de lado. Naquela mesma noite, o prefeito de Palmnicken, havia muito um membro fanático do Partido Nazista, convocou um grupo armado da Juventude Hitlerista, encheu-os de álcool e os enviou até a mina abandonada, acompanhados de três homens da ss, que deveriam explicar o trabalho a ser feito ali. Os rapazes ficaram encarregados de vigiar quarenta a cinquenta mulheres e meninas judias que mais cedo tinham tentado escapar, até que elas fossem levadas para fora, sob a luz fraca de uma lâmpada da mina, para serem fuziladas pelos homens da ss, duas de cada vez. A essa altura, acreditava-se que os soviéticos já estavam bem próximos. Os homens da ss estavam ansiosos para "livrar-se dos judeus de qualquer jeito". Eles decidiram resolver seu problema fuzilando o restante dos prisioneiros.

Na noite seguinte, 31 de janeiro, o massacre improvisado tomou a sua forma final. Ocultados dos moradores da aldeia por um pequeno bosque, os homens da ss, com suas lanternas iluminando a noite, levaram os judeus, a golpes de coronha dos rifles, para o gelo e as águas glaciais e os fuzilaram com suas metralhadoras. Durante dias seguidos os cadáveres foram levados pelas águas ao longo da costa de Samland. Ao ver as vítimas, uma mulher ficou tão abalada que, como contou mais tarde, teve de "cobrir os olhos com as mãos [...]. Depois, continuamos caminhando depressa porque não aguentávamos ficar vendo aquilo". Os homens da ss não foram inteiramente eficientes em seu massacre; alguns judeus sobreviveram e conseguiram voltar à praia. A reação dos habitantes aos sobreviventes foi variada. Um alemão recusou-se a ajudar três mulheres, dizendo que "não pretendia dar de comer a judias". Outro morador, contudo, as escondeu e alimentou, protegendo-as até a chegada do Exército Vermelho. Médicos e enfermeiras do hospital local trataram alguns dos sobreviventes feridos. Dois operários poloneses também ajudaram. Dos 7 mil prisioneiros originais, cerca de duzentos sobreviveram.[53]

IV

Em outras partes da Alemanha, as pessoas não estavam preparadas para as sinistras notícias sobre o leste que logo começaram a se alastrar como fogo na floresta, nem para as histórias de horror contadas por aqueles que conseguiram escapar do pandemônio. Com o êxito da Wehrmacht ao repelir a incursão dos soviéticos na Prússia Oriental, alguns meses antes, em outubro, e a confiança em relação às defesas alemãs no leste, não se estava preparado psicologicamente para as dimensões do desastre que aos poucos foi se tornando claro na segunda metade de janeiro.

A primeira breve menção ao início da ofensiva soviética no *Völkischer Beobachter*, reproduzindo o relatório da Wehrmacht, dava a impressão de que o ataque era esperado e que a defesa alemã fora bem-sucedida.[54] Depois de alguns dias, porém, os jornais passaram a adotar um tom mais apreensivo.[55] A população logo detectou o tom de alarme que se insinuava nas informações sobre a rapidez do avanço soviético, em especial quando as notícias sobre a evacuação civil não conseguiram disfarçar as proporções do perigo, intensificadas ainda mais pelo relato das experiências dos refugiados que chegavam ao oeste. Os serviços de propaganda por toda a Alemanha informavam que "o clima de otimismo das últimas semanas, gerado por nossas ofensivas no front ocidental e pelo discurso do Führer, desapareceu com a grande ofensiva soviética. A população agora está olhando para o leste com a máxima preocupação e prestando pouca atenção a todos os outros fronts e aos acontecimentos políticos". "A queda nos ânimos", prosseguia o relatório, "tornou-se ainda maior pelo fato de que ninguém, em nenhum distrito, nem mesmo no leste, estava preparado para a rapidez e o grande sucesso do ataque soviético." A ampla expectativa quanto à invasão fora acompanhada por bastante apreensão, mas ao mesmo tempo pela crença de que a liderança alemã encontrava-se bem preparada e logo haveria de recuperar o domínio da situação no leste. Houve um grande espanto, portanto, por ter o Exército Vermelho conquistado tanto território em tão pouco tempo e terem as defesas alemãs, que se supunham sólidas, caído com tamanha facilidade.

As ondas de choque logo se espalharam por toda a Alemanha. O forte clima de depressão associou-se a profundas preocupações quanto ao futuro. As discussões eram dominadas pelos acontecimentos no front oriental e criticavam-se bastante os meios de comunicação, que tinham criado a impressão de que tudo havia sido feito para conter o esperado ataque. A liderança alemã foi censurada por ter subestimado o poderio e o moral dos soviéticos, crítica ressaltada ainda pelos avanços expressivos que o Exército Vermelho continuava a fazer, a despeito da alegada destruição de um grande número de tanques soviéticos. Um enorme choque foi causado pela investida no cinturão industrial da Alta Silésia, o que suscitou temores sobre a manutenção do potencial de armamento da Alemanha. Preocupações quanto ao destino da população civil nas áreas ameaçadas só foram mencionadas por último.

Na tentativa de modificar essa sequência pessimista de notícias, veio a inevitável ênfase na capacidade de resistência demonstrada pelo povo alemão — reflexo, sem dúvida, de opiniões colhidas sobretudo nos setores mais convictamente nazistas da população. Mesmo com o clima de depressão reinante, os serviços de propaganda afirmavam que não havia a menor apatia nem relaxamento no esforço de trabalho. Ao contrário, dizia-se, havia a disposição de fazer tudo que fosse possível para lutar "incondicionalmente" no "momento decisivo" e para recrutar "todos que fossem capazes de usar uma arma" e enviá-los ao front na esperança de repelir "o perigo do bolchevismo". Eram raros os comentários no sentido de que tais medidas estavam sendo adotadas tarde demais e eram inúteis. A manutenção, de modo geral, das fronteiras do Reich na região ocidental permitia acalentar esperanças de que em algum momento seria possível mudar o panorama do conflito no leste. O objetivo da ofensiva ocidental alemã — impedir um ataque inimigo duplo, tanto no leste como no oeste — tinha, dizia-se, ficado mais claro. Ninguém estava preparado para admitir que tanto sacrifício, sofrimento e miséria haviam sido em vão. Havia, assim, plena aceitação de todas as restrições necessárias em prol do esforço de guerra e da "mais feroz resistência" e defesa do regime a qualquer preço.[56]

Embora dificilmente essas manifestações reflitam com exatidão o que todo o povo alemão sentia, diagnósticos assim indicam uma postura obstinada de proporções ainda consideráveis — é impossível determinar suas reais dimensões; em todo caso, se fosse uma minoria, era uma minoria poderosa —, despreparo para admitir a derrota e disposição para fazer todo o possível para combater a ameaça vinda do leste. Mesmo se tornando cada vez mais geral a sensação de que a guerra estava irremediavelmente perdida, a apreensão sobre quais seriam as consequências da derrota vinha acompanhada de uma recusa desesperada em entregar os pontos. "A convicção de que a vitória dos soviéticos representaria a extinção da vida da totalidade do povo alemão e de cada indivíduo em particular é o sentimento generalizado de toda a população", dizia-se, reforçando a disposição de seguir lutando e tornar extrema a intolerância em relação àqueles que estivessem se esquivando de suas obrigações.[57]

O extenso relatório dos serviços de propaganda não fazia menção às atrocidades praticadas pelos soldados do Exército Vermelho, nem aos horrores das evacuações. Mas histórias contadas pelos refugiados que escapavam para o oeste logo foram chegando ao resto da população. Imediatamente após o início da ofensiva soviética, os propagandistas foram orientados a contestar os comentários de que os soviéticos não eram tão maus como se dizia (opinião decorrente de episódios conhecidos de prisioneiros de guerra alemães que tinham recebido bom tratamento), enfatizando as atrocidades — o que incluía relatos de refugiados vindos de Memel sobre o soldados soviéticos perseguindo as mulheres e mães violentadas na frente de seus próprios filhos.[58] Embora ciente do "indescritível" sofrimento dos refugiados em suas caminhadas, Goebbels de início hesitou em divulgar esses relatos, por receio de que levassem a população ao pânico.[59] Havia, mesmo assim, uma sensação de pânico plenamente justificada, e as histórias de horror dos refugiados eram contadas onde quer que eles fossem. "Os refugiados vindos dos distritos do leste", informava um relatório de regiões distantes da Baviera, "trazem acima de tudo notícias chocantes sobre a miséria da população em fuga, que, em parte pelo pavor, procurou proteger-se dos bolcheviques dentro do Reich."[60] Em vez de guardar silêncio sobre as atrocidades, a propaganda alemã decidiu, portanto, usá-las como arma para prosseguir na luta. "Como os soviéticos espalham o terror no leste da Alemanha. Testemunhas oculares dos medonhos métodos de extermínio dos bolcheviques", anunciavam as manchetes do *Völkischer Beobachter* de 9 de fevereiro e, com algumas variações, ao longo das semanas seguintes.[61]

Cartas que ainda pingavam no oeste, vindas das regiões atingidas na fase inicial da ofensiva soviética, também pintavam um quadro detalhado das pavorosas condições nas áreas do leste e da enorme ansiedade quanto ao futuro. Uma carta, de Josef E., do distrito de Glogau, no Oder, descrevendo o estado dos refugiados que vinham de Warthegau e o temor de ter de deixar para trás tudo que tinham de valioso, comentava que as coisas haviam ocorrido de maneira totalmente diferente das esperanças outrora alimentadas em relação ao futuro. Quanto tempo vai levar até que "a totalidade da Prússia Oriental-Posen-Silésia seja inundada pelas hordas do leste?", ele indagava. A partir daí, faltava pouco até Berlim. "Se a marcha dos russos não pode ser detida, e isso não parece possível, então qualquer um pode calcular quanto tempo a guerra ainda vai durar. Eu prefiro um fim com horror a um horror sem fim", ele concluiu, repetindo uma frase bastante comum naquela época.[62]

Fora das áreas atingidas, no entanto, as pessoas tinham suas próprias angústias. E, apesar da consternação generalizada diante do avanço soviético, da perda dos territórios ao leste e da perspectiva de uma guerra perdida, não podiam dar grande atenção à sina dos refugiados. Quem tinha pais, filhos, maridos e amigos expostos à terrível ameaça dos invasores soviéticos se preocupava com o destino de seus entes queridos no front oriental. "Meu menino querido, acabei de ouvir as informações da Wehrmacht e fiquei sabendo que você está novamente no combate", escreveu uma mãe a seu filho, isolado em Courland. Sem notícias dele havia mais de um mês, a mulher temia pelo pior. "Fiquei nervosa por tudo que você está passando e espero que ainda possa sair disso [...]. Deus precisa pôr um fim a essa situação logo, mas quem sabe como. Aqui ficamos entre a preocupação e as expectativas. 'Sem você, onde estariam minha força e minha coragem?'", terminava ela, citando um texto religioso.[63] Com tantas pessoas aflitas por suas famílias, o sofrimento dos outros ficava em segundo plano.

Na Alta Baviera, onde, na ausência das prometidas novas armas, dizia-se que o povo perdera a esperança de que os soviéticos fossem expulsos do território do Reich, o clima dominante parecia ser mais de preocupação quanto aos transportes e aos correios e à provável escassez de alimentos decorrente da perda de territórios orientais.[64] Na Francônia, os acontecimentos no leste eram ofuscados pela destruição completa do antigo e encantador centro de Nuremberg, em consequência dos pesados ataques aéreos sofridos em 2 de janeiro, nos quais 1,8 mil pessoas morreram e 29 500 edifícios foram destruídos, deixando desabrigada grande parte da população da cidade.[65] Ursula von Kardoff, uma jornalista de Berlim, admitiu que sua sensibilidade ficara tão entorpecida que mal conseguia imaginar as cenas de horror que lhe haviam sido relatadas em primeira mão do que ocorrera na estação ferroviária de Breslau após ter sido dada a ordem de abandonar a cidade — pessoas em pânico sendo pisoteadas, cadáveres sendo atirados para fora de vagões de trens de carga sem aquecimento, refugiados que não conseguiam sair da estrada, mães em estado de choque incapazes ou sem disposição de ver que os bebês que carregavam nos braços estavam mortos. Alguns dias depois, ela fez observações a respeito dos medonhos relatos de atrocidades que chegavam todos os dias à sua mesa de trabalho. "O cérebro propagandístico de Goebbels evidentemente voltou a funcionar a todo vapor", comentou, para depois perguntar: "Ou será que tudo isso é verdade? Já não acredito em mais nada, a não ser que no eu mesma tenha visto".[66]

Àquela altura, havia essa possibilidade. Os primeiros trens abarrotados de refugiados já chegavam a Berlim, vindos da Silésia. Um caminhão aberto surgiu na cidade repleto de crianças, muitas delas mortas depois de 96 horas expostas a um frio intenso.[67] "Colunas de caminhões superlotados de refugiados e bagagem em malas e sacos circulam pelas ruas de Berlim", escreveu o correspondente de um jornal sueco em 24 de janeiro, num despacho que chegou às mãos dos Aliados. "A invasão da cidade pelos refugiados agora é tão impressionante que a população da capital do Reich definitivamente se deu conta de que o perigo vindo do leste está perto das fronteiras e da própria Berlim."[68]

Numa cidade preocupada com seus próprios problemas — sistema de transporte perto do colapso, escassez de alimentos e de carvão, cortes de eletricidade, medo constante de ataques aéreos —, os refugiados não eram universalmente bem-vindos. Poucas pessoas se dispunham a partilhar suas moradias, muitas vezes já superlotadas, ou suas magras rações de alimentos.[69] Os carregadores das estações principais pareciam relutar em ajudar os refugiados que desciam dos trens; algumas pessoas queixavam-se, talvez sem razão, de que as "irmãs" do nacional-socialismo preferiam permanecer em seus aposentos bem aquecidos a amparar os recém-chegados (embora esse amparo, assim como o de outros organismos do partido, fosse muitas vezes reconhecido pelos refugiados); os berlinenses preocupavam-se com a escassez de alimentos, especialmente leite para as crianças, e reclamavam: "Já temos tão pouco, e agora ainda aparecem todos esses refugiados". No fim do mês, a cidade fervilhava com os refugiados, que manifestavam abertamente sua raiva e amargura, sem considerar as consequências. Havia muito ressentimento em relação aos funcionários do partido, por terem pensado primeiro em se salvar, demonstrado pouco interesse pelos outros, por não tê-los avisado sobre o perigo em tempo hábil e por terem arranjado lugares em trens que partiam rumo ao Reich.[70] "Aqueles que perderam tudo perdem também o medo", comentou um observador. Por algum tempo a polícia decidiu não intervir.[71]

Não é de surpreender que as histórias dos refugiados tenham causado um efeito depressivo nos berlinenses. Existia um receio disseminado de que, assim que o Exército Vermelho assegurasse o domínio sobre a região industrial da Alta Silésia, a guerra estaria praticamente perdida. As pessoas perguntavam repetidas vezes onde estavam as tão aguardadas "armas miraculosas" que deveriam mudar o curso do conflito, e por que não eram empregadas contra os russos, depois de tanto ter sido dito e escrito sobre elas. Havia fortes suspeitas de que tais armas jamais teriam existido; eram vistas apenas como um truque de propaganda. Mesmo que fosse possível deter o Exército Vermelho, duvidava-se muito de que a Alemanha pudesse voltar a assumir uma posição ofensiva. E a população considerava mera propaganda a alegação de que os soviéticos já tinham usado todas as suas forças e não estavam mais em condições de iniciar uma nova ofensiva.[72] Quando, na manhã de 3 de fevereiro, cerca de 1,5 mil aviões americanos despejaram 2 mil toneladas de bombas em Berlim — no maior ataque aéreo da guerra à capital do Reich, tendo como consequência 5 mil mortos, feridos e desaparecidos —, o pânico temporariamente tomou conta da cidade, deixando em segundo plano o destino da massacrada população do leste. Mesmo assim, as informações sobre o constante avanço soviético no leste provocaram grande ansiedade e geraram comentários sobre a evacuação de Berlim — uma tensão que se agravava ainda mais pela instalação de barricadas. Piadistas sarcásticos indagavam com humor negro quanto tempo o Exército Vermelho levaria para transpor os bloqueios. A resposta era que eles fariam isso em uma hora e cinco minutos: uma hora rindo das barricadas e cinco minutos as demolindo.[73]

Comentava-se que a população não tinha ilusões sobre as consequências da guerra perdida "e o que podem esperar as pessoas que caírem nas mãos dos russos. Assim, elas basicamente concordam que é melhor lutar até a última gota de sangue e aceitar todas as privações do que perder a guerra ou render-se prematuramente".[74] A ideia de lutar até o fim sem dúvida não era compartilhada por todos. Para muitos, talvez a maioria, o clima predominante era de fatalismo. "Não pense demais, faça o seu dever e tenha fé. Os alemães vão dominar essa praga dos hunos", escreveu uma mulher a um amigo baseado com a Luftwaffe na Prússia Oriental.[75] De acordo com as lembranças de um jornalista estrangeiro, que conheceu a vida na capital alemã daquela época, as restrições e o controle cada vez maior sobre a população, as dificuldades de transporte, a crescente escassez de alimentos, o medo constante de bombardeios e preocupações com o futuro levavam muitos ao escapismo, muitas vezes encontrado na bebida.[76] Mas a determinação de resistir, apontada pelos observadores, era uma tendência significativa, enfatizada pelo relato das atrocidades no leste. Diferentemente da situação no oeste, onde não havia grande receio de ocupação pelos britânicos ou pelos americanos, o terror justificado quanto às consequências de uma derrota para os soviéticos desempenhava um papel importante na disposição de prosseguir lutando no leste, em especial entre aqueles mais diretamente ameaçados.

Àquela altura, a crença em Hitler estava tão enfraquecida que pouco tinha a ver com a disposição de continuar na luta. Um artigo elogioso de Goebbels na véspera do Ano-Novo, publicado em *Das Reich*, importante semanário berlinense, saudando a "genialidade" de Hitler, recebeu críticas severas, de acordo com o SD em Stuttgart. Diante do que estava acontecendo, as pessoas diziam que "ou o Führer não é esse gênio descrito por Goebbels, ou então ele provocou deliberadamente essa conflagração mundial". Alguns lembravam o que Hitler escrevera em *Mein Kampf*, livro no qual "vinte anos antes, ele havia descrito seus objetivos. Há quem afirme que lá se encontra a origem da guerra". Muitos concluíram com isso que "o Führer tinha buscado a guerra desde o início".[77]

Algumas fagulhas da antiga fé nos poderes de Hitler, entretanto, não estavam de todo extintas. Em Berlim, alguns refugiados aparentemente diziam "que o Führer logo os levaria de volta a seus lares", e alegava-se, em típica linguagem de propaganda, que "a fé no Führer é tão grande que mesmo um pequeno êxito logo melhora o estado de espírito de muitas pessoas".[78] Uma enfermeira da Cruz Vermelha, escrevendo para casa de um hospital relativamente sossegado em La Rochelle, comentou, consternada, que "os bolcheviques agora estão em nossa linda Alemanha", sem dúvida querendo confiar na promessa de Hitler quanto à vitória final em seu discurso de Ano-Novo. Mas acrescentou: "Está muito difícil acreditar nisso".[79] Outra mulher resistia a essas incertezas. Mesmo horrorizada com os acontecimentos no leste, com as bombas caindo sobre as cidades alemãs e com sua própria ansiedade em relação ao futuro, ela ainda confiava numa liderança "que deseja apenas o melhor e a grandeza para o povo", lamentando que os membros do partido "não conseguem defender melhor as ideias do Führer", e estava convencida de que a guerra "simplesmente tem de chegar ao fim com a nossa vitória" porque uma "diabólica liderança de um Estado" judeu não poderia se sustentar por muito tempo.[80]

Uma fé genuína, ingênua, em Hitler — talvez encontrada ainda com mais frequência entre os alemães mais jovens, embora mesmo nesses casos tal sentimento já fosse minoritário — aparecia nas anotações um tanto pessimistas do diário de uma adolescente de Siegen, sul da Vestfália, cuja mãe estava tomada pela angústia quanto aos parentes que não haviam conseguido escapar do cerco de Königsberg. Sem rádio desde o último ataque aéreo, a menina não tinha condições de afirmar qual a situação das tropas alemãs, sabendo apenas que não era nada boa. A Alemanha precisava de tropas no leste; mas nesse caso, ingleses e americanos atacariam no oeste. E àquela altura, com a evacuação de Breslau, as pessoas precisavam fugir tanto no leste como no oeste. "Nosso pobre, pobre Führer", foi seu primeiro pensamento. "É provável que não consiga mais dormir de noite, ele que pensava unicamente no melhor para a Alemanha." Ela estava insegura quanto a seu próprio futuro, mas agarrava-se a duas esperanças: que Deus haveria de reconhecer que o povo alemão já havia sofrido muito (pelo que havia sofrido, ela não disse), ou "que o Führer ainda tem uma arma secreta para usar". Talvez a arma tivesse um poder de destruição tão grande, ela pensou, que o governo estivesse hesitando em usá-la. De qualquer forma, não havia nada que as pessoas comuns pudessem fazer, acrescentou a garota com fatalismo. As coisas simplesmente aconteceriam. Ao fim, ela lamentava o fato de que sua escola voltasse a funcionar no começo de fevereiro: "Ter ainda que estudar numa hora dessas? Que coisa horrível!".[81]

A Alemanha encolhia, com as regiões a leste tomadas pelo inimigo, as fronteiras a oeste correndo perigo e a população sujeita a ameaças de invasão, além dos constantes bombardeios. Os moradores das cidades passavam por severas privações, já que o fornecimento de gás e eletricidade estava sujeito a cortes, só se encontrava água nos hidrantes das ruas e a comida ficava cada vez mais racionada. Era comum as pessoas terem de ir a pé ou de bicicleta para o trabalho, uma vez que os transportes públicos, na melhor das hipóteses, funcionavam apenas parcialmente. Em áreas rurais ainda não castigadas pela guerra, as condições costumavam ser melhores. Encontrava-se comida — muitas vezes armazenada, ainda que isso fosse proibido. E, com exceção das zonas próximas a conglomerados urbanos, tampouco havia o temor dos ataques aéreos noturnos, embora quem trabalhasse no campo estivesse sob a ameaça dos assaltos cada vez mais frequentes de pilotos "voando baixo". Mas não era nenhum idílio rural. Um imenso e crescente número de refugiados vindos de cidades bombardeadas e depois das regiões devastadas do leste precisava ser alojado — nem sempre sendo bem recebido — em acomodações já abarrotadas e alimentado com rações que ficavam cada vez menores. Em áreas próximas ao front, também era necessário providenciar alojamento para os soldados. Os recém-chegados com frequência estavam longe de ficar gratos pelo que lhes era oferecido, queixando-se das condições primitivas e relutando em ajudar no trabalho das fazendas.[82]

Na cidade ou no campo, aqueles que tinham uma ligação conhecida com o Partido Nazista ou com alguma de suas organizações auxiliares logo percebiam como eram desprezados por grande parte da população. Mas ainda eram detentores de poder. Por mais que crescessem as críticas, as pessoas com razão evitavam falar abertamente e sofrer as consequências. Quem tivesse um passado de posições antinazistas tinha de ser particularmente cauteloso. O número de indivíduos convencidos de que a guerra já estava perdida não parava de crescer. Mas ainda existia uma minguante minoria disposta a acreditar — talvez mais por desespero do que por convicção — que Hitler guardava algumas cartas na manga, mesmo naquele momento. Muitos dos que haviam perdido a fé no Führer não viam outra opção além de continuar lutando para que o país não caísse nas mãos dos temidos bolcheviques. E havia ainda os desesperados, que tinham se ligado por tanto tempo e de maneira tão próxima ao regime que se sentiam obrigados a prosseguir na batalha pelos ideais do partido, uma vez que não teriam o menor futuro se o nazismo chegasse ao fim. A ofensiva soviética no leste acabou servindo como ponto de partida para seu derradeiro esforço. Já que nada tinham a perder, os radicais fanáticos do partido eram uma ameaça a todos que cruzassem seu caminho.

Quaisquer que fossem suas variadas atitudes, que iam do extremado antinazismo à mais fervorosa lealdade aos ideais de Hitler, a massa da população alemã, dividida, desorientada e desiludida, muito pouco ou nada poderia fazer para dar alguma forma ao que o futuro lhe reservava. Além da recusa da liderança nazista, mais obviamente e em especial do próprio Hitler, a considerar a capitulação, a continuação de uma guerra que já se provava perdida dependia em grande parte da capacidade do regime de arregimentar tropas e equipá-las com armamentos e da determinação da Wehrmacht de permanecer na luta mesmo quando o único desfecho parecia ser uma derrota esmagadora.

V

As cartas enviadas do front às famílias dos soldados inevitavelmente indicavam um quadro variável de atitudes. Na maioria dos casos, os soldados evitavam comentários políticos, limitando-se a assuntos pessoais. Entre aqueles que emitiam alguma opinião sobre a guerra, alguns eram derrotistas (apesar do perigo de que essas opiniões fossem vistas pelos censores, com graves consequências para o remetente), outros estavam apenas resignados com o que tinham de enfrentar; muitos, no entanto, ainda manifestavam otimismo e uma grande capacidade de se adaptar às circunstâncias — com frequência talvez para aliviar a ansiedade dos parentes. Um cabo em missão em Courland não disfarçou suas críticas aos funcionários do partido, os quais, ele dizia (expressando um sentimento bastante comum na Alemanha), seriam capazes de sacrificar tudo sem piedade para não ter de servir no front. "Se pelo menos o bom senso pudesse triunfar entre os tiranos", ele escreveu, acrescentando com perspicácia: "mas eles sabem perfeitamente que também estão condenados. Então, sem a menor piedade, tratam em primeiro lugar de sacrificar todo o povo."[83] Em outra carta, um soldado, relatando histórias que ouvira de uma testemunha ocular da "fúria indescritível" dos refugiados que escapavam do Exército Vermelho, acreditava que logo os alemães viveriam sob o comunismo, "se os americanos não nos salvarem".[84] Escrevendo de Breslau, um sargento estava temeroso, porém era fatalista: "Os russos chegam cada vez mais perto, e há o perigo de que logo estejamos cercados. Mas nossa vida está nas mãos de Deus e ainda espero que possamos nos ver novamente".[85]

Era mais comum um tom bem diferente. "A grave situação atual não deve acabar com nossa confiança!", escreveu um soldado. "Tudo vai mudar, acredite! Nós precisamos, precisamos ter paciência e não devemos, não devemos perder a fé."[86] Outro, pedindo que os necessários sacrifícios materiais fossem feitos por quem estava longe do front, acreditava que com coragem seria possível defender as fronteiras e expulsar o "grande rolo compressor do leste".[87] Um oficial não comissionado na Prússia Oriental manifestou sua tristeza com "o sofrimento dos refugiados", mas também a raiva que aquilo provocava, um sentimento sem dúvida partilhado por muitos soldados e uma motivação adicional para os esforços obstinados de afastar a ameaça soviética.[88] Um cabo, aborrecido pelo fato de que o monumento a Tannenberg na Prússia Oriental precisara ser derrubado, e preocupado com a possível perda das indústrias da Silésia, ainda estava convencido de que a Alemanha ao fim conseguiria derrotar o inimigo.[89] Um granadeiro ferido, que estava num hospital alemão no campo, após ter sido transportado pelo mar de Pillau para fora do caldeirão em que se convertera a Prússia Oriental, mantinha a confiança, apesar da situação preocupante. "Precisamos ter fé", ele escreveu. "Estou convencido de que logo vai acontecer uma mudança. De modo algum iremos capitular! Todo o sangue que já correu nessa luta pela liberdade não pode ter sido em vão. A guerra pode e vai terminar com a vitória da Alemanha!"[90]

É impossível saber até que ponto essas opiniões eram representativas de um quadro geral, embora, assim como nas cartas, esperanças e temores de fato fossem mais visíveis entre os combatentes esgotados pela crise no leste. Raras vezes citavam-se opiniões de natureza política. Por certo que era perigoso manifestar críticas ao regime. Mas sentimentos abertamente favoráveis ao nazismo também eram raros. Àquela altura, o desprezo pelos funcionários do partido estava tão disseminado na Wehrmacht como entre a população civil, embora pouco transparecesse nas cartas para casa, por motivos óbvios. Por outro lado, atitudes de apoio ao nazismo nem sempre eram definidas com facilidade. O nacionalismo exacerbado do regime havia induzido ao sentimento de que a pátria deveria ser protegida a todo custo. E anos seguidos de uma estridente propaganda antibolchevique, além dos estereótipos racistas, coincidiam, para muitos soldados, com o que já haviam visto da brutalidade do Exército Vermelho e fortaleciam sua disposição de resistir à ofensiva daqueles a quem eles, influenciados pela doutrinação nazista, com frequência viam como "hordas asiáticas" ou "animais bolcheviques". Slogans como "Vitória ou Sibéria" ou "Estamos lutando pela vida de nossas mulheres e crianças" com certeza deviam surtir algum efeito, mesmo que não seja possível avaliar se eram ou não bem recebidos.[91] Um jovem oficial, servindo no oeste mas acompanhando com atenção, pessimismo e muita tristeza as notícias sobre os acontecimentos no leste, decerto sintetizou as opiniões de muitos quando anotou em seu diário: "Chega de slogans. Eles não fazem mais efeito".[92] Àquela altura, no front ocidental, psiquiatras do Exército aliado, estudando a personalidade de prisioneiros alemães, concluíram que cerca de 35% deles eram a favor do regime, embora apenas 10% fossem "nazistas convictos". De acordo com a avaliação dos psiquiatras, os 65% restantes não apresentavam sinais do que eles consideravam um tipo de personalidade nazista.[93] Se esse tipo de análise, caso fosse realizado no front oriental, chegaria a conclusões semelhantes, é algo impossível de saber.

Quaisquer que fossem as opiniões pessoais dos soldados, eles não podiam influir nos acontecimentos. De modo geral, limitavam-se a cumprir ordens. O número de deserções aumentava, mesmo no front oriental, mas ainda assim era uma parte muito pequena em relação ao número de soldados em combate. Certamente sentiam-se sinais de que o moral da tropa estava em queda, porém, diante da perspectiva de severas punições, não havia risco de que isso se transformasse em motim declarado. O fator mais importante na permanente disposição em lutar não estava no comportamento dos soldados comuns, mas sim na postura de seus comandantes.

As tensões que afligiam um líder militar tentando, naqueles dias de desespero, deter a marcha inexorável do Exército Vermelho pela Prússia Oriental podem ser percebidas nas anotações do diário e nas cartas enviadas à esposa pelo coronel-general Reinhardt, que, como comandante em chefe do Grupo de Exércitos Centro, alvo de ataques permanentes, encontrava-se no olho do furacão. Reinhardt, de incontestável lealdade ao regime, debatia-se com problemas de consciência — frequentes entre militares em posição de liderança —, tentando equilibrar a responsabilidade para com seus comandados e a obediência a Hitler, mesmo quando recebia ordens diametralmente opostas ao que ele sabia ser necessário fazer. Após a guerra, ele continuou acreditando que não lhe restava alternativa. Renunciar ao posto, a menos que por exigência de Hitler, não teria sido possível. A simples ideia de alegar alguma doença para abrir mão de seu comando lhe causara "os mais sérios conflitos psicológicos". Sob a ilusão de que pessoalmente poderia influir nos acontecimentos e de que "não havia sentido em sacrificar-se", já que se encontraria facilmente um substituto disposto a assumir suas funções, ele não viu opção senão permanecer no posto.[94]

Nas primeiras horas da noite de 14 de janeiro, quando a ofensiva encontrava-se em sua fase inicial, Hitler telefonou para conhecer a opinião de Reinhardt sobre a situação de seu Grupo de Exércitos, mas encerrou abruptamente a conversa, antes que o comandante tivesse a oportunidade de manifestar sua preocupação com a escassez de reservas. Horas depois, durante uma noite sem um momento de descanso, Reinhardt recebeu ordens de Hitler para transferir duas divisões Panzer, de vital importância, para o pressionado Grupo de Exércitos A, de Harpe, que lutava para conter o avanço soviético no Vístula. Isso enfraqueceria ainda mais suas já limitadas reservas. Mas ele ouviu que não era possível protestar; a decisão do Führer era definitiva. Reinhardt ponderou que as consequências na Prússia Oriental só poderiam ser "catastróficas". Transferir as derradeiras reservas seria provocar, em pouquíssimo tempo, uma inevitável investida inimiga. "Um golpe monstruoso para nós! Mas que precisaremos aceitar, uma vez que nossa posição também depende da posição de Harpe", ele registrou estoicamente em seu diário.[95]

Além de Hitler, Reinhardt também tinha de enfrentar Guderian. Em 15 de janeiro, este recusou-se a permitir que Reinhardt reduzisse o flanco nordeste do front. Reinhardt, precisando desesperadamente de reservas, apelou então ao Führer, que dessa vez concordou, e Guderian voltou atrás. Dois dias depois, Hitler, apoiado por Guderian, não acedeu ao apelo fervoroso de Reinhardt para recuar o Quarto Exército, com o objetivo de economizar reservas, que seriam fundamentais para ajudar o Segundo Exército, em apuros, a deslocar-se para o oeste. O telefonema de Reinhardt a Hitler, com uma hora de duração, para expor a situação ao Führer, foi difícil. Logo de início Hitler lhe disse que, devido a seus problemas de audição, em consequência do atentado sofrido em julho, o general Wilhelm Burgdorf, seu ajudante da Wehrmacht, conduziria a conversa. Reinhardt e seu chefe de Estado-Maior, o tenente-general Otto Heidkämper, também de extrema lealdade ao regime, desconfiaram que sua argumentação não estava sendo transmitida na íntegra ou com a devida clareza por Burgdorf. De todo modo, foi inútil. Hitler disse estar convencido de que retiradas não poupariam forças, pois o inimigo simplesmente avançaria para posições mais favoráveis. Esse tipo de recuo, alegou, provocara resultados catastróficos sempre que adotado em qualquer ponto do front oriental. Em seguida, rejeitou o pedido de Reinhardt para retirar o Quarto Exército para os lagos Masurianos e desdenhou o valor das fortificações em Lötzen. O máximo que Reinhardt conseguiu foi conservar duas divisões que Guderian pretendia transferir para o OKH.[96]

Reinhardt ficara tenso enquanto tentava lidar com a crise. E seus nervos não se acalmaram quando, em 19 de janeiro, ele presenciou terríveis cenas de devastação depois que civis em fuga foram atingidos por um bombardeio que deixou um rastro de cadáveres, veículos destruídos e cavalos despedaçados na estrada.[97] Em carta à esposa, perguntou como era possível cumprir sua missão debaixo de uma carga tão pesada e dolorosa. Ele mesmo respondeu à indagação: "A máquina do dever, a vontade e a aplicação obrigatória, jamais questionada, da última gota de energia para nós funcionam automaticamente. Apenas em momentos muito raros pensamos na grande pergunta: 'E agora?'".[98]

Outro pedido de Reinhardt, feito na noite de 20 de janeiro, para retirar o Quarto Exército, cada vez mais ameaçado, para posições mais seguras nos lagos Masurianos foi bruscamente rejeitado por Hitler — decisão considerada incompreensível pela liderança do Grupo de Exércitos Centro, uma vez que a situação estava se tornando crítica e o cerco era quase certo. Guderian prometeu que tentaria convencer Hitler a mudar de ideia, mas tinha pouca esperança. Reinhardt passou outra noite em claro. "Ainda sem permissão para retirada", anotou em seu diário em 21 de janeiro. "Neste momento estou numa angústia imensa, pensando se devo desobedecer." De manhã, tornou a implorar a Guderian e ao chefe do Estado-Maior de Comando do OKH, general Walther Wenck, que lhe transmitissem uma decisão de imediato, "caso contrário a liderança perderá toda a confiança". Seguiram-se "horas de uma tensão inacreditável". Reinhardt fumou um cigarro depois do outro até ficar sem nenhum. No meio da manhã, Guderian telefonou, dizendo que outra vez Hitler negara autorização para a retirada do Quarto Exército.

Reinhardt decidiu mais uma vez apelar diretamente ao Führer, na tentativa de "salvar o que pode ser salvo". Enfrentou outra longa disputa, procurando superar a obstinação de Hitler em negar autorização para que as tropas recuassem até os lagos Masurianos, como única esperança de manter a resistência do front. A conversa foi angustiante, ele escreveu à mulher, "porque lutei muito com todos os meus sentimentos, o senso de dever e conflitos de consciência entre vontade e necessidade de obedecer e o sentimento de responsabilidade diante de minha missão". O ponto de inflexão na discussão ocorreu quando Reinhardt argumentou com veemência que, se a retirada não ocorresse, a Prússia Oriental e o Grupo de Exércitos desmoronariam. Ele vinha sendo, explicou, bombardeado com pedidos de reforços por parte dos comandantes que lhe eram subordinados e tinha de dizer que a confiança deles em sua liderança tornara-se crucial. Não via outra solução para o problema além daquela que havia proposto. Se ela fosse recusada de novo, receava perder o controle sobre seus subordinados. Depois de quase duas horas, Hitler concordou, dando permissão para o recuo até os lagos. "Graças a Deus!", anotou Reinhardt. "Eu estava próximo do desespero. Será que o suicídio é uma deserção? Agora, provavelmente é! Graças a Deus", repetiu, "que a crise de confiança foi superada. Eu não teria sido capaz de encarar meus comandantes. Eles duvidaram de mim, com toda razão. Agora, precisamos da ajuda de Deus para que não seja tarde demais."[99]

Mas *era* tarde demais. Mal tinha Hitler permitido que o Quarto Exército recuasse até a zona fortificada com centro em Lötzen e o avanço das tropas soviéticas já ameaçava a área. Naquela mesma noite de 21 de janeiro, Reinhardt admitiu que a posição de Lötzen já não era segura e que um recuo mais a oeste, em direção ao "triângulo de Heilsberg", era imperativo. Enquanto se dirigia, no dia seguinte, a Königsberg, sob pesada nevasca, ficou consternado com a visão de refugiados submetidos a baixíssimas temperaturas. Sentiu-se perturbado, como contou à esposa, porque "eles eram tirados do caminho e rudemente tratados por nós se estivessem atrapalhando o tráfego da estrada com suas carroças, retardando a movimentação vital de nossas tropas". A ameaça ao Quarto Exército, enquanto isso, ia ficando mais grave. Estradas intransitáveis significavam que Reinhardt não poderia chegar ao comandante do Quarto Exército, o general Hoßbach, em 23 de janeiro, para avaliar a situação geral. Naquela noite, à medida que chegavam outras más notícias sobre os avanços soviéticos, Reinhardt, culpando a demora na autorização para a retirada, anotou em seu diário: "Agora, então, estamos cercados".

A essa altura, ele achava que uma "investida no oeste", que Hoßbach havia proposto com veemência como a única esperança, teria de ser empreendida. Naquela noite, comunicou a decisão ao OKH — embora deixasse de mencionar que seus efetivos estavam debilitados demais para ao mesmo tempo defender Königsberg e Samland. Tampouco — já que estava claro que Hitler iria rejeitar a operação no mesmo instante — comunicou sua intenção de desistir da área de Lötzen e recuar completamente até uma nova posição defensiva perto de Heilsberg. O OKH concordou, sem estar ciente da extensão da crise, e comprometeu-se a enviar reforços em direção ao leste, saindo da área de Elbing, para encontrar o Quarto Exército enquanto este estivesse se dirigindo ao oeste. Quando se reuniu na manhã seguinte com Hoßbach — cuja confiança em seu comandante em chefe declinara ao longo dos últimos dias —, Reinhardt, sem dúvida pressionado por ele a agir, deu a ordem para apressar a retirada. Temia que essa retirada fosse tarde demais e continuava aflito quanto ao dilema que enfrentara: deveria ter desobedecido à recusa anterior de Hitler, que de forma tão obstinada negara permissão para a retirada? "Não posso sobreviver a essa catástrofe", lamentou. "Serei considerado culpado, mesmo estando minha consciência tranquila, salvo por ter sido talvez obediente demais, por causa de meu senso de dever."

No dia seguinte, 25 de janeiro, Reinhardt enfrentaria novamente um conflito interno. Sofrera um sério ferimento na cabeça, com cortes profundos causados por estilhaços de vidro em seguida à explosão de uma granada num quartel-general que estava visitando. Ensanguentado e abatido, ele pediu a Guderian, em vão, que autorizasse um recuo maior na linha do front. Guderian, apoiando a atitude de Hitler, insistiu para que se mantivessem as posições nos lagos próximos a Lötzen. Deitado no leito, Reinhardt tornou a se empenhar na tarde seguinte para obter do OKH uma decisão favorável, uma vez que a ameaça ao Quarto Exército havia se agravado. Recebeu a promessa de que teria uma resposta às 17h — que, segundo ele, seria o último momento possível. Às 17h30, finalmente chegou a ordem de Hitler, permitindo porém apenas uma retirada parcial para posições que, na verdade, já haviam sido tomadas pelo Exército Vermelho. Hitler continuou insistindo que a posição em torno de Lötzen fosse mantida. Reinhardt disse a Hoßbach, pressionando repetidamente por uma decisão, que, se não tivesse recebido resposta até as 19h15, ele mesmo daria a ordem para a retirada. Em meio à crescente tensão, tanto Guderian como Wenck, no OKH, incrivelmente não estavam disponíveis para falar com Reinhardt pelo telefone. Hoßbach ligou às 19h pedindo permissão imediata para a retirada; não podia esperar mais. Reinhardt deu a ordem. Não tinha outra saída, disse; a vantagem da posição nos lagos de qualquer forma já fora perdida. Não tinha forças suficientes para mantê-la. "Estou com a consciência tranquila quanto à necessidade do ataque [...] do qual tudo depende", acrescentou. "Tenho total convicção de que o êxito e a manutenção de nossa investida são mais importantes para o Führer do que a posição do lago." Ele estava errado. Hitler, achando que havia sido enganado, teve um acesso de fúria com a informação de que o Quarto Exército desistira de Lötzen, acusando Reinhardt e Hoßbach de traição. Depois se acalmou. Mas era necessário encontrar um bode expiatório. Naquela noite, Reinhardt, comandante leal, ainda que com crises de consciência, foi exonerado.

VI

Surpreendente, ao longo de todo esse drama, foi não apenas a absurda obtusidade de Hitler, recusando-se a permitir uma retirada prudente, mas também o desconforto de Reinhardt simplesmente pelo fato de lhe ter passado pela cabeça a ideia de desobediência, mesmo numa situação tão extrema. É significativo também que Reinhardt e a liderança do Grupo de Exércitos Centro pensaram poder agir mesmo sem o apoio do OKH ou do séquito de militares ao redor do Führer. A desconfiança de Burgdorf, o ajudante da Wehrmacht de Hitler, era clara. Mas tornava-se igualmente clara a conclusão de que Guderian, como chefe do Estado-Maior Geral, ficaria ao lado de Hitler. Portanto, quando se tornou evidente que a retirada completa do Quarto Exército para a área de Heilsberg era a única opção que restara, ainda que significasse a perda de Königsberg e de Samland, essa decisão deveria ser ocultada não só de Hitler, mas também do OKH. O *Gauleiter* Koch, sempre trombeteando a necessidade de defender a "Fortaleza Prússia Oriental" até o último homem, tampouco deveria ser informado, pois se soubesse da decisão, iria imediatamente comunicá-la a Hitler. A estrutura de comando, militar e política, que tornava a posição de liderança de Hitler inatingível e garantia que suas ordens fossem cumpridas, mesmo quando não faziam o menor sentido, permaneceu, assim, intacta ao longo da crise. Hoßbach procurou ornamentar sua biografia ao alegar, após a guerra, que tinha desobedecido Hitler ao ordenar unilateralmente a contraofensiva para o oeste, com o objetivo de romper o cerco. Mas na verdade, até a exoneração de Reinhardt, em 26 de janeiro, ele agia com total apoio de seu comandante em chefe. A decisão de agir contra as ordens de Hitler — embora com relutância — por estar convencido de que não havia outra saída parece ter sido em primeira instância de Reinhardt, e não de Hoßbach.

O objetivo da liderança do Grupo de Exércitos Centro, ao recuar para Heilsberg, era colocar-se numa posição mais defensável. Uma vez lá, seria possível pensar se havia ainda algum território da Prússia Oriental que pudesse ser salvo. O ponto de vista de Hoßbach, como ele escreveu pouco depois do fim da guerra, era ainda mais radical. Ele declarou já ter plena certeza de que a Prússia Oriental estava perdida. De acordo com suas alegações, concluiu que a única opção seria tentar salvar as forças alemãs lá cercadas, para que pudessem lutar de novo.[100]

Isso se tornou um fim em si mesmo. O desespero acabou produzindo sua própria dinâmica. Assim como outros líderes militares, Hoßbach alegou mais tarde que o motivo pelo qual continuou lutando foi proteger e salvar a população civil. A verdade era outra: salvar o Exército vinha em primeiro lugar. Naturalmente, os comandantes, como indicam o diário e a correspondência de Reinhardt, bem como outros relatos da época, com frequência ficavam abalados com o sofrimento dos refugiados sob as baixíssimas temperaturas do inverno na Prússia Oriental. Soldados em retirada muitas vezes faziam tudo a seu alcance para levar refugiados consigo ou ajudá-los de algum modo, embora não houvesse muito que pudesse ser feito. O sofrimento que testemunhavam deprimia o moral da tropa.[101] Sem dúvida, a Wehrmacht, sempre que possível, procurava evitar que a população caísse nas mãos dos soviéticos. Mas as filas de refugiados nas estradas cobertas de gelo eram um empecilho à marcha das tropas para o oeste. As ordens de Reinhardt em 22 de janeiro mostraram quais eram as prioridades. "Refugiados que atrapalhem o movimento das tropas nas estradas principais", ordenou, "devem ser retirados dessas estradas [...]. É doloroso, sem dúvida. Mas a situação exige."[102] "A população civil precisa ser afastada", disse Hoßbach aos comandantes do Quarto Exército que lhe eram subordinados, dois dias mais tarde. "Essa ordem parece horrível, mas infelizmente não pode ser alterada, porque, por mais duro que seja, agora que a Prússia Oriental foi perdida, é necessário levar as forças militares de volta ao oeste com algum poder de luta." "Os refugiados têm de sair das estradas", ele disse sem rodeios a Reinhardt mais tarde, naquela mesma noite.[103] Várias vezes seguidas, os soldados em retirada colocaram a ordem em prática, pondo os refugiados e suas carroças à força para fora das estradas, enquanto abriam caminho rumo ao oeste.

A lógica militar às vezes pode, é claro, determinar que a população civil tenha de sofrer a curto prazo, para permitir a reorganização das Forças Armadas a fim de que, a longo prazo, a população seja beneficiada. Mas havia poucos sinais de um pensamento claro de ordem estratégica na desordem que tomou conta da Prússia Oriental em janeiro de 1945. Efetuar o resgate das tropas para que elas pudessem voltar a lutar, o objetivo alegado por Hoßbach, não explicava o motivo de prosseguir lutando. Não é fácil discernir a verdadeira motivação, tanto para os líderes como para as tropas. A ideia de ganhar tempo até que a coalizão inimiga se desfizesse era uma esperança cada dia mais remota. "Agora, a situação consiste em resistir no oeste e, no leste, recorrer a um combate de *partisans*", declarou um coronel — a única esperança numa "luta até a morte". Tal declaração ainda não definia qual seria o grande objetivo final, e de todo modo era um objetivo rapidamente superado pelos fatos.[104] "Defesa da pátria" era uma abstração. E onde seria feita essa defesa? No Oder (e no Reno)? Dentro do próprio Reich? Na capital do Reich até ela ser destruída? A selvageria do ataque soviético, o pavor de cair nas mãos do inimigo, o sentido de autopreservação, a lealdade aos camaradas enfrentando o mesmo destino e a angústia em relação aos entes queridos em casa, tudo isso constituía motivação suficiente para a maioria dos soldados comuns — se é que eles chegavam a refletir sobre as razões para continuar lutando. Para seus líderes, talvez houvesse um elemento adicional. A anotação no diário de Reinhardt de que um sentido quase automático do dever dirigia suas ações, dando pouca ou nenhuma atenção às futuras consequências, provavelmente se aplicava à maioria dos líderes militares, e não apenas no front oriental.

Isso significa que a liderança militar, desprovida de estratégia alternativa para pôr um fim à guerra, permaneceu trabalhando, em termos objetivos, para alcançar a única meta remanescente do regime — a de lutar até o fim, fosse qual fosse o custo em destruição material e em vidas humanas. As decisões de Hitler durante a crise de janeiro no leste promoviam apenas essa meta. Como sempre, generais que deixassem a desejar descartados com a mesma facilidade com que se descartam cartuchos usados de munição, mesmo quando, como no caso de Reinhardt, a missão que tivessem a cumprir fosse impossível. Hitler substituiu Reinhardt pelo coronel-general Lothar Rendulić, um austríaco em quem confiava, militar duro, astuto e capaz — embora não mais capaz do que Reinhardt havia sido em resolver o problema sem solução da Prússia Oriental. Segundo a visão de Hoßbach, Rendulić chegou sem informação alguma sobre a situação geral, não conhecia os soldados que comandaria, "provavelmente iria agir executando à risca as ordens de Hitler" — e superestimou em muito o potencial das forças à sua disposição. De imediato, entrou em conflito com Hoßbach sobre a pretendida contraofensiva rumo ao oeste ao custo de deixar Königsberg e Samland à própria sorte, dizendo que não apoiaria uma ação que descreveu como "merecedora da morte".[105] Apenas nessa ocasião Hoßbach agiu com independência, contrariando as intenções da liderança do Grupo de Exércitos. Realizou-se a contraofensiva, mas, como lhe faltassem as forças necessárias, ela já estava fracassando em 30 de janeiro, quando Hoßbach também foi destituído de seu posto e substituído pelo general Friedrich-Wilhelm Müller, militar competente mas sem experiência em altos postos de comando, que não deu continuidade à tentativa de atingir o Vístula.[106]

Mais ao sul, um enfurecido Hitler já havia dispensado os serviços do chefe do Grupo de Exércitos A, o coronel-general Harpe, considerado culpado pelo abandono de Varsóvia, apesar da ordem de manter a cidade a todo custo.[107] Seu substituto, o comandante que melhor simbolizava os valores nazistas, o brutal coronel-general Ferdinand Schörner, não perdeu tempo em impor sua cruel disciplina sobre os soldados em retirada, prendendo os desertores e ordenando execuções sumárias.[108] Exigiu dos oficiais que lhe eram subordinados a punição imediata de todo soldado suspeito de deserção ou indisciplina, sem preocupação com os detalhes formais de um julgamento. A justiça deveria estar subordinada ao interesse geral. "Afinal de contas, a guerra também não é 'justa'", ele raciocinou.[109] Bem mais tarde, depois de retornar da Rússia, onde fora prisioneiro e enfrentava julgamento na Alemanha Ocidental, Schörner alegou que, ao assumir o comando, encontrou tropas desmoralizadas, milhões de refugiados nas estradas, impedindo a movimentação do Exército, e unidades de combate desintegradas. Corrigiu a situação e, por meio de ações rigorosas, conseguiu estabilizar o front. Seu objetivo naquele momento, declarou, nada tinha a ver com a "vitória final" ou o regime. Tratava-se unicamente de evitar que o Exército Vermelho avançasse ainda mais Alemanha adentro, salvando assim dos bolcheviques centenas de milhares de refugiados.[110] Essas declarações, de modo bem conveniente, deixavam de lado sua determinação, mesmo naquela fase desesperada, de fazer tudo ao seu alcance para pôr em prática a política de "lutar até o fim", preconizada por Hitler, da maneira mais fanática possível.

Em 25 de janeiro, Hitler aproveitou a oportunidade das mudanças de pessoal para reestruturar os Grupos de Exército, deixando-os mais ajustados à realidade. O Grupo de Exércitos A, que passara para o comando de Schörner, tornou-se o Grupo de Exércitos Centro; o Grupo de Exércitos Centro, agora sob Rendulić, foi rebatizado e tornou-se o Grupo de Exércitos Norte; e o Grupo de Exércitos Norte, retido em Courland apesar dos pedidos de Guderian de retirar as tropas presas lá, cerca de 200 mil homens, para que fossem aproveitadas em outros fronts de combate com necessidade de reforços, passou a se chamar Grupo de Exércitos Courland, sob o comando do coronel-general Heinrich von Vietinghoff, que viera dos climas mais amenos do front italiano para as baixas temperaturas do norte. Essas mudanças refletiam a necessidade que os líderes militares sentiam de impor uma disciplina extremamente rígida para combater os sinais de moral vacilante, bem como o perigo de um potencial colapso no front, provocado por problemas internos. "O triunfo da vontade" por meio da obediência cega era colocado em prática para restabelecer os imperativos do profissionalismo militar. Para reforçar tal objetivo, o chefe do OKW, marechal de campo Keitel, exigiu obediência incondicional no cumprimento das ordens, determinando que todo aquele que falhasse no atendimento a essas obrigações fosse sentenciado à morte por uma corte militar.[111] Em sua medida mais notável, Hitler criou uma nova força, o Grupo de Exércitos Vístula, para fortalecer as defesas cambaleantes do nordeste da Alemanha e bloquear o ataque à linha do Oder, a norte de Glogau, e a penetração soviética na Prússia Ocidental e na Pomerânia. Surpreendentemente, e numa decisão que indicava o desespero, ele entregou o comando a Heinrich Himmler — por certo perito no tratamento impiedoso de vítimas políticas e raciais indefesas, mas cuja única experiência na

246

área de liderança militar no front de guerra fora seu breve e malsucedido comando do Grupo de Exércitos do Alto Reno, reunido às pressas poucas semanas antes. Sua missão era restaurar a ordem num front tomado pela insegurança e, por meio de rígida disciplina, assegurar que os soldados lutassem com todas as forças até o fim.[112] De início, as tropas à sua disposição compunham-se do que sobrara das forças do Segundo e do Nono Exércitos, embora em meados de fevereiro ele já estivesse no comando de cerca de quarenta divisões.[113]

Um dos personagens que apoiavam Hitler da maneira mais resoluta na luta incondicional até o fim era o grande almirante Dönitz, cujas ações contradiziam a imagem que mais tarde, no pós-guerra, ele passaria a apresentar: de militar estritamente profissional, sem nenhuma preocupação de natureza política. Dönitz era um típico linha-dura, dedicado de corpo e alma à luta contra o comunismo. Nunca se mostrou hesitante em seu vigoroso apoio a Hitler, a quem, segundo declarou em interrogatórios realizados depois da guerra, via como um homem "de extremo cavalheirismo e bondade". Dönitz insistiu que seu relacionamento com Hitler havia sido apenas "de um soldado, que em suas ações limitava-se exclusivamente à sua província; ou seja, aos interesses de um soldado",[114] apresentando-se como alguém preocupado sobretudo com o destino da população civil do leste, que fora atacada. Ele afirmou que, após o início da ofensiva soviética no front oriental, em janeiro, a tarefa mais importante do soldado alemão era salvar os habitantes das províncias do leste, e com orgulho lembrou o papel da Marinha no resgate de mais de 2 milhões de alemães, levados para o oeste nos derradeiros meses da guerra.[115] No entanto, em 22 de janeiro ele concordou com Hitler que as escassas reservas de carvão "deveriam ser destinadas a tarefas militares, não devendo ser empregadas para o transporte de refugiados". O transporte de refugiados pelo mar só poderia ser efetuado se não causasse prejuízo para as tropas em ação. A primeira prioridade de Dönitz consistia em enviar provisões aos grupos de soldados encurralados na Prússia Oriental e em Courland. Quanto aos refugiados aguardando desesperadamente navios que os retirassem de Pillau e de outras cidades do Báltico, o jeito era esperar.[116]

Como chefe da Luftwaffe, Hermann Göring, embora tivesse caído em desgraça devido aos fracassos da defesa aérea e se fizesse presente no quartel-general de Hitler apenas quando isso era de fato necessário, mantinha-se leal, por mais resignado que se sentisse com o iminente destino da Alemanha.[117] O coronel-general Robert Ritter von Greim, comandante em chefe da Sexta Frota Aérea no front oriental, já cogitado como possível substituto de Göring, era outro nacional--socialista convicto, participante do *putsch* de 1923 e inteiramente dedicado a Hitler até o fim. Outros veteranos oficiais da Luftwaffe também eram fanáticos pelo prosseguimento da luta, por mais sem esperanças que ela fosse. Mesmo que nem todos os líderes da Luftwaffe pensassem assim, a esperança de ser possível salvar alguma coisa para o futuro tornava a maioria extremamente cautelosa, evitando cair em desagrado.[118]

Guderian, como chefe do Estado-Maior do Exército, em consequência de seus desentendimentos a propósito de decisões militares, ficava cada vez mais frustrado e distante de Hitler, embora, como visto, este o tivesse apoiado quando Reinhardt tentou desesperadamente conseguir permissão para o recuo de tropas na Prússia Oriental. Por mais que discordasse das decisões do Führer, Guderian as acatava e procurava colocá-las em prática da melhor maneira possível. Pouco depois do atentado à vida de Hitler, em julho de 1944, ele queria que todo oficial do Estado-Maior se tornasse um NSFO.[119] Também servira no Tribunal de Honra que expulsara 55 oficiais da Wehrmacht, pondo-os em desgraça.[120] Mantinha-se leal, embora àquela altura já estivesse desiludido. E, no topo da Wehrmacht, Keitel e Jodl eram garantia de uma lealdade canina. Portanto, diferentemente do que alegaria mais tarde, a liderança da comunidade militar permanecia comprometida com Hitler, e com uma estratégia que, ao descartar qualquer forma de capitulação, só poderia levar a um imenso e adicional derramamento de sangue e finalmente à autodestruição.

Acima de tudo, o que tornava possível a disposição militar de continuar lutando, mesmo a um custo inevitável nos outros fronts, era a aceitação, tardia, da necessidade de encontrar reforços maciços para os combates no leste. Em janeiro e fevereiro, as baixas no front oriental passaram de 450 mil homens.[121] Mas, para além dessas perdas, o front precisava ser fortalecido. A Marinha e a Luftwaffe disponibilizaram dezenas de milhares de marujos e pilotos para as batalhas em terra.[122] As Forças de Reserva juntaram um número ainda maior de homens, com frequência retirados de áreas antes dispensadas de convocação. A *Volkssturm* mobilizou ao todo mais de meio milhão de homens, armados de maneira precária, para servir no front oriental, sofrendo horrendas perdas com essa decisão.[123] Mas, como o número de reservas de fato valiosas já podia ser considerado esgotado, e os novos recrutas quase sempre eram rapazes de dezesseis ou dezessete anos, com preparo deficiente, grande parte dos reforços, obrigatoriamente, só poderia vir do oeste ou do sul. Em 19 de janeiro, seis dias depois de iniciada a ofensiva soviética, o tenente-general August Winter, subchefe do Estado-Maior de Operações da Wehrmacht, apresentou um memorando cuja premissa básica era que a guerra seria decidida no leste nas semanas seguintes. Winter afirmou a necessidade, provocada pelas emergências no leste, "ao custo dos outros teatros de guerra e com o pleno reconhecimento do sério risco envolvendo as operações no oeste, de concentrar o maior número possível de forças no front oriental para a grande batalha decisiva".[124] O resultado da ordem foi o envio ao leste de outras quarenta divisões. Aeronaves, baterias antiaéreas, tanques e artilharia pesada passaram a ser despachados maciçamente para o leste, negligenciando-se os demais fronts de combate. Em 12 de fevereiro, 33 divisões já tinham sido enviadas ao front oriental, devendo ser seguidas por mais doze no começo de março. Mas dezoito dessas divisões só poderiam ser fornecidas mediante o enfraquecimento da luta contra britânicos e americanos no oeste e no norte da Itália.[125] A fase final do avanço aliado no oeste que se aproximava, portanto, estava praticamente sendo antecipada pelo colapso da Wehrmacht no leste.

Enquanto isso, um crescente desespero por parte dos líderes do regime e de seus representantes em escalões inferiores, associado a sinais evidentes de que o moral desmoronava tanto nos fronts como entre a população civil, fez com que se intensificasse o recurso a medidas de extrema repressão. Àquela altura, o alvo já não eram mais apenas grupos minoritários perseguidos e indefesos, mas sim o conjunto da população alemã. O terror, que por muito tempo havia sido exportado em direção ao leste, voltava-se agora para o próprio Reich.

6. O terror dentro de casa

O Führer espera que os Gauleiter ponham em prática a tarefa que lhes é confiada com a severidade e a consistência necessárias, reprimindo implacavelmente, com as sentenças de morte decretadas pelas cortes marciais sumárias, qualquer sinal de desintegração, covardia e derrotismo. Todo aquele que não esteja disposto a lutar por seu povo, mas o apunhale pelas costas em seu momento mais difícil, não merece viver e deve tombar diante do carrasco.

Diretriz de Bormann sobre a instalação de cortes marciais sumárias, 15 de fevereiro de 1945

I

Para a massa da população alemã, as consequências da incapacidade de repelir o inimigo no oeste com a ofensiva das Ardenas ainda não haviam sido inteiramente absorvidas antes da investida vinda do leste na segunda quinzena de janeiro de 1945. O impacto traumático dessa calamidade deixava bem claro, para quase todos, que o fim da guerra se aproximava; que num futuro próximo a Alemanha enfrentaria a derrota total e a ocupação pelo inimigo. Iniciava-se a contagem regressiva de um regime que, para um número cada vez maior de pessoas, causara tanta desgraça ao país. Com esse reconhecimento, os sinais de desintegração entre a população civil e entre os soldados comuns começaram a se avolumar. O regime respondeu à sua maneira característica: com um aumento enorme da repressão interna.

Naturalmente, a repressão havia sido uma parte intrínseca do regime nazista desde o princípio. Os juristas sempre colaboraram com a crescente perseguição, correspondendo em todos os níveis à violência extralegal da polícia e das organizações do partido ao intensificar sua própria repressão. Mas a repressão dos anos que precederam a guerra, mesmo sendo onipresente, concentrava-se nos grupos "de fora". O controle social e político do regime se apoiava em última análise no reconhecimento generalizado, por parte do povo alemão, de que ele seria implacável contra todo aquele que permanecesse em seu caminho ou que de algum modo fosse considerado seu inimigo. Uma vez que a repressão tinha como alvo os "de fora" e os "indesejáveis", era aceita, e até mesmo bem-vinda, pela maioria da população.[1] E, desde que os indivíduos não pertencentes a grupos discriminados racial ou politicamente se conformassem — ou não tivessem o azar de ser considerados "inferiores" por algum critério — a ficar de fora da "comunidade do povo", dificilmente cairiam nas garras da Gestapo.

Depois que a guerra começou, a violência embutida no sistema ganhou um novo e poderoso impulso. Em termos gerais, ela foi exportada. Seu impacto maior foi sentido pelas populações dos países conquistados na primeira fase, triunfal, da conflagração. Mas a repressão interna contra quaisquer sinais de inconformismo político também se intensificou. Os judeus, sempre escolhidos como o inimigo racial número um e incessantemente culpados pela guerra, de acordo com a insistente propaganda, tornaram-se alvo de perseguições horríveis e cada vez piores, em especial quando começaram as deportações para o leste, em 1941.[2] E a repressão terrorista era arbitrariamente dirigida ao crescente volume de trabalhadores estrangeiros vindos dos países conquistados, mais ainda quando os ventos da guerra começaram a se voltar contra a Alemanha — momento marcado de modo simbólico pela catástrofe de Stalingrado no inverno de 1942-3. A essa altura, o sistema legal já havia capitulado definitivamente ao poder desenfreado do aparato da Polícia de Segurança da ss. Com o aumento alarmante das perdas humanas no front e das pressões sobre a população civil dentro da Alemanha ao longo de 1944, o regime tornou-se ainda mais suscetível a qualquer sinal de dissidência. Isso não impediu que a postura crítica ao governo aumentasse, como indicavam claramente os serviços que monitoravam a população. Até a popularidade de Hitler — o foco da propaganda "positiva" —, nesse momento, começara visivelmente a declinar. O partido sofria uma severa queda de prestígio. O moral no front, sobretudo após o colapso na França, estava abalado.

A diminuição do apoio ao regime, que a propaganda tentava em vão combater, implicou inexoravelmente aumento rigoroso do recurso à repressão pelo terror. Após o atentado à vida de Hitler, em 20 de julho de 1944, e com os crescentes insucessos da Alemanha nos últimos meses do ano, a população, como vimos nos capítulos anteriores, era cada vez mais forçada ao empenho pela guerra total. Comentários descuidados ou qualquer indício de algo que pudesse ser considerado derrotismo ou subversão eram impiedosamente punidos. O regime tornava-se cada vez mais perigoso para seus próprios cidadãos.

Ainda assim, a partir de fevereiro de 1945, o terror dentro da Alemanha ascendeu a novos patamares. Os líderes do regime, Hitler em especial, nesse ponto já tinham plena consciência de que, a menos que um milagre ocorresse, a derrota estava bem à frente. A propaganda insistia em martelar clichês, sempre com o objetivo de despertar o ânimo da população para resistir e prosseguir na luta. Mas naquele momento, para a maioria das pessoas, aquilo era apenas enfiar a cabeça na areia. E à medida que a propaganda deixava de funcionar, a violência crescia. O apelo automático do regime à violência explícita combinava medo, desespero, desafio e vingança. Medo de um novo 1918; temor cada vez maior em relação aos milhões de trabalhadores estrangeiros dentro do país; desespero diante da iminente derrota total e do colapso do regime; desafio a todas as forças — tanto internas como externas — vistas como responsáveis por arrastar a Alemanha para a perdição; e, enfim, vingança contra todos que haviam se oposto ao nazismo e festejariam sua queda: tal combinação criava um novo nível de violência, voltado arbitrariamente contra qualquer um que fosse visto tentando impedir ou se opor à disposição de lutar até o fim.

As doses mais cruéis de vingança estavam, como sempre, reservadas para aqueles que o regime escolhera como seus inimigos preferenciais. Os meses derradeiros se mostrariam terríveis para judeus, trabalhadores estrangeiros, prisioneiros de guerra e internos de campos de concentração, à medida que se dissolviam os vestígios de controle sobre a violência sem limites. Mas a maioria da população da Alemanha, a essa altura, também estava cada vez mais sujeita a represálias brutais diante de indícios de atitudes derrotistas. Qualquer comentário mal interpretado ou o mais leve sinal de oposição ao roteiro de autodestruição seguido pelo regime tinha resultados desastrosos para os cidadãos. Enquanto os fronts de combate iam se estreitando cada vez mais para dentro do país, o terror, que no início era um produto de exportação, agora recaía como reflexo dos estertores do regime sobre a própria população alemã. Era a marca do desespero crescente. Assim como ocorrera com os inúteis esforços da propaganda, o terror nada podia fazer para deter o progressivo afundamento do moral. Em todo caso, era suficiente para impedir a possibilidade de que os tormentos, o sofrimento e, naquele momento, o ódio pelo regime nazista se convertessem no tipo de postura revolucionária que caracterizou os estágios finais da Primeira Guerra Mundial em 1917 e 1918.

II

No fim de janeiro, o regime já estava seriamente apreensivo com os crescentes sinais de desânimo, tanto dentro do país como — de maneira ainda mais preocupante — no front. Mesmo no interior da ss — por mais difícil que fosse, lá mais do que em qualquer outro lugar, admitir isso — havia vozes dispostas a reconhecer a existência de uma profunda crise.

Em 26 de janeiro, o capitão da ss Rolf d'Alquen, oficial de gabinete no departamento de propaganda do Grupo de Exércitos do Alto Reno, enviou uma mensagem em tom de pânico a seu irmão, em Berlim, o coronel Gunter d'Alquen, editor do jornal *Das Schwarze Korps*, da ss. "O clima reinante na tropa está ficando mais tenso e sério a cada dia que passa, com as informações sobre os acontecimentos no front oriental", ele disse. Muitos soldados voltando das regiões do leste tinham suas próprias ansiedades. "Se a situação piorar nos próximos dias, será preciso admitir que o espírito de luta da tropa ficará paralisado por preocupações com as quais não é mais possível conviver." O clima entre a população civil da área era semelhante, Rolf acrescentou. Ele pedia que o "quartel-general do Führer enviasse uma palavra de ânimo" e perguntava, de maneira cautelosa mas incisiva, se era possível saber se Hitler havia dito a seus assessores mais próximos o que tinha em mente para resolver a crise. Tanto para os soldados como para a população civil, estava claro que, com as armas disponíveis, o front só poderia ser defendido por um período muito curto, frisou o oficial. As esperanças estavam depositadas numa arma "que, anulando o que temos sofrido com todos esses reveses, seja capaz de realizar a mudança decisiva no front".

Ele pediu que fosse informado ao Führer o estado do moral no front. Isso seguramente não foi feito. Mas o relato chegou aos ouvidos de Himmler. A mensagem de D'Alquen foi retransmitida a Rudolf Brandt, ajudante pessoal de Himmler, com uma nota sobreposta dizendo que ela "indicava a situação psicológica dos soldados, mas aplicava-se também aos responsáveis pela propaganda". Himmler não perdeu tempo em responder. Embora as tropas tivessem sofrido alguns tropeços, ele declarou, quem estava mais deprimido era o próprio D'Alquen. Sua sugestão era "absolutamente impossível". Os soldados tinham de ser ordenados a cumprir sua missão, por mais difícil que fosse. Quando o oeste estivesse protegido, a Wehrmacht entraria em ação no leste para absorver esses golpes antes de "tornar-se ativa novamente". "E do senhor", concluiu Himmler, "espero a postura íntima de um homem da ss."[3]

Alguns dias depois, o então recém-criado Grupo de Exércitos Vístula, de Himmler, informava que seus oficiais "já não tinham mais as tropas sob controle" e que ocorriam "sinais de desintegração do pior tipo", com os soldados — não apenas ocasionalmente — "tirando seus uniformes e tentando de todo jeito conseguir trajes civis para fugir".[4] Os Aliados ocidentais, entretanto, com base em interrogatórios realizados com soldados alemães presos, não contavam com um grande número de deserções. "O fator mais forte que impede a deserção continua sendo o medo de retaliações à família do soldado", avaliavam. A sensação de que o fim da guerra já estava próximo era outro motivo para não correr os altos riscos envolvidos na deserção. Aproximadamente 65% dos soldados interrogados em meados de fevereiro acreditavam que a guerra acabaria em algumas semanas. Continuavam lutando, foi a conclusão, por instinto de sobrevivência, por apatia (a respeito de tudo que não fosse a situação militar em que se encontravam) e por um mecânico sentimento de obediência.[5] Em meio ao caos das evacuações no leste, informou-se que soldados eram vistos misturando-se aos refugiados, "ganhando algum tempo" na tentativa de lutar o mínimo possível e "aguardando a chegada do fim da guerra", já que a polícia militar ou havia desaparecido ou não tinha como controlar os trens extremamente congestionados.[6]

Martin Bormann, na Chancelaria do partido, não tinha a menor dúvida, diante dos relatórios que recebia, de que os soldados afetavam o moral da população civil com sua atitude derrotista. "O quê? Você ainda está dando ouvidos a

Hitler?", ouviu-se dizer um soldado que retornava à área de Magdeburg. Ele não estava em casa, e no dia em que fosse encontrado pelas autoridades, a guerra já teria acabado. Para sua sorte, ninguém anotou seus dados pessoais, e ele se safou. Nos Sudetos, os soldados que voltavam do combate no leste, dizia-se, apresentavam um aspecto deprimido. Muitas vezes entravam em estabelecimentos comerciais pedindo alguma coisa, mesmo que não tivessem cupons do racionamento. Se fossem confrontados por alguém, respondiam que a guerra já tinha mesmo acabado e que cupons de racionamento não seriam mais necessários. As consequências da derrota não seriam tão ruins como se dissera, pensavam os soldados.[7] Da área de Colônia-Aachen, no começo de fevereiro, Bormann ouvira falar de uma "crescente insegurança interna" e tivera a impressão de que havia "certa crise de liderança" na Wehrmacht, embora a Waffen-ss parecesse ser uma notável exceção.[8]

Os relatos sobre o baixo moral dos soldados dentro da Alemanha foram reforçados por um relatório de um NSFO — redigido, é claro, em linguagem nazista — sobre as impressões que colhera numa viagem por diversas partes do país. Ele notou "sinais de perspectivas ameaçadoras para o futuro". Contou que a população civil com frequência apoiava os desertores, entre outros motivos porque eles alegavam que a sabotagem feita por oficiais — ecos do atentado de Stauffenberg ainda se faziam sentir — era responsável pela derrota da Alemanha. A disciplina estava relaxada e os próprios oficiais pareciam apáticos, dizia o relatório. Na Alemanha central, as pessoas, compreensivelmente preocupadas com os acontecimentos no leste, diziam aos soldados do front ocidental para deixar que os americanos avançassem, de modo que os soviéticos não as ameaçassem, opinião que o autor do documento considerava um perigo óbvio para o moral militar. Histórias de que fábricas de armamentos tinham sido fechadas devido à escassez de carvão e às dificuldades de transporte também afetavam o moral. Ao ouvir que a indústria de armamentos já não estava mais operando, os soldados concluíam que a guerra estava definitivamente perdida. De maneira previsível, o relato se encerrava dizendo que deveriam ser tomadas medidas drásticas para contrabalançar sinais tão preocupantes, sugerindo "cortes marciais móveis", "inflexibilidade" na execução de ordens e cumprimento de "medidas radicais com extremo rigor" como resposta necessária.[9]

Relatórios vindos das regiões do leste da Alemanha em meados de fevereiro só poderiam causar um efeito deprimente em Himmler. Ele teve de ouvir que o reconhecimento da impotência militar da Alemanha era "a raiz de quase todos os sinais da perda do moral das tropas", que de modo geral conformavam-se com a ideia de que a guerra estava perdida. Saques cometidos por membros da Wehrmacht em locais abandonados pela população civil, vistos também como indício de que o moral desmoronava, tornavam-se lugar-comum. Inúmeros soldados, oficiais e homens da *Volkssturm* eram encontrados longe de suas unidades, vagando pelas florestas às margens leste do Oder, tentando atravessar o rio de volta à Alemanha. O moral não podia estar mais abalado. Sentindo-se desesperados, com frequência eles culpavam o nacional-socialismo por seu sofrimento, consideravam a guerra perdida e queriam a paz a qualquer preço. Himmler e a ss, segundo as informações, também eram abertamente criticados. E as pessoas que pareciam liderar os desgarrados lhes diziam que não usassem suas armas se encontrassem os soviéticos; deviam se render sem lutar.[10]

Entre a população civil, o moral despencara, igualmente, a um ponto bem baixo. Relatórios da propaganda de meados de fevereiro indicavam "uma profunda letargia" como a atitude predominante na classe média e entre os camponeses. Sua atitude resignada — "um veneno insidioso" — era de que tudo estava mesmo perdido e a guerra acabaria em poucos meses.[11] Soldados de passagem por Berlim informavam que o clima psicológico no oeste era "catastrófico", já que todos apenas esperavam o fim do conflito, que não podia mais ser adiado. Na própria capital do Reich, o pessimismo tinha tomado conta da população. Espalhava-se um profundo sentimento de crítica relativo às falsas promessas de novas armas, embora o receio quanto às consequências de cair nas mãos dos soviéticos, segundo alguns, sustentasse a disposição de prosseguir na luta.[12] Fatalismo e uma entorpecida indiferença estavam por toda parte. "Vamos aceitar o que vier. Não podemos mudar as coisas" — era assim que as pessoas se sentiam. "Tudo que parece propaganda ou é dito em tom de propaganda é sumariamente rejeitado", dizia um relatório.[13] No sul da Alemanha encontrava-se a mesma descrença quanto às alegações da propaganda. Lá, o clima era "de profunda depressão", com poucas esperanças de que a guerra acabasse de modo favorável à Alemanha, sobretudo porque as prometidas novas armas nunca apareceram.[14] Em Viena, as pessoas pensavam ter sido deliberadamente enganadas com as histórias sobre novas armas. A sensação generalizada era que, dada a situação em que se encontravam, não havia mais esperança. Além da apatia disseminada, todos tinham medo. Muitos, dizia-se, pensavam em suicídio. "Fiz tudo que precisava para dar fim à minha

O "quadrunvirato" dos grandes do nazismo: *acima*, Martin Bormann (*à esq.*) e Heinrich Himmler; *abaixo*, Joseph Goebbels (*à esq.*) e Albert Speer.

Prisioneiros alemães capturados perto de Falaise no início de setembro de 1944.

Civis alemães deixando Aachen em 19 de outubro de 1944, dois dias antes que a cidade caísse em poder dos americanos.

Líderes militares: *acima*, Wilhelm Keitel (*à esq.*) e Alfred Jodl; *abaixo*, Heinz Guderian (*à esq.*) e Karl Dönitz.

População rural escavando trincheiras de defesa perto de Tilsit em setembro de 1944.

Erich Koch, *Gauleiter* da Prússia Oriental, inspeciona alimentos em seu distrito, em agosto de 1944.

Soldados alemães observando cadáveres em Nemmersdorf (Prússia Oriental) após as atrocidades soviéticas cometidas durante a incursão do Exército Vermelho, em outubro de 1944.

Depois dos êxitos iniciais, os alemães são obrigados a uma retirada durante a ofensiva das Ardenas, em dezembro de 1944.

Comandantes do front: *acima*, Walter Model (*à esq.*) e Georg-Hans Reinhardt; *abaixo*, Ferdinand Schörner (*à esq.*) e Gotthard Heinrici.

Integrantes da *Volkssturm*, mal equipados, no front oriental em outubro de 1944.

Homens da *Volkssturm* marchando diante de Goebbels em Berlim, em 12 de novembro de 1944.

Quatro proeminentes *Gauleiter*: *acima*, Arthur Greiser (*à esq.*), de Wartheland, e Josef Grohé, de Colônia-Aachen; *abaixo*, Karl Hanke (*à esq.*), da Baixa Silésia, e Karl Holz, da Francônia.

efugiados atravessando as águas congeladas da lagoa Frisches Haff na Prússia Oriental em fevereiro de 1945.

"Em algum lugar da Prússia Oriental." Carroça abandonada em meio ao gelo depois da ofensiva soviética em janeiro de 1945.

Leitura do veredicto numa corte marcial sumária.

O cadáver de um oficial é dependurado e abandonado em Viena, abril de 1945. A placa em volta do pescoço o acusa de ter ajudado os bolchevistas.

Navio abarrotado transporta refugiados de Pillau, na Prússia Oriental, em março de 1945.

Morte e devastação depois de bombardeio dos Aliados: *acima*, Dresden; *abaixo*, Nuremberg.

Jovens alemães perto de Frankfurt an der Oder, armados com as *Panzerfaust*, guiando bicicletas em direção ao front, em fevereiro de 1945.

Transeuntes em Berlim olham para a placa: "Nossos muros se rompem, mas não nossos corações".

Prisioneiros no campo de concentração de Buchenwald imediatamente após a libertação pelas tropas americanas, em abril de 1945.

Prisioneiros em marcha da morte saindo de Dachau no final de abril de 1945.

Alemães em Königsberg rendem-se ao Exército Vermelho em 9 de abril de 1945, na queda da Prússi Oriental, então sitiada.

Residências de Worms exibem bandeiras brancas quando os americanos tomam a cidade de Palatinato no final de março de 1945.

O general Heinrich von Vietinghoff (*à esq.*) e o general da Waffen-ss Karl Wolff tiveram papel importante na rendição alemã na Itália, em 29 de abril de 1945 — a única rendição ocorrida antes da morte de Hitler.

O marechal de campo Wilhelm Keitel assina a capitulação total da Alemanha em Karlshorst, nas proximidades de Berlim, em 8 de maio de 1945.

O fim: um anjo no alto do mosteiro de Friburgo observa o legado de destruição deixado pela guerra.

família" foi um dos comentários ouvidos. "Já tenho bastante veneno."[15] A guerra foi "a mesma farsa" de 1914-8, dizia a população na área rural do distrito de Berchtesgaden, nos Alpes. "Se as pessoas soubessem, em 1933, o que iria acontecer, nunca teriam votado em Hitler" — era essa a opinião dominante numa área onde, no passado, um enorme número de "peregrinos" se amontoava para ver de relance o Führer em sua residência nas proximidades, em Obersalzberg.[16]

Resignação, apatia, sensação de que tudo estava fora de lugar e um profundo cansaço diante de tanto sofrimento — afora a repressão sufocante imposta pelo regime — significavam, entretanto, que o colapso do moral não poderia ser convertido em fervor revolucionário. Relatos feitos por observadores internacionais, enviados clandestinamente para os Aliados no oeste, forneciam descrições minuciosas do clima de depressão reinante em Berlim enquanto se faziam preparativos para a defesa da cidade, da situação de caos nas ferrovias, das pessoas em pânico comprando alimentos na Alemanha central e das chocantes condições de vida por todo o país. Esses relatos eram categóricos: não havia possibilidade de uma revolução interna.[17]

Assim mesmo, as autoridades nazistas não queriam correr o menor risco. Para elas, naquele momento, os sinais de alarme já soavam bem alto, apesar das constantes e rotineiras declarações de que "a postura íntima do povo" continuava sólida e positiva. Um indicador que causava preocupação era o esfacelamento da autoridade do partido e sua visível queda de prestígio, fatos que já haviam se evidenciado no oeste do país, no outono anterior. Agora, acontecia o mesmo no leste — e, cada vez mais, em toda parte. De janeiro em diante, grupos enormes de refugiados vindos do leste descarregavam sua amargura sobre a incompetência e a má vontade dos oficiais do partido em seu atabalhoado processo de evacuação — o alvo principal sendo o *Gauleiter* da Prússia Oriental, Erich Koch.[18] As relações entre o Exército e o partido estavam tensas. Dado o estado de espírito predominante no front oriental, Himmler teve de ouvir (em resposta a uma sugestão de que líderes do partido deveriam ser enviados para atuar nas tropas como comissários políticos) que pessoas usando o uniforme da agremiação seriam mortas.[19] A visão de um uniforme do partido, dizia-se, bastava para deixar os soldados furiosos.[20] Entre a população civil, era praticamente o mesmo. Conscientes de sua impopularidade, os funcionários do partido precisavam ser lembrados pelo *Gauleiter* de Munique, Paul Giesler, de sua obrigação de usar o uniforme sempre que estivessem de serviço — assim como os membros deviam usar seus distintivos o tempo todo —, sob pena de serem expulsos do partido.[21] O intenso ódio e o desprezo pelos representantes da agremiação, considerados responsáveis pela ruína da Alemanha, àquela altura podiam ser constatados em toda parte. Fatos compreensivelmente vistos como exemplo de negligência no cumprimento do dever por parte de líderes do partido revoltavam a população e faziam com que sua imagem afundasse ainda mais.[22]

Hans Frank, o vice-rei de Hitler no governo-geral da Polônia, era extremamente corrupto até mesmo para os padrões do nazismo. Em seus domínios, cerca de 1 milhão de judeus haviam sido assassinados em câmaras de gás nos campos de Belżec, Sobibor e Treblinka, e Frank ainda impôs um regime de terror à subjugada população polonesa. Em 17 de janeiro ele fugiu do castelo Wawel, na Cracóvia, onde vivia desde 1939 em meio a um luxo descomunal, numa atmosfera de esplendor decorrente de sua condição de déspota. De início, ele e seu grande séquito dirigiram-se a um castelo em Seichau, na Silésia. Na mudança seguinte, em 23 de janeiro, foram deixando para trás aposentos abarrotados de grandes quantidades de comida e vinho, a maior parte desfrutada numa festa de despedida nababesca que revoltou a população local, obrigada a viver sob privações da guerra. Caminhões entulhados de peças de valor e obras de arte foram enviados para uma residência que Frank tinha na região dos lagos da Baviera.[23]

No entanto, foi a fuga do *Gauleiter* Arthur Greiser de seu quartel-general em Posen, em meados de janeiro, que chamou mais atenção. Greiser, que seria executado em 1946 pelos poloneses, aos quais infligira anos de sofrimento e angústia no Warthegau, fora um dos mais cruéis mandatários nazistas nas regiões ocupadas. Orgulhava-se de ter acesso direto a Himmler e a Hitler, e desempenhara um papel importante no estabelecimento do campo de extermínio de Chełmno, em sua região, no qual mais de 150 mil judeus morreram envenenados por gás entre o final de 1941 e 1944. Mesmo com o rápido avanço do Exército Vermelho, que em 17 de janeiro chegou bem perto de seus domínios, Greiser ainda manteve as aparências a respeito do poderio das forças de defesa alemãs. Por dentro, porém, estava próximo do pânico. Como não queria que seu distrito fosse o primeiro a ser evacuado, recusou-se a dar as autorizações necessárias. Uma autorização parcial e tardia para as áreas mais ao leste do distrito acabou sendo emitida na passagem de 17 para 18 de janeiro, depois de Greiser ter presenciado milhares de soldados fugindo. Mas a maioria da população não estava ciente do perigo que corria. Ele ainda afirmava a seus funcionários que Posen seria defendida. Na verdade, sabia que não havia possibilidade de deter o ataque soviético. Em 20 de janeiro, ligou para o quartel-general e recebeu a aprovação de Hitler, transmitida por Himmler, para proceder à mudança das instalações do partido em Posen e transferir seu corpo de funcionários para áreas mais seguras, em Frankfurt an der Oder. Greiser disse a seus auxiliares que fora chamado a Berlim por ordem do Führer, a fim de realizar uma tarefa especial para Himmler. Naquela noite, acompanhado de um assessor, fugiu de Posen. Apossou-se de todos os caminhões disponíveis para levar material e arquivos das instalações do Gau; as objeções inicialmente levantadas pelas autoridades militares foram superadas sob a alegação de que a evacuação era ordem do Führer. A fuga de Greiser deixou o distrito numa situação caótica, com a população correndo em desespero e tentando escapar de qualquer maneira. A maioria caiu nas mãos das tropas soviéticas. Cerca de 50 mil pessoas morreram na fuga do Warthegau.[24]

A ordem de Hitler mostrou-se um fator de complicação quando surgiram críticas a Greiser dentro do partido. Veio à tona que Greiser engendrara a permissão para deixar Posen quando a evacuação estava sendo negada aos cidadãos comuns — Posen fora classificada como cidade-fortaleza, que deveria ser defendida a todo custo — e havia enganado Hitler, dando a entender que a queda da cidade era iminente. (O fato é que àquela altura o Exército Vermelho ainda se encontrava a 130 quilômetros de distância, e Posen não capitularia antes do final de fevereiro.) Goebbels, havia tempos um admirador de Greiser, mas ciente do prejuízo que ele causara ao partido, considerou o ato vergonhoso, covarde e desleal. Em sua opinião, Greiser deveria ser submetido ao Tribunal do Povo (no qual o desfecho por certo seria a pena de morte), mas não conseguiu convencer Hitler — provavelmente constrangido por haver dado a autorização — a impor o castigo severo que julgava merecido.[25] De todo modo, segundo informações dos serviços de propaganda, o "caso Greiser" continuava "em circulação" semanas mais tarde, ampliando os relatos de refugiados sobre "o fracasso do NSDAP nas evacuações de todas as Gaue".[26] Bormann foi obrigado a emitir uma circular ao partido, tentando contrapor os comentários negativos sobre o comportamento dos líderes políticos do Warthegau. Defendeu Greiser, declarando que o *Gauleiter* estava preparado para servir com o comando militar de Posen e deixara a cidade por ordens expressas do Führer. Ameaçou com punições severas os funcionários que abandonassem a população.[27]

Greiser, na verdade, estava longe de ser o último dos "figurões" do partido a deixar em sérias dificuldades os cidadãos comuns que lhe eram subordinados, depois de exigir deles que resistissem até o fim. Mas para Goebbels ele foi "o primeiro desapontamento sério", um sinal de que "tudo se esfacelava" e de que o fim não estava muito distante.[28]

III

Os sinais de que a determinação de resistir estava ficando cada vez mais fraca mesmo no interior do próprio partido levaram a medidas para fortalecer o moral vacilante por meio de intensas e repetidas exortações — sempre apoiadas por punições implacáveis contra todos aqueles que não cumprissem seu dever.

Em 23 de janeiro, Wilhelm Stuckart, plenipotenciário interino do Reich para a Administração (segundo em comando, depois de Himmler, no cargo de ministro do Interior do Reich), exigiu que funcionários em funções administrativas de autoridades do Estado nos distritos do leste (incluindo Mark Brandemburgo e Berlim) desempenhassem suas obrigações até o último minuto possível em áreas ameaçadas pelo inimigo antes de se unir às tropas em luta. Medidas rigorosas seriam tomadas contra aqueles que não obedecessem a tal dever. Quando Stuckart fez o comunicado circular entre as mais altas autoridades do governo, no dia 1º de fevereiro, juntou a ele cópia de uma ordem de Himmler, emitida dois dias antes, estipulando que qualquer pessoa que, sem autorização superior, abandonasse seu posto, civil ou militar, seria sentenciado à pena de morte. Em uma lista adicional de "punições" especificava-se que os culpados de covardia ou falta de cumprimento do dever seriam imediatamente fuzilados. Em reforço à mensagem, Himmler chamou a atenção para os exemplos da cidade de Bromberg, em que os funcionários do partido e do Estado demonstraram um comportamento pouco heroico diante da aproximação do Exército Vermelho. Ao que tudo indica, o chefe de polícia desertara de seu posto. Um comandante local do Exército, ao recuar para posição mais segura, desobedeceu às ordens recebidas. Em seguida, o presidente do governo (chefe da administração regional) e o prefeito foram rebaixados de suas funções e enviados para servir em batalhões punitivos, em tarefas particularmente perigosas, assim como o líder distrital do partido, tendo sido antes expulsos da agremiação. Todos haviam sido obrigados a assistir à execução do presidente da Polícia, o coronel da ss Carl von Salisch, fuzilado por covardia. O comandante do Exército também foi fuzilado.[29] Em 11 de fevereiro, Himmler fez uma proclamação aos oficiais do Grupo de Exércitos Vístula, cujo comando assumira alguns dias antes, esperando deles "um exemplo de bravura e firmeza" na fase decisiva da luta contra o "perigo judaico-bolchevique" e um "entusiasmo fanático para obter a vitória, manifestando profundo ódio a esses subanimais bolcheviques", mas lembrando-os de que o chefe de polícia de Bromberg havia sido fuzilado por não satisfazer às exigências de seu cargo.[30]

Àquela altura, Bormann, agindo em nome de Hitler, repetidas vezes orientava líderes do partido quanto à necessidade de um comportamento exemplar (o que também era esperado de suas esposas, algumas das quais haviam deixado áreas ameaçadas antes das ordens oficiais para evacuação), novamente sob o risco de punições severas a quem desobedecesse às determinações.[31] Achou importante também retransmitir o lembrete de Hitler de que todas as ordens eram taxativas, devendo ser postas em prática, "se necessário, através de medidas draconianas" e obedecidas pelos subordinados com rapidez e "sem objeções". Naquelas circunstâncias, mais do que nunca, o povo alemão precisava compreender "que estava sendo guiado por mãos fortes e determinadas", que "sinais de falta de unidade e de ações arbitrárias seriam impiedosamente cortados pela raiz" e que qualquer negligência por parte de órgãos subordinados do partido "não seria tolerada em hipótese nenhuma".[32] Todo líder do partido que falhasse em seus deveres, abandonando o povo em busca de proteção para si e sua família ou procurando algum tipo de vantagem, distanciando-se do NSDAP ou "fugindo como um covarde em vez de lutar até o fim", seria expulso da agremiação, levado ao tribunal para ser julgado e submetido à "mais severa punição".[33] Nessa circular — que continha a instrução de não ser publicada — de 24 de fevereiro de 1945, 25º aniversário da promulgação do programa do partido, Bormann lembrava a todos os membros, em termos bem claros, que todo aquele que pensasse em si mesmo, em abandonar seus deveres, tratando de fugir, seria um "traidor do povo e assassino de nossas mulheres e crianças". Somente a disposição de lutar até a morte, sem se preocupar com a própria vida, poderia defender os alemães "dessa tempestade primitiva das estepes, dos métodos das hordas oriundas do interior da Ásia". O Führer exigia, e o povo esperava, que todo líder do partido "resista até o fim e jamais se preocupe com a própria salvação". E o mesmo valia para os escalões inferiores da agremiação nacional-socialista: a exigência do momento era obedecer incondicionalmente ao senso do dever supremo. "Todo aquele que pense em salvar sua vida estará com certeza, também de acordo com o veredicto do povo, condenado à morte. Existe apenas uma possibilidade de continuar vivo", ele declarou (com alguma contradição), "a disposição de morrer lutando e, desse modo, alcançar a vitória".[34] Até então — pelo menos naquele momento —, o partido continuava unido.

Como a disciplina se afrouxava alarmantemente também dentro da Wehrmacht, recorreu-se da mesma forma às ameaças de punições drásticas. Num instante em que o front oriental desmoronava e até as ordens de Hitler eram desobedecidas pelos generais na Prússia Oriental, o Führer comunicou, por meio de Keitel, que, se os líderes militares não cumprissem rigorosamente suas determinações ou se falhassem em lhe transmitir informações confiáveis, ele exigiria "a mais brutal punição dos culpados" e esperaria que os tribunais agissem com severidade suficiente para decretar a pena de morte.[35]

Uma indicação bastante clara de como o front estava entrando em colapso era o número cada vez maior de soldados "desgarrados" voltando à Alemanha. Embora muitos tivessem efetivamente se perdido de suas unidades, outros apenas fingiam ter ficado isolados, na esperança de evitar futuras missões. Distinguir os que haviam desertado daqueles que, de maneira genuína ou não, tinham se "perdido" de suas unidades tornava-se cada dia mais difícil. Intensificavam-se as tentativas de recolher os "desgarrados" para levá-los de volta ao front, muitas vezes empregando destacamentos especiais da polícia militar.[36] Até mesmo na superlotadíssima estação ferroviária de Breslau, no fim de janeiro, enquanto refugiados desesperados tentavam conseguir um lugar nos últimos trens em direção ao oeste, a polícia militar procurava homens uniformizados para mandá-los de volta para a luta contra os russos.[37] No fim do mês, Himmler fez um apelo ao povo alemão para que adotasse medidas austeras contra os "fujões", "covardes" e "fracotes" que não cumpriam seus deveres. Pediu às mulheres, em especial, que não tivessem a menor compaixão pelos "fujões" que se misturavam às filas de refugiados indo para o oeste. "Homens que se afastam do front não merecem comer o pão da pátria", declarou Himmler. Eles mereciam, em vez disso, ser lembrados de sua honra e de seus deveres, ser tratados com desprezo e mandados para o front.[38] A Wehrmacht distribuiu regulamentos detalhados para a apreensão de "desgarrados" e o envio deles de volta a seus deveres, acrescentando, sinistramente: "Tudo isso tendo em vista que casos individuais dispensam julgamento por um tribunal militar".[39]

O comandante de Schneidemühl, cidade classificada como fortaleza, foi elogiado por Hitler no final de janeiro por ter executado soldados desertores com uma pistola, pendurando depois uma nota em seus pescoços com os dizeres "Isso é o que acontece a todos os covardes".[40] As "experiências amargas no leste", observou Bormann, mostraram que, diante da invasão inimiga, "já não é mais possível ter confiança absoluta na ação pronta e efetiva das tropas no front". Em consequência, no início de fevereiro, durante os preparativos para a aguardada ofensiva inimiga no oeste, ele pediu que Himmler providenciasse um número maior de "esquadrões de interceptação", do tipo que fora bem-sucedido no colapso da França no verão anterior, para recolher soldados em retirada por meio de "intervenções rigorosas", enviando-os de volta ao "prazeroso cumprimento do dever". Esses esquadrões deveriam ter o apoio, ele informou aos *Gauleiter* do oeste, de todas as forças à disposição da polícia e da *Volkssturm*.[41] Dos níveis locais para cima, relatórios periódicos sobre os "desgarrados" apreendidos deveriam ser enviados aos *Gauleiter* das regiões orientais, que os repassariam aos comandantes militares. Os *Gauleiter* do oeste deviam prestar especial atenção aos relatos de hostilidades esperadas em suas regiões.[42]

Alguns dias depois, Himmler transmitiu aos altos escalões da ss e da polícia nas regiões ocidentais uma ordem postulando o emprego da máxima severidade, em conjunto com as autoridades militares, para apreender "desgarrados" e "de imediato fuzilar desertores e saqueadores", de modo a eliminar do front todos os obstáculos aos iminentes "ataques pesados". Bormann fez com que a ordem fosse enviada em 130 cópias a todos os líderes do partido nos níveis central e regional.[43] "Se alguém intervier de modo excessivamente violento", declarou Himmler, "ao inspecionar cidades e barracas em busca de supostos desgarrados ou de soldados com alegadas autorizações de viagens ou deslocamentos", será melhor do que se não tivesse intervindo.[44] A essa altura, em 12 de fevereiro, Himmler já havia anunciado a implementação, no Grupo de Exércitos Vístula, de uma ordem, por ele considerada "excepcional", destinada ao Grupo de Exércitos Centro, emitida pelo inimitável coronel-general Schörner. Entre as exortações, redigidas na mais clássica retórica nazista, incluíam-se o ódio fanático ao inimigo e a necessidade de manter uma disposição ferrenha, com "nossa pátria em jogo", além da ameaça de que "desgarrados que não se registrem de imediato para serem enviados a novos postos ou que não obedeçam às ordens" deviam ser submetidos a uma corte marcial, sob a acusação de covardia.[45] Nesses casos, o resultado do julgamento estava decidido de antemão. De acordo com as diretrizes de Schörner, o procedimento a ser adotado no caso de "desgarrados treinados", como o coronel-general se referia a esses soldados, foi considerado, mesmo por Goebbels, "brutal, mas dentro de parâmetros razoáveis". "Schörner determinou que eles fiquem pendurados na árvore mais próxima, juntamente com uma nota contendo os dizeres: 'Sou um desertor e recusei-me a defender as mulheres e as crianças da Alemanha'. Isso, sem dúvida, tem um bom efeito dissuasório sobre outros desertores e sobre aqueles que pensam em desertar", observou o ministro da Propaganda.[46]

No fim de fevereiro, Bormann calculou que o número de soldados do Reich evitando servir no front chegava a 600 mil. Tornou-se prioritário descobrir onde eles estavam e capturá-los. A população deveria ser informada do problema, sendo necessário adotar medidas enérgicas para solucioná-lo, em contraste com o que acontecera em 1917-8. Era imperioso tomar atitudes drásticas para que o problema não se alastrasse. "Todo fujão precisa ficar sabendo que há grande probabilidade de ser localizado dentro do país, e sem a menor dúvida perderá a vida." No front, havia apenas a possibilidade de morrer. Em casa, fugindo de seu dever, ele morreria com certeza, e em desonra. Apenas fazendo com que essa mensagem fosse plenamente assimilada "conseguiremos pôr fim a essa praga da covardia", ele concluiu.[47]

De acordo com algumas estimativas, o total de desertores até o fim de 1944 passava de 250 mil. Esse número pode ser um mero palpite baseado em informações plausíveis, e talvez inclua "desgarrados" reais e soldados que, pelos mais variados motivos, não aguentavam mais e enfrentaram riscos enormes para depor as armas. Esse número, contudo, está relacionado ao período anterior ao colapso do front oriental, em janeiro, que levou a massa de "desgarrados", bem como a de desertores, a registrar um grande crescimento — talvez até a dobrar — nos quatro derradeiros meses da guerra.[48] Se, por um lado, as dimensões do fenômeno nunca passam de aproximações, por outro, o número de soldados punidos por deserção em tribunais militares — embora não inclua aqueles sumariamente fuzilados ou de outra forma "executados", em ações arbitrárias — é conhecido. Na Primeira Guerra Mundial, o Exército alemão registrou dezoito casos, enquanto os membros da Wehrmacht condenados por deserção na Segunda Guerra Mundial chegavam, numa estrondosa tendência de crescimento, a cerca de 35 mil. Desses, aproximadamente 15 mil foram sentenciados à morte.[49]

Além de deserção, qualquer atitude capaz de prejudicar o esforço de guerra sujeitava quem a cometesse a uma punição rápida e violenta. Em termos de severidade, o contraste com as condenações no Exército alemão na Primeira Guerra Mundial e com aquelas ocorridas entre os Aliados na Segunda Guerra é impressionante. Em decorrência de variadas transgressões graves cometidas durante a Primeira Guerra, foram sentenciados à morte 150 soldados alemães, dos quais 48 chegaram a ser executados. Na Segunda Guerra, os tribunais militares alemães condenaram cerca de 30 mil soldados à pena de morte. Dessas sentenças, 20 mil foram efetivamente cumpridas. Durante a Segunda Guerra Mundial, os ingleses realizaram quarenta execuções; os franceses, 103; e os americanos, 149.[50]

Quanto mais elevado o posto, menores as chances de que desvios de conduta, se descobertos, incorressem em sanções severas por parte das cortes militares. Generais poderiam ser exonerados, como aconteceu com Harpe, Reinhardt e Hoßbach no front oriental em janeiro. Mas eles não caíam em desgraça, nem eram condenados à morte, nem submetidos a outras formas severas de punição (embora não fossem poucas as vozes, entre o público, comentando de maneira sombria, em tons que lembravam aqueles empregados depois do atentado de julho de 1944, sobre "traidores e sabotadores" infiltrados nos altos escalões).[51] Contudo, com a situação militar se agravando e o regime, em seu crescente desespero, se dispondo cada vez mais a recorrer à violência interna, até mesmo os altos oficiais precisavam ser cautelosos. O coronel Thilo von Trotha, do Estado-Maior Geral do Exército, teria reconhecido o sinal de advertência, no final de fevereiro, de um amigo pessoal, ninguém menos do que o coronel-general Schörner. "Que fique entre nós, uma palavra de franqueza", escreveu Schörner. "Recebi uma informação ontem, *extremamente confidencial*, é claro, de que sua atitude em relação ao partido e a seus representantes às vezes é um tanto reticente. Isso poderia dar a impressão de que você não valoriza devidamente certas questões, como a maneira pela qual o nacional-socialismo conduz o Exército..." "Meu caro Trotha", ele prosseguiu, "espero que você tenha me compreendido. Ou nós conseguimos ter apoiadores fanáticos do Führer, de uma lealdade absoluta a ele nos altos cargos, ou as coisas podem dar errado de novo."[52]

Alguns dias depois, numa carta longa e secreta aos comandantes em chefe e generais em postos de comando, Schörner ampliou o alcance dessa observação num vasto ataque às deficiências da liderança do corpo de oficiais em alguns setores do Exército. Elogiou os soldados que "em quase quatro anos de uma guerra asiática" aprenderam a ser brutais e fanáticos e, num combate recente no rio

Neiße, não fizeram prisioneiros. Em contraste com essa postura, lamentou o estilo de vida indiferente, burguês, indicando "falta de personalidade militar" e "espírito cansado, derrotista" de oficiais que se mostraram incapazes de motivar os soldados por meio do fanatismo. "Estou de acordo com os comandantes em chefe, generais em posição de comando e com todo soldado no front", escreveu, "quanto ao fato de que nessa guerra asiática precisamos de oficiais dinâmicos e revolucionários." Stálin, acrescentou, não teria ido a lugar nenhum se houvesse travado a guerra com métodos burgueses. Schörner exigia "fanatismo claro e explícito, nada mais".[53]

A ameaça nem um pouco velada contida na carta de Schörner a Trotha e sua exortação aos generais em comando corroboram a ideia de falta de unidade nos altos escalões do Exército. Embora muitos oficiais de alta patente já tivessem, em seu íntimo, se voltado contra o regime nazista, no ponto oposto do espectro de posturas havia fanáticos como Schörner. Num panorama como esse, de divisão, desconfiança e medo, qualquer possibilidade de uma frente comum contra Hitler estaria automaticamente descartada.

As divisões ocorriam também no conjunto da sociedade. Longe da compacta "comunidade por um destino comum" alardeada pela propaganda nazista, aquela era uma sociedade fragmentada, na qual os indivíduos se preocupavam cada vez mais com seus estreitos interesses pessoais — atender às necessidades básicas da vida e, acima de tudo, sobreviver. "O povo alemão nunca viveu numa atmosfera tão dividida", afirmou um coronel em fevereiro de 1945.[54]

Apesar da enorme quantidade de relatórios indicando que estavam se empenhando numa batalha perdida, à medida que a situação da Alemanha ia ficando cada vez pior, os funcionários do serviço de propaganda de Goebbels intensificavam seus esforços, em vez de diminuí-los. Os jornais continuavam sendo distribuídos nas cidades do Ruhr mesmo depois dos pesados bombardeios (uma sugestão de que eles poderiam ser jogados de aviões foi rejeitada por ter sido considerada inviável).[55] Mas o próprio Goebbels já se cansara da falta de conteúdo representada por jargões como "Acredite e lute", ou "Com o Führer até a vitória final".[56] Diante da ausência de informações confiáveis e da descrença às vezes aberta com que os relatórios oficiais eram recebidos, os boatos se espalhavam como fogo na palha e era difícil controlá-los, em especial quando diziam respeito à evacuação de populações em zonas próximas do front.[57] Uma sugestão (posteriormente adotada) para evitar que surgissem "sinais de crise", como ocorrera no leste — onde certas áreas, depois de evacuadas, foram tomadas pelo Exército Vermelho —, era enviar a pontos-chave dos fronts ocidental e oriental unidades especiais com, no total, cerca de 1500 líderes políticos do partido para fortalecer o moral, sobretudo no oeste, tendo em vista os conflitos lá esperados. Essas unidades especiais de propaganda não estariam submetidas ao comando da Wehrmacht, ficando sob a direção de Bormann e Himmler, com a missão de "organizar e mobilizar toda a força do povo de suas áreas para uma dedicação integral ao esforço de guerra".[58]

Diretrizes para a propaganda verbal emitidas em meados de fevereiro tentavam fazer aquilo que era praticamente impossível ao ressaltar os aspectos favoráveis à Alemanha na situação da guerra naquele momento. Segundo a propaganda, a ofensiva soviética nos territórios do leste da Alemanha tinha sido realizada a um custo tão alto de homens e de *matériel* que a força de combate bolchevique ficara debilitada demais, o que significava "uma chance extraordinária" para contra-ataques alemães. A liderança nazista sabia que a melhor forma de defesa era o ataque, e agiria de acordo com esse princípio. No oeste, a grande distância entre as tropas aliadas e suas fontes de abastecimento constituía um ponto fraco, ao passo que no caso das forças alemãs essas distâncias eram muito menores, as tropas dispunham de uma flexibilidade de manobra muito maior e, com o apoio das divisões dos Granadeiros do Povo, a Wehrmacht estava mais fortalecida do que no verão anterior, na Normandia. Não menos importante, de acordo com as afirmações dos serviços de propaganda, era que o sólido sistema de fortificações permitia que as forças de reserva fossem enviadas no momento certo às posições sob ameaça e, assim, pusessem o inimigo em situação de desvantagem.[59]

Mas, de tudo isso, muito pouco parecia convincente. E exortações como as de Himmler a seus comandantes de divisão do Grupo de Exércitos Vístula — segundo as quais "corações fortes triunfam sobre grandes massas e *matériel*" —, passadas adiante para ampla circulação e acompanhadas de exemplos de atitudes heroicas no front, devem ter soado totalmente sem sentido para a maioria das pessoas.[60] Tirando-se o fato de reforçar a postura agressiva entre aqueles que já eram leais aos princípios do partido, esse tipo de propaganda, àquela altura, fracassava a olhos vistos ao que se propunha realizar.

Havia, no entanto, uma notável exceção. O medo, que se tornara ainda maior após os traumáticos eventos de janeiro, era a principal motivação para resistir e seguir lutando no front oriental. Esse sentimento criava um vínculo — estabelecendo, mesmo que de modo negativo, uma forma de integração quando tudo mais estava se despedaçando. E, ao florear as ansiedades já existentes — e plenamente justificadas — quanto às consequências de uma vitória soviética, a propaganda mostrava que ainda tinha um papel importante a desempenhar, tanto entre a população civil como entre os membros da Wehrmacht. As tropas eram condicionadas pela necessidade de combater o "vendaval asiático vindo do leste", e todo o tempo lembradas, por meio de exemplos da história distante — como a vitória sobre os húngaros nas proximidades de Augsburgo em 955 e sobre as forças otomanas que assediavam Viena em 1683 —, de que tais ataques sempre haviam sido repelidos quando o inimigo pisava o território alemão.[61] Mesmo para alguns líderes nazistas, mexer com os temores de uma população já sob intensa pressão emocional, enfatizando as atrocidades perpetradas pelos soviéticos, era ir longe demais.[62] Mas para os responsáveis pela propaganda seria inadmissível não recorrer a uma das últimas armas eficazes ainda disponíveis. Já em meados de fevereiro, o foco da propaganda era a defesa de Berlim. Preparavam-se folhetos, dirigidos aos "Defensores de Berlim", conclamando a um "ódio fanático" na luta para repelir os bolcheviques. "Estamos falando de incontáveis mulheres e crianças alemãs que depositam sua confiança em você", diziam os textos de propaganda. "Cada lar será uma fortaleza, cada esquina será uma imensa sepultura para as hordas vermelhas." "Ódio contra ódio! Lutem até o fim! Vingança sangrenta multiplicada mil vezes em resposta às atrocidades cometidas pelos bolcheviques em nossa pátria!"[63]

O medo do bolchevismo sem dúvida era um fator relevante para manter a disposição de persistir na luta, em especial nas regiões da Alemanha mais obviamente ameaçadas pelos avanços do Exército Vermelho. Contudo, quanto mais afastada a população estivesse da ameaça da ocupação soviética, e quanto maior fosse a probabilidade de que a área caísse sob o domínio dos Aliados ocidentais, menor era o efeito que a propaganda de ódio aos soviéticos despertava entre as pessoas. Nas regiões do oeste do Reich, o receio quanto a uma ocupação anglo--americana era muito pequeno, a não ser entre os nazistas fanáticos e os funcionários do regime. Informes vindos de regiões já ocupadas pelos Aliados alegavam até mesmo que o comportamento dos americanos era melhor "do que o de nossos soldados alemães".[64] A verdade é que, por mais que a máquina de propaganda martelasse seus slogans, apenas uma parcela pequena e cada vez menor do povo alemão mantinha-se plenamente comprometida com o regime.

Essa parcela, porém, incluía pessoas que ainda detinham o poder de vida e morte em suas mãos. Uma só palavra pronunciada no momento errado podia provocar uma denúncia com as piores consequências. Enquanto o pulso do regime ia perdendo seu vigor e a propaganda, ficando mais e mais desacreditada, a repressão era tudo que sobrava.

Um reflexo extremamente significativo do grande aumento da repressão e do terror internos foi o decreto baixado em 25 de fevereiro, seguindo ordens de Hitler, pelo ministro da Justiça, Otto Georg Thierack (e aguardado com ansiedade pelos *Gauleiter* das regiões mais ameaçadas),[65] em que se introduzia o estabelecimento de cortes marciais sumárias (*Standgerichte*) em áreas ameaçadas pelo inimigo. Cada corte seria presidida por um juiz, devendo incluir ainda um líder político do Partido Nazista ou de algum de seus afiliados, além de um oficial da Wehrmacht, da Waffen-ss ou da polícia. A indicação dos integrantes da corte caberia ao *Gauleiter*, na condição de comissário de Defesa do Reich para a região. Seria responsabilidade da corte atuar no caso de qualquer transgressão que pudesse prejudicar o moral para a luta, e ela poderia emitir apenas três veredictos: pena de morte, exoneração ou transferência do caso para um tribunal regular. O comissário de Defesa do Reich teria de confirmar o veredicto e determinar o local, o momento e a maneira da execução. "O Führer espera", acrescentou Bormann na nota que enviou aos *Gauleiter*, "que os *Gauleiter* ponham em prática a tarefa que lhes é confiada com a severidade e a consistência necessárias, reprimindo impiedosamente, com as sentenças de morte decretadas pelas cortes marciais sumárias, qualquer sinal de desintegração, covardia e derrotismo. Todo aquele que não esteja disposto a lutar por seu povo, mas o apunhale pelas costas em seu momento mais difícil, não merece viver e deve tombar diante do carrasco."[66] Poucos dias antes, Bormann havia informado aos *Gauleiter* que isso dava a eles "a arma para expurgar a população de toda essa praga" e manifestado sua expectativa "de que esse instrumento seja usado como o Führer gostaria que fosse, de maneira implacável e sem levar em consideração o cargo ou a posição da pessoa em questão".[67]

As orientações de Bormann, indicando a vontade de Hitler, deixavam bem claro que as novas cortes teriam muito pouco a ver com a justiça convencional. Na verdade, elas eram uma mera fachada para o terror cada vez mais arbitrário e feroz, "instrumentos de destruição fantasiados de legalidade".[68] As sentenças de morte eram pouco mais do que um simples ato formal, principalmente porque os próprios juízes sentiam-se pressionados para provar sua lealdade.[69] Sabe-se que entre 6 mil e 7 mil sentenças de morte foram emitidas pelas cortes marciais sumárias, embora num grande número de casos os carrascos nem tenham se dado ao trabalho de aguardar a farsa de uma sentença quase judicial.[70] A justiça sumária tornou-se ainda mais arbitrária e irrestrita após 9 de março, quando seu alcance foi ampliado pelo decreto de Hitler que criava as "cortes marciais volantes" (*fliegendes Standgericht*).[71] Essas cortes percorriam a Alemanha para tratar de questões envolvendo pessoas acusadas de sabotar o esforço de guerra e não perdiam tempo para dar seu veredicto — em geral, a pena de morte, proferida pelo oficial mais graduado, sem possibilidade alguma de apelação.[72] Àquela altura, qualquer coisa que se assemelhasse a um controle centralizado sobre esse tipo de decisão judicial já se desintegrava visivelmente. E, em nome da preservação da luta do povo alemão, autorizava-se o império da ilegalidade e da criminalidade enquanto o regime entrava em sua fase final.

IV

Ao castigar de maneira impiedosa qualquer pessoa que aparentemente pudesse causar o mais insignificante dano à determinação de lutar até o último segundo numa guerra sem dúvida perdida, o regime era como um animal ferido em seus estertores. Qualquer atitude que parecesse suspeita de não conformismo era sinônimo de desgraça para o cidadão comum. Para aqueles considerados inimigos internos do regime, o terror naquele momento já não conhecia nenhum limite. Enormes massas de trabalhadores estrangeiros (muitos vindos da União Soviética e de outras partes da Europa Oriental), assim como inúmeros sentenciados e prisioneiros em campos de concentração dentro do território alemão, estavam sujeitas à brutalidade desenfreada por parte dos desesperados carrascos do regime. Com o impacto do desastre no front oriental, o terror, que desde o outono vinha numa escalada crescente, aumentou de forma monstruosa.

Quanto mais o inimigo se aproximava das fronteiras do Reich e mais iminente tornava-se a derrota, mais motivos tinham os representantes do regime para se preocupar com a ameaça potencial constituída pelos milhões de trabalhadores estrangeiros, que labutavam num regime de semiescravidão para manter produtiva a indústria de armamentos, bem como para alimentar o país (quase metade das pessoas empregadas na agricultura era composta de estrangeiros). A quantidade exata de trabalhadores estrangeiros em fevereiro de 1945 não é conhecida. No verão anterior, o número chegava perto de 6 milhões, todos em regime de trabalho forçado, além dos quase 2 milhões de prisioneiros de guerra relacionados pelos dados oficiais — o que representava mais de um quarto de toda a força de trabalho da Alemanha. Desse total, algo como 4,5 milhões — uma estimativa decerto bem abaixo da quantidade real — vinham do leste, sobretudo da Polônia e da União Soviética. Tidos como racialmente inferiores, eram considerados um grande perigo.[73] A ameaça de agitação interna, não em termos de uma revolução popular alemã, mas de um levante dos inimigos situados dentro das fronteiras nacionais, em especial os trabalhadores estrangeiros, era uma grande preocupação para o regime. No começo de fevereiro, por exemplo, emitiram-se instruções precisas para a defesa do distrito governamental de Berlim no caso de sublevação interna.[74]

O receio de que trabalhadores estrangeiros pudessem se tornar um problema grave à medida que se desenhava no horizonte a perspectiva da derrota militar não se limitava aos nazistas paranoicos. Já em agosto, um general alemão aprisionado pelos ingleses manifestara seu temor quanto à possibilidade de que 10 milhões de trabalhadores estrangeiros se sublevassem quando exércitos inimigos estivessem se aproximando.[75] As mulheres — cujos maridos e filhos lutavam no front ou estavam mortos — incumbidas de cuidar das fazendas com a ajuda de trabalhadores estrangeiros preocupavam-se com a própria segurança (embora, como se constatou mais tarde, raras vezes elas tivessem motivo real para sentir medo).[76] Nas grandes cidades, a ansiedade era evidente. No outono anterior, a estação da Friedrichstraße abrigara, segundo uma jovem jornalista chamada Ursula von Kardorff, um "submundo" habitado quase exclusivamente por estrangeiros, entre os quais se incluíam "poloneses com ódio no olhar" e uma "mistura de gente como talvez jamais se visse numa cidade alemã". Toda pessoa que parecesse ter vindo de fora era encarada com desconfiança, ela escreveu. Os trabalhadores estrangeiros tinham uma organização considerada "excelente", com seus próprios agentes, armas e equipamento de rádio. "Há 12 milhões de trabalhadores estrangeiros na Alemanha", assinalou ela, num exagero que com certeza revelava sua preocupação íntima, "um verdadeiro exército. Algumas pessoas se referem a eles como o cavalo de troia da guerra em curso."[77]

Inúmeros relatórios indicavam que os trabalhadores estrangeiros estavam assumindo uma postura cada vez mais assertiva, à medida que sentiam a iminência do fim de seu tormento. Eram também uma presença bastante visível nas metrópoles. A noção de que representavam um perigo interno refletia em grande parte as humilhantes condições de vida e de trabalho a que haviam sido submetidos. Os bombardeios deixaram centenas de milhares deles desabrigados, sem opção além de frequentar abrigos antiaéreos, saguões de espera das estações, outros lugares públicos ou então o assoalho de algum escritório ou apartamento abandonado, para dar um pouco de descanso ao corpo. Com a escassez e o racionamento de alimentos, foram obrigados a roubar ou então a vasculhar edifícios bombardeados em busca de alguma coisa para comer. Uma vez que qualquer semelhança com uma sociedade organizada já havia sido desfeita — àquela altura a tão amada combinação de "paz e tranquilidade" da classe média alemã era coisa do passado distante —, os trabalhadores estrangeiros constituíam o bode expiatório óbvio para explicar o aumento da criminalidade e do desrespeito às leis. Sua imagem se aproximava da caricatura retratada pelas autoridades, cada vez mais preocupadas, que reagiam com a violência característica. As menores infrações eram punidas de maneira brutal. Os trabalhadores estrangeiros eram encarados não apenas como marginais, mas como sabotadores, embora na verdade pouco do que fizessem pudesse ser considerado atitude de natureza política; na maioria dos casos, tratava-se apenas da batalha diária pela sobrevivência.[78]

Já em novembro de 1944, Himmler emitira um decreto dando poderes às agências regionais da Gestapo para pôr em prática "medidas de reparação" como "represália a graves atos de terror e sabotagem". As medidas deveriam ter como alvo "pessoas de povos estrangeiros que não estejam diretamente envolvidas nos atos, mas façam parte do círculo de relacionamentos de quem os cometeu".[79] O terror passou a ser empregado como elemento de dissuasão, abrindo caminho para matanças arbitrárias, decididas em âmbito local. Os esquadrões de execução da Gestapo eram recrutados em diversas cidades, recebendo orientação geral para atirar em "saqueadores, desertores e outra gentalha".[80] A descentralização do controle sobre as matanças tornou-se efetivamente completa em fevereiro de 1945, quando o chefe da Polícia de Segurança, Ernst Kaltenbrunner, deu aos chefes da polícia local poder para decidir quanto à necessidade ou à conveniência de executar trabalhadores estrangeiros, em especial russos.[81] Em 24 de janeiro, os chefes das agências da Gestapo em Düsseldorf, Münster, Dortmund e Colônia tinham recebido o alerta de que "elementos entre os trabalhadores estrangeiros, assim como antigos comunistas alemães", aproveitariam a situação para praticar ações "subversivas". Em todos os casos conhecidos, a resposta deveria ser "imediata e brutal". Aqueles que tivessem qualquer envolvimento com as ações deviam "ser destruídos, não sendo necessário requerer autorização especial ao Gabinete Central de Segurança do Reich".[82]

Àquela altura, execuções arbitrárias de trabalhadores estrangeiros já haviam se tornado lugar-comum. Pelo menos catorze russos foram mortos com um tiro na nuca e depois atirados numa cova já preparada, num campo de trabalhos forçados perto de Dortmund, no dia 4 de fevereiro; 24 integrantes de um suposto grupo subversivo, a "Gangue Kowalenko", foram enforcados ou fuzilados em Duisburg entre 7 e 10 de fevereiro; 74 pessoas foram assassinadas em Colônia[83] (onde, como exposto em capítulo anterior, algo parecido com uma guerra local entre dissidentes e a polícia vinha ocorrendo desde o outono) em 27 de fevereiro, e outras cinquenta foram enforcadas no quartel-general da Gestapo um dia antes da ocupação da cidade pelos americanos, no início de março. No norte da Alemanha, a Gestapo passou a efetuar execuções em massa regularmente a partir de janeiro, atingindo no final de abril um total de duzentos prisioneiros. Numa dessas execuções, entre vinte e 25 pessoas foram fuziladas no final de janeiro ou em princípios de fevereiro, e em outra, em 1º de março, dezessete prisioneiros russos foram mortos. No leste do país, na penitenciária de Sonnenburg, perto de Frankfurt an der Oder, não menos de 753 prisioneiros da Gestapo, entre os quais cerca de duzentos estrangeiros, foram massacrados nos dias 30 e 31 de janeiro.[84] E tudo isso foi apenas o começo de uma carnificina de trabalhadores estrangeiros ocorrida em grandes cidades da Alemanha nas últimas semanas da guerra.

Para as legiões que apodreciam nas prisões e nos campos de concentração alemães, a situação era ainda pior. No começo de 1945, a população dos campos de concentração chegava a 700 mil prisioneiros vindos de toda a Europa, dos quais quase um terço era formado por mulheres; entre 200 mil e 250 mil eram judeus, e o restante, sobretudo prisioneiros políticos, vigiados por cerca de 40 mil guardas da SS. Além desses, cerca de 190 mil prisioneiros ou mais, muitos deles detidos por crimes "políticos", eram mantidos em instituições penais alemãs.[85] Toda essa população de excluídos, fora do alcance de medidas convencionais de proteção jurídica — por mais cruel que fosse sua situação, totalmente à mercê de seus captores —, corria o maior perigo. Hitler não deixara a menor margem de dúvida quanto à necessidade de eliminar toda ameaça interna diante da aproximação do inimigo. É provável que em fevereiro de 1945 ele tenha dado ordens verbais para explodir os campos de concentração quando os Aliados se aproximassem. De acordo com o massagista de Himmler, Felix Kersten, o *Reichsführer*-ss disse-lhe no início de março que "se a Alemanha nacional-socialista vai ser destruída, então seus inimigos e os criminosos nos campos de concentração não terão a satisfação de emergir de nossas ruínas como conquistadores triunfantes. Eles cairão também. Essas são as ordens diretas do Führer e vou me empenhar para que sejam cumpridas até o último detalhe".[86]

Em junho de 1944, o próprio Himmler atribuíra poderes executivos aos escalões superiores da ss e aos líderes da polícia para que adotassem as ações necessárias no caso de um levante de prisioneiros quando da aproximação do inimigo.[87] Os campos deveriam ser evacuados e os prisioneiros, levados para outros campos. Se isso não fosse possível, eles deveriam ser exterminados.[88] Em janeiro, Himmler ordenou a evacuação dos campos no leste, dizendo a seus comandantes que Hitler os tornava responsáveis por garantir que nenhum prisioneiro caísse vivo nas mãos do inimigo.[89] Contudo, a atribuição precisa das responsabilidades, como ocorria com frequência no Terceiro Reich, não ficava claramente definida. Quando os campos foram de fato evacuados, tudo ocorreu em meio a muita confusão e pânico, e não pela implementação precisa de ordens expressas vindas de cima.[90]

Dois imperativos, ao menos parcialmente contraditórios, contribuíram para a confusão. Um deles foi a determinação de que os prisioneiros não poderiam cair vivos nas mãos do inimigo, com certeza para impedir que testemunhassem sobre o tratamento bárbaro que recebiam, e também porque poderiam ser usados como reféns em alguma eventual troca com os Aliados. O outro — oferecendo aos prisioneiros a mais vaga das esperanças — era a necessidade, extremamente bizarra, mesmo naquelas circunstâncias, de mantê-los por seu valor econômico como trabalhadores-escravos para o esforço de guerra. Extermínio de um lado contra exploração econômica do outro sempre constituíram uma espécie de competição na política racial do nazismo. A competição perdurou até o fim.

A essa altura, Himmler estava fazendo jogo duplo, demonstrando sua indiscutível lealdade ao praticar o máximo de crueldade e de selvageria, seguindo à risca as linhas que Hitler tanto apreciava, ao mesmo tempo que via seu império de campos de concentração como um trunfo em eventuais sondagens dos Aliados ocidentais, de olho na possibilidade de conseguir alguma posição no regime pós-Hitler. Recorrendo a um antigo ponto de vista presente nos altos círculos nazistas, ele trabalhava com a vaga noção de que os judeus poderiam ser aproveitados como reféns ou moeda de troca com o inimigo. Já havia sido feita uma tentativa na primavera de 1944, para negociar as vidas de judeus húngaros em troca de caminhões que seriam empregados no front oriental, numa tentativa bem clara de criar uma cisão na aliança inimiga. E em outubro de 1944, Himmler encontrou-se com o ex-presidente da Suíça, Jean-Marie Musy, intermediário num provável acordo para libertar judeus em poder dos alemães em troca de um pagamento de 20 milhões de francos suíços vindos de grupos judaicos dos Estados Unidos. Himmler e Musy voltaram a se encontrar na Floresta Negra em 12 de janeiro, quando o *Reichsführer* concordou em transportar quinzenalmente 1,2 mil judeus à Suíça ao custo de mil dólares por judeu, valor a ser depositado numa conta bancária da Suíça em nome de Musy. Em 6 de fevereiro, o primeiro trem transportando prisioneiros judeus do campo de Theresienstadt, no noroeste da Boêmia, chegou à Suíça, e 5 milhões de francos suíços foram depositados na conta de Musy. Mas Ernst Kaltenbrunner, que por conta própria pretendia fazer também um resgate de judeus (uma tentativa que não foi adiante), sabotou o acordo. Kaltenbrunner mostrou a Hitler notícias da imprensa sobre a chegada da primeira leva de judeus à Suíça e um comunicado interceptado de serviços de inteligência sugerindo, erroneamente, que Himmler havia negociado com Musy um possível asilo a 250 líderes nazistas na Suíça. Enfurecido, Hitler determinou que todo alemão que ajudasse um judeu a escapar seria executado no ato. Himmler de pronto interrompeu a negociação, embora um pouco mais tarde procurasse uma nova forma de usar os judeus numa transação de troca com os Aliados, dessa vez por meio da Suécia. Àquela altura, Hitler e Himmler ainda precisavam um do outro. Mas, ao saber da negociação de judeus, as suspeitas do Führer em relação a seu "leal Heinrich" só fizeram aumentar.[91]

Esperar alguma coerência por parte da política nazista naquelas semanas seria pedir demais, até mesmo no que diz respeito ao extermínio de pessoas indefesas, prática na qual o regime atuava com perfeição. Em todo caso, a rapidez do avanço soviético no leste, onde se localizavam alguns dos maiores campos de concentração, significava que em geral as decisões eram tomadas às pressas, com a máxima urgência e de maneira quase sempre caótica, carecendo muitas vezes de um objetivo definido, para além de apenas evacuar os campos e impedir que o inimigo tivesse acesso aos prisioneiros ainda vivos.[92] O assassinato em massa e de última hora de um número enorme de prisioneiros, já que os guardas eram tomados de surpresa pela velocidade da ofensiva soviética, era inviável. Deixar os prisioneiros com vida para que o inimigo os encontrasse era expressamente proibido (embora na prática isso acontecesse algumas vezes, no caso daqueles que estavam fracos demais para ser transportados). Só restava levá-los à força — debilitados e doentes como estavam pelo cativeiro, maltrapilhos e quase sem alimentação nenhuma — rumo ao oeste, muitas vezes a pé, já que os meios de transporte disponíveis eram escassos, caminhando sobre gelo e neve e enfrentando os ventos glaciais do meio do inverno. Como se podia prever, o resultado foi um morticínio, mas o horror com frequência era uma questão mais ligada ao improviso dentro do princípio geral de violência do Reich do que ao cumprimento de ordens claras vindas de esferas superiores. Para os guardas, em todo caso, a pressa nas marchas e os tiros, ou espancamentos até a morte, impostos aos retardatários e àqueles que não conseguiam acompanhar o passo, eram causados menos pela preocupação de que os prisioneiros caíssem nas mãos do inimigo do que pelo medo de que eles próprios acabassem se tornando prisioneiros.[93]

O caos reinante no processo de evacuação de campos e prisões não queria dizer que a remoção dos prisioneiros, diante da chegada do inimigo, estivesse ocorrendo sem nenhum planejamento. Na verdade, já em fins de 1944 as autoridades judiciais de Berlim haviam traçado um esquema geral para a evacuação dos detentos em instituições penais, plano que no princípio de 1945 foi transmitido às áreas próximas ao front de combate. Os prisioneiros eram divididos de acordo com a severidade de seus atos e segundo critérios raciais. Judeus, "meio judeus", indivíduos sinti e roma (ciganos), poloneses e as categorias de criminosos habituais consideradas mais perigosas, psicopatas e "detentos antissociais e subversivos" em hipótese alguma deveriam ser libertados, tampouco podendo cair em mãos do inimigo. Se não fosse possível removê-los e conduzi-los à polícia, eles deveriam "ser neutralizados com tiros mortais", e as provas, "cuidadosamente removidas".[94] Mas as tropas soviéticas avançaram com tanta rapidez que não foi possível conduzir de maneira ordenada os prisioneiros (cerca de 35 mil) provenientes das 75 cadeias e penitenciárias situadas no caminho do Exército Vermelho, de volta à Alemanha central.

Marchas forçadas de prisioneiros sem condições físicas de suportar os percursos de mais de trinta quilômetros diários por estradas e trilhas congeladas, sem receber quase nenhum alimento, desprovidos de agasalhos ou de calçados adequados, eram realizadas de forma caótica. Muitos simplesmente caíam na beira da estrada, exaustos, famintos e morrendo de frio. Outros eram fuzilados por guardas sempre prontos a apertar o gatilho, eles próprios desesperados para escapar dos soviéticos, cada vez mais próximos. Numa marcha de mulheres, obrigadas a percorrer 36 quilômetros num único dia sob uma temperatura de doze graus negativos, das 565 prisioneiras que iniciaram o trajeto, apenas quarenta chegaram ao destino. Em algumas marchas, contudo, um terço dos prisioneiros conseguia fugir. Muitas vezes, o número de guardas era pequeno e eles estavam mais interessados em salvar a própria pele do que em tomar conta dos prisioneiros. Já outros apenas abandonaram seus postos e fugiram não se sabe para onde. Mesmo assim, a taxa de mortalidade durante as evacuações era alta, e milhares de prisioneiros simplesmente foram fuzilados nas penitenciárias, nos meses finais da guerra, somando-se ao número daqueles que não sobreviveram às marchas forçadas.[95]

No caso dos prisioneiros dos campos de concentração, a taxa de mortalidade durante as marchas forçadas era ainda maior. Em 27 de janeiro, quando o Exército Vermelho chegou a Auschwitz, de longe o maior campo de concentração (com seus campos satélites, aliava um imenso complexo de trabalho escravo a uma imensa capacidade de extermínio), haviam restado apenas 7 mil dos prisioneiros mais fracos — pouco mais que esqueletos vivos —, de uma população que chegava a 140 mil indivíduos aterrorizados, na maioria judeus. As operações de extermínio por meio de gás tinham sido paralisadas em novembro de 1944. Aproximadamente 1,1 milhão de vítimas, das quais cerca de 1 milhão eram judeus, haviam sucumbido lá.[96] As instalações onde os prisioneiros eram mortos foram desmontadas, e houve tentativas de apagar os vestígios das atividades assassinas do campo.[97] A inesperada rapidez da ofensiva soviética provocou pânico entre os guardas de Auschwitz, embora orientações razoavelmente claras tivessem sido estabelecidas para a "limpeza" do campo. Entre elas, incluíam-se ordens do comandante do campo, o ss-*Sturmbannführer* Richard Baer, de fuzilar prisioneiros que atrasassem a marcha de retirada ou qualquer um que tentasse escapar.[98]

Já a partir de 17 de janeiro, 56 mil detentos, que mais pareciam "colunas de cadáveres",[99] precariamente vestidos e alimentados, tomados por um medo profundo e um sofrimento abjeto, avançando sobre a neve em meio a um frio intenso. Alguns foram obrigados a empurrar carrinhos de mão com pertences dos guardas. Seis dias depois, outros 2,2 mil prisioneiros foram transportados de trem em vagões de carga abertos, sem nenhuma proteção contra as temperaturas glaciais. Além da informação de que tomavam a direção do campo de Groß-Rosen, a aproximadamente 250 quilômetros a oeste, os guardas mal sabiam para onde estavam indo. Nas aldeias pelas quais as colunas de prisioneiros passavam, requisitavam-se rações mínimas de alimentos. Nos curtos períodos de descanso permitidos aos presos, eles permaneciam ao ar livre; algumas vezes, nem mesmo celeiros e salas de aula podiam ser usados porque já estavam repletos de refugiados. "Todo prisioneiro que não conseguisse mais caminhar era fuzilado", contou, um ano mais tarde, um sobrevivente de uma coluna com cerca de 3 mil pessoas, principalmente judeus, que haviam deixado Auschwitz-Birkenau a pé sob temperaturas congelantes em 18 de janeiro. "Foi um verdadeiro festival de fuzilamentos."[100]

"A cada cem metros há um marco da ss" — termo empregado pelos próprios integrantes da ss para se referir a mais um cadáver deixado à beira da estrada com uma bala na cabeça —, recordou outro sobrevivente, que suportou dezesseis dias de um horror inimaginável antes de chegar a Groß-Rosen. Na primeira terrível noite da marcha, ele havia sido forçado a ficar de pé durante oito horas com os outros prisioneiros no frio gélido de um pátio de fábrica que fazia parte de um dos campos secundários de Auschwitz, sem comida e sem bebida, proibido até mesmo de se movimentar para se aliviar. Quando eles retomaram a marcha, na manhã seguinte, setenta prisioneiros haviam morrido. A coluna se arrastava para a frente como num transe, os prisioneiros comendo neve para saciar a sede. Sempre que aparecia uma porção mínima de alimento, eles, em estado de delírio, disputavam-no, enquanto os guardas se divertiam com o espetáculo.[101] Houve um dia, 23 de janeiro, em que, depois de uma marcha de nove horas debaixo daquele frio cruel, os prisioneiros viram de relance uma placa na estrada informando que estavam dois quilômetros mais longe de Gleiwitz do que no início da caminhada, naquela manhã. Não é de espantar que alguns pensassem que o único objetivo daquela tortura fosse forçá-los a marchar até estarem todos mortos. Alguns ansiavam por morrer logo, para acabar com o sofrimento, e os ss ficavam felizes em satisfazer sua vontade. Para outros, a única preocupação era sobreviver.[102] Mas para muitos não havia sobrevivência. Até 15 mil prisioneiros de Auschwitz morreram durante as marchas, a maioria deles judeus.[103]

Para aqueles que chegaram a Groß-Rosen, a agonia das marchas estava longe de ter acabado. Situado junto de uma importante conexão ferroviária cerca de sessenta quilômetros a oeste de Breslau, o inicialmente pequeno campo de Groß-Rosen havia inchado até se tornar um vasto complexo, abrangendo vários campos secundários e abrigando 80 mil prisioneiros. Uma vez que os campos e prisões do Governo Geral da Polônia tinham sido fechados nos meses anteriores e que novos prisioneiros chegavam quase todos os dias — muitos dos quais logo seriam novamente transferidos —, a superlotação de Groß-Rosen atingiu proporções monstruosas, e o número de pessoas em algumas tendas era até nove vezes maior que a capacidade normal de acomodação. Não havia o menor cuidado em relação a higiene e saneamento; doenças e infecções proliferavam. As rações se limitavam a um pedaço de pão e uma colher de geleia, com meio litro de sopa salgada, fornecidas três vezes por semana. "Somos mil homens amontoados num lugar onde cabem nos máximo duzentos", rabiscou um prisioneiro em seu diário. "Não podemos nos lavar, recebemos meio litro de caldo de batata e duzentos gramas de pão. Só na nossa tenda já morreram 250."[104] E, à medida que as condições se deterioravam, o terror imposto pelos guardas se tornava ainda mais arbitrário.

Muitas das dezenas de milhares de pessoas vindas de Auschwitz e amontoadas em Groß-Rosen ficavam lá poucos dias e logo seguiam viagem em vagões abertos, em percursos que chegavam a duas semanas de duração, até desembarcar em outra sucursal do inferno do Reich, superabarrotado e de igual brutalidade, como Bergen-Belsen, Buchenwald, Flossenbürg, Dora-Mittelbau ou Mauthausen (na Áustria). Entre 8 e 9 de fevereiro, metade da população do principal campo de Groß-Rosen foi evacuada numa pressa caótica, embora alguns dos campos auxiliares mais afastados houvessem caído em domínio soviético sem que os prisioneiros tivessem sido removidos. Antes de serem amontoados como gado em vagões de carga abertos, cada prisioneiro recebia um pedaço de pão. Sem nada que os protegesse das intempéries e tão espremidos que mal tinham espaço para respirar, muitos não sobreviveram à jornada. Alguns foram fuzilados já a caminho da estação e outros, quando tentavam fugir. Muitos mais — quinhentos, num grupo de 3,5 mil — foram assassinados na estação. Os corpos ficavam esparramados ao longo dos trilhos da ferrovia.[105] Cerca de 44 mil prisioneiros de Groß-Rosen chegaram vivos a outros campos do Reich. Não se sabe quantos morreram no caminho, mas sem dúvida foi um número muito grande.[106]

Num terceiro imenso conjunto de campos de concentração situado no leste, em Stutthof, perto de Danzig, no estuário do Vístula, planos detalhados de evacuação haviam sido elaborados no verão anterior. A ideia era enviar, de navio, uma parte dos prisioneiros rumo ao oeste, a partir de Danzig e Gotenhafen (Gdynia), enquanto os demais seriam transportados por terra até uma parada provisória em Lauenburg, na Pomerânia, antes de seguir para campos no interior do próprio Reich. Com a aproximação do Exército Vermelho, em janeiro, fecharam-

-se diversos campos auxiliares, e as 22 mil pessoas lá detidas, mulheres em sua maioria, foram transferidas. O massacre de Palmnicken, na Prússia Oriental, mencionado no capítulo anterior, resultou de uma dessas evacuações, mas nem de longe foi a maior carnificina de prisioneiros retirados desses campos secundários, principalmente quando se leva em conta o número daqueles que não tinham condições de enfrentar a marcha forçada e com os quais os ss não sabiam o que fazer. A ameaça de que a ofensiva do Exército Vermelho alcançasse as proximidades de Elbing e Marienburg, a apenas cinquenta quilômetros de Stutthof, entre 23 e 24 de janeiro, apressou também a decisão de evacuar o campo principal. No dia 25, cerca de 11 mil prisioneiros — cada um levando consigo quinhentos gramas de pão e 120 gramas de margarina para a viagem — foram conduzidos à força para uma marcha de sete dias por vastas áreas glaciais até Lauenburg. Prisioneiros alemães e um pequeno número dos países escandinavos recebiam tratamento um pouco melhor do que o oferecido a judeus, poloneses e soviéticos. As ordens eram claras, eles deveriam marchar em filas de cinco, e todo aquele que tentasse fugir ou demonstrasse qualquer sinal de rebeldia deveria ser imediatamente fuzilado. Quando o grupo chegou a Lauenburg, entre os dias 1º e 4 de fevereiro, dois terços deles haviam morrido. A maior parte já não tinha forças para levar a marcha adiante. Algo em torno de 85% — 9,5 mil dos 11 mil que iniciaram a terrível marcha até Lauenburg, a maioria deles judeus — não sobreviveram.[107]

No total, em janeiro e fevereiro aproximadamente 113 mil prisioneiros dos campos foram forçados a essas marchas da morte.[108] Numa estimativa conservadora, calcula-se que um terço, ao menos, não sobreviveu. Durante a marcha, eles não podiam esperar muita ajuda por parte dos moradores dos povoados por onde passavam. Os guardas esforçavam-se ao máximo para manter os prisioneiros segregados e, quando havia algum contato, impediam qualquer tentativa de pessoas dispostas a algum ato de solidariedade de lhes atirar um pedaço de pão ou qualquer migalha de comida. Em outras ocasiões, as pessoas eram hostis às filas de prisioneiros. Talvez por medo dos guardas, ou dos prisioneiros, ou possivelmente de todos eles, ou ainda por concordar com o tratamento dispensado aos "inimigos" do Reich, a maioria mantinha-se à distância. Com frequência, também, os prisioneiros passavam por distritos que já tinham sido evacuados ou então ocorria um desvio no percurso para que não houvesse contato com marchas de refugiados.[109] Para os que conseguiam sobreviver a tantas provações, aquele sofrimento difícil de descrever ainda estava longe de ter chegado ao fim. Depois de confinados em campos de concentração superlotados na Alemanha, em que as condições de existência — que nem sequer poderiam ser chamadas de "condições de vida" — deterioravam-se de maneira drástica a cada dia, nas derradeiras e lúgubres semanas do Terceiro Reich eles foram forçados a suportar novas marchas da morte, ainda mais caóticas do que aquelas a que haviam sobrevivido.

v

Por outro lado, o terror também "chegou em casa no Reich". Foi o terror vindo dos céus, cujo maior símbolo ficou a cargo dos ataques aéreos aliados realizados em 13 e 14 de fevereiro de 1945, que, sem nenhuma piedade, riscaram do mapa o histórico e belo centro de Dresden, cidade chamada de "Florença do rio Elba" graças às suas glórias culturais.

Àquela altura, seria difícil encontrar alguma cidade ou aldeia alemã, qualquer que fosse seu tamanho, que tivesse escapado ilesa dos horrores causados pela sucessão de bombardeios aliados. Muitas conheceram a morte e a destruição vindas dos céus em diversas ocasiões. Arthur "Bombardeador" Harris vinha comandando a campanha de destruição de cidades alemãs desde 1942.[110] As do norte e do oeste, mais fáceis de atingir a partir das bases britânicas, foram os alvos iniciais. Em 1943, as "áreas de bombardeio" noturnas dos ingleses articulavam-se com os alvos diurnos dos chamados "ataques de precisão" dos americanos (muitas vezes, na verdade, bem pouco precisos), numa estratégia ininterrupta de bombardeamento. Num ataque particularmente terrível e devastador a Hamburgo, em julho de 1943, perto de 40 mil cidadãos morreram em terríveis tempestades de fogo. As cidades do cinturão industrial de Reno-Ruhr foram repetidas vezes atacadas de maneira impiedosa, à medida que se intensificavam os bombardeios ao longo de 1943 e 1944. Colônia, Essen (lar da família Krupp), Dortmund, Bochum (um "centro do carvão" do Ruhr) e demais partes daquele conglomerado industrial foram reduzidas a pilhas de escombros. Com a expansão do controle dos céus pelos Aliados, suas bases aéreas passaram a ser instaladas cada vez mais próximas da Alemanha, e com isso cidades nas regiões do centro e do sul do país tornaram-se alvo de ataques mais frequentes. Kassel e Darmstadt, Heilbronn, Stuttgart, Nuremberg e Munique estiveram entre os alvos dos intensos ataques. A grande metrópole de Berlim, que por suas dimensões e pela distância das bases inimigas constituía um alvo muito mais difícil do que as outras cidades atacadas, foi bombardeada 363 vezes ao longo de todo o conflito. O pesado ataque aéreo de 3 de fevereiro infligiu a maior destruição à capital registrada até aquele momento, arrasando o distrito governamental e os edifícios históricos do centro (embora, para sorte dos berlinenses, tenha causado apenas uma fração do número de mortes pretendidas pelos Aliados).[111]

Os bombardeios aumentavam de forma acentuada à medida que crescia o poderio aliado, e a Luftwaffe tornava-se cada vez menos eficiente. Em 1942, despejaram-se sobre o território alemão 41,44 mil toneladas de bombas. Em 1943, o volume tinha subido para 206 mil toneladas e em 1944 elevou-se mais de cinco vezes, ultrapassando 1,2 milhão de toneladas. Cerca de 471 mil toneladas — mais que o dobro da quantidade de bombas arremessadas ao longo de todo o ano de 1943 — foram lançadas de janeiro até o fim de abril de 1945.[112] As 67 mil toneladas despejadas pela RAF em março de 1945 eram, na verdade, quase equivalentes ao total de bombas que caíram no território alemão durante os primeiros três anos da guerra.[113] Alguns dos ataques mais devastadores das últimas semanas da guerra foram efetuados contra populações praticamente indefesas, com o aniquilamento quase completo de Pforzheim, "a passagem para a Floresta Negra", em 23 e 24 de fevereiro, matando 17,6 mil pessoas (um quarto da população), e o selvagem bombardeamento — sem o menor sentido do ponto de vista militar — de Würzburg, em 16 de março, matando 4 mil de seus 107 mil habitantes; em apenas dezessete minutos, bombas incendiárias destruíram 90% de seu belo centro barroco, uma joia cultural.[114]

A Alemanha estava pagando um preço terrível, colhendo os frutos do vendaval que havia tido início antes mesmo da guerra com o bombardeio impiedoso de Guernica, em 1937, e, após o começo do conflito, com os implacáveis ataques a Varsóvia, Rotterdam, Coventry e áreas densamente povoadas de Londres. No total, acredita-se que os bombardeios aliados sobre a Alemanha tenham matado algo em torno de meio milhão de pessoas. De um modo ou de outro, o sofrimento atingiu um terço da população. Mais de um quarto das residências da Alemanha foi danificada pelos ataques aéreos.[115]

Nesse terrível catálogo de morte e destruição por bombardeios inimigos, o ataque feroz a Dresden em 13 e 14 de fevereiro ganhou um lugar de destaque. As condições eram perfeitas para uma destruição aérea completa: tempo ideal para o arremesso de bombas, ausência quase absoluta de defesas contra ataques aéreos, falta de providências por parte da liderança nazista e até mesmo de abrigos razoáveis para a população (excetuando-se o bunker construído para a proteção do *Gauleiter* Martin Mutschmann), numa cidade sobrecarregada pela necessidade de acomodar milhares de refugiados, além de seus 640 mil habitantes. E esse foi o alvo do ataque duplo dos ingleses, tanto incendiário como explosivo, que transformou a velha cidade num enorme inferno. A isso seguiu-se um bombardeio ainda mais intenso na hora do almoço, dessa vez efetuado pelos americanos.

As pessoas que tentaram se proteger em abrigos provisórios ficaram sufocadas. Aquelas que estavam nas ruas foram sugadas pela violenta tempestade de fogo. Quando os sobreviventes saíram às ruas após o primeiro ataque, acabaram sendo atingidos pelo segundo, que aumentou enormemente, em intensidade, a tempestade de fogo e ampliou a área de devastação. Aqueles que mergulharam no grande reservatório situado no meio da cidade tentando escapar das chamas, entre os quais gente que não sabia nadar ou que estava ferida, descobriram que, ao contrário do que acontece nas piscinas, não era fácil sair de lá, uma vez que as paredes eram de cimento liso, e assim muitas se afogaram. Nas ruas em chamas, havia cadáveres carbonizados por toda parte. Porões e subsolos estavam repletos de corpos. Na estação principal, que tinha ficado abarrotada de refugiados, havia "cadáveres e pedaços de corpos qualquer que fosse a direção em que se olhasse, nas passagens do túnel e nos saguões de espera, numa quantidade horrível. Ninguém saiu vivo daqui".[116] No pandemônio instaurado, a diferença entre morrer e sobreviver era muito tênue — com frequência, tratava-se de mera questão de sorte. A melhor esperança era chegar até o Elba e à segurança do rio. Quando a tempestade de fogo finalmente se extinguiu e os pilotos do dia seguinte, depois de despejar sua carga mortal, voltaram para casa, Dresden era uma cidade de mortos.[117] Para alguns poucos, porém, a noite de horrores, incrivelmente, acabou trazendo a salvação. Os judeus que permaneciam na cidade estavam à espera da iminente deportação e sabiam o que isso significava. Em meio ao caos, puderam se livrar de suas estrelas amarelas de identificação e unir-se às massas de "arianos" desabrigados, evitando assim a deportação para a morte.[118]

Mesmo nessa fase tão adiantada da guerra, e em meio a toda a desordem da cidade em ruínas, o regime demonstrou uma notável capacidade para improvisar medidas de emergência. Na manhã seguinte ao ataque, equipes de ajuda foram enviadas a Dresden. Um total de 2 mil soldados e mil prisioneiros de guerra, além de equipes de reparos de outras cidades da região, foram rapidamente despachados para lá. Para a coordenação dos trabalhos, criaram-se um posto de comando e um sistema de comunicações. Em três dias, já vinham sendo distribuídas 600 mil refeições quentes por dia. Decretou-se a lei marcial, saqueadores foram presos e, em inúmeros casos, imediatamente executados. A desagradável tarefa de recolher os corpos carbonizados começou, parte dela executada por prisioneiros de guerra. Com precisão burocrática, as autoridades municipais recolheram e contaram os cadáveres. Mais de 10 mil vítimas foram enterradas em valas coletivas às margens da cidade. Entre 21 de fevereiro e 5 de março, milhares de outros corpos foram cremados em enormes piras na praça Altmarkt, situada no centro de Dresden. No relatório oficial sobre as vítimas dos bombardeios, compilado em março, citavam-se 18 375 mortos, 2 212 gravemente feridos, 13 718 com ferimentos leves e 350 mil desabrigados. Levando em conta a quantidade de corpos que com certeza jaziam sob os escombros e as ruínas no interior da cidade, o relatório calculava o número de mortos em 25 mil — cômputo ainda aceito como a estimativa mais confiável.[119]

O número fica abaixo da triste taxa de mortalidade registrada por Hamburgo em julho de 1943, embora em proporção maior ao total de habitantes (mesmo assim, é significativamente inferior à quantidade de vítimas de Pforzheim, que, segundo esse macabro cálculo de porcentagem, foi a cidade que sofreu o ataque aéreo mais devastador em toda a guerra).[120] A comoção causada pelo aniquilamento de Dresden tornou-se maior por se imaginar que, devido à sua enorme importância cultural, seria poupada do destino de outras grandes cidades do Reich. Do mesmo modo, a reputação de Munique como centro de arte e arquitetura de valor inestimável não serviu de proteção contra os 73 ataques aéreos que sofreu.[121] Também o centro de Würzburg, um testemunho do gênio rococó de Balthasar Neumann, foi quase totalmente varrido do mapa em março.[122] Mas Munique, deixando de lado seus tesouros artísticos, era a "capital do movimento [nazista]" (como vinha sendo chamada desde 1933). E o esmagamento de Würzburg (onde, apesar do nível de destruição registrado, é provável que a mortalidade tenha sido um quinto daquela de Dresden) talvez representasse um choque maior se tivesse precedido, em vez de sucedido, o bombardeio da capital da Saxônia. Dresden sofreu um ataque de proporções gigantescas e, com o final da guerra já à vista, também a perda de muitas vidas e a ruína de uma cidade de singular beleza. Talvez esse motivo tenha sido suficiente para fazer de Dresden, dentre todas as cidades impiedosamente vitimadas por ataques aéreos, o exemplo mais representativo da guerra dos bombardeios.

Havia, contudo, algo mais. Dresden deu a Goebbels um presente de propaganda. Ele teve acesso a um relato da Associated Press que surpreendentemente passara pela censura britânica e que comentava, com precisão, a política de "bombardear de maneira deliberada grandes centros populacionais da Alemanha com o objetivo de causar o terror".[123] Poucos dias depois, Goebbels passou a criticar uma política deliberada de exterminar o povo alemão por meio de ataques dirigidos não a instalações industriais, mas à população de um pacífico centro de cultura e às massas de refugiados, muitos dos quais mulheres e crianças, que tentavam escapar dos horrores da guerra. O número de refugiados na cidade, mortos no ataque, havia sido inflacionado pela reportagem (embora muitos, de fato, tivessem sido vitimados pelas bombas; além disso, os Aliados sabiam que uma grande quantidade de refugiados chegara até ali nas últimas semanas, em consequência da ofensiva do Exército Vermelho). Também deliberadamente enganadora era a imagem de uma cidade sem indústrias voltadas para a guerra, desprovida de significado militar. A posição de Dresden como importante junção ferroviária lhe atribuía papel considerável na economia nacional, e a maior parte de sua indústria estava envolvida na produção para a guerra. A tentativa de impedir a passagem de tropas alemãs por Dresden para reforçar o front oriental — ajudando, assim, seus parceiros naquele lado, os soviéticos — era, na verdade, a justificativa aliada por trás do bombardeio à cidade e a outros pontos situados mais ao leste (entre eles, Berlim).[124] Mas era verdade, entretanto, que o principal alvo das bombas foram as áreas urbanas densamente povoadas, e não as instalações industriais, situadas em áreas mais afastadas. Além disso, Goebbels aumentou o número de vítimas com o simples recurso de acrescentar um zero à direita nas estatísticas oficiais. Em vez de 25 mil mortos — uma quantidade já enorme —, Goebbels estabeleceu que a taxa de mortos havia sido de 250 mil.[125] Partindo de uma realidade horrível, ele criou um mito ainda pior — e mais duradouro.

Goebbels e outros líderes nazistas também usaram o bombardeio de Dresden para enfatizar a necessidade de continuar na luta — a única resposta possível, afirmou seu semanário *Das Reich*, à ameaça à existência da Alemanha, representada tanto pelos Aliados ocidentais como pelos soviéticos.[126] Parece pouco provável que os alemães comuns chegassem a essa conclusão com base no ataque devastador. Naturalmente, havia quem dissesse — fazendo eco ao pronunciamento de Goebbels — que a Alemanha não seria levada à capitulação pela força do terror.[127] Mas essas pessoas com certeza constituíam a exceção. Cartas enviadas ao front e vindas de lá comentavam o horror causado pelas notícias do que ocorrera, mas não mencionavam um fortalecimento do moral nem a determinação de prosseguir resistindo.[128] Sem dúvida, o ódio já existente aos "gângsteres do ar" tornou-se ainda mais forte. Para a maioria, contudo, o aniquilamento de Dresden não significou a necessidade de resistir até o fim, mas a impotência diante daquela destruição gigantesca e a futilidade de continuar lutando enquanto as cidades alemãs eram varridas do mapa. E Dresden, a prova mais evidente da incapacidade do regime nazista de defender seu povo de ataques aéreos, não amenizou o crescente antagonismo da população em relação às autoridades do país. "A confiança do povo em seus líderes é cada vez menor", dizia o sumário de uma série de cartas examinadas pelo Ministério da Propaganda no princípio de março. "A crítica aos altos escalões do partido e às lideranças militares é especialmente amarga."[129]

VI

O horror infligido a Dresden fez muito pouco ou nada para apressar o término da guerra. Mas para muitos funcionou como um lembrete de que o fim não estava tão longe. Os líderes do regime, por sua vez, sabiam muito bem — embora não o admitissem abertamente — que o jogo já tinha acabado e que era uma questão de semanas, não de meses, até a Alemanha ser esmagada por completo. Eles podiam aumentar a repressão e o terror, agora dirigidos contra sua própria população, sufocando qualquer possibilidade de que houvesse uma repetição de 1918. Mas nada poderiam fazer para deter a gigantesca maré da derrota iminente.

A fachada de invencibilidade precisava ser mantida. Robert Ley, o líder da Frente do Trabalho, cujos pronunciamentos públicos — e cuja reputação de alcoolismo — eram um constrangimento para Goebbels e outros líderes nazistas,[130] foi capaz até de extrair algo positivo do inferno vivido por Dresden ao declarar que, em consequência da destruição da cidade, a preocupação com os monumentos culturais da Alemanha não iria mais desviar o foco da luta pela vitória.[131] Em suas conversas particulares, no entanto, Ley podia ver, tanto quanto qualquer outra pessoa, que a situação nos fronts era desesperadora.[132] Até mesmo nos altos círculos da ss, Himmler apegava-se ao mito de que o conflito ainda acabaria bem para a Alemanha. Os rituais deveriam prosseguir como de costume. Himmler escreveu a Freiherr von Berlepsch, ss-*Obersturmführer* (líder sênior de ataques), felicitando-o pelo nascimento de seu oitavo filho e dizendo que a "luz da vida" (*Lebensleuchter*) — parte da veneração pseudorreligiosa da ss — para o pequeno Dietmar só poderia ser vista depois de encerrada a guerra.[133] O *Reichsführer*-ss comunicou a seus principais assessores que todos os anos, em maio, ele queria decidir qual livro daria de presente aos mais altos líderes da ss na "Julfest" — a versão, segundo o ritual pagão da ss, da festa natalina. Eles tinham até 30 de abril de 1945 para lhe entregar uma lista com os títulos dos livros.[134] E em resposta ao pai de um de seus netos, que havia lhe escrito agradecendo por todos os presentes enviados à família, mencionando que uma placa de Natal (*Julteller*) chegara quebrada, Himmler disse a Rudolf Brandt, seu ajudante, que escrevesse a ele prometendo que, se após a guerra houvesse mais placas disponíveis, teria "o maior prazer em lhe enviar uma nova placa de Natal".[135] Numa conversa particular com Albert Speer, Himmler fez questão de mostrar-se confiante. "Quando as coisas vão ladeira abaixo, sempre existe o ponto mais fundo, e apenas quando se alcança esse ponto, *Herr* Speer, elas podem tornar a subir."[136] Essa atitude de manter acesa uma ilusão vinha de um homem que, oscilando entre seus devaneios e a sólida apreensão da realidade, já fazia discretos acenos ao inimigo, de olho no futuro depois da guerra.

Uma mistura curiosa de ilusão e "ar de normalidade" prevalecia também nas esferas mais altas da burocracia estatal. Lutz Graf Schwerin von Krosigk, há muito ministro das Finanças — estava no cargo desde 1932, antes de Hitler subir ao poder —, despachou diversas cartas no começo de 1945 a líderes nazistas e ministros apresentando sugestões quanto ao modo como a guerra deveria ser conduzida. Praticamente ninguém deu ouvidos a esses conselhos. Sua maior preocupação, no entanto, era o precário estado das finanças do Reich. Em janeiro, ele preparou um volumoso relatório, enviado a expoentes do regime, que começava assim: "A atual situação financeira e monetária caracteriza-se pelos custos crescentes da guerra, pela queda da receita do governo, pelo aumento da oferta de dinheiro e pela diminuição do poder aquisitivo da moeda". Era da maior urgência, ele concluía, restringir de maneira drástica a oferta de dinheiro, o que se daria por meio da contenção dos gastos do Reich e da elevação das tarifas postais, dos preços das passagens de trem e transportes locais e do aumento da taxação sobre tabaco e álcool, ingressos de cinema, diárias de hotel e licenciamento para rádios e jornais, bem como por meio do aumento das tarifas de água, gás e energia elétrica. Com uma lógica notável — o fundamento da impressão que se teria dele após a guerra, como uma pessoa de inépcia fora do comum, um "bobalhão" completo[137] —, ele argumentou: "Não se pode negar que o custo do atendimento às necessidades básicas da população tornou-se mais alto" uma vez que "grande parte da população já se encontra há meses inteira ou parcialmente sem acesso a água, gás e energia elétrica".[138] Numa reunião ministerial em 23 de fevereiro, ele apresentou suas propostas para aumentar em quatro vezes o imposto sobre propriedades, lamentando a ausência de Bormann no encontro, bem como sua falta de disposição de discutir os perigos de um colapso monetário. Tudo que conseguiu obter da Chancelaria do partido foi a sugestão de que um programa deveria ser desenvolvido por autoridades do governo, para que em seguida Bormann pudesse avaliar se seria possível "implementá-lo dentro das contingências políticas do momento".[139] Em qualquer sistema político normal, o colapso iminente do padrão monetário seria uma questão de prioridade máxima. Para as lideranças nazistas, nas condições vigentes em fevereiro de 1945, tratava-se de algo inconsequente. Sem se deixar abalar, Krosigk continuou elaborando seus planos para uma reforma tributária, que no final de março foram criticados por Goebbels — como se estivessem prestes a ser postos em prática — por lançar o peso sobre o imposto ao consumidor, e não sobre o imposto de renda. Àquela altura, na melhor das hipóteses era uma questão bizantina, pois a maior parte do país já estava sob ocupação inimiga.[140]

Constantemente próximo a Hitler, Martin Bormann estava mais informado do que a maioria das autoridades quanto às verdadeiras dimensões do desastre que batia às portas da Alemanha. Nas frequentes cartas que enviava à esposa, Gerda, vê-se que tinha uma noção bastante clara da realidade militar, graças às informações em primeira mão que recebera sobre o bombardeio à Chancelaria do Reich em 3 de fevereiro. No dia seguinte ao ataque aéreo, ele receava (foi o que escreveu) que "a pior fase de nossos infortúnios ainda esteja por vir", e disse a Gerda com franqueza "como é desagradável — na verdade, para ser inteiramente sincero, como é desesperadora a atual situação". Mas era fundamental manter as aparências, e ele acrescentou: "Sei que você, assim como eu, nunca irá perder a fé em nossa vitória final".[141] No dia seguinte, ele voltou a escrever, começando com um pessimismo mal disfarçado sobre as perspectivas no front ocidental, mas em seguida caindo numa forma de esperança fatalista em relação ao futuro:

Qualquer um que disser que ainda temos uma chance só pode ser um grande otimista! E é isso que nós somos! Simplesmente não consigo acreditar que o Destino poderia ter levado nosso povo e nosso Führer tão longe nesse magnífico percurso apenas para nos abandonar agora, e nos ver desaparecer para sempre. A vitória do bolchevismo e do americanismo significaria não só o extermínio de nossa raça, mas a destruição de tudo que nossa cultura e nossa civilização construíram. No lugar do *Meistersinger,* seremos obrigados a ver o jazz triunfar [...].[142]

A resposta de Gerda: "Um dia, o Reich dos nossos sonhos surgirá. Será que nós, eu me pergunto, ou nossos filhos, viveremos para vê-lo?". Nesse trecho, Martin inseriu algumas palavras na carta da esposa: "Espero com todas as minhas forças que sim!".[143] Em outra missiva enviada a ela, ele acrescentou: "Como já disse muitas vezes, não tenho premonições de morte; pelo contrário, meu desejo mais ardente é viver — e com isso quero dizer estar ao seu lado e ao lado de nossos filhos. Gostaria de seguir a vida da forma que fosse, ao seu lado, por todo o tempo que pudesse, e em paz".[144]

Para muitos alemães, Goebbels era a face exterior de um regime em seus últimos meses, aparecendo em público com muito mais frequência do que qualquer outro líder nazista, visitando tropas no front e conclamando populações civis que tinham sido bombardeadas — uma força constante de motivação, tanto em suas transmissões pelo rádio como nos artigos publicados pelos jornais, em nome de um empenho ainda maior para que a população se mantivesse firme e prosseguisse na luta. Ele continuava trabalhando fervorosamente com o objetivo de conseguir novos recrutas para a Wehrmacht e, agora, de estabelecer um plano para a defesa de Berlim (nesse âmbito, via os métodos empregados pelos soviéticos com relação a Leningrado e Moscou como um possível modelo).[145] Goebbels permanecia como um dos nazistas mais fanáticos, amplamente considerado, ao lado de Himmler, um dos "homens fortes" do regime.[146] Preconizava a utilização de cortes marciais sumárias, com sentenças e execuções rápidas, para acabar com o "moral deplorável" entre os 35 mil desgarrados e desertores apanhados pouco tempo antes, recorrendo a métodos stalinistas para restabelecer a ordem e combater o moral baixo.[147] Seu fanatismo levou-o a propor o fuzilamento de dezenas de milhares de prisioneiros de guerra aliados como resposta ao bombardeio de Dresden.[148] Goebbels mantinha-se uma figura de notável dinamismo, capaz não apenas de fornecer um espetáculo para as massas, mas também de empolgar as pessoas ao seu redor, representando sempre a imagem do otimismo e do desafio. No entanto, entre os líderes nazistas, poucos tinham uma visão tão clara da realidade como ele. No começo de fevereiro, quando sua mulher, Magda, lamentava a perda de tantos territórios que a Alemanha conquistara e o atual estado de fraqueza, que não lhes permitia impedir o ataque à própria Berlim, Goebbels respondeu: "É, meu amor. Tivemos tudo, gastamos tudo, agora acabou. Não se pode fazer mais nada".[149]

Apesar desse sentimento, ele não havia reconhecido a derrota. No fim de fevereiro, segundo seu ajudante Wilfred von Oven, Goebbels ainda via uma pequena possibilidade de evitar o completo desastre, desde que conseguisse ganhar algum tempo, e então — uma ilusão compartilhada com outros líderes nazistas — negociar um acordo com os Aliados ocidentais para que formassem uma frente conjunta contra o bolchevismo. Mas ele mesmo logo admitia que Hitler não via as coisas dessa forma e ainda insistia em dizer que 1945 haveria de trazer a mudança decisiva, melhorando a sorte da guerra para a Alemanha.[150] Goebbels era cético quanto ao extraordinário empenho de Hitler em manter uma postura otimista.[151] Mas uma visita ao bunker do Führer invariavelmente funcionava como antídoto a eventuais momentos de depressão. A atmosfera lá, cada vez mais propícia a fugas da realidade, em geral dissipava suas dúvidas, estimulando nele a disposição para acreditar em alguma mudança quase milagrosa na fortuna da guerra.[152] Após uma visita, em meados de fevereiro, Goebbels deixou o bunker entusiasmado pela conversa com o arquiteto Hermann Giesler, que acabara de mostrar a um fascinado Hitler sua maquete de como deveria ficar a cidade de Linz depois da guerra. Giesler contou a Goebbels, como fizera com Hitler, que em sua opinião a maioria das cidades alemãs poderia ser reconstruída no prazo de três a cinco anos. Goebbels sentiu-se como em 1933 — quando chegou ao fim a luta pelo poder —, ansioso para tomar parte no trabalho de reconstrução.[153] Ainda insistia, como vinha fazendo havia muito tempo, em mudanças radicais no front doméstico, no afastamento de Göring e Ribbentrop (ambos considerados por ele um fracasso total e um obstáculo a qualquer nova iniciativa) e na busca, mesmo em fase tão adiantada do conflito, de uma solução política para o fim da guerra. Mas, como sempre, continuava sendo um seguidor fiel de Hitler, sem disposição nem capacidade para tomar uma atitude independente. Via o Führer como discípulo estoico de Frederico, o Grande, cumprindo sua missão até o fim — "um modelo e um exemplo para todos nós".[154] Para Goebbels também, àquela altura realidade e ilusão estavam intimamente entrelaçadas.

Mais realista do que outros líderes nazistas em sua análise da situação era Albert Speer. No dia 30 de janeiro, data em que se comemorava o 12º aniversário da "tomada do poder", ele apresentou a Hitler um extenso memorando, descrevendo como estaria a situação dos armamentos em fevereiro e março. Apontou as gravíssimas consequências da perda da Alta Silésia, até então a última área intacta para a produção de carvão. Mostrou ainda dados evidenciando a acentuada queda na produção de armamentos e munições em relação ao ano anterior. Com os níveis atuais de produção de carvão e aço bruto, ele escreveu, será impossível manter a economia alemã por muito tempo. O máximo que se pode fazer é adiar o colapso total por alguns meses. Sem contar mais com a Alta Silésia, a indústria nem de longe estava em condições de satisfazer a necessidade de fornecer armamentos para repor as perdas no front. Speer concluiu o memorando com o seguinte trecho, sublinhado e em negrito: "A superioridade material do inimigo já não pode mais ser compensada com a bravura de nossos soldados".[155]

Goebbels tirou do memorando as conclusões lógicas — e reconheceu que ele mostrava "as coisas como elas realmente se apresentam" —, ou seja, que Speer indicava a necessidade de encontrar uma saída política para encerrar a guerra. Mas não via possibilidade de que isso acontecesse.[156] E ele estava certo em ser pessimista. Hitler proibiu Speer de mostrar o memorando a qualquer outra pessoa — uma restrição um tanto atrasada, pois Goebbels e outros já o tinham visto — e, referindo-se especificamente às suas conclusões, disse-lhe com frieza que cabia apenas a ele, Hitler, tirar conclusões sobre a questão dos armamentos.[157] Com isso, a discussão sobre o assunto estava encerrada, como reconheceu Speer.

A autoridade de Hitler continuava intacta.[158] Ele podia agradecer em boa parte, naquele momento tanto quanto no passado, a seus chefes de província, os *Gauleiter*, a sustentação de sua posição de liderança inquestionável. Embora no princípio de fevereiro tivesse sido necessário insistir para que os *Gauleiter* obedecessem às ordens de Berlim sem questioná-las, deixando de tentar "governar à sua maneira" — na verdade, uma tendência que nas últimas semanas da guerra só cresceu, em vez de diminuir —, pouco tempo depois Hitler estava se desmanchando em elogios a eles pela completa dependência que mostravam no controle dos problemas da defesa civil.[159] A maioria, como o *Gauleiter* Albert Forster, de Danzig, Prússia Oriental, provavelmente abandonara a esperança de um fim de guerra positivo para a Alemanha.[160] No entanto, quaisquer que fossem seus pensamentos íntimos e suas secretas esperanças de escapar daquela difícil posição, permaneciam como um grupo de servidores leais.

Convocados para o que viria a ser seu derradeiro encontro com Hitler na Chancelaria do Reich em 24 de fevereiro de 1945, 25º aniversário da promulgação do programa do partido, os *Gauleiter* — com a exceção de Koch e Hanke, que não conseguiram deixar a Prússia Oriental e Breslau, respectivamente — compartilharam, de início, críticas e queixas entre si, em especial com relação a Bormann. Mas todos continuavam "cheios de esperança na vitória", pelo menos da boca para fora. Na verdade, a maior preocupação era evitar que fosse percebido algum sentimento derrotista. Karl Wahl, *Gauleiter* da Suábia, tinha a impressão, como escreveria mais tarde, de que "todos viviam no mundo da lua".[161] Quando Hitler por fim chegou, eles ficaram chocados com sua imagem — parecia um homem velho, doente, fisicamente destroçado, cujo braço esquerdo não parava de tremer. Os olhos de Wahl encheram-se de lágrimas ao ver um indivíduo tão decrépito; para ele, era "o fim do mundo".[162]

Hitler iniciara a reunião dando a mão a cada um dos *Gauleiter* por um tempo que pareceu durar uma eternidade, encarando-os bem nos olhos enquanto os cumprimentava. Mas seu pronunciamento, com uma hora e meia de duração, foi um desapontamento. Ele falou longamente, como já o fizera tantas vezes, sobre o passado — a Primeira Guerra Mundial, sua entrada na política, o crescimento do partido, o triunfo de 1933, a subsequente reformulação da Alemanha — porém mal tocou no assunto que todos esperavam: qual era a situação da Alemanha na guerra. O que ele tinha a dizer sobre o impacto dos novos submarinos e aviões a jato não convenceu ninguém. As tão alardeadas "armas miraculosas" nem foram mencionadas. Tudo parecia muito distante do antigo Hitler. Mas depois das formalidades, ao longo de uma refeição simples, ele ficou visivelmente relaxado na companhia dos *Gauleiter*, até que, à medida que as conversas iam chegando ao fim, todos passaram a ouvir, como sempre, um monólogo. Hitler começou a falar, com um entusiasmo até então ausente, sobre a certeza de que "a aliança da loucura" estabelecida contra a Alemanha iria romper-se em duas frentes irreconciliáveis, e sobre os perigos para as forças ocidentais de uma vitória de Pirro que levaria o bolchevismo a uma posição dominante na Europa. "Nosso abatido estado de espírito se dissipa", recordou o *Gauleiter* Rudolf Jordan, chefe do partido de Magdeburg-Anhalt. "O desapontamento das últimas horas desapareceu. Reencontramos o velho Hitler." Eles já não tinham a menor dúvida: o Führer iria lutar até o amargo fim.[163]

Aquilo, ao menos, estava claro, como sempre estivera. Não se poderia falar em derrota nem em rendição. Era bom ter queimado os navios.[164] Na noite de 12 de fevereiro, o comunicado da Conferência de Yalta, evento de uma semana em que Stálin, Roosevelt e Churchill se reuniram para deliberações cruciais sobre a forma que teria a Europa no pós-guerra, foi lido em Berlim. De acordo com o documento, a Alemanha seria dividida e desmilitarizada, com a extinção do Partido Nazista e o julgamento dos criminosos de guerra. Para os líderes nazistas não havia a menor dúvida de que o destino da Alemanha já estava selado; não existia chance de um fim negociado para a guerra; "rendição incondicional" significava exatamente isso.[165] Para Hitler, isso apenas confirmava o que ele já sabia. "Eu sempre disse: não há hipótese de capitulação!", foi sua resposta a Yalta. "A história não se repete!"[166]

7. O desmoronamento das fundações

Será que não existe ninguém lá para conter o maluco e dar um fim a tudo isso? Eles ainda são generais? Não, eles são um monte de merda, poltrões covardes. Eles são covardes! Eles, não os soldados.

Anotação no diário de um oficial no front ocidental, 7 de abril de 1945[1]

I

Em março de 1945, os Aliados fechavam o cerco no leste e no oeste para dar um fim definitivo à guerra, uma vez que o Reich já não tinha como esconder sua debilidade militar.[2] O front oriental havia sido reforçado à custa do ocidental, mas as tropas estavam sempre esgotadas pelos combates e, cada vez mais, eram formadas por jovens recrutas com treinamento precário. As imensas perdas simplesmente não podiam mais ser compensadas. O poder de combate das divisões havia caído de maneira drástica. As forças alemãs, enfraquecidas ao extremo mas ainda lutando com tenacidade, enfrentavam a impossível tarefa de tentar deter o Exército Vermelho, depois que este se reagrupou e consolidou as linhas de abastecimento após a grande ofensiva de janeiro. No oeste, a ofensiva das Ardenas só conseguira causar aos Aliados um choque temporário, e não a grande reviravolta pretendida. Os Aliados logo recompuseram suas forças e se prepararam para o ataque às fronteiras ocidentais do Reich, contra uma Wehrmacht cujos recursos debilitados se mostravam incapazes, apesar de sua feroz luta na retaguarda, de repelir forças tão mais poderosas. A tarefa tornou-se simplesmente impossível diante da impotência quase total da Luftwaffe, que tivera sua capacidade no oeste reduzida para ajudar — sem a menor eficiência — o front oriental.

Depois dos desastres de janeiro, o Alto-Comando do Exército fez tudo que podia para reforçar o front na Pomerânia e ao longo do Oder. O Grupo de Exércitos Vístula, comandado por Himmler, com 25 divisões de infantaria e oito divisões Panzer, defendia um amplo setor que se estendia de Elbing, no leste, até o Oder, pouco mais de oitenta quilômetros a nordeste de Berlim. Todo o seu flanco sul, no entanto, tinha pela frente o Exército Vermelho, ansioso para avançar rumo ao norte em direção à costa do Báltico. Após uma débil contraofensiva alemã em meados de fevereiro ter sido facilmente refreada, a perda da Pomerânia — que permitiu aos soviéticos assegurar seu flanco ao norte para o iminente ataque a Berlim — logo se tornou impossível de deter. Em 4 de março, o Exército Vermelho chegou à costa do Báltico, no trecho entre Köslin e Kolberg. Do ponto de vista estratégico, a cidade costeira de Kolberg era um bastião de vital importância. O espetacular filme colorido *Kolberg* (referido no capítulo 4), realizado por solicitação de Goebbels, apresentava a defesa heroica da cidade diante das forças de Napoleão.[3] Dessa vez, contudo, não haveria defesa heroica. Kolberg foi cercada em 7 de março e declarada por Hitler uma "fortaleza" que deveria ser defendida a todo custo. O comandante da cidade resistiu apenas até que os civis — incluindo cerca de 60 mil refugiados, muitos deles feridos — pudessem ser retirados pela Marinha,[4] e em seguida partiu pelo mar em 18 de março, juntamente com as remanescentes forças de defesa da cidade.[5]

Outras fortalezas da Pomerânia seriam perdidas pouco depois. Em 20 de março, após dias de combates intensos, o porto de Stettin e os cais já estavam destruídos e não poderiam mais ser utilizados pela Marinha da Alemanha, embora os alemães mantivessem uma cabeça de ponte; e a própria cidade, àquela altura quase inteiramente deserta, só caiu em poder dos soviéticos no final de abril. Gotenhafen (Gdynia) resistiu até 28 de março e a importante Danzig, até 30 de março, permitindo que a Marinha pudesse transportar muitos refugiados em situação

7. O colapso do Terceiro Reich, março de 1945

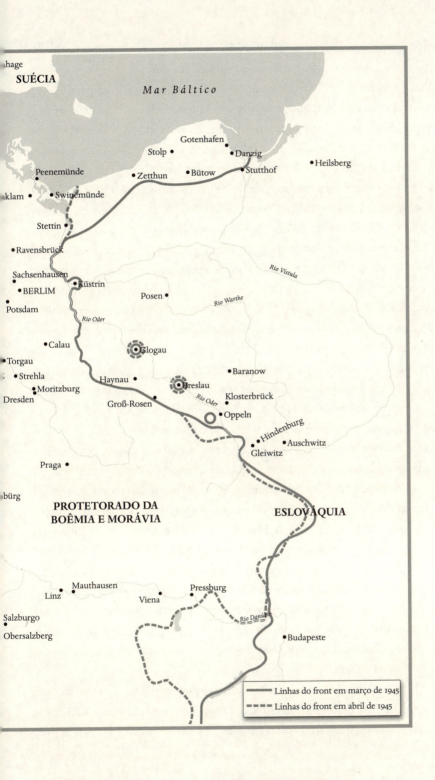

desesperada, bem como civis feridos e soldados, até áreas seguras. Naquele momento, as forças alemãs na Pomerânia já tinham sido derrotadas e, em seguida, esmagadas. O que restava delas, cerca de 100 mil homens, retirou-se para a longa e estreita península de Hela, que se defrontava com Gdynia na baía de Danzig, e para o delta do Vístula, onde permaneceu até a capitulação. No total, entre o princípio de fevereiro e meados de abril, o Grupo de Exércitos Vístula perdeu cerca de 143 mil oficiais e soldados, entre mortos, feridos e desaparecidos.

Na Prússia Oriental, no começo de fevereiro, as castigadas tropas do Grupo de Exércitos Norte compreendiam ainda 32 divisões — 23 delas pertencentes ao Quarto Exército, no fortificadíssimo bolsão de Heilsberg, com quase 180 quilômetros de extensão e cinquenta de largura. Um segundo grupo estava cercado em Königsberg, e outro, o Terceiro Exército Panzer, contido na península de Samland. Por um curto período, em meados de fevereiro, combates intensos abriram um corredor desde a sitiada Königsberg até Pillau, o último porto da província ainda em poder dos alemães. Isso permitiu que alguns civis escapassem e que fossem enviadas provisões para a guarnição militar. Depois que o corredor foi fechado de novo, o destino das pessoas que permaneciam em Königsberg estava definitivamente selado, embora a capitulação só ocorresse em 9 de abril. Enquanto isso, a posição das tropas no bolsão de Heilsberg tinha piorado muito. A substituição de Rendulić pelo coronel-general Walter Weiß como comandante em chefe do Grupo de Exércitos Norte, em 12 de março, não melhorou a situação. No dia 19, o bolsão sob controle dos alemães estava reduzido a uma área de não mais de trinta quilômetros de extensão e dez de largura, vulnerável por todos os lados ao intenso fogo soviético. No momento em que os últimos soldados do Quarto Exército foram levados de Balga, pela baía de Frisches Haff, até a segurança de Pillau, em 29 de março, apenas 58 mil homens e aproximadamente 70 mil feridos puderam ser resgatados, de um contingente original de meio milhão. As oito divisões que ficaram em Samland continuaram lutando por mais algumas semanas até Pillau ser tomada, em 25 de abril, quando as tropas remanescentes, vencidas e desmoralizadas, recuaram até a península de Frische Nehrung. E lá elas permaneceram — sofrendo mais baixas decorrentes de repetidos e pesados bombardeios soviéticos — até o fim da guerra.

No Oder, o Nono Exército, comandado pelo general Theodor Busse, com seus efetivos enfraquecidos, tentou defender a superguarnecida cidade de Küstrin e a chamada fortaleza de Frankfurt an der Oder. Reforços foram enviados às pressas para a região, mas não bastavam para compensar o derramamento de sangue — a Divisão Panzer Kurmark, sozinha, perdia de duzentos a 350 homens por dia —, e aos poucos os soviéticos foram estendendo sua cabeça de ponte. No início de março, o abastecimento de Küstrin podia ser feito apenas por um estreito corredor com três quilômetros de largura, que foi fechado no dia 22 daquele mês. Grande parte de Küstrin já havia caído em 13 de março, após dias de árduos combates de rua, mas o que sobrara dos quinze batalhões que defendiam a cidade sob o comando do major-general e líder de brigada Heinz Reinefarth — ex-chefe de polícia no Wartheland, que se destacara também pela brutalidade empregada para debelar a rebelião em Varsóvia — recuou para o interior dos muros da velha fortaleza. Quando uma tentativa de contraofensiva para derrubar o cerco falhou, entre os tantos fracassos alemães, Guderian tornou-se o bode expiatório. Ele seria o último chefe do Estado-Maior a ser exonerado por Hitler, em 28 de março, quando foi substituído pelo general Hans Krebs. Uma segunda tentativa de chegar a Küstrin no mesmo dia precisou ser abortada poucas horas depois. Reinefarth ignorou a ordem de Hitler de lutar até o fim, e a guarnição, composta de quase mil oficiais e soldados, conseguiu escapar do cerco em 30 de março, pouco antes da queda de Küstrin. Por essa desobediência, ele foi levado à corte marcial e teve sorte de sair com vida.

Mais ao sul do Oder, na Baixa Silésia, o progresso do Exército Vermelho era relativamente lento. O Grupo de Exércitos Centro de Schörner, formado por cerca de vinte divisões de infantaria e oito divisões Panzer, combateu com toda a fúria, embora, ao fim, inutilmente. Os alemães lutaram pesado para manter aberto um corredor até Breslau, mas, quando ele foi fechado, em 16 de fevereiro, cerca de 40 mil soldados (além de 80 mil civis) ficaram isolados na capital da Silésia. Outros 9 mil ficariam cercados ao norte, em Glogau. A intensa resistência alemã não conseguiu impedir que os soviéticos chegassem à margem direita do Neiße, perto da confluência com o Oder, em 24 de fevereiro. Em meados de março, uma grande investida do Exército Vermelho na área de Oppeln derrotou outra forte resistência, conseguindo cercar e destruir cinco divisões nazistas. Em torno de 30 mil alemães morreram e outros 15 mil foram capturados. Quando Ratibor caiu, em 31 de março, o regime já havia perdido a última grande cidade industrial da Silésia. O que sobrou do Grupo de Exércitos Centro foi obrigado a recuar até a fronteira oeste do Neiße e forçado na direção sudoeste dos Sudetos.

No flanco sul do front oriental, onde se situavam dezenove divisões de infantaria e nove divisões Panzer, os combates intensos em volta de Budapeste, que já duravam semanas, finalmente se aproximavam de um desfecho. Ferozes lutas de rua — que chegaram aos esgotos — encerraram-se em 13 de fevereiro. Somando-se as baixas alemãs e húngaras, 50 mil homens morreram e 138 mil foram capturados. As perdas soviéticas mostraram-se ainda mais elevadas. Os pesados confrontos prosseguiram do lado oeste da capital húngara. Opondo-se ao conselho de Guderian, Hitler insistiu numa contraofensiva centralizada no lago Balaton. Se fosse bem-sucedida, assim projetava o raciocínio estratégico, seria possível liberar nove divisões, as quais seriam mandadas ao Oder para outra eventual contraofensiva em maio. Também seria bloqueado o avanço soviético para Viena. Acima de tudo, para a continuação do esforço de guerra, era de vital importância manter o controle dos poços de petróleo remanescentes na região. O Sexto Exército Panzer-ss de Sepp Dietrich, revigorado desde o fracasso nas Ardenas, foi enviado para atuar como ponta de lança no ataque, que começou em 6 de março. As tropas alemãs foram lutando e abrindo caminho por uns vinte a trinta quilômetros ao longo de uma extensão de cinquenta, mas depois de dez dias, em meio a grandes baixas e uma enorme exaustão, a ofensiva perdeu fôlego. O general Otto Wöhler, comandante em chefe do Grupo de Exércitos Sul, deu ordens para combater até o último homem. Mas mesmo as tropas de elite do Sexto Exército Panzer-ss preferiram a retirada a um sacrifício totalmente inútil. As ordens foram desobedecidas enquanto os homens de Dietrich lutavam em retirada rumo ao oeste para a Áustria, em meio à confusão, escapando por pouco de uma destruição completa, mas abandonando muito equipamento pesado na fuga. Tomado por uma fúria cega, Hitler determinou que as unidades de Dietrich, incluindo sua guarda pessoal, a *"Leibstandarte-ss* Adolf Hitler"*, tivessem suas braçadeiras arrancadas em sinal de desgraça. Até mesmo o rígido comandante Panzer na Hungria, o general Hermann Balck, que telefonara para Guderian pedindo que fossem tomadas medidas contra unidades intactas da *Leibstandarte* que se retiravam com todas as suas armas, considerou a degradação uma punição severa demais.[6] Do ponto de vista alemão, pior do que a perda de prestígio decorrente da questão das braçadeiras era que, no final de março, os campos petrolíferos estivessem em poder do inimigo, juntamente com todo o território húngaro. A fronteira austríaca se punha, naquele momento, bem no caminho do Exército Vermelho.

No final de março, o Exército Vermelho já fizera avanços significativos em todas as partes do front oriental. Berlim encontrava-se, então, sob ameaça iminente. No oeste, em fevereiro e março, as defesas alemãs também opuseram forte resistência, mas acabaram desmoronando quando os Aliados ocidentais conseguiram cruzar o Reno, a última grande barreira natural protegendo o Reich, e avançaram Alemanha adentro.

Em fevereiro de 1945, o front ocidental da Alemanha era defendido por 462 mil soldados em 59 divisões (cerca de um terço dos efetivos no front oriental). Era uma inferioridade numérica gritante em relação às forças dos Aliados ocidentais, que àquela altura contavam com mais de 3,5 milhões de homens no continente europeu. As divisões alemãs eram menores do que no começo da guerra, ficando em média pouco abaixo de 8 mil homens, cujo poder de combate efetivo girava em torno de metade desse número — muitos deles jovens recrutas, já esgotados pelas lutas constantes. Tanques, artilharia e força aérea, assim como o número de combatentes, tiveram de ser sacrificados para ajudar o front oriental. Ficou claro para os comandantes dos grupos de exércitos do front ocidental — Grupo de Exércitos H ao norte, sob o comando do coronel-general Johannes Blaskowitz (que substituíra o coronel-general Kurt Student em 28 de janeiro), Grupo de Exércitos B no centro do front, comandado pelo marechal de campo Walter Model, e Grupo de Exércitos G no sul, liderado por Paul Hausser, coronel-general da Waffen-SS — que, dada a situação no leste, eles não poderiam contar com reforços, nem de homens nem de *matériel*. O desequilíbrio diante dos armamentos dos Aliados ocidentais era enorme — e mais acentuado no ar, onde a supremacia deles era praticamente total.

Antes que os Aliados conseguissem atravessar o Reno, tiveram de enfrentar defesas ferozes a oeste do grande rio, desde o norte até o sul. No início de fevereiro, na Alsácia, tropas francesas e americanas já tinham forçado os alemães a recuar através do Reno até as proximidades de Colmar. Contudo, o principal ataque aliado começou mais ao norte, em 8 de fevereiro. Lá, seu progresso inicial foi lento, devido à forte resistência, ajudada pelo mau tempo e pela abertura de represas para atrapalhar o movimento dos tanques e dos soldados. Mesmo assim, tropas canadenses e britânicas, abrindo passagem do sul em direção ao leste desde a área de Nijmegen, e forças americanas, também pressionando em direção ao leste a partir das vizinhanças de Düren, tomaram Krefeld em 2 de março e no dia 10 já haviam cercado nove divisões alemãs perto de Wesel, fazendo 35 mil prisioneiros, embora muitas tropas germânicas ainda assim conseguissem recuar pelo Reno, destruindo as pontes por onde passavam. A essa altura, depois que os americanos alcançaram o Reno ao sul de Düsseldorf, em 2 de março, uma grande extensão do rio mais importante da Alemanha encontrava-se em poder dos Aliados, e com isso bloqueava-se uma artéria vital para o fornecimento de carvão e aço do Ruhr. Em 5 de março, tropas americanas romperam frágeis defesas (muitas a cargo da *Volkssturm*) para chegar a Colônia. Na manhã seguinte, as tropas alemãs em retirada explodiram a ponte de Hohenzollern, no centro da cidade, a última na metrópole do Reno. O problema dos Aliados de estabelecer uma cabeça de ponte na margem leste do Reno, porém, foi logo resolvido graças a um golpe de sorte. Soldados alemães recuando em Remagen, mais ao sul, entre Bonn e Koblenz, não conseguiram detonar os explosivos que haviam colocado, e os americanos, extremamente surpresos ao encontrar a ponte intacta em 7 de março, atravessaram-na e logo formaram uma pequena cabeça de ponte na margem leste. As desesperadas tentativas alemãs de destruí-la significavam que reservas preciosas estavam irremediavelmente presas em Remagen, sem utilidade nenhuma.

Mais ao sul, Trier caía no dia 1º de março. Depois de intensas lutas desde a metade de fevereiro, o Terceiro Exército Americano, do general Patton, conseguiu vencer uma dura resistência, forçando os alemães a recuar ao longo do Reno e do Mosela em 10 de março — um dia após o marechal de campo Von Rundstedt ser destituído de seu comando pela última vez, substituído como comandante em chefe do Oeste pelo rígido marechal de campo Albert Kesselring, positivamente avaliado por sua atuação com as forças de retaguarda no norte da Itália. Três dias mais tarde, os americanos atravessavam o Mosela e se preparavam para invadir o Saarland, que ainda produzia um décimo do ferro e do aço alemães. Kesselring recusou-se a evacuar tão importante área industrial. Seguiram-se árduos combates, mas só poderia haver um desfecho. As forças alemãs tiveram de recuar para o leste de Saarland, em seguida para o Palatinato, e finalmente através do Reno, sofrendo pesadas perdas (e também infligindo-as ao inimigo). Em 25 de março, a Alemanha perdeu o Saar. Naquele momento, os americanos também já haviam ocupado Kaiserslautern, Worms e Mainz. E em 17 de março, também Koblenz havia caído.

Seis dias depois, toda a extensão do Reno no trecho de Koblenz até Ludwigshafen estava sob domínio americano, e uma segunda cabeça de ponte sobre o rio tinha sido estabelecida em Oppenheim, a sul de Mainz, cidade a que os Aliados chegaram numa audaciosa manobra em botes de ataque na noite de 22 para 23 de março. Naquele dia, o comandante britânico, marechal de campo Montgomery, conduziu suas forças ao longo do Baixo Reno a Wesel e no fim do mês já tinha uma extensa e consolidada cabeça de ponte na margem leste do rio. Com isso, estabelecia-se a base para o ataque à maior região industrial do Reich, o Ruhr. Mais ao sul, agora que os americanos já haviam ultrapassado o Reno, a vigorosa resistência alemã foi incapaz de deter seu avanço para dentro das partes ocidentais do Reich. Em 29 de março, Mannheim, Ludwigshafen e Frankfurt sobre o Meno já se encontravam em mãos americanas, e o mesmo aconteceria com Heidelberg dois dias mais tarde. A partir daí, a ofensiva pela Alemanha central e, ao sul, até a Baviera ocorreria rapidamente.

Na defesa das posições do Reno, os alemães sofreram perdas enormes, com mais de 60 mil homens mortos ou feridos e 293 mil aprisionados. As tropas precisaram recuar pelos rios Reno e Mosela, e a perda em tanques, artilharia e outros armamentos pesados foi muito elevada. O poderio alemão, já fraco no início da ofensiva aliada, estava agora drasticamente reduzido. Até mesmo quando a força das divisões era colocada no papel, já muito diminuída ao longo dos combates de fevereiro e março, não era possível esconder a situação real: apenas uma minoria — na qual muitos eram recrutas inexperientes — estava em condições de lutar num front. De todo modo, as defesas dependiam da *Volkssturm* precariamente equipada e de unidades transferidas às pressas da Marinha e da Luftwaffe.

Se a superioridade aliada em todos os fronts era avassaladora, tanto no número de combatentes quanto em relação aos armamentos, a recusa característica de Hitler e do Alto-Comando da Wehrmacht em autorizar recuos táticos até que fosse tarde demais serviu apenas para aumentar as perdas. Além disso, havia a rejeição de todas as tentativas feitas por Guderian e outros no sentido de retirar as tropas alemãs que ainda se encontravam fora das fronteiras do Reich. Esses contingentes incluíam, em especial, 200 mil soldados calejados pelos combates, que estavam encurralados em Courland, juntamente com forças ocupando os Países Baixos e a Escandinávia e ainda lutando no norte da Itália. Mas a principal razão para a catástrofe havia sido a recusa obstinada da liderança do Reich em se render e a determinação de continuar lutando quando já não havia mais a menor expectativa realista de vitória.[7]

No final de março, os inimigos da Alemanha estavam posicionados do outro lado do Oder, a leste, e do outro lado do Reno, a oeste. O fato de que mesmo nessas circunstâncias existisse ainda disposição para a luta — quando muito pouco ou nada mais fosse possível conseguir, além de destruição constante e de um número enorme de mortes — parece inacreditável. Essa postura, no entanto, não deve ser tomada como ampla adesão popular ao esforço de guerra alemão. É verdade que no leste o medo dos soviéticos era um fator muito forte contra o derrotismo e a disposição de se render. Mas para a maioria das pessoas, tanto nas Forças Armadas como entre a população civil, a única opção possível era continuar lutando, sob a pressão de terror do regime, nas regiões cada vez menores do Reich que ainda não estavam ocupadas.

II

Todas as indicações apontam para uma queda no moral dentro da Wehrmacht, em especial no oeste, à medida que caíam as barreiras defensivas e o inimigo avançava pelo interior do Reich. Na população civil, a postura era a mesma. Como sempre, o regime reagia na tentativa de combater os sinais de desintegração, insistindo na propaganda e fazendo uso, como dissuasório, de uma feroz repressão que não parava de crescer.

Em março de 1945, o partido arriscou-se num intenso esforço propagandístico com o objetivo não apenas de manter, mas de intensificar, o espírito de luta dentro da Wehrmacht e da população civil. No começo do mês, Bormann procurou o apoio dos *Gauleiter* numa nova campanha de propaganda que tentava evitar os slogans vazios e reforçar uma disposição fanática de resistir. Uma "ação especial da Chancelaria do partido" foi preparada para organizar uma intensa atividade de propaganda por meio da delegação de funcionários do Partido Nazista (com o uniforme da Wehrmacht) e de oficiais do Exército.[8] A propaganda, todos estavam de acordo, teria de ser aprimorada.[9] Segundo orientações de Goebbels, ela também deveria ser muito mais realista do que até então — um reconhecimento indireto de falhas nos injustificados prognósticos otimistas. Era preciso dar aos soldados respostas às questões centrais que os preocupavam: se ainda havia um motivo para continuar lutando e se era possível vencer a guerra. Também era necessário ressaltar uma série de temas: que a Alemanha ainda possuía quantidade suficiente de armas, munição e alimentos, bem como reservas de homens e *matériel* (nada disso era verdade, contradizendo a proposta de ênfase no realismo); que se desenvolviam as novas armas "miraculosas" (tema sobre o qual àquela altura já havia um amplo e justificado descrédito);[10] que a *Panzerfaust* (tipo de bazu-

ca alemã amplamente associada às desesperadas tentativas de defesa da *Volkssturm*)*
era eficiente; que os americanos eram obrigados a enviar suas forças a enormes
distâncias (o que, claro, não os impedira de realizar investidas maciças através das
defesas alemãs).[11]

Nada disso constituía uma fórmula eficiente para restaurar a confiança cada
vez menor e o moral em queda acelerada. Oradores do partido que estavam servindo na Wehrmacht foram escolhidos para se dirigir às tropas — medida que se
tornava necessária, uma vez que dificuldades de transporte impediam que material escrito chegasse aos soldados. No Gau de Hessen-Nassau, tomaram-se providências para que oradores do partido, escolhidos pelos líderes da propaganda do
Reich, fossem levados de ônibus até as tropas na linha do front. Os folhetos que
eles deveriam distribuir incluíam textos com dizeres como "Pense no assassinato
em massa de Dresden" para encorajá-los na crença de que ingleses e americanos,
como havia sido demonstrado pela destruição que realizaram no solo pátrio pelos
bombardeios terroristas, não eram melhores do que os soviéticos. A lição que se
impunha era ficar de pé e lutar até o fim.[12]

Outra abordagem era tentar desviar a atenção das queixas e dos ressentimentos, colocando o foco sobre o inimigo. Isso incluía apresentar os americanos
como inferiores aos alemães em todos os aspectos, excetuando-se o poder de seus
armamentos, e argumentar que os britânicos já tinham chegado ao limite de perdas que podiam sofrer. Um dos aspectos mais notáveis dessa campanha propagandística estava na afirmação de que as críticas ao comportamento da Alemanha nos
territórios conquistados eram injustificadas, pois a verdade é que as medidas
adotadas pelos alemães haviam sido superiores àquelas tomadas pelos Aliados,
tanto assim que "podemos ter a consciência tranquila quanto ao tratamento da
maioria dos povos que nos são hostis". As tarefas do partido e de suas realizações
no esforço de guerra poderiam ser mais bem compreendidas se fossem comparadas ao modo como foi conduzida a Primeira Guerra Mundial.[13]

A "ação dos oradores" incluía sugestões e conselhos sobre como lidar com
críticas costumeiras. Conversas de tom derrotista, por exemplo, deveriam ser
respondidas no sentido de que unicamente a determinação e a disposição em resistir poderiam superar a crise. A culpa atribuída ao partido pela conflagração te-

---

* Arma antitanque de fabricação barata que precisava ser disparada a uma distância muito pequena
do alvo. (N. T.)

ria de ser rebatida, e para isso salientava-se que a declaração de guerra fora feita à Alemanha, e não o contrário, e que o inimigo estava empenhado em destruir não apenas a liderança, mas a própria existência do país; e que a situação ficaria muito pior do que depois de 1918. A resposta ao sentimento generalizado de que o "terror aéreo" era o mais insuportável dos suplícios, que vinha acompanhado de queixas sobre promessas não cumpridas, era que privações temporárias deveriam ser suportadas de modo a ganhar tempo para que novas armas pudessem ser produzidas. Comentários pessimistas segundo os quais a Alemanha não tinha conseguido fazer isso enquanto sua indústria estava intacta, e portanto seria difícil esperar que o conseguisse com grande parte dela destruída, deveriam ser rebatidos argumentando-se que, com a perda de territórios, uma produção menor seria suficiente. Por fim, a depressão causada pelas invasões inimigas no leste e no oeste deveria ser combatida transmitindo-se uma atitude de confiança pelo fato de que já haviam sido adotadas medidas de reação adequadas, as quais se tornariam mais fortes; de que a luta continuava, tanto no front como dentro do país; e de que era preciso resistir para que as decisões políticas e militares tivessem tempo para fazer efeito. A base de todos esses discursos deveria ser a insistência no sentido de que a Alemanha não iria perder a guerra, mas vencê-la. Era necessário passar às pessoas a certeza de que havia uma comunidade unida em luta, que em hipótese alguma desistiria, que estava determinada a levar a guerra adiante de todas as maneiras para chegar à vitória.[14]

Muito pouco dessas alegações podia soar convincente, exceto aos cegos que não queriam ver e aos obtusos. As pessoas em Berlim comparavam a propaganda a uma orquestra que fica tocando enquanto o navio afunda.[15] Muitos soldados, assim como os civis, podiam ver que não havia saída para a situação e tiravam suas próprias conclusões sobre as frágeis tentativas da propaganda para contradizer aquilo que era escandalosamente óbvio. As anotações no diário de um jovem oficial subalterno servindo no front ocidental, que prestava bastante atenção aos textos de propaganda, comparando-os com a realidade vivida todos os dias, oferecem uma visão dos sentimentos à medida que os americanos avançavam pela região do rio Reno. "A todo lugar que a gente vai, o comentário é o mesmo: acabar com essa loucura", ele observou em 7 de março, um dia após a queda de Colônia. Admitiu, no entanto, que o otimista ocasional ainda existia, dando como exemplo um de seus camaradas, ex-líder da Juventude Hitlerista que gostava de contar vantagem — embora pessoas como ele fossem incapazes de apresentar razões para seu otimismo. O oficial mal podia acreditar nas notícias sobre combates de rua nas ruínas de Bonn. "Ruínas!", comentou. "Esse é o legado para o povo depois da guerra. Quanta diferença do modo como Luddendorff reagiu [no fim da Primeira Guerra Mundial] quando percebeu que tudo estava perdido. Até certo ponto, ainda consciente de sua responsabilidade." A crítica silenciosa a Hitler era evidente. Comentando aquilo que seria o último "Dia em Memória dos Heróis", em 11 de março, o autor do diário anotou: "De que maneira os mortos estão sendo usados, sua memória e seu sacrifício [...]. Isso tudo deveria, e agora precisa, ter um fim".[16]

Relatórios que chegavam ao Ministério da Propaganda no começo de março mencionavam muitos soldados vislumbrando, deprimidos, um desfecho amargo para a guerra.[17] Ao exortar os propagandistas do partido a esforçar-se ainda mais em seu trabalho, o próprio Goebbels reconheceu que em algumas partes do Exército o moral dos soldados era um problema.[18] Em 11 de março, ele comentou que "o moral de nossos soldados e de nossa população no oeste vem sofrendo de maneira terrível [...]. Agora só é possível conseguir alguma coisa no oeste por meio de medidas brutais, pois do contrário não seremos mais os senhores dos novos acontecimentos".[19] Hitler chegou a pensar brevemente em rasgar a Convenção de Genebra, que estipulava bom tratamento aos prisioneiros de guerra, para incentivar seus soldados a lutar no oeste com a mesma intensidade com que lutavam no leste.[20] Mas também havia problemas no front oriental. Guderian viu-se forçado a negar com veemência um contundente relato sobre atitudes derrotistas até mesmo no Estado-Maior Geral do Grupo de Exércitos Centro de Schörner. Embora o relato estivesse formulado na típica linguagem do partido, de permanente antagonismo aos oficiais do Estado-Maior, as propaladas críticas dos oficiais à ineficiência e às atitudes vacilantes entre os soldados da infantaria dificilmente teriam sido inventadas.[21]

Em Danzig, falava-se de "um segundo Stalingrado", uma vez que o Exército dava a impressão de estar paralisado e sem a menor iniciativa. Dizia-se que centenas de soldados haviam desertado em Küstrin (cidade descrita como "um só monte de escombros" no final do cerco), onde existiam claros sinais de desmoralização. Eles tinham fugido em direção ao oeste com homens da *Volkssturm*, mas foram capturados pela Polícia de Segurança e levados à força de volta às suas unidades. Considerando-se a quantidade de saques cometidos pelos soldados alemães em Küstrin, as pessoas resmungavam amargamente que os russos não poderiam ser piores.[22] Àquela altura, contudo, o saque de residências e de outras propriedades por soldados em fuga já havia se tornado quase um lugar-comum, a despeito da ameaça de severas sanções aos responsáveis.[23] Havia outros sinais de indisciplina dentro do Exército. Um líder distrital do partido na região de Halle-Merseburg relatou um pequeno motim de duzentos soldados de uma divisão Panzer, queixando-se da incapacidade da polícia em vigiar as estações para capturar desertores. Quando a cidade de Trier caiu, muitos de seus defensores, da *Volkssturm*, segundo os relatos, haviam se rendido ao inimigo. Outros faziam todo o possível para escapar do serviço militar.[24] Os soldados alemães no Mosela, surpreendidos pelos tanques americanos, simplesmente tinham fugido nos veículos que encontraram, deixando para trás armas e equipamentos.[25]

Sem dúvida, havia muitas exceções a esse anseio, disseminado entre tantos soldados comuns, pelo fim da guerra. Uma extensa carta enviada à família por um sargento-major servindo em Wiesbaden, logo após os americanos terem cruzado o Reno em Remagen, revela uma férrea mentalidade nazista e uma postura tipicamente desafiadora — embora os próprios comentários deixassem claro que ele era uma raridade entre seus camaradas, tanto assim que admitia: "Já não podemos mais confiar 100% em nossos soldados". Zombava das esperanças dos americanos, como ele as via, de que os alemães baixariam suas armas, ou que lutariam ao lado deles contra os russos, considerando tudo isso "artimanhas dos judeus". Mesmo admitindo que a situação era extremamente grave, ele se recusava, dizia, a perder suas crenças

> de que apesar de tudo vamos vencer a guerra. Sei que muita gente ri de mim ou acha que estou louco. Sei que além de mim há apenas mais algumas pessoas com a coragem de dizer isso, mas eu digo e repito: o Führer não é um canalha, ele não iria mentir a todo o povo e levá-lo à morte. Até agora o Führer sempre tem nos dado seu amor, nos prometido liberdade e executado todos os seus planos. E se o Führer rezar a Deus, pedindo que Ele o perdoe nessas seis últimas semanas desta guerra das nações, então saberemos que deve haver e haverá um fim horroroso e terrível para nossos inimigos.

Era necessário, portanto, permanecer "destemido e forte. Para que servem todas as nossas vantagens materiais se mais tarde iremos acabar em alguma parte da Sibéria?" Ele tinha certeza de que nas semanas seguintes a Alemanha iria contra-

-atacar com novas armas, que poriam fim "a essa triste situação" e de uma vez por todas mudar o curso da guerra em favor do país. "Temos de acreditar com todas as forças no futuro da Alemanha — acreditar e acreditar cada vez mais. Um povo que de modo tão corajoso perdeu tanto sangue em nome de sua grandeza não pode sucumbir [...]. Somente nossa fé nos dá forças, e confio nas palavras do Führer de que ao final de tantos combates haverá a vitória alemã."[26]

Uma vez que os Aliados tinham atravessado o Reno e avançavam Alemanha adentro, tanta ingenuidade era, evidentemente, manifestação de uma minoria. No final de março, um levantamento entre soldados feitos prisioneiros pelos Aliados ocidentais indicava que apenas 21% deles ainda conservavam a fé no Führer (uma queda de 62% em relação ao começo de janeiro), enquanto 72% já não tinham fé nenhuma. Apenas 7% ainda acreditavam na vitória da Alemanha; 89% não acreditavam.[27] Um relatório detalhado recebido pelo Ministério da Propaganda, vindo de Hessen-Nassau no fim de março, quando os americanos avançavam pelo vale do Main, mostrava um retrato lúgubre de desintegração, de antipatia entre os militares e a liderança local do partido, de falta de organização, com civis recusando-se a obedecer às ordens para a evacuação, argumentando que não tinham para onde ir, e que, de toda forma, "tudo já está acabado". De acordo com os informes dos serviços de propaganda, muita gente desistira de tudo, e havia uma opinião disseminada no sentido de que a Alemanha já tinha perdido a guerra — embora, segundo os informes, continuasse existindo uma disposição de cumprir com as obrigações, uma vez que as pessoas reconheciam que a capitulação significaria a "completa destruição do povo alemão".[28]

Essa postura derrotista por parte da população era alimentada quando se viam tropas fugindo para o leste a toda velocidade, deixando para trás unidades da *Volkssturm* mal treinadas e precariamente equipadas. A visão dos soldados em fuga deixava a população amargurada, sobretudo porque eles exibiam uma enorme falta de "solidariedade" em relação aos feridos e à população civil obrigada à evacuação. Além disso, apossavam-se arbitrariamente de veículos para a fuga.[29] O *Gauleiter* da área, Jakob Sprenger, com um longo tempo de serviço (e que já havia solicitado permissão para instalar cortes marciais sumárias em seu distrito), acrescentou que o moral da tropa era influenciado pela atitude derrotista da população civil. Dificilmente se percebia a noção de que a derrota, pelo menos se ocorresse diante dos Aliados ocidentais, haveria de significar o fim da existência da Alemanha. Em muitos lugares exibiam-se bandeiras brancas diante da aproximação do inimigo e não se levantavam mais barreiras contra tanques.[30]

Em muitas regiões do Mosela, a população se comportava de modo semelhante, exortando os soldados a cessar a luta para evitar mais destruição.[31] Um agente do SD, tomado pelo desespero, escreveu a Bormann falando de sua amargura e de seu desapontamento — compartilhados com muitos outros a serviço no front ocidental que vinham do leste e, como ele, haviam perdido tudo para os bolcheviques — ao testemunhar a atitude derrotista da população civil no Gau de Mosselland, quando as tropas aliadas se aproximavam. As pessoas mostravam um ar amistoso para os americanos, ele relatou, mas eram hostis em relação às tropas alemãs. Os esforços da propaganda no sentido de inculcar na população o ódio ao inimigo haviam sido um fracasso total. A saudação de Hitler desaparecera por completo; nas salas e nos quartos não se viam mais retratos do Führer; bandeiras brancas tinham substituído a suástica. Evidentemente, não havia a menor disposição para prestar serviço na *Volkssturm*. E a atitude em relação ao partido era de uma rejeição total "aniquiladora".[32]

Na região do Reno, comentava-se que os civis haviam insultado os soldados, acusando-os de prolongar a guerra e de provocar mais miséria ainda ao explodir pontes e colocar armadilhas e barreiras para tanques. A população estava cortando cabos de comunicação e cometendo pequenos atos de sabotagem, ao mesmo tempo que preparava bandeiras brancas de rendição, queimava emblemas e uniformes do partido e estimulava os soldados a vestir trajes civis e desertar.[33] Contudo, atos como esses, de oposição localizada, não eram típicos da maioria da população. O desejo pelo fim da guerra decerto era quase universal, mas tomar alguma atitude para que ela acabasse era extremamente arriscado. Muita gente não estava disposta a pôr sua vida em perigo no último instante. Esse receio, além de uma arraigada aceitação da autoridade, fazia com que a norma fosse o conformismo resignado, e não a resistência.[34] E, por maiores que fossem as manifestações, mesmo superficiais, de rejeição ao continuado esforço de guerra no front ocidental, no leste, onde a população dependia inteiramente das tropas em combate para manter afastado o temido inimigo, elas eram raras ou nem sequer chegavam a existir.

A disciplina militar ainda se impunha, e não só no leste. Assim mesmo, àquela altura as deserções já constituíam motivo de sérias preocupações para as lideranças, tanto militares como do partido. Goebbels observou no início de março que "a praga da deserção cresceu inquietadoramente. Consta que dezenas de milhares de soldados que alegam ter se perdido de suas unidades, mas que na verdade tentam apenas escapar de servir na linha de frente, são vistos nas grandes cidades do Reich".[35] Na Chancelaria do partido, discussões para tratar do problema incluíram a sugestão — considerada impraticável devido às circunstâncias de crescente desorganização — de uma "patrulha geral" em todo o país num dia determinado para recolher os soldados "desgarrados". Segundo outra sugestão, desertores que fossem executados deveriam ficar pendurados por vários dias em locais de grande movimento, tática já empregada no leste e que teria funcionado muito bem no sentido de dissuadir os que estivessem pensando em desertar. (Uma mulher, relatando sua fuga da Silésia quando menina, recordou seu horror ao ver quatro cadáveres pendendo de postes de iluminação, com cartazes presos ao corpo informando aos passantes: "Eu não acreditei no Führer" e "Sou um covarde".)[36] Essas punições terríveis, que provavelmente encontravam bastante apoio entre aqueles que julgavam fazer todo o possível pelo esforço de guerra,[37] seriam acompanhadas pela ênfase no lema do *Gauleiter* Hanke, escrito em cartazes espalhados pela cidade sitiada de Breslau: "Aquele que tem medo de morrer com honra morrerá com desonra".[38] Em 12 de março, o marechal de campo Kesselring, novo comandante em chefe do Oeste, anunciou que uma de suas primeiras ordens seria estabelecer uma unidade de comando especial, motorizada, para prender os "desgarrados", os quais, declarou, ameaçavam pôr em risco todo o processo da guerra na região. Três dias antes, uma "corte marcial volante" (mencionada no capítulo anterior) fora estabelecida sob o comando do tenente-general Rudolf Hübner — dentista na vida civil, de uma lealdade fervorosa ao nazismo, muito feliz com suas funções de carrasco, que, segundo vários relatos, sentira enorme satisfação ao fuzilar um general que fora negligente em seus deveres — para combater a deserção e o derrotismo.[39] As primeiras vítimas foram cinco oficiais considerados culpados por não terem destruído a ponte de Remagen e sumariamente condenados à morte.[40] Quatro deles foram fuzilados no mesmo dia. O quinto teve a sorte de ser capturado pelos americanos.[41] Model e Kesselring anunciaram o veredicto aos seus soldados como uma advertência, acrescentando que "o máximo de severidade" era esperado das cortes marciais.[42]

Enquanto o desespero crescia, outros comandantes nas linhas de frente também ameaçavam tomar medidas violentas e punham-nas em prática para instaurar a disciplina, embora nenhum deles pudesse se comparar, como já vimos, ao coronel-general Schörner quanto ao nível de brutalidade. Rendulić determinou que "desgarrados" que tivessem abandonado suas unidades e não estivessem feridos deveriam ser imediatamente fuzilados. Himmler, como comandante em chefe do Grupo de Exércitos Vístula, publicou ordens segundo as quais depois de 25 de março todo "desgarrado" deveria ser condenado por uma corte sumária e fuzilado de imediato.[43] Exigências de uma defesa fanática do Reich acompanhavam esses atos de extrema severidade. Schörner queria que os soldados do front oriental se comportassem com um fanatismo de natureza política levado às últimas consequências, nos moldes daqueles exibidos pelas tropas de Stálin.[44]

No oeste, a selvageria não era menos exacerbada. Paul Hausser, general da Waffen-ss no comando do Grupo de Exércitos G, no sul do front, recomendou que familiares dos desertores deveriam ser presos como medida de dissuasão e ordenou a seus subordinados que fuzilassem imediatamente todo soldado que fosse visto atravessando as linhas. Quem desobedecesse a essas ordens seria punido.[45] O comandante em chefe do Grupo de Exércitos H, coronel-general Blaskowitz, atuando nos Países Baixos, com certeza não era um extremista da ss. Tanto assim que fora punido por Hitler em 1939 pelo fato de corajosamente ter criticado a barbaridade da ss na Polônia, o que fez sua atitude ser considerada típica dos "métodos do Exército da Salvação". Mas, com relação à severidade no tratamento de seus soldados nos últimos meses da guerra, Blaskowitz não era diferente dos outros generais, e em 5 de março ameaçou desertores de "condenação sumária e fuzilamento".[46] "O inimigo deverá lutar para dar cada pequeno passo em território alemão e sofrer a maior quantidade possível de perdas sangrentas", foi a ordem de Rundstedt no início de março.[47] Seu sucessor no comando das forças do oeste, Kesselring, pediu ao *Gauleiter* do partido que o ajudasse a motivar a população quanto à necessidade de lutar com fanatismo absoluto nas cidades e aldeias alemãs que se encontravam na zona de guerra. "Essa luta pela existência ou pela extinção do povo alemão não exclui, em sua crueldade, monumentos culturais ou outros objetos de valor cultural", proclamou.[48] Jodl dirigiu-se aos comandantes no oeste para assegurar-se de que o inimigo encontraria uma "disposição fanática para a luta" entre as tropas de defesa do Reich. Naquele momento, ele acrescentou, eles não deviam se preocupar com a população.[49]

Os generais não eram meros instrumentos de Hitler, por mais que afirmassem isso em suas alegações após o fim da guerra. Agiam com convicção, fazendo tudo a seu alcance para inspirar e obrigar suas tropas a esforços cada vez maiores.

Embora mais tarde eles gostassem de se apresentar apenas como soldados profissionais, que nada mais faziam além de cumprir seus deveres patrióticos, na verdade eram o componente mais indispensável daquele regime moribundo. Mesmo que poucos compartilhassem a crença indestrutível de Schörner na doutrina do nacional-socialismo, todos aceitavam alguns de seus princípios fundamentais. A combinação do nacionalismo extremado (o que significava crença na superioridade alemã e na glória única do Reich) e do anticomunismo, ao lado de um empenho férreo para impedir a ocupação e — como um grande número deles acreditava — a destruição da Alemanha, era suficiente para manter de pé sua dedicação integral a uma causa perdida. Um vigoroso aditivo era um senso distorcido do dever. Sem o extraordinário empenho em prosseguir lutando quando qualquer avaliação racional exigia dar um fim à destruição, o regime teria entrado em colapso.[50]

Entre os líderes militares que demonstraram o mais intenso fanatismo durante as semanas finais do Reich —ao contrário da imagem que ele gostava de exibir no pós-guerra — estava o grande almirante Karl Dönitz, comandante em chefe da Marinha. Seus diversos relatórios sobre a situação do conflito eram considerados tão valiosos por Bormann, por seu extremado espírito de luta, que ele fez com que chegassem aos *Gauleiter* e a outros funcionários influentes do partido. O primeiro desses documentos, datado de 4 de março, começava assim:

> Não há necessidade de explicar ao senhor que em nossa situação atual a capitulação é um suicídio e representa morte certa; que a capitulação trará a morte, a destruição, rápida ou lenta, de milhões de alemães, e que, em comparação com esse quadro, o custo em sangue derramado, mesmo nos combates mais ferozes, é pequeno. Apenas resistindo e lutando teremos alguma chance de mudar nossa sorte na guerra. Se nos rendermos voluntariamente, toda possibilidade de que isso aconteça desaparecerá. Acima de tudo, nossa honra exige que lutemos até o fim. Nosso orgulho se revolta contra a ideia de nos ajoelharmos diante de um povo como os russos ou diante da falsidade, da arrogância e da falta de cultura dos anglo-saxões.

Ele apelava ao senso de "dever, honra e orgulho", para lutar até o fim.[51]

Na Marinha, mais do que na Luftwaffe (onde o moral sofrera bastante com as pesadas perdas e com o drástico declínio do apoio da população à medida que os bombardeiros aliados dominavam o céu) ou no Exército, apelos como esse ainda surtiam algum efeito. Em 1918, a revolução começara com o motim dos marinheiros em Kiel. Marujos formados segundo os ensinamentos do Terceiro Reich estavam bem cientes dessa "mácula" na história da Marinha. Não que houvesse a menor possibilidade de um movimento como aquele se repetir em 1945. Como nas demais ramificações da Wehrmacht, atitudes e formas de comportamento variavam bastante. A fadiga de guerra era evidente. Mas, na Marinha, deserção, motins e indisciplina eram uma raridade. Na maioria dos casos, o moral permanecia alto, e a disposição para a luta mostrou-se presente até o fim — quando, aliás, milhares de marinheiros foram transferidos para ajudar na defesa de Berlim. Desde que assumira o posto de comandante em chefe, no final de janeiro de 1943, Dönitz fizera tudo que podia para instilar a "disposição mais brutal pela vitória" que derivava da ideologia nacional-socialista. Reforçar o empenho em colocar o máximo de resistência na "luta contra as potências ocidentais, o bolchevismo e os judeus" era a mensagem transmitida por um dos oficiais que lhe eram subordinados, o comandante de uma frota de destróieres em Brest.[52] É difícil julgar quanto dessa retórica ajudou a moldar o espírito de luta da maioria dos marinheiros. É possível que outros fatores tenham sido mais significativos.

Dönitz havia se certificado de que as tripulações tivessem uma quantidade boa de provisões — do ponto de vista material e psicológico. E os combates no mar, apesar de todos os perigos implicados, de certo modo distanciavam-se da brutalidade cotidiana dos conflitos em terra no leste. Para alguns marinheiros, aliás, o papel que desempenhavam, ajudando no resgate de dezenas de milhares de refugiados encalhados em algum ponto, fornecia à guerra em andamento algum propósito e um toque de idealismo. Outros talvez encontrassem propósito nas alegações das lideranças navais de que a permanente guerra no mar servia para imobilizar as forças inimigas e de que a Marinha seria um importante instrumento de barganha em um acordo que eventualmente pudesse ser negociado. O mais importante, porém, com certeza era o sentimento de camaradagem, reforçado pelos estreitos limites de um navio ou de um submarino, em que as divisões de classe ficavam menos aparentes do que em terra, já que no mar oficiais e subalternos estavam muitíssimo próximos uns dos outros, enfrentando exatamente os mesmos perigos.[53]

Por fim, como ocorria entre o restante da Wehrmacht e da população civil, outro fator estava em jogo, impossível de quantificar mas sem dúvida bastante disseminado: a aceitação passiva da situação, uma vez que não havia alternativa.

Se por um lado isso não chegava a constituir uma motivação positiva, por outro certamente não impunha nenhuma barreira ao funcionamento do sistema militar — nem, desse modo, à continuidade da guerra.

III

Militares dos altos escalões podiam vislumbrar uma perspectiva mais ampla da guerra do que se poderia esperar de seus subalternos e do corpo da tropa. Na visão dos generais, qual seria o propósito de prosseguir combatendo naquele estágio do conflito? Havia nisso alguma racionalidade ou tudo não passava de uma dinâmica fatalista que não podia mais ser detida senão pelo aniquilamento total? Havia algo de lúcido em todo esse processo?

O coronel-general Heinrich von Vietinghoff-Scheel, que na fase final da guerra foi o comandante em chefe das forças alemãs na Itália, declarou alguns anos depois que, seguindo-se ao grande aumento das dimensões do Exército ao longo do conflito, o número de generais em 1945 chegara a cerca de 1250, mas, segundo seus cálculos, não mais do que cinquenta deles tinham uma visão clara do panorama militar em termos estratégicos. Quanto ao potencial poder político dos generais no sentido de interromper o desastroso curso da guerra, sua opinião — que naturalmente em boa parte era uma forma de se justificar — era que, "mesmo entre os marechais de campo, qualquer tentativa de reunir uma maioria para uma ação conjunta contra Hitler estaria condenada ao fracasso e chegaria ao conhecimento do Führer, além do fato de que as tropas não concordariam em seguir um movimento desses". Ele rejeitou a ideia de que generais servindo no front poderiam ter renunciado num ato de protesto. Isso significaria abandonar suas tropas, seria uma afronta a toda noção de honra e companheirismo. Seria um ato de covardia. Por fim, ele alegou que a capitulação voluntária só teria sido viável se as tropas estivessem preparadas para seguir a ordem, o que elas não fariam.[54]

A guerra, escreveu Vietinghoff ao ser libertado, estava irremediavelmente perdida desde o colapso do front do Reno, em março de 1945. Encerrá-la naquele ponto teria evitado incontáveis mortes e doses maciças de destruição. Era dever da liderança do Reich analisar as consequências e estabelecer negociações com o inimigo. Uma vez que Hitler se recusava a admitir tal hipótese, essa obrigação ficou a cargo de todo aquele que, estando numa posição de responsabilidade, fosse capaz de fazer alguma coisa para atingir esse fim. "Nessa situação, o dever da obediência chega ao limite. A lealdade ao povo e aos soldados a ele confiados era um dever mais elevado" para o comandante. Contudo, ao resolver agir dessa maneira, ele precisaria ter certeza de que os soldados o seguiriam. Era assim que Vietinghoff se sentia no começo de abril, com as tropas alemãs defendendo uma posição ao sul de Bolonha, sem saber se conseguiriam mantê-la. A maioria dos soldados, ele argumentava — àquela altura, muito provavelmente um exagero —, ainda tinha fé em Hitler. E o regime logo culparia o comandante, acusando-o de traição, e exortaria os soldados a não segui-lo. A solidariedade entre as tropas combatentes entraria em colapso, já que muitos soldados desejariam continuar a luta, enquanto outros prefeririam a rendição.[55] Ainda se passariam mais algumas semanas até Vietinghoff finalmente concordar com a capitulação na Itália. E mesmo então, até o fim do dia, foi o que declarou mais tarde, ele não estava certo quanto à disposição das tropas de se render.

Os relatos dos militares depois de encerrada a guerra, como no caso de Vietinghoff, com frequência tendem a uma autovalorização. Ainda assim, podem ilustrar os modos de pensar que determinaram o comportamento. Vietinghoff manifestava as mesmas noções de obediência, honra e dever que havia muito estavam incorporadas ao sentimento militar e representavam uma barreira psicológica a qualquer coisa que cheirasse a traição. Ele ao menos acabou agindo, embora àquela altura o Exército Vermelho estivesse praticamente às portas da Chancelaria do Reich. Suas incertezas quanto à disposição das tropas para obedecer a ordens de rendição também parecem plausíveis. Se Vietinghoff, mesmo naquele estágio do combate, teria ou não pensado numa capitulação parcial — estivesse ele servindo no front ocidental ou no oriental — é algo bastante questionável. Em que pese todo o tom defensivo de suas declarações, o relato de Vietinghoff ajuda a indicar por que os generais alemães tinham dificuldade de considerar uma ruptura com o regime.

Embora um grande número de generais tivesse posto no papel suas opiniões, após o fim da guerra, expressões de seus pontos de vista pessoais na época são relativamente raras. Naquelas agitadas semanas, poucos tinham tempo para fazer anotações em diários ou para registrar suas reações aos acontecimentos. De todo modo, assim como qualquer outra pessoa, eles deveriam ter muito cuidado para não expressar comentários de natureza crítica, muito menos de caráter derrotista, que pudessem cair nas mãos erradas. Ver além da imagem pública de cada um é, por conseguinte, uma tarefa difícil.

Certo acesso à mentalidade dos generais alemães na fase final da guerra pode ser obtido por meio das conversas particulares — gravadas sem o conhecimento deles — quando eram prisioneiros das tropas britânicas. Estavam, é claro, vendo as coisas de longe e sem acesso direto aos desdobramentos. Mas, por outro lado, mostram sua visão sem o medo de que pudessem ser denunciados por traição ou derrotismo, vindo a sofrer por suas críticas ao regime. É interessante notar que, mesmo admitindo que a guerra estava irremediavelmente perdida, esses oficiais de alta patente tiravam conclusões bem variadas, dependendo, em parte, da suscetibilidade de cada um ao pensamento nazista e à propaganda. Entre eles, alguns, os nazistas mais convictos, acreditavam que "se o bolchevismo triunfar hoje, isso será a destruição biológica de nosso povo". Especulações de que, após o fracasso da ofensiva das Ardenas, Rundstedt deveria ter se rendido no oeste para poder ir lutar no leste foram descartadas como impraticáveis. Os Aliados ocidentais não aceitariam uma rendição parcial; de qualquer forma, Rundstedt nada poderia fazer, porque as divisões Panzer-ss em seu Grupo de Exércitos não permitiriam; e havia o receio de que quem tentasse uma ação unilateral como essa fosse imediatamente executado.[56] Oficiais que não eram nazistas, que tinham uma postura mais crítica, ainda evocavam, em fevereiro e março de 1945, uma "honra militar básica", afirmando que "ninguém na linha de frente, nem mesmo o comandante em chefe, pode sequer pensar se deve ou não continuar lutando". A honra era um tópico fundamental. "Quaisquer que sejam as derrotas que venha a sofrer", dizia outro comentário, "essa nação só pode cair com honra."[57]

Um oficial de escalão mais baixo, capturado em Alzey (entre Worms e Mainz) em meados de março de 1945, apresentou aos interrogadores aliados sua opinião pessoal, baseada nas informações que conseguira obter no quartel-general do Estado-Maior do Exército em Zossen, sobre os motivos que levaram os alemães a continuar lutando. Segundo ele, os "realistas" do Estado-Maior "esperavam que as linhas de defesa do Reno e do Elba entrassem em colapso, e pretendiam sucumbir lutando. Enquanto Hitler estivesse no poder, não se considerava possível que os alemães baixassem suas armas". Após o fracasso do atentado de Stauffenberg em julho de 1944, qualquer tentativa de derrubar o Führer estava fora de questão. Os planos eram manter a posição no Oder até o último momento e, quando isso já não fosse mais possível, recuar, mas sempre lutando, até o Elba.

No oeste, a prioridade era arrasar a cabeça de ponte de Remagen. Não se esperava que os Aliados conseguissem atravessar o Reno por nenhum outro lugar. Ao norte, tropas seriam retiradas do oeste da Holanda para defender a posição no Baixo Reno. "Acreditava-se", complementou o oficial, "que as posições do Elba no leste e do Reno no oeste poderiam ser mantidas pelo tempo que fosse necessário. Supunha-se que mais cedo ou mais tarde ocorreria uma cisão, ficando os Estados Unidos e a Inglaterra de um lado e a União Soviética de outro, o que ajudaria a Alemanha a retomar suas posições." O ressurgimento da Luftwaffe, com a produção de caças a jato como prioridade número um, era considerado pré-requisito para essa estratégia. Portanto, providenciaram-se defesas antiaéreas extremamente fortes para a proteção das refinarias de petróleo e de outras instalações vitais.[58]

Um vislumbre do pensamento daquela época de um alto oficial atuando no interior do Reich, longe dos fronts de combate, pode ser obtido por meio das cartas (escondidas com todo o cuidado, para evitar eventuais suspeitas de derrotismo) do coronel Curt Pollex, chefe da Divisão de Armamentos da Wehrmacht desde 9 de janeiro de 1945. Pollex era um homem culto e não era nazista. Mas era um indivíduo fatalista e submisso, resignado ao fato de que nada poderia fazer além de continuar cumprindo seus deveres — o que naturalmente ajudava, em sua esfera de atuação, a manter o regime em funcionamento — e de que era preciso se preparar para o furacão que se aproximava. Ele tinha uma noção realista da inevitável catástrofe, mas, assim como milhões de soldados e civis longe de posições de comando, sentia-se impotente para fazer algo que ajudasse a evitá-la, ou para pensar em alguma outra opção.

"Tudo está sendo conduzido neste momento como se no final fosse dar certo", ele escreveu em 5 de março. Falou das esperanças que muitos depositavam em relação aos submarinos, mas mostrou-se claramente cético. Não conseguia entender como ainda havia gente acreditando em Goebbels, gente proclamando o impacto que as bombas V causariam. Também tinha dúvidas quanto às conversas sobre "um aeroplano que as pessoas estão chamando de pássaro alemão do destino", algo que mudaria o curso da guerra. Se fosse ocorrer uma mudança, teria de ser o quanto antes, observou secamente. Ele apenas tratava de cumprir suas obrigações. "Meus amigos me compreendem", acrescentou. Dedicava-se integralmente a seu trabalho, "agindo como se tudo de fato estivesse acontecendo da maneira como os jornais dizem". Mas se abstinha de criticar o discurso de Goebbels do fim de fevereiro, deixando o futuro aberto para eventuais novas medidas, bem como para a possibilidade de que o Führer e Goebbels, afinal, estivessem certos. Talvez viesse mesmo a ocorrer uma alteração no rumo dos acontecimentos. "O Führer alega que vai ser assim. Sou apenas um pobre tolo desprovido de sexto sentido que infelizmente nada vê", comentou, com um sarcasmo que não se preocupou muito em ocultar. Nem imaginava que os americanos conseguissem cruzar o Reno tão cedo. "Mas não se pode descartar de todo a possibilidade de que voltemos a ter o controle da situação", acrescentou, dando mais uma vez a impressão de não acreditar nas próprias palavras. Ainda havia alguns, admitiu, que partilhavam da confiança de Hitler na vitória final; estava claro que ele não fazia parte desse grupo. Igualmente, estava claro para ele que Hitler não capitularia. Pollex acreditava que tudo terminaria com uma batalha em Obersalzberg. Havia "coisas maravilhosas sendo preparadas", mas elas chegariam tarde demais. Contudo, mesmo naquele momento, ainda se notavam sinais de que o coronel não tinha perdido totalmente a esperança. Um conflito entre os russos e os americanos ainda poderia dar uma chance à Alemanha, do mesmo modo como uma corrida de automóveis poderia ser decidida por um pneu furado nos últimos cem metros antes da chegada. Afora esse tipo de devaneio, contudo, o trabalho parecia sem sentido. Ele simplesmente prosseguia de maneira apática. Àquela altura, na verdade, as ordens surtiam pouco efeito. O que vigorava era uma espécie de "política do avestruz", em que as pessoas enfiavam a cabeça na areia.[59]

Bem longe do front, Pollex podia se permitir esse tipo de reflexão quase filosófica. O coronel-general Gotthard Heinrici, chamado em 20 de março por Hitler para substituir Himmler — cujo trabalho no comando do Grupo de Exércitos Vístula deixara clara sua total incapacidade para a liderança militar — e usar sua reconhecida habilidade como estrategista de ações defensivas para tentar manter as posições no front da Pomerânia, fez sua análise de uma posição bem mais próxima da linha de fogo. Típico oficial de carreira prussiano, que servira na Primeira Guerra Mundial e acumulara vasta experiência de comando na Segunda, Heinrici era um patriota decidido, mas que sempre se manteve distante do partido. Logo depois da guerra, já prisioneiro das forças britânicas, ele apresentou sua explicação pessoal para o continuado combate rumo ao fim, por mais desesperadora que fosse a situação. Louvou o espírito de luta, a determinação e a defesa resoluta das tropas alemãs no Oder, enfrentando um inimigo muito mais forte. Estava bem ciente das deficiências quanto aos armamentos, da falta de experiência de cerca de metade das tropas e do fato de que alguns dos soldados com maior experiência, depois de terem sobrevivido a diversas batalhas, já haviam perdido a disposição de lutar até as últimas consequências no momento em que o desfecho da guerra se aproximava. Nada disso, porém, ofuscava o amplo quadro estratégico, o qual, ele afirmou, era evidente tanto para a liderança como para os soldados comuns. Enquanto as forças alemãs fossem capazes de manter as posições no Reno, parecia haver esperanças de defender o Oder, e sem dúvida valia a pena lutar por isso. Contudo, uma vez que o inimigo havia cruzado o Reno e já pressionava em direção ao Elba, até os soldados comuns viram-se obrigados a perguntar a si mesmos se havia algum sentido em prosseguir na luta. Heinrici atribuía a disposição que os levava a continuar sobretudo à sua noção de "dever patriótico de conter o avanço dos russos". Estava claro para todos os soldados o que se poderia esperar dos russos. E considerava-se imperioso proteger de todas as maneiras possíveis a população civil dos horrores ocorridos ao leste do Oder. Além disso, segundo Heinrici, a liderança militar acreditava que não se devia permitir que um colapso prematuro pusesse em risco alguma eventual posição de barganha para uma possível negociação no futuro. Quando as esperanças de manter as posições no Oder se mostraram inúteis e as defesas alemãs foram esmagadas, seguiu-se rapidamente a desintegração. "Se o soldado decidia continuar lutando, então já não se trata mais de deter o inimigo, mas sim de salvar a própria vida ou não ser capturado pelos soviéticos." O terror, ele declarou, já não bastava para levar os soldados à luta. A única força capaz de instigá-los naquele momento era o instinto de sobrevivência.[60]

Depois da guerra, Dönitz alegou — atribuindo muito da responsabilidade à exigência dos Aliados de rendição incondicional — que "nenhuma pessoa em cargo de autoridade teria assinado um instrumento de capitulação, tendo plena certeza de que seus termos seriam desobedecidos" pelos soldados no leste, recusando-se a aceitar ordens para ficar onde estavam e se submeter ao cativeiro soviético e, em vez disso, agindo como a população civil e fugindo em direção ao oeste.[61] Mesmo que essa argumentação parecesse antes de tudo uma justificativa de caráter pessoal (que conflitava com suas ordens durante a guerra, de manter uma luta fanática até o fim), Dönitz raciocinou corretamente quando disse que os milhões de soldados ainda combatendo no front oriental teriam se sentido traídos e poderiam acabar agindo por conta própria, tratando de fugir para o oeste. Se isso teria sido pior para eles do que de fato foi, é algo impossível de saber.

Sobretudo no leste, um anseio ardente pelo fim da guerra, o ódio ao partido, a postura crítica diante do regime e até mesmo a perda da fé em Hitler eram perfeitamente compatíveis com a perseverança dos soldados em repelir o avanço dos russos em território alemão, que trazia tantas ameaças a suas famílias e seus lares. Por fim, como alegou Heinrici, quando acabou o idealismo e o desespero tomou conta, os soldados lutaram por sua sobrevivência.

A situação era diferente no oeste. Com certeza, no front ocidental, apesar de todos os esforços da propaganda, ansiedades equivalentes quanto a cair em mãos dos americanos ou dos britânicos dificilmente existiam fora do universo dos funcionários do partido. Assim mesmo, depois que o inimigo pisou em solo alemão, cruzando em seguida o Reno, a determinação no sentido de repelir os invasores se manteve. Incapazes de enxergar além do campo de batalha, muitos soldados eram levados a acreditar, para além daquilo que seus sentidos lhes diziam, que continuavam na luta apenas com o objetivo de ganhar tempo — para que a liderança pudesse se defender dos soviéticos, negociar um acordo de paz compensador e assistir à ruptura da coalizão inimiga. Quem poderia saber com certeza? Ademais, as unidades no front ocidental também incluíam muitos soldados cujos lares e famílias estavam nas regiões orientais ou centrais da Alemanha, e que consideravam necessário prosseguir em combate enquanto britânicos, americanos e franceses mantivessem sua aliança com os soviéticos. Indiscutivelmente, alguns deles acreditavam que em algum momento os Aliados ocidentais haveriam de perceber que a verdadeira guerra era contra a Rússia. "A Alemanha está salvando a Europa, a Inglaterra e a América de serem engolidas pela Rússia bolchevique", alegavam oficiais capturados no oeste. "Ingleses e americanos um dia [...] irão despertar para a situação real e unir-se aos alemães para deter a Rússia."[62] Além desses motivos, havia sentimentos mais imediatos, que nada tinham a ver com política: a falta de disposição, frequente em muitos exércitos, para abandonar amigos próximos e camaradas. O senso de companheirismo e camaradagem muitas vezes fornecia a motivação necessária para continuar lutando quando o idealismo já começava a faltar.

Por fim, era preciso levar em conta a noção de que nada podia ser feito quanto àquela situação. Não existia potencial para algum levante ou movimento destinado a depor o regime. O nível da brutal repressão simplesmente era elevado demais. Sair da linha era quase um ato de suicídio. E, quando isso ocorria, a deserção costumava ser um ato de natureza individual, não um grande motim. Ela resultava de uma tentativa desesperada de sobrevivência pessoal, não refletia um colapso da ordem militar.[63] Deixando de lado a selvageria das represálias e o receio pela segurança da família, a capacidade de organizar uma rebelião praticamente não existia, em parte porque a própria intensidade dos combates e o grande número de perdas no front não davam margem para a articulação de atos políticos, e também porque as frequentes mortes fragmentavam a unidade das tropas. A única solução, portanto, era prosseguir na luta.

Havia um imenso contraste entre a situação de 1945 e as condições revolucionárias de 1918.[64] "Em 1918, experimentamos tendências revolucionárias bem mais evidentes", comentou em março de 1945 um general da cavalaria capturado pelos ingleses. "À medida que o fim se aproximava, os soldados já se comportavam de um modo bem insolente, o que eles não fazem agora."[65] Nos meses finais da Primeira Guerra Mundial, sentia-se um crescente colapso de autoridade no comando militar. Nas últimas semanas, pode ter chegado a 1 milhão o número de soldados que, encorajados pela efervescência revolucionária que reinava em seu próprio país — entre trabalhadores e companheiros de armas em guarnições estabelecidas no território alemão — e informados ainda das exigências de paz feitas no Reichstag, abandonaram seus postos em protesto contra a continuidade do conflito. Em 1918, a disciplina militar na Alemanha e nos países que ela enfrentava orientava-se basicamente pelos mesmos princípios, as perdas eram menores, as cidades alemãs não haviam sido reduzidas a escombros, a sociedade civil mantinha-se em grande parte intacta, políticas pluralistas permaneciam em vigor; e, acima de tudo, não havia a ocupação brutal do território leste alemão pelos russos, nenhuma ameaça direta à capital do Reich nem invasões na porção ocidental do país. As tropas alemãs podiam voltar para casa como se não tivessem sido derrotadas no front.

Havia também o Conselho dos Trabalhadores nas fábricas, entidades para dar voz à inquietação social fervilhante porém contida, e para organizar greves gerais e assembleias de protesto. E não havia nada equivalente ao Partido Nazista, com seu controle implacável sobre a população, pressionando para coibir "espaços organizacionais" nos quais fosse possível articular levantes populares. Tampouco havia algo equivalente ao aparato policial terrorista de 1945. Em 1918, a rejeição ao Kaiser e à classe dominante da Alemanha, ampla tanto entre as Forças Armadas como entre a população, podia se manifestar sem restrições e, levada às últimas consequências, transformar-se até em ação revolucionária. Em 1945, quem detestasse Hitler e o regime, ou sentisse vontade de criticar a política que produzira a miséria de uma guerra perdida, se tivesse algum juízo, deveria engolir essas opiniões e manter-se de boca fechada. O mais leve indício que sugerisse oposição poderia provocar retaliações de natureza brutal.

Paradoxalmente, portanto, além de não levar as tropas a baixar suas armas ou amotinar-se contra seus oficiais superiores, o crescente derrotismo entre os soldados acabava sendo compatível com a disposição de prosseguir na luta. Soldados exaustos e desmoralizados não formariam a base de uma insurreição. Se houvesse um sentimento capaz de sintetizar a enorme variedade de atitudes dos soldados, provavelmente seria o fatalismo — esperar que a situação melhorasse, porque era apenas isso que se podia fazer. Eles não viam alternativa senão seguir em frente. A mudança só poderia vir das esferas superiores, mas nada indicava que algum dia isso viesse a acontecer.

IV

Para a população civil, à medida que a voragem ganhava força, a sensação de desamparo era cada vez mais generalizada. Nas grandes cidades devastadas pelas bombas, as condições em março de 1945 eram intoleráveis; nas zonas rurais, apesar de todas as privações, a situação era um pouco melhor. Era um tormento quase universal, enquanto as pessoas, incapazes de fazer alguma coisa pelo fim da guerra, simplesmente esperavam que esse momento chegasse, abandonadas à própria sorte em meio a bombardeios frequentes e aos avanços do inimigo, enfrentando todas as incertezas, ansiedades e, no leste, o medo absoluto que isso acarretava. A única esperança era que a guerra acabasse logo e os britânicos e americanos chegassem antes dos russos.[66] Um exemplo emblemático do clima reinante numa aldeia dos Alpes, considerada "o retrato da verdadeira atitude do povo", foi a recusa de soldados, integrantes da *Volkssturm* e civis, reunidos em 11 de março para o Dia em Memória dos Heróis, em devolver a saudação *Sieg Heil* ao Führer quando se encerrou o discurso do comandante da Wehrmacht.[67] No final de março, o SD resumiu a situação nas seguintes atitudes: ninguém queria perder a guerra, mas ninguém acreditava que àquela altura a Alemanha poderia vencê-la; a culpa era da liderança (cuja credibilidade havia desabado "como uma avalanche" nos dias anteriores), havia muitas críticas ao partido, a "certos líderes" e à propaganda; o Führer permanecia como "a derradeira esperança" para milhões — um tipo de concessão quase compulsória em relatórios como esse —, mas a cada dia estava mais implicado "na crise de confiança e nas críticas"; por fim, a sensação de que não havia mais sentido em continuar lutando, àquela altura, destruía a disposição em prosseguir, a confiança de cada um em si mesmo e a confiança nos outros.[68]

A escassez de alimentos tornava-se um problema crucial nos centros urbanos. Devido à falta de transporte, mesmo antes da chegada das tropas aliadas ela já era sentida nas cidades da Renânia, e se exacerbava à medida que as pessoas, sobretudo os militares, estocavam comida.[69] "A fome, o terror das ameaças aéreas e a situação militar" determinavam o estado de ânimo reinante entre o povo, de acordo com um relato de Stuttgart do final de março. "Grande parte da população já está completamente sem pão, gordura e outros itens de alimentação."[70] Havia sérias preocupações quanto ao abastecimento também em Berlim, pois as rações foram reduzidas mais uma vez.[71] Muitas pessoas queixavam-se de já não ter o que comer — embora, alegavam elas, "madames maquiadas, com os lábios pintados, vestindo trajes de noite e peles caras" continuassem frequentando os poucos restaurantes ainda em funcionamento.[72] Segundo os relatos, crescia a ansiedade quanto a sérios problemas de racionamento sobrevirem no futuro próximo. É verdade que, em sua incursão pela Renânia, os Aliados afirmaram ter encontrado escondidas boas quantidades de alimentos — parte deles, provavelmente saqueados das casas de vizinhos que tinham sido evacuados.[73] Porém, mesmo na zona rural, em que os fazendeiros sempre davam a impressão de armazenar um grande volume de comida, o efeito do racionamento já se fazia sentir. "A quantidade é suficiente se for possível passar o dia todo dormindo", resmungou um operário no sul da Alemanha, onde havia bastante reclamação quanto à falta de batatas e outros gêneros alimentícios.[74] Depois de anunciada a intensificação do racionamento, muitos fingiram ter perdido seus cupons na tentativa de receber outros, e os pedidos de reposição se multiplicaram.[75] Determinações de Bormann — originadas talvez do próprio Hitler —, instruindo os *Gauleiter* a utilizar mais vegetais silvestres, frutas, bagas, ervas e cogumelos para atenuar os efeitos do racionamento, e ervas medicinais silvestres para compensar os remédios em falta, decerto não devem ter sido recebidas com alegria.[76]

Cortes no fornecimento de eletricidade e gás, além do severo racionamento de carvão, haviam se tornado habituais em grandes cidades. Devido aos danos causados por bombardeios, os bueiros frequentemente ficavam entupidos. Em algumas localidades, só era possível conseguir água recorrendo aos chafarizes das ruas. Os moradores de certas áreas rurais tinham de usar turfa nos fogões para cozinhar.[77] Escolas e universidades estavam quase todas fechadas àquela altura. Algumas foram requisitadas para servir como hospitais improvisados para os feridos.[78] Ondas de refugiados agravavam sobremaneira os problemas de moradia e outros serviços públicos. O trabalho de assistência social era bastante dificultado pela falta de um controle unificado, o que acarretava — como era característico do Terceiro Reich — exigências conflitantes entre diferentes organizações.[79] Os hospitais não eram capazes de atender ao grande número de feridos, vítimas dos ataques aéreos. No começo de março, Bormann ordenou que funcionários de clínicas e hospitais fossem incorporados à *Volkssturm*.[80] O funcionamento das estradas de ferro também estava muito prejudicado. Se alguém precisasse fazer uma viagem, supondo que conseguisse um lugar num trem, ainda precisaria estar preparado para uma espera de várias horas. Os alemães adaptavam-se como podiam a essas circunstâncias extremamente difíceis. Mas as interrupções nos serviços públicos provocavam complicados efeitos colaterais. Cortes no fornecimento de energia elétrica, por exemplo, forçavam os estabelecimentos a fechar mais cedo, quando ficava escuro demais para o comércio, não deixando opção aos trabalhadores que comprariam comida no início da noite. E quando a energia elétrica voltava, já tendo anoitecido, muitas vezes ouviam-se as sirenes do alarme antiaéreo, e as pessoas não tinham tempo para se alimentar.[81]

Para milhões de famílias desesperadas por notícias de filhos, irmãos, pais ou outros parentes próximos no front, um motivo especial de preocupação era o fato de, naquele momento, o serviço dos correios estar à beira do colapso. No fim de março, as agências deixaram de funcionar por causa das bombas. Telefones, telégrafos e serviços de comunicação por trens, em grande parte, não estavam mais disponíveis para a população em geral, e com frequência também para as autoridades e para os negócios.[82] O ministro dos Correios, Wilhelm Ohnesorge, baixou diretrizes para garantir um mínimo de serviços postais. Se não houvesse trens, veículos a motor deveriam ser usados para fazer a correspondência chegar até a estação ferroviária mais próxima em funcionamento. Na falta de veículos, seria necessário requisitar transporte local. Em último caso, a correspondência mais urgente teria de ser transportada de bicicleta ou a pé, em malotes.[83]

Persistia, de fato, certa aparência de "normalidade" nas reduzidas partes da Alemanha ainda não submetidas à ocupação nem tragadas pelas zonas de conflito, embora tudo que se assemelhasse a uma sociedade organizada tivesse desaparecido havia muito tempo. Naquelas semanas, um dos poucos lugares onde os habitantes de grandes cidades ameaçadas por bombardeios podiam encontrar algo parecido com serviços comunitários era nos abrigos antiaéreos.[84] O trabalho, por mais pesado, tedioso e prolongado que fosse, para muitos deve ter servido como um meio de esquecer as graves preocupações e os sofrimentos da vida cotidiana. E enquanto a Alemanha afundava, soldos e salários continuavam sendo pagos. Ainda era possível encontrar jornais nas bancas — embora em março houvesse só 814 deles em circulação (contra 2075 diários em 1937), com apenas duas a quatro páginas. Outros periódicos sofreram ainda mais, devido à escassez de papel e a diversas dificuldades; dos 4789 títulos existentes antes da guerra, somente 458 ainda circulavam.[85] O rádio permanecia como o meio de comunicação mais importante (mesmo que os cortes de energia causassem longas interrupções nos programas), não só para a propaganda como também para os programas de entretenimento. Nas grandes cidades, as principais emissoras mantiveram-se em funcionamento até o fim. Além disso, o rádio era essencial para alertar a população sobre aviões bombardeiros que se aproximavam, e, após os ataques, os alto-falantes dos abrigos antiaéreos eram usados para transmitir orientações do partido.[86] Apesar das severas penalidades, muitos continuavam a sintonizar secretamente emissoras estrangeiras, em especial a BBC. As pessoas ainda podiam encontrar uma forma de escapismo no cinema. Filmes de entretenimento ofereciam um alívio temporário aos horrores e ao tormento da realidade. Eram mais atraentes do que as mensagens de "prosseguir na luta" transmitidas por filmes como *Kolberg* (que no máximo lembravam as pessoas do que de fato estava acontecendo na cidade naquele momento) ou por cinejornais, que serviam apenas para mostrar a situação desesperadora que a Alemanha enfrentava. Contudo, o bombardeio de imóveis que abrigavam cinemas, os blecautes e os alarmes antiaéreos também prejudicavam a frequência do público. E, para os que iam ao cinema, deixar a sala de exibição significava reingressar numa realidade que ia além da imaginação de qualquer produtor cinematográfico.

Fora das zonas mais afetadas pela guerra e das áreas que sofriam os piores bombardeios nas grandes cidades, a burocracia, ainda que extremamente debilitada, e os longos tentáculos do partido mantinham-se ativos, garantindo que aquela administração emergencial e esquelética, acompanhada de improvisos e medidas paliativas, continuasse de algum modo em atividade.

A administração rotineira seguia em frente — embora tendo passado por uma grande redução de pessoal, já que muitos funcionários haviam sido recrutados pela Wehrmacht. Formulários, mais numerosos do que nunca, precisavam ser preenchidos, e relatórios deviam ser concluídos, aquela infinidade de tarefas da pequena burocracia (que os funcionários civis do baixo escalão sempre executaram) tinha de ser cumprida. Serviços de saúde e assistência social, assuntos econômicos e financeiros, até mesmo o planejamento de edificações continuavam sendo tocados em meio à imensa desordem, por mais irreal que tudo aquilo frequentemente parecesse.[87] E até o fim as estações da polícia local não deixaram de enviar seus relatórios sobre a manutenção da "ordem". Grande parte do trabalho das autoridades locais e regionais, contudo, consistia inevitavelmente em encontrar abrigo para pessoas cujas casas haviam sido bombardeadas, lidar com a chegada de refugiados, organizar o racionamento de comida e a distribuição das provisões — que precisavam atender a um número cada vez maior de pessoas —, regulamentar a defesa contra ataques aéreos[88] e o preparo de pessoal para os serviços de bombeiros, que estavam sob intensa pressão (muitos eram voluntários, retirados de suas atividades regulares para trabalhar nas brigadas de incêndio).[89] Poucos funcionários civis de baixo escalão se inspiravam, a essa altura — se é que alguma vez se deixaram inspirar —, pela propaganda maciça e barulhenta do nazismo e pela repetição dos slogans sobre lutar até a última trincheira, Mas dificilmente alguém pensaria em fazer qualquer coisa, além daquilo que considerava seu dever, para ter certeza de que estava realizando seu trabalho com o máximo de profissionalismo e eficiência. Eles não passavam de pequenas engrenagens de um enorme maquinário. Mas, mesmo naquele avançado estágio do conflito, faziam de tudo para que a máquina continuasse funcionando da melhor maneira possível.

De todo modo, grande parte do trabalho deles havia sido usurpada pelos funcionários do partido.[90] Nesse setor, o nível de comprometimento político ainda era bem forte, e onde eventualmente se mostrasse vacilante, um senso de autoproteção contra possíveis advertências dos altos escalões do partido logo acionava esforços internos para recolocar tudo nos eixos.[91] Líderes distritais e locais, e mesmo aqueles que atuavam no âmbito de um quarteirão, com suas bases instaladas em quadras ocupadas por cortiços, faziam o que podiam para pôr em prática as instruções dos *Gauleiter* em todas as questões de defesa civil, organizando baterias antiaéreas, administrando bunkers protegidos contra ataques aéreos, limpando a área após os bombardeios e, por meio da NSV, provendo toda a assistência social que fosse possível.[92] Mas toda essa atividade frenética era conjugada com tentativas incessantes de mobilizar a população e incutir nela a necessidade de continuar lutando. Por mais que, na prática, as ações dos funcionários locais do partido fossem ineficazes, e a despeito de toda a antipatia com que eram recebidas à medida que o fim se aproximava, elas ainda funcionavam como um importante mecanismo de controle da população. A própria NSV, a enorme organização de assistência social do Partido Nazista (que em meados de 1944 empregava em período integral mais de 60 mil pessoas, a maioria mulheres),[93] era essencialmente um instrumento de controle político, qualquer que fosse o trabalho desenvolvido — somando-se à assistência oferecida pelo Estado (e muitas vezes competindo com ela) — para ajudar as vítimas de ataques aéreos, cuidar dos soldados feridos, organizar processos de evacuação ou atender refugiados. As estruturas de organização do partido, que ainda incorporavam (se incluídos os organismos afiliados) grande número de cidadãos e mobilizavam jovens alemães como "ajudantes" na defesa antiaérea, além de meio milhão de mulheres para atuar como "assistentes da Wehrmacht" (algumas delas inclusive para entrar em combate),[94] asseguravam que a esmagadora maioria da população permanecesse obedecendo ao regime mesmo ao vê-lo se esfacelar. Poucos estavam dispostos a se arriscar e sair da linha. Para qualquer cidadão, a dissidência política poderia ser fatal — e, dada a iminência do fim do conflito, era considerada não apenas imprudente como desnecessária.

Nos níveis mais elevados da administração do Estado, a deterioração se intensificara. Sobretudo após o pesado bombardeio ao distrito governamental de Berlim, no começo de fevereiro, o trabalho dos principais ministérios ficou extremamente prejudicado. Quase toda semana informavam-se novos endereços, pois era preciso encontrar acomodações improvisadas para a equipe ministerial. O ministro das Finanças, Schwerin von Krosigk, por exemplo, teve de transferir seu gabinete para a própria casa, no subúrbio de Dahlem.[95] Cada vez mais partes de ministérios eram evacuadas da capital do Reich, o que era visto por muitos como "ratos abandonando um navio que afundava".[96] As dificuldades na coordenação das ações eram crescentes. Muitas vezes, a comunicação escrita entre gabinetes ministeriais só podia ser feita por meio de mensageiros. E grande parte do trabalho desenvolvido consistia apenas em reconstituir arquivos destruídos nos ataques aéreos. Cada vez mais, as ações da administração central do governo lembravam as de alguém tentando reordenar as espreguiçadeiras no convés do *Titanic*.[97]

Praticamente todos os assuntos de peso fora da esfera militar haviam sido assumidos pelo partido. Nas províncias ainda não ocupadas, os *Gauleiter* permaneciam como figuras-chave — baluartes da lealdade a Hitler, personagens obstinados e sem o menor futuro que, em graus variáveis, dependendo de sua habilidade, temperamento e postura, representavam o impulso radical do partido para mobilizar todas as forças na "luta até o último homem", mesmo quando o mais leve traço de racionalidade lhes diria que tudo estava perdido. Um exemplo era o *Gauleiter* Wilhelm Murr, de Württemberg, chefe do partido na região desde 1928, que, diante do evidente anseio da população de sua área pela paz, estava determinado: em seus domínios não haveria rendição. Ele ameaçou com a execução sumária qualquer pessoa que exibisse uma bandeira branca ou atrapalhasse as defesas alemãs.[98] Karl Wahl, *Gauleiter* da Suábia, estabelecido em Augsburgo, no oeste da Baviera, também dirigia sua província ininterruptamente desde 1928. Era considerado um dos *Gauleiter* menos extremados (uma imagem que ele, com astúcia, empenhou-se em cultivar depois da guerra), e, em consequência, não era tido em alta conta por Hitler e Bormann.[99] Em meados de março, contudo, depois do malogro de Remagen, Wahl sugeriu a Bormann a utilização de pilotos suicidas, que arremessariam aviões carregados com bombas contra as pontes provisórias de suprimento dos Aliados sobre o Reno. Um novo tipo de heroísmo, até então desconhecido na história, era necessário, ele alegou. "Com certeza há um número suficiente de seguidores leais ao Führer que estariam prontos para se sacrificar se pudessem salvar o povo com seu ato [...]. Não seria melhor que algumas dúzias de homens se dispusessem a morrer em vez de, por não tomarmos essa medida essencial de emergência, dezenas de milhares perderem suas vidas?"[100] A ideia não deu em nada. É possível que Wahl a tenha proposto num ato de cinismo, contando com sua rejeição, mas convencido de que ela confirmaria suas credenciais de apoiador fanático da causa de Hitler. De todo modo, a proposta ilustra a postura que os dirigentes do segundo escalão da Alemanha sentiam que deveriam manifestar naquelas últimas semanas da guerra. Em pouco tempo a tendência para esse tipo de atitude se tornaria uma espécie de regra para a atuação dos desesperados.

No final de março, Wahl promovia em seu distrito o lançamento de organizações de *partisans*, criadas por Goebbels e pelo líder da Frente de Trabalho, Robert Ley, para atuar em táticas terroristas de guerrilha, com o objetivo de impor obstáculos ao avanço do inimigo (e, ao mesmo tempo, combater e intimidar posturas derrotistas). Esses grupos de homens seriam chamados de *Werwolf* e *Freikorps* Adolf Hitler.[101] A ideia de um movimento na linha dos *partisans* fora discutida inicialmente em 1943, e tomou uma forma preliminar de organização, sob a égide da ss, no outono do ano seguinte, quando a designação "Werwolf" ["lobisomem"] — inspirada em tradições alemãs que sugerem um enfrentamento feroz e o obscuro terror da figura do lobo — se associou a ela.[102] Alguma atividade de guerrilha chegou a ser praticada no front oriental e, em menor intensidade, no oeste, no inverno de 1944-5, embora não tenha sido capaz de infligir à ofensiva inimiga mais do que arranhões. Suas atividades mais notáveis eram de natureza terrorista. Alguns dos prefeitos designados pelos americanos para dirigir áreas ocupadas do oeste da Alemanha, por exemplo, foram assassinados, com destaque para o prefeito de Aachen, Franz Oppenhoff, morto em março de 1945. Uma vez que o front ocidental desabou e os Aliados avançavam pelo território alemão, os movimentos clandestinos de resistência começaram a ganhar mais importância na mentalidade nazista, em especial a partir do momento em que a liderança do partido passou a mostrar interesse por eles. Martin Bormann percebeu o potencial que esses movimentos tinham para combater o derrotismo e possíveis insurreições dentro do Reich. Contudo, a *Werwolf* só começou a tomar forma na consciência coletiva da população, e de modo um tanto vago, quando Goebbels a transformou num instrumento de propaganda, que interferia no território tanto da Chancelaria do partido como da ss, mas com o apoio de Hitler.

Em 1º de abril, a rádio *Werwolf* começou a transmitir invectivas contra os Aliados, notícias exultantes de atos de sabotagem reais ou fictícios, e pesadas ameaças aos "derrotistas" e "traidores" operando no solo da pátria.[103] Pouco antes disso, Ley, um dos fanáticos mais patéticos dessa última fase, propusera a Hitler a criação de outra organização, similar à *Werwolf*, para mobilizar jovens ativistas igualmente fanáticos, equipados com pouco mais do que bicicletas e bazucas, que atirariam em tanques inimigos que se aproximassem. Hitler concordou com o estabelecimento de um *Freikorps* que levaria seu nome. A única objeção de Goebbels foi que a iniciativa estaria sob o comando de um homem que ele considerava pouco mais do que um palhaço. O próprio Goebbels tinha muitas expectativas quanto às atividades *partisans*, principalmente para "caçar todo traidor alemão que estiver do lado do inimigo ocidental", embora se orgulhasse de que a *Werwolf* tivesse provocado um clima de terror entre os inimigos e espalhado o medo de uma "Alemanha *partisan*" que agitaria a Europa durante muitos anos.[104] Tratava-

-se, na verdade, de um grande exagero quanto aos temores aliados — embora eles certamente tenham levado a sério a possibilidade de enfrentar operações de guerrilha à medida que avançavam pelo território alemão, bem como a possibilidade de se deparar com um "reduto nacional" nos Alpes, onde os nazistas continuariam resistindo.[105] Do mesmo modo, os Werwolf também superestimaram grosseiramente o anseio que o extenuado povo alemão teria por atividades partisans.

O resultado total dos Werwolf e dos Freikorps Adolf Hitler foi bem modesto. Suas vítimas, aproximadamente de 3 mil a 5 mil mortos (as ações continuaram depois de encerrada a guerra), não constituem um número insignificante.[106] Mas para os Aliados — em que pesem as preocupações iniciais causadas pela iniciativa — eles não passaram de um contratempo menor. Os movimentos tampouco conquistaram grande apoio da população da Alemanha, embora inegavelmente exercessem certo fascínio entre os fanáticos membros da Juventude Hitlerista.[107] A atribuição principal desses movimentos era provocar o terror, e isso eles fizeram até os últimos dias da guerra, quando ainda se envolveram em horríveis assassinatos esporádicos de pessoas que, em vez de promover mais devastação descabida à medida que os Aliados avançavam, desejavam apenas evitá-la. Enfim, as organizações partisans daquelas semanas representaram a derradeira e maciça vocação do regime para a destruição. Mas igualmente grande foi sua capacidade de autodestruição.

v

As fissuras já profundas nos alicerces agora começavam a se tornar visíveis também para as lideranças do regime. Um indício era o crescente desespero com que, mesmo numa hora tão tardia, se faziam esforços em busca de uma solução política para dar um fim à guerra. Com o curso do conflito voltando-se contra a Alemanha, líderes nazistas — entre eles Goebbels, Ribbentrop, Göring e até mesmo Himmler — procuravam meios de negociar uma solução que tirasse a Alemanha do caminho que inexoravelmente a levava rumo ao aniquilamento. Mas sempre que se fazia alguma sugestão no sentido de tentar uma abertura, tanto com as potências ocidentais como até mesmo com a grande inimiga, a Rússia bolchevique, Hitler mostrava-se contrário. Ele continuava com sua postura dogmática de que negociações devem ser conduzidas quando se está numa posição de vantagem, e assim só poderiam ocorrer em seguida a um grande sucesso militar da Alemanha. A ofensiva das Ardenas havia sido uma última tentativa de conquistar essa posição vantajosa. Desde então, o calamitoso fiasco no front oriental seguido por outro desastre, o colapso no oeste quando os Aliados conquistaram o Reno e o Mosela, significava que as esperanças de chegar a uma posição favorável para negociações tornavam-se cada vez mais ilusórias. Mesmo no início de março, Hitler afirmava acreditar — ou ao menos agarrava-se a essa ideia fantasiosa — que a posição no Reno poderia ser mantida, que seria possível afastar os soviéticos e que, a partir daí, ficaria viável tentar algum tipo de acordo com Stálin.[108] Mas ele era suficientemente esperto para saber como essa hipótese estava distante da realidade, antes mesmo da travessia do Reno. Qualquer perspectiva de um fim negociado, de todo modo, se traduziria no fim do próprio Hitler, como ele sabia muito bem. Àquela altura, as negociações, mais do que nunca, significariam a capitulação. Tal resultado significaria virar de cabeça para baixo tudo que havia impulsionado sua "carreira" política: o princípio de que a "vergonhosa" capitulação de 1918 não se repetiria.

Hitler mantinha, em seu âmago, uma extraordinária consistência interna — uma inflexibilidade dogmática que trouxe consequências terríveis a seu país. Para ele, a recusa em considerar possibilidades de negociação era logicamente consistente e ao mesmo tempo fácil, uma vez que sua vida àquela altura não tinha mais o menor futuro, quer a Alemanha capitulasse, quer prosseguisse lutando. Não era como se ele estivesse elaborando uma "coreografia" da queda.[109] É que simplesmente se tratava de uma situação sem saída. Com a guerra perdida (como até mesmo ele, naquele ponto, reconhecia em seu íntimo), a única opção que lhe restava era continuar lutando até o fim. Para ele, um fim glorioso estaria em harmonia com os mitos heroicos do passado alemão, incomparavelmente superiores à saída "covarde" da rendição — e negociações a partir de uma posição de fraqueza levariam ao mesmo resultado. O "heroísmo" daria um exemplo para as gerações futuras, como ele procurou deixar claro para Goebbels.[110] Aos soldados, voltou mais uma vez a ressaltar no Dia em Memória dos Heróis, em meados de março: "O ano de 1918 […] não irá se repetir".[111]

Entre os oficiais da liderança nazista abaixo de Hitler, apenas Goebbels, o acólito adorador de sempre, estava preparado para seguir a mesma linha até sua conclusão lógica. Em diversas ocasiões ele desejara negociar. Mas, depois que os Aliados cruzaram o Reno, teve lucidez suficiente para perceber que a última chance da Alemanha para um acordo político havia desmoronado.[112] Como revelou a Hitler no princípio de março, sua decisão de que ele, a esposa, Magda, e seus seis filhos ficariam em Berlim quaisquer que fossem os acontecimentos estava de acordo com seu ponto de vista de que permanecer lutando com honra era tudo que restara.[113]

Ele foi desdenhoso quando ouviu, nos primeiros dias de março, que Ribbentrop — por quem sentia um profundo desprezo (um sentimento curiosamente comum à liderança nazista, que não se caracterizava pela harmonia) — tentava fazer contatos com as potências ocidentais. Em seguida, ficou irritado quando essas tentativas levaram à publicação de relatos exagerados na imprensa ocidental, e optou pela chacota quando a "iniciativa abortada" não deu em nada. Ao menos ficou claro, ele comentou, "que as esperanças de uma revolução interna na Alemanha contra o nacional-socialismo ou contra a pessoa do Führer são ilusórias".[114]

Contudo, mesmo àquela altura, Ribbentrop não havia desistido por completo. Em meados de março, imediatamente após essa tentativa fracassada, convocou o dr. Werner Dankwort, vice-embaixador em Estocolmo, de volta a Berlim. Contou a um incrédulo Dankwort que agora o importante era ganhar tempo para colocar em operação as novas armas, cujo desenvolvimento fora muito demorado mas que já estavam quase prontas, que dariam outra vez a iniciativa da guerra à Alemanha e mudariam o curso do conflito, afastando as ameaças à existência da nação. "A Alemanha terá vencido a guerra se não a perder", afirmou, usando seu tipo peculiar de raciocínio. Os Aliados ocidentais haviam recusado todas as suas tentativas no sentido de impedir o avanço do bolchevismo em direção ao oeste. Seria necessário procurar outros caminhos. Dankwort ficou de pensar sobre essas questões nos dias seguintes, quando voltou a ser duas vezes convocado por Ribbentrop. Durante a terceira visita, Ribbentrop, um tanto agitado, informou-o de que a poderosa emissária soviética em Estocolmo, Mme. Alexandra Michailowna Kollontay, estava indo a Moscou e não se esperava que retornasse. Ribbentrop queria que Dankwort encontrasse um intermediário, propondo uma mensagem que ela deveria levar a Moscou: que, assim que terminasse a guerra, os Aliados ocidentais, usando sua superioridade militar, iriam retirar da União Soviética os territórios que ela conquistara durante a conflagração, e que apenas a Alemanha estaria numa posição capaz de garantir que uma porção substancial daquelas áreas permanecesse sob domínio soviético.

Tratava-se de uma proposta improvável. De qualquer maneira, como Ribbentrop disse a Dankwort, ele precisaria antes obter a aprovação de Hitler. O ministro do Exterior imediatamente telefonou para o bunker de Hitler, ouvindo que o Führer estava numa reunião que se estenderia até a meia-noite. Um sinal de alarme antiaéreo tornou a espera mais desagradável, levando o estado de ânimo de Dankwort a um nível "abaixo de zero" enquanto os assessores do ministro se dirigiam aos porões. O próprio Ribbentrop logo refugiou-se em seu abrigo antiaéreo particular. Foi só depois da meia-noite que soou o sinal suspendendo o alarme e, de volta ao gabinete de Ribbentrop, veio o telefonema de Hitler em resposta à sua ligação. A conversa foi curta. Dankwort ouviu Ribbentrop dizer num tom resignado: "Obrigado. Boa noite". Depois virou-se para Dankwort: "O Führer me informou que considera todas essas tentativas inúteis. Devemos lutar até o último momento". Dankwort mal podia acreditar que tinha feito toda aquela cansativa viagem até a capital do Reich em vão. Embarcou de volta a Estocolmo no primeiro avião disponível, sentindo um profundo alívio por escapar do manicômio em que Berlim se transformara.[115]

Himmler, a essa altura, já estava pensando secretamente em conseguir alguma posição num futuro pós-Hitler, ao mesmo tempo que procurava mostrar-se como o mais fiel dos paladinos do Führer. O ss-*Brigadeführer* Walter Schellenberg, chefe do Serviço Externo de Inteligência no Gabinete Central de Segurança do Reich, persuadira Himmler em meados de fevereiro a encontrar-se com o conde Folke Bernadotte, membro da família real sueca e vice-presidente da Cruz Vermelha da Suécia. Bernadotte encontrava-se em Paris, tentando negociar a libertação de prisioneiros de campos de concentração, especialmente aqueles da Escandinávia. Segundo o raciocínio de Himmler, era uma chance para apresentar-se sob uma imagem positiva — um homem conciliador, um negociador honesto —, já pensando num possível entendimento com o Ocidente. A conexão sueca avançou, em março, pela intermediação do massagista de Himmler, Felix Kersten, que havia se mudado para a Suécia, embora mantivesse propriedades na Alemanha. O fato de que a guerra estava evidentemente chegando ao fim, de que Hitler mais do que nunca excluía qualquer possibilidade de evitar o colapso que não fosse a ruína total, e de que Himmler não tinha a menor intenção de unir-se a ele na autoimolação tornava o *Reichsführer* propenso a aceitar tudo aquilo que Bernadotte e suas ligações internacionais pudessem oferecer. No princípio de março, quando Goebbels o visitou no hospital de Hohenlychen, onde havia se internado depois de um ataque de angina, Himmler disse aceitar o fato de que o moral das tropas estava cada vez mais baixo, de que já não existia chance de vencer militarmente a guerra, mas que seus instintos lhe diziam que "uma possibilidade política" haveria de se abrir mais cedo ou mais tarde.[116]

Em meados de março, ele estava mais disposto do que nunca a pensar em soluções alternativas, depois de passar por uma descompostura de Hitler devido a seu fracasso como comandante em chefe do Grupo de Exércitos Vístula. (Já em fevereiro, aparentemente, Hitler criticara Himmler chamando-o de "derrotista". Ao comandar a defesa da Pomerânia, Himmler de fato havia sido fraco demais para revogar as interferências táticas de Hitler, mesmo sabendo que elas seriam catastróficas, além de ter deixado claro que não tinha a menor noção de como comandar um exército).[117] Hitler, em sua típica busca por bodes expiatórios, considerou Himmler pessoalmente responsável pela incapacidade de deter o Exército Vermelho na Pomerânia, censurando-o por "uma sabotagem secreta" e por desobediência direta. O *Reichsführer* foi destituído do comando em 20 de março. A retirada do Sexto Exército Panzer-ss da Hungria, feita por Sepp Dietrich, desobedecendo a ordens, enfureceu Hitler a ponto de exigir que Himmler retirasse a insígnia *Leibstandarte-ss* Adolf Hitler. Foi uma humilhação adicional ao *Reichsführer*. Guderian alegou que em 21 de março, pouco antes de ter sido também exonerado, tentou persuadir Himmler a utilizar seus contatos com o exterior para negociar um armistício. Himmler recusou de imediato.[118] Calculava que ainda era muito cedo para arriscar-se a uma atitude de ruptura aberta com Hitler.

Himmler tinha a reputação de ser o homem mais temido da Alemanha. Mas ele mesmo sabia que isso não era verdade. Tinha perfeita consciência de que dependia por completo de um poder bem mais alto. Mesmo nesse estágio, temia Hitler — e tinha motivos para tanto. Mas um sério desentendimento prejudicou o relacionamento dos dois. Himmler praticamente caiu em desgraça. Seu ressentimento deve tê-lo encorajado a avançar em suas sondagens com Bernadotte. Contra os desejos de Hitler, ele concordou que os campos de concentração fossem passados ao inimigo (promessa que não manteve) e permitiu que um pequeno número de judeus e milhares de prisioneiros escandinavos fossem libertados. A essa altura ainda não surgira nenhum indício mais claro por parte de Himmler de que ele estivesse envolvido em negociações com o Ocidente. Mas, no princípio de abril, Schellenberg — certamente por sugestão de Himmler — sondou Bernadotte sobre a possibilidade de negociar uma capitulação no front ocidental. Bernadotte recusou-se, dizendo que a iniciativa precisaria partir de Himmler. Até esse momento, os entendimentos ainda não tinham avançado. Mas Bernadotte recordou-se de que Schellenberg havia lhe dito que Himmler comentara sobre uma capitulação no oeste e, "se não fosse por Hitler", não teria hesitado em lhe pedir para que entrasse em contato com o supremo comandante aliado, o general Eisenhower. Não demoraria muito até Himmler fazer seu primeiro movimento.[119]

Enquanto isso, um dos antigos colaboradores mais próximos de Himmler, o ss-*Obergruppenführer* Karl Wolff, chefe de seu gabinete pessoal antes de ser transferido, em setembro de 1943, para a Itália como líder supremo da ss e da polícia do país, e em seguida como plenipotenciário geral da Wehrmacht alemã (o que, em termos práticos, significava governador militar alemão nas partes ocupadas do país), já havia articulado um movimento rumo à capitulação no sul dos Alpes. Recorrendo a intermediários, em fevereiro Wolff conseguira um contato com o Serviço Secreto Americano, o oss, e marcara um encontro clandestino em Zurique no dia 8 de março com o chefe de Operações do serviço na Europa, Allen W. Dulles. Seguiu-se novo encontro em 19 de março, quando Wolff encarregou-se de trabalhar pela rendição incondicional das tropas alemãs na Itália. Diversos interesses confluíram na mesma direção. Evidentemente, Wolff tratava de salvar a própria pele, buscando conseguir imunidade contra crimes de guerra. A liderança da Wehrmacht na Itália, com certeza após a substituição de Kesselring (que não iria se comprometer com a ação de Wolff), em março, por Vietinghoff, que, mesmo cauteloso, era uma figura acessível, mostrava-se mais favorável a medidas que levassem ao fim ao conflito que naquelas circunstâncias só poderia prosseguir a um custo elevado e sem sentido.

Os Aliados viram vantagens óbvias em pôr fim ao front no sul dos Alpes, onde dois exércitos do Grupo de Exércitos C, cerca de 200 mil homens,[120] ainda travavam um duro combate com forças da retaguarda, eliminando assim o perigo de que prosseguisse o movimento de resistência, centralizado na temida fortaleza alpina. Até mesmo Hitler, que aparentemente tinha uma vaga indicação das intenções de Wolff (mas não de seus planos detalhados, o que significaria traição), estava preparado para deixar que ele prosseguisse — ao menos por certo tempo. O Führer não fizera comentário algum — o que Wolff entendeu como um sinal tácito de aprovação — quando este último, no princípio de fevereiro e na presença de Ribbentrop, cautelosamente aludiu a negociações, por meio de seus contatos pessoais, visando ganhar tempo para que a Alemanha desenvolvesse suas armas secretas, e com o objetivo de enfiar uma cunha na coalizão aliada. A utilização da Itália como possível moeda de troca em qualquer tipo de entendimento com a frente ocidental significava que não havia intenção por parte da Alemanha de interromper as manobras de Wolff.

Na verdade, Wolff não era o único líder nazista tentando chegar a um entendimento com os Aliados na Itália. Ninguém menos do que o temido chefe da Polícia de Segurança, Ernst Kaltenbrunner, também fazia ao mesmo tempo suas sondagens particulares sobre um acordo em separado com os Aliados ocidentais. Nada de conclusivo se concretizou a partir das tentativas, tanto de Wolff como de Kaltenbrunner, até o final de março. Mesmo assim, àquela altura dos acontecimentos havia um dado objetivo no sentido de que o chefe da ss, o chefe da Polícia de Segurança e o líder da ss na Itália, todos eles, independentemente uns dos outros, procuravam meios de evitar o Armagedom a que Hitler estava convidando. Desconfiança mútua e temor do Führer cortavam pela raiz qualquer colaboração no sentido de contornar sua autoridade ou de confrontá-lo. Apesar de tudo, a liderança do Terceiro Reich começava a desmoronar.[121]

O mais enigmático membro da corte de Hitler também começava a distanciar-se dele. Durante os meses anteriores, de maneira consistente, Albert Speer vinha tentando evitar a destruição completa das instalações industriais, à medida que a Wehrmacht recuava. Essa atitude tinha um óbvio significado racional para a economia de guerra: indicava que a produção continuaria enquanto fosse possível, e talvez restaurada de acordo com os níveis anteriores se os territórios perdidos pudessem ser recuperados. Na primavera de 1945, porém, outros motivos começaram a se fazer presentes. Os contatos próximos que Speer mantinha com industriais inevitavelmente levaram-no a pensar num mundo sem Hitler, no qual seria necessário reconstruir suas fábricas. Ele sabia que mesmo depois de uma guerra perdida o país precisaria de infraestrutura econômica; o povo alemão iria sobreviver a seu ditador e haveria a necessidade de uma economia em funcionamento para sua subsistência. Além disso (e num grau cada vez maior), considerações sobre seu futuro após a provável derrota — talvez pensando em herdar o que sobrasse de poder dentro do Reich — levavam Speer a insistir em manter a indústria apenas temporariamente paralisada, em vez de destruí-la de maneira gratuita.[122]

O raciocínio de Hitler, como sempre, seguia linhas diametralmente opostas. De acordo com sua inclinação exclusiva a alternativas radicais, no início de sua "carreira" ele declarara que a Alemanha seria vitoriosa na guerra ou então deixaria de existir. Quanto mais remotas tornavam-se as possibilidades de vitória, mais seus pensamentos dirigiam-se ao polo oposto: a derrota teria de ser total, o povo alemão mereceria o destino de ser aniquilado por ter se mostrado muito fraco, e dessa maneira não havia necessidade de preocupar-se com seu futuro. Destruição onde fosse preciso e a qualquer custo, para barrar o avanço do inimigo e suas incursões pelo território alemão, era isso o que ele queria. Speer com frequência teve de se esforçar muito para contemporizar com as ordens de destruição das instalações industriais, que o Alto-Comando da Wehrmacht estava pronto para repassar, tratando apenas de paralisá-las. Em geral, como visto em capítulos anteriores, ele foi bem-sucedido, sabendo convencer o ditador de que o Reich voltaria a precisar das indústrias depois que reconquistasse os territórios perdidos. A alegação, apesar de forçada, foi capaz de persuadir Hitler. Mas, com o inimigo em solo alemão e a fantasia de recuperar territórios cada vez mais difícil de sustentar, a questão de destruir ou paralisar tornava a se impor — e de maneira radical.

No começo de março, a destruição deliberada da infraestrutura de transportes pelos militares causava uma grande preocupação entre os industriais do Ruhr.[123] Speer, que a essa altura havia assegurado controle sobre o sistema de transportes para aumentar seus já amplos poderes,[124] dirigiu-se ao oeste para lhes garantir que a orientação continuava sendo proceder a paralisação apenas temporária, e não à destruição completa. Qualquer oposição às ordens nesse sentido deveria ser "vencida". Ele repetiu sua justificativa básica: "Só podemos continuar a guerra se o cinturão industrial da Silésia, por exemplo, ou também partes do distrito do Ruhr voltarem às nossas mãos [...]. Ou conseguimos retomar essas regiões [...] ou então definitivamente a guerra estará perdida". Uma abordagem unificada era essencial. Não havia o menor sentido em esforçar-se para deixar a indústria apenas paralisada se os militares estivessem destruindo todos os meios de transporte. Ele conversaria com os comandantes em chefe dos Grupos de Exércitos e tentaria conseguir uma diretriz de Hitler. Prosseguiu enfatizando a necessidade de providenciar reparos no sistema de abastecimento de água, bem como alimentos para a população civil. Depois disso, o carvão constituía o setor de produção mais urgente. Ao lado do transporte de tropas, o abastecimento deveria ser prioritário, até mesmo sobre os armamentos, uma questão que ele disse ter definido com Hitler. Essas medidas não estariam sendo tomadas por razões humanitárias, mas sim para manter a "força de resistência da população". Speer fazia questão de deixar claro, com suas observações, que a guerra estava longe de terminar. Ele discorreu ainda sobre a importância de concentrar a produção de aço para a finalidade específica das munições. E repetiu as prioridades com relação aos transportes, definidas por Hitler — de acordo com suas sugestões — para áreas que estavam sendo evacuadas: primeiro, transporte de tropas, em seguida alimentos e finalmente, quando fosse possível, refugiados.[125]

Hitler continuava insistindo na evacuação das populações das áreas ameaçadas do oeste, em direção ao Reich, para que homens capazes de lutar não fossem perdidos para o inimigo. Os *Gauleiter* dessas áreas sabiam perfeitamente que essa exigência era impraticável. Goebbels considerou-a outra "séria perda de prestígio" por parte da autoridade de Hitler.[126] O próprio Goebbels, baseado num relatório que lhe fora passado por Speer no meio do mês, reconhecia que a evacuação não era possível. Comentou que Speer ficara irritado com as ordens de evacuação. Seguia o raciocínio de que "não é tarefa de nossa política de guerra conduzir um povo a uma queda heroica". O ministro dos Armamentos disse a Goebbels que, em termos econômicos, a guerra já havia sido perdida. A economia poderia se sustentar apenas por mais quatro semanas — até meados de abril — e, a partir daí, aos poucos entraria em colapso. Goebbels observou que Speer "opõe-se vigorosamente à estratégia da terra arrasada. Ele explica que cortar a ligação vital do povo alemão com os alimentos e a economia é trabalho para o inimigo, não para nós". Se os viadutos e as pontes de Berlim fossem detonados de acordo com o que fora planejado, a capital do Reich enfrentaria a fome generalizada.[127]

Um conflito estava claramente em processo de fermentação. Speer ficou sabendo que Hitler pretendia destruir fábricas, ferrovias, pontes, instalações de água e eletricidade para não deixar que caíssem nas mãos do inimigo. Então procurou Guderian, buscando sua ajuda para impedir a loucura dessas medidas, que acabariam com toda a infraestrutura econômica e condenariam a população civil a um estado prolongado de miséria e sofrimento. Guderian e Speer concordaram que a destruição de pontes, túneis e instalações ferroviárias necessitava de permissão especial. Furioso, Hitler recusou-se a assinar a medida autorizando a destruição.[128] No dia 15 de março, Speer apresentou um panorama objetivo da situação real. O colapso da economia ocorreria em quatro a oito semanas, e a partir daí a guerra não poderia mais prosseguir do ponto de vista militar. Tornava-se necessária uma ordem categórica para impedir a destruição de instalações vitais da Alemanha. "Essa destruição significará a eliminação de qualquer possibilidade futura de existência para o povo alemão." Speer concluiu: "Temos o dever de deixar ao povo todas as possibilidades de reconstrução num futuro mais distante".[129]

Ele passou o memorando para Nicolaus von Below, ajudante de Hitler na Wehrmacht, pedindo que o entregasse ao Führer num momento propício. Below fez isso em 18 de março, embora o ditador já soubesse o que iria receber. Numa tentativa de amenizar a reação furiosa que havia antecipado, demonstrando ainda sua permanente lealdade, Speer pediu um retrato autografado de Hitler para seu quadragésimo aniversário, no dia seguinte.

Também entregou a Hitler outro memorando, que ele nunca mencionou depois da guerra.[130] Era um documento mais breve, e redigido num tom bem diferente. O texto começava com a afirmação de que, como o colapso econômico era inevitável, seriam necessárias medidas drásticas para defender o Reich no Oder e no Reno. Além desses limites, a defesa já não seria mais possível. Portanto, durante as oito semanas seguintes, seria fundamental adotar as medidas mais brutais para mobilizar todos os recursos possíveis, incluindo a *Volkssturm*, para a defesa ao longo desses dois rios. As tropas que estivessem na Noruega e na Itália deveriam ser transferidas para atuar nessas linhas de defesa. Somente com tais providências poderiam manter as posições nesses fronts. E concluiu: "Se resistirmos com todas as forças no front atual por algumas semanas, será possível ganhar o respeito do inimigo e talvez decidir o fim da guerra de maneira favorável".[131]

O objetivo de Speer com esse segundo memorando não é claro. Talvez esperasse que o documento servisse para atenuar o impacto causado pelo primeiro, embora mais tarde jamais alegasse isso. Seu silêncio sobre o segundo memorando é revelador, pois os termos empregados contrariam a imagem que ele exibiria depois da guerra, do líder nazista que tentou agir com humanidade, rompendo com Hitler antes do fim. O mais provável é que o texto tenha sido escrito para afastar todas as acusações — perigosas naquelas circunstâncias — por parte de Hitler ou de seu séquito de que ele seria um derrotista e praticamente um traidor da causa.[132] Talvez, já que o "front atual" no Reno estava na iminência de ser perdido, fosse um modo habilidoso, por meios oblíquos, de estimular Hitler a concluir que aquele seria o momento para encerrar a guerra.[133] Se era essa de fato sua intenção, é curioso que Speer nunca tenha se referido a ela em suas declarações do pós-guerra. A última possibilidade é que Speer efetivamente acreditava no que estava dizendo — que uma vigorosa postura defensiva naquela fase final seria capaz de produzir algum tipo de acordo com, presume-se, os Aliados ocidentais. Mais tarde, ele pretendeu apresentar-se como alguém que, por ter logo reconhecido a inevitável derrota da Alemanha, procurou agir de maneira desprendida para preservar a base econômica necessária à sobrevivência do povo. Mas o memorando de 18 de março deixa claro como ele demorou para reconhecer que a guerra estava irremediavelmente perdida.[134] Seus esforços no sentido de limitar a destruição da infraestrutura econômica, bem como a aceitação de que, em termos econômicos, a Alemanha estava próxima do fim, ainda eram compatíveis com a suposição de que a guerra não poderia ser ganha mas também não estava de todo perdida. Até aquele momento, Speer disse a Hitler poucos dias depois, ele ainda acreditava num bom final para a guerra.[135] Não era retórica. Como se percebe pelo memorando, até então Speer seguia "acreditando". A destruição continuada que o prosseguimento do conflito inevitavelmente traria podia ter sido reconciliada, segundo o raciocínio de Speer, com suas tentativas de impedir a demolição da infraestrutura econômica, com base no raciocínio de que se tratava de danos colaterais, e não autodestruição deliberada. Com esse memorando, pelo menos, Speer deixava claro para Hitler que continuava a apoiá-lo.[136] O conflito com o Führer sobre a destruição dos meios de produção era muito sério. Mas não chegou a se tornar uma rejeição fundamental do líder a quem ele esteve ligado tão de perto por mais de uma década.

Hitler não perdeu tempo em dar sua resposta a Speer. No mesmo dia rejeitou as objeções quanto a determinar a evacuação compulsória de toda a população civil das áreas ameaçadas do oeste. Se não fosse possível providenciar transporte, as pessoas deveriam retirar-se a pé. "Não podemos mais nos preocupar com a população", comentou.[137] No dia seguinte veio o célebre decreto da "terra arrasada" de Hitler, sua "Ordem de Nero", virando de cabeça para baixo as recomendações de Speer no sentido de, sempre que possível, evitar a destruição. "Todos os transportes militares, as comunicações, instalações industriais e de suprimentos, assim como bens materiais dentro do território do Reich que o inimigo puder utilizar imediatamente ou num futuro próximo, deverão ser destruídos." No que diz respeito a transportes e comunicações, a responsabilidade de pôr em prática a destruição foi entregue aos comandantes militares; quanto à indústria e a outras instalações da área econômica, a ação ficou a cargo dos *Gauleiter*, em sua condição de comissários de defesa.[138]

Até 18 de março, Speer, mesmo com suas críticas às medidas destinadas a destruir tudo que pudesse servir de base à reconstrução no pós-guerra, ainda acreditava, de acordo com seu memorando, ser possível ganhar alguma coisa com a continuação do conflito. Mas naquele dia, após o decreto da "terra arrasada", sua atitude mudou drasticamente. O momento de ruptura ocorreu quando Hitler lhe disse à queima-roupa: "Se a guerra está perdida, então o povo também está perdido. Esse destino é irreversível". Passava a ser desnecessário, portanto, preocupar-se até mesmo com as condições mais primitivas para sua existência futura. Pelo contrário, era melhor destruir até essas bases, porque "o povo mostrou-se o mais fraco, e o futuro pertence exclusivamente ao povo mais forte do leste. Em qualquer hipótese, os que permanecerem depois desses combates serão apenas os inferiores, uma vez que os melhores terão caído". Diante dessas palavras, alguns dias depois Speer declarou a Hitler, num bilhete manuscrito, que estava "profundamente chocado". Ele percebeu os primeiros passos para a realização desse objetivo na ordem de destruição do dia seguinte.[139]

Nos dias que se seguiram, apoiado por Walther Rohland e seus colegas da unidade de Ruhr do ministério, Speer percorreu as regiões oeste da Alemanha na tentativa de (apelando em parte a argumentos nazistas de que, a fim de vencer a guerra, as instalações eram imprescindíveis para a manutenção do nível necessário de produção) superar a disposição inicial dos *Gauleiter* de obedecer às ordens de Hitler. Se seria fácil para eles pôr em prática o plano de destruição é algo bastante questionável. É provável que os industriais e dirigentes das fábricas tivessem colaborado com os funcionários locais do partido no sentido de impedir muitas tentativas de efetuar aquela destruição descabida.[140] Speer também conseguiu convencê-los de que as ordens de Hitler para a evacuação eram impraticáveis.[141] Model, após certa hesitação, concordou com os argumentos de Speer, decidindo que a destruição das instalações industriais do Ruhr seria reduzida ao mínimo, embora os militares, de acordo com o decreto de Hitler, já devessem estar preparados para a tarefa.[142] Em Würzburg, o *Gauleiter* Otto Hellmuth, geralmente considerado um dos mais moderados chefes do partido, estava pronto para colocar em prática a "Ordem de Nero". Reconheceu que a ordem seria inútil se não houvesse possibilidade de a situação se alterar no último minuto. O *Gauleiter* perguntou a Speer quando aquelas decisivas "armas miraculosas" seriam utilizadas. Só quando Speer lhe disse com franqueza "Elas não virão", ele concordou em não destruir as fábricas de rolamento de esferas de Schweinfurt.[143]

Contudo, a essa altura Hitler já estava informado dos esforços de Speer para sabotar suas ordens. Quando o ministro dos Armamentos, em seu retorno a Berlim, foi chamado para encontrar-se com ele, teve uma recepção gelada. Hitler exigiu que Speer aceitasse o fato de que a guerra ainda poderia ser vencida. Quando Speer relutou, o Führer lhe deu 24 horas para reavaliar a resposta. Ao se encontrar de novo com Hitler — após ter redigido a mão uma longa justificativa de sua posição, que acabou não entregando —, Speer disse apenas: "Meu Führer, estou incondicionalmente a seu lado".[144] Foi suficiente. Hitler julgou que sua autoridade estava intacta; não se sentiu desprestigiado; Speer havia recuado.[145] Um leve sinal da antiga cordialidade entre os dois voltou. Speer aproveitou a situação para conseguir de Hitler a concessão fundamental de um adendo à sua ordem anterior, segundo a qual a atribuição para colocar em prática a destruição ficaria nas mãos do ministro dos Armamentos.[146] Com isso, Speer pôde impedir a efetivação da "terra arrasada" que Hitler havia decretado (embora mesmo assim a Wehrmacht tenha dinamitado várias pontes no interior da Alemanha durante sua retirada).[147] Tratava-se de uma vitória importante, ainda que permitisse uma interpretação cínica segundo a qual essa vitória garantia não apenas a futura existência do povo alemão, mas também a do próprio Speer.[148] E, para além da inabilidade de Hitler em assegurar que suas ordens para a evacuação fossem executadas, tratava-se de mais um sinal, como reconheceu Goebbels, de que a autoridade do Führer estava em declínio.[149]

No entanto, esse ainda não seria o ponto do colapso. As fundações estavam abaladas, mas, mesmo perto do limite, elas ainda sustentavam a estrutura. Para isso foi decisiva, como sempre, a posição de liderança do próprio Hitler. Embora aqueles à frente do Terceiro Reich vissem com clareza que os dias do ditador já estavam contados, estavam cientes de que era perigoso confrontá-lo abertamente. Ribbentrop não se atrevia a levar adiante suas sondagens de paz sem a autorização de Hitler. Himmler e Kaltenbrunner agiam com a máxima cautela para ocultar seus movimentos nesse sentido. Wolff também sabia como era temerário o terreno em que estava pisando, embora ao menos tivesse a vantagem de estar geograficamente distante de Berlim. E Speer, por fim, evitava uma confrontação completa. Conseguira impedir a possibilidade das severas sanções que poderiam ter surgido, apesar de perceber que o interesse de Hitler na área dos armamentos naqueles últimos tempos se dirigia a seu rival de longa data, Karl Otto Saur. O fato é que em nenhuma circunstância os paladinos preocupados em garantir suas posições num futuro pós-Hitler desafiavam abertamente o ditador. Além do medo quanto às consequências, já que Hitler sempre poderia recorrer às poderosas forças dos militares e da polícia para apoiá-lo, todos eles estavam cientes de que seus poderes continuavam dependentes da autoridade maior do Führer. Divididos entre si, temerosos das consequências e ainda presos a Hitler, eles não representavam nenhuma ameaça de rebelião.[150] Hitler manteria seu poder até o fim.

8. Implosão

Estamos enviando ordens de Berlim que praticamente nem chegam a seu destino, muito menos podem ser cumpridas. Vejo nisso o perigo de uma extraordinária diminuição de autoridade.

Anotação no diário de Joseph Goebbels, 28 de março de 1945

I

Em abril de 1945, Berlim se preparava para a tempestade prestes a acontecer. Tudo era organizado às pressas, na tentativa de reagir ao iminente ataque que viria do leste. Todos sabiam que não demoraria muito para que a cidade estivesse mergulhada nos combates. O estado de ânimo dos berlinenses havia atingido o ponto mais baixo. A aceitação resignada de que a situação não tinha saída era equilibrada apenas pelas manifestações ocasionais de certo humor negro.[1] Mas, à medida que aqueles dias sombrios aparentemente intermináveis dos terríveis meses de inverno de 1944-5 davam lugar a uma primavera ensolarada e amena, havia berlinenses fazendo o possível para se desligar da guerra por alguns breves momentos.

Para quem caminhasse pelo Tiergarten, o belo parque no centro da cidade (mesmo que àquela altura estivesse horrivelmente devastado e ocupado por artilharia pesada e servisse como fonte de lenha, material cada vez mais necessário), sob árvores começando a florescer, ao som do gorjeio das aves, ou então olhasse da varanda das espaçosas mansões na área de Grunewald, o elegante subúrbio situado na parte oeste de Berlim, a guerra poderia parecer algo muito distante (embora as ruínas de alguns casarões logo trouxessem a realidade de volta). Mas fugazes atividades prazerosas, fragmentos banais do cotidiano de uma vida pacífica, nada mais eram, naquele princípio de abril de 1945, do que uma tentativa de "aproveitar o dia", de agarrar o que talvez fosse uma das últimas oportunidades de ter alguma diversão antes que a dura realidade tomasse conta de tudo.

Outros procuravam "aproveitar a noite", como era o caso de mulheres e soldados nas áreas centrais de Berlim, freneticamente empenhados numa "busca alucinada do prazer" em abrigos, porões de edifícios reduzidos a escombros e em passagens escuras em meio às ruínas. Saques e roubos haviam se tornado lugar-comum. Apesar do risco de duras penalidades, florescia o mercado negro de alimentos e de praticamente todo bem material que se pudesse encontrar. Refugiar-se nas variadas formas de álcool — incluindo substâncias de uso medicinal que haviam sido roubadas — funcionava, para muitas pessoas, como um meio de encobrir os receios daquilo que estava por vir.[2]

Quaisquer que fossem as ilusões alimentadas pelas pessoas, passavam rapidamente. E de qualquer forma, poucas eram as que estavam em posição de compartilhá-las com alguém. A maioria estava tomada pelos próprios problemas e preocupações, tratando de lidar com as duras privações da existência cotidiana. Isso porque a cidade, como todas as outras grandes cidades do país, na aparência física e na postura psicológica de seus habitantes, exibia cicatrizes profundas da guerra. O principal aspecto da fisionomia de Berlim, na verdade, não estava no centro arrasado da cidade, nas fachadas desoladas, nas crateras causadas pelas bombas, nos edifícios em ruínas, não mais do que cascas ocas, mas sim em seu vazio — a ausência de tráfego e de gente nas ruas, as lojas quase sem mercadorias, as residências sem mobília.[3] À noite, "uma cidade fantasma de moradores em cavernas era tudo que sobrara desta metrópole mundial", comentou um observador.[4] Quase todas as noites, enquanto as pessoas comiam suas refeições sob a vacilante luz das velas — já que o uso da eletricidade estava extremamente racionado —, as sirenes anunciavam o mais recente ataque aéreo, provocando a descida noturna até o abrigo mais próximo. Era como se as pessoas fossem de um momento para outro arrancadas de algum devaneio — um lembrete de que o fim se aproximava com rapidez e de que o Exército Vermelho estava a uma pequena distância, pronto para desferir seu ataque à capital do Reich.

O mundo onírico do próprio Hitler durante suas visitas noturnas aos porões da Chancelaria do Novo Reich, quando ele ficava observando a maquete, construída por seu arquiteto Hermann Giesler, de sua cidade natal, Linz, com a aparência que teria depois de encerrada uma guerra vitoriosa, permitia-lhe também uma fuga momentânea da pressão sufocante da guerra. Além disso, essas fantasias ajustavam-se bem à máscara que continuava a usar, recusando-se a admitir para si mesmo e para os outros que seu mundo desabara e estava em ruínas. Ele sabia, ao menos depois do fracasso da ofensiva das Ardenas, que a derrota era certa. Mas não podia admitir isso abertamente. Fazia parte da continuada encenação do Führer indomável, que ele manteve de maneira incessante ao longo das crescentes adversidades — a permanente pretensão, para si mesmo e para seu séquito, de que no final tudo acabaria dando certo. Seus sonhos e suas ilusões eram um desafio à realidade que o cercava a maior parte do tempo — a guerra perdida e um fim próximo que haveria de seguir-se à própria morte. Uma vez que Hitler jamais admitira a possibilidade de rendição, enquanto estivesse vivo o enorme sofrimento e a destruição da guerra iriam continuar. E como ele tampouco aceitava a hipótese de ser capturado, o suicídio tornava-se a única saída. Havia muito tempo que seu ego monstruoso o convencera de que o povo alemão não era digno dele. A derrota provara que era um povo fraco. Não merecia sobreviver. Hitler não derramaria uma única lágrima por ele. Mas ainda era necessário decidir quando e onde dar um fim à própria vida.

Para aqueles que o cercavam, que o viam todos os dias, sua autoridade permanecia inquestionável. Fora do bunker, bem abaixo do jardim da Chancelaria do Reich no centro de Berlim, que ele transformara em residência desde a volta do front ocidental, em meados de janeiro, a situação era bem diferente. O próprio Reich havia encolhido bastante. Em 9 de abril, Goebbels observou que as possessões alemãs estavam agora reduzidas a pouco mais do que uma estreita faixa, estendendo-se do sul da Noruega até a costa do Adriático, no norte da Itália.[5] Muito do que havia sido o Reich encontrava-se agora sob ocupação inimiga e fora do alcance de Hitler. E, para a maioria dos habitantes das áreas ainda sob domínio alemão, fazia tempo que Hitler era apenas uma figura apagada, por vezes vista somente em imagens de cinejornais ou em alguma proclamação ocasional — embora todos soubessem que enquanto ele vivesse, sua miséria não teria fim. Para os *Gauleiter*, os governantes regionais do Reich, decretos e regulamentos de Hitler começavam a perder valor. Não era uma questão de desafio aberto à autoridade do ditador. Eles haviam sido seus leais vice-reis, o eixo de seu poder nas províncias. E mesmo naquelas circunstâncias, qualquer ato de rebeldia poderia ter consequências gravíssimas. Contudo, enormes problemas de comunicação e o avanço dos Aliados ocidentais significavam que o controle de Berlim tornava-se extremamente difícil de exercer. Os *Gauleiter* tinham de cuidar eles próprios dos problemas que enfrentavam, em vez de aguardar ordens vindas de Berlim, com frequência pouco realistas ou impraticáveis. De toda forma, era óbvio que na melhor das hipóteses a Alemanha só conseguiria resistir por mais uma ou duas semanas. A maioria dos acólitos de Hitler praticamente só pensava em salvar a própria pele. Poucos deles consideravam a possibilidade de saltar para a pira funerária ao lado de seu líder.

À medida que a autoridade nazista se desintegrava cada vez mais depressa e a fragmentação substituía toda semelhança com alguma forma de governo centralizado, o regime era tomado por uma crescente "fúria assassina".[6] A polícia, a SS e os líderes regionais e locais do partido oficialmente resolviam os problemas por conta própria, numa repressão feroz a tudo que, mesmo de longe, sugerisse uma atitude de rebeldia ou tentativas de impedir destruições de última hora sem o menor sentido. Os "inimigos internos" corriam riscos enormes naqueles derradeiros momentos da agonia do regime, em que nazistas desesperados avançavam sobre eles dispostos a vingar-se de sua hostilidade e assegurar-se de que não poderiam festejar a derrota do nazismo. E o mesmo destino que fora reservado aos prisioneiros dos campos de concentração do leste atingia agora os prisioneiros do resto do Reich, arrancados de seu inferno e, numa última explosão de cólera, forçados a marchas aparentemente sem objetivo que com frequência terminavam com sua morte. Agora, como antes, quando o regime visivelmente se esfacelava, os líderes do partido e dos militares não dispunham da unidade de espírito e da vontade nem da capacidade de organização — que os líderes fascistas italianos usaram ao derrubar Mussolini, em julho de 1943 — para enfrentar Hitler e tentar, mesmo naquele momento tardio, deter a queda da Alemanha para o abismo. Ainda restava, portanto, encenar o último ato do drama.

II

Com a perda do front do Reno, em março, todo argumento lógico para o prosseguimento da guerra no oeste deixou definitivamente de existir. Assim mesmo, os generais continuavam lutando. Keitel e Jodl no Alto-Comando da Wehrmacht e o comandante em chefe do Oeste, marechal de campo Kesselring, acreditavam, no fim de março — foi o que alegaram mais tarde —, que ainda poderiam evitar o colapso total no front do Reno e manter as posições no oeste estáveis por certo tempo.[7] O único ponto nesse argumento com alguma vaga racionalidade seria o mesmo de sempre, o de ganhar tempo até os Aliados ocidentais reconhecerem que seu verdadeiro inimigo estava no leste, provocando assim o colapso da coalizão "profana" com a União Soviética, para permitir que os remanescentes da Wehrmacht passassem a ter um novo objetivo, por meio da união com as potências ocidentais contra o Exército Vermelho. Se aquilo representava o pensamento da época, mais do que nunca era o exemplo perfeito de uma fantasia que já havia se descolado totalmente da realidade. Tão próximos da vitória como estavam, a última coisa que poderia passar pelas cabeças de Roosevelt e Churchill seria romper a aliança com os Aliados soviéticos, que continuavam a arcar com o maior número de perdas humanas na luta para esmagar o regime de Hitler.

Não era mais possível evitar o colapso completo do front ocidental. Depois que as tropas dos Estados Unidos consolidaram suas posições no Reno, a rápida investida americana havia introduzido cunhas entre o Grupo de Exércitos B de Model, no Ruhr, e o Grupo de Exércitos H ao norte e o G ao sul. Em 2 de abril, as forças de Model, ainda fortes em termos numéricos, mas fracas em armamentos pesados, haviam sido isoladas no Ruhr e poderiam receber suprimentos apenas por via aérea. Dois dias depois, o Nono Exército dos Estados Unidos iniciou seu ataque para destruir as forças alemãs que se encontravam cercadas. Inicialmente, os americanos enfrentaram uma resistência feroz, mas jamais houve a menor dúvida sobre qual seria o desfecho. Os prefeitos de algumas das cidades mais importantes, encorajados por líderes industriais e apoiados por social-democratas, comunistas e outros grupos antinazistas, surgidos após anos de repressão, renderam-se sem lutar. Duisburg, Essen, Solingen, Bochum e Mülheim caíram sem causar mais sofrimentos inúteis a populações já privadas das mais básicas comodidades, forçadas a viver em porões, abrigos e edifícios bombardeados. Em contraste, o combate prosseguiu por mais quatro dias até

Hamm ser tomada, enquanto Dortmund só caiu depois de ter sido cercada e então devastada por poderosas forças americanas em 13 de abril.[8] A essa altura, Model havia informado que cerca de dois terços de seus soldados não dispunham de armas. Os soldados agora estavam desertando em grupos enormes, simplesmente desaparecendo nas florestas ou nas cidades em ruínas, e diversos comandantes renderam-se com suas unidades.

Nesse meio-tempo, as forças americanas haviam feito grandes avanços na região central da Alemanha. Em meados de abril chegaram a Turíngia, tomando Erfurt, Weimar e Jena, e pressionando a partir daí em direção a Coburg e Bayreuth, além de prosseguir pelo interior da Saxônia até as vizinhanças de Halle, Chemnitz e Leipzig, e ao noroeste, tomando Hanover e Braunschweig. Em 11 de abril, os americanos alcançaram o Elba. Já não se podia mais falar num front alemão. Os combates constantes, contudo, algumas vezes se mostravam violentos, e os americanos continuavam a enfrentar bolsões de resistência feroz. Como havia acontecido no Ruhr, dirigentes civis de muitos vilarejos e cidades preferiram render-se a insistir numa destruição sem sentido. Gotha, Göttingen e Weimar estavam entre as localidades que se entregaram sem luta. Já em Magdeburg, a recusa do comandante militar da cidade em render-se, no dia 17 de abril, acabou provocando um ataque devastador, realizado na mesma tarde por 350 aviões, antes que as últimas forças de resistência esmorecessem, no dia seguinte.

Ao norte, britânicos e canadenses faziam progressos mais lentos contra os contingentes ainda relativamente fortes do Grupo de Exércitos H de Blaskowitz. Mas em 10 de abril os ingleses alcançaram Celle, a nordeste de Hanover, e, mais ao norte, Weser, ao sul de Bremen, enquanto os canadenses haviam aberto caminho rumo ao norte, através dos Países Baixos, quase até o litoral. Os principais portos do Mar do Norte e as ligações com Dinamarca e Noruega permaneciam, contudo, sob domínio alemão, e a noroeste a Wehrmacht constituía uma das últimas bases de poder relativamente intactas do regime nazista.

No sul da Alemanha, a situação era ainda mais grave. Hitler dispensara em 2 de abril o coronel-general da Waffen-ss Paul Hausser, comandante em chefe do Grupo de Exércitos G, depois que ele tentou fazer uma retirada para o sul e o sudeste. Seu substituto, o general Friedrich Schulz, tentou executar as ordens do Führer de manter a posição por duas ou três semanas, com o objetivo de ganhar um tempo vital — essa era a alegação —, permitindo assim o uso dos aviões a jato que transformariam a situação militar, e pressionou as forças disponíveis a exibir

8. O Reich Dönitz, 1º de maio de 1945

uma resistência fanática na área de Aschaffenburg, no Main. Bem-sucedido em bloquear o avanço americano até a metade do mês, ele em seguida viu-se encurralado pelo Terceiro Exército dos Estados Unidos e foi em direção ao sul da Turíngia, momento em que o recuo do Grupo de Exércitos G transformou-se em fuga. Enquanto isso, tropas americanas e francesas avançavam para Stuttgart. Heilbronn, uma importante conexão ferroviária na margem esquerda do rio Neckar, só foi tomada depois de intensos combates. A cidade foi defendida por uma concentração relativamente pesada de tropas da Wehrmacht, com o apoio de contingentes da *Volkssturm*. Seus cidadãos, aterrorizados pela fanática liderança nazista local, foram incapazes de tentar algum movimento para capitular sem luta, ao contrário do que ocorrera em muitos outros lugares. Como resultado, Heilbronn passou por uma semana de combates árduos, porém inúteis, antes da inevitável rendição. Esse caso foi uma exceção. Na maioria dos lugares atacados foi possível articular a rendição, evitando que os habitantes fossem aniquilados numa resistência sem a menor razão de ser.

Os franceses conseguiram facilmente, e sem lutas, tomar Karlsruhe e outras cidades na região de Baden, embora, por motivos que não ficaram claros, tivessem destruído quase totalmente Freudenstadt, na Floresta Negra. Em meados do mês estavam preparados para atacar Freiburgo, que depois de pouca luta caiu, em 21 de abril. A cidade de Stuttgart, capital de Württemberg, rendeu-se no dia seguinte sem combates, apesar da insistência do *Gauleiter* em lutar até o fim, depois que os líderes nazistas fugiram. Figuras de destaque do movimento antinazista conseguiram convencer o prefeito, um nazista de longa data, a poupar a cidade de uma destruição inútil. Os franceses logo dominaram Stuttgart e redondezas. Para os habitantes locais, o medo dos nazistas — que na maioria dos casos fugiram — transformou-se em ansiedade com relação aos conquistadores franceses. Diferentemente dos americanos, cujas forças de ocupação eram muito disciplinadas, as tropas francesas — em especial, ao que parece, uma minoria das temidas tropas do norte da África — cometeram muitos saques e estupros ao entrar nas aldeias e cidades alemãs, como ficou claro nos relatos do clero local e de outras entidades. Em Freudenstadt, o caso mais grave, os estupros, saques e pilhagens estenderam-se por três dias.[9]

Enquanto isso, dirigindo-se ao sul através da Francônia, as tropas americanas encontraram resistência, algumas vezes pesada, mas foram tomando uma cidade após a outra — muitas renderam-se sem combate — antes de alcançar Nuremberg, o santuário do nazismo, em 16 de abril. Hitler ordenara que a "cidade dos comícios do Partido do Reich" fosse defendida até o fim. A fanática liderança nazista, sem nada a perder e com a mentalidade *Götterdämmerung* intacta, recusou-se a capitular. Tudo que conseguiu foi adiar o inevitável. Após quatro dias de combates ferozes e mais derramamento inútil de sangue e muita destruição, o antigo baluarte e símbolo do poder nazista acabou caindo. Isso aconteceu no dia 20 de abril, aniversário de Hitler.[10]

Em 15 de abril, os Aliados ocidentais traçaram seus objetivos: ao norte, fazer pressão sobre Lübeck, consolidar posições no Elba, Alemanha Central, e, ao sul, avançar pelo Danúbio e Áustria adentro. Naquele mesmo dia, Hitler determinou que, se o Reich fosse dividido em dois com o avanço inimigo pela Europa Central, o grande almirante Dönitz, ao norte, e o marechal de campo Kesselring, ao sul, assumiriam o comando da defesa como seus representantes em toda parte do país em que ele não estivesse presente.[11]

A Wehrmacht, no oeste, encontrava-se numa situação verdadeiramente desoladora. E no leste, a aguardada grande ofensiva soviética, dirigida a Berlim, estava prevista para antes da madrugada do dia seguinte, 16 de abril.

Na Prússia Oriental os soviéticos finalmente romperam o cerco da outrora linda, mas agora devastada cidade de Königsberg. Em 9 de abril, com suas forças à beira da completa destruição e a cidade transformada num inferno, seu comandante, o general Otto Lasch, por fim se rendeu — embora só o tivesse feito quando soldados do Exército Vermelho já se encontravam do lado de fora de seu bunker. A defesa de Königsberg custou a vida de 42 mil soldados alemães e 25 mil civis. Cerca de 27 mil soldados que estavam na guarnição foram feitos prisioneiros pelos soviéticos.[12] Num acesso de fúria, Hitler condenou Lasch, em sua ausência, à morte na forca — uma sentença impossível de executar — e determinou o aprisionamento de sua família.[13] Exonerou o general Friedrich-Wilhelm Müller, último comandante do Quarto Exército que, embora ainda tivesse remanescentes resistindo em Samland, a essa altura já tinham sido para todos os efeitos aniquilado. Quando o porto de Pillau enfim caiu, em 25 de abril, de um exército que já tivera meio milhão de soldados, restavam apenas 3,1 mil, que ficaram sitiados em Frische Nehrung até o fim da guerra.[14]

A sudeste ocorreu um desastre ainda maior: após um cerco de quase duas semanas, a capital austríaca, Viena, já reduzida a ruínas e escombros, caiu diante do Exército Vermelho em 13 de abril, depois de dias de intensos combates nas ruas, que continuaram no coração da cidade, com grandes perdas em ambos os lados. Agora, os soviéticos podiam avançar rumo ao oeste pelo interior da Áustria pelos dois lados do Danúbio. Raros eram os soldados alemães, forçados a recuar mais para dentro de um Reich que encolhia cada vez mais, que poderiam ter posto fé nas palavras vazias de Hitler, dois dias antes: "Berlim continua alemã, Viena voltará a ser alemã, e a Europa nunca será russa."[15]

A essa altura, as tropas de Zhukov, maciçamente concentradas no Oder, a cerca de setenta quilômetros de Berlim, aguardavam o sinal para desferir o ataque que, assim se esperava, destruiria o regime de Hitler e as levaria à vitória. Um poderoso exército foi reunido para a batalha de Berlim. O Primeiro Front Bielorrusso de Zhukov e, mais ao norte, preparando-se para a ofensiva pelo oeste a partir da Pomerânia, o Segundo Front Bielorrusso, comandado por Rokossovsky, somavam em conjunto 1,4 milhão de homens, com mais de 4 mil tanques e 23 mil itens de artilharia pesada. Pelo sul, o Primeiro Front Ucraniano de Konev, pronto para atacar a partir de bases no Neiße, dispunha de mais 1,1 milhão de homens e 2150 tanques. Cada um desses fronts contava com um maciço suporte aéreo, num total de 7,5 mil aviões. Para enfrentá-los havia o Grupo de Exércitos Vístula (uma denominação já antiquada, uma vez que agora esse Grupo de Exércitos se preparava para lutar a oeste do Oder) de Heinrici, formado pelo Terceiro Exército Panzer, de Manteuffel, ao norte, e pelo Nono Exército, comandado pelo general Theodor Busse, diretamente encarregado de proteger o acesso a Berlim. Ao lado dessas forças encontrava-se parte do Grupo de Exércitos Centro (o Quarto Exército Panzer, comandado pelo general Fritz-Hubert Gräser), com a missão de defender o Reich contra o ataque pelo Neiße e proteger ainda o prolongamento da cidade ao sul. O total dos contingentes alemães era de 1 milhão de homens, 1,5 mil tanques e veículos blindados e 10,4 mil peças de artilharia, com o apoio de 3,3 mil aviões de combate. A desigualdade de forças tornava-se ainda maior pelo fato de que muitos dos soldados alemães eram recrutas jovens e mal preparados, e o poderio aéreo era puramente nominal, pois um grande número de aviões estava em terra por falta de combustível. Apenas os três anéis concêntricos das pesadas fortificações que protegiam a capital davam vantagem às defesas alemãs.

A ofensiva de Zhukov começou às 3h30 da madrugada de 16 de abril com uma imensa barragem de artilharia, em meio a uma saraivada de holofotes, com a dupla função de cegar o inimigo e iluminar o caminho do ataque. Mas, valendo-se de uma defesa ferocíssima ao longo de intensos combates, que provocaram imensas perdas em ambos os lados, os alemães conseguiram resistir por dois dias. Foi só depois disso que as colinas de Seelow — um íngreme afloramento situado cerca de noventa metros acima do vale do rio Oder, entre Seelow e Wriezen, a derradeira barreira defensiva natural diante de Berlim —, mesmo pesadamente fortificadas, caíram diante das tropas de Zhukov. Com isso, o Nono Exército de Busse ficou dividido em três partes e foi forçado a retirar-se para o norte, centro e sul do front. Nesse meio-tempo, a ofensiva de Konev, vinda do Neiße, conseguira um avanço mais fácil, não só forçando as defesas alemãs a recuar em direção a Dresden como — o que significava uma ameaça ainda maior — avançando pelo norte rumo a Berlim e à retaguarda do exército de Busse. Em 20 de abril, o Primeiro Front Bielorrusso abriu caminho pelo anel externo de defesa ao redor de Berlim, e seu flanco direito preparava-se para forçar a ofensiva até o norte da cidade. Berlim estava prestes a ser inteiramente cercada. Ao sul, os tanques de Konev já haviam alcançado Jüterbog, o principal depósito de munições do Exército alemão, e estavam a ponto de tomar Zossen, seu centro de comunicações. Logo no começo do dia, as forças de Zhukov haviam tomado Bernau, ao norte da capital. Poucas horas depois, sua artilharia abriria fogo diretamente sobre Berlim.[16]

III

Naquelas últimas e desesperadas semanas, em que era difícil racionalizar o que se ganhava ao levar a guerra adiante, os comandantes de Hitler no front ficaram num estado em que lhes era impossível efetuar alguma ação que não fosse continuar lutando, quaisquer que fossem os custos em mortes e destruição. Como eles haviam sido incapazes, nos meses precedentes, de interromper o crescente impulso de autoaniquilamento (que era igualmente predatório), nada indicava que pudessem tomar alguma atitude no momento em que o fim estava tão próximo. Ao contrário, por meio de uma seleção natural quase darwiniana cujo resultado foi a destituição de um grande número de generais, permaneceram nos postos-chave apenas aqueles mais devotados às ideias de Hitler, empenhados em continuar na luta a qualquer preço.

O marechal de campo Kesselring, comandante em chefe do Oeste (embora, a essa altura, a área do front ocidental que ele tinha para comandar fosse bem pequena), por certo tempo havia sido, na década de 1930, chefe do Estado-Maior da

Luftwaffe, tendo chefiado uma frota aérea nos primeiros anos da guerra e construído uma reputação de rigoroso comandante em chefe na Itália, de líder militar de alta competência profissional que fazia questão de se manter afastado da política.[17] Era de uma lealdade a toda prova, e mesmo nas situações militares mais adversas conseguia manter uma postura otimista (verdadeira ou forçada); invariavelmente ficava impressionado com a disposição de Hitler de resistir. Assim, não foi nenhuma surpresa que Speer tivesse sido incapaz de dissuadi-lo de pôr em prática a "Ordem de Nero" de Hitler para destruir a infraestrutura econômica da Alemanha durante a retirada.[18] Speer voltou a se desapontar quando Kesselring chegou ao bunker do Führer no começo de abril para informar a Hitler que a situação já não admitia a menor esperança. Depois de apenas algumas frases, Hitler o interrompeu com uma longa dissertação sobre como procederia para virar o jogo contra os americanos. Ou por ter ficado genuinamente convencido ou, o que é mais provável, porque preferiu não se comprometer, Kesselring logo embarcou nas fantasias de Hitler.[19]

Depois da guerra, em suas memórias um tanto autopromocionais, Kesselring apresentou um vislumbre de sua postura em meados de abril, quando o Ruhr já havia sido perdido e a batalha pela Alemanha central estava em pleno andamento. Para ele, fazia sentido continuar lutando nas montanhas Harz, para conter o avanço inimigo "até a chegada de uma força mais vigorosa, organizada, para ajudar numa contraofensiva". Tinha em mente o 12º Exército, que fora reunido de maneira algo apressada no final de março e se encontrava estacionado a leste do rio Elba, na região que se estende de Dessau a Bitterfeld e Wittenberg. "Só com essa ajuda poderíamos ter alguma expectativa de que o curso dos acontecimentos no front russo não seria influenciado pelos eventos no oeste e de que a Alemanha não seria dividida em duas." Seu ponto de vista, ele declarou, coincidia com aqueles do Alto--Comando da Wehrmacht. "Naquele momento não examinei a questão do efeito dessas operações no resultado da guerra, pois não se tratava mais de um tema capaz de provocar algum tipo de pensamento produtivo. Tudo que pretendia fazer era prolongar a batalha nas montanhas Harz usando todos os recursos possíveis, de modo a permitir que nossas operações no front russo progredissem." Mesmo na hipótese de que os russos e os Aliados ocidentais se encontrassem no Elba ou em Berlim, ainda assim haveria uma justificativa para dar continuidade à guerra: "a necessidade imperiosa de ganhar tempo para que as divisões alemãs envolvidas no front oriental pudessem se retirar para as zonas dos ingleses e dos americanos".[20]

O comandante em chefe do Grupo de Exércitos B, marechal de campo Model, que estava encurralado no Ruhr, havia tempo se destacava como um dos generais mais confiáveis de Hitler e era descrito pelo ditador, nos últimos dias de abril de 1945, como "seu melhor marechal de campo".[21] Assim como Kesselring, ao mesmo tempo que prestava seus serviços a Hitler da melhor maneira possível, Model insistia em dizer que era "apolítico", o que não era verdade. Na realidade, como a maioria de seus colegas generais, ele tinha ao menos afinidades parciais com o nazismo — incluindo o ódio ao bolchevismo e a crença tanto na superioridade da cultura alemã como na supremacia a que a Alemanha teria direito na Europa. Com a sorte da guerra voltando-se de modo inexorável contra a Alemanha, seu desejo fanático de evitar a derrota e impedir o triunfo dos inimigos refletia-se nas proclamações firmes e confiantes que fazia a seus soldados e nas ordens para punir de maneira implacável os "elementos inferiores da população civil", que manifestavam atitude derrotista ou hostil.[22] Ele fazia coro com as exigências do regime para "resistir" a todo custo, recorrendo até ao vocabulário da propaganda nazista. No final de março, sua proclamação aos subcomandantes descrevia o dever dos oficiais de dar exemplo a seus soldados, se fosse necessário até mesmo por meio da própria morte, convencendo-os da necessidade de continuar na luta "agora ainda mais do que nunca [...] até sacrificando a vida". Ele exigia ações imediatas contra os setores da vida civil que haviam sido "infectados pelo veneno judeu e democrático das ideias materialistas" e davam mais valor à proteção de seus bens pessoais do que ao "apoio incondicional às tropas em combate".[23]

Model estava consciente de sua lealdade e obediência a Hitler até naquele momento, em que as esperanças alemãs desmoronavam. Tratava-se de uma postura que não mudara nem mesmo depois de suas recomendações estratégicas quanto à ofensiva das Ardenas terem sido ignoradas, ou de uma confrontação com Kesselring, a propósito de uma possível solução para a situação crítica do Ruhr, tê-lo levado a criticar com veemência Keitel e Jodl no Alto-Comando da Wehrmacht.[24] À medida que o fim se aproximava, seu senso de dever como soldado punha-o em um crescente conflito com essas atitudes. Diferentemente de Kesselring, ele se mostrou simpático às solicitações de Speer para não ser destruída a infraestrutura econômica vital para a nação. Mas rejeitou todas as tentativas para persuadi-lo a fazer com que suas tropas encurraladas se rendessem. (Sondagens quanto a uma possível capitulação haviam sido feitas de início por Walther Rohland, o perito em tanques de Speer, com o coronel-general Josef Harpe, na ocasião comandando o Quinto Exército Panzer no oeste. Harpe, que fora destituído de seu posto durante a retirada no front oriental em janeiro, recusou-se a agir, uma vez que ir contra a vontade de Model e de cinco *Gauleiter* do oeste significaria uma condenação certa à morte).[25] Ao que tudo indica, a decisão de Hitler, logo em seguida à queda de Königsberg, de prender as famílias de seus oficiais caso capitulassem ou se recusassem a cumprir suas ordens calou fundo em Model.

Em 17 de abril, os combates no Ruhr chegaram ao fim. Quando não havia mais esperança para suas tropas, em vez de capitular formalmente ante o inimigo, Model dissolveu seu Grupo de Exércitos. Cerca de 317 mil soldados e trinta generais alemães foram aprisionados. Havia bastante tempo que Model considerava o suicídio a única solução honrosa para um marechal de campo, tanto assim que nas últimas semanas vinha fazendo alusões sobre sua morte em caso de derrota. Acabou se suicidando com um tiro, na floresta perto de Duisburg, em 21 de abril.[26]

O marechal de campo Schörner — o comandante favorito de Hitler e o último a quem ele deu o bastão de marechal de campo, em 5 de abril — era, como exposto em capítulos anteriores, célebre por sua brutalidade até mesmo entre o grupo de generais da linha-dura, todos eles obcecados pela disciplina. Qualquer coisa que não fosse conduzir suas tropas a prosseguir na luta contra o que considerava um inimigo "asiático" era inconcebível para ele. Se por um lado não havia no Exército quem se comparasse a Schörner em termos de brutalidade, por outro ele não detinha o monopólio da crueldade em relação às suas tropas. O general Schulz, sucessor do coronel-general da ss Hausser como comandante em chefe do Grupo de Exércitos G no sul da Alemanha, determinou que fossem tomadas "as mais severas medidas" para impedir a possibilidade de que algum soldado fugisse diante da aproximação de tanques inimigos. Todo aquele que abandonasse sua posição de combate sem autorização superior deveria ficar ciente do que lhe aconteceria. Reconhecendo a escassez de armamentos, ele exigiu que os soldados compensassem essa deficiência usando armas de menor calibre e bazucas Panzerfaust.[27]

Prosseguir na luta havia se tornado um fim em si mesmo. De acordo com a reflexão de Kesselring, reproduzida anteriormente, acreditava-se que não valia a pena conjecturar sobre como determinadas ações poderiam influir no resultado da guerra. A maioria dos generais tinha perfeita capacidade de fazer um julgamento racional sobre a situação. Mas eles optavam por deixar de lado suas pessimistas análises sobre a falta de munição, a escassez de homens e as remotas chances que tinham contra o poderio esmagador do inimigo, preferindo, em vez disso, enfatizar a necessidade de fazer todo o possível para "não desapontar a vontade do Führer, de ir sempre em frente".[28]

Essa atitude se ajustava com perfeição à postura dos militares mais diretamente ligados a Hitler. Entre eles, julgamento independente era algo que nunca existira. Embora o general Jodl, em ocasiões anteriores, não tivesse hesitado em ser franco ao falar com Hitler, permanecia um oficial de lealdade absoluta e total subserviência ao "gênio" do Führer. O marechal de campo Keitel, ao longo de toda a sua carreira, em momento algum exibiu sequer uma fagulha de disposição para contestar Hitler, e não seria àquela altura que começaria a agir de outra maneira. E, com o afastamento de Guderian do posto de chefe do Estado-Maior Geral, no final de março, não havia mais nada que remotamente lembrasse uma oposição resoluta ao que ele considerava serem decisões operacionais calamitosas. Seu substituto, o general Hans Krebs, era um competente oficial de carreira, mas decerto não foi escolhido por sua disposição em contestar um superior hierárquico. Pessoalmente mais flexível do que Guderian, logo foi assimilado pela comunidade do bunker e no fundo servia apenas para fazer número. A divisão de responsabilidades entre os Altos-Comandos da Wehrmacht e do Exército constituía havia tempos uma deficiência de ordem estrutural na condução da guerra. Agora, com o conflito quase encerrado, a divisão deixava de ter importância. Contudo, a recente unidade, sempre curvada a Hitler, conseguia ser ainda mais desastrosa do que a divisão antiga. E nada que pudesse se desviar dos propósitos de Hitler poderia ser esperado dos comandantes em chefe da Luftwaffe e da Marinha, Göring e Dönitz. No caso de Göring, fazia tempo que praticamente já não tinha mais poder de influência. No entanto, sempre que participava de alguma reunião militar, a humilhação que sofrera o tornava, mais do que nunca, disposto a mostrar seu entusiasmo em dar apoio irrestrito a Hitler. E, no que diz respeito a Dönitz, naquelas derradeiras semanas ele deixava bem claro que estava entre os mais fanáticos líderes militares do Führer na obstinação de continuar lutando até o fim.

Em 7 de abril, Dönitz, fazendo eco às vontades de Hitler, declarou: "Nós, soldados da Marinha, sabemos como agir. Nosso dever militar, que fazemos questão de cumprir de maneira irrestrita, em qualquer circunstância, faz de nós um rochedo de resistência, ousados, inflexíveis e leais. Todo aquele que não se comportar dessa forma é um elemento desprezível e merece ser enforcado com um cartaz em volta do pescoço dizendo: 'Aqui jaz um traidor, que, na mais baixa covardia, contribuiu para que as mulheres e crianças da Alemanha morressem, em vez de protegê-las como um homem de verdade'". No dia 19 de abril, ele elogiou o exemplo de um prisioneiro de guerra na Austrália que havia "calmamente executado" presos comunistas, afirmando mais tarde que em sua volta seria promovido a um posto de liderança. "Há mais homens como esse na Marinha", acrescentou, que comprovam sua "capacidade de encarar situações difíceis" e exibem sua "grandeza interna". Apenas uma semana antes, Dönitz expusera sua visão pessoal quanto à presença do inimigo no interior do território alemão. A capitulação, declarou, significaria a destruição da Alemanha pelo bolchevismo. Defendeu o nacional-socialismo, bem como a política de Hitler, como necessários para evitar que os russos dominassem a Alemanha. Lamentar-se, gemer e queixar-se eram atitudes inúteis e nascidas da fraqueza, ele afirmou. "A covardia e a fraqueza tornam as pessoas estúpidas e cegas." A liderança tinha consciência de todas as possibilidades. O Führer sozinho, havia muitos anos, pressentira a ameaça do bolchevismo. "Dentro de um ano no máximo, talvez ainda este ano, a Europa reconhecerá Adolf Hitler como o único autêntico estadista." A cegueira da Europa um dia seria removida, abrindo possibilidades políticas para a Alemanha. Dönitz exortou ao comprometimento com o dever, a honra, a obediência, a rigidez e a lealdade. Exigiu de seus comandantes medidas implacáveis contra todo oficial que falhasse em suas obrigações de soldado. Uma tripulação deveria sempre afundar com seu navio de maneira honrosa e nunca se render. O mesmo princípio aplicava-se quando o combate se realizava em terra. Toda base naval devia ser defendida até o fim, de acordo com as ordens do Führer. Era vencer ou morrer. A Marinha lutaria até o derradeiro momento. Isso faria com que ela fosse respeitada nos tempos que viriam. Ela precisava representar o desejo do povo de existir. Não haveria dificuldade que não pudesse ser superada pelo heroísmo. Outras opções conduziriam "ao caos e à desgraça eterna".[29]

A obediência incondicional de Dönitz à vontade de Hitler e à convicção do ditador quanto à necessidade de continuar lutando foi também expressa com toda clareza numa reunião com um grupo de *Gauleiter* e de outros líderes do partido no norte da Alemanha, em 25 de abril. É interessante observar a pergunta feita durante a reunião — não se sabe por quem — sobre se valeria a pena encerrar os combates "com o objetivo de manter a substância do povo alemão". Dönitz respondeu que a avaliação dessa pergunta era "é exclusivamente uma questão da liderança do Estado, personificada no Führer, e ninguém tinha o direito de desviar-se da linha traçada por ele. As ações do Führer são ditadas unicamente pelo interesse do povo alemão" — embora, como se sabe, Hitler tenha declarado mais de uma vez que esse povo não merecia sobreviver. "Uma vez que a capitulação significaria a destruição da substância do povo alemão, desse ponto de vista é correto prosseguir na luta", acrescentou Dönitz. E manifestou sua determinação de "pôr em prática o que for ordenado pelo Führer".[30]

Entre os raros generais da linha de frente capazes de mostrar alguma independência de pensamento e apresentar um ponto de vista contrário ao de Hitler nas últimas semanas estava o coronel-general Gotthard Heinrici, incumbido da tarefa nem um pouco invejável de enfrentar forças muito superiores para defender Berlim do esperado ataque vindo do Oder. Com exceção de Model, não havia general mais capacitado para conduzir uma batalha defensiva. No entanto, Heinrici estava ciente da fragilidade de suas tropas no que se referia a equipamento de blindagem e artilharia pesada, além de serem formadas por um grande número de soldados jovens e mal treinados. Assim, ele ficou chocado ao saber, no começo de abril, que Hitler ainda iria desfalcá-lo de várias divisões de reserva (incluindo duas divisões Panzer), transferindo-as para o Grupo de Exércitos Centro, àquela altura forçado a uma retirada para defender o que restara do Protetorado da Boêmia e da Morávia. Heinrici havia sido chamado a Berlim em 6 de abril para delinear seus planos quanto à operação defensiva contra o iminente ataque.

Durante a reunião no bunker do Führer, o general, acompanhado apenas por seu chefe de Operações, o coronel Hans-Georg Eismann, precisou ficar diante não apenas de Hitler, mas de toda a sua equipe de assessores militares, incluindo Keitel, Jodl, Dönitz, Krebs e Himmler. Friamente, apresentou um quadro geral da situação de seu Grupo de Exércitos. Um ponto especial de fraqueza encontrava-se no front perto de Frankfurt an der Oder, onde as defesas dependiam muito da *Volkssturm*. Heinrici pediu que se desistisse do status de "fortaleza" atribuído a Frankfurt, e que os dezoito batalhões defendendo a cidade fossem deslocados para suas próprias forças de defesa. Hitler, que de início pareceu disposto a aceitar a proposta, subitamente irrompeu numa trovejante explosão de fúria, dirigida aos generais e assessores, que não o tinham compreendido. A raiva logo se amainou, mas Heinrici conseguiu apenas seis dos dezoito batalhões que solicitara. O general enfatizou a fraqueza de suas reservas de infantaria e solicitou um reforço de três divisões, pelo menos. Para uma batalha iminente de tanta importância, a situação era inaceitável, ele afirmou. Por um momento, fez-se silêncio. Em seguida. Göring propôs fornecer-lhe 100 mil homens da Luftwaffe, sendo seguido por Dönitz e Himmler, dizendo que providenciariam entre 30 mil e 40 mil homens da Marinha e da ss. Foi ignorada a objeção de Heinrici de que esses reforços eram compostos de jovens recrutas sem treinamento adequado nem experiência na tarefa defensiva de combate na área de infantaria pesada. Os armamentos para eles só poderiam vir se fossem retirados de unidades de tropas estrangeiras combatendo ao lado dos alemães.

Quando Heinrici chamou a atenção para a debilidade não apenas de sua infantaria, mas também de suas formações blindadas, depois de ter perdido unidades importantes para Schörner, Hitler lhe disse que o Exército Vermelho iria desferir sua ofensiva sem visar inicialmente Berlim, mas sim Dresden e em seguida Praga. Heinrici olhou aturdido para o general Krebs, mas o chefe do Estado-Maior Geral endossou as palavras de Hitler, dizendo que não se poderia excluir tal possibilidade. Ao longo da reunião, Hitler, apoiado por seu séquito, havia conseguido passar por cima das sérias dificuldades apresentadas por Heinrici, mostrando um quadro final de fantasioso otimismo. No encerramento, Heinrici perguntou se a capacidade de combate das tropas suportaria o intenso fogo inicial do ataque e voltou a indagar onde, já que o resultado da batalha dependia disso, poderia encontrar forças de reserva para compensar as baixas inevitáveis. Hitler lembrou-o dos reforços prometidos pela Luftwaffe, Marinha e ss. Quanto à primeira pergunta, ele disse que cabia a Heinrici a responsabilidade de transmitir "fé e confiança" às tropas. Se todos os soldados estivessem imbuídos dessa fé, "a batalha será a mais terrível derrota da guerra para o inimigo e nosso maior êxito defensivo", concluiu o Führer. Ao deixar a Chancelaria, após uma longa espera no bunker devido a um ataque aéreo, Heinrici e Eismann ficaram sentados em silêncio em seu carro até o general dizer simplesmente: "Foi a esse ponto que chegamos".[31]

Mais tarde, naquele mês, Heinrici enfrentaria um conflito ainda pior com os conselheiros militares de Hitler no Alto-Comando da Wehrmacht, quando a batalha de Berlim se aproximava de seu desfecho. Mas o encontro com o ditador em 6 de abril já havia tornado claro o caráter ambivalente da sua posição. Ele julgava que Hitler estava teimosamente tomando decisões erradas. Contudo, sentia-se obrigado a pôr em prática essas decisões da melhor maneira possível. Da forma como ele encarava a situação (mesmo levando em conta que suas memórias de pós-guerra tinham a intenção de justificar as próprias ações), seu dever era de natureza patriótica — defender a Alemanha, e não servir a Hitler ou ao nacional-socialismo. Mas, para executar aquilo que sua consciência e formação lhe diziam ser seu dever, ele precisaria necessariamente ajudar a sustentar o regime. Na verdade, ao seguir uma postura diferente daquela de Kesselring, ele havia se mostrado receptivo ao pedido de Speer para não levar adiante o decreto de "terra arrasada" de Hitler. Mas esse era o limite a que sua postura independente podia chegar, como demonstra um incidente ocorrido em meados de abril. Numa visita ao quartel-general de Heinrici perto de Prenzlau, Speer abordou a questão do assassinato de Hitler, indagando se o general estaria preparado para agir. (Tratava-se de uma pergunta puramente retórica, uma vez que a conversa de Speer sobre matar Hitler era apenas hipotética, sem nenhum tipo de preparação que lhe servisse de base. É provável que ele tenha tocado no assunto já tendo em mente uma eventual linha de defesa, caso viesse a ser acusado de participação nos crimes do regime.) A resposta foi imediata e direta. De um ponto de vista pessoal, Heinrici disse não ter nenhuma ligação com Hitler ou com seu séquito. Mas como soldado, ele havia prestado um juramento de obediência, e como cristão, ouvira o mandamento "Não matarás" (matar um inimigo na guerra era algo totalmente diferente). Admitia a possibilidade de, em circunstâncias excepcionais, desobedecer aos votos expressos em seu juramento. "Mas, como soldado, matar o supremo comandante, a quem prestei meus votos de lealdade, diante do ataque do inimigo, isso sou incapaz de fazer!" Ademais, ele estava convencido de que uma ação como essa seria considerada, mais tarde, uma "punhalada nas costas". Speer concordou. Estavam, reconheceu, presos numa armadilha. Só podiam seguir em frente.[32]

Quaisquer que fossem suas diferentes atitudes em relação a Hitler e ao nacional-socialismo, indo do comprometimento fanático a um pouco mais do que desprezo, nenhum general — bem como a grande maioria dos soldados sob seu comando — queria ver a Alemanha derrotada, muito menos aceitar que o país fosse subjugado pelos bolcheviques. Assim, como eles faziam tudo ao seu alcance para evitar tal desfecho, a consequência era o prolongamento não só da guerra como da expectativa de vida do regime nazista, com todo o sofrimento que isso acarretava. Esperanças de que, mesmo àquela altura, alguma coisa pudesse ser salva da guerra e de que a própria Alemanha se "salvasse" eram mais fortes do que o desejo pelo fim do nazismo. Para alguns, na verdade, não existia propriamente uma separação entre o nazismo e aquele prolongado sonho — de que um milagre ainda poderia ocorrer. Em sua casa perto de Würzburg, após a exoneração pelo "fracasso" na Prússia Oriental, o coronel-general Reinhardt, por exemplo, podia indagar num tom queixoso "quando e como chegará a salvação em que ainda acreditamos". Uma semana depois, assim como Hitler e Goebbels, ele viu na morte do presidente Roosevelt, em 12 de abril, "um vislumbre de esperança".[33]

Enquanto isso, o maquinário mortal da guerra prosseguia em ação. As reservas de material humano estavam esgotadas.[34] Continuavam sendo dadas as ordens de sempre, envolvendo o partido em colaboração com a Wehrmacht para apreender os "desgarrados" e levá-los de volta ao front.[35] Por mais brutais que fossem os métodos empregados, o número de "desgarrados" apreendidos era como uma gota no oceano. No fim de fevereiro, Hitler aprovara a utilização de 6 mil meninos nascidos em 1929, alguns deles, portanto, ainda abaixo dos dezesseis anos, para reforçar as linhas defensivas da retaguarda, bem como a preparação de um "batalhão feminino".[36] Em abril, os garotos estavam sendo enviados para o combate não na retaguarda, mas nas linhas de frente. O líder da Juventude do Reich, Artur Axmann, concordou no final de março em criar "unidades Panzer de combate corpo a corpo" com os integrantes da Juventude Hitlerista. No começo de abril, o primeiro batalhão, com setecentos garotos da Juventude Hitlerista, foi enviado em caminhões até as proximidades de Gotha com a missão de, atuando como tropas de combate corpo a corpo, atirar nos tanques inimigos.[37] Quando a ofensiva soviética começou, garotos de quinze e dezesseis anos viram-se enfrentando o pesado ataque dos tanques russos. Um mês mais tarde, quando os soviéticos já abriam caminho para o centro de Berlim, a Waffen-ss continuava pressionando jovens alemães para que se alistassem.[38] Não seria correto, entretanto, afirmar que todos os adolescentes alemães estivessem sendo coagidos a embarcar num combate quase suicida. Talvez como resultado da doutrinação na Juventude Hitlerista, talvez por idealismo, talvez por senso de aventura, o fato é que muitos dirigiram-se ao front por vontade própria, sendo possível até mesmo que naquele estágio desesperado da guerra alguns estivessem dispostos a sacrificar-se por seu país.[39] Poucos deles podiam estar preparados para o que os aguardava. De todo modo, muitos dos recrutas da Juventude Hitlerista estavam longe de ser fanáticos prontos para morrer pela pátria, não passando de garotos assustados, desorientados, forçados pelas autoridades e com frequência massacrados brutalmente numa causa sem esperança.[40]

A improvisação havia se tornado a ordem do dia. No sul da Alemanha, a *Volkssturm* estava sendo empregada para obras de reparos em estradas bombardeadas, para permitir que as tropas continuassem se deslocando. A maior parte dos que trabalhavam nas estradas àquela altura estava servindo na *Volkssturm*. Ainda se emitiam ordens para a instalação apressada de barreiras antitanques por meio do "amplo e incondicional recrutamento de toda a população". A escassez de equipamento para as tropas em combate era parcialmente remediada pela instalação de armazéns de abastecimento da Wehrmacht no caminho do avanço inimigo. Em Württemberg, o Grupo de Exércitos G ficou agradecido por ter conseguido cerca de 100 mil pares de botas para substituir os calçados já quase sem sola das tropas, além de uma grande quantidade de vestimentas de couro.[41]

Surpreendentemente, o próprio Hitler precisou ordenar, em sua última semana de vida, que todos os estoques de armas e equipamentos que estivessem há mais de uma semana em vagões nas estações ferroviárias deveriam ser descarregados e entregues às tropas.[42] Tudo isso, no fundo, era como tapar o sol com a peneira. Mas contribuiu para que uma espécie de força de combate prosseguisse com suas operações militares mesmo em circunstâncias cada vez mais desesperadoras. E era necessário manter as aparências. É impressionante que, em meio às extraordinárias carências de combatentes e de material bélico numa guerra perdida, ainda se fizessem preparativos, em meados de abril, para uma exposição dos mais recentes armamentos, que seria realizada no pátio da Chancelaria do Reich, por ocasião da inspeção anual feita por Hitler no dia de seu aniversário, 20 de abril.[43]

É evidente que generalizações sobre a mentalidade reinante no corpo da tropa dentro das Forças Armadas são arriscadas. E, por mais variadas que fossem as posturas políticas individuais dos soldados, marinheiros e pilotos, é provável que a esmagadora maioria simplesmente aceitasse o fato de que para eles não havia outra opção além de continuar fazendo aquilo que lhes era ordenado: prosseguir na luta. A localização do front de batalha sem dúvida influía nas atitudes de cada combatente. Era quase certo que havia muito mais tenacidade, disposição para a luta e até mesmo crença em Hitler entre os soldados que enfrentavam diretamente o Exército Vermelho no leste, onde o conflito ideológico era mais acentuado, do que entre as tropas do front ocidental, cada vez mais próximas do colapso. Até que ponto uma carta enviada à sua casa no princípio de abril por um oficial não comissionado servindo na 12ª Divisão Panzer, isolada em Courland, era representativa desse estado de coisas é algo que não se pode saber com certeza. Em todo caso, é um indicativo de que as ideias nazistas continuavam presentes em sua unidade: "Alguns julgarão que a guerra nesses momentos críticos está perdida", ele escreveu.

> Mas a guerra só estará perdida se nos rendermos. E, mesmo que a Alemanha capitulasse, estaria a guerra encerrada para nós? Não, o horror na verdade estaria apenas começando, e não teríamos sequer armas para nos defender. Enquanto tivermos armas e acreditarmos firmemente em nossa boa causa, nada estará perdido. Tenho uma crença absoluta de que haverá uma mudança decisiva no curso da guerra. A Providência, que nos enviou o Führer, não permitirá que todos os terríveis sacrifícios tenham sido em vão e jamais haverá de abandonar o mundo ao terrorismo destruidor do bolchevismo.[44]

Havia, contudo, atitudes contrastantes, mesmo entre soldados no front oriental. Anotações perceptivas feitas em seu diário, em meados de abril, por um oficial não comissionado servindo em Praga, com evidentes sentimentos antinazistas, mostram uma distância crítica em relação ao regime, uma visão realista da falta de esperanças da situação e a constatação de que o destino que naquele momento sufocava o Reich era a desforra pelos crimes que os alemães haviam cometido no leste. Ele calculava que cerca de 10% dos soldados, referindo-se a declarações de Hitler e Goebbels, ainda acreditavam num "milagre técnico". É impressionante observar que havia especulações sobre a divisão do átomo e sobre a Alemanha possuir uma arma de força tão devastadora que faria a Inglaterra desaparecer da face da terra. Ainda pior do que esse tipo de conversa, comentava o autor do diário, era que grande parcela da população alemã, mesmo sem acreditar na existência dessa arma, lamentasse o fato de a Alemanha não dispor de um recurso capaz de aniquilar todos os seus inimigos de uma só vez: aí então "seríamos os vencedores". Em comentários como esse ele via a extensão do embrutecimento e da decadência moral que a educação nazista produzira. "Esse povo não poderá se queixar do seu destino", avaliou o oficial. Nos últimos dias, ele ouvira diversas vezes de soldados mais velhos, que tinham participado dos dois anos iniciais da campanha russa, a frase de que toda culpa é expiada na Terra. Eles haviam tido acesso a relatórios — que o autor do diário considerava parcialmente exagerados — sobre as atrocidades praticadas pelos bolcheviques nas áreas ocupadas do leste da Alemanha que serviriam como prova dessa reflexão. "Muitos têm consciência das coisas que testemunharam ou tiveram de executar e que devem ser confrontadas com o que supostamente está ocorrendo neste momento. 'Nós mesmos fomos culpados, merecemos isso' — eis o reconhecimento amargo com que agora tantos se debatem."[45]

Dois dias mais tarde, o mesmo soldado fez comentários sobre os combates na Alemanha central e a rendição de Königsberg, com a consequente condenação à morte *in absentia* do comandante alemão e a prisão de sua família. Ele via as exigências da liderança nazista de defender cada cidade e cada povoado até o fim como algo que não deixava a menor dúvida quanto "ao desejo fanático e ao método de tentar se opor à ameaça iminente de colapso. Todo aquele não envolvido na defesa ou agindo de maneira contrária aos decretos está ameaçado de uma condenação à morte". O oficial, porém, acreditava haver um crescente sentimento favorável à rendição incondicional e considerava que as deserções em massa e a inquietação interna aumentariam nos dias seguintes. Os sinais crescentes de revolta se tornavam mais evidentes. As pessoas começavam a dizer em voz alta o que antes apenas pensavam, e "a percepção da verdadeira situação e das intenções de nossa liderança cresce a cada dia". "Nesses dias, estão sendo derrubados os derradeiros argumentos mesmo dos mais obstinados otimistas", escreveu ele. "Logo nada nem ninguém mais será capaz de insistir nessa resistência. A insanidade apregoada pelo slogan da queda heroica ficará clara para toda a população."[46]

Por mais divididos que estivessem em suas posturas políticas, os soldados que esperavam a ofensiva do Exército Vermelho a partir do Oder, a leste de Berlim, tinham sem dúvida um motivo fundamental para continuar lutando: defender a terra natal de um inimigo odiado. Ainda mais notável no calor da batalha era o sentimento de camaradagem existente entre as unidades de combate. E acima de tudo, em última análise, havia o desejo de autopreservação. Os soldados alemães sabiam perfeitamente que, se fossem capturados, não poderiam esperar a menor misericórdia por parte do Exército Vermelho. Também estavam cientes, por vezes em primeira mão, das atrocidades que os alemães haviam cometido no leste. Se caíssem nas mãos dos soviéticos, o que os aguardava, eles sabiam muito bem, era a morte ou, na melhor das hipóteses, trabalhos forçados indefinidamente em regiões remotas da União Soviética.

A propaganda difamando o inimigo e descrevendo os horrores à espera dos soldados alemães no caso de vitória dos bolcheviques, que chegava com força total às tropas por meio dos discursos da NSFO, a organização dos líderes militares do nacional-socialismo, naturalmente, assim, encontrava terreno mais fértil no front oriental. Para as tropas incessantemente forçadas a recuar nas regiões do norte e do oeste, o efeito desses discursos não era tão acentuado. Nessas áreas, o receio em relação ao inimigo era menor. Ao mesmo tempo, uma inevitável sensação de revolta surgia diante das notícias de que inimigos estrangeiros vinham ocupando o território alemão. Um grupo de garotos de catorze e quinze anos, evacuados do Ruhr, que haviam se apresentado à SS como voluntários para servir na Baixa Franzônia, no princípio de abril de 1945, tinha motivações variadas. Alguns eram nazistas fervorosos, outros estavam à procura de camaradagem e aventura. Todos, no entanto, queriam "salvar a pátria".[47] Ainda era possível encontrar, mesmo que àquela altura em minoria, muitos nazistas fervorosos nas Forças Armadas, sobretudo entre os soldados mais jovens. Numa carta que caiu em mãos dos ingleses em abril, um tenente em serviço na Baixa Saxônia escreveu a seus pais na Vestfália: "Simplesmente não posso acreditar que o Führer irá nos sacrificar em vão. Ninguém será capaz de tirar de mim a fé que deposito 'Nele'. Ele é meu Tudo [...]. Ninguém sabe que experiências terei antes de nos encontrarmos de novo, mas sou um oficial e com a maior disposição farei tudo que puder por minha pátria, mais — muito mais, até — do que o dever exige".[48] Não faltavam voluntários para servir como pilotos suicidas, com o objetivo de lançar seus caças sobre aviões de bombardeio dos Aliados. Imediatamente apresentaram-se mais de 2 mil homens, motivados pela perda da terra natal no leste, pela morte das famílias em consequência das bombas aliadas, ou por fanatismo nazista. Essa tática camicase não deu resultados, tendo sido inútil tanto sacrifício: com os ataques suicidas derrubaram-se apenas oito bombardeiros aliados, a um custo de 135 aviões alemães e 77 pilotos.[49] Unidades da Waffen-SS ainda exibiam níveis surpreendentes de moral, poder de luta e dedicação ao regime, assim como frieza absoluta para explodir casas onde houvesse bandeiras brancas hasteadas e adotar represálias contra pessoas que as exibissem. Em graus que variavam de pessoa para pessoa, o comprometimento ideológico, a lealdade fanática, a noção de dever e companheirismo, o medo das consequências de não aderir aos ideais nazistas ou a simples falta de alternativa mantiveram a disposição do povo alemão para resistir.[50]

É possível que, além da noção um tanto vaga de que suas ações estariam ajudando de alguma forma a "salvar" a Alemanha, muitos soldados no front ocidental não tivessem uma explicação racional clara quanto ao motivo pelo qual continuavam lutando. Isso porque também no oeste a autopreservação era a razão predominante, de acordo com um levantamento feito com a partir de 12 mil cartas de soldados durante o mês de março. Em quase todas, expressava-se o desejo de sobreviver à derradeira fase da guerra e de rever as famílias.[51]

A impressão de um exército em processo de esfacelamento pode ser observada nos relatos diários, citados em capítulos anteriores, do tenente Julius Dufner. Em abril de 1945, ele servia em Bergisches Land, ao sul de Remscheid, nas proximidades de Wermelskirchen, e depois na vizinha cidade de Solingen, quando chegaram as ordens de Model para a dissolução do Grupo de Exércitos B. No dia 13 de abril ele ouviu boatos de que os soldados haviam jogado fora suas armas e de que a guerra no oeste tinha acabado. À medida que os soldados se retiravam, homens e mulheres exortavam-nos a livrar-se de suas armas, oferecendo-lhes acomodações e trajes civis. Dois dias depois, corriam novos boatos, segundo os quais Hitler, Göring e Goebbels haviam sido fuzilados ou se suicidado. A população desmontava barreiras contra tanques em Solingen. Artigos da Wehrmacht eram distribuídos entre os moradores. Crianças brincavam com capacetes de aço que os soldados haviam jogado fora. O ódio ao Partido Nazista agora podia manifestar-se. "Qualquer coisa remotamente associada ao Partido era vista com desprezo", ele comentou. Em 16 de abril, quase todos os soldados usavam trajes civis e agiam como se tivessem sido dispensados do Exército, embora não houvesse chegado nenhuma ordem explícita nesse sentido. Seu oficial superior, um major, vestia roupas que lhe caíam mal e um boné esportivo, deixando de lado a pretensão de uma postura de comando. Detonou-se o último depósito de munição. No dia seguinte, 17 de abril, na cidade arruinada de Solingen, enquanto prisioneiros alemães eram colocados em caminhões para serem conduzidos ao cativeiro, e soldados americanos fumando cigarros Camel e mascando chicletes ocupavam a cidade, ele se dirigiu à sua casa em Baden (onde chegou quase quinze dias mais tarde) vestindo trajes civis e usando uma bicicleta que conseguira em troca de sua moto e de cem marcos alemães. Para ele, a guerra tinha acabado.[52] Outros soldados, sobretudo aqueles que aguardavam em tensa expectativa pela batalha do Oder, não tiveram tanta sorte.

IV

A essa altura, o controle do regime sobre as áreas ocidentais encontrava-se em adiantado estado de dissolução. Relatórios da propaganda forneciam a Goebbels um retrato "alarmante" de desmoralização. Ninguém mais hesitava em externar críticas severas ao próprio Hitler, tampouco em demonstrar que não temia os americanos. Bandeiras brancas eram hasteadas à medida que eles se aproximavam, sendo recebidos com entusiasmo e vistos como aqueles que os protegeriam dos soviéticos. Muitas vezes, a população se opunha claramente aos soldados alemães dispostos a continuar lutando, o que causava neles um previsível efeito de depressão. Os saques eram frequentes. Ao lado do derrotismo e do fatalismo generalizado, naquele momento muita gente falava em suicídio como a melhor saída. Com o rigor típico dos nazistas, exigia-se que fossem tomadas medidas contra aqueles considerados responsáveis pela situação da Alemanha. Algumas pessoas reivindicavam uma punição definitiva para os que não detonaram a ponte de Remagen, permitindo assim que os americanos atravessassem o Reno; queriam que se desse o mesmo tratamento aos responsáveis pela "catástrofe na guerra aérea", chegando a pedir a pena de morte para Göring. Alguns supunham — aliás, como o próprio Hitler — que por trás do colapso no front ocidental tivesse ocorrido traição.[53]

Os relatórios que chegavam a Bormann eram tão negativos que ele sentiu a necessidade de enviar uma longa queixa a Ernst Kaltenbrunner, chefe da Polícia de Segurança, no tom de um "típico relatório do Serviço de Segurança", no qual fazia generalizações a partir de um pequeno número de casos individuais para apresentar um cenário lúgubre. Bormann admitia que alguns segmentos da população — mas não *a* população — haviam dado boas-vindas aos americanos, mas atribuía o fato à falta de habilidade em neutralizar o efeito da propaganda inimiga pelo rádio, à disposição das pessoas em acreditar que em pouco tempo a guerra acabaria e, com isso, ao alívio por sentir que ficariam livres dos constantes bombardeios aéreos. No que lhe dizia respeito, declarava-se convencido de que logo mais, como ocorrera após 1918, haveria "um processo muito forte de moderação".[54]

De acordo com o general Schulz, comandante em chefe do Grupo de Exércitos G, num telex enviado em 8 de abril a Karl Wahl, *Gauleiter* da Suábia, "os combates nos últimos dias mostram claramente que a população nas áreas vizinhas ao front está usando de todos os meios para evitar que os soldados continuem lutando e resistindo, de modo a impedir que suas propriedades sejam destruídas". Como contramedida, ele pressionou pela evacuação dos moradores próximos à zona de combate. Wahl julgou que, no momento, isso ainda não se aplicava à população de seu distrito.[55] Alguns dias depois, no entanto, concordou com a ordem para evacuar uma área em um dos lados do Danúbio como medida preventiva, no caso de ela ser envolvida pela zona de conflito. Deram-se ordens para que mulheres e crianças se retirassem em duas horas, a pé ou de bicicleta, uma vez que não havia transporte disponível, e que na retirada usassem vias secundárias, de modo a deixar as estradas principais livres para as tropas.[56] Em muitas partes do oeste, a evacuação, como Goebbels admitia, era impraticável. "Estamos enviando ordens de Berlim que praticamente nem chegam a seu destino, muito menos podem ser cumpridas", ele escreveu, vendo nisso "o perigo de uma extraordinária diminuição de autoridade".[57] Proceder à remoção de moradores que em sua maioria não se dispunham a deixar a área em que viam era algo totalmente fora de cogitação. Não havia transporte disponível. Tampouco havia áreas para onde essas populações pudessem ser encaminhadas. As ordens de evacuação do Führer simplesmente não podiam ser implementadas e foram apenas esquecidas.[58]

No sul, seguindo-se ao colapso na Hungria e na Áustria, instaurou-se o caos em decorrência da chegada de dezenas de milhares de refugiados que tentavam escapar dos soviéticos. O *Gauleiter* August Eigruber, do distrito de Oberdonau, queixou-se à Chancelaria do partido, em tom amargo, de que os distritos de Bayreuth e Munique-Alta Baviera não queriam aceitar quinze trens repletos de refugiados, num total de aproximadamente 100 mil pessoas, vindas de Viena, do Baixo Danúbio e da Hungria; tampouco, apesar das ordens, enviariam os tão necessitados cereais requisitados com urgência ao distrito do Alto Danúbio, que não dispunha mais de suprimentos de milho. Os refugiados tinham sido deixados em ramais de linhas férreas por vários dias. Munique, afinal, concordou em receber parte deles. O distrito do Tirol também foi obrigado a recebê-los, embora seu *Gauleiter*, Franz Hofer, tivesse dito que faria de tudo pelos alemães, mas nada faria por húngaros, croatas e eslovenos. Ninguém queria acolher os húngaros. Em Bayreuth, o *Gauleiter* Fritz Wächtler continuava teimosamente se recusando a cooperar. Em vão a Chancelaria do partido tentou que ele respondesse às suas exigências, chegando até a mandar um mensageiro especial para obter uma resposta. Wächtler também deixou de enviar relatórios diários informando sobre a situação, à qual, dizia-se, o Führer dava grande importância.[59] Sua falta de disposição ou incapacidade para obedecer às ordens de Berlim — na ocasião, Bayreuth vinha sofrendo pesados ataques aéreos — era mais um indício da crescente dissolução do regime.

O colapso na rede de comunicações também contribuía para o enfraquecimento do controle central. No começo de abril, era praticamente impossível estabelecer contato entre Berlim e os distritos do sul da Alemanha e Áustria. Um serviço de mensageiros de motocicleta foi proposto para o caso de informações que precisassem ser retransmitidas com urgência. A "calamidade nas comunicações" nunca fora tão grande.[60] Para os locais onde elas ainda funcionavam, emitia-se um incessante fluxo de novos decretos e diretrizes de Bormann, "tudo coisa completamente inútil", de acordo com Goebbels. Eram em grande parte ignorados pelos *Gauleiter*, que nem dispunham de tempo para lê-los. O ministro da Propaganda desprezou os esforços de Bormann, dizendo que ele havia transformado a Chancelaria do partido numa "chancelaria do papel".[61]

Um vislumbre da profunda falta de realismo existente nos escalões inferiores do partido, que perduraria até o fim do regime, pode ser encontrado na diretriz de 28 de abril do *Kreisleiter* (líder distrital) de Freiberg, na Saxônia. "Agora que a situação começa a ganhar certa estabilidade", ele escreveu, dois dias antes do suicídio de Hitler, "torna-se outra vez necessário dedicar-se intensamente ao trabalho do partido." Seguia-se uma enorme lista de tarefas a cumprir.[62]

Em Viena, antes mesmo que a cidade caísse em mãos do Exército Vermelho, o partido encontrava-se, havia semanas, num estado de desolação. Segundo relatos, percebia-se um clima de rebeldia entre a classe dos trabalhadores (que já se manifestara em tentativas de grupos comunistas clandestinos de ajudar os soviéticos quando eles entraram na cidade) e elevados níveis de antagonismo ao partido. Funcionários eram insultados, chegando-se a cuspir neles, e em seguida aos ataques aéreos eles já não se atreviam mais a caminhar pelas ruas sem estar armados. Havia fortes críticas ao *Gauleiter* (que já fora líder da Juventude Hitlerista), Baldur von Shchirach, e a Hitler. De acordo com muitos comentários, as mulheres destacavam-se nessas agitações e até incentivavam as tropas a se amotinar.[63]

Goebbels ainda tentava alegar, primordialmente em favor de Hitler, que a atividade *Werwolf* indicava uma volta ao éthos revolucionário dos "tempos de luta" do partido, antes da "tomada do poder" em 1933.[64] Ele continuou insistindo para que se tomassem medidas radicais. E agiu de forma implacável, sem hesitar. Quando duzentos homens e mulheres invadiram padarias num distrito de Berlim para conseguir pão, Goebbels viu nesse comportamento um sintoma de "fraqueza interna e derrotismo em potencial", decidindo de imediato eliminá-lo "com métodos brutais". Duas pessoas envolvidas nos episódios, um homem e uma mulher, apontados como os líderes, foram sumariamente condenados à morte pelo Tribunal do Povo naquela tarde e decapitados na noite seguinte. Cartazes, programas de rádio e um pequeno comício organizado pelos *Kreisleiter* para retratar o incidente tinham o objetivo de desencorajar a repetição do episódio.[65]

Como Goebbels sabia, essa brutalidade não encobria o fato evidente de que o partido se desintegrava. Os constantes slogans de propaganda no sentido de "resistir até o fim" e de cair lutando em defesa das cidades e aldeias contrastavam de forma evidente com o comportamento de muitos funcionários da agremiação, que desapareciam de um momento para outro assim que o inimigo se aproximava. Repetidas vezes a Chancelaria do partido lembrava-os de que deviam dar o melhor exemplo à população. O Führer esperava que os líderes políticos controlassem a situação em seus distritos com rapidez e com a máxima severidade, disse-lhes Bormann em meados de abril. Os líderes distritais deveriam ser treinados de maneira idêntica. "Os que são líderes por natureza queimaram seus navios e mostram um comprometimento total", acrescentou ele. "A honra de cada um só tem valor enquanto há disposição, comprometimento e realizações."[66] Ao que tudo indica, esses apelos não foram ouvidos por ninguém. "Os maus exemplos fornecidos pelo partido têm um impacto muito negativo sobre a população", observou Goebbels no começo de abril. A reputação da entidade havia sido gravemente manchada.[67] Poucos dias depois, Goebbels reconheceu que o comportamento dos *Gauleiter* e dos *Kreisleiter* no oeste provocara uma grande queda da confiança no partido. "A população acreditava que nossos *Gauleiter* lutariam por seus distritos e, se necessário, que morreriam lá. Não foi o que aconteceu. O resultado é que o partido praticamente não tem mais influência no oeste."[68]

Alguns *Gauleiter* (e, abaixo deles, muitos *Kreisleiter* e funcionários dos baixos escalões do partido) simplesmente abandonaram a população de suas áreas à sua sorte e fugiam.[69] Para desgosto de Goebbels, o *Gauleiter* de Colônia-Aachen, Josef Grohé, não defendeu seu distrito em março, quando os americanos chegaram. Fugiu com sua equipe, antes da população civil, num barco a motor. Por um curto período manteve um arremedo de equipe em Bensberg; depois, em 8 de abril, dissolveu toda a administração de seu distrito e mudou-se para o quartel-general do marechal de campo Model para, uma semana mais tarde, livrar-se do uniforme e, usando um nome falso, partir em vão à procura de sua família na Alemanha central.[70] Nas semanas anteriores, Albert Hoffmann, *Gauleiter* da Vestfália do Sul, havia usado de "extrema severidade" para tentar combater os sintomas de derrotismo e do baixo moral em seu distrito. No entanto, embora tivesse dado a Speer a impressão de que apoiava sua iniciativa de evitar destruição desnecessária, ele pessoalmente determinou que várias pontes fossem dinamitadas e traçou planos para sua fuga no começo de abril. Hoffmann mudou-se para o quartel-general do Grupo de Exércitos B de Model e, a partir daí, raras vezes foi visto em seu local de trabalho, a administração do distrito. Sem consultar Hitler ou Bormann, numa reunião com seus *Kreisleiter* em 13 de abril, anunciou a dissolução do Partido Nazista na Vestfália do Sul, fugiu na mesma noite e desapareceu antes de juntar-se à sua família, em meados de março, disfarçado de camponês.[71] O *Gauleiter* Koch, que por muitos anos comandou a Prússia Oriental com mão de ferro e em janeiro fora alvo de muito ódio pela evacuação tardia e mal organizada da população, em abril continuava lançando slogans na capital da província, que se encontrava sitiada, como "A vitória é nossa — Königsberg será o túmulo dos bolcheviques".[72] Ao mesmo tempo, preparava a própria fuga, acompanhado da família e de todas as suas posses. Ele deixou definitivamente a Prússia Oriental em 25 de abril, num avião, pouco antes que o Exército Vermelho tomasse o porto de Pillau, selando assim o destino de cerca de 100 mil refugiados ainda retidos em Samland. Da península de Hela, transferiu-se para o navio quebra-gelos *Ostpreußen*, ao que tudo indica levando a bordo sua Mercedes, e partiu rumo à Dinamarca antes de se dirigir a Flensburg, onde tentou em vão conseguir um submarino que o levasse à América do Sul.[73]

Se esses foram os episódios mais escandalosos da fuga dos "faisões dourados" do partido, a verdade é que poucos *Gauleiter* estavam preparados para imaginar a perspectiva de morte "heroica" que a imagem dos líderes "combatentes" nazistas deles exigia. Dos 43 *Gauleiter* em atividade, apenas dois, Karl Gerland, de Kurhessen, e Karl Holz, da Francônia, célebre por sua brutalidade, morreram em seus postos durante o combate.[74] O derradeiro relatório de Holz, escrito em Nuremberg e enviado na noite de 17 de abril, apresentava um retrato deprimente da situação na cidade (embora as passagens mais negativas tenham sido riscadas, talvez na Chancelaria do partido de Munique). As tropas encontravam-se extenuadas diante da superioridade material do inimigo. O abatido estado de espírito dos "desgarrados" era evidente. Um grupo com cerca de trinta homens havia se aproximado do inimigo com bandeiras brancas antes de ser fuzilado com tiros de metralhadora disparados por suas próprias fileiras. A população ficou simplesmente aguardando seu destino, escondendo-se em porões e abrigos. Orgulhosamente, Holz informou que enviara alguns membros de sua equipe pessoal para organizar os *Werwolf* e que seu distrito, recorrendo a integrantes da Juventude Hitlerista, em poucas semanas conseguira estruturar um regimento de tropas antitanques que, apesar das severas perdas, lutou de maneira tão corajosa que um batalhão inimigo foi quase inteiramente "varrido da Terra". Em vez de abandonar a cidade, ele e o prefeito, Willi Liebel, decidiram permanecer em Nuremberg e continuar lutando.[75] No dia seguinte, a cidade foi atacada.

Em seu relatório a Hitler, Holz declarava que "nessas horas, mais do que nunca, meu coração bate em amor e lealdade pelo senhor, pelo maravilhoso Reich alemão e por seu povo", e que "a ideia do nacional-socialismo será vitoriosa". Sua recompensa foi a Cruz de Ouro da Ordem Alemã, a mais elevada honraria do partido e da nação. Em 19 de abril, pouco antes da meia-noite, Holz voltou a enviar um telegrama a Hitler — o último: "Nossa lealdade, nosso amor, nossas vidas pertencem ao senhor, meu Führer. Nossos melhores votos por seu aniversário" (que seria no dia seguinte). Ele se recusou a pensar em rendição e, mesmo naqueles momentos, ameaçou fuzilar os que estivessem com bandeiras brancas nas mãos. Naquele dia, 20 de abril, a "cidade dos comícios do Partido do Reich" se rendeu. Holz tinha acabado de enviar o líder local da sa para abrir caminho até Hitler, informando "que defendemos Nuremberg até o último homem". Seu ato final foi ordenar que o pessoal da ss de sua companhia abrisse fogo contra alguns policiais que tentavam passar para o lado dos americanos. Fanático absoluto até o fim, Holz fazia parte de um grupo que continuou lutando em meio às ruínas da central de polícia, onde foi morto.[76]

Bem mais ao leste, o *Gauleiter* Karl Hanke estava a ponto de simbolizar o autêntico "herói" nazista na cidade sitiada de Breslau. A situação lá ficava cada dia pior. Desde o princípio de abril, com a perda do aeroporto de Gandau, nem mesmo o abastecimento da cidade por via aérea era possível. Para permitir a construção de uma pista de aterrissagem de emergência, casas estavam sendo arrasadas, aumentando o tormento dos habitantes locais, que eram mais de 200 mil. Àquela altura, as condições de vida da população eram indescritíveis e tornaram-se praticamente impossíveis desde que bombardeios ininterruptos no domingo de Páscoa, 2 de abril, destruíram quase todo o centro da cidade.[77] Os moradores estavam pagando um preço terrível pela decisão de Hanke, em janeiro, de defender a "fortaleza Breslau" até o fim. Aos olhos nazistas, porém, ele representava o espírito indomável que se recusava a capitular.

Em reconhecimento à liderança pessoal que Hanke demonstrou na defesa de Breslau, e para sua grande satisfação, Hitler concedeu ao *Gauleiter* a Cruz de Ouro da Ordem Alemã.[78] Em meados de abril, Albert Speer enviou a Hanke uma carta pessoal, agradecendo-lhe pela amizade demonstrada, "por tudo que o senhor fez por mim", e louvando-o pela defesa de Breslau, por meio da qual ele fora capaz de "dar muito para a Alemanha de hoje". "Seu exemplo", prosseguiu Speer, "que ainda será reconhecido em toda a sua grandeza, futuramente terá um valor inestimável para o povo, alcançado por poucos heróis na história da Alemanha." Speer concluiu declarando que não tinha pena dele. "O senhor está conduzindo sua vida para um fim digno e honroso."[79] O "herói", contudo, não tinha a intenção de desaparecer com a cidade que condenara a uma destruição quase completa. Horas antes da capitulação de Breslau, em 5 de maio, Hanke fugiu num Fieseler Storch, provavelmente a única aeronave a alçar voo na improvisada pista de decolagem da cidade.[80]

V

A mensagem brutal que Bormann enviou em nome de Hitler a membros do partido, no dia 1º de abril, deixava bem claro, ao exigir implacavelmente que se lutasse até o fim, o estado de crescente desespero da liderança do regime:

Depois do colapso de 1918, devotamo-nos com todas as forças à luta pelo direito de nosso povo à existência. Agora, chegou o momento decisivo de nosso teste: o perigo de uma nova escravidão que ameaça nosso povo exige de nós um derradeiro e supremo esforço. A partir de agora, as ordens são as seguintes: a luta contra o inimigo que forçou sua entrada no Reich deve ser conduzida de maneira inflexível em toda parte e sem trégua. Os *Gauleiter* e os *Kreisleiter*, os demais líderes políticos e chefes de organizações filiadas devem lutar em seus distritos e províncias, para vencer ou para cair. Todo canalha que deixar seu distrito quando ele estiver sendo atacado, sem ordem expressa do Führer, todo aquele que não estiver lutando até o último suspiro, será proscrito e tratado como desertor. Elevem seus corações e superem todas as fraquezas! Agora existe apenas um lema: vitória ou queda! Longa vida à Alemanha. Longa vida a Adolf Hitler.[81]

Era uma tentativa sem sentido de virar a sorte no último instante. Essa mensagem nada poderia fazer para evitar o colapso completo, à medida que a inexorável derrota militar tornava-se cada dia mais próxima. Mesmo assim, naquelas últimas semanas, serviu de exemplo para a crescente onda de violência descontrolada dirigida aos que eram declarados inimigos do regime, enquanto sua autoridade se despedaçava.

Nem mesmo os altos representantes do governo estavam imunes a seu veneno. O *Gauleiter* Fritz Wächtler — destacado funcionário na Turíngia praticamente desde o dia em que passou a integrar o NSDAP, em 1926, nomeado ministro do Interior da Turíngia em 1933 e a partir de 1935 *Gauleiter* da Baviera oriental, com status honorário de general da SS — não fora, como vimos, nem um pouco receptivo à correspondência da Chancelaria do partido no final da primeira semana de abril. Isso pode ter contribuído para a disposição de Bormann e Hitler de acreditar no relatório malicioso de seu assessor, segundo o qual Wächtler teria abandonado seu distrito. Não se sabe com certeza se a dificuldade nas comunicações impediu que Wächtler informasse o quartel-general do Führer sobre sua localização. Mas o certo é que naquele momento ele enfrentava sérios problemas. Bayreuth, onde estava instalado o quartel-general de seu distrito, havia sido pesadamente bombardeada três vezes no começo de abril, e por volta da metade do mês tinha a aparência de uma cidade-fantasma. Grande parte dos integrantes da *Volkssturm* local, mobilizados para defender o lugar, tinha fugido, seguida pelo *Kreisleiter* e sua equipe, antes que os tanques americanos chegassem às portas da cidade, na noite de 13 de abril. A essa altura, o partido já abdicara de seu poder sobre Bayreuth, defendida apenas por cerca de duzentos soldados sob as ordens de um "comandante de combate" (*Kampfkommandant*).

Mais ou menos ao mesmo tempo, Wächtler, às escondidas, deixou Bayreuth, rumo ao sul, instalando-se num hotel em Herzogau, distrito da pequena cidade de Waldmünchen, no Alto Palatinado, perto da fronteira com a Tchecoslováquia. É provável que Wächtler não estivesse desertando, mas sim transferindo seu comando. Porém, seu assessor e rival de longa data, Ludwig Ruckdeschel, que por sua vez havia transferido sua base para Regensburg, preferiu não ver as coisas assim. Ao que parece, ele entrou em contato com o quartel-general do Führer em Berlim, acusando Wächtler de deserção. No princípio da manhã de 19 de abril, Ruckdeschel e um grupo de homens da ss chegaram ao hotel onde Wächtler se encontrava. Ruckdeschel ignorou a alegação de Wächtler, de que se retirara com sua equipe para organizar a resistência a partir de Waldmünchen, e sem a menor hesitação proferiu a sentença de morte. Aos gritos de "traição suja", Wächtler foi levado para fora do hotel, encostado a uma árvore e imediatamente morto a tiros por um pelotão de fuzilamento. Ruckdeschel declarou que Wächtler fora expulso do Partido Nazista e executado por covardia diante do inimigo, e ameaçou com o mesmo destino todo "canalha e traidor" que agisse de maneira idêntica.[82]

Para os cidadãos comuns, a obediência causada pelo medo de represálias arbitrárias e imediatas era uma forma racional de comportamento. Qualquer um que demonstrasse o menor sinal de oposição ao desejo de morte que o regime decretava contra si mesmo por meio daquela "resistência até o fim", totalmente desprovida de sentido e contra circunstâncias impossíveis de superar, colocava-se em situação de grande perigo. Em 3 de abril, Himmler decretou que "em uma casa na qual aparecer uma bandeira branca, todos os homens serão fuzilados". Com isso ele respondia a uma iniciativa do partido, que lhe fora encaminhada pelo okw, recomendando que todas as casas com bandeira branca fossem queimadas.[83] Em 12 de abril, o Alto-Comando da Wehrmacht emitiu uma ordem, assinada por Keitel, Himmler e Bormann, segundo a qual todas as cidades deveriam ser defendidas até o fim. Qualquer oferta ou promessa, por parte do inimigo, para que a cidade se rendesse devia ser rejeitada de modo sumário. O comandante de combate designado tornava-se pessoalmente responsável por assegurar-se de que a defesa da cidade seria efetuada de acordo com as ordens. Todo cidadão que agisse contra o que essa ordem determinava, ou todo oficial que tentasse impedir o comandante de cumprir seu dever, seria condenado à morte. Ao publicar essa ordem em Nuremberg, o *Gauleiter* Karl Holz, comissário de Defesa do Reich para a Francônia, acrescentou o seguinte: "Todo traidor hasteando uma bandeira branca será obrigatoriamente enforcado. Toda casa com uma bandeira branca será dinamitada ou queimada. Aldeias que içarem bandeiras brancas coletivas serão inteiramente incendiadas".[84]

Apesar dessas ordens tão taxativas, apoiadas por um terror sem limites (mesmo que a ameaça de incendiar aldeias inteiras da Alemanha não pareça ter sido executada), ocorreram muitos casos pontuais de oposição. Raras eram as pessoas dispostas a encerrar suas vidas numa fútil demonstração de "heroísmo" ou a ver suas casas e áreas de trabalho incendiadas. Se eram ou não capazes de evitar os piores aspectos da destruição dependia do lugar, variando conforme as condições locais e as ações daqueles que ainda mantinham as rédeas do poder em suas mãos. Representantes do regime moribundo em áreas ameaçadas — oficiais do governo local, funcionários do partido, comandantes de cidades a quem havia sido confiado o controle militar sobre uma região — não se comportavam de maneira uniforme. No oeste, disputas localizadas pelo poder em geral decidiam se determinada cidade iria render-se sem luta ou sucumbiria num festival de destruição.[85] Muitos prefeitos de cidades pequenas e até mesmo líderes locais do partido comportaram-se de modo responsável e contrariaram as exigências de continuar lutando. Contudo, isso podia provocar represálias selvagens se por acaso elementos descontrolados locais — em geral apoiadores extremados do partido ou integrantes da ss — conseguissem impor sua vontade. Em outros casos, fanáticos do regime ainda estavam no controle dos níveis locais de poder e condenavam os moradores das cidades ou aldeias a morte e destruição desnecessárias nas últimas horas que antecederam a ocupação — e antes disso, em regra geral, eles próprios tratavam de fugir nos instantes finais. Não havia um padrão definido.

Em muitas áreas do leste, a aproximação do inimigo tão temido não levava à rendição sem luta, mas sim ao pânico e à tentativa de escapar — via de regra, depois que os representantes do partido, cientes do que os aguardava se caíssem nas mãos dos soviéticos, os haviam abandonado. A cidade de Cottbus, em Brandemburgo, foi um de muitos exemplos assim. Quase todos os civis da cidade e das áreas ao redor fugiram para o oeste poucos dias antes que começasse o ataque soviético, em 21 de abril. Nas primeiras horas da manhã seguinte, todas as tropas regulares, entre elas uma unidade Panzer-ss, trataram de escapar, destruindo pontes em sua fuga. Apenas a *Volkssturm* e um pequeno grupo de "desgarrados" ficaram para defender a cidade. Os derradeiros soldados ou integrantes da *Volkssturm* fugiram naquele dia. "Aquela foi a última imagem da Wehrmacht que vi", contou uma testemunha. O *Kreisleiter* do partido também desapareceu. O "comandante da fortaleza" em Cottbus reconheceu que, sem as tropas regulares, era impossível defender a cidade. Essa decisão, somada à rapidez da ofensiva do Exército Vermelho, fez com que o último ato na queda da cidade ocorresse depressa e sem mais lutas nem destruição inútil (embora os soldados soviéticos incendiassem casas em que encontravam símbolos nazistas).[86]

O destino de uma aldeia ou de uma cidade dependia em grande parte da postura do comandante de combate e das ações dos cidadãos mais influentes. A adorável cidade universitária de Greifswald, próxima à costa da Pomerânia, teve a sorte de escapar da destruição. O reitor da universidade, uma fundação do século xv, e um pequeno grupo de professores e cidadãos proeminentes conseguiram o apoio do comandante de combate para que a cidade se rendesse aos soviéticos sem luta, apesar da insistência do *Kreisleiter* de que ela deveria ser defendida mesmo que isso retardasse os soviéticos em apenas uma hora. Sem o apoio do comandante de combate (que incentivou os cidadãos a hastear bandeiras brancas em suas casas), os oficiais do partido nada puderam fazer.[87]

Na porção ocidental da Alemanha, provavelmente mais do que nas regiões do leste, o estado de colapso em que se encontrava o regime, apesar do terror, oferecia possibilidades para que grupos de cidadãos, entre os quais as mulheres, com frequência ocupassem posição de destaque — em alguns casos liderados por "personalidades" como sacerdotes ou médicos — e tomassem a iniciativa de impedir a destruição de suas cidades. Se tivessem sorte, poderiam conseguir o apoio do prefeito ou de outros representantes do governo, prevalecendo sobre o comandante de combate.[88] Em grande parte, as decisões dependiam das pessoas envolvidas, de sua disposição de agir, da postura dos funcionários do partido na localidade, bem como da presença de tropas da ss ou da Wehrmacht, sempre dispostas a aterrorizar pessoas que considerassem "derrotistas". Em Stuttgart, o prefeito, dr. Karl Strölin, ele próprio um nazista, foi convencido por figuras proeminentes da cidade, antinazistas, a ignorar as exigências do *Gauleiter* de Württemberg, Wilhelm Murr, que, movido por uma disposição fanática, estava decidido a lutar e a punir qualquer um que tentasse lhe fazer oposição. Strölin, depois de conseguir o apoio do novo superior do comandante de combate e, por meio deste, do comandante da Wehrmacht na área, iniciou negociações clandestinas com os Aliados. Em 22 de abril, Stuttgart rendia-se sem luta.[89]

Em algumas ocasiões, a ação direta evitou que ocorresse o pior. Na pequena e pitoresca Bad Windsheim, na Baixa Francônia, na mais espetacular de todas as manifestações lideradas por mulheres para impedir a destruição de suas cidades, de duzentas a trezentas mulheres, algumas delas com seus filhos pequenos, protestaram no começo de abril contra a decisão do comandante militar local de resistir à chegada iminente de poderosas forças americanas.[90] Depois de uma áspera confrontação, Bad Windsheim acabou caindo sem ter sido submetida à completa destruição e sem que muitas vidas se perdessem. Esse tipo corajoso de protesto, no entanto, nem sempre era bem-sucedido. Em Lahr, ao sul de Baden, um grande grupo de mulheres rebeldes, gritando insultos contra Hitler e o partido, conseguiu convencer uma delegação de funcionários a tentar um entendimento com o comandante local da Wehrmacht no sentido de render-se sem luta. Enquanto esperavam a volta da delegação, as mulheres hastearam bandeiras brancas pela cidade e começaram a tocar o sino para indicar a disposição de render-se. Suas esperanças foram prematuras. A delegação voltou de mãos vazias. O comandante da ss insistiu na defesa de Lahr, advertindo as mulheres de que, se as bandeiras brancas não fossem retiradas naquela noite, seus homens abririam fogo. Em lugar da rendição, travou-se uma batalha ao longo da noite e no dia seguinte, antes que a cidade caísse em poder dos franceses, que em seguida saquearam casas e estabelecimentos comerciais, dizendo que a ss havia se comportado de maneira muito pior na França.[91]

Essas ações, que procuravam evitar uma destruição inútil num momento em que tudo já estava obviamente perdido, podiam provocar uma drástica represália. Centenas de cidadãos alemães tornaram-se vítimas de uma onda descontrolada de violência nas últimas semanas do regime nazista. Houve inúmeros casos assim.[92] Em seguida à manifestação das mulheres em Bad Windsheim, por exemplo, uma delas, escolhida por engano pela Gestapo (provavelmente devido à sua reputação de crítica do NSDAP) como a líder do movimento, foi fuzilada a sangue-frio em frente ao marido e à filha, tendo ainda afixada em seu corpo uma nota com os dizeres "Uma traidora foi executada".[93] Em Schwäbisch Gmünd, uma pequena cidade em Württemberg, não muito distante de Stuttgart, o *Kreisleiter* e comandante de combate ordenou a execução de dois homens perto da meia-noite de 19 de abril, apenas algumas horas antes de os americanos entrarem na cidade sem enfrentar a menor resistência. Sabia-se que um dos homens era oponente do nazismo desde 1933, ocasião em que foi preso por distribuir panfletos antinazistas, tendo retornado de sua detenção num campo de concentração como uma pessoa mudada, com distúrbios psiquiátricos. O outro havia sido soldado e já não tinha condições de lutar por causa de um ferimento grave. Durante uma acalorada discussão quanto a render-se ou lutar para defender a cidade, hipótese em que ela e seu mosteiro medieval certamente seriam destruídos, os dois foram ouvidos aos berros, talvez sob o efeito de álcool: "Morte a Hitler. Viva Stauffenberg. Viva a liberdade". Ambos foram retirados de suas celas da prisão tarde da noite, levados para uma floresta nos limites da cidade e fuzilados. Os representantes locais do Partido Nazista estavam se certificando, com esse último ato de poder, de que seus oponentes de longa data não viveriam para apreciar sua queda. Enquanto se tomavam as providências para os fuzilamentos, o *Kreisleiter* e sua equipe já se preparavam para deixar a cidade.[94]

Um caso extremo foi o fuzilamento arbitrário de quatro civis, entre eles um pastor, num subúrbio de Heilbronn, em 6 de abril. Diante da aproximação dos americanos, o *Kreisleiter* local, Richard Drauz, e um grupo de fanáticos (três deles da *Volkssturm*) fugiam num carro quando entraram numa rua onde diversas casas exibiam bandeiras brancas. Num acesso de fúria, Drauz parou o carro e mandou que os homens descessem, dizendo: "Para fora, atirem, atirem em todo mundo". Bastaram alguns minutos de ação delirante para que seus comparsas fuzilassem arbitrariamente as vítimas, homens e mulheres, por pouco não acertando várias outras pessoas, antes de ir embora.[95]

Outros indivíduos foram vítimas não de tiros a esmo nem da ação de grupos de extermínio, mas da "justiça" sumária e brutal das cortes marciais volantes. Uma dessas cortes móveis percorria regiões do sul da Alemanha numa Mercedes cinza sob a liderança do major Erwin Helm, "um tipo especial de fera assassina", orgulhoso de um antigo ferimento na cabeça que deixara parte de seu cérebro saindo pela caixa craniana. Ao passar perto da aldeia de Zellingen, na Baixa Francônia, no fim de março, o comandante do batalhão local da *Volkssturm*, um médico, chamou a atenção de Helm para um fazendeiro de sessenta anos, Karl Weiglen, que supostamente teria feito um comentário sarcástico durante um discurso motivacional aos integrantes do batalhão, e mais tarde teria declarado que os responsáveis pela explosão da ponte sobre o rio Main deviam ser enforcados. Antes de ouvir qualquer detalhe sobre o incidente, Helm teve uma reação imediata: Weiglen deveria ser executado. A corte marcial constituída às pressas — não havia advogado de defesa — demorou muito para se pronunciar, e por isso Heim ameaçou ele mesmo proferir a sentença e começou a preparar o local da execução enquanto a corte continuava reunida. Assim que a inevitável sentença de morte foi dada, ele pendurou no pescoço de Weiglen uma nota com os dizeres: "Condenado à morte por sabotagem da Wehrmacht e motim". Num ato particularmente sádico, Weiglen foi pendurado no galho de uma pereira, bem debaixo da janela de sua casa, enquanto dirigiam-se insultos à sua esposa, horrorizada com o que acontecia.[96]

Walter Fernau, um NSFO e membro do grupo de Helm que fizera a acusação de Weiglen e exigira a pena de morte, vários anos mais tarde ainda justificava a decisão. "De fato, não posso afirmar", disse a um entrevistador, décadas após os fatos, "que na época tenha considerado a pena pesada demais." Para ele, Weiglen seria culpado mesmo que as acusações não tivessem sido provadas. Argumentou que a situação exigia medidas drásticas. Havia também o efeito dissuasivo. Segundo o que Fernau alegava lembrar, Helm dizia "que ele precisava ser enforcado e deixado à vista de todos para que os integrantes da *Volkssturm* de Zellingen vissem e soubessem que, se saíssem da linha, aconteceria o mesmo com eles". A corte, em sua visão acertadamente, não tinha o poder de condenar réus à prisão. Uns poucos meses de encarceramento, enquanto outros morriam, não teria sido uma sentença justa. Desde o primeiro até o último dia em que integrou o batalhão de Helm, declarou Fernau, "nunca senti ter feito algo para me considerar culpado".[97]

Embora naquela época qualquer um que ficasse no caminho do regime corresse o sério risco de uma execução sumária, os principais alvos dos "crimes da última fase" nunca eram aleatórios, mas sim opositores reais ou imaginários do regime, derrotistas, "subversivos", indivíduos supostamente preguiçosos, suspeitos de deserção ou "covardes", ou qualquer um que mostrasse contentamento com o fim do nazismo ou com a chegada do inimigo. Nesse sentido, a violência praticada diferia das represálias coletivas cruelmente arbitrárias que com frequência foram infligidas, no início da guerra, às populações dos países europeus ocupados pelos nazistas. Quando era dirigido pelos alemães contra seus compatriotas, nas últimas semanas do conflito, o horror assumia outro aspecto. Resolviam-se antigas diferenças. Animosidades pessoais, que pouco tinham a ver com ideologia, desempenhavam um papel importante. O mesmo ocorria em relação a sentimentos de pura vingança. Adversários de longa data eram arbitrariamente exterminados para impedir que gozassem seu momento de triunfo.

A doutrinação ideológica, no entanto, estava longe de ser insignificante. Assim como antes, àquela altura o pior da violência homicida era dirigido contra as pessoas percebidas como inimigas raciais ou ideológicas do regime, trabalhadores estrangeiros e, acima de tudo, prisioneiros dos campos de concentração. Dos 288 "crimes da última fase" que resultaram em condenação nos julgamentos do pós-guerra na Alemanha Ocidental, 114 (39,6%, a proporção mais elevada entre as categorias) estavam relacionados ao fuzilamento de prisioneiros e trabalhadores estrangeiros. À parte os membros da Gestapo e de outras unidades policiais, os integrantes da *Volkssturm* e os funcionários das prisões destacavam-se entre os assassinos condenados.[98]

Indivíduos proeminentes que haviam se envolvido na resistência a Hitler não poderiam testemunhar a queda do ditador. Entre aqueles que tinham pertencido à oposição dentro da *Abwehr* (contrainteligência militar alemã), Hans von Dohnanyi, que trabalhara para a derrocada de Hitler desde 1938, foi enforcado no campo de concentração de Sachsenhausen em 9 de abril, após uma encenação de "julgamento" perante uma corte marcial da ss. Destino semelhante tiveram em Flossenbürg, no mesmo dia, o almirante Wilhelm Canaris, antigo chefe da *Abwehr*, o coronel Hans Oster, que participara de um complô contra Hitler em 1938 e passara aos holandeses os planos da invasão alemã em 1940, e o teólogo evangélico Dietrich Bonhoeffer, cujas corajosas tentativas de persuadir os Aliados ocidentais a apoiar a resistência na Alemanha não tiveram êxito. Em Dachau, Georg Elser, o marceneiro da Suábia que tentara explodir Hitler em 1939, também foi assassinado (sem sequer um arremedo de julgamento).[99] Mas essas mortes foram apenas a ponta do iceberg. Com o regime cambaleando e quase visivelmente fora de controle, os prisioneiros, fosse em campos de concentração, fosse em penitenciárias do Estado, viviam ou morriam segundo o capricho de seus guardas ou carcereiros. A violência contra detentos, que já crescia de forma assustadora, tornou-se onipresente.[100] Em alguns casos, ela era até incentivada pela liderança militar. Quando suas tropas ficaram isoladas no Ruhr, o marechal de campo Model ordenou, em 7 de abril, que os prisioneiros nas penitenciárias, inclusive aqueles sob detenção provisória por motivos políticos, deveriam ser entregues à polícia para "averiguações". Seguiu-se a execução de mais de duzentos presos. Houve numerosos outros assassinatos nas derradeiras horas, antes que as instituições penais fossem evacuadas ou que os Aliados chegassem. Quando um carrasco oficial não conseguia chegar a tempo a uma penitenciária, oficiais da prisão — recompensados com dinheiro e cigarros — encarregavam-se das execuções. Numa dependência secundária do campo de Emsland, um jovem aprendiz limpador de chaminés, envergando um uniforme de capitão do Exército, apareceu de repente e ordenou a execução de dúzias de prisioneiros. Surpreendentemente, suas ordens foram obedecidas, um sinal do caos cada vez maior do regime que entrava em colapso. Mais de cem prisioneiros foram executados nos dias seguintes.[101]

VI

Em meio à crescente carnificina e ao frenesi homicida, a violência e as marchas da morte dos prisioneiros dos campos de concentração nas semanas finais do regime constituem um macabro capítulo à parte.

As evacuações apressadas, muitas vezes caóticas, seguidas pelas terríveis marchas da morte dos prisioneiros de Auschwitz, Groß-Rosen, Stutthof e outros campos no leste descritas no capítulo 6, tinham ao menos certa aparência de racionalidade — segundo a perspectiva do regime. Os prisioneiros deveriam ficar longe das mãos do inimigo, sendo levados para o interior do Reich, onde — em teoria, embora dificilmente na prática para aqueles seres humanos esqueléticos, exaustos, quase mortos de frio, espancados e maltratados de todas as formas — seriam utilizados em trabalhos forçados ou, na visão de Himmler, como potencial moeda de troca em algum acordo com os Aliados. Os que não eram executados durante as marchas ou não morriam por exaustão ou pela exposição às terríveis condições do inverno acabaram chegando a campos no interior da Alemanha, inclusive Bergen-Belsen.

Após dois dias de negociações e, surpreendentemente, da permissão de Himmler para entregar os prisioneiros em vez de proceder à evacuação do campo, as tropas britânicas entraram em Bergen-Belsen em 15 de abril. Himmler não tinha pleno conhecimento do quadro de horrores que estava revelando aos Aliados, dada a dramática deterioração das já abomináveis condições do campo nas semanas anteriores. E pretendia, de algum modo, explorar esse gesto "humanitário" em suas negociações com Bernadotte. Àquela altura, a maioria dos guardas da ss já havia se retirado. Aproximadamente 50 mil prisioneiros, mais mortos do que vivos, foram libertados. Abandonados sobre a terra, jaziam milhares de corpos em decomposição, muitos deles vitimados pela epidemia de tifo que durara várias semanas. Cerca de 37 mil prisioneiros tinham morrido desde fevereiro, mais de 9 mil deles nas duas semanas que antecederam a libertação do campo. Outros 14 mil morreriam ao longo das semanas seguintes, em decorrência dos sofrimentos lá vividos.[102] O fato de Bergen-Belsen ter sido entregue aos Aliados em vez de evacuada foi um evento único. A epidemia de tifo tornara a evacuação impraticável.[103] Em todos os demais campos, fez-se uma tentativa de remover os prisioneiros antes que o local caísse em mãos inimigas.

Em março, como parte dessa tentativa de chegar a algum tipo de entendimento com os Aliados, Himmler ordenou que os judeus fossem tratados como os demais prisioneiros, informando aos comandantes dos campos que eles não deveriam mais ser executados, e que a taxa de morte entre os presos precisava ser reduzida de todos os modos possíveis.[104] No último dia de março, o comandante de Buchenwald esperava que o campo fosse entregue aos Aliados. Em menos de uma semana, a situação alterou-se totalmente. Himmler ordenou que os prisioneiros, se possível, fossem mandados para Flossenbürg.[105] Com essa decisão, como deixava claro uma ordem enviada em meados de abril ao comandante de Flossenbürg, ele voltava à política anterior, que determinava que em nenhuma hipótese os campos de concentração poderiam ser passados às forças inimigas, e prisioneiro nenhum tampouco deveria chegar vivo até elas.[106] A reação de Hitler a relatórios de que prisioneiros recém-libertados de Buchenwald haviam conseguido chegar à vizinha Weimar, cometendo saques e estupros, provocou a mudança de atitude.[107] Himmler então passou a pressionar para a rápida evacuação de Mittelbau-Dora e Buchenwald. Na noite de 4 para 5 de abril, iniciou-se a remoção dos prisioneiros de Mittelbau em direção aos campos de Sachsenhausen, Ravensbrück e Mauthausen, encerrada cerca de 48 horas depois.[108]

Em 11 de abril, soldados americanos chegaram ao conjunto de campos de Mittelbau-Dora, onde descobriram setecentos prisioneiros doentes e esqueléticos, deparando-se com mais cenas horrendas enquanto libertavam os campos secundários. Quando, em 13 de abril, chegaram a Buchenwald, o maior campo da Alemanha — experiência de um horror indescritível —, encontraram cerca de 21 mil prisioneiros, muitos deles quase meros esqueletos ambulantes, num campo onde pouco mais de uma semana antes havia 48 mil. Os restantes, entre 7 e 10 de abril, haviam sido enviados, de trem ou a pé, aos campos de concentração a muitos quilômetros de distância, ao sul de Flossenbürg e Dachau, que por sua vez estavam abarrotados de prisioneiros.[109] Esses campos, e outros ainda em funcionamento em Mauthausen (não muito distante de Linz, na Áustria), Sachsenhausen (logo na saída de Berlim), Neuengamme (perto de Hamburgo) e Ravensbrück (um campo de mulheres, a cerca de oitenta quilômetros ao norte de Berlim), procederiam à evacuação dos prisioneiros em condições de caminhar, em circunstâncias catastróficas e sem um ponto de chegada definido, na segunda quinzena de abril.[110]

Os prisioneiros de Buchenwald estavam entre as numerosas e extensas colunas de figuras esfarrapadas, esquálidas e cobertas de lama dos campos de concentração remanescentes, levadas ao longo de centenas de quilômetros por seus guardas cruéis em travessias entrecortadas, sem sentido, por diversas partes da Alemanha, em condições deploráveis que desafiam qualquer descrição ou justificativa óbvia. Naquele estágio da guerra, os prisioneiros claramente não tinham mais nenhuma utilidade para trabalhos forçados (mesmo que ainda fossem capazes de trabalhar). E, considerando-se o ritmo do avanço aliado, mesmo que chegassem a seu destino, logo mais haveriam de cair nas mãos dos inimigos. Ao que tudo indica, não se pensou em matar todos os prisioneiros dos campos, medida que, diante do rápido progresso dos Aliados, de qualquer forma dificilmente teria sido viável. Mas, se os prisioneiros removidos seriam mortos, não havia muita lógica naquelas longas caminhadas. É verdade que Himmler não abandonara a esperança de utilizar os prisioneiros — ou os judeus entre eles — como instrumento de barganha em algum acordo com os Aliados. Enquanto eles permanecessem vivos e sob seu poder, talvez ainda pudessem servir a seu plano ilusório.

Deixando de lado essa lógica questionável, as marchas para a morte eram inteiramente desprovidas de sentido — a não ser se tomadas como meio para infligir mais sofrimento àquelas criaturas, apontadas como os inimigos internos do regime. No entanto, os comandantes e guardas que, com tanto sadismo e brutalidade, vigiavam os prisioneiros em marcha não estavam preocupados com a lógica. A verdade é que o sistema continuava funcionando — ainda que não tão bem. E eles se mantinham, mesmo diante da dissolução do regime, obedientes àquela mentalidade que outrora os levara a torturar prisioneiros e a forçá-los a trabalhos extenuantes e inúteis.[111] No final das contas, em abril de 1945, o fato é que o regime não sabia o que fazer com as centenas de milhares de prisioneiros ainda sob seu domínio. No crescente caos daquelas últimas semanas, as marchas da morte refletiam o frívolo esfacelamento de um regime que estava à beira da destruição, mas conservava sua capacidade mortífera até o derradeiro momento.

Enquanto o regime entrava em colapso, as decisões sobre o que fazer com os presos ficavam cada vez mais nas mãos daqueles que os vigiavam. De Himmler e da administração central dos campos, cada vez mais vacilante, chegavam apenas orientações pouco claras ou contraditórias. Os comandantes dos campos tomavam o cuidado de não agir de maneira prematura, e em consequência só ordenavam a evacuação no último minuto. Max Pauly, comandante de Neuengamme, nas proximidades de Hamburgo, disse a seus interrogadores, depois da guerra, que em abril de 1945 não sabia o que fazer com os prisioneiros.[112] Quando começaram as marchas, o destino dos detentos estava nas mãos de seus guardas — àquela altura já bem distantes dos homens da ss e tendo entre eles muitos integrantes da *Volkssturm*. Quantos deles eram firmes seguidores da ideologia nazista, ou mesmo genuinamente leais ao regime, não se sabe. Mas todos, de algum modo, haviam sido "instruídos" sobre como lidar com os "inimigos do povo". Não existia nenhum controle sobre as ações dos guardas, nenhuma sanção pelo que fizessem. As decisões sobre quem viveria e quem morreria eram arbitrárias.

Os prisioneiros eram liquidados dia a dia, despreocupadamente, pelos guardas, para os quais não passavam de criaturas anônimas, sem identidade. Um guarda da ss de cabelos loiros e cerca de apenas vinte anos atirou num menino de treze durante a marcha de Sachsenhausen porque ele não conseguia acompanhar a acelerada caminhada, quase uma corrida. Em sua fúria e desespero, o pai e o irmão mais velho do menino, um padre jesuíta, tentaram atacar o guarda da ss, que simplesmente "disparou alguns tiros de metralhadora sobre os dois". "O ruído das metralhadoras era incessante", já que tantos prisioneiros eram trucidados nos dois primeiros dias. Quando, após uma noite passada num celeiro, um prisioneiro recusou-se a prosseguir na marcha, o mesmo jovem brutal da ss o fuzilou, e alguns minutos depois disparou contra o cunhado do prisioneiro, que, chocado, tinha ficado para trás. A essa altura, o guarda loiro simplesmente "escolhia prisioneiros que em sua opinião caminhavam muito devagar e os fuzilava no ato".[113]

Os guardas pensavam em muito pouco além de si próprios e do trabalho de levar as "cargas" ao ponto de destino. Enquanto os prisioneiros eram capazes de caminhar, obedecendo às instruções e servindo às necessidades dos guardas — o que incluía ficarem distantes do front —, podiam sobreviver. Mas o menor sinal de que se tornavam um fardo para os guardas significava morte certa.[114] Uma vez iniciadas as marchas, os guardas aparentemente não faziam nenhuma distinção entre os prisioneiros. Todos, judeus ou não, estavam sujeitos às suas ações homicidas arbitrárias.[115]

Em alguns casos, essas mortes tornavam-se massacres em grande escala. Em Celle, 35 quilômetros a nordeste de Hanover, quase oitocentos prisioneiros, homens e mulheres, foram vitimados na noite de 8 para 9 de abril. Os vagões de trem que transportavam o grupo — composto sobretudo de russos, poloneses e ucranianos, entre eles alguns judeus — de dois campos secundários de Neuengamme, em Salzgitter, até Bergen-Belsen, foram apanhados por um pesado ataque aéreo enquanto estavam na estação de Celle. Centenas de prisioneiros, presos nos vagões, morreram queimados.[116] Aqueles que tiveram a sorte de escapar ao inferno conseguiram fugir até uma floresta nas proximidades. A caçada que rapidamente se organizou para capturá-los era formada não apenas por guardas da ss, mas também por integrantes da *Volkssturm* e homens da *Sturmabteilung*, funcionários da polícia local e do partido, soldados posicionados nas redondezas, membros da Juventude Hitlerista e ainda grupos de cidadãos que espontaneamente se juntaram ao grupo. Quando um menino de treze anos indagou sobre a identidade dos prisioneiros, enquanto tiros eram ouvidos na floresta, disseram-lhe que "é bem possível que sejam judeus". Não foi nem um pouco difícil convencer a multidão de que os fugitivos eram criminosos de grande periculosidade e comunistas. Assim foi explicado o fuzilamento em massa de algo como duzentos prisioneiros, evidentemente considerado medida de autoproteção.[117]

Pouco tempo depois, entre 9 e 11 de abril, de 3 mil a 4 mil prisioneiros, muitos deles vindos de Mittelbau-Dora e sendo levados aos campos de Bergen--Belsen, Sachsenhausen e Neuengamme, chegaram à aldeia de Mieste, nas proximidades de Gardelegen, cerca de quarenta quilômetros ao norte de Magdeburg. Quando danos nos trilhos impediram que o trem seguisse a viagem, e os prisioneiros foram obrigados a caminhar até Gardelegen, o líder distrital, Gerhard Thiele, aproveitando-se de boatos sobre fugitivos que teriam cometido saques e estupros numa aldeia próxima e alegando que faria todo o possível para impedir que algo semelhante ocorresse em sua área, iniciou preparativos para que eles fossem mortos. Isso deveria ser feito com muita urgência, pois os americanos estavam se aproximando. Os homens da ss receberam a ajuda de destacamentos da Wehrmacht, da Juventude Hitlerista, da *Volkssturm*, da brigada de incêndio local e de outras organizações para vigiar os prisioneiros. Quando foram levantadas objeções quanto ao fato de o pátio da escola de cavalaria que ele propusera para a matança ficar muito próximo do centro da cidade, Thiele sugeriu um amplo celeiro numa área campal isolada. No dia 13 de abril, mais de mil prisioneiros, judeus entre eles, mas na maioria "políticos", foram amontoados à força no celeiro. Derramou-se gasolina sobre a palha, trancaram--se os grandes portões e ateou-se o fogo. Os prisioneiros em desespero que tentaram escapar foram mortos a tiros pelos guardas. Os outros morreram no incêndio. No dia seguinte, chegaram os americanos, enquanto ainda se faziam tentativas de enterrar os corpos carbonizados.[118]

Diferentemente das primeiras marchas da morte que saíam dos campos do leste, dessa vez os milhares de prisioneiros que já haviam sido submetidos a todo tipo de humilhação e desumanização agora marchavam pelo solo da própria Alemanha, ante os olhos do povo alemão. Como em Gardelegen, os guardas geralmente formavam um grupo heterogêneo. Vários provinham da ss, estavam bem armados, muitas vezes acompanhados de cães que não hesitavam em atacar os presos. No entanto, uma marcha saída de Ravensbrück em meados de abril tinha a escolta formada apenas por "homens mais velhos", sem muitos armamentos, considerados uma simples polícia auxiliar. As outras eram guardadas por homens da sa ou por alemães de diversas partes da Europa Oriental.[119]

O espancamento e o fuzilamento dos prisioneiros também ocorriam às vistas da população, sem a preocupação de ocultá-los. A postura hostil dos alemães domina as lembranças das vítimas, embora aquelas que por alguns momentos percebiam algum sinal de solidariedade humana sem dúvida ficassem agradecidas. Por outro lado, relatos feitos no pós-guerra pelos alemães enfatizavam a simpatia pelos detentos, condenando os crimes cometidos pelos guardas da ss.

Atos de solidariedade, amizade ou apoio por parte daqueles que observavam os prisioneiros, de qualquer forma, parecem ter sido relativamente raros. Anos de demonização dos judeus e de doutrinação baseada em estereótipos raciais, além do medo dos "inimigos do povo" — reforçado ainda pelos relatos radiofônicos sensacionalistas sobre ex-prisioneiros de Buchenwald descontrolados praticando saques e atos violentos em Weimar e outras histórias semelhantes, usadas para justificar massacres como o de Gardelegen —, sem dúvida provocaram o sinistro efeito desejado. Por mais que àquela altura muitos alemães se vissem, cada vez mais, como vítimas de Hitler e do regime nazista, vários deles não estavam prontos para estender suas simpatias aos prisioneiros dos campos de concentração, em especial aos judeus, ou a considerar as verdadeiras vítimas do nazismo como integrantes de sua "comunidade". Os destroços humanos diante de seus olhos pareciam caricaturas dos "sub-humanos" que a propaganda martelava sem parar. Mas, segundo uma ótica perversa, em toda a sua evidente fragilidade os detentos continuavam sendo, para muitos, uma ameaça. "Que crimes eles devem ter cometido para ser tratados com tanta crueldade?", comentou alguém. Outra pessoa, justificando o fuzilamento por soldados da Wehrmacht de treze prisioneiros que haviam fugido (e foram recapturados com a ajuda da população local), disse: "Eles eram presos políticos e simples criminosos".[120] Sobreviventes das marchas recordavam, em tom depressivo mas não de surpresa, inúmeras ocasiões em que haviam sido alvo de insultos, de zombarias, momentos em que as pessoas cuspiam neles, apedrejavam-nos ou lhes recusavam algo para comer ou beber. Em alguns casos, como em Celle, civis alemães ajudavam os guardas a capturar aqueles que haviam escapado e, ao que parece, participavam do extermínio dos fugitivos.[121]

Em meio aos exemplos horríveis do insensível apoio às ações homicidas, havia, no entanto, indícios de que alguns civis tentaram dar de comer ou socorrer os prisioneiros que passavam por suas cidades. De acordo com um relatório britânico sobre o massacre de Celle, vários cidadãos, diante das ameaças e dos abusos por parte dos responsáveis pela violência, tentaram ajudar os prisioneiros, prestando-lhes primeiros socorros ou dando alguma palavra de conforto.[122] Consta que em torno de 1250 prisioneiros famintos e extremamente debilitados, que chegaram no começo de abril a Hütten, em Württemberg, receberam comida de algumas famílias locais. O prefeito parece ter sido bem-sucedido em levar provisões para os presos e pediu ajuda à Wehrmacht. Um oficial da Wehrmacht, veterano da Primeira Guerra Mundial, chamado ao local, organizou uma refeição para cerca de duzentos prisioneiros adoentados que permaneceram na cidade depois que os outros continuaram a marcha. Ele também deu ordens para que os mortos fossem enterrados de maneira adequada.[123]

Em Altendorf, aldeia no Alto Palatinato onde 650 prisioneiros que se dirigiam a Buchenwald e Dachau fizeram uma parada entre 21 e 22 de abril, treze deles, que haviam se escondido num celeiro, foram perseguidos por guardas da ss com cães e forcados. Doze foram encontrados e fuzilados imediatamente. O último, um polonês, conseguiu escapar porque o chefe da guarda local decidiu não entregá-lo à ss e permitiu que ele se alimentasse antes de fugir. Homens da *Volkssturm* enterraram os mortos numa vala comum do cemitério, num contraste com inúmeros casos em que os moradores logo abriam covas improvisadas no lugar onde os prisioneiros haviam sido mortos, ou apenas empurravam os cadáveres em algum buraco à beira da estrada e os cobriam com terra.[124] É possível multiplicar os exemplos de moradores lembrando a sensação de choque e vergonha diante dos espancamentos e fuzilamentos que testemunharam, ou dando água e comida aos prisioneiros (não apenas quando os guardas pediam) ou, mais raramente, ajudando-os a fugir ou deixando de informar onde eles haviam se escondido.[125]

Contudo, parece razoável supor que a maioria das pessoas se limitava a uma atitude passiva — não tomava parte das ações, mas não manifestava nenhuma oposição a elas — quando os maus-tratos e assassinatos ocorriam diante de seus olhos. Sem dúvida, o temor dos cidadãos pela reação dos guardas, se eventualmente se dispusessem a ajudar algum prisioneiro, teve um papel importante nessa omissão. Com o fim da guerra tão próximo, poucos eram aqueles dispostos a arriscar-se a algum tipo de represália oficial, sobretudo quando a questão envolvia prisioneiros cuja culpa, na maioria das vezes, era aceita sem contestação. Mas alguns, claramente, enfrentaram o risco de demonstrar um pouco de solidariedade aos prisioneiros. O medo, portanto, não era o único fator responsável pela predominante postura passiva. Mesmo assim, provavelmente não seria correto concluir que "amplo apoio social [...] foi dado às matanças",[126] mas sim que poucos estavam dispostos a arriscar seu bem-estar, agindo contra guardas que exerciam impiedosamente seu poder por meio de atitudes humanitárias que, acreditavam, de nada valeria para pessoas com as quais não podiam se identificar. Isso foi o suficiente para torná-los cúmplices de assassinato. E essa passividade permitiu que as mortes prosseguissem até os guardas fugirem, diante da aproximação do inimigo, e os prisioneiros serem libertados não pelos próprios alemães, mas por seus conquistadores.

VII

No bunker de Berlim, em 20 de abril, os figurões do nazismo, depois de cumprimentar Hitler por seu aniversário, renovar os votos de eterna lealdade e dizer o que para a maioria deles seriam suas despedidas finais, estavam ansiosos para partir antes que as estradas que os levariam para fora da capital fossem bloqueadas. Com exceção de Goebbels, é improvável que alguém no grupo estivesse disposto a fazer companhia ao Führer na pira funerária. Por mais que todos eles já tivessem repetido o chavão de lutar ou morrer, na hora da verdade seus pensamentos concentravam-se sobretudo em salvar a própria pele. Os volumosos pertences pessoais de Göring estavam empacotados e a caminho de Berchtesgaden. Algumas semanas antes, ele enviara a família para lá, onde ficaria em relativa segurança. Seu rancho em Carinhall, norte de Berlim, estava deserto e pronto para ser detonado a qualquer instante. Poucas semanas mais tarde, ele contaria a interrogadores aliados que até bem tarde, naquele dia, acreditava que a Alemanha teria condições de lutar até a guerra chegar a um impasse.[127] Mas àquela altura ele já entregara os pontos — esperava um fim ainda desconhecido, mas que com certeza não seria a autoimolação nas catacumbas de Berlim.

Speer dirigia-se ao norte, para Hamburgo, embora julgasse não ter se despedido adequadamente do homem que por mais de uma década dominara sua vida e com o qual, mesmo naquele momento, não conseguia romper por completo. Para remediar essa sensação, viria a fazer uma extenuante (e inútil) viagem de volta ao bunker em 23 de abril. Talvez ainda pensasse que, com a chegada do fim, nem tudo estivesse perdido, esperando que Hitler o ungisse como seu sucessor.[128] Para desconsolo de Speer, Hitler mal teve disposição para lhe oferecer mais do que um adeus superficial.[129]

Himmler também seguia para o norte e estava pronto para dar sequência a seus entendimentos clandestinos com o conde Bernadotte, na esperança de ainda conseguir alguma coisa no último momento do desastre. Em seu desespero, chegou a cogitar um encontro com um destacado membro do Congresso Judaico Mundial e a concordar com a libertação de mulheres judias do campo de concentração de Ravensbrück. Também estava disposto a fazer uma promessa que não poderia cumprir, mesmo que quisesse — a de que não haveria mais assassinatos de judeus. Ele dera ordens à ss para lutar até o fim e jamais capitular.[130] Pensava em fazer exatamente o oposto daquilo que sempre pregara.

Bormann, a eminência parda do regime, devia estar ciente, naquelas circunstâncias, de que sua liderança na Chancelaria do partido já não passava de um título vazio. Poucos *Gauleiter* estavam em posição de receber suas diretrizes. Bormann não podia deixar o bunker, isso estava claro. Mas, assim que Hitler morresse, o que não poderia demorar muito, ele tinha toda a intenção de escapar não só da própria morte como das garras dos russos.

Goebbels, o último do quarteto que, abaixo de Hitler, dominara a política interna nos meses anteriores e garantira que o regime seguisse funcionando até o fim, havia um bom tempo já sabia o que aconteceria — apesar da retórica que exibia em público e não obstante seus devaneios. Continuava fazendo tudo o que podia para ajudar na luta, com o objetivo de afastar os soviéticos. Mesmo no aniversário de Hitler, providenciou ônibus para enviar soldados ao front do Oder.[131] Mas sabia que seria em vão. Àquela altura, já destruíra todos os seus pertences pessoais — entre eles, os originais dos diários que mantivera durante vinte anos. No entanto, para certificar-se de que o registro diário de seu papel ao lado de Hitler, na luta perdida porém heroica da Alemanha — que o autor via como o duradouro legado às futuras gerações —, seria preservado para a posteridade, enviou três cópias para esconderijos.[132] Ele e a esposa, Magda, já estavam preparados para fazer companhia a Hitler no bunker. Os dois tinham consciência de que, assim, decidiam dar fim às suas vidas. A decisão de matar os seis filhos também já tinha sido tomada.[133]

Na manhã seguinte, 21 de abril, o distrito governamental no coração de Berlim foi bombardeado. Ouviam-se estrondos como se fossem trovoadas, ao longe, mas incessantes e cada vez mais fortes.[134] Os soviéticos estavam a apenas doze quilômetros ao leste. À medida que se fechava o cerco sobre a cidade, uma unidade do Exército Vermelho libertou cerca de 3 mil prisioneiros — principalmente crianças e mulheres com a saúde debilitada — que haviam ficado para trás no campo de concentração de Sachsenhausen quando da retirada da maioria dos presos, em 20 de abril.[135] No dia 24, o Nono Exército de Busse foi preso num movimento de pinça pelos soviéticos. As advertências do coronel-general Heinrici sobre esse perigo tinham sido ignoradas por Hitler e seus conselheiros militares.[136] Heinrici acabaria recebendo a discutível distinção de último general de Hitler a ser exonerado, na noite de 28 para 29 de abril, quando por fim se recusou a executar uma ordem absurda de Keitel e Jodl.[137] A essa altura, seu Exército estava se desintegrando numa fuga desesperada rumo ao oeste, com soldados desesperados por evitar cair nas mãos dos soviéticos. Cansado da interferência constante em seu comando e de ordens totalmente disparatadas, Heinrici decidira que era hora de pôr um ponto final em tamanho desrespeito à sua autoridade. Mas havia ainda uma queixa de natureza pessoal: sentia-se profundamente ofendido pela maneira como Keitel e Jodl o haviam tratado, "indigna", julgou ele, da forma com que alguém deveria se dirigir ao comandante em chefe de um Grupo de Exércitos e "intolerável" para um oficial com quarenta anos de serviço no currículo.[138]

Mesmo naqueles dias derradeiros, a atitude de Heinrici, bem como a do marechal de campo Keitel e do general Jodl, dizia muito sobre os generais de Hitler. Quando Heinrici fez objeções a Keitel e Jodl quanto às pouquíssimas possibilidades do mais remoto êxito na missão à qual seu Grupo de Exércitos Vístula deveria aventurar-se, teve de escutar como resposta apenas que seu dever era salvar o Führer. Ele julgou que os principais conselheiros de Hitler ou não podiam ou não queriam aceitar os fatos e admitir que a batalha de Berlim já estava perdida. Mas não apresentou seu pedido de exoneração. Pelo contrário, como declarou em uma descrição da batalha que redigiria menos de um mês mais tarde, "os termos de meu dever de obediência como soldado, a impossibilidade de me negar a cumprir ordens para salvar o comandante supremo da Wehrmacht", significavam que ele sentia-se impossibilitado de recusar-se "sem estar cometendo traição". "Depois que o Alto-Comando das Forças Armadas impôs 'o salvamento do Führer' como a ordem primordial, isso passou a ter precedência sobre qualquer outra consideração de natureza militar."

Para Keitel, entretanto, nem mesmo a morte de Hitler haveria de impedir a continuidade do conflito. Se Berlim não pudesse ser salva, ele sugeriu a Heinrici, o Grupo de Exércitos deveria dar prosseguimento à luta no norte da Alemanha. Heinrici argumentou que isso seria impossível, tanto econômica como militarmente. "A vontade de continuar lutando já estava diminuindo de maneira significativa e chegaria ao fim definitivo com a notícia da morte do Führer." Keitel respondeu que, nesse caso, a notícia deveria ser adiada pelo maior tempo possível. Continuar resistindo era necessário para iniciar negociações com os inimigos do Ocidente. A Alemanha ainda dispunha de muitos trunfos, como Dinamarca, Noruega e Boêmia, que serviriam como uma boa base para estabelecer negociações. Na opinião de Heinrici, Keitel estava totalmente desligado da realidade, embora seu conhecimento dos preparativos de Dönitz em Plön, conforme as ordens de Hitler, de continuar com as lutas na parte norte do país pelo maior tempo possível fizesse com que ele levasse a proposta a sério.[139]

Em 25 de abril, o Reich foi dividido em dois quando tropas americanas e soviéticas encontraram-se em Torgau, no Elba. Ao meio-dia, Berlim encontrava-se inteiramente cercada. O centro da cidade estava sob ataque de artilharia cada vez mais pesada. Berlim havia sido declarada uma fortaleza, e deveria ser defendida a todo custo até o fim. O poder militar para fazer isso era fraquíssimo, em comparação com o colosso soviético. Mas Dönitz estava entre os líderes militares convencidos de que a defesa de Berlim era necessária a todo custo para a população civil, caso contrário todos os berlinenses seriam deportados para a Rússia, se não houvesse alguma tentativa de evitar tal fim.[140] Sendo assim, os civis deveriam experimentar o infortúnio, o sofrimento e a morte que acompanhariam a destruição impiedosa de sua cidade. As tropas soviéticas tiveram de abrir caminho praticamente quarteirão a quarteirão. Mas de todo modo, em meio a intensos e sofridos combates de rua, elas foram avançando de forma inexorável em direção ao epicentro do domínio nazista, na Chancelaria do Reich.[141] Os russos sabiam que era lá que Hitler se encontrava.

A essa altura, uma combinação de quase histeria e completo fatalismo havia se instalado no bunker. Hitler depositara esperanças ilusórias — não desfeitas por Keitel e Jodl, que sabiam da verdade, mas continuavam temerosos de lhe dar más notícias —[142] no novo 12º Exército do general Walther Wenck, que fora constituído às pressas e lutava no Elba, em especial numa contraofensiva ao norte de Berlim conduzida pela brigada Panzer do ss-*Obergruppenführer* Felix Steiner. Ao ser informado, em 22 de abril, de que o ataque de Steiner não havia ocorrido,[143] os sentimentos reprimidos se liberaram numa explosão torrencial de fúria sem controle. Pela primeira vez Hitler admitiu abertamente que a guerra estava perdida. A seu séquito, que o ouvia em estado de choque, o Führer informou que estava disposto a permanecer em Berlim e suicidar-se no momento final. Pelo que se via, ele abdicava do poder e da responsabilidade, declarando que não tinha mais ordens para a Wehrmacht, chegando até a deixar implícito que Göring talvez precisasse negociar com o inimigo.[144] Mas, de maneira espantosa, logo voltou a se recompor, recusou-se a transferir um fiapo de sua autoridade e, como sempre, deixou vir à tona um sólido otimismo quanto às suas informações militares poucos momentos após ter falado em particular sobre sua morte iminente e a cremação de seu corpo.[145] Seu personagem, que havia sumido por um breve momento, estava de volta à cena.

Keitel foi enviado ao quartel-general de Wenck com ordens — totalmente impossíveis de realizar, mas que por alguns instantes animaram Hitler outra vez — de marchar sobre Berlim. O Alto-Comando da Wehrmacht estava agora dividido entre Krampnitz, perto de Postdam (indo mais tarde para o norte, até por fim permanecer com Dönitz em Plön), e Berchtesgaden. Apesar do surto de desespero durante seu colapso momentâneo, Hitler não estava de modo algum disposto a abrir mão de sua autoridade. Göring teve consciência disso no momento em que, ao interpretar erradamente a informação que recebera sobre o acesso de Hitler como sinal de sua incapacidade ou falta de disposição para continuar sendo o grande líder — e concluindo, portanto, que, com base na antiga lei de sucessão, ele deveria assumir o poder —, foi sumariamente destituído de seu posto e colocado sob prisão domiciliar em Berghof. Bormann, havia muitos anos um arqui-inimigo do marechal do Reich, saboreou um último triunfo.

Nem mesmo naquelas circunstâncias os generais encarregados da defesa de

396

Berlim estavam dispostos a pensar em capitulação. Em 27 de abril, quando o general Kurt von Tippelskirch chegou para assumir o 21º Exército, constituído às pressas pelas unidades que foi possível reunir, teve uma longa conversa com Heinrici, com quem havia servido na Rússia, sobre a posição do Grupo de Exércitos Vístula. Ambos concordavam que cada novo dia trazia uma destruição ainda maior ao que ainda restava do Reich. A única maneira de impedir o desastre total seria a capitulação. Tal medida, contudo, ainda era impossível, ponderou Tippelskirch. Ela significaria agir contra a vontade do Führer (e Jodl recentemente deixara claro que qualquer tipo de negociação seria impossível enquanto Hitler estivesse vivo).[146] Além disso, uma tentativa de rendição não seria bem-sucedida. A grande maioria dos soldados se recusaria a cumprir ordens de se entregar e "começar a viagem rumo à Sibéria"; em vez disso, tentariam voltar para suas casas. O inimigo então alegaria que as condições estipuladas para a capitulação não tinham sido cumpridas. A guerra continuaria, assim como a destruição do país. De toda maneira, os soldados seriam aprisionados. Em resumo, nenhum resultado favorável seria obtido. Mas "o Grupo de Exércitos teria de arcar com a vergonha da capitulação e o fato de ter abandonado o Führer". "Portanto, a luta precisa continuar, com o objetivo de fazer com que nossos exércitos cheguem a tal ponto no oeste que já não caiam mais em mãos dos soviéticos, mas sim sob o domínio das tropas anglo-americanas."[147] De acordo com esse raciocínio, ficava bem claro que os interesses do Exército sobrepunham-se a todas as outras preocupações.

Longe do hospício em que o bunker se transformara, o que ainda restava do governo encontrava-se em estado de confusão terminal. A partir de março, a maioria das equipes ministeriais (com a grande exceção do Ministério da Propaganda) fora transferida para o sul da Alemanha, fazendo com que em Berlim permanecesse apenas um esqueleto administrativo. Uma série de ministros e suas respectivas assessorias fizeram o mesmo caminho em abril, aproveitando a oportunidade de deixar a cidade. Àquela altura, Berlim era uma capital de governo destituída do aparato governamental. O chefe da Chancelaria do Reich, Hans-Heinrich Lammers, tinha se transferido para Berchtesgaden nos últimos dias de março. Entrou em licença médica, alegando pressão arterial elevada. Na verdade, havia sofrido um severo colapso nervoso. Já fazia um bom tempo que Lammers não servia a nenhum propósito definido no governo. Desde o verão anterior, a Chancelaria do Reich não tinha mais atribuições importantes, uma vez que suas funções haviam sido absorvidas por Bormann e sua Chancelaria do partido. Nos últimos dias, na prática, seu chefe vinha sendo o secretário de Estado Wilhelm Kritzinger, a quem fora delegada a tarefa puramente teórica de coordenar os demais ministérios e o que sobrara dos servidores civis da Chancelaria do Reich de Berlim. Quando lhe perguntaram por que não se demitira após o fim da guerra, Kritzinger deu a impressão de não ter entendido bem a pergunta. "Como servidor civil de longa data, eu tinha um dever de lealdade para com o Estado", foi sua resposta, exprimindo vergonha por sua política em relação a judeus e poloneses. (Mesmo na manhã de 21 de abril, enquanto foguetes soviéticos explodiam na região governamental de Berlim, os funcionários civis se mantiveram a "trabalhar" — nada fazendo de útil — em suas mesas.[148]) Mais adiante, ao lhe perguntarem por que Lammers continuou fazendo tudo que podia pelo esforço de guerra, Kritzinger respondeu: "Bem, era necessário haver algum tipo de organização. Por exemplo, pense na comida para o povo. Aquilo funcionou até o fim". "Teria sido melhor se as coisas não funcionassem até o fim?", indagou seu interrogador. "Era guerra", respondeu Kritzinger, dando de ombros.[149]

Na noite de 20 de abril, Kritzinger orientou os funcionários dos ministérios ainda em Berlim para que partissem rumo ao sul, pela estrada, o mais rápido que pudessem. Logo se verificou que isso seria impossível. No dia seguinte, veio uma nova ordem, para que deixassem Berlim por via aérea. Não havia aviões em quantidade suficiente. Foi sugerido então que se dirigissem ao norte. Já exasperado, o ministro das Finanças, Graf Schwerin von Krosigk, que nas semanas precedentes pressionara Goebbels e Speer para que tomassem medidas que criassem as condições necessárias a um entendimento com os Aliados ocidentais,[150] exigiu uma ordem clara do Führer, dizendo que não tinha a menor intenção de, no meio da viagem, ser enforcado pela ss como desertor. Quando, após diversas tentativas, Kritzinger, por meio de Bormann, conseguiu obter uma "recomendação" de Hitler aos ministros, para que se dirigissem ao norte, Krosigk julgou que isso não era suficiente. Insistiu numa ordem por escrito do Führer. Por fim, Kritzinger conseguiu convencer Bormann a fazer com que Hitler, para quem essa questão dificilmente seria prioritária no momento, assinasse uma ordem escrita para dirigir-se a Eutin, bem ao norte, em Schleswig-Holstein. Em meio a tanto pânico e improvisação, os ministros do Reich, com uma longa e orgulhosa tradição de serviço público, fugiram da capital e de um centro do poder que já estava a caminho da autodestruição.

Com as ordens anteriores de Hitler para dividir o Reich em setores norte e sul já sendo cumpridas, àquela altura havia na realidade seis centros de governo na Alemanha: Hitler em seu bunker de Berlim, com sua autoridade concreta e inquestionável, até onde ainda pudesse alcançar; o Alto-Comando da Wehrmacht, por sua vez dividido entre Krampnitz e Berchtesgaden; partes do gabinete do Reich com base no sul e o restante no norte, sob o comando de Dönitz; Göring ainda presidia (até ser desalojado por Hitler em 23 de abril) seu comando remanescente da Luftwaffe em Berchtesgaden; enquanto Himmler tinha o que sobrara de sua ss e da base de poder da polícia da área de Lübeck, no norte.[151] Já não havia nada que de alguma forma se assemelhasse a um governo central do Reich.

Também nas províncias, ou no que sobrara delas sob controle alemão, o regime estava igualmente implodindo — acompanhado inevitavelmente, em seus últimos dias, por uma violência descontrolada. Em 20 de abril, a administração do distrito de Augsburgo foi informada de que em uma semana os bancos ficariam sem dinheiro. Vencimentos e salários não poderiam ser honrados. Fazia uma semana que o Reichsbank não enviava papel-moeda. O Ministério das Finanças da Baviera estava imprimindo cédulas que só ficariam disponíveis dali a oito ou dez dias, e por sua vez aguardava uma remessa de 300 milhões de Reich Marks de Berlim, e só depois a Suábia receberia sua parte.[152] Se isso chegou a acontecer não está claro, mas a Suábia não ficou esperando muito tempo, uma vez que Augsburgo rendeu-se aos americanos no dia 28 de abril.

Uma situação próxima do caos foi relatada pelo *Kreisleiter* da pequena cidade de Lindau, em Bodensee, na extremidade oeste da Baviera, perto da fronteira suíça. Soldados alemães embriagados estavam provocando desordens nas ruas e saqueando propriedades. Um grande número de refugiados e desertores tinha acorrido para lá. O líder distrital pedia autorização para restabelecer a ordem, detendo e fuzilando os primeiros cem. Felizmente, a autorização parece não ter sido concedida. Lindau sobreviveu por mais alguns dias até render-se, em 2 de maio.[153]

A violência também precedeu a capitulação sem luta de Regensburg, capital do Alto Palatinato. Quem deu o exemplo foi o *Gauleiter* Ruckdeschel, o mesmo que tramara a execução do *Gauleiter* Wächtler. Ruckdeschel e a liderança nazista da cidade estavam dispostos a lutar. Durante uma reunião tensa no velódromo, na noite de 22 de abril, convocada pelo *Kreisleiter*, Ruckdeschel afirmou que o lugar seria "defendido até a última pedra". Seu discurso, transmitido localmente, conseguiu apenas causar medo e aflição. Os americanos encontravam-se bem próximos, e poucas pessoas estavam dispostas a morrer violentamente quando o inimigo tomasse a cidade. Na manhã seguinte, algumas mulheres começaram a passar pelos estabelecimentos comerciais, avisando que à noite haveria outra reunião em Moltkeplatz, no centro da cidade, para exigir que Regensburg fosse entregue aos Aliados sem luta. Quase mil pessoas, muitas delas mulheres e crianças, compareceram. Quando a multidão começou a se impacientar, um membro proeminente do clero, o pregador dr. Johann Maier, tomou a palavra, mas logo depois foi preso, juntamente com vários outros.

Quando Ruckdeschel foi informado do que ocorrera, ordenou que Maier e os demais "cabeças" fossem enforcados. Um simulacro de tribunal constituído às pressas não perdeu tempo para proferir a sentença de morte contra Maier e um empregado de armazém com setenta anos de idade, Joseph Zirkl. Ambos foram enforcados em Moltkeplatz nas primeiras horas de 24 de abril. O aparato do terror havia funcionado mais uma vez. Mas, com os americanos às portas da cidade, o comandante militar local, o chefe do governo regional, o *Kreisleiter* e o chefe de polícia sumiram no meio da noite. O *Gauleiter* Ruckdeschel também desapareceu. O caminho ficou inteiramente livre para que emissários da cidade a entregassem aos Aliados na data de 27 de abril, tendo sofrido poucos danos da guerra.[154]

Também em outras partes da Baviera, representantes do regime estavam determinados a demonstrar sua violenta vingança assassina até os últimos minutos, valendo-se de atitudes tão terríveis quanto infrutíferas. Os nazistas, eles bem sabiam, estavam indo embora. Mas sua capacidade de se vingar dos oponentes políticos persistia. O assassinato de mais de quarenta pessoas em diferentes partes da região, em alguns casos com os americanos a poucas horas de distância, foi incentivado por um corajoso mas em última análise contraproducente grupo denominado "Ação pela Libertação da Baviera" — um levante contra o regime nazista em seus últimos dias — por meio de um radiotransmissor capturado nos arredores de Munique, na manhã de 28 de abril. A "Ação" era liderada por três oficiais alocados em unidades da Wehrmacht na região, o capitão Rupprecht Gerngroß, o major Alois Braun e o tenente Ottoheinz Leiling. O objetivo era demonstrar aos Aliados que, ao menos na Baviera, o regime nazista não representava a única face da Alemanha, e tentava restabelecer os valores tradicionais da Baviera na reconstrução da província. Naquelas circunstâncias, sem dúvida foi um erro corajoso. Ao incentivar opositores de longa data do regime, em diversas cidades e aldeias da Baviera, a atitudes claras de desafio, a transmissão radiofônica involuntariamente os condenava à morte. Dos pontos de vista militar e político, pouco podia ser obtido com esse tipo de atitude. Em muitos casos, aldeias, vilas e cidades estavam se rendendo por meio de manobras audaciosas realizadas por moradores no momento adequado. Era inconcebível que uma tentativa de levante, planejada e executada de maneira pouco mais do que amadora, fosse capaz de colocar um ponto final às lutas na Baviera. Pelo contrário, serviu apenas de provocação aos líderes nazistas locais, ainda com o poder de exercer sua represália homicida contra os oponentes, aproveitando a ocasião para resolver algumas antigas diferenças.

O *Gauleiter* de Munique-Alta Baviera, Paul Giesler, àquela altura um fanático encurralado, foi responsável pelas maiores violências. Em Munique, cinco homens foram presos e fuzilados em obediência a ordens dele. Em Altötting, um centro católico de peregrinação, o *Kreisleiter* comandou um pelotão da SS que fuzilou cinco pessoas — havia muitos anos opositores do regime — de uma lista que ele preparara rapidamente. Quando seu pelotão de fuzilamento comunicou a execução de três outros indivíduos na vizinha cidade de Burghausen, ele gritou: "O quê, só três?". O comportamento mais chocante ocorreu na pequena cidade mineira de Penzberg, localizada de forma um tanto despropositada no belo cenário alpino entre Munique e Garmisch-Partenkirchen. Os líderes nazistas locais pretendiam explodir a mina de carvão, centro da vida econômica da região, além do sistema de fornecimento de água e das pontes da vizinhança. Para impedir a destruição, os antigos sociais-democratas e comunistas participaram de uma tentativa de se apossar da mina e depor a liderança nazista local. Não demorou muito, porém, até um oficial de uma unidade da Wehrmacht situada nas proximidades fazer com que os líderes da revolta, incluindo o antigo prefeito do Partido Social-Democrata, fossem presos. Com o prefeito nazista deposto, ele foi de carro até Munique, onde o *Gauleiter* Giesler deu ordens categóricas para que fossem todos fuzilados imediatamente, sem julgamento. Ao retornar a Penzberg, por volta das seis da tarde, leram-se as sentenças de traição e procedeu-se sem demora à execução dos sete prisioneiros. Enquanto isso, um pelotão da *Werwolf*, com cerca de cem integrantes, encarregado por Giesler da tarefa de lidar com os habitantes "politicamente suspeitos", foi enviado às pressas a Penzberg e naquela noite enforcou mais oito pessoas, entre elas duas mulheres, em diferentes pontos da cidade, pendurando cartazes no pescoço dos cadáveres declarando tratar-se de traidores a serviço do inimigo. No dia seguinte, os americanos chegaram.[155]

Em Berlim, raros eram os cidadãos que sabiam do drama subterrâneo em andamento no bunker. Todos tinham problemas mais urgentes em que pensar. Os moradores da cidade estavam desesperados para ter paz — preferiam "um fim com horror a um horror sem fim", como dizia a frase já batida. Também queriam desesperadamente que os americanos chegassem a Berlim antes dos russos.[156] Até mesmo aquela esperança havia desaparecido. Tudo que restou foi o medo do que viria e o desejo de sobreviver. As ruas estavam desertas, exceto por algumas pessoas formando filas diante das lojas, esperando para comprar a comida de que precisavam para enfrentar um longo período de cerco.[157] A essa altura, muitos viviam em porões, "como ratos, rastejando pelos cantos",[158] sempre com fome porque as rações diminuíam, sem aquecimento por causa da falta de carvão, com pouco ou nenhum gás ou eletricidade, precisando permanecer em longas filas para recolher água das bombas nas ruas. As pessoas tinham a sensação de que já não havia ninguém a governá-las. "Não há mais ordens, não há mais notícias, nada. Nenhum porco se preocupa conosco", nas palavras de uma berlinense.[159] Sem eletricidade, eram poucos os que podiam ouvir alguma notícia pelo rádio. Como até mesmo a última daquela solitária folha de papel que fazia as vezes de jornal tinha desaparecido, as pessoas dependiam do boca a boca para receber um fragmento de informação que fosse, e muitas vezes incorreto.[160] Ao menos, eram poupadas do noticiário do *Völkischer Beobachter*, que continuou sendo impresso em Munique até 28 de abril, proclamando em suas manchetes que "A Alemanha continua firme e leal ao Führer", "O Führer — defensor de Berlim", ou "O Führer inflama o espírito de luta de Berlim".[161] Qualquer pessoa que expressasse essas opiniões nas ruas de Berlim seria considerada maluca. No entanto, cadáveres pendurados com dizeres em volta do pescoço proclamando-os "traidores" eram uma advertência para não se falar de forma imprudente, e ainda era preciso tomar muito cuidado com aqueles que permaneciam mantendo de pé o regime mortalmente ferido.[162]

Enquanto as estradas que levavam para fora de Berlim permaneciam abertas, milhares de pessoas — muitas delas mulheres pálidas e de aparência extenuada, com suas crianças exaustas — tentavam escapar para o oeste, a pé, em carroças puxadas a cavalo, empurrando carrinhos de mão e carrinhos de bebê com o que havia sobrado de seus derradeiros pertences.[163] Então, as últimas rotas de fuga foram fechadas. Agora nada mais havia a fazer além de esperar em terror nos porões, desejando o fim mas receando o que ele significaria.[164] Na última semana de abril, os piores temores de muitos berlinenses começaram a se realizar, com a chegada dos soldados do Exército Vermelho.

No bunker, o fim também estava próximo. O último ato do drama tinha começado. A crueldade do regime, em sua agonia mortal, voltou-se para dentro e atingiu a pequena comunidade do bunker quando o cunhado de Eva Braun, o dissoluto e brutal Hermann Fegelein, líder da ss que era próximo de Himmler, tentou fugir. Após ter sido levado de volta, foi sumariamente condenado à morte e executado. Fegelein não passava de um substituto para o verdadeiro arquitraidor aos olhos de Hitler, em seus últimos dias de vida: Heinrich Himmler. Ao que parece, assim como Göring, o *Reichsführer*-ss interpretara a notícia do acesso de fúria de Hitler, em 22 de abril, como uma efetiva abdicação. Ele deixou de lado a cautela com que vinha se cercando em seus entendimentos com Bernadotte e propôs a capitulação diante dos Aliados ocidentais (mas não diante dos soviéticos). Isso, para Hitler, foi a maior das traições. Em sua derradeira explosão vulcânica de raiva, ele determinou que Himmler também fosse expulso do Partido Nazista e ordenou sua prisão.[165] Mas àquela altura sua fúria já não alcançaria o *Reichsführer*-ss, que estava no norte do país, para levá-lo a Berlim e submetê-lo a uma derradeira desgraça e à execução.

Com a traição de Himmler, parecia que o espírito de luta havia abandonado Hitler. No último ato do drama, ele se casou com Eva Braun, sua companheira de muitos anos, que decidira encerrar a própria vida ao lado dele, e redigiu seu testamento. Na parte política, incluiu o nome dos ministros no governo que o sucederia. Dönitz, a quem reconhecia como permanente e fanático apoiador — também pelo fato de ter enviado marinheiros para lutar na derradeira batalha de Berlim —, se tornaria presidente do Reich. Goebbels, Bormann, Hanke, Saur, Giesler e Schörner, todos eles fanáticos seguidores, eram recompensados pela lealdade e pelo entusiasmo. Não havia lugar para Speer. Concluída a tarefa, e com os soviéticos praticamente às portas, tudo que faltava para Hitler e Eva Braun era cuidar dos últimos preparativos para o suicídio. No meio da tarde de 30 de abril Hitler se matou com um tiro e Eva Braun ingeriu veneno. Dönitz, que se encontrava em Plön, estado de Schleswig-Holstein, só foi comunicado da morte do Führer na manhã seguinte — não muito tempo depois de lhe ter enviado uma mensagem, julgando-o ainda vivo, em que professava sua lealdade permanente e incondicional. Apenas tarde da noite de 1º de maio, o pessoal da Wehrmacht e o povo alemão — aqueles que estavam ouvindo — foram informados de que Hitler tombara "à frente dos heroicos defensores da capital do Reich" — uma última mentira da propaganda.[166] Joseph e Magda Goebbels haviam se suicidado naquele dia, depois

403

de envenenar os seis filhos. No dia seguinte, 2 de maio, as tropas alemãs em Berlim receberam ordem de cessar-fogo. "A foice e o martelo" da bandeira soviética já tremulavam no Reichstag.

Mas a guerra ainda não tinha terminado. Fora de Berlim, os combates continuavam. Mas, com a morte de Hitler, o obstáculo insuperável para a capitulação fora removido. Aquilo que havia sido impossível enquanto ele estava vivo tornou-se imediatamente factível após sua morte. Nada demonstra de maneira mais clara a extensão do poder com o qual ele mantivera o regime unido. Os vínculos com sua "comunidade carismática" e as estruturas fragmentadas de domínio existentes por todo o Terceiro Reich, que garantiam ao ditador um poder pessoal jamais desafiado, permitiram que tamanho poder, a um preço terrível para o povo alemão, permanecesse em funcionamento até que os russos estivessem diante dos portões da Chancelaria do Reich.

9. Liquidação

Como os inimigos ocidentais seguem apoiando os soviéticos, a luta contra os anglo-americanos, de acordo com a ordem do grande almirante, continua.

Chefe do Estado-Maior de Operações da Marinha,
4 de maio de 1945

I

Tivesse ocorrido apenas um ou dois anos mais cedo, a morte de Hitler teria deixado a nação abalada. Antes de a invasão soviética mergulhar a Alemanha numa guerra longa, desgastante e que, afinal, jamais poderia ser vencida, a sensação de perda teria sido incomensurável em todos os cantos do país. A reação à tentativa de assassinato planejada por Stauffenberg em julho de 1944 prova que, mesmo então, se Hitler tivesse morrido, as ondas de choque teriam sido enormes. Na noite de 1º de maio de 1945, contudo, quando a notícia da morte de Hitler foi transmitida pelo rádio, poucas lágrimas foram derramadas.

Naturalmente, houve exceções. Segundo relatos, a tripulação de um caça-minas teria chegado quase às lágrimas ao ouvir a notícia, vendo a morte como os "derradeiros sons heroicos" de uma longa guerra.[1] Um oficial não comissionado que serviu em Praga recordou o demorado silêncio e as sensações de pesar que a notícia provocou em sua unidade, observando que a morte de Hitler foi vista positivamente como um "gesto heroico" pelos soldados — "ao menos pela maioria deles", acrescentou o oficial.[2] Se essa avaliação foi correta, não se pode saber. Também é impossível certificar-se de qual teria sido a principal reação, entre os soldados, da proclamação feita pelo mais nazista de todos os generais, o marechal de campo Schörner, ao seu Grupo de Exércitos Centro, àquela altura situado em sua maioria na Boêmia. Schörner descreveu Hitler como "um mártir de seu ideal e de sua crença e um soldado da missão europeia" que morrera lutando contra o bolchevismo "até o momento final".[3] Provavelmente, parece justo concluir, a maioria dos soldados, qualquer que fosse sua base, estaria menos preocupada com a morte de Hitler do que com sua luta pessoal para não cair nas garras do Exército Vermelho.

Em toda unidade militar, até o final, havia de fato alguns defensores fanáticos do Führer, embora naquele momento eles fossem uma minoria. Um oficial recordou que, ao ouvir a notícia de que Hitler havia "tombado", um jovem soldado pôs-se pé, estendeu o braço e exclamou *Heil* Hitler", enquanto os outros continuaram tomando sua sopa como se nada tivesse acontecido.[4] Entre os generais, deve ter havido uma gama variada de emoções, indo do alívio ao pesar, juntamente com uma constatação do inevitável. "O Führer caiu! Terrível, mas esperado", comentou um ex-comandante do front, o coronel-general Georg-Hans Reinhardt, em seu diário.[5] Quando um pequeno grupo de oficiais de alta patente, reunidos no quartel-general de operações do Terceiro Exército Panzer em Mecklenburg, ouviu o anúncio, não houve a menor indicação de que algum deles tivesse ficado comovido.[6] Mesmo entre oficiais superiores aprisionados pelos ingleses, as opiniões ficaram divididas diante do comunicado da morte de Hitler. "Uma personalidade trágica, cercada por um círculo de criminosos incompetentes", "um personagem histórico" cujas realizações só serão reconhecidas no futuro, seria o sumário das opiniões em geral, enquanto os oficiais debatiam se, por terem pessoalmente prestado votos de lealdade a ele, estariam agora livres desse juramento militar.[7]

Entre a população civil, a maioria estava mais preocupada na luta contra a fome, tentando sobreviver em meio às ruínas de suas casas, procurando evitar saques dos soldados soviéticos e tratando de refazer suas vidas sob a ocupação inimiga para prestar muita atenção à morte do Führer.[8] Em Celle, uma mãe tinha uma preocupação de ordem prática: se suas crianças deveriam continuar fazendo a saudação "*Heil* Hitler" agora que Hitler estava morto. "Eu lhes disse que devem continuar com o '*Heil* Hitler', porque Hitler permaneceu sendo o Führer até o fim", decidiu ela. "Mas, se as crianças acharem isso estranho, então devem dizer 'bom dia' ou 'boa noite'".[9] Em Göttingen, que já se encontrava em poder dos Aliados havia três semanas, uma mulher notou que aqueles que tinham saudado Hitler efusivamente alguns anos antes agora mal reparavam em sua morte. Ninguém ficou de luto por ele.[10] "Hitler morreu e nós... nós continuamos vivendo como se isso não fosse da nossa conta, como se tivesse morrido a pessoa mais indiferente do mundo", escreveu em Berlim uma antiga opositora do nacional-socialismo. "O que mudou? Nada! Somente que esquecemos *Herr* Hitler nesse inferno dos últimos dias."[11]

Nos últimos meses de guerra, um número crescente de pessoas havia percebido que Hitler, mais do que ninguém, era o responsável pelos infortúnios que os afligiam. "Uma pena que não tenham mandado Hitler para a Sibéria", escreveu uma mulher em Hamburgo. "Mas o porco foi covarde e em vez disso meteu uma bala na cabeça."[12] "Criminosos e jogadores nos conduziram, e deixamos que eles nos conduzissem que nem carneiros indo para o matadouro", manifestou-se uma jovem de Berlim, naquele momento à mercê dos soldados do Exército Vermelho e ainda sem saber da morte de Hitler. "Agora, o ódio está fervendo na massa miserável do povo. 'Não existe árvore alta o bastante para enforcá-lo', dizia-se hoje cedo, diante do bebedouro, sobre Adolf."[13] A antiga idolatria, a adulação, os elogios e a atribuição à pessoa de Hitler dos méritos por tudo que a certa altura parecia positivo e bem-sucedido no Terceiro Reich já estavam se transformando na demonização do homem sobre quem deveria cair a culpa por tudo de ruim que acontecera.

Para o cidadão comum, diante de sua única preocupação — sobreviver à miséria —, a morte de Hitler não mudava nada. O mesmo podia ser dito dos soldados nos quartéis ou no front e das tripulações da Marinha e da Luftwaffe, algumas das quais haviam sido levadas para os combates cada vez mais desesperados em terra. Na verdade, uma vez que o grande almirante Dönitz assumira o comando do governo como presidente do Reich alemão, na aparência, a palavra de ordem seria continuidade, e não ruptura com o passado imediato. Mesmo assim, uma mudança fundamental já havia ocorrido. Era como se numa organização em bancarrota, após a saída de um diretor administrativo que se recusava taxativamente a aceitar dados da realidade, outro profissional ficasse com a simples tarefa de acompanhar e finalizar o processo da liquidação.

Com a morte de Hitler, o obstáculo principal e intransponível à capitulação fora removido. Quando a mensagem de Bormann informou a Dönitz, às 18h35 de 30 de abril, que Hitler o nomeara seu sucessor, não havia nenhum indício de que àquela altura o ditador já estivesse morto. Contudo, Dönitz havia recebido plenos poderes para adotar todas as medidas que fossem necessárias naquele contexto.[14] Ele sentiu um enorme alívio ao saber que podia agir, convocando imediatamente Keitel, Jodl e Himmler para discutir a situação.[15] No entanto, ainda se sentindo inseguro, Dönitz telegrafou ao bunker nas primeiras horas do dia 1º de maio — telegrama que não é mencionado em suas memórias — para expressar sua lealdade incondicional ao Führer, que imaginava vivo, afirmando sua intenção de fazer todo o possível (embora soubesse que se tratava de um desejo inútil)[16] para retirá-lo de Berlim e declarando ainda, de modo ambíguo, que iria "encerrar essa guerra, como o exige a singular e heroica luta do povo alemão".[17] Somente mais tarde, naquela manhã, Dönitz recebeu a mensagem de Bormann de que o testamento já estava em vigor. Diante da notícia definitiva da morte de Hitler, Dönitz por fim se sentiu livre para agir.[18]

Enquanto Hitler estivesse vivo, Dönitz considerava-se preso a ele, na condição de chefe de Estado e comandante supremo da Wehrmacht, pelo juramento que prestara de obediência militar, o qual era visto pelo grande almirante e pela maioria dos oficiais de sua geração como uma obrigação sagrada. Além disso, ele aceitara inteiramente — como muitas figuras destacadas do meio militar — o "princípio da liderança" (*Führerprinzip*), base da autoridade de Hitler no Partido Nazista, no Estado e em seu comando militar ao longo do Terceiro Reich.[19] Por consequência, e de acordo com seus preceitos inflexíveis, ele havia rejeitado todas as especulações sobre capitulação, mantendo a continuidade fanática da guerra enquanto Hitler estava vivo. Contudo, assim que soube da morte do Führer, Dönitz sentiu-se em condição de articular um desfecho negociado para uma guerra perdida.[20] Não poderia haver demonstração mais evidente de como a catastrófica manutenção da guerra estava centralizada não apenas na pessoa do Führer, mas também nas estruturas de controle e de mentalidade que deram sustentação ao domínio de Hitler.

Mesmo àquela altura, o que se via era um processo de liquidação da guerra, não um fim imediato. O objetivo declarado de Dönitz, no dia 1º de maio, de "salvar o povo alemão da destruição pelo bolchevismo", indicava uma tentativa de dar sentido ao prosseguimento do conflito no leste, ao mesmo tempo que buscava um desfecho negociado para o oeste.[21] Assim, de uma só vez, a capitulação —

embora não no leste — tornava-se uma questão real e urgente. Seria possível evitar a capitulação total, mesmo àquela altura? Em tais circunstâncias, haveria possibilidade de convencer as potências ocidentais, por meio de uma capitulação parcial, a se unir à Wehrmacht no combate ao bolchevismo? Poderiam chegar a termos que fossem favoráveis à manutenção do Reich como uma unidade política? Seria viável um acordo capaz de impedir que as tropas alemãs no front oriental caíssem sob cativeiro da União Soviética? O fim estava, sem sombra de dúvida, muito próximo. Mas, enquanto Hitler havia excluído inteiramente a ideia de capitulação e se dispusera a mergulhar no abismo levando tudo consigo, o novo governo de Dönitz, desde o início, preocupava-se em encontrar um tipo de rendição que, segundo ele, teria condições de ser negociado, evitando o pior — a submissão ao bolchevismo. E enquanto Hitler, ao menos até os dias de visível esfacelamento que precederam sua morte, pôde contar com lealdades baseadas em grandes doses de terror e repressão para manter o regime unido, Dönitz não tinha como apoiar-se no carisma pessoal, na estrutura de um partido de massas nem num forte aparato policial. A verdade é que, além da liderança militar em processo de encolhimento, de uma rede de inteligência limitada e dos resíduos da burocracia ministerial, ele tinha muito pouco à sua disposição. "Quem é esse *Herr* Dönitz?", perguntou em tom de desprezo o *Obergruppenführer* Felix Steiner, general da Waffen-SS, ao ser informado de que o grande almirante seria o novo chefe de Estado. "Nem minhas tropas nem eu lhe prestamos juramento de lealdade. Vou estabelecer negociações com os ingleses em meus próprios termos."[22]

Do quarteto logo abaixo de Hitler — e deixando de lado as lideranças militares —, sobre o qual desde julho do ano anterior o governo do Reich se apoiava, apenas Speer, embora omitido por Hitler de sua lista ministerial, em favor de seu arquirrival Saur, foi mantido no governo Dönitz. Como ministro da Economia, contudo, ele estava à frente de pouco mais que ruínas econômicas. Goebbels, indicado para o posto de chanceler do Reich na lista ministerial delineada por Hitler, foi o único do quarteto a agir de acordo com a determinação do Führer de desaparecer juntamente com o Reich num final "heroico". E mesmo Goebbels cogitara a perspectiva de uma capitulação parcial após a morte de Hitler, suicidando-se depois da tentativa malsucedida, levada a cabo com Bormann, de negociar um entendimento com o marechal Zhukov em Berlim. Bormann, indicado para ministro do partido, não tinha intenção — assim como muitos outros no séquito de Hitler — de encerrar sua vida numa catacumba de Berlim e escapou do bunker assim que lhe foi possível, supostamente para unir-se a Dönitz em Plön. Conseguiu apenas se distanciar um pouco das ruínas da Chancelaria do Reich antes de engolir uma cápsula de veneno, pondo fim à sua vida nas primeiras horas de 2 de maio, para evitar a captura pelos soviéticos. Himmler, caído em desgraça depois que Hitler retirou todos os seus poderes em consequência de sua "traição", no início tinha esperanças de conseguir um cargo no governo de Dönitz e desempenhar algum papel importante na luta conjunta das potências ocidentais e do Reich contra o bolchevismo, mas viu-se de mãos abanando na nova administração.

Dönitz, como os capítulos precedentes indicaram, demonstrara ser um dos mais fanáticos comandantes da Wehrmacht, em seu apoio à determinação de Hitler de lutar até o fim. "Sei que você não acredita em mim, mas devo informá-lo novamente de minha convicção mais íntima", ele dissera a um colega em março. "O Führer está sempre certo."[23] Sua lealdade irrestrita rendera-lhe o apelido de "jovem hitlerista Quex" — em referência ao "herói" de um popular filme da propaganda nazista, o jovem Herbert "Quex" Norkus, morto em 1932 num confronto com comunistas.[24] Um sinal de seu apoio incondicional foi enviar a Berlim mais de 10 mil marinheiros, equipados apenas com armas leves, para servir, em 25 de abril, na inútil batalha pela capital do Reich.[25] Àquela altura, Dönitz já agia como um representante de Hitler, com poderes plenipotenciários sobre o partido e o Estado (mas não sobre a totalidade da Wehrmacht) no norte da Alemanha. Por ocasião da "traição" de Himmler no final de abril, Dönitz fora encarregado por Hitler de agir "com a velocidade da luz e a dureza do aço contra todos os traidores na área norte da Alemanha, sem exceção".[26] O Führer, que havia tempos não sentia mais que desprezo pela maioria dos generais do Exército, tinha Dönitz em alta conta e, ao redigir seu testamento, reconheceu o constante apoio do comandante dando especial destaque à Marinha pela noção de honra que manifestava, por sua recusa em capitular e pela disposição de cumprir o dever até a morte.[27] A indicação de Dönitz por Hitler para sucedê-lo como chefe de Estado — com a denominação do cargo alterada para presidente do Reich, fora de uso desde 1934, e sem o título de Führer — não significou, para as figuras em altas posições no regime, a surpresa que representaria para quem estava longe do centro do poder ou para aqueles que analisassem os fatos a partir numa distante retrospectiva.[28]

De todo modo, Hitler não dispunha de muitas opções. Göring, o sucessor designado havia mais de uma década e, até sua desgraça, comandante em chefe da Luftwaffe, fora destituído de todas as suas posições após a "traição" de 23 de abril e estava em prisão domiciliar em Berchtesgaden. É extremamente improvável que, àquela altura, ele pudesse de fato ter exercido alguma autoridade sobre as Forças Armadas. Quanto a Himmler, sua única experiência significativa de comando militar havia sido a chefia das Forças de Reserva, desde julho de 1944, e mais tarde, no princípio de 1945, uma decepcionante atuação, breve e malsucedida, como comandante em chefe do Grupo de Exércitos Vístula. Ele também fora sumariamente exonerado de todos os seus cargos por ocasião da explosão de fúria de Hitler no final de abril. Keitel não passava de um subserviente executor das ordens de Hitler e era desprezado por muitos dentro da Wehrmacht. Enfim, o único general do Exército em quem Hitler depositava alguma confiança era o marechal de campo Schörner. Mas ele ainda era um comandante do front, chefiando o Grupo de Exércitos Centro, cercado numa posição difícil na antiga Tchecoslováquia. Embora muito admirado por Hitler, Schörner era malvisto por muitos outros generais e, ainda que estivesse disponível, seria uma figura impensável como chefe de Estado. Assim, sobrava Dönitz.

O grande almirante, que nunca fez segredo — mesmo depois de encerrado o conflito — do respeito mútuo existente entre ele e Hitler, alegaria durante um interrogatório realizado nos primeiros anos do pós-guerra que fora escolhido como membro sênior das Forças Armadas com a autoridade necessária para "pôr em prática a capitulação". Ele afirmou que, uma vez que Hitler não podia acabar com a guerra, alguém teria de fazê-lo. "Essa guerra só poderia ser encerrada por um soldado investido da autoridade necessária em relação às Forças Armadas. O aspecto central era ter certeza de que o Exército obedeceria quando lhe fosse ordenada a capitulação [...]. O Führer sabia que eu tinha essa autoridade."[29] Anos mais tarde, Dönitz acrescentou um floreio: "Imaginei ter sido escolhido por Hitler porque ele desejava deixar o caminho livre para permitir que um oficial das Forças Armadas desse um fim à guerra. Que essa minha conclusão estava errada, só descobri durante o inverno de 1945-6 em Nuremberg, quando pela primeira vez ouvi o conteúdo do testamento de Hitler, em que ele exigia a continuação do conflito".[30] A alegação de Dönitz de que, naquele momento, compreendera que seu nome fora escolhido para permitir que ele pusesse em prática a capitulação é extremamente improvável. Nada nas atitudes de Hitler, durante os últimos dias ou em suas conversas com Dönitz, sugeria que o ditador estivesse lhe passando o poder para proceder a uma capitulação que ele próprio não realizara.[31] Isso teria sido totalmente contrário à personalidade de Hitler, cuja "carreira" fora toda baseada no imperativo de que não ocorreria uma capitulação "covarde" como em 1918, e que em várias ocasiões expressara a opinião de que o povo alemão não merecia sobreviver a ele. Pelo contrário, o ditador via em Dönitz o líder militar cujo fanatismo era necessário para fazer com que a guerra prosseguisse até o amargo final.[32]

Dönitz, na verdade, logo se desviou do desejo expresso de Hitler[33] e começou a explorar formas de negociar um desfecho para a guerra que não fosse a rendição completa e incondicional em todos os fronts. Mas é quase certo que isso não se deveu a uma interpretação equivocada do motivo pelo qual fora nomeado chefe de Estado e comandante supremo da Wehrmacht. Era apenas a necessidade de curvar-se à realidade militar e política, agora que Hitler estava morto. O fim se aproximava; a maior parte do Reich fora ocupada pelo inimigo; a população estava esgotada pela guerra; as lealdades desfaziam-se de uma hora para outra; e a Wehrmacht encontrava-se em grande parte destruída e à beira da derrota total.[34] Do ponto de vista de Dönitz, no momento em que sua responsabilidade deixou de restringir-se apenas à Marinha para estender-se a todo o Reich, praticamente não havia opção além de tentar, mesmo numa etapa tão tardia, negociar um desfecho que não fosse um desastre completo.

Ao ser interrogado depois de encerrada a guerra, muitos meses mais tarde, o marechal de campo Keitel alegou que "assim que Hitler morreu, o aspecto central passou a ser mais ou menos o seguinte: se alguém mais ficar com a responsabilidade, então a única coisa a fazer será procurar o quanto antes um armistício e tentar salvar o que puder ser salvo".[35] Isso não era verdade. Não se procurou imediatamente armistício nenhum. Dönitz, que mais tarde afirmou que seu programa de governo era claro, que ele desejava encerrar a guerra o mais cedo possível mas acima de tudo salvar o maior número de vidas possível,[36] optou na verdade por prolongar o conflito nos fronts oriental e ocidental, na tentativa de ganhar tempo para trazer de volta as tropas que estavam no leste. Tampouco desistira de tentar desfazer a coalizão e obter o apoio das potências ocidentais para uma guerra continuada contra o bolchevismo. Ao agir assim, tornou possível a centenas de milhares de soldados e a um número um pouco menor de civis escapar do cativeiro soviético. Mas acrescentou uma semana de mortes e sofrimento ao imenso custo humano da guerra.

II

Para os civis que enfrentavam a perspectiva iminente de cair nas mãos dos soviéticos, o medo mortal e a constante apreensão em que viviam permaneceram exatamente os mesmos após a morte de Hitler. Muitos, de qualquer forma, sem dispor de rádio, jornais nem serviço de correios, passaram dias sem ter notícias.[37] A atmosfera de profunda angústia manifestou-se de modo macabro na epidemia de suicídios ocorrida nas semanas finais do Terceiro Reich, a qual continuou em maio, enquanto a derrota militar completa e a ocupação do país pelo inimigo se tornavam cada vez mais evidentes.[38]

Entre os dirigentes do regime nazista, o suicídio podia ser visto e descrito como um ato heroico de sacrifício, preferível à "covardia" da capitulação. Essa foi, naturalmente, a maneira como se anunciou a morte de Hitler.[39] Para os líderes militares, o ato de tirar a própria vida também era considerado uma saída muito mais viril do que se submeter ao inimigo e oferecer-lhe a rendição. Em situações extremas, como no caso de Goebbels, havia a noção de que, depois da derrota da Alemanha, ele, a mulher e os filhos não teriam mais por que viver. Sua vida, declarou Goebbels no fim, "não tinha mais valor se não pudesse ser empregada a serviço do Führer e ao lado dele". Magda, a esposa, pensava do mesmo modo, justificando o fato de tirar a própria vida e a dos filhos com a alegação de que "o mundo que virá depois do Führer e do nacional-socialismo será um mundo no qual não valerá a pena viver".[40]

Uma interpretação mais prosaica — e, para muitos, sem dúvida, o principal motivo dos suicídios — era o receio dos líderes nazistas, que temiam a retaliação por parte dos vitoriosos, especialmente dos russos. "Não quero cair nas mãos de inimigos, que, para diversão de suas massas instigadas, precisarão de um espetáculo conduzido por judeus", disse Hitler, expressando de sua maneira inimitável esse medo.[41] Enquanto muitos estavam à espreita de uma chance para desaparecer em esconderijos, ou apenas permaneciam em seus postos esperando o momento da prisão, um número significativo de outros líderes militares e do Partido Nazista sentiam que a única opção era o suicídio. Bormann, que tentava fugir de Berlim, e Himmler, Ley e Göring, presos pelos Aliados, estavam entre os que decidiram pôr fim à própria vida, juntamente com oito dos 41 *Gauleiter* e sete dos 47 dos principais líderes da polícia e da ss, 53 dos 554 generais do Exército, catorze dos 98 generais da Luftwaffe, e onze dos 53 almirantes.[42]

Também entre os cidadãos comuns, a ideia de suicídio havia se tornado corriqueira. Sobretudo em Berlim e nas regiões ao leste da Alemanha, onde o desespero e o medo combinavam-se para encorajar esse tipo de pensamento. "Muita gente está se acostumando com a ideia de acabar com tudo isso. A procura por veneno, pistolas ou outros meios de se matar é grande em toda parte", constatava um relatório do SD, o Serviço de Segurança, no final de março.[43] "Todos os berlinenses sabem que os russos logo estarão na cidade, e eles não veem alternativa a não ser o cianeto", comentou um pastor mais ou menos na mesma época. Ele culpou as histórias de horror da propaganda de Goebbels sobre o comportamento dos soviéticos pelo aumento das tendências suicidas.[44] Esse com certeza era um fator muito importante. Mas a propaganda, como se pôde observar, tinha alguma base nos fatos, e relatos de experiências terríveis nas mãos dos soviéticos, em especial o estupro de mulheres alemãs, corriam de boca em boca independentemente das maquinações de Goebbels. As mulheres preferiam suicidar-se a enfrentar a possibilidade de serem violentadas. Outras matavam-se em seguida ao estupro. Muitas teriam feito o mesmo se dispusessem dos meios para tanto.[45]

Em Berlim, onde, ainda que incompletas, as estatísticas sobre suicídio existiam, a tendência era evidente. No pico, em abril e maio, durante a batalha de Berlim, 3881 pessoas se mataram. No total, em 1945 foram registrados 7057 suicídios na cidade, sendo 3996 de mulheres, contra 2108 em 1938 e 1884 em 1946. Já em Hamburgo, ocorreram apenas 56 suicídios em abril de 1945.[46] Em Bremen, massacrada por constantes bombardeios, os índices cresceram de maneira significativa em 1945, mas de fato ficaram abaixo do que fora verificado em 1939.[47] Na Baviera, na fase final do conflito, o número de pessoas que se mataram sofreu um notável aumento, embora os 42 suicídios em abril e maio de 1945 dificilmente pudessem ficar numa escala comparável, ao menos em parte, com o número desproporcional de funcionários nazistas de lá que tiraram suas vidas. Algumas outras regiões da Alemanha Ocidental também apresentaram um modesto aumento nas taxas de suicídio em 1945, mas nada que de longe se comparasse com as de Berlim.[48] Claramente, a onda de suicídios foi, antes e sobretudo, um fenômeno das regiões da Alemanha onde o medo da ocupação pelos soviéticos era mais pronunciado.

O pânico se apossava das pessoas no leste à medida que o Exército Vermelho se aproximava. Ao longo da linha do front, em diversos locais da Pomerânia, de Mecklenburg, da Silésia e de Brandemburgo, ocorreram centenas de suicídios.

Não é possível fazer um cálculo do total, mas a estimativa é que tenha ficado em torno de milhares, talvez dezenas de milhares.[49] No oeste da Pomerânia, em Demmin, cidade com cerca de 15 mil habitantes antes da guerra mas àquela altura abrigando também inúmeros refugiados,mais de novecentas pessoas, a maioria mulheres, cometeram suicídio nos três dias que se seguiram à chegada do Exército Vermelho, em 1º de maio.

Havia muito medo em Demmin nos dias que precederam a entrada dos russos. A sensação de terror crescia à medida que se ouvia o ruído assustador dos tanques soviéticos avançando pela cidade. Naquela manhã, os soldados alemães fugiram, explodindo as pontes sobre os dois rios locais ao abandonar a cidade. Penduravam-se lençóis brancos nas janelas em sinal de rendição, embora um grupo da Juventude Hitlerista atirasse nos soviéticos. Um homem matou a esposa e as três crianças antes de disparar uma Panzerfaust, enforcando-se em seguida. Famílias faziam barricadas dentro de suas casas, bloqueando as portas com mobília. Depois escutavam vozes altas, em língua estrangeira, esmurrando e chutando as portas, antes que os soldados do Exército Vermelho, muitos deles com aparência bem jovem, entrassem à força, exigindo relógios e joias. Outra exigência ameaçadora era *"Frau, komm!"* [Mulher, venha!]. Tropas de desordeiros e saqueadores, com frequência alcoolizados, vagabundeavam pelas ruas. Os representantes oficiais da cidade eram imediatamente fuzilados. Casas de pessoas suspeitas de pertencer ao Partido Nazista eram incendiadas e, com a propagação das chamas, propriedades vizinhas eram atingidas — até que grande parte do centro da cidade estava ardendo.

Em meio ao horror, as mulheres ficavam paralisadas pelo medo, plenamente justificado, de serem violentadas. Elas tentavam se esconder ou vestir-se com roupas masculinas, mas quase sempre eram encontradas. Muitas eram estupradas várias vezes. Nesse cenário de Sodoma e Gomorra (de acordo com a descrição de uma testemunha), pessoas aterrorizadas decidiam de um momento para outro matar-se, algumas vezes matando também seus familiares, valendo-se de qualquer meio que estivesse à mão — veneno, arma de fogo, enforcamento ou afogamento nos rios locais, o Peene e o Tollense. Em um caso, registrou-se a morte de treze pessoas de uma única família. Em outro, uma mulher foi empurrando os dois filhos pequenos num carrinho de bebê enquanto o de seis anos a seguia de bicicleta. Debaixo de um carvalho às margens da cidade, ela envenenou as crianças e tentou em seguida enforcar-se, mas soldados soviéticos cortaram a corda.

Ela disse ter visto cartazes de propaganda informando que os russos matavam crianças arrebentando seu crânio com um machado. Entre a população da cidade havia um clima que se aproximava da histeria coletiva. Famílias inteiras dirigiam-se ao rio, amarravam-se uns aos outros e mergulhavam nas águas frias. Houve muitas pessoas de idade avançada que se mataram dessa maneira. Durante as semanas seguintes, encontraram-se corpos inchados boiando nos rios. Em alguns casos, mulheres tomadas de pânico pegavam os filhos pela mão e atiravam-se na água. Uma menina, na época com onze anos, fugindo de sua casa em chamas, estava sendo levada de volta pela avó quando a mãe a tomou pela mão, encaminhando-se para a beira do rio. "Todas nós pensamos que iríamos morrer queimadas", ela contou, recordando o episódio vários anos mais tarde. "Já não tínhamos nenhuma esperança na vida, e quanto a mim, eu achava que isso era o fim do mundo, era o fim da minha vida. E todo mundo em Demmin pensava do mesmo modo."[50]

A fúria enlouquecida do Exército Vermelho e o tratamento brutal imposto à população alemã conquistada foram aos poucos controlados pelas autoridades soviéticas depois de encerrada a guerra. Mas nos primeiros dias de maio de 1945 o conflito ainda estava em andamento. E o sofrimento também.

III

O gabinete de Dönitz, plenamente formado em 5 de maio, guardava apenas uma semelhança parcial com aquele indicado por Hitler. Tudo que Dönitz soube sobre o testamento, por meio de Bormann, foi o nome de três ministros presumíveis: Bormann, Goebbels e, para substituir Ribbentrop como ministro do Exterior, Arthur Seyß-Inquart, comissário do Reich nos Países Baixos.[51] Ao estabelecer seu governo — instalado na extremidade mais ao norte do Reich em acomodações um tanto precárias na Academia Naval, em Flensburg-Mürwik, após deixar Plön às pressas quando as tropas inglesas se aproximaram —, Dönitz tinha de presumir que Bormann e Goebbels estavam mortos ou haviam sido capturados, enquanto Seyß-Inquart encontrava-se envolvido em negociações com os Aliados sobre uma capitulação parcial, estando indisponível, portanto, para assumir de imediato o cargo para o qual era cogitado. De todo modo, Dönitz já decidira formar seu próprio gabinete em vez de simplesmente aceitar um que lhe tivesse sido determinado.[52]

Mesmo assim, a continuidade seria a marca registrada do novo gabinete. A equipe que mais tarde foi apresentada como "apolítica" incluía vários altos oficiais da ss e um *Gauleiter* do partido (Paul Wegener, do distrito de Weser-Ems). O ministro do Interior, o ss-*Obergruppenführer* Wilhelm Stuckart, que com efeito já havia dirigido o ministério como secretário de Estado de Himmler nos últimos meses da guerra, participara da tristemente célebre Conferência de Wannsee, que em janeiro de 1942 definiu a política da "solução final para a questão judaica". Herbert Backe, ministro da Agricultura, tinha a patente de ss-*Gruppenführer* (líder de grupo) e havia ajudado na formulação das políticas que impunham o regime de fome nos territórios soviéticos ocupados. Otto Ohlendorf, secretário de Estado adjunto no Ministério da Economia do Reich e também ss-*Gruppenführer*, dirigira o sd-Interior no Departamento Central de Segurança do Reich. Chefiou o Einsatzgruppe D (uma organização paramilitar formada por Himmler) na ocasião do assassinato de centenas de milhares de judeus. No dia 16 de maio, Ohlendorf discutia com Dönitz a reconstrução dos serviços de segurança, também para sua possível utilização pelas forças de ocupação.[53] (No total, 230 dos cerca de 350 membros do pessoal administrativo de Dönitz em Flensburg tinham pertencido aos serviços de segurança.[54])

Não havia lugar para Himmler, visto como um problema óbvio sob qualquer perspectiva de entendimento com os Aliados ocidentais. Mas, sem dúvida, ele imaginava ter algum papel a desempenhar na nova administração, e desde 2 de maio vinha tentando se encaixar no governo de Dönitz. Ofereceu seus serviços a Dönitz a qualquer título, porém, uma vez que tentou descobrir a opinião da Wehrmacht sobre seu nome, conclui-se que talvez estivesse de olho no posto de ministro da Guerra.[55] Argumentava que poderia ser fundamental na luta contra o bolchevismo e pleiteava apenas uma rápida audiência com o general Eisenhower ou com o marechal de campo Montgomery para que sua capacidade fosse reconhecida. Teve de ouvir, em termos categóricos, que "todo inglês ou americano que pensasse, por uma fração de segundo, em conversar com ele na próxima fração de segundo seria arrasado pela opinião pública na Inglaterra e nos Estados Unidos".[56] Sua "traição" a Hitler nos últimos dias, aparentemente, foi outra razão pela qual Dönitz decidiu manter Himmler bem longe da administração.[57] Por fim rompeu relações com ele, em 6 de maio, e, a partir daí, o outrora poderoso e temido chefe de polícia, nas palavras de um destacado membro do governo Dönitz, "transformou-se num pobre coitado à procura de emprego e desapareceu sem deixar rastros".[58] Himmler fugiu sob disfarce antes de ser preso pelos ingleses no norte da Alemanha e escapou do julgamento e de uma inevitável condenação à morte engolindo uma cápsula de veneno enquanto permanecia sob custódia.

Sobreviventes de governos anteriores a Hitler que também serviram no Terceiro Reich eram o ministro do Trabalho, dr. Franz Seldte, o ministro dos Transportes e Lutz Graf Schwerin von Krosigk, o antigo ministro das Finanças, agora promovido a ministro-chefe (*Leitender Minister*) e também encarregado dos assuntos estrangeiros. O dr. Julius Dorpmüller, ministro dos Transportes do Reich desde 1937, permaneceu no cargo. Speer foi chamado para supervisionar aquilo que, de maneira bem otimista, era chamado "reconstrução". É importante ressaltar que a continuidade também se dava entre as lideranças militares. O substituto de Dönitz no cargo de chefe da Marinha era o almirante-general Hans-Georg von Friedeburg. Mas nos postos cruciais, como chefe do Alto-Comando da Wehrmacht e chefe do Estado-Maior de Operações da Wehrmacht, foram mantidos o marechal de campo Keitel e o coronel-general Jodl, que haviam se dirigido ao norte para juntar-se a Dönitz logo após a morte de Hitler.[59] Nos dias que se seguiram, Keitel, Jodl, Dönitz e Krosigk tornaram-se os protagonistas.[60] Os outros, basicamente, permaneceram em papéis secundários.

A constituição do gabinete não foi a prioridade de Dönitz ao assumir o governo, embora ele tivesse mostrado um cuidado especial na nomeação do ministro do Exterior. Pretendia para o cargo a primeira opção de Hitler para ministro do Exterior, Konstantin von Neurath, porém não conseguiu entrar em contato com ele. Então, deixou o posto com Krosigk, que mal conhecia, mas que o impressionara numa reunião em Plön no fim de abril.[61] Krosigk obviamente não tinha qualificações especiais para o cargo além do interesse que demonstrara semanas antes, ao bombardear Goebbels com propostas irrealistas para negociar um acordo sobre a guerra. A verdade é que ele era a única escolha disponível para Dönitz e não trazia nenhum traço residual perigoso dos tempos de Hitler.

Não era apenas no que diz respeito ao aspecto pessoal que não ocorria uma ruptura clara com o passado imediato. Mantinham-se também formas e estruturas antigas. A organização do Alto-Comando da Wehrmacht — isto é, das partes que haviam sobrevivido — seguia funcionando sem solavancos e sem mudanças de rota. Quanto ao Partido Nazista, não foi banido nem dissolvido. Os retratos de Hitler permaneciam nas repartições governamentais. Até mesmo a saudação "*Heil* Hitler" continuava a ser usada na Wehrmacht. Tampouco foram abolidas as sinistras cortes sumárias, com suas sentenças implacáveis.[62] Para espanto geral, os marinheiros continuavam sendo condenados por cortes marciais e executados mesmo após a capitulação total ter sido assinada.[63] As mentalidades também continuavam as mesmas. O principal objetivo era preservar a existência do Reich, salvando tudo que pudesse ser salvo. Ribbentrop, assim como Himmler, representara a face inaceitável do antigo regime, e foi excluído por Dönitz do novo governo. No entanto, uma carta de Ribbentrop ao novo chefe de Estado, escrita em 2 de maio (embora, ao que parece, não tenha sido enviada), provavelmente na vã esperança de ser convidado para o novo governo, mostrava clara intenção de influir na política a ser adotada.

O propósito, escreveu Ribbentrop, devia ser permitir ao governo do Reich, sob a liderança de Dönitz, a chance de fazer seu trabalho em um território alemão livre. Por causa da dificuldade apresentada pela exigência da "rendição incondicional", deveria ser feita uma tentativa de convencer Eisenhower e Montgomery de que capturar a província de Schleswig-Holstein teria um preço muito alto em vidas aliadas, e para deixar implícito que o Exército inglês algum dia precisaria da Alemanha na luta contra a União Soviética. Ribbentrop sugeriu a retirada gradual da ocupação alemã na Escandinávia, em troca da manutenção de um governo do Reich em Schleswig-Holstein. A primeira etapa seria estendida aos poucos, deixando para trás a imposição da rendição incondicional e abrindo caminho para negociações com os Aliados ocidentais que lhes permitiriam apresentar um "álibi" aceitável para os russos. O programa na política exterior consistiria em unir todos os alemães da Europa, sem dominar outros povos e oferecendo liberdade a todas as nações europeias, além de cooperar para a manutenção da paz. No plano doméstico, ocorreria uma "evolução nas questões ideológicas" sempre que estas pudessem constituir uma ameaça à paz. Ele via apenas duas possibilidades para o futuro. A primeira seria a ocupação completa, a destituição do governo do Reich, a administração do país pelos Aliados e, no futuro que se delineava, o retorno a uma forma limitada de democracia sob tutela dos Aliados, incluindo democratas, comunistas e católicos. O nacional-socialismo seria extinto, a Wehrmacht, inteiramente eliminada, e o povo alemão condenado por décadas à escravidão. Segundo outra opção, mediante a tentativa de uma política de cooperação com todas as nações — também com a Rússia, pelo menos superficialmente — e mediante o reconhecimento de um governo do Reich e seu programa sob a liderança de Dönitz, a Alemanha continuaria sendo uma nação, e com ela persistiriam o nacional-

-socialismo e uma Wehrmacht reduzida, pavimentando, dessa maneira, o caminho para a recuperação dos alemães.[64] Ribbentrop, assim como Himmler, logo viu desfeitas as esperanças de dar prosseguimento à sua carreira. No entanto, variações das ideias sugeridas na carta que não chegou a enviar de algum modo estariam presentes entre os líderes do novo governo.

Já em 2 de maio, Dönitz deixou claros os seus objetivos. A única política seria tentar negociar uma série de capitulações parciais no oeste, continuando a luta no front oriental, ao menos até que o maior número possível de alemães, soldados e civis pudesse ficar a salvo das garras dos soviéticos. "A situação militar não permite mais esperanças" — assim começava a minuta da primeira reunião oficial de seu governo. "Na presente situação, o principal objetivo do governo deve ser salvar o maior número possível de alemães, impedindo que sejam destruídos pelo bolchevismo. Na medida em que os anglo-saxões se opuserem a esse objetivo, também deverão ser combatidos." No leste, portanto, era necessária a "continuação dos combates com todos os meios disponíveis", enquanto encerrar a guerra contra os anglo-saxões era "desejável" para evitar maiores sacrifícios. Contudo, isso não era possível, prosseguiu Dönitz, em razão da exigência aliada de uma rendição incondicional, o que significaria entregar de uma vez milhões de soldados e civis aos russos. A ideia, portanto, era capitular apenas diante das potências ocidentais. Mas, como suas condições políticas tornavam isso impossível, o objetivo teria de ser alcançado por meio de "ações parciais", no nível dos Grupos de Exércitos, utilizando os contatos existentes.[65]

IV

A evolução dos acontecimentos nos Países Baixos aparentemente oferecia algumas esperanças. Até mesmo em meados de abril as autoridades alemãs mostravam-se intransigentes em sua decisão de manter os Aliados à distância. O maior perigo nos Países Baixos era a inundação das regiões do interior. A Wehrmacht havia inundado 16 mil hectares em áreas litorâneas em julho de 1944, na tentativa de deter o avanço aliado.[66] Havia a possibilidade de que essa terrível tática voltasse a ser utilizada. Num encontro com líderes do Movimento da Resistência Holandesa, o comissário do Reich Seyß-Inquart ameaçou destruir os diques e represas no oeste da Holanda, medida que tornaria "o país inabitável durante muitos anos para milhões de pessoas". E, tivesse sido colocada em prática, teria exacerbado a fome generalizada do inverno anterior. A resposta dos Aliados foi que, se isso ocorresse, Seyß e o coronel-general Johannes Blaskowitz, comandante em chefe dos Países Baixos, seriam tratados como criminosos de guerra.[67]

Diante de uma derrota certa e iminente, esse tipo de reação evidentemente ocupava as mentes alemãs. Assim que Hitler morreu, o quadro modificou-se. Seyß, como Dönitz e seus colegas notaram, estava a essa altura envolvido em negociações aparentemente bem encaminhadas com o chefe do Estado-Maior de Eisenhower, o general Walter Bedell Smith, para atenuar a situação de fome nos Países Baixos. Mesmo assim, Seyß informou no dia 3 de maio que seria difícil conseguir uma capitulação parcial. Smith havia proposto discussões sobre negociações de um possível armistício, porém Seyß, agindo de acordo com as instruções de Blaskowitz, recusara, aguardando uma diretriz por parte de Dönitz. Enquanto isso, a luta pela "fortaleza Holanda" iria continuar. Uma "transição honrosa" — outro nome para rendição — conseguiria, era o que se pensava, trazer "um pouco de crédito" ao governo alemão.[68]

Na manhã de 2 de maio, Dönitz já havia recebido a notícia inesperada da rendição do Grupo de Exércitos C na Itália.[69] Tentativas no sentido de articular uma capitulação na Itália já datavam de março, com os encontros clandestinos na Suíça, mencionados no capítulo 7, entre o antigo braço direito de Himmler, o ss- -*Obergruppenführer* Karl Wolff, e o chefe dos serviços de inteligência americanos na Europa Central, Allen Dulles. Avanços cautelosos rumo à capitulação haviam se intensificado ao longo de abril, à medida que se agravava a situação militar na Itália. O comandante em chefe alemão, coronel-general Heinrich von Vietinghoff- -Scheel, estava apreensivo com a possibilidade de que as notícias sobre os encontros entre Wolff e Dulles vazassem. Mesmo àquela altura, os generais alemães mostravam-se receosos das graves consequências que sobreviriam se eles se vissem envolvidos em atividades consideradas como traição. Vietinghoff também argumentava — para justificar sua hesitação, embora no fim de abril fosse uma sugestão de caráter dúbio — que, se as sondagens sobre a capitulação viessem a público, Goebbels armaria uma nova lenda da "punhalada nas costas", afastando qualquer ligação da liderança do Reich com os "traidores" na Itália, que na última hora haviam impedido uma mudança no curso da guerra.[70]

Havia outras dificuldades. A possibilidade de que, como parecia, Hitler saísse de Berlim para instalar uma "fortaleza alpina" na região de Berchtesgaden era um elemento complicador, deixando o *Gauleiter* do Tirol, Franz Hofer, dividido entre sua contínua lealdade a Hitler e a vontade de impedir que sua província se tornasse um campo de batalha. O apoio continuado que Hofer manifestava em relação a Hitler constituía motivo de preocupação para Vietinghoff e para todos aqueles empenhados em chegar a um entendimento com os Aliados. Essa postura de Hofer fazia com que não se pudesse dar como certa sua adesão às negociações do armistício. O marechal de campo Kesselring, que no fim de abril estava servindo no sul da Baviera e era responsável pela linha de atuação militar na parte sul do Reich (a partir de 28 de abril, também pelo comando militar de todo o front do sul, cobrindo a Itália e os Bálcãs, bem como o sul da Alemanha), era um problema adicional. Ainda em 27 de abril, Kesselring continuava hesitante. Num encontro realizado nesse dia, na residência do *Gauleiter* Hofer, entre Vietinghoff, o *Gauleiter* e o embaixador alemão na Itália, dr. Rudolf Rahn, Kesselring apoiou os passos que estavam sendo dados e concordou em associar-se a eles. No entanto, impôs uma ressalva. Seria necessário presumir, ele declarou, "que o Führer respaldava sua proclamação 'Berlim permanecerá alemã; a luta por Berlim nos trará a grande mudança no curso da guerra' em bases fundamentadas". Enquanto estivesse seguro disso, acrescentou Kesselring, não poderia agir por sua própria conta. Estava disposto a permitir que seu nome fosse usado nas medidas rumo à capitulação, mas concluiu com a afirmação de que, para ele, "a questão do fim da guerra só poderia ser levada em conta se o Führer não estivesse mais vivo".[71] Os laços com Hitler sem dúvida eram de vital importância para Kesselring, mesmo no que eram claramente os derradeiros dias do poder do ditador. Notícias transmitidas por emissoras de rádio estrangeiras na noite de 28 de abril, segundo as quais Hitler estaria morto, provaram-se incorretas. Kesselring pretendia continuar esperando, embora a situação militar se agravasse a cada instante. A deterioração foi relatada por Kaltenbrunner — ainda não informado do suicídio no bunker — numa mensagem enviada a Hitler no começo da manhã de 1º de maio, embora, como não houvesse comunicação com Berlim, ela tivesse sido passada a Dönitz. Informado pelo *Gauleiter* Hofer, Kaltenbrunner registrou o pedido de capitulação em 29 de abril, mencionando também a morte de Mussolini nas mãos dos *partisans*.[72]

Enquanto isso, uma delegação alemã embarcava num avião para encontrar-se com representantes dos Aliados em Caserta, onde receberia o ultimato de concordar com a rendição incondicional na Itália; caso contrário, as negociações seriam desfeitas. A essa altura, não havia mais a menor esperança para a posição da Alemanha. A ofensiva final dos Aliados começara em 9 de abril. As forças alemãs em território italiano, num total de 600 mil homens (incluindo 160 mil soldados italianos), eram muito inferiores aos efetivos aliados, de 1,5 milhão de homens (dos quais 70 mil eram italianos).[73] Em 25 de abril, os Aliados haviam cruzado o rio Pó, avançando para o norte e forçando uma retirada dos alemães em direção aos Alpes. A única opção sensata àquela altura seria a rendição. A capitulação foi assinada às duas da tarde de 29 de abril, sendo levada a efeito exatos três dias depois, em 2 de maio.[74] Foi a única capitulação assinada antes da morte de Hitler — embora não tivesse entrado em vigor enquanto ele estava vivo. Mesmo a essa altura, Kesselring fez questão de se distanciar do que estava acontecendo. Demitiu Vietinghoff e seu chefe de Estado-Maior, Hans Röttiger, ameaçando relatar os fatos ao Führer e exigir as consequências necessárias de seus atos de traição. É provável que seu próprio envolvimento nos fatos tenha feito com que não levasse a ameaça adiante. O marechal de campo acabou por se satisfazer com a ideia fantasiosa de que Vietinghoff e Röttiger pediram, eles mesmos, a exoneração. Quanto ao fato de saber se a rendição, embora assinada, iria de fato tornar-se efetiva, era algo que permaneceria em suspenso até que chegasse a notícia — dessa vez verídica — da morte de Hitler. Enfim, às quatro horas da madrugada de 2 de maio, Kesselring deu sua aprovação. Naquele dia, ele disse a Dönitz e Keitel que as negociações pelo armistício tinham sido realizadas sem seu conhecimento e aprovação, e que ele pessoalmente sentiu-se forçado a consentir com o acordo, concluído para impedir uma revolta aberta.[75] Às duas horas daquela tarde, as armas no norte da Itália por fim silenciaram.[76] O general Winter, subchefe do Alto-Comando das Forças Armadas, enviou um telex a seu superior, Jodl: "Comportamento pérfido do comandante em chefe de lá será para sempre inexplicável para mim".[77] Mesmo naquele momento tão adiantado dos fatos, os mais destacados chefes militares mantinham-se fiéis à sua perversa noção de lealdade.

No noroeste da Alemanha, as regiões da Frísia oriental e de Schleswig-Holstein ainda não estavam ocupadas e, mais ao norte, Dinamarca e Noruega permaneciam sob domínio alemão. Em 2 de maio, Jodl enviou instruções ao marechal de campo Ernst Busch, comandante em chefe do Grupo de Exércitos Noroeste, para continuar os combates, com o objetivo de "ganhar tempo" para as negociações. Entretanto, essas ordens logo seriam superadas pelos acontecimentos, que a essa altura desenrolavam-se rápido demais para que Dönitz tivesse algu-

9. A Europa quando da rendição final

ma esperança de controlá-los. O avanço dos britânicos até Lüneburg e o dos americanos através de Schwerin até Wismar significavam que, da noite para o dia, a última passagem para a retirada dos alemães da Pomerânia e de Mecklenburg, rumo ao oeste, havia sido fechada. O Grupo de Exércitos Vístula, o 12º Exército e o que sobrara do Nono Exército teriam de tentar forçar seu caminho de volta às linhas ocidentais como pudessem. A partir dessa nova realidade, ficava claro que não havia mais o menor sentido em lutar contra as forças do Ocidente no norte da Alemanha. Decidiu-se tentar estabelecer negociações com Montgomery o mais depressa possível.[78]

Em 3 de maio, data em que a cidade de Hamburgo capitulou sob a ameaça de novos bombardeios britânicos,[79] o almirante-general Von Friedeburg foi enviado ao noroeste da Alemanha para tentar negociar um armistício com o comandante militar britânico. Quando Montgomery recusou-se, a menos que as forças alemãs na Holanda, na Dinamarca, na Frísia e em Schleswig suspendessem os combates, e ofereceu-se apenas a tratar os soldados alemães que estavam em fuga no leste como prisioneiros de guerra em vez de entregá-los aos soviéticos, circunstâncias ainda mais caóticas no oeste passaram a exercer forte pressão sobre Dönitz. Enquanto havia ainda uma chance de escapar do Exército Vermelho, as tropas alemãs tinham fugido de forma desordenada rumo ao oeste através de Mecklenburg. E havia sinais de desagregação nas unidades que já se encontravam no oeste — onde a população civil, ao que se dizia, opunha-se ao prosseguimento da guerra contra os Aliados ocidentais —, em meio ao temor de que as tropas resolvessem assumir o controle da situação e simplesmente se recusassem a continuar lutando.[80]

Depois de discutir o dilema com Krosigk, Speer, Keitel, Jodl e o *Gauleiter* Wegener, Dönitz não teve escolha a não ser concordar com as exigências de Montgomery. Em 4 de maio, ele aprovou a assinatura da capitulação parcial, de acordo com os termos estipulados. Ao mesmo tempo ordenou aos submarinos que cessassem os ataques. (Na verdade a ordem não foi recebida por todos os submarinos. Ocorreriam ainda quatro investidas contra navios aliados. Na última delas, em 7 de maio, pouco antes da capitulação completa da Wehrmacht, dois cargueiros foram afundados no estuário do rio Forth.) No dia 5 de maio, as hostilidades cessaram oficialmente nos Países Baixos, na Dinamarca e no noroeste da Alemanha. Contrariando intenções anteriores de afundar seus navios de guerra para que não caíssem em poder do inimigo, os alemães concordaram em não destruir as embarcações. Montgomery permitiu que elas fossem utilizadas no transporte de refugiados.[81]

Entretanto, a Noruega — onde o comandante em chefe, o coronel-general Georg Lindemann, ainda alegava que suas tropas (surpreendentemente, mesmo àquela altura, com cerca de 400 mil homens)[82] estavam preparadas para lutar, tendo requisitado (em vão) que a saudação *"Heil* Hitler" se mantivesse em uso — permanecia sob ocupação alemã. Até 3 de maio, Dönitz continuava a pensar na Dinamarca e na Noruega como possíveis instrumentos de barganha nas negociações com as potências ocidentais. Foi só a partir dessa data que ele deu os passos necessários para descartar de vez traços remanescentes do regime de Hitler. As ações da *Werwolf* — embora apenas no oeste — estavam agora completamente banidas, sendo consideradas contrárias às leis de combate. A saudação *"Heil* Hitler", enfim, foi proibida na Wehrmacht. Os britânicos ordenaram que os retratos de Hitler fossem retirados de todos os departamentos do governo.[83] E foi apenas em 6 de maio que Dönitz proibiu toda destruição ou desmantelamento temporário de fábricas, canais, linhas ferroviárias e redes de comunicação, tornando finalmente sem efeito as determinações da estratégia de "terra arrasada" que Hitler havia ordenado em março.[84]

No sul, também havia alguns sinais claros de desintegração entre as tropas, bem como de hostilidade em relação à Wehrmacht por parte da população civil da Baviera e da Áustria. Kesselring considerou que o fim tinha chegado e em 3 de maio pediu permissão a Dönitz para entrar em negociações com os Aliados ocidentais.[85] No dia 5, a capitulação, ante os americanos, do Grupo de Exércitos G (nos Alpes setentrionais) — que se encontrava numa posição já sem a menor esperança na Baviera e na Áustria —, assim como do 19º Exército na região dos Alpes austríacos, foi precedida, entre 3 e 4 de maio, pela rendição também aos americanos de aproximadamente 200 mil homens pertencentes ao 12º Exército, do general Walther Wenck (que antes tinha sido designado para retirar Hitler de Berlim), que enfrentara pesados combates ao dirigir-se ao Elba, e partes do Nono Exército, liderado pelo general Theodor Busse.[86] A boa vontade demonstrada pelos americanos com essas rendições parciais deu a Dönitz uma efêmera esperança de que seria possível chegar a um entendimento com Eisenhower em condições um pouco mais vantajosas do que a capitulação total. Ele imaginava fazer um acordo para impedir que um grande número de soldados que enfrentavam o Exército Vermelho fossem aprisionados pelos soviéticos. Ao anunciar a rendição no oeste, "uma vez que a luta contra as potências ocidentais já não tem mais sentido", Keitel acrescentou que "no leste, entretanto, as batalhas prosseguem, com o objetivo de resgatar o maior número possível de alemães do bolchevismo e da escravidão".[87] Até 4 de maio, a liderança naval continuava a declarar: "O objetivo do grande almirante é remover das garras bolcheviques todos os alemães que conseguirmos. Como os inimigos ocidentais seguem apoiando os soviéticos, a luta contra os anglo-americanos, de acordo com a ordem do grande almirante, continua. O objetivo dessa luta é ganhar o espaço e o tempo necessários para que as lideranças de nosso Estado possam tomar medidas na arena política".[88]

Quase 2 milhões de soldados da Wehrmacht permaneciam sob a ameaça de cair nas mãos dos soviéticos.[89] Ainda na luta contra o Exército Vermelho estavam: o Grupo de Exércitos Ostmark — antes chamado de "Sul" e renomeado em 30 de abril —, que contava com aproximadamente 450 mil homens sob o comando do coronel-general Lothar Rendulić e naquele momento era forçado a recuar até a Baixa Áustria; o Grupo de Exércitos E, sob o comando do coronel-general Alexander Löhr, cujos cerca de 180 mil homens estavam envolvidos em combates de retaguarda na Croácia; e o Grupo de Exércitos Centro, do marechal de campo Ferdinand Schörner, com um efetivo aproximado de 600 mil homens, encurralados sobretudo no Protetorado de Boêmia e Morávia (grandes porções da antiga Tchecoslováquia).[90] Além desses efetivos, algo em torno de 150 mil soldados alemães evacuados da Prússia Oriental permaneciam retidos na península de Hela, enquanto perto de 180 mil continuavam isolados e seguiam combatendo em Courland.[91] Estes últimos não pretendiam se render. Uma mensagem a Dönitz datada de 5 de maio do comandante das forças em Courland informava o grande almirante que o povo da Letônia, "numa luta comum contra o bolchevismo", estava "disposto a combater ao lado da Wehrmacht alemã até o fim", e pedia instruções para saber se o Grupo de Exércitos deveria combater como uma unidade de *Freikorps* caso o Estado letão proclamasse sua independência.[92]

Imediatamente após suas negociações com Montgomery, e ainda esperançoso de evitar a completa capitulação, o almirante Von Friedeburg foi designado em 4 de maio para entrar em contato com Eisenhower sobre outra capitulação parcial no oeste, ao mesmo tempo que tentaria explicar ao presidente americano "por que uma capitulação total em todos os fronts é impossível para nós".[93] No dia seguinte, Kesselring ofereceu a Eisenhower a rendição dos Grupos de Exércitos Ostmark, E e Centro, mas a proposta foi prontamente recusada, a menos que todas as forças capitulassem ante o Exército Vermelho. Sem conseguir entrar em contato com o quartel-general do Alto-Comando das Forças Armadas, Rendulić logo tentou acertar uma rendição parcial de suas próprias forças ao general Patton. Mesmo àquela altura, ele ainda não tinha desistido de convencer os americanos a unir-se aos alemães contra o Exército Vermelho e chegou a ponto de solicitar permissão para que as tropas alemãs estacionadas no oeste pudessem dar apoio a seu front oriental. Acabou fazendo uma capitulação unilateral em 7 de maio, depois de ele ter ido pessoalmente se encontrar com os americanos e propor a rendição de suas forças. A proposta foi rejeitada, embora os americanos estivessem dispostos a permitir que seus soldados atravessassem as linhas em direção ao oeste até uma hora da madrugada de 9 de maio, sendo tratados a partir daí como prisioneiros de guerra.[94] Em 5 de maio, Dönitz autorizou Löhr — sob o argumento de que não seria possível impedir tal medida e de que, de todo modo, ela estaria de acordo com os objetivos políticos de seu governo — a entrar em contato com o marechal de campo Sir Harold Alexander, comandante em chefe das forças aliadas no Mediterrâneo, sobre uma rendição destinada a salvar a Áustria do bolchevismo, aceitando que ela se separasse do Reich.[95] Eisenhower recusou-se, contudo, a aceitar a capitulação, a menos que ela se estendesse também ao Exército Vermelho.[96] A grande preocupação continuava sendo o exército de Schörner. Já em 3 de maio, Dönitz aceitara que "a totalidade da situação tal como se apresenta exige a capitulação, mas é impossível porque dessa maneira Schörner e seu exército cairiam nas mãos dos russos".[97]

Schörner informara em 2 de maio que não poderia resistir muito tempo mais. Seu chefe de Estado-Maior, tenente-general Oldwig von Natzmer, acreditava que seria possível resistir por mais duas semanas no máximo, embora continuasse insistindo numa retirada ordenada. Foram feitos preparativos para uma retirada imediata, ao mesmo tempo que se consideravam outras opções de natureza política.[98] As chances de salvar o Grupo de Exércitos Centro dependiam tanto da situação política como da situação militar na Boêmia. Dönitz, acompanhado de Keitel, Krosigk, Wegener e Himmler, havia deliberado em 2 de maio sobre a opção de manter a Boêmia como um trunfo nas negociações.[99] Admitia-se que o Protetorado de Boêmia e Morávia, sabidamente à beira de uma revolução, a longo prazo não poderia ser mantido, do ponto de vista político nem do militar. Mas, tendo em vista a necessidade de resgatar os alemães que lá se encontravam, pensou-se em declarar Praga uma cidade aberta, enquanto se fariam sondagens em busca de opções políticas, enviando emissários a Eisenhower. Himmler e o Alto-Comando das Forças Armadas por algum tempo consideraram transferir o que sobrara do governo alemão para a Boêmia, mas Dönitz descartou a ideia, uma vez que o território não fazia parte da Alemanha e a situação política lá mostrava-se instável demais.[100]

Isso logo se provou verdadeiro. Qualquer antiga esperança depositada na Boêmia desmanchou-se rapidamente com as notícias de que em 5 de maio ocorrera um levante popular em Praga. Sem perda de tempo, deram-se ordens para resgatar o maior número possível de soldados das mãos dos soviéticos, fazendo uma retirada em direção ao oeste.[101] Os homens de Schörner tinham esperanças de que os americanos entrassem na Boêmia antes que os soviéticos conseguissem chegar lá. Contudo, Eisenhower manteve seu acordo com os soviéticos para reter a ofensiva americana numa linha a oeste de Praga, próxima a Pilsen, e não permitiu que o general Patton adentrasse a cidade. Assim que o levante começou, foram dadas as ordens para o Exército Vermelho tomar Praga. A ofensiva soviética na Boêmia começou em 6 de maio, embora apenas nas primeiras horas do dia 9 — após a capitulação total ter sido assinada — os tanques do Exército Vermelho tenham entrado em Praga e destruído o que sobrara da resistência alemã na cidade. Nesse intervalo de quatro dias, vários milhares de tchecos foram mortos ou ficaram feridos nas brutais tentativas alemãs de sufocar o levante. Houve também muitos atos de vingança contra os alemães. As exigências do comandante da ss na Boêmia e Morávia, o *Gruppenführer* Carl Graf von Pückler-Burghaus, de que Praga fosse atacada com bombas incendiárias só não foram atendidas porque não havia combustível para os aviões.[102]

Enquanto isso, a situação das tropas de Schörner havia se tornado crítica, não apenas em razão do levante em Praga, que precipitara a ofensiva soviética vinda do norte, obstruindo possíveis rotas de retirada, mas por causa de acontecimentos bem mais ao norte. Na manhã de 6 de maio, Friedeburg informou a Dönitz que Eisenhower insistia na "rendição imediata, simultânea e incondicional em todos os fronts". As unidades das tropas deveriam permanecer em suas posições. Navio nenhum deveria ser afundado nem aviões poderiam ser avariados. Se essas exigências não fossem atendidas, Eisenhower ameaçava reiniciar os ataques com bombardeiros e fechar as fronteiras para aqueles que pretendessem fugir do leste. "Essas condições são inaceitáveis", concluiu-se numa reunião de Dönitz, Keitel, Jodl e o *Gauleiter* Wegener, "porque não podemos abandonar os exércitos do front oriental nas mãos dos russos. Elas não podem ser postas em prática porque nenhum soldado no front oriental irá obedecer ao comando de baixar as armas e permanecer em sua posição. Por outro lado, a situação militar sem nenhuma esperança, a ameaça de mais perdas no oeste causadas por ataques aéreos e combates e a certeza de um colapso militar inevitável num futuro próximo obrigam-nos a procurar uma solução para os exércitos que ainda estão intactos." Como não havia saída para o dilema, decidiu-se enviar Jodl para explicar a Eisenhower, da maneira mais vigorosa possível, "por que uma capitulação completa é impossível, mas uma capitulação apenas no oeste seria aceita imediatamente".[103]

Nas primeiras horas da manhã seguinte, 7 de maio, o telegrama enviado por Jodl do quartel-general de Eisenhower trouxe a péssima notícia de que o comandante em chefe aliado insistia em que a capitulação total fosse assinada naquele dia, caso contrário todas as demais negociações seriam encerradas. No quartel-general de Dönitz, a exigência de Eisenhower foi interpretada como "pura chantagem", porque se recusada significaria que todos os alemães que se encontrassem além das linhas americanas seriam abandonados nas mãos dos russos. Mas, no caso de uma capitulação que só entraria em vigor à meia-noite de 8 para 9 de maio, haveria 48 horas para proceder à retirada da maioria das tropas ainda em combate no front oriental. Com pesar, portanto, Dönitz autorizou Jodl a assinar a capitulação.[104] Às 2h41 da madrugada de 7 de maio, Jodl, na presença do almirante-general Von Friedeburg, assinou o ato de rendição juntamente com o general Walter Bedell Smith e o general soviético Ivan Susloparov no quartel-general de Eisenhower, em Rheims. Todas as ações militares deveriam cessar às 23h01 de 8 de maio, no horário da Europa Central — levando em conta a diferença de fuso, em Londres seria um minuto após a meia-noite de 9 de maio.[105]

O ato de capitulação, contudo, ainda não estava completo. Os soviéticos queixaram-se de que o conteúdo do documento de rendição diferia do texto combinado, e Susloparov não recebera autorização para assiná-lo. A alegação, entretanto, era um mero pretexto. Tanto a questão de prestígio — uma vez que o Exército Vermelho arcara com a parte mais pesada dos combates por quatro longos anos — como sua constante desconfiança das potências ocidentais fizeram Stálin insistir na assinatura de uma versão mais extensa do documento de capitulação, dessa vez pelos mais altos representantes da Wehrmacht, bem como pelos principais representantes dos Aliados. Essa segunda assinatura realizou-se em Karlshorst, no antigo refeitório da escola de engenharia militar, transformado no quartel-general de Zhukov, nos arredores de Berlim. Os representantes alemães, que tinham voado de Flensburg a Berlim num avião americano, precisaram esperar ao longo do dia 8 de maio até a chegada da delegação aliada, entre dez e onze horas da noite. Finalmente, Keitel, acompanhado pelo coronel-general Hans--Jürgen Stumpff (representando a Luftwaffe) e pelo almirante-general Von Friedeburg (em nome da Marinha), passou pela porta com passos lentos para a cerimônia de rendição. Keitel ergueu seu bastão de marechal numa saudação. Os representantes aliados — o marechal Georgi Zhukov, o marechal do ar britânico Arthur W. Tedder (em nome de Eisenhower), o general francês Jean de Lattre de Tassigny e o general americano Carl Spaatz — não retribuíram.

A delegação alemã foi, então, convidada por Zhukov a assinar o instrumento de rendição incondicional. Keitel, com o rosto afogueado, tornando a pôr o monóculo, que havia caído e estava pendurado num cordão, a mão levemente trêmula, assinou as cinco vias do documento antes de voltar a vestir a luva da mão direita. Faltavam pouco mais de quinze minutos para a uma da madrugada de 9 de maio. Assim, a capitulação ficou com a data da véspera, para estar de acordo com os termos do documento assinado em Rheims. Tendo Keitel e a delegação alemã se afastado, curvando-se numa inclinação um tanto rígida, as cabeças baixas, aos oficiais soviéticos tinha chegado a hora para uma noite de cantoria e dança.[106] Por menor que fosse o apetite dos integrantes da delegação alemã, foi-lhes oferecida uma boa refeição com caviar e champanhe. Algo surpreendente foi que, em circunstâncias tão catastróficas para a Alemanha, Keitel e seus colegas oficiais tomaram um gole do drinque de celebração.[107] Keitel foi indagado se Hitler estava de fato morto, uma vez que, como se dizia, seu corpo não fora encontrado. Os soviéticos deduziram que ele ainda poderia estar dirigindo o país a partir dos bastidores.[108]

Depois de concordar com a capitulação em Rheims, Dönitz imediatamente deu início a uma desesperada e vertiginosa tentativa de transportar à parte ocidental da Alemanha as tropas que ainda se encontravam no front oriental, antes que a rendição entrasse em vigor. Sem perder tempo, instruiu os Grupos de Exércitos Sudeste, Ostmark e Centro a abrir caminho de volta em direção aos domínios de Eisenhower com o objetivo de serem feitos prisioneiros dos americanos.[109] Uma flotilha de navios alemães fez travessias de ida e volta pelo Báltico transportando para o oeste soldados e — com menos prioridade — refugiados. Em terra, tanto soldados como civis vindos da Boêmia e além do Elba fugiam em massa rumo à Baviera. Muitos dos soldados pertenciam ao Grupo de Exércitos Ostmark, que ficou sem liderança após a rendição de Rendulić, e naquele momento se lançavam em fuga desordenada em direção às linhas americanas, que estavam a até 150 quilômetros de distância.[110] Entre os soldados no front oriental corriam boatos absurdos de que os americanos iriam libertar os prisioneiros alemães, dando-lhes armas e munições "para expulsar os bolcheviques da Alemanha". Embora a maioria dos soldados esperasse que a guerra chegasse ao fim, um deles escreveu em seu diário que eles estariam dispostos a continuar lutando se, ao lado dos americanos, pudessem atacar os russos, "porque algum dia a pátria precisará ser novamente libertada".[111]

Valendo-se da mais feroz disciplina e de exortações veementes, Schörner, como sempre, esforçava-se ao máximo para manter seu exército unido. No dia 5 de maio, ele fez uma derradeira proclamação aos soldados do Grupo de Exércitos Centro. "Apenas o front oriental do Grupo de Exércitos Sul mantém sua integridade", disse-lhes. Conforme a ordem que recebera do chefe de Estado e comandante em chefe da Wehrmacht, nomeado pelo Führer, o grande almirante Dönitz, seus soldados tinham a missão de continuar lutando "até que o povo alemão mais valoroso seja salvo". A intenção de Schörner, ele declarou, era conduzir suas tropas em formação, com as cabeças erguidas "em postura orgulhosa", de volta à terra natal. Não deveria transparecer sinal nenhum de desintegração na fase final. Qualquer tentativa de sair da formação e procurar um caminho de volta por conta própria constituiria um ato "de traição desonrosa em relação aos camaradas e ao povo e como tal será tratado. Nossa disciplina e as armas em nossas mãos são a garantia de que sairemos desta guerra com dignidade e bravura".[112]

A situação do Grupo de Exércitos Centro, depois que Dönitz viu-se obrigado a concordar com a capitulação em Rheims, não era nada invejável. Em 6 de maio, trazer de volta as tropas de Schörner era uma tarefa considerada prioritária, mas que a capitulação tornara impossível.[113] A ordem de retirada chegou tarde demais. O ataque soviético vindo do norte, da Saxônia em direção a Praga, bloqueava o caminho.[114] No dia 7, um avião britânico levou um oficial do Estado-Maior Geral alemão, o coronel Wilhelm Meyer-Detring, de Flensburg, ao sul, para encontrar-se com Schörner e explicar-lhe que a capitulação em Rheims era inevitável, tornando assim da maior urgência que seus soldados lutassem para abrir caminho para o oeste. De Pilsen, Meyer-Detring foi escoltado por quarenta soldados americanos ao quartel-general de campo de Schörner, onde o encontro ocorreu no dia seguinte.[115] Meyer-Detring descreveu os antecedentes que levaram à inevitável capitulação total. Uma retirada ordenada, disse o coronel a Schörner, havia sido descartada em função da rapidez com que ocorrera a rendição. Ele transmitiu a Schörner a ordem de deixar para trás todo o equipamento pesado e levar suas divisões para o sudoeste o mais rápido possível. Schörner determinou que as condições da rendição fossem cumpridas, embora duvidasse que os soldados lhe obedeceriam se isso implicasse abandonar seus companheiros em combate para escapar do cativeiro soviético, ou se significasse caírem eles mesmos nas mãos dos russos. O levante tcheco provocara um colapso nas comunicações. "As possibilidades de liderança", ele acrescentou, praticamente haviam deixado de existir, "e não havia como evitar a generalizada desorganização e a desobediência aos termos estipulados". Existia o risco de que setores isolados das tropas ou comandantes de escalão inferior decidissem agir por conta própria, ignorando ordens e simplesmente tratando de combater e abrir caminho rumo ao oeste.[116]

Na proclamação que fizera em 5 de maio, Schörner havia prometido a seus soldados: "Podem confiar em mim, irei tirá-los dessa crise".[117] Anos depois, após retornar do cativeiro soviético, Schörner — enfrentando julgamento na Alemanha Ocidental pelo tratamento brutal a que submetera os soldados sob seu comando —[118] teve de se defender veementemente das acusações proferidas por seu ex-chefe de Estado-Maior, o tenente-general Natzmer, segundo as quais ele, o mais fanático seguidor de Hitler e o mais fervoroso partidário da luta até o fim, no momento derradeiro deixara suas tropas desamparadas. De acordo com a acusação, em 8 de maio ele fugira de avião, em trajes civis, até os Alpes suíços, escondendo-se numa cabana por alguns dias antes de se render aos americanos, que o entregaram aos russos poucas semanas mais tarde.[119] Schörner alegou que deixara o Grupo de Exércitos Centro apenas na manhã de 9 de maio, quando seu comando foi destituído em seguida à capitulação. Disse que fora levado a acreditar, com base nas informações recebidas de Flensburg, que a capitulação poderia ser adiada até perto de 12 de maio, e até aquela data ele deveria conduzir suas tropas de volta ao oeste. Tomado inteiramente de surpresa pela súbita notícia da rendição assinada em Rheims — da qual, por causa das dificuldades de comunicação, fora informado apenas com muitas horas de atraso —, viu-se impossibilitado de cumprir a promessa feita em 5 de maio, de levar suas tropas de volta em formação militar. Em vez disso, em 7 de maio ordenou uma fuga organizada.[120] Até o fim da vida, Schörner insistiu que o objetivo de sua fuga para a Áustria fora executar as ordens de Hitler de estabelecer um front nos Alpes e dar prosseguimento à luta.[121] Contudo, ainda que tivesse deixado suas tropas, como alegou, em 9 de maio — quando seu comando foi formalmente extinto, em seguida à capitulação —, permanece o fato de que os soldados cuja disciplina ele conduzira com mão de ferro viram-se, de um momento para outro, abandonados à própria sorte.[122] E a justificativa que apresentou para sua fuga à Áustria, seja ela verdadeira ou falsa, mostra que, mesmo naquele momento, ele estava disposto a alegar que só obedecia a uma ordem de Hitler.

O Grupo de Exércitos Centro foi a última força da Wehrmacht a permanecer em grande parte intacta no campo de batalha. A maioria de suas tropas fora capturada pelos soviéticos, juntamente com muitos outros soldados alemães que ainda se encontravam no front oriental por ocasião da capitulação total. Calcula-se que 220 mil soldados tenham sido aprisionados pelo Exército Vermelho entre 1º e 8 de maio, e pelo menos 1,6 milhão depois da capitulação.[123] Dos homens que antes lutavam no leste, cerca de 450 mil haviam conseguido — embora não todos na última semana de guerra — alcançar a segurança relativa das linhas ocidentais.[124] A recusa até o último instante, por parte de Eisenhower, de pensar em um rompimento com a União Soviética, sua insistência durante o encontro com Jodl em 6 de maio quanto à rendição incondicional em todos os fronts, e a rapidez dos acertos finais para a assinatura da capitulação liquidaram a intenção de Dönitz de trazer suas tropas do leste para o oeste e deixá-los, assim, fora do alcance do Exército Vermelho. Pagando o preço de continuar a guerra por mais de uma semana após a morte de Hitler, Dönitz conseguiu ser parcialmente bem-sucedido. No cômputo final, apenas cerca de 30% dos 10 milhões de soldados alemães caíram em cativeiro soviético, embora o número de homens combatendo no leste fosse muito maior do que aqueles em ação no front ocidental.[125] Apesar da debandada para o oeste na primeira semana de maio, a grande maioria dos soldados no front oriental, quando Dönitz assumiu o governo, permanecia lá no momento da capitulação. Eles foram obrigados a marchar rumo ao leste e tiveram de suportar anos em cativeiro soviético. Muitos nunca voltaram para a Alemanha. Segundo as estimativas mais otimistas, aproximadamente um terço dos soldados capturados ao longo de todos os combates no leste, por volta de 1 milhão de alemães feitos prisioneiros de guerra, morreu nas mãos dos soviéticos.[126]

Dönitz, como se viu, empenhou-se ao máximo, e pelo maior tempo possível, para adiar a inevitável derrota por meio de uma série de calculadas rendições parciais, com o objetivo de ganhar tempo para trazer de volta as tropas que se encontravam no leste — e, como prioridade bem mais baixa, civis. Ele acalentava ainda a antiga esperança, cada vez mais distante, de que mesmo àquela altura a coalizão entre os Aliados ocidentais e a União Soviética se desfizesse. Em grande parte, se não em sua totalidade, a estratégia fracassou, e fracassou a um custo altíssimo. Haveria outra opção para Dönitz? Foi só a partir do momento em que a "chantagem" de Eisenhower (de acordo com a visão de Dönitz) sobre a completa capitulação no prazo de algumas horas já não podia ser evitada que as tropas ainda no front oriental receberam instruções para abrir caminho lutando até o oeste. Essa ordem, como ficou claro pelo destino do Grupo de Exércitos Centro, chegou tarde demais para a maioria das tropas. Em vez de ter apostado suas fichas numa série de rendições parciais no oeste, seguindo o modelo que dera certo na Itália, é provável que a melhor opção para Dönitz tivesse sido abrir completamente o front ocidental — ordenando que todas as tropas em combate com os Aliados parassem de lutar e depusessem suas armas. Tal medida teria permitido, de imediato, que as potências ocidentais avançassem por suas linhas com rapidez em direção ao front oriental, encurtando assim a distância para os efetivos que ainda estivessem retidos lá. Ordens simultâneas aos três Grupos de Exércitos no leste, para que lutassem rumo às regiões em poder dos ocidentais, muito provavelmente teriam salvado um número bem maior de homens do que aqueles que foi possível resgatar, mesmo que a fuga do leste tivesse sido caótica, em vez da retirada planejada e ordeira com a qual sonhavam os líderes militares alemães.[127] Mas é claro que essa é uma especulação vazia. A mentalidade reinante entre as patentes mais elevadas da liderança militar alemã não permitiria esse tipo de consideração. Ainda na primavera de 1945, mesmo os oficiais prisioneiros dos britânicos rejeitavam a ideia de os alemães permitirem o avanço dos Aliados ocidentais, por julgá-la incompatível com a honra militar.[128] Para Dönitz, cujo senso de honra casara-se tão bem com sua crença fervorosa na ideologia do nacional-socialismo, dar ordens às tropas no oeste, de modo unilateral, para que deixassem de lutar sem que tivesse havido uma capitulação formal seria algo inadmissível. Portanto, mesmo com a morte de Hitler, a guerra não poderia ser encerrada imediatamente; em vez disso, precisaria se arrastar até o momento em que, com a população civil desmoralizada e conformada com seu destino, os exércitos alemães já estivessem destruídos ou à beira da destruição. Dessa vez, seria impossível alegar, como fora feito em 1918, que o Exército havia sido derrotado não pelo combate no campo de batalha, mas pela subversão dentro do próprio território alemão.

Em 9 de maio, a Wehrmacht emitiu seu derradeiro comunicado. "Desde a meia-noite as armas encontram-se em silêncio em todos os fronts. Em obediência às ordens do grande almirante, a Wehrmacht deu por concluída uma guerra para a qual já não havia esperanças", informava. "A luta, que já durava quase seis anos, está portanto encerrada." A "conquista sem precedentes alcançada no front e no solo pátrio" só iria, prosseguia o texto, "ser reconhecida mais tarde, no veredicto justo da história".[129] A guerra, que foi provocada basicamente pelos objetivos expansionistas da Alemanha e acabou se estendendo para a maior parte do planeta, deixou mais de 40 milhões de pessoas mortas apenas na porção europeia dos conflitos (sem contar os mortos no Extremo Oriente) — mais de quatro vezes a taxa de mortes da Primeira Guerra Mundial, que chegou a ser vista como a guerra para acabar com todas as guerras.

V

Estranhamente, a capitulação não significou o fim imediato do Terceiro Reich. O governo Dönitz — uma formalidade crescentemente sem sentido — teve permissão para prosseguir por mais quinze dias, sua soberania confinada a um minúsculo enclave em Flensburg. Os uniformes da ss foram logo descartados, e todos passaram a usar trajes civis. Dois ministros, Backe e Dorpmüller, receberam ordem de voar até o quartel-general de Eisenhower, com o objetivo de fornecer assessoria nos primeiros passos para a reconstrução.[130] Keitel, ainda chefe do Alto-Comando das Forças Armadas, foi preso em 13 de maio. E Jodl — que três dias depois de ter assinado a capitulação em Rheims foi condecorado, tardia e de certa forma inutilmente, com as Folhas de Carvalho, condecoração que se somava à Cruz de Cavaleiro recebida anteriormente — assumiu a frente do Alto--Comando das Forças Armadas, àquela altura uma instituição já supérflua. As atividades do governo prosseguiam — ainda que de modo surreal. Tratava-se, na verdade, de pouco mais que um simulacro de governo. Dönitz e seus colegas remanescentes discutiam o tema da bandeira nacional, já que a suástica fora banida pelos inimigos vitoriosos. Outro emblema do Reich de Hitler estava ameaçado. Como os retratos do Führer tinham sido removidos ou inutilizados por membros das forças aliadas, questionou-se se eles deveriam ser todos destruídos, como medida preventiva. Dönitz se opunha, uma vez que até aquele momento os incidentes estavam restritos a um local específico. Três dias mais tarde, ele concordou parcialmente, determinando que os retratos não poderiam permanecer em salas onde houvesse reuniões com integrantes das forças de ocupação.[131]

Destituído de poder efetivo, o gabinete considerava que ainda tinha "a responsabilidade de ajudar o povo alemão no que fosse possível".[132] O que era praticamente nada. As reuniões do gabinete realizavam-se todos os dias às dez horas da manhã, numa antiga sala de escola. Speer tinha a impressão de que Krosigk, em sua função de ministro-chefe, pretendia compensar todos os anos, durante o governo de Hitler, em que não chegou a haver uma só reunião de gabinete. Os membros do governo precisavam levar copos e xícaras dos próprios quartos para as reuniões. Entre outros assuntos, discutiam como reformar o gabinete e se deveriam incluir um representante da Igreja. Dönitz, a quem todos ainda se dirigiam como "grande almirante", ia e voltava de seu apartamento, a quinhentos metros de distância, numa das grandes Mercedes de Hitler, que de algum modo tinha ido parar em Flensburg.[133] Esse não era o único elemento de continuidade que o grande almirante mantinha com o regime de Hitler. Numa reunião com o almirante-general Von Friedeburg em 15 de maio, Dönitz determinou que "ordens difamatórias" para a retirada de medalhas fossem ignoradas, que o soldado deveria orgulhar-se de seus serviços para a Wehrmacht e o povo alemão durante a guerra, e que "a autêntica comunidade popular criada pelo nacional-socialismo precisa ser mantida". A "insanidade dos partidos, como se via antes de 1933, jamais deve voltar a se instaurar".[134]

Em 15 de maio, Speer escreveu a Krosigk pedindo para ser dispensado de suas obrigações como ministro interino de Economia e Produção, afirmando que era necessário organizar um novo governo do Reich, livre de toda conexão com o regime de Hitler. Ele ainda alimentava esperanças de que poderia vir a ser útil para os americanos.[135] Speer não recebeu resposta, e dois dias depois, sendo citado como "ministro Speer", continuava ligado ao governo.[136] Todos os integrantes do gabinete pensaram em renunciar, mas isso não ocorreu. A consideração primordial era a "ideia do Reich" e a questão da soberania. O secretário de Estado Stuckart, naquele momento dirigindo o Ministério do Interior, redigiu um memorando segundo o qual a rendição incondicional não afetaria a existência posterior do Reich como um Estado sujeito a leis internacionais. A Alemanha não havia deixado de existir como Estado. Além disso, Dönitz tinha sido legalmente nomeado pelo Führer chefe de Estado e, portanto, comandante em chefe da Wehrmacht, cujo juramento prestado a Hitler passaria automaticamente para ele. Dönitz só poderia renunciar se indicasse um sucessor. Nos termos do Direito, o Reich continuava existindo.[137]

A pantomima desse simulacro de regime chefiado por Dönitz não durou muito. No dia 23 de maio Dönitz, Friedeburg e Jodl foram repentinamente chamados ao quartel-general temporário da Comissão de Controle Aliado, localizado no navio a vapor *Patria*, uma antiga embarcação alemã de passageiros da linha Hamburgo-América, ancorado no porto de Flensburg. Os três representantes alemães foram transportados, na curta viagem, por três limusines da Wehrmacht. Dönitz trajava seu uniforme completo, levando consigo o bastão dourado de comando. Ao chegar, foram conduzidos pela prancha de acesso até uma sala, onde aguardaram os Aliados, que chegaram alguns minutos depois. O major-general Lowell W. Rooks, chefiando a missão aliada, leu então um texto preparado: "Estou aqui obedecendo a instruções [...] para lhes dizer que o supremo comandante, o general Eisenhower, decidiu, juntamente com o Alto-Comando soviético, que no dia de hoje o governo alemão interino e o Alto-Comando alemão serão detidos e seus integrantes passarão a ser considerados prisioneiros de guerra. Desse modo, o governo alemão interino está dissolvido".[138]

Era o fim do Terceiro Reich. A falência já estava decretada. A partir daquele momento, o demorado processo da prestação de contas iria começar. Mas a dívida por tão graves crimes cometidos contra a humanidade não seria e jamais poderia ser paga.

VI

Deixando de lado o indescritível infortúnio e sofrimento e o enorme número de mortos que a guerra provocou entre os cidadãos de outros países, a Alemanha pagou um preço colossal pela decisão de prosseguir com os combates até o amargo desfecho. Nos dez meses entre julho de 1944 e maio de 1945, morreram mais civis alemães do que em todos os meses que precederam a guerra, a maioria em consequência de ataques aéreos e das condições calamitosas nas regiões do leste alemão após janeiro de 1945. No total, morreram mais de 400 mil pessoas e

800 mil ficaram feridas com os bombardeios aliados, que destruíram mais de 1,8 milhão de residências e forçaram a evacuação de quase 5 milhões de pessoas. A maior parte da devastação ocorreu nos últimos meses da guerra.[139] A invasão do Exército Vermelho, seguida pela ocupação das regiões do leste alemão depois de janeiro de 1945, causou a morte — sem contar o incomensurável sofrimento e a deportação de muitos cidadãos alemães para um destino incerto na União Soviética — de aproximadamente meio milhão de civis.[140]

As perdas militares alemãs na fase final do conflito foram imensas, sendo apenas nos dez últimos meses equivalentes às baixas sofridas em quatro anos, até julho de 1944. Se o atentado à vida de Hitler em julho tivesse obtido êxito, com a guerra sendo então logo encerrada, a vida de cerca de 50% dos soldados alemães mortos teria sido poupada. Um total de 5,3 milhões de militares, entre os 18,2 milhões que serviram no Exército, na Luftwaffe, na Marinha e na Waffen-SS, morreu ao longo de toda a guerra. Desses, 2,7 milhões perderam a vida nos últimos meses, antes do fim de julho de 1944. Até 49% das mortes, ou 2,6 milhões (mais de 1,5 milhão no front oriental) foram mortos nos dez meses derradeiros. Perto do final definitivo, de 300 mil a 400 mil soldados morriam a cada mês.[141]

Nas ruínas de seu país, as pessoas podiam vislumbrar um futuro incerto e apenas de modo vago e envolto em maus pressentimentos. O enorme alívio que todos sentiam pelo fato de a guerra finalmente ter acabado misturava-se com o medo diante da catástrofe que tomara conta da Alemanha e a apreensão pela vida sob o controle inimigo. Para a grande maioria, a vitória dos Aliados não era vista como uma libertação. E, para aqueles que viviam no centro e no leste da Alemanha, a ocupação soviética representava uma perspectiva assustadora. Apatia e conformismo caracterizavam o comportamento da população subjugada enquanto os vitoriosos tomavam conta do país. Depois dos castigos cruéis impostos à nação e a seu povo nos meses anteriores, não existia a menor disposição para o tipo de atividade insurrecional guerrilheira que frequentemente se manifesta contra um poder de ocupação.[142] É provável que também fosse um fator que o povo alemão estava condicionado a submeter-se à autoridade. E, acima de tudo, as exigências existenciais do cotidiano continuavam as mesmas após a capitulação. Exauria as energias simplesmente sobreviver em meio às ruínas, enfrentando as circunstâncias mais caóticas, sofrendo com o desaparecimento dos entes queridos e tendo de superar a dor das perdas pessoais enquanto tentavam reconstituir famílias e lares despedaçados.

Assim que a mão pesada da ocupação passou a ser sentida, profundas recriminações começaram a se manifestar e acelerou-se o ritmo das prisões de dezenas de milhares de funcionários nazistas e demais implicados no regime de Hitler.[143] Cidadãos alemães, tanto em altos postos como em posições inferiores, tratavam de preparar suas desculpas e justificativas, esforçando-se ao máximo para se distanciar dos crimes praticados pelo nazismo. Pedidos de exoneração da Wehrmacht não paravam de chegar a Flensburg. Pouco antes de ser preso, Keitel havia declarado que a Wehrmacht nada tinha a ver com a ss (à parte a Waffen-ss) nem com o sd, e não era de modo nenhum responsável pelos atos cometidos pelas duas organizações. E, à medida que se divulgavam notícias e relatos considerados "uma crescente propaganda inimiga sobre as condições nos campos de concentração alemães", Dönitz e Jodl estavam entre os que viam a necessidade de uma declaração pública "de que nem a Wehrmacht alemã nem o povo da Alemanha tinham conhecimento dessas coisas".[144] O mito da "boa" Wehrmacht, que por décadas teria aceitação na Alemanha do pós-guerra, começava a ser forjado.

Na raiz de tudo, um processo não muito diferente — embora com outra ênfase — de dissociação do nazismo também já se encontrava em andamento. Em toda parte, os símbolos do nazismo, nos lugares onde ainda sobreviviam, estavam sendo rapidamente destruídos. Ninguém admitia por vontade própria ter sido um seguidor entusiástico do regime. De início, ocorreram muitas denúncias dos funcionários que, apenas um ou dois anos antes, pavoneavam-se com arrogância em seus uniformes nazistas, comportando-se como "pequenos Hitlers" em suas localidades.[145] Mas, à medida que os "figurões" iam sendo detidos, que os "principais criminosos de guerra" iam a julgamento e que a atenção dos Aliados se transferia para o processo de desnazificação nos níveis mais baixos, tornava-se cada vez mais forte a impressão de que eram pouquíssimas as pessoas que verdadeiramente haviam apoiado o regime; no máximo, sob coação, limitavam-se a obedecer à política ditada pela tirania de Hitler e de seus carrascos.

"Todos se afastam de Hitler, ninguém se envolveu. Todo mundo era perseguido e ninguém denunciou quem quer que seja", comentou com ironia uma jovem berlinense em maio de 1945, ao ouvir as conversas numa fila para obter verduras e água.[146] Um relatório escrito em junho de 1946 pelo pastor luterano de Berchtesgaden, distrito com predominância de católicos situado abaixo de Obersalzberg, a "montanha sagrada" do nazismo, onde Hitler havia construído seu palácio alpino, exprimiu sentimentos bastante comuns após a derrocada do Terceiro Reich. O pastor falou sobre "todos os desapontamentos ocorridos sob o nacional-socialismo e o colapso das esperanças acalentadas por muitos idealistas". Ele referiu-se ainda à "revelação de todas as atrocidades deste regime". Em seguida veio a dissociação do nazismo. O pastor lamentou o fato de que "nosso povo como um todo ainda assim é considerado responsável pelos crimes do nacional--socialismo, embora ao longo de todos esses anos a grande maioria tivesse apenas um único desejo, libertar-se desse regime violento, porque via seus valores mais sagrados, como família, igreja e liberdade pessoal, sendo destruídos ou ameaçados". Seu vizinho, padre da paróquia católica de St. Andreas em Berchtesgaden, ressaltou o aspecto de que "nossa população com crenças autênticas, formada por boas famílias de classe média e de fazendeiros, fundamentalmente rejeitava o nazismo", de que 80% da população católica local opunha-se ao partido, horrorizada com as histórias do "comportamento brutal" de seus líderes em Obersalzberg, que havia sido "hermeticamente separada" da vila logo abaixo.[147]

Num campo de prisioneiros de guerra, durante o inverno de 1945-6, o major-general Erich Dethleffsen, ex-chefe de Operações no Alto-Comando do Exército, iniciou suas memórias de guerra com reflexões pessoais — ponderadas, embora enfatizando desconhecimento das barbaridades e da exploração sem remorsos exercida por um regime implacável — sobre como os alemães estavam encarando o trauma que continuava a pesar sobre suas vidas:

> Passaram-se apenas alguns meses desde o colapso. Ainda não adquirimos o distanciamento no tempo, ou em nossas mentes, que nos permita julgar com alguma objetividade o que foi erro, culpa e crime, ou consequência do destino inevitável. Nós, os alemães, somos ainda muito dominados pelo preconceito. Apenas de maneira lenta, em choque, e com relutância estamos despertando da agonia destes últimos anos e reconhecendo nossa situação e a nós mesmos. Procuramos nos absolver das responsabilidades por tudo que levou a essa recente guerra, seus terríveis sacrifícios e medonhas consequências. Acreditamos que fomos enganados, iludidos, que se aproveitaram de nós. Declaramos ter agido com base no que julgávamos ser a verdade, de acordo com nossa consciência, e saber muito pouco ou nada de todos esses crimes terríveis. E milhões nada sabiam, principalmente aqueles que lutavam no front por nosso país, nosso lar e nossa família, acreditando que estavam apenas cumprindo seu dever. Mas estamos também envergonhados por termos nos deixado enganar, por terem se aproveitado de nós e de nada sabermos. No início, a vergonha

manifesta-se sobretudo por uma atitude de desafio, de autorrecriminação desprovida de dignidade; só gradual e lentamente ela se expressa como pesar. É assim que as coisas se passam entre as nações. Agora estamos experimentando essa sensação em nosso povo [...].[148]

Palavras como essas e muitos outros relatos de teor semelhante nos primeiros meses após a derrota total da Alemanha sugerem — ainda que consigam exprimir apenas de maneira vaga — alguma noção do trauma sentido pelos que haviam passado pela desesperada fase final da guerra e que agora eram confrontados com a plena dimensão dos crimes cometidos por seus concidadãos. Para a geração que sofrera o colapso apocalíptico do Terceiro Reich, aquele foi um trauma que jamais passaria completamente. Assim, não deve causar surpresa o fato de que, na memória alemã do Terceiro Reich, o Armagedom final de 1944-5 tenda a obscurecer todo o resto. A ascensão de Hitler em meio à mais absoluta rejeição da democracia liberal, enquanto a economia alemã desmoronava, os triunfantes anos iniciais do regime, quando tantos regozijavam-se com o renascimento nacional e a recuperação econômica, e a primeira fase da guerra, quando o poderio militar alemão estabeleceu as bases para a conquista e a exploração impiedosa de quase toda a Europa: essas eram lembranças mais distantes, menos nítidas. Tudo que havia acompanhado os "bons tempos" — a perseguição das minorias indesejadas, em primeiro lugar e acima de tudo os judeus, e a repressão violenta dos oponentes políticos, os alicerces terroristas sobre os quais a "comunidade do povo" havia sido construída —, tudo isso fora tolerado, ou até mesmo bem-vindo, podendo mais tarde ser visto apenas como simples "excessos" do regime. "Se apenas o nacional-socialismo não tivesse se transformado em algo tão depravado! Em si, ele era a coisa certa para o povo alemão." Esse pensamento, expresso por um oficial alemão aprisionado pelos ingleses logo após a capitulação, não era incomum.[149] De acordo com os levantamentos feitos pelos Aliados, nos primeiros anos do pós-guerra, cerca de 50% dos alemães ainda pensavam que, em sua essência, o nacional-socialismo havia sido uma boa ideia que fora malconduzida.[150]

O que efetivamente ficou na memória foi a experiência, devastadora para tantos alemães, daqueles últimos meses terríveis. Talvez não surpreenda, portanto, que os alemães pensassem em *si mesmos* como as vítimas indefesas de uma guerra que não tinham desejado, imposta a eles por um regime tirânico que causara apenas miséria ao país e produzira uma catástrofe.[151] Um homem de uma cidade no leste, cuja mãe se matara pelo medo que os russos lhe inspiravam, queixou-se muitos anos mais tarde: "Havia monumentos em memória de todo mundo: prisioneiros de campos de concentração, judeus vitimados pelo nazismo, russos mortos. Mas ninguém se preocupou com o outro lado".[152] Na geração que passou por tais experiências, a sensação de serem vítimas — exploradas, enganadas, abusadas — da tirania incontrolável de Hitler e dos carrascos que em seu nome cometeram crimes terríveis (embora, como frequentemente se afirmou, menos hediondos do que os de Stálin) permaneceu, mal tendo sido diluída.

É claro, essa sensação não era de todo incorreta. Na fase final da guerra, também os próprios alemães *foram*, sem sombra de dúvida, vítimas de acontecimentos muito além de seu controle. As pessoas que perderam suas casas devido aos bombardeios evidentemente foram vítimas — de uma implacável campanha de ataques aéreos, mas também da política expansionista de seu governo, que provocara o horror. As mulheres, as crianças e os idosos forçados a fugir de suas casas e fazendas no leste da Alemanha, unindo-se aos milhões que caminhavam sobre a neve e o gelo, foram também vítimas — da força destruidora do Exército Vermelho e de todos os insensíveis líderes nazistas de suas áreas, mas também da guerra de agressão travada por seu governo contra a União Soviética, que provocou represálias tão terríveis. Os soldados que morriam aos milhares nos fronts naqueles horríveis meses finais em certo sentido eram igualmente vítimas — de uma liderança militar recorrendo a métodos draconianos para impor obediência às tropas, mas também do senso de dever inculcado neles, de que estavam lutando por uma boa causa, e de uma liderança política preparada, em nome de seus objetivos egoístas, para arrastar o país ao aniquilamento antes de capitular, quando tudo estava obviamente perdido.

No entanto, por se considerarem vítimas, poucos tentaram refletir sobre *por que* haviam se deixado enganar e explorar. Poucas das vítimas de bombas no Ruhr deram-se ao trabalho de pensar no arsenal de armas que estavam produzindo para o regime, tornando possível bombardear os cidadãos de Varsóvia, Roterdã, Coventry, Londres, Belgrado e muitos outros lugares, convidando assim à destruição de suas próprias cidades, em represália. Enquanto as bombas caíam em outras partes, sobre outras pessoas, eles não se queixavam. Entre aqueles forçados a fugir da Prússia Oriental nas horríveis circunstâncias do princípio de 1945, poucos estavam dispostos a lembrar-se de que a província havia sido a mais nazista da

Alemanha, que seu apoio a Hitler estivera muito acima da média antes de 1933, ou de que eles o haviam aplaudido entusiasticamente na década de 1930, quando a região se beneficiava com as políticas nazistas. Em toda a Alemanha, a maioria das pessoas não estava disposta a lembrar-se de seu antigo entusiasmo por Hitler, sua euforia pelos "êxitos" do Führer e as esperanças que investiam num admirável mundo novo para si e suas crianças, a ser construído com as conquistas da Alemanha e a espoliação da Europa. Ninguém queria pensar no horror que seus pais, filhos ou irmãos haviam infligido aos povos do leste da Europa, muito menos refletir sobre os relatos (ou os boatos que continham boa dose de verdade) que ouviram sobre o massacre dos judeus. A extrema desumanidade pela qual a Alemanha havia sido responsável era suprimida, afastada dos pensamentos. O que permanecia, tal qual uma cicatriz na memória, era como fora possível ao Terceiro Reich errar de maneira tão trágica.

E mesmo naqueles terríveis últimos meses da guerra poucos, ao que parece, preocupados como estavam com suas prementes necessidades da vida cotidiana, estavam dispostos a dedicar seus pensamentos às vítimas reais — as legiões de estrangeiros levados à força para a Alemanha e obrigados a trabalhar contra sua vontade, as centenas de milhares de prisioneiros nos campos de concentração ou nos presídios, mais mortos do que vivos, e os detentos em farrapos, barbaramente maltratados, a maioria deles judeus, nas marchas da morte das derradeiras semanas. O preconceito racial que o nazismo soube explorar com tanta facilidade foi algo que poucos, mais tarde, quiseram admitir. Mas as antigas ideias custam a morrer. Segundo pesquisas de opinião realizadas pelos americanos em outubro de 1945, 20% das pessoas interrogadas "estavam de acordo com Hitler em seu tratamento aos judeus" e outros 19% eram em geral favoráveis, embora pensassem que ele havia ido longe demais.[153]

Essa duradoura afinidade parcial com as ideias do nazismo não era tudo. À medida que o Terceiro Reich se desintegrava, uma ambiguidade inevitável perdurou no pensamento de muitas pessoas.[154] O desejo imperioso de ver a guerra chegar ao fim era praticamente universal naqueles últimos meses. Ele estava acompanhado por outro anseio fervoroso, o de ver-se livre para sempre do regime nazista que infligira tanto horror e sofrimento ao povo. Mas um dos grandes trunfos do nazismo nos anos anteriores fora sua habilidade em usurpar e explorar todos os sentimentos de patriotismo e orgulho da nação, convertendo-os numa forma tão perigosa e agressiva de nacionalismo exacerbado que facilmente poderia tornar-se imperialismo racial. O regime, já à beira do colapso de 1944-5, não conseguiu eliminar, em todos aqueles que tinham passado a odiar o nazismo, a determinação de lutar por seu país, de defender a terra natal da invasão estrangeira, e em especial — os anos de propaganda antibolchevique cumpriram seu papel, e a amarga experiência da conquista nas regiões do leste somou-se a eles — de defender-se daquilo que era visto como um inimigo alienígena, repugnante e desumano vindo do leste. Assim, as pessoas queriam ver o fim do nazismo, mas não o fim do Reich. Contudo, como a luta para preservar a Alemanha continuava sendo conduzida justamente pelas autoridades cujas políticas haviam arruinado o país, até o fim o regime nazista ainda pôde, mesmo que de maneira negativa, contar com o apoio tanto de soldados como de civis. Na região oeste da Alemanha, a relativa tolerância do tratamento oferecido pelos vencedores americanos e ingleses (senão pelos franceses) inevitavelmente contribuiu para que a erosão do regime e o processo de desagregação da sociedade civil e do Exército ocorressem com mais rapidez do que no leste. Lá, apesar do sentimento àquela altura quase universal de repulsa pelo Partido Nazista e por seus representantes, as pessoas dispunham de poucas opções além de confiar na Wehrmacht, na esperança de que ela fosse capaz de afastar a ameaça do Exército Vermelho.

A ambiguidade nas atitudes do alemão comum, tanto o civil como o militar, naqueles terríveis últimos meses da guerra, era ainda mais predominante entre os altos escalões da oficialidade da Wehrmacht. Ao longo deste volume, foram apresentadas inúmeras provas — deixando de lado fanáticos como Dönitz ou Schörner, que colaboraram estreita e diretamente com Hitler — das crenças e mentalidades de generais que se sentiam obrigados a cumprir ordens que consideravam absurdas, que desprezavam a liderança nazista mas assim mesmo julgavam ser seu dever inabalável fazer tudo que podiam para impedir a vitória do inimigo, sobretudo no front oriental. A defesa da terra natal, e não o comprometimento ideológico com o nazismo, era o que importava para a maioria dos oficiais do alto escalão. Mas seus sentimentos nacionalistas e patrióticos bastavam para mantê-los inteiramente comprometidos com um regime ao qual haviam se mostrado tão dispostos a servir em tempos melhores. Após o fracasso do atentado a bomba de julho de 1944, dificilmente haveria alguém pensando numa "mudança de regime" entre os generais, que podiam ver, com mais clareza do que ninguém, que a Alemanha estava caminhando para uma catástrofe completa. Esse aspecto, em última análise, era crucial. Pois significava que Hitler permaneceria no poder, que a guerra continuaria e que não haveria nenhuma tentativa de golpe. Foi só com a morte de Hitler que se tornou possível fazer algum movimento no sentido da capitulação. E foi apenas então, em condições de colapso e impotência totais, que os vínculos entre a liderança militar e Hitler e seu regime foram, com relutância, rompidos.

Conclusão:
Anatomia da autodestruição

Este livro começou chamando a atenção para o raríssimo caso de um país capaz de se empenhar numa guerra até o momento de sua destruição total. É igualmente raro que as elites poderosas de um país, e de maneira mais óbvia a elite militar, não consigam ou não se disponham a afastar um líder que, a olhos vistos, as arrasta com ele para o completo desastre. Mesmo com todos cientes de que tal fenômeno estava ocorrendo, e de que se tornava cada vez mais inevitável, essa autêntica compulsão para uma catástrofe nacional generalizada — ampla derrota militar, destruição material, ocupação inimiga e, ainda para além de tudo isso, ruína moral — foi precisamente o que aconteceu com a Alemanha em 1945. Os capítulos precedentes tentaram explicar como isso foi possível. Mostraram o longo processo do colapso inexorável da nação mais poderosa da Europa diante da pressão militar externa. Também tentaram ressaltar a dinâmica autodestrutiva — de modo algum limitada a Hitler — erigida dentro do Estado nazista. Acima de tudo, procuraram demonstrar quão complexas eram as razões pelas quais a Alemanha dispôs-se a lutar até o derradeiro momento, e foi capaz de fazê-lo, sendo impossível reduzi-las a uma única e simples generalização.

A exigência dos Aliados de uma "rendição incondicional", vista com frequência como responsável por eliminar qualquer opção que não fosse lutar até o fim, não fornece uma explicação adequada. Naturalmente, a propaganda nazista tratou de explorar essa imposição, em seu esforço incessante de reforçar a disposição de resistir, alegando que o inimigo, tanto do oeste como do leste, estava empenhado em destruir a própria existência da Alemanha como nação. Mas nos últimos meses da guerra, como se pôde ver, era cada vez menor o número de pessoas que acreditavam nessas mensagens, ao menos no que diz respeito às potências ocidentais.

Mais significativas foram as implicações de tal política para a elite do regime. Sem dúvida, a exigência da "rendição incondicional" vinha bem a calhar para Hitler, o qual insistia em que jamais se pensasse na possibilidade de capitulação. Além disso, a "rendição incondicional" tornava impossível dar um fim à guerra no front ocidental — o que muitos líderes alemães, embora Hitler não se encontrasse entre eles, estavam dispostos a negociar — sem encerrar também os combates no leste. Mesmo o governo Dönitz, após a morte de Hitler, rejeitou essa opção — já que ela significava condenar quase 2 milhões de soldados alemães ao cativeiro soviético —, até que Eisenhower fechou questão quanto ao assunto e, com isso, fez a guerra estender-se por mais oito dias de derramamento de sangue e sofrimento. Por outro lado, a exigência de "rendição incondicional" não levou a nenhuma mudança, por parte do Alto-Comando da Wehrmacht, com relação à estratégia militar adotada pela Alemanha a partir de 1943 — levando em conta que, na verdade, jamais existiu uma estratégia em sentido amplo além do impulso autodestrutivo, e de fundo ideológico, de resistir até a completa ruína.[1] Essa imposição fornecia uma justificativa oportuna para prosseguir lutando. Mas não era a causa para a determinação de fazê-lo.

Alegar que tal exigência minava a possibilidade de que o movimento de resistência conquistasse um apoio mais amplo e aumentasse suas chances de derrubar Hitler também é um argumento discutível.[2] Em todo caso, a "rendição incondicional" não foi, obviamente, capaz de evitar uma tentativa de *coup d'état*. Stauffenberg e seus colegas de conspiração no atentado a bomba de julho de 1944 agiram com pleno conhecimento da exigência aliada e, caso tivessem sido bem-sucedidos, de pronto fariam sondagens com o objetivo de chegar a um acordo de paz. E a maioria dos paladinos de Hitler, bem como inúmeros generais, em algum momento estaria disposta, como já se notou, a fazer negociações em busca de um entendimento — isso, claro, se o Führer concordasse — sem que a intransigente postura aliada os detivesse.

Assim, embora a "rendição incondicional" fosse indiscutivelmente um dos fatores da equação, não pode ser encarada como o elemento decisivo ou o mais importante na opção dos alemães de seguir lutando.[3] O próprio Churchill, mais tarde, rejeitaria a alegação de que a "rendição incondicional" fora o equívoco responsável pelo prosseguimento da guerra. Na verdade, ele chegou a ponto de declarar que outro acordo visando à paz, que os Aliados diversas vezes tentaram redigir, teria sido muito mais danoso a qualquer tentativa alemã nesse sentido, uma vez que as condições "pareciam tão assustadoras ao serem colocadas no papel, e iam tão além daquilo que de fato chegou a ser feito, que sua divulgação apenas teria fortalecido a disposição da Alemanha de continuar resistindo".[4]

Tampouco os equívocos dos Aliados quanto a táticas e estratégias, que ao prejudicar seus próprios esforços para encerrar logo a guerra e contribuir para o prolongamento do demorado conflito, também por temporariamente reforçar a confiança dos defensores da Alemanha, podem ser vistos como fator decisivo. Por certo, cometeram-se erros importantes, que agravaram a falta de habilidade dos Aliados — após os desembarques na Normandia no oeste e a investida do Exército Vermelho pela Polônia no leste — para impor a derrota definitiva à Alemanha durante o Natal, como de início pensaram ser possível, numa visão otimista.

Conforme exposto em capítulos anteriores, no oeste, as divergências entre Eisenhower e Montgomery quanto aos objetivos estratégicos, sustentadas por suas diferenças pessoais (em grande parte por causa da personalidade autoritária de Montgomery e de certo preconceito antiamericano impregnado na elite militar britânica), impediram o pleno aproveitamento da investida de agosto de 1944 no território francês, que desorganizara todo o front ocidental alemão. O resultado, acrescido do fracasso britânico em manter a posse do porto de Antuérpia e do desastre em Arnhem, foi que a Wehrmacht conseguiu reforçar suas defesas no flanco oeste, deixando o avanço inimigo praticamente paralisado por várias preciosas semanas. Os Aliados só recuperariam o fôlego em março de 1945 — mas, antes disso, ainda sofreriam um atraso temporário na ofensiva das Ardenas. No front oriental, por sua vez, os erros do Exército Vermelho em termos de planejamento operacional culminaram no insucesso do ataque maciço do verão de 1944, por mais devastador que tivesse sido para a Wehrmacht, o qual também não conseguiu acabar logo com a guerra. Uma ousada investida contra a costa da Pomerânia, temida pelos planejadores da defesa alemã, teria aberto caminho para um ataque a Berlim em data bem anterior àquela em que de fato ocorreu, e possivelmente poderia ter provocado o colapso total muito antes de maio de 1945.

Falar sobre o que teria ocorrido se americanos e ingleses no oeste e soviéticos no leste tivessem adotado diferentes decisões estratégicas é, naturalmente, pura especulação. Talvez a guerra tivesse chegado ao fim muito tempo antes. Mas, da mesma forma, é possível que outros erros ou hesitações — é inevitável que a guerra produza com frequência suas surpresas, raras vezes desenrolando-se de acordo com os planos traçados no papel — dessem sua contribuição, impedindo que o conflito tivesse um desfecho mais cedo.

Ainda no campo da especulação, no fim de contas fútil, encontra-se a questão do que poderia ter acontecido se a tentativa de assassinato de Hitler em julho de 1944 tivesse sido bem-sucedida, com a tomada do poder pelos conspiradores. Nesse caso, não há dúvida de que Stauffenberg e seus colegas buscariam a paz com o Ocidente, embora seja quase certo que não o fariam no que diz respeito ao front oriental. O mais provável é que os Aliados ocidentais só aceitassem estabelecer negociações nos termos da "rendição incondicional" em todos os fronts, já que qualquer outra hipótese causaria o rompimento da coalizão com a União Soviética, que dependia fundamentalmente da destruição completa do militarismo alemão e do nazismo. Com Hitler morto, os líderes do golpe de Estado vitorioso teriam de escolher entre aceitar a capitulação completa ou continuar com a guerra. Provavelmente, eles se sentiriam forçados a concordar com a rendição total. A guerra, pois, teria chegado ao fim em julho de 1944, evitando o enorme derramamento de sangue ocorrido nos meses seguintes. Mas será que as lideranças militares, em especial no leste, iriam concordar? E que atitude tomariam os fanáticos da linha dura nazista, muito especialmente na SS? Escoradas numa versão renovada da lenda sobre a "punhalada nas costas" desferida sobre a imagem de um Hitler morto à traição por seus oficiais e transformado em herói, as poderosas forças internas talvez resistissem, até mesmo derrubando o novo governo. A consequência poderia ser uma guerra civil.

Como é natural, a permanente fascinação por especulações do tipo "e se?" não consegue fornecer respostas satisfatórias. Este livro tentou, portanto, avaliar não o que poderia ter acontecido, mas o que efetivamente aconteceu, e a partir desses dados procurou investigar as razões para que a Alemanha permanecesse lutando até o fim. Tomando por base as evidências apresentadas nos capítulos precedentes, agora é o momento de ligar os fatos dessa trama, em busca de uma resposta.

Em primeiro lugar, não é verdade, como às vezes se alega, que a população apoiou Hitler e o regime nazista até o fim. "O povo não confia mais na liderança", dizia o trecho de um relatório interno, um dos muitos aqui citados, em março de 1945. "O Führer tem de se confrontar cada vez mais com questões de confiança e de críticas."[5] É verdade que os laços com Hitler, nos níveis mais altos e mais baixos da sociedade, haviam se fortalecido, ao menos a curto prazo, em julho de 1944, com o fracasso do atentado a bomba de Stauffenberg. Como se viu, entre a população civil e entre os soldados no front a popularidade de Hitler, em relativa queda, recebeu um impulso, como se depreende das cartas que eles enviavam para casa. E a maioria dos generais — mesmo aqueles que estavam longe de ter entusiasmo pelo regime — ficou consternada com o atentado, como demonstram as anotações em seus diários pessoais e os comentários feitos em caráter particular. Mas, à parte essa breve ressurgência, o fato é que a popularidade de Hitler encontrava-se em declínio desde o inverno de 1941, e de 1944 a 1945 entrou em queda livre. Reservas significativas de popularidade permaneciam entre uma minoria que também diminuía com o tempo — se bem que se tratasse de uma minoria que detinha o poder. No início de 1945, porém, o apoio a Hitler estava num nível muito baixo.

E a essa altura, o Partido Nazista era alvo de um ódio generalizado. Como Goebbels reconheceu, o partido parecia estar entregando os pontos bem antes da hora, tornando-se objeto de amargos ressentimentos à medida que seus funcionários sumiam de vista, abandonando a população. Apesar dos esforços crescentes da propaganda, os relatórios que chegavam às mãos de Goebbels mostravam um retrato irretocado da realidade. A propaganda podia fazer bem pouco ou nada no sentido de contestar o que as pessoas viam com os próprios olhos. Suas mensagens, de um otimismo entusiasmado, eram cada vez mais desdenhadas por uma população que ansiava pelo fim da guerra e inexoravelmente voltava-se contra o regime que tanta miséria causara à Alemanha. É muito pouco convincente a ideia de que a "comunidade do povo" manteve sua coesão e capacidade de integração para sustentar o esforço de guerra. Na verdade, a propalada "comunidade do povo" se desmanchara bastante tempo antes, quando tudo se tornou uma questão de "salve-se quem puder".

Ainda assim, havia importantes afinidades parciais, que iam além do mero apoio ao regime, mas que de algum modo lhe serviam de base. Crucialmente, a existência do regime estava entrelaçada com a defesa da nação e da terra natal, uma causa defendida por muitos alemães, mesmo quando desprezavam Hitler e os nazistas. A esmagadora proporção da população, como inúmeros relatórios internos reconhecem, desejava ansiosamente o fim da guerra. No entanto, havia uma evidente ambivalência. Eram poucos os que queriam a ocupação inimiga, muito menos a dos russos, tão temidos. Mas, enquanto lutavam com todas as forças para não serem derrotados pelo inimigo, os alemães, quaisquer que fossem seus desejos e motivações, estavam ajudando a manter o regime em funcionamento. E para a vasta maioria dos alemães, por mais desmoralizado que estivesse o regime, o fato é que não havia altermativa senão seguir em frente.

O papel desempenhado pelo terror nesse panorama foi fundamental. Sem ele, é bem possível que ocorresse um levante popular. Mas o regime constituía uma grave ameaça a seus próprios cidadãos, ameaça que se tornou cada vez maior após a extrema intensificação do terror em fevereiro de 1945. As pessoas sentiam-se muito intimidadas pelo governo, e esse sentimento era mais do que justificado. Na agonia do regime, o terror, que no início era basicamente um produto de exportação, passou a ter como alvo a própria população alemã, e não apenas suas minorias perseguidas. Entre os soldados rasos, o número de desertores, aos quais se misturavam os "desgarrados", não parava de crescer. Os tribunais militares, como vimos, reagiam com punições de crueldade exemplar. O julgamento das cortes marciais sumárias, introduzidas em meados de fevereiro, não passava de um simulacro, proferindo praticamente apenas sentenças de morte. No início de março, quando essas cortes passaram a ser itinerantes, a "corte marcial volante" poderia aparecer em qualquer parte do front, e em questão de minutos já teria condenado à morte qualquer um que houvesse sido denunciado como relapso, derrotista ou subversivo, a execução da sentença sendo imediata. É importante ressaltar que essas cortes militares continuaram proferindo sentenças de morte mesmo depois da capitulação. Também entre os civis, qualquer um que saísse da linha, mesmo numa situação de desespero, até o último instante poderia receber a punição mais brutal. Em consequência sobretudo do efeito intimidador dessa política de terror, o sentimento dominante entre o povo era de resignação, desânimo e pessimismo, nunca de rebelião. Aqueles que ousavam levantar a voz e principalmente tomar alguma atitude contra o regime eram punidos com a máxima crueldade. A maioria, por questão de sensatez, adotava o ponto de vista de que nada poderia ser feito — a não ser aguardar o momento em que tudo aquilo acabasse e torcer para que americanos e ingleses chegassem antes dos russos.

O terror, no entanto, não fornece explicação para tudo. É uma justificativa válida principalmente quando se trata dos níveis mais baixos. Dezenas de milhares de soldados desertaram, e muitos foram punidos com execução sumária. Mas mesmo nessas circunstâncias, e conhecendo o efeito intimidador da punição drástica reservada àqueles que se recusavam a lutar, a grande maioria dos soldados não abandonava seus postos — nem mesmo pensava em fazê-lo. Eles continuavam combatendo, muitas vezes numa atitude fatalista ou até relutante, mas com frequência também, até as últimas e desesperadas semanas, com bastante dedicação e mesmo com entusiasmo. Essa atitude não pode ser explicada pelo terror.[6] E nos altos escalões da Wehrmacht, entre os oficiais superiores com poder de decisão e comando, o terror desempenhava um papel menor. Com exceção daqueles envolvidos no atentado a bomba, os generais não se sentiam aterrorizados. Alguns eram exonerados. Mas não eram executados.

Para o povo alemão, e mais ainda para as vítimas raciais e políticas do nazismo, o terror exacerbado e o terrível sofrimento só poderiam chegar ao fim quando o próprio regime fosse destruído por força militar. Em grande parte, isso se devia ao fato de que muitos dos que exerciam alguma forma de poder, principalmente nas esferas mais elevadas — mas também entre funcionários e representantes do partido nos níveis locais e regionais —, estavam conscientes de que haviam esgotado todas as suas possibilidades e não tinham mais futuro. Líderes do partido e da ss estiveram envolvidos nas piores atrocidades contra judeus e outros grupos. Goebbels via isso como um fator positivo, no sentido de assegurar seu constante fanatismo e seu apoio ao regime (com frequência reforçado pelo receio de alguma feroz "vingança judaica"). Hitler pensava exatamente dessa maneira. À medida que o poder nazista se fragmentava, o regime cada vez mais era tomado por uma fúria assassina, com a polícia, a ss, funcionários locais e regionais do partido agindo por conta própria. Nas últimas semanas do Reich, centenas de cidadãos tornaram-se vítimas da violência descontrolada de nazistas fanáticos, muitas vezes porque tentavam impedir a despropositada destruição de suas cidades ou aldeias por seguir lutando enquanto o inimigo se aproximava. Prisioneiros e trabalhadores estrangeiros estavam mais sujeitos do que nunca à violência selvagem e desenfreada. E, com o inimigo já às portas, as marchas forçadas e sem sentido de milhares de prisioneiros de campos de concentração, muitos deles judeus, deixavam um número enorme de mortos, e os demais, aterrorizados e traumatizados.

As ações desesperadas de muitos ativistas do partido nas últimas semanas refletiam a disposição, por parte daqueles já cientes de que não tinham mais futuro, de morrer levando consigo os inimigos, de se vingar de adversários de longa data, de acertar diferenças pessoais e de garantir que as pessoas que haviam se oposto ao regime não estariam vivas para celebrar sua queda. Embora fanáticos desse tipo fossem uma pequena minoria, eram uma minoria com poder de vida e morte. Seu impulso autodestrutivo era análogo ao de Hitler e da liderança do regime, e contribuía para garantir, por sua própria brutalidade, que o poder nazista seguia existindo e toda manifestação de resistência vinda de baixo seria rapidamente eliminada.

Depois de julho de 1944, o Partido Nazista e seus afiliados passaram a ocupar cada vez mais o espaço organizacional situado fora da esfera militar, ganhando poderes crescentes sobre os cidadãos e a administração civil. Martin Bormann usou sua proximidade com Hitler e seu comando da administração central do partido para revigorá-lo e para afastar a administração do Estado de qualquer papel de destaque na formulação de políticas. O "tempo de luta" que precedeu a chegada do partido ao poder, em 1933, era evocado sempre que se exortavam os ativistas a adotar medidas radicais para completar a "revolução nazista".

Abaixo de Bormann, um papel essencial cabia aos *Gauleiter*. Como comissários de Defesa do Reich, responsáveis pela segurança civil em suas regiões, dispunham de uma enorme área de atuação para interferir praticamente em todas as esferas da vida cotidiana (e para aplicar sanções sumárias aos que não os obedecessem). Eles e seus subordinados nos níveis local e distrital controlavam, entre outras coisas, a distribuição de benefícios sociais, a evacuação compulsória de cidadãos de áreas ameaçadas, o acesso a abrigos antiaéreos, a remoção de destroços gerados pelas bombas e o recrutamento obrigatório de trabalhadores para instalações de defesa. Desempenhavam ainda uma função de grande importância no esforço pela guerra total comandado por Goebbels, extraindo as derradeiras reservas de pessoal de escritórios e outros locais de trabalho e incorporando essa mão de obra à Wehrmacht. O aumento de poder do partido em nada contribuiu para tornar a administração mais ágil e eficiente. Mas fez crescer de maneira extraordinária o controle exercido pela agremiação sobre o governo e a sociedade. Nos últimos meses da guerra, a Alemanha se transformara numa sociedade mobilizada e militarizada ao máximo. A maioria do povo alemão era oprimida, amedrontada e controlada como nunca havia sido. Àquela altura, era muito difícil encontrar alguma área de atividade livre da intromissão do partido e de seus afiliados.

Um grande passo rumo à militarização completa da sociedade foi a criação da *Volkssturm,* no outono de 1944. Do ponto de vista militar, tratava-se de uma organização virtualmente inútil. Satirizada como a tão aguardada "arma miraculosa", era alvo de zombarias. E constituía ainda um sinal, que todos eram capazes de reconhecer, do quão desesperadora a situação se tornara. Cidadãos sensatos faziam todo o possível para não ser convocados, dada sua alta taxa de mortalidade, em especial no front oriental. Como estrutura de controle para o regime, porém, a *Volkssturm* estava longe de ser insignificante. E seus postos de liderança com frequência se concentravam nas mãos de nazistas fanáticos, cada vez mais envolvidos em "ações" de controle, o que incluía a prática de atrocidades contra alemães vistos como covardes ou derrotistas.

Embora a burocracia estatal estivesse perdendo seu poder efetivo — na maior parte, fora reduzida a mero instrumento de aplicação de medidas administrativas — e se encontrasse, cada vez mais e em todos os níveis, nas mãos de gente do partido, o regime também foi sustentado até o fim por um mecanismo burocrático sofisticado e experiente. Isso permitia superar as inúmeras dificuldades para seu funcionamento, mesmo com uma significativa redução na efetividade, em especial nos últimos meses, até que sobrasse muito pouco ou nada para administrar. Sem a capacidade de organização de um funcionalismo civil instruído e bem treinado nos diferentes níveis, a administração decerto teria entrado em colapso muito antes. Também o sistema judiciário, ainda proferindo sentenças draconianas, continuou em atividade até o fim, mantendo o terror radical contra cidadãos alemães e minorias perseguidas. Em todo o serviço civil, manifestava-se uma lealdade quase automática, dedicada não particularmente à pessoa de Hitler, mas a uma abstração do "Estado", ao lado de um comprometimento com o que era encarado como "dever". Mesmo para os funcionários civis que zombavam de Hitler e desdenhavam dos chefes nazistas, era suficiente para fornecer apoio a um sistema em colapso terminal. Pôde-se perceber como Kritzinger, secretário de Estado na Chancelaria do Reich, praticamente foi incapaz de compreender o significado da pergunta feita por seus interrogadores depois de encerrada a guerra, quanto ao motivo pelo qual continuava fazendo seu trabalho quando tudo já estava perdido. Sua resposta: "Como servidor civil de longa carreira, eu tinha um dever de lealdade para com o Estado". A mentalidade era a mesma, de alto a baixo do vasto funcionalismo civil.

O caráter feroz dos combates no front oriental também representou uma motivação adicional para manter a disposição para a luta e a recusa à rendição. A guerra no leste era muito diferente do conflito travado no oeste. Tanto os líderes militares como os soldados rasos sabiam perfeitamente que haviam sido responsáveis por inúmeras atrocidades cometidas no leste, ou tido envolvimento nelas: aldeias incendiadas, execução em massa de *partisans*, fuzilamento de dezenas de milhares de judeus. A barbaridade da guerra no front oriental significava, e disso eles estavam cientes, que não poderiam esperar a menor misericórdia se caíssem nas mãos dos soviéticos.

A imagem de propaganda de Nemmersdorf, cenário de atrocidades soviéticas em outubro de 1944, era pior do que a realidade — se bem que esta já era horrível o suficiente. Nemmersdorf simbolizava o pavor do bolchevismo, algo que havia sido incessantemente martelado pela propaganda, mas que agora não era mais uma abstração. Para os soldados em combate no leste, ou lutando em outras áreas, mas com famílias nas zonas orientais ameaçadas, a motivação para continuar lutando não era simplesmente de natureza ideológica. A luta ideológica contra as "hordas asiáticas" e as "feras bolcheviques", e até mesmo a defesa patriótica da nação, fundia-se de maneira subliminar numa tentativa desesperada de afastar a ameaça às famílias e aos lares ou vingar-se das atrocidades cometidas pelo Exército Vermelho. Além desses motivos, a luta dos soldados tinha por base a solidariedade de grupo pelos colegas próximos e, enfim, pela própria sobrevivência.

Tampouco se pode esquecer o papel importante desempenhado pelo corpo de oficiais das Forças Armadas na capacidade do regime de manter-se na luta. A guerra fez com que o número de oficiais crescesse muito — incluindo o pessoal da reserva, chegou a cerca de 200 mil no começo de 1944 —, mas também ocasionou uma rápida rotatividade. O Exército perdeu 269 mil oficiais durante o conflito, dos quais 87 mil foram mortos. Em setembro de 1944, diariamente, uma média de 317 oficiais — sobretudo de escalão mais baixo — eram mortos, feridos ou aprisionados. Os oficiais subalternos e de médio escalão eram peças fundamentais na máquina militar. Muitos deles haviam assimilado os princípios da doutrina nazista na Juventude Hitlerista e nos treinamentos que se seguiriam, e já estavam calejados pelas batalhas e pelo envolvimento em ações assassinas de "pacificação" e de genocídio no leste.[7] Como visto, a penetração nazista nas Forças Armadas se intensificou após o fracassado atentado a bomba, com a introdução do *"Heil* Hitler" em substituição à saudação militar tradicional e com a utilização crescente dos NSFO, os oficiais da liderança nacional-socialista, para incutir nas tropas fanatismo e lealdade. As represálias brutais contra os envolvidos na conspiração de Stauffenberg e os repetidos comentários pejorativos que líderes nazistas logo abaixo de Hitler costumavam fazer sobre oficiais do Exército também produziram não apenas pressão pelo conformismo como por exibir um comprometimento entusiasmado.

No topo da pirâmide, a chave eram os generais. Muitos tinham idade avançada demais para ter sido formados pelo pensamento nazista, como acontecia com os oficiais mais jovens. Mas suas antigas mentalidades nacionalistas mesclaram-se bem aos ideais nazistas, e eles dispunham ainda de vasta experiência da "guerra de aniquilação" ideológica, a qual apoiavam, no front oriental. Depois do expurgo que se seguiu ao fracassado atentado a bomba entre os altos oficiais, permaneceram apenas aqueles de lealdade comprovada. O que não impedia a ocorrência de discussões intensas sobre táticas entre alguns generais e Hitler. Vários deles tornavam-se bodes expiatórios por fracassos no campo de batalha ou pela inabilidade em executar ordens absurdas. Mas nem por temperamento nem por capacidade de organização eles seriam capazes de desafiar Hitler ou de tentar outro golpe militar. A maioria levava muito a sério o juramento de lealdade prestado ao Führer, e para eles era uma tortura pensar que algum dia poderiam ser levados a desobedecer às suas ordens. Mesmo quando o juramento funcionava como pouco mais do que um pretexto para a obediência e para a abstenção deliberada de responsabilidades políticas — com base no argumento de que eram apenas soldados cumprindo seu dever —, os tradicionais mandamentos militares de ordem e obediência eram distorcidos a tal ponto no Terceiro Reich que acabaram se transformando em disposição de seguir os comandos de Hitler ainda que estes fossem irracionais.[8] Por fim, um senso de dever profundamente enraizado, embora distorcido ao máximo, fornecia não só motivação como também álibi aos líderes militares do Terceiro Reich.[9]

Os generais estavam divididos. As conversas que aqueles aprisionados pelos ingleses mantinham — captadas por microfones ocultos — mostravam, em diversas ocasiões, diferenças agudas em seus pontos de vista.[10] Isso também acontecia entre os generais que ainda detinham postos de comando na Alemanha ou nas fronteiras. Como nacionalistas fervorosos, eles sentiam que era axiomático que deviam permanecer sempre prontos para fazer todo o possível pela defesa do Reich, mesmo que intimamente houvessem rompido com Hitler ou desprezassem o Partido Nazista e seus representantes. Alguns, entretanto, permaneciam apoiadores fanáticos do Führer, como o brutal marechal de campo Ferdinand Schörner, cuja reputação por impor disciplina com crueldade chegava aos altos escalões do Exército, ou o grande almirante Karl Dönitz, que em abril de 1945 exigiu que todo navio e toda base naval fossem defendidos até o fim, de acordo com as ordens do Führer, oferecendo a seus homens a escolha entre vitória ou morte. Muitos oficiais do primeiro escalão, como Dönitz, aferravam-se à ideia fantasiosa de que eram "não políticos" e de que decisões políticas ocorriam apenas e por direito como atribuições da liderança do Estado. Mas sem seu apoio, quaisquer que fossem os motivos, é evidente que a liderança do Estado não poderia ter continuado; tampouco a guerra.

Mesmo quando discordavam inteiramente das táticas de Hitler, os generais não questionavam seu direito em determiná-las, e lutavam com lealdade. Confrontado com ordens cada vez mais insensatas para a defesa de Berlim, o coronel-general Heinrici ainda sentia que se recusar a obedecê-las seria um ato de traição. O exemplo do marechal de campo Kesselring, negando-se no final de abril de 1945 a aprovar a rendição na Itália enquanto o Führer estivesse vivo, é outro caso emblemático.

A radicalização da estrutura de poder abaixo de Hitler nos últimos meses também foi decisiva para permitir a continuação da luta. Na esteira da tentativa de assassinato de Stauffenberg, o regime experimentou um rápido revigoramento. Adotaram-se mudanças que o fortaleceram e evitaram um colapso interno, com o poder logo abaixo de Hitler sendo em grande medida dividido entre os quatro expoentes do nazismo. Bormann, como se viu, expandiu enormemente o papel de mobilização e controle do partido, estendendo seu poder a quase todos os aspectos da vida cotidiana. Goebbels agora congregava as áreas-chave da propaganda e da mobilização pelo esforço da guerra total. Sem o milhão adicional de homens que ele reunira no final de 1944, a Wehrmacht simplesmente não teria conseguido repor as perdas colossais que vinha sofrendo. Himmler, ao assumir o comando das Forças de Reserva (em cujo quartel-general Stauffenberg orquestrou o plano para matar Hitler), prolongou seu aparato de terror para dentro da própria Wehrmacht. Apenas as Forças de Reserva tinham sido capazes de planejar a tentativa de *coup d'état* em 1944. Nas mãos de Himmler, esse potencial estava afastado. E Speer conseguira milagres de administração e organização ao produzir armamentos em quantidade suficiente, apesar das crescentes crises de produção e transporte causadas pelos bombardeios aliados e pelas perdas territoriais, garantindo que as tropas ainda tivessem armas com as quais combater. Se Speer, que demorou muito para admitir que a guerra estava irremediavelmente perdida, tivesse trabalhado com metade da disposição, a Alemanha não teria sido capaz de resistir por tanto tempo.

O quadrunvirato Bormann, Goebbels, Himmler e Speer — do qual os três primeiros estavam entre os mais brutais e radicais fanáticos, enquanto o quarto era um gênio no campo da organização, ambicioso e sequioso por poder — foi fundamental para o prosseguimento da guerra. Mas os quatro estavam divididos e suspeitavam uns dos outros — uma característica do Estado nazista. E cada um deles estava ciente de que seu poder dependia de uma autoridade maior — a de Hitler.

Por fim, mas longe de ser a peça menos importante, chegamos ao próprio Hitler. Ele nunca se desviou do leitmotiv de sua existência política: de que jamais, em nenhuma hipótese, haveria uma capitulação "covarde" nem uma revolução interna, como acontecera em 1918. Em consequência disso, fez questão de rejeitar vigorosamente todos os pedidos de seus paladinos para que considerasse a possibilidade de uma solução negociada para a guerra. Para ele, tal atitude poderia seguir-se apenas a uma vitória, jamais a uma derrota. Em momento nenhum houve chance de que isso ocorresse, uma vez que o cerco em torno do Terceiro Reich se fechou após as principais vitórias inimigas no leste e no oeste, a partir de junho de 1944. A exigência aliada de "rendição incondicional" apenas reforçava sua mentalidade e suas convicções. Para Hitler, uma destruição total, mas "heroica", era infinitamente preferível ao que ele considerava a saída covarde da capitulação. A situação do povo da Alemanha não lhe interessava. Ele havia provado ser fraco na guerra e merecia sucumbir. Após o fracasso da ofensiva das Ardenas, ficou claro para Hitler que ele acabara de dar sua última cartada. No entanto, tentou tudo que podia em meio ao desespero e à impotência de deter a onda prestes a arrastá-lo. O suicídio era a solução óbvia e mais provável. Na verdade, havia se tornado a única saída. Era apenas uma questão de tempo, e de calcular o melhor momento, para que ele não pudesse ser capturado pelos russos. Também era a saída mais fácil, porque Hitler sabia que, acontecesse o que acontecesse, ele não teria futuro nenhum depois da guerra. Mas, enquanto estivesse vivo, seu poder — ainda que sobre um Reich a cada dia menor — não poderia ser desafiado, como Göring e Himmler descobriram mesmo nos derradeiros dias de sua existência.

A personalidade de Hitler, sem dúvida, era extremamente importante para o prosseguimento da guerra. Ele se mostrava absolutamente intransigente quando generais e líderes políticos propunham soluções alternativas. Mesmo nas últimas semanas, muitos iam vê-lo sentindo-se desmoralizados e desmotivados e saíam do encontro revigorados e cheios de entusiasmo. Sob a liderança de outro chefe de Estado, como Göring (que até cair em desgraça, em 23 de abril de 1945, era o sucessor apontado por Hitler), parece muito provável que a Alemanha teria iniciado negociações de paz em alguma data anterior a maio de 1945. De fato, é questionável se, no caso de Hitler ter morrido mais cedo, Göring (ou Himmler, o único outro candidato viável para sucedê-lo) teria autoridade suficiente sobre os generais para dar prosseguimento à guerra. Um cenário tão distinto dos fatos, como esse, apenas enfatiza outra vez como a insistência de Hitler na continuação da guerra constituía o maior obstáculo para encerrá-la. No entanto, isso não deve ser visto apenas como consequência da personalidade dominadora do ditador — sua intransigência, seu distanciamento da realidade, sua disposição de arrastar o país e o povo alemão à perdição total —, por mais importante que tenha sido esse fator. Mais do que isso, resta saber por que a elite do poder permitiu que ele comandasse a nação de maneira tão desastrosa até o fim.

Em suas memórias, Albert Speer pôs-se a refletir, num tom de pseudoautocensura, sobre as razões pelas quais, quando a Alemanha estava praticamente destruída do ponto de vista econômico e militar, os líderes militares em contato permanente com Hitler não se uniram para exigir que ele explicasse de que maneira pretendia encerrar a guerra (deixando implícito que eles talvez pudessem tê-lo obrigado a fazer isso). Speer pensou numa ação nesse sentido efetuada por Göring, Keitel, Jodl, Dönitz, Guderian e por ele mesmo.[11] A proposta, ele bem sabia, era absurda.[12] Tanto do ponto de vista estrutural como individual, o grupo que Speer citou estava dividido (para além do crescente estranhamento entre Guderian e o próprio Speer), e de qualquer forma eram todos de uma lealdade absoluta, três deles sempre oferecendo seu fervoroso apoio às ordens de "resistir até o fim".

Confrontar Hitler numa ação organizada, política ou militar, era inteiramente impossível. A dissolução de todas as estruturas de governo coletivo — desde o começo do Terceiro Reich e de maneira ainda mais pronunciada durante a guerra — assegurava isso. A deposição de Mussolini em julho de 1943 tivera início no interior de sua própria organização, o Grande Conselho Fascista. E acima de Mussolini, ao menos nominalmente, havia uma fonte alternativa de lealdade: o rei da Itália. Na Alemanha, não existiam estruturas similares. Hitler era o chefe de Estado, comandante em chefe das Forças Armadas, chefe de governo e dirigente máximo do partido. Ele rejeitara com firmeza todas as sugestões para reintroduzir uma forma de governo coletivo no gabinete do Reich e a criação de um senado do Partido Nazista para determinar, entre outros assuntos, a sucessão. Os *Gauleiter* eram convocados para reuniões periódicas, mas unicamente para ouvir monólogos motivacionais de Hitler. Mesmo nas Forças Armadas, havia uma divisão prejudicial entre o Alto-Comando da Wehrmacht (responsável por operações fora do front oriental) e o Alto-Comando do Exército (responsável apenas pelo front do leste).

O problema se agravava pelo fato de que Hitler não era apenas o comandante supremo da Wehrmacht como um todo, mas também comandante em chefe do Exército. Mesmo em comparação com outros regimes autoritários, a personalização do comando no regime de Hitler era extrema. As estruturas de poder, cada uma delas imbuída em graus variados de valores ideológicos do nazismo, eram todas subordinadas ao Führer, ganhando legitimidade com base em sua "liderança carismática". A fragmentação da governança refletia o caráter do poder absoluto de Hitler, mesmo quando esse poder começou a diminuir, nas derradeiras semanas. Embora o apelo que sua figura tinha entre as massas estivesse em acentuado declínio desde a metade da guerra, a fragmentação do comando abaixo dele, que marcara seu governo carismático desde o princípio, manteve-se até o final. Essa foi a razão fundamental pela qual não ocorreu um colapso em data anterior, ou o recurso a um acordo negociado — qualquer alternativa ao caminho que conduzia inexoravelmente à autodestruição.

A mentalidade da elite dirigente tinha se harmonizado com o caráter da dominação carismática e sustentava os determinantes estruturais que impediam qualquer desafio a Hitler. Entre os líderes nazistas, os laços pessoais estabelecidos com ele em épocas anteriores tornaram praticamente impossível uma ruptura, mesmo quando se desfez a atmosfera de infalibilidade forjada no culto à personalidade. O mesmo ocorreu com a situação de dependência completa em relação a Hitler quanto às posições de poder. Speer, é verdade, se afastou, embora muito tardiamente, e até ele sentiu um impulso interior para fazer uma última, perigosa e fútil viagem de volta ao bunker do Führer nos dias finais, para dar seu adeus pessoal ao líder que outrora idolatrara. Göring, mesmo tendo sido o alvo da fúria de Hitler com o fracasso da Luftwaffe, nunca rompeu com o ditador. Sua deposição de todos os cargos em 23 de abril seguiu-se a um mal-entendido que Bormann, um dos inimigos mortais do marechal do Reich, explorou de forma intencional. O próprio Bormann foi o leal braço direito de seu mestre, convertendo as tiradas e os rompantes de Hitler em ordens burocráticas. Himmler era o braço forte da repressão, aquele que, embora nos últimos meses clandestinamente procurasse seu próprio caminho, tentando garantir uma posição de poder num mundo pós-Hitler, continuava reconhecendo sua dependência. A ruptura com Hitler veio no momento derradeiro, e, como no caso de Göring, parece ter ocorrido em razão de um desentendimento, quando Himmler concluiu que informações sobre um colapso nervoso do ditador em 22 de abril significavam afinal sua abdicação. O mais devotado de todos os líderes nazistas, e considerado um dos mais perspicazes entre os acólitos de Hitler, Joseph Goebbels era um dos pouquíssimos preparados para ficar com ele no momento final e lançar-se a seu lado na grande pira funerária do Terceiro Reich.

Abaixo dos altos escalões dos chefes do partido, os *Gauleiter* ainda representavam uma falange de legalistas dedicadíssimos — quaisquer que fossem seus sentimentos pessoais —, os quais havia muito tempo tinham se ligado irremediavelmente a Hitler, mesmo que nas últimas semanas, por uma questão de necessidade, tivessem de agir de maneira independente quando o sistema de comunicações com Berlim entrou em pane. Sua última reunião coletiva com Hitler, em 24 de fevereiro de 1945, demonstrou que a autoridade de Hitler continuava intacta nesse importante grupo.

Entre os líderes militares, a posição do grande almirante Karl Dönitz, chefe da Marinha e indicado por Hitler para sucedê-lo como chefe de Estado, é ilustrativa dos duradouros laços com o Führer. Em contraste com sua reputação no pós-guerra, de militar profissional que havia apenas cumprido seu dever, Dönitz mostrara-se um dos mais devotados fanáticos na obediência às ordens de Hitler de lutar até o fim, um nazista completo em sua postura. Mas, com a morte do Führer, o obstáculo principal e irremovível à capitulação estava fora do caminho. Tendo assumido a responsabilidade global e sentindo-se livre de seu juramento de lealdade, Dönitz viu a necessidade de curvar-se à realidade militar e política e logo passou a buscar um desfecho negociado para uma guerra perdida. Essa súbita mudança de atitude por parte de Dönitz ressalta da maneira mais clara possível o quanto a luta até o fim, até chegar à derrota e à destruição completas, devia-se não apenas à pessoa de Hitler, mas também ao caráter de seu domínio e às mentalidades que haviam sustentado sua dominação carismática.

Entre as razões pelas quais a Alemanha teve capacidade e disposição para lutar até o fim, essas estruturas de poder e as mentalidades subjacentes constituem as mais importantes. Todos os demais fatores — o prolongado apoio popular a Hitler, o cruel aparato de terror, o domínio ampliado do Partido Nazista, os papéis preponderantes do quadrunvirato Bormann-Goebbels-Himmler-Speer, a integração negativa causada pelo receio da ocupação bolchevique e a disposição continuada por parte dos servidores civis do alto escalão e dos líderes militares de prosseguir cumprindo seu dever quando tudo já estava perdido —, tudo isso, em última análise, subordinava-se à maneira como o carismático regime do Führer estava estruturado e ao modo como funcionou em seus momentos finais. Paradoxalmente, a essa altura se tornara um regime carismático desprovido de carisma. A sedução carismática que Hitler exercia sobre as massas já tinha se desfeito muito tempo antes, mas as estruturas e mentalidades de seu domínio carismático perduraram até sua morte no bunker. Divididas como estavam, as elites dominantes não tinham a disposição coletiva nem os mecanismos de poder capazes de impedir que Hitler arrastasse a Alemanha à destruição total.

Isso foi decisivo.

Notas

ABREVIAÇÕES

BAB	Bundesarchiv Berlin/Lichterfelde
BA/MA	Bundesarchiv/Militärarchiv, Freiburgo
BDC	Centro de Documentação de Berlim
BfZ	Bibliothek für Zeitgeschichte, Württembergische Landesbibliothek, Sttutgart
BHStA	Bayerisches Hauptstaatsarchiv, Munique
DNB	Deutsches Nachrichtenbüro (Agência Alemã de Notícias)
DRZW	*Das Deutsche Reich und der Zweite Weltkrieg*
DZW	*Deutschland im Zweiten Weltkrieg*
HSSPF	Höherer SS- und Polizeiführer (Alto(s) Comandante(s) da polícia e da SS)
IfZ	Institut für Zeitgeschichte, Munique
IMT	Tribunal Militar Internacional
ITS	Serviço Internacional de Localização, Bad Arolsen
IWM	Museu Imperial da Guerra, Duxford
KTB/OKW	*Kriegstagebuch des Oberkommando der Wehrmacht*
KTB/SKL	*Kriegstagebuch der Seekriegsleitung*
LHC	Centro Liddell Hart de Arquivos Militares, King's College, Londres
MadR	*Meldungen aus dem Reich*
NAL	Arquivos Nacionais de Londres (anteriormente denominado Departamento de Registros Públicos)
Nbg.-Dok.	Nürnberg-Dokument (documento(s) não publicado(s) do processo)
NCO	oficial não comissionado

NL	Nachlaß (documentos pessoais)
NSDAP	Nationalsozialistische Deutsche Arbeiterpartei (Partido Nazista)
NSFO	Nationalsozialistischer Führungsoffizier (oficial da liderança nacional-socialista)
NSV	Nationalsozialistische Volkswohlfahrt (Organização Nacional-Socialista de Previdência Social Popular)
OKH	Oberkommando des Heeres (Alto-Comando do Exército)
OKW	Oberkommando der Wehrmacht (Alto-Comando das Forças Armadas)
OT	Organização Todt
PWE	Executivo Político para a Guerra
RPÄ	Reichspropagandaämter
RPvNB/OP	Regierungspräsident von Niederbayern und der Oberpfalz (presidente do governo (chefe da administração regional) da Baixa Baviera e do Alto Palatinato)
RPvOB	Regierungspräsident von Oberbayern (presidente do governo da Alta Baviera)
RPvOF/MF	Regierungspräsident von Oberfranken und Mittelfranken (presidente do governo da Alta Francônia e da Francônia Central)
RVK	Reichsverteidigungskommissar(e) (comissário(s) de Defesa do Reich)
SD	Sicherheitsdienst (Serviço de Segurança)
SHAEF	Quartel-General Supremo das Forças Expedicionárias Aliadas
StAA	Staatsarchiv de Augsburgo
StAM	Staatsarchiv de Munique
TBJG	*Die Tagebücher von Joseph Goebbels*
VB	*Völkischer Beobachter*
VfZ	*Vierteljahrshefte für Zeitgeschichte*
YVS	*Yad Vashem Studies*

Para os títulos completos dos livros, ver "Lista de obras citadas", pp. 557-75; para detalhes dos arquivos, ver "Lista de fontes de arquivos citadas", pp. 555-6. Contribuições em DRZW são mencionadas pelo autor apenas nas notas; os títulos encontram-se em "Lista de obras citadas".

PREFÁCIO [pp. 15-20]

1. Ver, por exemplo, Ralf Meindl, *Ostpreußens Gauleiter: Erich Koch — eine politische Biographie* (Osnabrück, 2007).
2. Um estudo bom e crítico a respeito de Dönitz, muito aguardado, foi publicado apenas depois que este trabalho estava concluído: Dieter Hartwig, *Großadmiral: Karl Dönitz — Legende und Wirklichkeit* (Paderborn, 2010).
3. De maneiras diferentes, são trabalhos exemplares: Herfried Münkler, *Machtzerfall: Die letzten Tage des Dritten Reiches dargestellt am Beispiel der hessischen Kreisstadt Friedberg* (Berlim, 1958), e Stephen G. Fritz, *Endkampf: Soldiers, Civilians, and the Death of the Third Reich* (Lexington, KY, 2004).
4. Nada melhor do que a brilhante descrição em forma narrativa do ataque do Exército Vermelho à capital do Reich em *Berlin: The Downfall 1945* (Londres, 2007).
5. *Deutschland im zweiten Weltkrieg*, autoria coletiva sob a direção de Wolfgang Schumann e

Olaf Groehler, com assistência de Wolfgang Bleyer (Berlim, 1985. v. 6: Die Zerschlagung des Hitler-faschismus und die Befreiung des deutschen Volks).

6. *Das Deutsche Reich um der Zweite Weltkrieg*, editado por vários autores para o Militärge-schichtliches Forschungstamt, volumes 7 a 10 (Munique, 2004-8).

7. Dois trabalhos recentes podem ser destacados, entre muitos: Andreas Kunz, *Wehrmacht und Niederlage: Die bewaffnete Macht in der Endphase der nationalsozialistischen Herrschaft 1944 bis 1945* (Munique, 2007), e John Zimmermann, *Pflicht zum Untergang: Die deutsche Kriegführung im Westen des Reiches 1944/1945* (Paderborn, 2009).

8. Isso se aplica às excelentes obras de Dieter Rebentisch, *Führerstaat und Verwaltung im Zweiten Weltkrieg* (Stuttgart, 1989), e de Eleanor Hancock, *National Socialist Leadership and Total War 1941-45* (Nova York, 1991). O clássico *Der Staat Hitlers, 1969*, de Martin Broszat, aborda principalmente o início, e não o fim do Terceiro Reich.

9. O amplo estudo de Dietrich Orlow, *The History of the Nazi Party*, v. 2: 1933-45 (Newton Abbot, 1973), por exemplo, dedica pouco mais de vinte das suas 538 páginas ao período após a tentativa de assassinato de Stauffenberg e apenas cerca de oito páginas aos meses de janeiro a maio de 1945. Kurt Pätzold e Manfred Weißbecker, dois historiadores da República Democrática Alemã, em *Geschichte der NSDAP 1920-1945* (Colônia, 1981) dedicam menos de doze de suas 429 páginas ao período analisado neste livro.

10. O excelente *Hitlers Krieg und die Deutschen* (Düsseldorf e Viena, 1970) ainda não foi superado como história social da Alemanha durante a guerra. No entanto, o trabalho em grande parte limita-se ao estudo de relatórios internos (bastante informativos) sobre o moral e focaliza sobretudo a sociedade civil, mas não o ambiente militar.

11. O estudo mais notável da estratégia dos Estados Unidos e do avanço militar em território alemão foi realizado por Klaus-Dietmar Henke, *Die amerikanische Besetzung Deutschlands* (Munique, 1995). Uma descrição detalhada das experiências militares dos aliados, bem como dos alemães, nos fronts de combate da Alemanha encontra-se em *Armageddon: The Battle for Germany 1944-45* (Londres, 2004), de Max Hastings.

12. Sobre esse tema, ver *Germany 1945: From War to Peace* (Londres, 2009), excelente estudo realizado por Richard Bessel sobre como as experiências alemãs nos últimos meses de guerra ajudaram o início da recuperação depois da capitulação do país.

INTRODUÇÃO [pp. 25-39]

1. *Justiz und NS-Verbrechen: Sammlung deutscher Strafurteile wegen nationalsozialistischer Tötungs-verbrechen 1945-1966*, v. 1 (Amsterdã, org. de Adelheid L. Rüter-Ehlermann e C. E. Rüter, n. 10 e 29, 1968), pp. 115-29 e 645-59; Elke Fröhlich, "Ein Junger Märtyrer", em Martin Broszat e Elke Fröhlich (Orgs.), *Bayern in der NS-Zeit*, v. 6 (Munique e Viena, 1983, pp. 228-57; Stephen G. Fritz, *Endkampf: Soldiers, Civilians, and the Death of the Third Reich* (Lexington, KY, 2004), pp. 153-8; Hans Woller, *Gesellschaft und Politik in der amerikanischen Besatzungszone: Die Region Ansbach und Fürth* (Munique, 1986), pp. 48-55. O dr. Meyer, ex-comandante militar da cidade, foi condenado em dezembro de 1946 pelo tribunal regional de Ansbach a dez anos de reclusão numa penintenciária.

2. Ver a valiosa coleção de ensaios sobre o terror na última fase em Cord Arendes, Edgar

Wolfrum e Jörg Zedler (Orgs.), *Terror nach Innen: Verbrechen am Ende des Zweiten Weltkrieges* (Göttingen, 2006).

3. Membros da força policial de Munique, por exemplo, receberam seus salários regularmente até maio de 1945. Um funcionário dos serviços de limpeza que não recebera o salário de abril reclamou o pagamento até o final de junho. BHStA, Munique, Minn 72417, n. 2415f27, Gehaltszahlung, 28.6.45, 2415f28, Zahlung von Arbeitslöhnen, 28.6.45. Exemplos extremos do caso oposto são o do ex-chefe da assessoria pessoal de Himmler — que na fase final da guerra foi plenipotenciário da Wehrmacht Itália — e do general da Waffen-ss Obergruppenführer Karl Wolff — que até abril de 1945 recebeu seu salário de 2226,80 marcos do Reich (1551,90 líquidos) numa época em que, na verdade, tramava secretamente a rendição unilateral das tropas alemãs na região (BAB, BDC, SSO-Karl Wolff, Gehaltsabrechnung, abr. 1945, 31-3-1945). Agradeço a Horst Möller e a Michael Buddrus pela informação e a Jonathan Steinberg pela sugestão de procurar por ela.

4. Informação gentilmente fornecida por Wolfgang Holl, Alexander von Humboldt-Stiftung, Bad-Godesberg, e Holger Irnpekoven, que têm trabalhado numa história da Stiftung entre 1925 e 1945, aos quais sou devedor por terem me apresentado o projeto.

5. Albert Speer, *Erinnerungen* (Frankfurt sobre o Meno e Berlim, 1969), p. 467; BA/MA, N648/1, NL Dethleffsen, Erinnerungen, fólio 7, 1945-6.

6. Andreas Förschler, *Stuttgart 1945: Kriegsende und Neubeginn* (Gudensberg-Gleichen, 2004), p. 10.

7. Christian Hartmann e Johannes Hürter, *Die letzten 100 Tage des Zweiten Weltkrieg* (Munique, 2005), dia 78, 21 fev. 1945 (e seguintes). O futebol não pode ser comparado aos padrões atuais. Os times eram improvisados com os jogadores disponíveis no momento — geralmente soldados em licença. A última partida do campeonato alemão ocorreu em Berlim, no dia 6 de junho de 1944, diante de 70 mil espectadores, com a vitória do Dresden sobre o Hamburg por quatro a zero. Depois disso, devido às dificuldades de transporte e à situação cada vez pior da guerra, os jogos ficaram limitados aos confrontos dos torneios regionais.

8. Para uma comparação interessante sobre o potencial de um *coup d'état* na Itália e na Alemanha, ver Jerzy W. Borejsza, "Der 25. Juli 1943 in Italien und der 20 Juli 1944 in Deutschland: Zur Technik des Staatsstreichs im totalitären System", em Jürgen Schmädeke e Peter Steinbach (Orgs.), *Der Widerstand gegen den Nationalsozialismus* (Munique, Zurique, 1986), pp. 1079-85.

9. Michael Geyer, "*Endkampf* 1918 and 1945: German Nationalism, Annihilation, and Self-Destruction", em Alf Lüdtke e Bernd Weisbrod (Orgs.), *No Man's Land of Violence: Extreme Wars in the 20th Century* (Göttingen, 2006), p. 40. Uma questão praticamente idêntica foi apresentada por Doris L. Bergen, "Death Throes and Killing Frenzies: A Response to Hans Mommsen's 'The Dissolution of the Third Reich: Crisis Management and Collapse, 1943-1945'", *German Historical Institute*, n. 27, pp. 26-7 (Washington, DC, 2000): "Precisamos perguntar o que levou as pessoas a não apenas tolerar [o regime de Hitler], mas a lutar e matar por ele até o amargo fim".

10. Alfred Vagts, "Unconditional Surrender — vor und nach 1943", *VfZ*, n. 7, p. 300, 1959). A exigência de "rendição incondicional" surgiu da percepção, forte especialmente nos Estados Unidos, de que em 1918 havia sido um erro grave conceder armistício em vez de exigir a rendição alemã, dando margem assim à lenda da "punhalada pelas costas", propagada pela direita alemã, de que a Alemanha na verdade não fora derrotada militarmente na Primeira Guerra Mundial. Dessa vez, americanos e ingleses concordaram que o erro não se repetiria, sem possibilidade de mal-entendidos ou de interpretação distorcida. A rendição incondicional da Alemanha foi encarada como o funda-

mento essencial para uma futura paz duradoura. Ver Gerhard L. Weinberg, *A World at Arms: A Global History of World War II* (Cambridge, 1994), pp. 438-9.

11. Um número expressivo de generais alemães do mais alto escalão tinha a opinião categórica de que a exigência aliada fora um equívoco e havia prolongado o conflito. Ver Anne Armstrong, *Unconditional Surrender: The Impact of the Casablanca Policy upon World War Two* (New Brunswick, NJ, 1961), pp. 137-47. O general Westphal escreveu em suas memórias que a exigência de rendição incondicional "em certa medida soldou-nos ao regime nazista", tornando impossível depor as armas, e abriu o front ocidental aos Aliados sem que fosse fornecido algum tipo de segurança à Alemanha. Ele alegou que notícias sobre o Plano Morgenthau a respeito de dividir a Alemanha e fazer dela um país pré-industrial, como resultado da Conferência de Yalta, "deixaram toda iniciativa de nossa parte sem a menor perspectiva de sucesso", e não havia, portanto, outra opção além de continuar lutando. Siegfried Westphal, *Erinnerungen* (Mainz, 1975), pp. 326 e 341. O assessor do grande almirante Dönitz, Walter Lüdde-Neurath, também alegou que tal exigência foi decisiva para a disposição de continuar lutando a qualquer preço. Ver Walter Lüdde-Neurath, *Regierung Dönitz: Die letzten Tage des Dritten Reiches* (Leoni am Starnberger See, 1981, 5. ed., p. 22).

12. Reiner Pommerin, "The Wehrmacht: Eastern Front", em David Wingeate Pike (Org.), *The Closing of the Second World War: Twilight of a Totalitarianism* (Nova York, 2001), p. 46. Ver também o comentário de Klaus-Jürgen Müller, "The Wehrmacht: Western Front", no mesmo volume, p. 56, de que a "rendição incondicional" somou-se ao receio dos principais líderes militares, de estar desferindo outra "punhalada pelas costas".

13. Bodo Scheurig, *Alfred Jodl: Gehorsam und Verhängnis* (Berlim e Frankfurt sobre o Meno, 1991), p. 286, nota que para o general Jodl (e sem dúvida também para outros líderes militares) a exigência de rendição incondicional forneceu uma "frágil desculpa" (*"fadenscheiniger Vorwand"*).

14. Walter Warlimont, *Inside Hitler's Headquarters 1939-45* (Novato, CA., s.d), p. 316. (Original em língua inglesa, Londres, 1964.)

15. As obras clássicas foram as de Hannah Arendt, *The Origins of Totalitarianism* (Nova York, 1951) e de Carl Joachim Friedrich e Zbigniew Brzezinski, *Totalitarian Dictatorship and Autocracy* (Cambridge, MA, 1956).

16. Ver Eckhard Jesse (Org.), *Totalitarismus im 20. Jahrhundert* (Bonn, 1999), para uma série de avaliações posteriores e aplicações do conceito.

17. Ver, como um exemplo da nova tendência de pesquisa, Frank Bajohr e Michael Wildt (Orgs.), *Volksgemeinschaft: Neue Forschungen zur Gesellschaft des Nationalsozialismus* (Frankfurt sobre o Meno), 2009.

18. Heinrich Jaenecke, "Mythos Hitler: Ein Nachruf", em *Kriegsende in Deutschland* (Hamburgo, 2005), p. 223.

19. Essa noção serve de base ao pioneiro trabalho da década de 1970, "Bavaria Project". Os volumes de ensaios surgidos do projeto e publicados na série *Bayern in der NS-Zeit* (Martin Broszat, Elke Fröhlich et al.; Munique, 1977-83), tinham o subtítulo "Herrschaft und Gesellschaft im Konflikt" ["sistema de domínio e sociedade em conflito"].

20. Robert Edwin Herzstein, *The War that Hitler Won* (Londres, 1979).

21. Ver especialmente Michael Wildt, *Volksgemeinschaft als Selbstermächtigung* (Hamburgo, 2007), embora o trabalho aborde apenas o período antes da guerra, e Peter Fritsche, *Life and Death in the Third Reich* (Cambridge, MA, e Londres, 2008).

22. *DRZW*, v. 9, n. 2 (Herf), p. 202.

23. Götz Aly, *Hitlers Volksstaat: Raub, Rassenkrieg und nationaler Sozialismus* (Frankfurt sobre o Meno, 2005).

24. Ver Fritsche, op. cit., pp. 266-96.

25. Citações de Fritsche, op. cit., pp. 269-71.

26. Robert Gellately, *Backing Hitler: Consent and Coercion in Nazi Germany* (Oxford, 2001), pp. 1, 3 e 226.

27. Para uma análise aprofundada sobre a importância do legado de 1918 — não apenas para Hitler, mas para todo o regime nazista —, ver Timothy W. Mason, *Sozialpolitik im Dritten Reich: Arbeiterklasse und Volksgemeinschaft* (Opladen, 1977), cap. 1.

28. A declaração mais direta nesse sentido está em Hans-Ulrich Wehler, *Der Nationalsozialismus: Bewegung, Führerherrschaft, Verbrechen* (Munique, 2009), especialmente nos caps. 2, 7, 11, 14, trechos extraídos de sua monumental obra *Deutsche Gesellschaftsgeschichte*, v. 4: 1914-1949 (Munique, 2008, 3. ed.). O conceito de dominação carismática, naturalmente, provém de Max Weber. Ver seu *Wirtschaft und Gesellschaft: Grundriß der verstehenden Soziologie* (Tübingen, 1980, 5. ed. rev.), pp. 140-7, 654-87. Embora Ludolf Herbst, em *Hitlers Charisma: Die Erfindung eines deutschen Messias* (Frankfurt sobre o Meno, 2010), critique a noção de que Hitler iniciou sua "carreira" com características pessoais inatas de carisma — algo que poucos historiadores sérios sustentam — e enfatize, ainda, a manipulação propagandística de seu carisma na década de 1920 (através de uma argumentação que fica próxima de retratar os alemães como vítimas de sofisticadas técnicas de sedução de massas), mesmo assim ele parece concordar que o regime nazista tenha se baseado numa "dominação carismática".

I. UM CHOQUE NO SISTEMA [pp. 41-81]

1. Rudolf Semmler, *Goebbels: The Man Next to Hitler* (Londres, 1947), p. 147 (23 jul. 1944). Semmler (seu nome verdadeiro era Semler) trabalhava como adido de imprensa no Ministério de Propaganda do Reich. O texto original alemão de seu diário aparentemente foi perdido.

2. Max Hastings, *Armageddon: The Battle for Germany, 1944-45* (Londres, 2004), pp. XI, 15 e 17.

3. *MadR*, v. 17, pp. 6645-58, relatórios de 14 jul. 1944 e 22 jul. 1944.

4. Esse esboço baseia-se em Jochen von Lang, *Der Sekretär: Martin Bormann. Der Mann, der Hitler beherrschte* (Frankfurt sobre o Meno, 1980), Joachim C. Fest, *The Face of the Third Reich* (Harmondsworth, 1972), pp. 191-206, e H. R. Trevor-Roper (Org.), *The Bormann Letters* (Londres, 1954), pp. VI-XXIII.

5. Para um estudo completo dessa odiosa criatura, ver Ralf Meindl, *Ostpreußens Gauleiter*, op. cit. Ver também Ralf Meindl, "Erich Koch: Gauleiter von Ostpreußen", em Christian Pletzing (Org.), *Vorposten des Reichs? Ostpreußen 1933-1945* (Munique, 2006), pp. 29-39.

6. BAB, R43II/684, fólio 61, Kritzinger a Lammers, 13 jul. 1944. Ver Alastair Noble, *Nazi Rule and the Soviet Offensive in Eastern Germany, 1944-1945: The Darkest Hour* (Brighton e Portland, OR, 2009), pp. 82-3.

7. BAB, R43II/393a, fólio 47, Vermerk para Lammers, 11 jun. 1944.

8. Martin Moll (Org.), *"Führer-Erlasse" 1939-1945* (Stuttgart, 1997), pp. 432-3.

9. Bernhard R. Kroener, *"Der starke Mann im Heimatkriegsgebiet"*: *Generaloberst Friedrich Fromm. Eine Biographie* (Paderborn, 2005), pp. 670-3; Peter Longerich, *Heinrich Himmler: Biographie* (Munique, 2008), p. 720 (por ora e em geral, o relato mais autorizado da personalidade e da carreira de Himmler).

10. Eleanor Hancock, op. cit., p. 127.

11. *TBJG*, v. II, n. 12, p. 522 (22 jun. 1944).

12. *DRZW*, v. 5, n. 2 (Müller), p. 754.

13. Por exemplo, *MadR*, v. 17, pp. 6657-8, 22 jul. 1944.

14. BAB, R3/1522, fólios 4-16, Memorandum on "Total War", 12 jul. 1944. Ver também Wolfgang Bleyer, "Pläne der faschistischen Führung zum totalen Krieg im Sommer 1944", *Zeitschrift für Geschichtswissenschaft*, v. 17 (1969), pp. 1312-29; e Gregor Janssen, *Das Ministerium Speer: Deutschlands Rüstung im Krieg* (Berlim, Frankfurt sobre o Meno e Viena, 1968), pp. 271-2.

15. Peter Longerich, *Hitlers Stellvertreter: Führung der Partei und Kontrolle des Staatsapparates durch den Stab Heß und die Partei-Kanzlei Bormann* (Munique, 1992), p. 195. Em seu depoimento de Nuremberg, Speer sugeriu, possivelmente considerando seu êxito ao propor a realização do encontro, que sua carta levara Hitler a escolher Goebbels para o cargo de plenipotenciário para a guerra total (IWM, fólios 645 e 161, p. 10, 9 out. 1945).

16. Rebentisch, op. cit., p. 514.

17. Peter Longerich, "Joseph Goebbels und der totale Krieg: Eine unbekannte Denkschrift des Propagandaministers vom 18. Juli 1944", *VfZ*, n. 35, pp. 289-314, 1987, texto das pp. 305-14. Ver também Hancock, op. cit., pp. 133-6.

18. BAB, R3/1522, fólios 23-45, Memorandum on "Total War", 20 jul. 1944. Ver Hancock, op. cit., pp. 129-33, e Janssen, op. cit., pp. 272-3.

19. Kroener, *"Der starke Mann im Heimatkriegsgebiet"*, op. cit., p. 705.

20. Speer só passou o memorando a Hitler, por meio do assessor da Luftwaffe, Nicolaus von Below, em 29 de julho, um dia após ter enviado uma cópia a Himmler. BAB, R3/1522, fólio 48, Speer a Himmler, 28 jul. 1944.

21. BA/MA, N24/39, NL Hoßbach, datilografado, "Erinnerungen", maio 1945.

22. Helmut Heiber (Org.), *Lagebesprechungen im Führerhauptquartier: Protokollfragmente aus Hitlers militärischen Konferenzen 1942-1945* (Berlim, Darmstadt e Viena, 1963), p. 219 (20 dez. 1943). [Ed. inglesa: Helmut Heiber e David M. Glantz (Orgs.), *Hitler and his Generals: Military Conferences 1942-1945*. Londres, 2002, p. 314.]

23. Citado em Andreas Kunz, *Wehrmacht und Niederlage*, op. cit., p. 61.

24. Heinz Guderian, *Panzer Leader* (Nova York, Da Capo, 1996), p. 336.

25. Friedrich-Christian Stahl, "Generaloberst Kurt Zeitzler", em Gerd R. Ueberschär (Org.), *Hitlers militärische Elite*, v. 2: Vom Kriegsbeginn bis zum Weltkriegsende (Darmstadt, 1998), p. 278.

26. O general Heusinger obviamente mudou sua postura a partir da primavera de 1944, quando seguiu a recomendação de Hitler de não ceder um único metro de território no leste, planejando uma ofensiva posterior para retomar a Ucrânia, desde que a esperada aterrissagem aliada no oeste pudesse ser repelida. Jürgen Förster, *Die Wehrmacht im NS-Staat: Eine strukturgeschichtliche Analyse* (Munique, 2007), p. 189. Encerrada a guerra, Heusinger fez fortes críticas à liderança militar de Hitler.

27. IWM, EDS, F.5, AL1671, 1 ago. 1944; publicado em Hans-Adolf Jacobsen (Org.), *"Spiegelbild*

einer Verschwörung": Die Opposition gegen Hitler und der Staatsstreich vom 20. Juli 1944 in der SD- -Berichterstattung, v. 2 (Stuttgart, 1984, 2 v.), pp. 654-8 (ver também v. 1, pp. 125-6 e 515).

28. Observação feita por Förster, op. cit., pp. 131 ss., e em sua contribuição a *DRZW*, v. 9, n. 1, p. 621, bem como por Heinemann no mesmo volume, p. 883. Ver também Kunz, op. cit., pp. 131 ss.

29. Ardsley Microfilms, Irving Collection, D1/Göring/1.

30. BA/MA, N24/39, NL Hoßbach, datilografado, 19 maio 1945.

31. Hans Mommsen, "Social Views and Constitutional Plans of the Resistance", em Hermann Graml et al., *The German Resistance to Hitler* (Londres, 1970), p. 59.

32. Joachim Kramarz, *Stauffenberg: The Life and Death of an Officer, November 15th 1907-July 20th 1944* (Londres, 1967), p. 185.

33. Marlis Steinert, *Hitlers Krieg und die Deutschen* (Düsseldorf e Viena, 1970), pp. 476 ss.

34. *Spiegelbild einer Verschwörung: Die Kaltenbrunner-Berichte an Bormann und Hitler über das Attentat vom 20. Juli 1944. Geheime Dokumente aus dem ehemaligen Reichssicherheitshauptamt* (Stuttgart, Archiv Peter, 1961), pp. 1-11 (relatórios de 21, 22 e 24 jul. 1944).

35. BAB, R55/601, fólios 54-63, Tätigkeitsbericht, relatório semanal do chefe da equipe de Propaganda, 24 jul. 1944.

36. BAB, R55/601, fólios 69-70, Tätigkeitsbericht, relatório semanal do chefe da equipe de Propaganda, 7 ago. 1944. Guderian, em conversa com o general Balck, culpou o envolvimento do marechal de campo Kluge com a conspiração pelo colapso no front ocidental. BA/MA, N647/12, NL Balck, Kriegstagebuch, Bd. 11, fólio 89, anotação de 10 set. 1944.

37. A conspiração forneceu a Hitler sua justificativa para o desastre no front oriental. Ver os comentários que ele fez a Jodl no final de julho. *Lagebesprechungen im Führerhauptquartier*, pp. 246-8 (31 jul. 1944); Heiber e Glantz, op. cit., pp. 446-7. Aqueles próximos a Hitler passaram adiante a interpretação. Escrevendo ao *Gauleiter* Eggeling em Halle, Bormann alegou que o colapso do Grupo de Exércitos Centro estava ligado à conspiração, salientando o papel desempenhado pelo major- -general Henning von Tresckow (BAB, NS6/153, fólios 3-5, Bormann a Eggeling, 8 set. 1944). Bormann acabaria se sentindo forçado a conter os ataques generalizados ao corpo de oficiais, especialmente àqueles do mais alto escalão, motivados pelo atentado a bomba e o colapso do Grupo de Exércitos Centro, que eram feitos em reuniões do partido (BAB, NS6/167, fólios 69-71, Chancelaria do partido, Bekanntgabe 254/44, Stellungnahme zu den Vorgängen im Mittelabschnitt der Ostfront und zu den Ereignissen des 20 jul. 1944, 20 set. 1944; também em BAB, NS19/2606, fólios 25-7).

38. BAB, R55/603, fólio 508, Chancelaria do partido, Abt. II B4, Vertrauliche Informationen, 13 set. 44.

39. BAB, R55/603, fólio 380, Hauptreferat Pro.Pol, Dr. Schäffer para Abteilung Rfk. Dr. Scharping, 18 ago. 1944.

40. BfZ, Sammlung Sterz, Gefr. Günter H., 2 ago. 1944.

41. Heinrich Breloer (Org.), *Mein Tagebuch: Geschichten vom Überleben 1939-1947* (Colônia, 1984), p. 334.

42. Steinert, op. cit., p. 479.

43. Ortwin Buchbender e Reinhold Sterz (Orgs.), *Das andere Gesicht des Krieges: Deutsche Feldpostbriefe 1939-1945* (Munique, 1982), pp. 21-2.

44. LHC, Dempsey Papers, n. 72, Apêndice B, carta (traduzida para o inglês) ao sargento-major Ludwig E., 21 jul. 1944.

45. BA/MA, MSg2/5284, fólio 603, diário do major Rohwerder, anotações de 20 e 21 jul. 1944.

46. BA/MA, MSg2/2697, diário do tenente Julius Dufner, v. 2, fólio 20, anotações de 20-1 jul. 1944. Detalhes biográficos sobre o dr. Julius Dufner, nascido em 25 de janeiro de 1902, a cujas anotações em diário haverá referências nos capítulos seguintes, são esparsos. A primeira anotação em seu diário, em "Mein Kriegstagebuch", MSg2/2696, fólio 1, de 12 nov. 1940, informa que ele foi convocado para o Terceiro Batalhão de Infantaria de Reserva em Konstanz. Mais tarde na guerra, em 11 mar. 1944, ele é mencionado (fólio 190) como participante de um encontro naquela data como o tenente 'O.Zahlm.d.R. [Oberzahlurigsmeister (chefe da seção de pagamentos) na Reserva], dr. Dufner, 1.Fest.Pi.Stab. 15, Stabsgruppe [corpo de pioneiros]". Agradeço a Jürgen Förster pela ajuda em localizar Dufner nos arquivos da BA/MA em Friburgo. Suas anotações no diário (MSg2/2697, fólio 182) foram datilografadas em 1971, "de acordo com seu diário, constantemente atualizado".

47. Manfred Messerschmidt, "Die Wehrmacht: Vom Realitätsverlust zum Selbstbetrug", em Hans-Erich Volkmann (Org.), *Ende des Dritten Reiches: Ende des Zweiten Weltkrieges: Ein perspektivische Rückschau* (Munique e Zurique, 1995), pp. 240-1.

48. Förster, op. cit., p. 136.

49. *DRZW*, v. 8 (Frieser), pp. 539 ss. para o desastre do Terceiro Exército Panzer em Vitebsk no final de junho.

50. BA/MA, N245/3, NL Reinhardt, Persönliches Kriegstagebuch, fólio 75, 20-21 jul. 1944.

51. BA/MA, N245/2, NL Reinhardt, Auszugsweise Abschriften von Briefen an seine Frau, carta à sua esposa, fólio 39, 17 ago. 1944.

52. BA/MA, N647/12, NL Balck, Kriegstagebuch, Bd. II, fólios 77-8, 83-4, entradas de 21 jul. 1944 e 5 ago. 1944. Balck mais tarde descreveu Hitler como "o cimento que mantinha as pessoas e a Wehrmacht indissoluvelmente unidas". Citado em Zimmermann, *Pflicht zum Untergang*, op. cit., p. 2.

53. BA/MA, N24/39, NL Hoßbach, datilografado, 19 maio 1945 (quatro páginas intercaladas em seguida à p. 5).

54. Moll, *"Führer-Erlasse"*, op. cit., p. 433.

55. Kroener, *"Der starke Mann im Heimatkriegsgebiet"*, op. cit., pp. 710-1 e 730.

56. Förster, op. cit., pp. 134 e 138-45 sobre o significado dos novos poderes de Himmler no Exército; e Longerich, *Heinrich Himmler*, op. cit., pp. 717 e 719-21. Entre os escalões superiores da Wehrmacht, compreensivelmente, havia pouco entusiasmo inicial com a indicação de Himmler (embora se comentasse que ele causara uma impressão favorável com o discurso que fez a generais e outros oficiais durante um curso de treinamento em Sonthofen). BAB, NS19/3271, fólio 31, Auszug aus der Meldung des SD-Leitabschnittes Danzig, relatório da SD de Danzig, 14 set. 1944.

57. Kroener, op. cit., p. 714; Longerich, *Heinrich Himmler*, op. cit., p. 722. Houve, na verdade, uma disputa entre os altos escalões da SS quanto às responsabilidades no recrutamento para as Forças de Reserva. O chefe do Departamento Central da SS (responsável pelo recrutamento para a Waffen-SS), Gottlob Berger, foi bem-sucedido em estender seus poderes nessa área não apenas em relação ao Exército, mas também em relação a Jüttner, que na prática mostrava uma atitude mais conciliatória quanto aos interesses das Forças de Reserva do que seu rival na liderança da SS (Kroener, op. cit., pp. 714-5). A ambição de Berger de assumir todos os poderes no que dizia respeito ao recrutamento e ao treinamento para as Forças de Reserva ficam evidentes em sua carta a Himmler datada de 1 ago. 1944, em BAB, NS19/2409, fólio 6.

58. BAB, NS 19/4015, fólios 13-32, discurso de Himmler a oficiais da Direção de Armamentos do Exército, 21 jul. 1944.

59. BAB, NS 19/4015, fólios 42-7, discurso de Himmler em Grafenwöhr, 25 jul. 1944; IWM, EDS, F.2, AL2708, discurso de Himmler em Bitsch, 26 jul. 1944 (publicado em Bradley F. Smith e Agnes F. Peterson (Orgs.), *Heinrich Himmler: Geheimreden 1933 bis 1945 und andere Aussprachen*, Frànkfurt sobre o Meno, 1974, pp. 215-37). Himmler não escondeu seu desprezo quando, no princípio de agosto, dirigindo-se a líderes do partido, criticou a atmosfera de derrotismo que os oficiais do Estado-Maior Geral haviam espalhado no Exército desde o começo da guerra no leste. (Theodor Eschenburg, "Die Rede Himmlers vor den Gauleitern am 3. August 1944", *VfZ*, v. 1, 1953, pp. 362-78.)

60. BAB, NS19/3910, fólio 89, Himmler a Fegelein, 26 jul. 1944.

61. Moll, *"Führer-Erlasse"*, op. cit., p. 438.

62. BAB, R3/1522, fólios 48-9, Speer a Himmler, 28 jul. 1944.

63. Hancock, op. cit., p. 139.

64. Rebentisch, op. cit., p. 515.

65. BAB, R43II/664a, "Totaler Kriegseinsatz", fólios 81-91, fólios 117, 154 quano à isenção da Chancelaria do Reich, com a concordância de Hitler. O resumo do encontro, feito por Goebbels, está em *TBJG*, v. II, n. 13, pp. 134-7 (23 jul. 1944). Ver também Rebentisch, op. cit., pp. 515-6; Hancock, op. cit., pp. 137-8; e Elke Fröhlich, "Hitler und Goebbels im Krisenjahr 1944: Aus den Tagebüchern des Reichspropagandaministers", VfZ, n. 39, pp. 205-7, 1990.

66. *TBJG*, v. II, n. 13, pp. 136-7 (23 jul. 1944).

67. Ibid., pp. 153-5 (24 jul. 1944).

68. BAB, R43II/664a, fólios 119-21 (e fólios 91-118 sobre rascunhos e material preparatório).

69. Wilfred von Oven, *Mit Goebbels bis zum Ende*, v. 2 (Buenos Aires, 1950), p. 94 (25 jul. 1944).

70. *TBJG*, v. II, n. 13, pp. 135 e 137 (23 jul. 1944).

71. BAB, R43II/664a, fólios 153-4; Rebentisch, op. cit., pp. 516 ss; Longerich, *Hitlers Stellvertreter*, op. cit., pp. 195 ss.

72. Von Oven, *Mit Goebbels bis zum Ende*, op. cit., pp. 120-1 (16 ago. 1944).

73. Longerich, *Hitlers Stellvertreter*, op. cit., p. 197.

74. Hancock, op. cit., pp. 157 e 287, nota 27.

75. Hans Mommsen, "The Indian Summer and the Collapse of the Third Reich: The Last Act", *The Third Reich between Vision and Reality* (Oxford e Nova York, 2001), p. 114.

76. BAB, NS6/167, fólio 95-95^v, Bormann aos *Gauleiter* sobre o "novo levantamento geral", 19 jul. 1944; *TBJG*, v. II, n. 13, p. 134 (23 jul. 1944); Longerich, *Hitlers Stellvertreter*, op. cit., p. 196.

77. Moll, *"Führer-Erlasse"*, op. cit., pp. 428-9. O papel dos RVK seria ampliado com o segundo decreto (pp. 455-6), "Colaboração entre partido e Wehrmacht numa área de operações no interior do Reich", de 19 de setembro. Bormann transmitiu, em 27 de julho, as linhas gerais de ação ao *Gauleiter* Keitel quanto à cooperação (BAB, NS 6/792, fólio 1-1^v, circular 163/44 gRs. Zusammenarbeit zwischen militärischen und zivilen Dienststellen, 1 ago. 1944; também em NS 19/3911, fólios 30-2). Ver ainda Förster, op. cit., p. 133 e nota 9; Kroener, op. cit., p. 668.

78. Longerich, *Hitlers Stellvertreter*, op. cit., p. 196. Um dos muitos exemplos da ampliação do poder do Partido Nazista ocorreu quando a Chancelaria do partido assumiu o controle da proteção contra ataques aéreos (delegado por Bormann aos comissários de defesa do Reich), encarregando-se

ainda das instruções necessárias à população. Ver BAB, R43II/1648, fólio 54, Lammers às Autoridades Superiores do Reich, 27 jul. 1944, transmitindo o decreto de Hitler de dois dias antes.

79. Ver Karl Teppe, "Der Reichsverteidigungskommissar: Organisation und Praxis in Westfalen", em Dieter Rebentisch e Karl Teppe (Orgs.), *Verwaltung contra Menschenführung im Staat Hitlers* (Göttingen, 1986), p. 299, para a ampliação do poder dos RVKs com a indicação de Goebbels para o cargo de plenipotenciário da Guerra Total.

80. O termo um tanto desajeitado foi invenção de Dietrich Orlow, op. cit., v. 2: 1933-45, p. 474.

81. Para a centralização do controle do partido por Bormann, ver Orlow, op. cit., pp. 465-8.

82. IfZ, ZS 988, interrogatório de Wilhelm Kritzinger, secretário de Estado na Chancelaria do Reich, 5 mar. 1947.

83. Ver Hans Mommsen, "The Dissolution of the Third Reich", em Frank Biess, Mark Roseman e Hanna Schissler (Orgs.), *Conflict, Catastrophe and Continuity: Essays on Modern German History* (Oxford e Nova York, 2007), pp. 110-3 (reimpressão de "The Dissolution of the Third Reich: Crisis Management and Collapse, 1943-1945", *Bulletin of the German Historical Institute, Washington DC*, v. 27, pp. 9-23, 2000).

84. Speer, op. cit., pp. 401-2; Joachim Fest, *Speer: Eine Biographie* (Berlim, 1999), pp. 306-7.

85. Speer, op. cit., pp. 405-7. Para as contradições no esforço pela "guerra total", ver Janssen, op. cit., pp. 274-82.

86. *TBJG*, v. II, n. 13, p. 526 (20 set. 1944).

87. Adam Tooze, *The Wages of Destruction: The Making and Breaking of the Nazi Economy* (Londres, 2006), p. 637.

88. BAB, R3/1538, fólio 7, carta manuscrita de Speer a Hitler, 29 mar. 1945.

89. Ver *DRZW*, v. 5, n. 2 (Müller), p. 755.

90. *TBJG*, v. II, n. 13, p. 147 (23 jul. 1944).

91. Guderian, op. cit., p. 351.

92. BA/MA, RW4/57, fólios 27-31, Ansprache des Chefs WFSt Gen. Oberst Jodl, 24 jul. 1944. Para a postura de Jodl após a tentativa de assassinato, ver também Scheurig, op. cit., pp. 282-6.

93. Arquivos da BBC, *The Nazis: A Warning from History*, escrito e produzido para a BBC2 por Laurence Rees, Beta Tape 59, pp. 102-3, 1997: Karl Boehm-Tettelbach, chefe de Operações da Luftwaffe em OKW-Führungsstab, entrevista com Laurence Rees, *c.* 1995-6.

94. Orlow, op. cit., p. 465; Kunz, op. cit., p. 115; *DRZW*, v. 9, n. 1 (Förster), p. 623. Keitel e Bormann concordaram que membros uniformizados do partido e da Wehrmacht tinham a obrigação de se cumprimentar com a saudação *"Heil* Hitler", para mostrar a unidade de vontade política e a lealdade comum e inquebrantável ao Führer. Lammers estendeu a obrigação aos servidores civis (BAB, R43II/1194b, fólios 90-4, texto do acordo entre Keitel e Bormann, fólio 93, 26 ago. 1944).

95. *TBJG*, v. II, n. 13, p. 146 (23 jul. 1944).

96. Manfred Messerschmidt, *Die Wehrmacht im NS-Staat: Zeit der Indoktrination* (Hamburgo, 1969), pp. 433-7 (texto da ordem na p. 435); *DRZW*, v. 9, n. 1 (Förster), p. 625, (Heinemann), p. 884. O relato de Guderian sobre sua nomeação para o posto de chefe do Estado-Maior Geral está em seu *Panzer Leader*, op. cit., pp. 339-44, embora ele não mencione essa ordem. Um perfil breve e crítico de Guderian é apresentado por Hans-Heinrich Wilhelm, "Heinz Guderian: 'Panzerpapst' und Generalstabschef", em Ronald Smelser e Enrico Syring (Orgs.), *Die Militärelite des Dritten Reiches* (Berlim, 1995), pp. 187-208. No mesmo volume, Peter Steinbach, "Hans Günther von Kluge: ein Zauderer im

Zwielicht", p. 308, descreve Guderian como o "instrumento obediente e respeitoso na execução do indigno serviço de 'autolimpeza', para eliminar os 'traidores' da Wehrmacht até poucas semanas antes do final da guerra".

97. Messerschmidt, *Die Wehrmacht im NS-Staat*, op. cit., p. 441. Sobre a história (e a pré--história) dos NSFOS em geral, ver Waldemar Besson, "Zur Geschichte des nationalsozialistischen Führungsoffiziers (NSFO)", *VfZ*, n. 9, pp. 76-116, 1961; Gerhard L. Weinberg, "Adolf Hitler und der NS-Führungsoffiziers (NSFO)", *VfZ*, n. 12, pp. 443-56, 1964; Voiker R. Berghahn, "NSDAP und 'geistige Führung' der Wehrmacht 1939-1943", *VfZ*, n. 17, pp. 17-71, 1969; Messerschmidt, *Die Wehrmacht im NS-Staat*, op. cit., pp. 441-80; e a abordagem abrangente em *DRZW*, v. 9, n. 1 (Förster), pp. 590-620.

98. Ver *DRZW*, v. 9, n. 1 (Förster), pp. 620 ss.

99. Kunz, op. cit., p. 114.

100. Besson, op. cit., p. 113; *DRZW*, v. 9, n. 1 (Heinemann), p. 884.

101. Wolfram Wette, *Die Wehrmacht: Feindbilder, Vernichtungskrieg, Legenden* (Frankfurt sobre o Meno, 2002), p. 190. Na p. 189, Wette informa que o número de NSFOS em tempo integral (*hauptamtliche*) no final de 1944 era de 623. Não fica claro o motivo da discrepância em relação ao número de 1074 fornecido em *DRZW*, v. 9, n. 1 (Förster). O treinamento dos NSFOS estava a cargo de uma equipe da Chancelaria do partido. No final de 1944, havia treze cursos de treinamento, com 2435 participantes. Cerca de 1300 palestras semanais eram feitas para os membros da Wehrmacht sobre questões de ideologia. Kurt Pätzold e Manfred Weißebecker, *Geschichte der NSDAP 1920-1945*, op. cit., p. 371.

102. BA/MA, RH19/IV/250, fólios 41-2, Richtlinien für die NS-Führung, Nr. 6/44, Kommandeur der 242. Infanterie-Division, 22 jul. 1944.

103. Num cálculo aproximado — a precisão é impossível —, cerca de setecentos oficiais foram presos e 110 foram executados por sua participação no atentado. *DRZW*, v. 9, n. 1 (Heinemann), pp. 882-3.

104. Walter Görlitz, *Model: Strategie der Defensive* (Wiesbaden, 1975), p. 188. Mais críticos em relação a Model do que a biografia de Görlitz são os perfis biográficos traçados por Smelser e Syring, op. cit., pp. 368-87 (Joachim Ludewig); em Ueberschär, op. cit., pp. 153-60 (Samuel W. Mitcham Jr. e Gene Mueller), e em Correlli Barnett (Org.), *Hitler's Generals* (Londres, 1990), pp. 319-33 (Carlo d'Este).

105. A "ordem do dia" de Model, de 31 de julho de 1944, citada em Manfred Messerschmidt, "Die Wehrmacht in der Endphase: Realität und Perzeption", *Aus Parlament und Zeitgeschichte*, 32-3, pp. 38-9, 4 ago. 1989.

106. Ver Smelser e Syring, op. cit., pp. 497-509 (Klaus Schönherr), e Ueberschär, op. cit., pp. 236-44 (Peter Steinkamp). Um retrato bastante favorável de Schörner pode ser encontrado em Roland Kaltenegger, *Schörner: Feldmarschall der letzten Stunde* (Munique e Berlim, 1994).

107. *DRZW*, v. 9, n. 1 (Förster), pp. 596-600; Smelser e Syring, op. cit., p. 504 (Schönherr).

108. BA/MA, RH19/III/727, fólios 2-3, Tagesbefehle der Heeresgruppe Nord, 25, 28 jul. 1944.

109. BA/MA, RH19/III/667, fólio 7, recordações de pós-guerra de Hans Lederer (1955): "Kurland: Gedanken und Betrachtungen zum Schicksal einer Armee".

110. Warlimont, op. cit., p. 464.

111. Ibid., p. 462.

112. Ronald Smelser, *Robert Ley: Hitler's Labor Front Leader* (Oxford, Nova York e Hamburgo,

1988), p. 291, sobre o discurso de Ley. O impacto sobre os militares foi considerado "simplesmente catastrófico". Wilfred von Oven, *Finale Furioso: Mit Goebbels bis zum Ende* (Tübingen, 1974), p. 505 (29 out. 1944).

113. Orlow, op. cit., pp. 462-5.

114. Ver Förster, op. cit, pp.132-3.

115. *TBJG*, v. II, n. 13, p. 134 (23 jul. 1944).

116. Förster, op. cit, pp. 131, 134 e 139.

117. NAL, WO 208/5622, fólio 120A, que não consta na edição impressa dessas conversas gravadas por Sönke Neitzel, *Abgehört: Deutsche Generäle in britischer Kriegsgefangenschaft 1942-1945* (Berlim, 2005). [Ed. inglesa: *Tapping Hitler's Generals: Transcripts of Secret Conversations, 1942-45*. Barnsley, 2007.]

2. COLAPSO NO OESTE [pp. 82-123]

1. O Alto-Comando da Wehrmacht esperava deter os americanos por meio de um contra--ataque e foi surpreendido pela ofensiva para Avranches (NAL, WO219/1651, fólio 144, SHAEF: interrogatório do general Jodl, 23 maio 1945).

2. Esse foi o teor de suas discussões com Jodl na noite de 31 de julho de 1944. BA/MA, 4/881, fólios 1-46; publicado em Helmut Heiber, *Lagebesprechungen im Führerhauptquartier*, op. cit., pp. 242--71. [Ed. inglesa: Helmut Heiber e David M. Glantz (Orgs.), *Hitler and his Generals*, op. cit., pp. 444--63.] Ver Nicolaus von Below, *Als Hitlers Adjutant 1937-45* (Mainz, 1980, p. 386), para as ideias de Hitler quanto a uma nova ofensiva no oeste; e *DRZW*, v. 7 (Vogel), pp. 576-7, sobre as implicações para uma paz negociada.

3. *DZW*, n. 6, p. 105.

4. *DZW*, n. 6, p. 112.

5. Joseph Balkoski, "Patton's Third Army: The Lorraine Campaign, 19 September-1 December 1944", em Albert A. Nofi (Org.), *The War against Hitler: Military Strategy in the West* (Conshohocken, PA, 1995), pp. 178-91. BA/MA, N647/12, NL Balck, Kriegstagebuch, Bd. 11, fólio 90, anotação no diário de 21 set. 1944, mostra as impressões de Balck ao receber as ordens de um "Hitler confiante e revigorado", e das tropas cujo comando estava assumindo como "meras sombras". *TBJG*, v. II, n. 13, p. 528 (20 set. 1944), traz Goebbels dando sua opinião sobre Balck como um "general de primeira classe do front oriental".

6. Klaus-Dietmar Henke, *Die amerikanische Besetzung Deutschlands* (Munique, 1995), p. 98. O tenente-general Siegfried Westphal — nomeado no início de setembro de 1944 chefe de Estado--Maior para Rundstedt no Oberkommando Oeste, e chocado, ao assumir o posto, com o moral baixo das tropas em retirada e os números inchados dos contingentes da retaguarda — calculou que uma ofensiva com um pouco mais de determinação por parte das forças de Eisenhower teria tornado impossível estabelecer uma nova linha de combate nas fronteiras ocidentais do Reich, permitindo ainda aos Aliados um ataque ao próprio Reich que teria encerrado a guerra no oeste. Westphal, op. cit., pp. 273, 279 e 289.

7. O desenvolvimento das ações militares está baseado em: *DRZW*, v. 7 (Vogel), pp. 550-80, 606-14; *DZW*, n. 6, pp. 105-19; Gerhard L. Weinberg, op. cit., pp. 688-702; Lothar Gruchmann, *Der Zweite Weltkrieg* (Munique, 1975), pp. 295-306; R. A. C. Parker, *Struggle for Survival: The History of the*

477

Second World War (Oxford, 1990), pp. 200-8; Hastings, *Armageddon*, op. cit., pp. 1-83; John Man, *The Penguin Atlas of D-Day and the Normandy Campaign* (Londres, 1994), caps. 6-7; I. C. B. Dear e M. R. D. Foot (Orgs.), *The Oxford Companion to the Second World War* (Oxford, 1995), pp. 809-12; Antony Beevor, *D-Day: The Battle for Normandy* (Londres, 2009), caps. 19, 21-2, 24 e 27.

8. No entender da liderança nazista, bem como de grande parte de população, a Luftwaffe e seu comandante em chefe, Hermann Göring, eram os culpados pelas dificuldades da Alemanha. Uma carta a Himmler enviada pelo *Gauleiter* Joachim Albrecht Eggeling de Halle-Merseburg, em 1º de setembro, destaca a imagem de impotência total nas defesas aéreas causada pelos repetidos ataques às instalações de hidrogenação em seu distrito, e a noção popular de que o colapso nas linhas do front francês devia-se unicamente ao fracasso da Luftwaffe. BAB, NS19/3911, fólios 71-2, 1 set. 1944. O próprio Hitler atribuiu a crise da Luftwaffe ao "fracasso completo" de Göring. *TBJG*, v. II, n. 12, p. 520 (22 jun. 1944). Speer e Himmler corresponderam-se em setembro de 1944 sobre a "falta de liderança na Luftwaffe e na indústria aérea". Himmler criticou o mau planejamento, os erros de produção, as longas demoras para tornar disponíveis novos aviões e armamentos e a tentativa de desenvolver o protótipo do caça a jato Messerschmitt 262 como um bombardeiro (uma decisão absurda, na qual entretanto Hitler havia insistido, contra os conselhos de Speer). BAB, NS19/3652, fólios 1-8, 26-8, Himmler a Speer, 5 set. 1944, e a resposta de Speer, 8 out. 1944.

9. Mesmo sem acesso a relatórios secretos, o acompanhamento regular da imprensa alemã e dos correspondentes de nações neutras baseados na Alemanha, como os suecos, forneceram aos ingleses uma indicação bastante clara da situação desmoralizada das tropas da Wehrmacht em retirada e do estado de desorganização caótica em que se processava a evacuação nas regiões ocidentais. NAL, FO 898/187, fólios 489-90, 522-3, 540-2, 559-61, 577 (relatórios de 11 set. 1944 a 22 out. 1944).

10. BAB, R55/601, fólios 73-4, Tätigkeitsbericht, relatório semanal dos serviços de propaganda, 14 ago. 1944.

11. *MadR*, v. 17, pp. 6705-8, "Reports on Developments in Public Opinion", 17 ago. 1944. O relatório foi o último desse tipo. Martin Bormann interrompeu a produção desses resumos da SD devido ao seu tom derrotista.

12. BAB, R55/601, fólios 102-6, Tätigkeitsbericht, relatório semanal de propaganda, 4 set. 1944. Goebbels anotou em seu diário, em 15 set. 1944, a "impressão um tanto sombria" acerca do moral, que se depreendia dos relatórios (*TBJG*, v. II, n. 13, pp. 484-5).

13. BAB, R55/603, fólios 411 e 413, Stimmung durch Ereignisse im Westen, 5 set. 1944.

14. BAB, R19/751, fólio 4, Gebhardt a Himmler, 5 set. 1944; cópia IfZ, Fa-93.

15. Isso segue o excelente e minucioso relato em Christoph Rass, René Rohrkamp e Peter M. Quadflieg, *General Graf von Schwerin und das Kriegsende in Aachen: Ereignis, Mythos, Analyse* (Aachen, 2007), pp. 29-64. Essa pesquisa consistente supera as versões anteriores dos acontecimentos dramáticos que salientam o papel de Schwerin ao desafiar as ordens de evacuação em Bernhard Poll (Org.), *Das Schicksal Aachens im Herbst 1944: Authentische Berichte* (Aachen, 1955), pp. 213-56; Bernhard Poll (Org.), *Das Schicksal Aachens im Herbst 1944: Authentische Berichte II* (Aachen, 1962), pp. 65-77 e 80-97; Görlitz, op. cit., pp. 211-2; *DZW*, n. 6, p. 113.

16. *TBJG*, v. II, n. 13, pp. 462-3 (12 set. 1944).

17. *TBJG*, v. II, n. 13, pp. 491-2 (16 set. 1944).

18. *TBJG*, v. II, n. 13, p. 498 (17 set. 1944). Ver também Von Oven, *Mit Goebbels bis zum Ende*, op.

cit., p. 137 (18 set. 1944); e Olaf Groehler, "Die Schlacht um Aachen (September / Oktober 1944)", *Militärgeschichte*, p. 326, 1979.

19. *TBJG*, v. II, n. 13, pp. 500-1 (17 set. 1944).

20. BAB, R3 / 1539, fólios 12-4, relatório datado de 14 set. 1944, resumindo a visita de Speer ao oeste, em 10-14 set. 1944.

21. BAB, R3 / 1539, fólios 17-31, relatório de 16 set. 1944 para Hitler sobre sua visita à área ocidental, 10-14 set. 44.

22. BAB, R3 / 1539, fólios 7-9, rascunho de relatório feito por Dorsch de sua viagem ministerial ao front ocidental, 13 set. 1944.

23. IWM, EDS, F.2, AL2837A, folhas soltas, Kaltenbrunner a Himmler, 16 set. 1944, enviando relatórios de 12-16 set. 1944. Evidentemente, poucos funcionários do partido estavam dispostos a seguir as instruções de Bormann de que, em áreas caídas em poder do inimigo, eles deveriam apresentar-se voluntariamente à Wehrmacht e servir com as tropas em combate. BAB, NS 6 / 167, fólio 100-100ᵛ, Bormann aos *Gauleiter*, 16 set. 1944. Uma carta enviada para casa por um oficial servindo no oeste fala do "pânico absoluto" depois que o *Gauleiter* Josef Bürckel ordenou que os alemães deixassem Lorena em 1º de setembro. Não havia trens disponíveis, e os oficiais eram os primeiros a fugir. BfZ, Sammlung Sterz, Lt. Otto F., Berghaupten, 13 set. 1944.

24. BAB, NS 19 / 3809, fólio 16, telegrama enviado ao Standartenführer D'Alquen para ser entregue imediatamente a Himmler, assinado Damrau, SS-Standarte "Kurt Eggers" [13 set. 1944?]. O *Gauleiter* Simon, chefe da administração civil em Luxemburgo, transferiu seu gabinete para Koblenz e queixou-se, no final de outubro, de que não recebera cópias de decretos e ordens, pedindo que lhes fossem enviados todos aqueles divulgados desde o final de agosto. BAB, R43II / 583a, fólio 151, Der Chef der Zivilverwaltung in Luxemburg an den Reichsminister der Finanzen, 31 out. 1944.

25. BA / MA, MSgz / 2097, fólios 39-46, diário do tenente Julius Dufner, anotações de 1-18 set. 1944.

26. Para a retomada das críticas à *Etappe* — que não haviam ocorrido nos anos iniciais e bem-sucedidos da guerra —, na sequência do colapso na França, ver Bernhard R. Kroener, "'Frontochsen' und 'Etappenbullen': Zur Ideologisierung militärischer Organisationsstrukturen im Zweiten Weltkrieg", em Rolf-Dieter Müller e Hans-Erich Volkmann (Orgs.), *Die Wehrmacht: Mythos und Realität* (Munique, 1999), pp. 380-4.

27. *TBJG*, v. II, n. 13, pp. 394-5 (3 set. 1944).

28. *DZW*, n. 6, p. 106.

29. BAB, NS 19 / 3911, fólio 5, Himmler para HSSPF no oeste, 23 ago. 1944.

30. BAB, NS 19 / 1864, fólios 7-13, Bormann a Himmler, 29 ago. 1944, Holz a Bormann, 28 ago. 1944, Himmler a Bormann, 1 set. 1944.

31. BAB, R55 / 620, fólios 101-3, relatório do tenente-general Dittmar, 26 set. 1944.

32. BA / MA, RH19 / IV / 14, Tätigkeitsbericht der Geh. Feldpolizei für September 1944 (27 out. 1944).

33. BAB, NS 19 / 1858, fólios 1-7, Chef des NS-Führungsstabes des Heeres, Kurze Aktennotiz über Frontbesuch im Westen in der Zeit vom 22.9-3.10.1944, 5.10.1944.

34. Em 1º de setembro, o OKW transmitiu uma ordem de Hitler para que as tropas em retirada do oeste que não fossem necessárias para outros teatros de guerra entregassem seu equipamento e suas armas ao cruzar a fronteira para o interior da Alemanha, a fim de que o material pudesse ser aproveitado no front ocidental. BAB, NS 6 / 792, fólio 15-15ᵛ, Oberbefehlsleiter Hellmuth Friedrichs,

chefe da Segunda Divisão (Parteiangelegenheiten) na Chancelaria do partido, aos *Gauleiter* ocidentais, 1 set. 1944.

35. *DZW*, n. 6, p. 108; BA/MA, RW 4/494, fólio 94, Chef des OKW, Maßnahmen gegen Auflösungserscheinungen in der Truppe, 23 set. 1944.

36. BA/MA, RW 4/494, fólio 108, Jodl para Ob. West etc., 16 set. 1944; *DZW*, n. 6, pp. 106-9, fac-símile parcial da ordem de Hitler de 16 set. 1944, p. 109; Heinrich Schwendemann, "'Verbrannte Erde'? Hitlers 'Nero-Befehl' vom 19. März 1945", em *Kriegsende in Deutschland* (Hamburgo, 2005), p. 158.

37. *DZW*, n. 6, pp. 119-20; Groehler, op. cit., pp. 331-2.

38. NAL, WO 208/4364, pp. 2-6 (citação, em inglês, p. 6) (26-8 out. 1944).

39. *DZW*, n. 6, p. 111. Para exemplos do fanatismo e da crença em Hitler entre homens da SS feridos na França, ver Beevor, op. cit., p. 324.

40. Kurt Pätzold e Manfred Weißbecker, *Geschichte der NSDAP 1920-1945*, op. cit., pp. 369-70.

41. Bernd Wegner, *Hitlers politische Soldaten* (Paderborn, 1982), p. 306.

42. Exemplos de agosto e setembro de 1844 em Ortwin Buchbender e Reinhold Sterz (Orgs.), *Das andere Gesicht des Krieges: Deutsche Feldpostbriefe 1939-1945* (Munique, 1982), pp. 154-61. Um grande número de amostras da correspondência dos soldados em agosto e setembro de 1944 examinadas pelos censores apresentou resultados variados. Algumas indicavam um pequeno aumento de atitudes positivas em relação ao regime e ao esforço de guerra. Outras apontavam para a direção oposta, com um leve aumento nas posturas negativas e um cansaço diante do conflito. Contudo, não é de surpreender que as opiniões políticas viessem expressas (ou sugeridas) apenas numa parte bem pequena da correspondência. A maioria das cartas limitava-se a abordar assuntos pessoais. *DRZW*, v. 9, n. 1 (Förster), pp. 631-3. A doutrinação limitada com os ideais do nacional-socialismo é uma característica geral das cartas vindas do front e para lá enviadas, dominadas principalmente por preocupações de natureza pessoal. Ver *DRZW*, v. 9, n. 2 (Kilian), pp. 287-8. Para uma avaliação do valor das cartas como reflexo da mentalidade da média dos soldados, ver Klaus Latzel, "Wehrmachtsoldaten zwischen 'Normalität' und NS-Ideologie, oder: Was sucht die Forschung in der Feldpost?", em Müller e Volkmann (Orgs.), op. cit., pp. 573-88.

43. *DRZW*, v. 9, n. 1 (Rass), pp. 686-90; Christoph Rass, *"Menschenmaterial": Deutsche Soldaten an der Ostfront. Innenansichten einer Infanteriedivision 1939-1945* (Paderborn, 2003), pp. 121-34, em especial as pp. 122-3; Andreas Kunz, *Wehrmacht und Niederlage*, op. cit., p. 114; Omer Bartov, *The Eastern Front, 1941-45: German Troops and the Barbarisation of Warfare* (Nova York, 1986), p. 49, calcula que cerca de 30% dos oficiais haviam sido filiados ao Partido Nazista.

44. NAL, WO 219/4713, fólios 907-8, relatório SHAEF, 4 set. 1944.

45. NAL, WO 219/4713, fólios 906-7, relatório SHAEF, 11 set. 1944.

46. BAB, R55/601, fólio 104, Tätigkeitsbericht, relatório semanal de propaganda, 4 set. 1944.

47. Willi A. Boelcke (Org.), *"Wollt Ihr den totalen Krieg?" Die geheimen Goebbels-Konferenzen 1939--1943* (Munique, 1969), p. 452; Marlis Steinert, *Hitlers Krieg und die Deutschen*, op. cit., p. 43.

48. BAB, R55/601, fólio 113, Tätigkeitsbericht, relatório semanal de propaganda, 11 set. 1944.

49. *TBJG*, v. II, n. 13, p. 388 (2 set. 1944).

50. *MadR*, v. 17, p. 6708 (17 ago. 1944); BHStA, MA 106695, relatório de RPvOB, 6 set. 1944. O primeiro ataque a Londres com foguetes V2, causando poucas vítimas, não foi divulgado pela imprensa alemã. Dois meses mais tarde, quando informações sobre o ataque dos foguetes V2 foram transmitidas pelo rádio, a reação foi variada. Houve satisfação, esperanças renovadas, bem como

uma mudança no sentimento geral, embora a avaliação fosse de que os berlinenses "não ficaram muito impressionados". Steinert, op. cit., pp. 511-2; Wolfram Wette, Ricarda Bremer e Detlef Vogel (Orgs.), *Das letzte halbe Jahr: Stimmungsberichte der Wehrmachtpropaganda 1944/45* (Essen, 2001), p. 147 (7-12 nov. 1944).

51. BAB, R55/601, fólios 78-9, Tätigkeitsbericht, relatório semanal de propaganda, 14 ago. 1944.

52. Robert Gellately, *Backing Hitler*, op. cit., pp. 226-30.

53. BAB, R55/623, fólios 56-9, Wochenübersicht über Zuschriften zum totalen Kriegseinsatz, 28 ago. 1944.

54. *MadR*, v. 17, pp. 6697-8 (10 ago. 1944).

55. Michael Kater, *The Nazi Party: A Social Profile of Members and Leaders, 1919-1945* (Oxford, 1983), p. 263 (Figura 1).

56. Dados de Pätzold e Weißbecker, op. cit., pp. 354, 375 e 419, nota 17.

57. *TBJG*, v. II, n. 13, p. 389 (2 set. 1944); Eleanor Hancock, op. cit., p. 164.

58. Em 31 de agosto, August Bormann ordenou que escolas e universidades continuassem a funcionar até que os alunos, estudantes ou professores fossem convocados para trabalhar na indústria de armamentos, de acordo com as restrições determinadas por Goebbels. BHStA, Reichsstatthalter Epp 644/2, folhas soltas, circular 209/44 da Chancelaria do partido, 31 ago. 1944.

59. *DZW*, n. 6, pp. 230-1; Hancock, op. cit., p. 148.

60. Rebentisch, op. cit., pp. 520-1.

61. Tendo conseguido a concordância de Hitler, Goebbels decidiu, no entanto, não levar adiante essa nova elevação do limite de idade para o trabalho compulsório das mulheres. *TBJG*, v. II, n. 14, p. 218 (16 nov. 1944).

62. *TBJG*, v. II, n. 13, pp. 307-9 (24 ago. 1944).

63. BAB, R43II/680a, fólios 135-7, Spende des Führers (*Eierkognak*) an die NSV, custos do fornecimento da bebida, 12-18 ago. 1944.

64. BHStA, Reichsstatthalter Epp 681/6, folhas soltas, Stuckart aos RVKS, 3 nov. 1944; BAB, R43II/1648, Lammers a RVK, 4 set. 1944.

65. Rebentisch, op. cit., p. 522.

66. Hancock, op. cit., pp. 155 e 158.

67. Ibid., pp. 151 e 156. Goebbels sabia perfeitamente que 70% das ocupações isentas estavam na indústria de armamentos. *TBJG*, v. II, n. 13, p. 239 (10 ago. 1944).

68. *DRZW*, v. 5, n. 2 (Müller), pp. 750, 752, 762 e 767; *DZW*, n. 6, p. 229.

69. *TBJG*, v. II, n. 13, p. 397 (3 set. 1944).

70. *TBJG*, v. II, n. 13, pp. 196-7 (2 ago. 1944).

71. *DZW*, n. 6, p. 231; *TBJG*, v. II, n. 13, p. 239 (10 ago. 1944); BAB, R3/1740, fólios 38-9, Speer-Chronik.

72. *DRZW*, v. 5, n. 2 (Müller), p. 761.

73. Von Oven, op. cit., p. 124 (1 set. 1944).

74. Hancock, op. cit., pp. 162-4; Dietrich Orlow, op. cit., pp. 470-2; BAB, R3/1740, fólios 43 e 81, Speer-Chronik.

75. BAB, R3/1740, fólios 103-4, Speer-Chronik; *TBJG*, v. II, n. 3, pp. 370 (31 ago. 1944), 378 (1 set. 1944), 388-9 (2 set. 1944), 452 (10 set. 1944), 490 (16 set. 1944), 525-7 (20 set. 1944), 568 (26 set. 1944); Von Oven, op. cit, pp. 127-9 (3 set. 1944), 134 (10 set. 1944).

76. *DRZW*, v. 5, n. 2 (Müller), pp. 764-6. Sobre o antagonismo de Bormann, ver Louis Eugene Schmier, "Martin Bormann and the Nazi Party 1941-1945", tese de doutorado, Universidade da Carolina do Norte em Chapel Hill, 1969 (University Microfilms Inc., Ann Arbor), pp. 304-8, 312-3.

77. *TBJG*, v. II, n. 13, p. 388 (2 set. 1944).

78. BAB, R3/1526, fólios 3-19, Speer a Hitler, 20 set. 1944. Ver também Hancock, op. cit., p. 167.

79. Speer, op. cit., p. 407.

80. Ver *DZW*, n. 6, p. 228, discurso de Speer em Posen, 3 out. 1944; BAB, R3/1527, fólio 13, Speer a Hitler, 3 out. 1944.

81. BAB, R3/1527, fólios 8-9, Stellungnahme zur Führerinformation v. Dr. Goebbels, 26 set. 1944; fólio 10-10^v, Speer a Bormann, 2 out. 1944; fólios 12-5, Speer a Hitler, 3 out. 1944 (citação, fólio 12).

82. *TBJG*, v. II, n. 14, pp. 329-30 (2 dez. 1944).

83. Ver *TBJG*, v. II, n. 14, p. 383 (9 dez. 1944).

84. *DRZW*, v. 5, n. 2 (Müller), p. 754.

85. *DRZW*, v. 5, n. 2 (Müller), pp. 755-61; *DZW*, n. 6, pp. 364-5.

86. BAB, R3/1740, fólio 111, Speer-Chronik, menciona alguns desses objetivos.

87. A sugestão de Speer em seu *Erinnerungen*, op. cit., p. 411, de que essa ênfase era um recurso tático, no caso de Hitler ficar sabendo que as instalações próximas ao front não tinham sido destruí-das, parece uma racionalização posterior de algo que na época ele defendia com convicção.

88. Speer, op. cit., p. 410. Ver também Gregor Janssen, op. cit., pp. 304-7; Matthias Schmidt, *Albert Speer: Das Ende eines Mythos* (Berna e Munique, 1982), pp. 146-7; e Hans Kehrl, *Krisenmanager im Dritten Reich* (Düsseldorf, 1973), pp. 412-3. Hitler havia concordado em agosto, durante a retirada da França, que instalações industriais que corriam o risco de cair em mãos do inimigo deveriam ser temporariamente imobilizadas, e não destruídas. BAB, R3/1512, fólio 57, notas das conferências so-bre armamentos 18-20 ago. 1944; publicado em Willi A. Boelcke (Org.), *Deutschlands Rüstung im Zweiten Weltkrieg: Hitlers Konferenzen mit Albert Speer 1942-1945* (Frankfurt sobre o Meno, 1969), p. 402. Speer, op. cit, pp. 411-2, ficara, contudo, no começo de setembro, alarmado com indícios de que Hitler pretendia uma política de "terra arrasada" na Alemanha. Isso veio de um artigo destacado no *Völkischer Beobachter* de 7 de setembro, escrito por Helmut Sündermann, chefe adjunto do Serviço de Imprensa do Reich, seguindo instruções diretas de Hitler, de acordo com Speer (op. cit., p. 577, n. 13). Goebbels ficou descontente com o artigo, escrito sem sua concordância e mal recebido pelo público (*TBJG*, v. II, n. 13, p. 493, 16 set. 1944). Ver também Von Oven, op. cit., p. 137 (18 set. 1944), que descreveu o artigo como "idiota".

89. BAB, R3/1539, fólios 7-14 e 17-31, relatos sobre visita ao oeste, 14 set. 1944, 16 set. 1944 (ci-tação, fólio 28); R3/1740, fólios 106-7, Speer-Chronik; BAB, R3/1623, fólios 22, 24-7, 50-2, 66-8 e 77--77^v, diretrizes para desativar indústrias no oeste.

90. BAB, R3/1540, fólios 6-23, relatório sobre visita às áreas ocidentais, 26 set.-1 out. 1944 (5 out. 1944); descrição da visita em R3/1740, fólios 112-25, Speer-Chronik. Ver também Speer, op. cit., p. 408.

91. BAB, R3/1583, fólios 110-1, Speer a Himmler, Bewachungs-Mannschaften für KZ-Häft-linge, 29 out. 1944.

92. Speer, op. cit., p. 409; Gitta Sereny, *Albert Speer: His Battle with Truth* (Londres, 1995), p. 460. Ver também a avaliação crítica sobre a alegação de Speer de ter admitido, bem cedo, que a guerra

estava perdida, por Alfred C. Mierzejewski, "When Did Albert Speer Give up?", *Historical Journal*, n. 31, pp. 391-7, 1988.

93. Observação feita por ele em *Erinnerungen*, op. cit., p. 411. Sobre os preparativos dos industriais para a paz, ver Ludolf Herbst, *Der Totale Krieg und die Ordnung der Wirtschaft* (Stuttgart, 1982), pp. 345-7 e a parte v em geral.

94. *DRZW*, v. 5, n. 2 (Müller), p. 302.

95. *IWM*, box 367/27, Interrogatórios de Speer, Karl Saur, 11-13 jun. 1945; box 368/77, Kurt Weissenborn, dez. 1945-mar. 1946. E ver, para o modo de operação brutal de Saur, Adam Tooze, op. cit., pp. 628-9.

96. *DZW*, n. 6, p. 266.

97. Aproximadamente um número adicional de 2,5 milhões de estrangeiros foi posto para trabalhar na Alemanha entre o princípio de 1943 e o outono de 1944, dois terços dos quais vindos do leste. Cerca de um terço da força de trabalho nas indústrias de mineração, metalurgia, química e da construção, em agosto de 1944, era formado por mão de obra estrangeira. Ulrich Herbert, *Fremdarbeiter: Politik und Praxis des "Ausländer-Einsatzes" in der Kriegswirtschaft des Dritten Reiches* (Bonn, 1985), pp. 258 e 270.

98. *DZW*, n. 6, pp. 261-3. Ver Herbert, *Fremdarbeiter*, op. cit., pp. 327-31, sobre a perseguição cada vez mais arbitrária e violenta de trabalhadores estrangeiros à medida que cresceu o receio de um colapso da ordem, nos últimos meses da guerra.

99. *DZW*, n. 6, pp. 257-9; Peter Hoffmann, *Widerstand, Staatsstreich, Attentat: Der Kampf der Opposition gegen Hitler* (Munique, 1985, 4. ed.), p. 635.

100. BAB, NS 19/3911, fólios 66-7, Der Höhere SS- und Polizeiführer Spree an den Gauen Berlin, Mark Brandenburg und im Wehrkreis III ao Reichführer-SS Persönlicher Stab e outros, transmitindo o decreto de Himmler de 20 out. 1944. Himmler mais tarde reforçou o apoio total que dera a seus HSSPFs como os únicos responsáveis pelo combate à perturbação interna, quando comandantes distritais do setor de defesa tentaram exercer sua autoridade nessa área. BAB, NS 19/3912, fólios 17-26, correspondência relacionada com essa disputa sobre competência, 14 set. 1944 a 5 out. 1944.

101. *DZW*, n. 6, p. 233.

102. *TBJG*, v. II, n. 13, pp. 389-90, 398 e 408 (2-4 set. 1944).

103. BAB, NS 19/751, fólio 3, Boletim Informativo da Chancelaria do partido, 224/44, Erfassung von zurückführenden und versprengten einzelnen Wehrmachtsan-gehörigen, 4 set. 1944; NS6/792, fólio 16-16ᵛ, Himmler aos *Gauleiter* ocidentais, 4 set. 1944. A repetição de uma ordem determinando a detenção de pessoas voltando ao território do Reich em seguida aos acontecimentos no oeste foi emitida em 22 de setembro (NS 19/751, fólios 10-2, circular da Chancelaria do partido 258/44). O crescente temor em relação a agentes inimigos, sabotadores e espiões fez com que fosse atribuído apenas à polícia o direito de examinar documentos de membros da Wehrmacht, bem como da Waffen-SS, e efetuar prisões quando necessário. BAB, R43II/692, fólios 1-2, diretriz de Keitel e Himmler, 20 set. 1944.

104. Peter Longerich, *Heinrich Himmler*, op. cit., p. 732.

105. *DZW*, n. 6, p. 108.

106. BAB, NS 19/3912, fólio 96, Einsatz von Alarmeinheiten im Kampf um Ortschaften, diretriz de Guderian, 27 ago. 1944.

107. *TBJG*, v. ii, n. 13, p. 438 (8 set. 1944); David K. Yelton, *Hitler's Volkssturm: The Nazi Militia and the Fall of Germany, 1944-1945* (Lawrence, ks, 2002), pp. 39-40.

108. *TBJG*, v. ii, n. 13, p. 464 (12 set. 1944).

109. Yelton, op. cit., pp. 7-18; Klaus Mammach, *Der Volkssturm: Bestandteil des totalen Kriegseinsatzes der deutschen Bevölkerung 1944/45* (Berlim, 1981), pp. 31-3; Hans Kissel, *Der Deutsche Volkssturm 1944/45* (Frankfurt sobre o Meno, 1962), pp. 15-23; Franz W. Seidler, *"Deutscher Volkssturm": Das letzte Aufgebot 1944/45* (Munique e Berlim, 1989); bab, R43ii/692a, fólios 2-7, 14-20 set. 1944; DRZW, v. 9, n. 1 (Nolzen), pp. 183-5; *DZW*, n. 6, pp. 237-8. Goebbels ainda se referia à nova organização por esse nome na anotação de seu diário de 21 de setembro de 1944. *TBJG*, v. ii, n. 13, pp. 534-5.

110. Mammach, op. cit., p. 33. Dois dias antes, Himmler recebera uma lista de sugestões enviadas pelo ss-*Obergruppenführer* e general der Polizei Richard Hildebrandt, chefe do Departamento de Raça e Colonização, com o objetivo de mobilizar e organizar a população civil para a "guerra do povo", uma "guerra *partisan* alemã", a ser conduzida como uma "luta pela liberdade" no solo pátrio. bab, ns 19/2864, folhas soltas, Hildebrandt a Himmler, 19 set. 1944.

111. bab, R43II/692a, fólios 8-21; Mammach, op.cit., pp. 32-3, 55-6 e 168-73 sobre fac-símiles do decreto de Hitler e da ordem de Bormann para implementação.

112. Yelton, op. cit., caps. 2-3. A alegação de Longerich, *Heinrich Himmler*, op. cit, p. 733, de que Himmler e Berger foram bem-sucedidos contra Bormann parece duvidosa. A vitória pessoal de Bormann em suas disputas de demarcação com Himmler é ressaltada por Jochen von Lang, *Der Sekretär: Martin Bormann. Der Mann, der Hitler beherrschte* (Frankfurt sobre do Meno, 1980), pp. 298-9. Sobre o recrutamento e a organização da *Volkssturm*, que ficaram a cargo dos líderes locais do partido (*Ortsgruppenleiter*), ver Carl-Wilhelm Reibel, *Das Fundament der Diktatur: Die NSDAP-Ortsgruppen 1932-1945* (Paderborn, 2002), pp. 377-81.

113. Kissel, op. cit., p. 89; Mammach, op. cit., p. 58; Yelton, op. cit., pp. xv, 19-35.

114. *TBJG*, v. ii, n. 13, p. 535 (21 set. 1944).

115. Mammach, ot.cit., pp. 57-8. Aparentemente, não há nenhum dado sobre seu tamanho verdadeiro (que de qualquer maneira era flutuante), a qualquer tempo. Devido à escassez de mão de obra, adiamentos e ineficiência burocrática, na prática o objetivo nem mesmo remotamente chegou a ser alcançado. Mesmo assim, o número de alistamentos foi alto. O recrutamento inicial da *Volkssturm* chegou a 1,2 milhão de homens, distribuídos em 1850 batalhões. Noble, op. cit., p. 149.

116. *TBJG*, v. ii, n. 13, p. 103 (13 jul. 1944); Noble, op. cit, pp. 100-1.

117. *DZW*, n. 6, pp. 235 e 237; bab, ns 6/792, fólios 6-8 (29 ago. 1944) e 9-12 (30 ago. 1944); *DRZW*, v. 9, n. 1 (Nolzen), pp. 180-2.

118. IfZ, zs 597, fólio 27, *Gauleiter* Josef Grohé (1950).

119. *TBJG*, v. iii, n. 3, p. 465 (12 set. 1944).

120. BHStA, Reichsstatthalter Epp 681/1-8, folhas soltas, cópia das disposições de Hitler 12/44 (1 set. 1944); bab, R43ii/1548, fólio 36, Lammers an die Obersten Reichsbehörden, transmitindo a ordem de Hitler (6 set. 1944); Moll, op. cit., pp. 446-50; *DZW*, n. 6, p. 237.

121. Citado (em inglês) em nal, fo 898/187, fólio 598, pwe relatório de 4-10 set. 1944.

122. *DZW*, n. 6, p. 236. No final de 1944, o número de convocados para o trabalho de fortificações em todos os fronts estava acima de 1,5 milhão. *DRZW*, v. 9, n. 1 (Nolzen), p. 182.

123. bab, ns 19/3912, fólios 11-2, Bormann aos *Gauleiter*, Boletim Informativo 302/44g.Rs., Stellungsbau, 6 out. 1944.

124. BAB, NS 19/3911, fólios 35-8, Boletim Informativo da Chancelaria do partido 263/44g.Rs., Zweiter Erlaß des Führers über die Befehlsgewalt in einem Operationsgebiet innerhalb des Reiches vom 19.9.1944 etc., 23 set. 1944, transmitindo o decreto de Hitler de 19 set. 1944 e fornecendo diretrizes para sua implementação; BAB, NS 19/3912, fólio 27, circular 312/44g.Rs., Zweiter Erlaß des Führers über die Befehlsgewalt etc., 11 out. 1944, fazendo emendas a uma cláusula do decreto para enfatizar a autoridade geral de Himmler; Moll, op. cit., pp. 455-7; Walther Hubatsch (Org.), *Hitlers Weisungen für die Kriegführung 1939-1945: Dokumente des Oberkommandos der Wehrmacht* (Munique, 1965), pp. 337-41.

125. H. R. Trevor-Roper (Org.), *The Bormann Letters*, op. cit., p. 88 (27 ago. 1944).

126. Ibid., p. 139 (25 out. 1944).

127. Pätzold e Weißbecker, op. cit., p. 375.

3. AMOSTRA DO HORROR [pp. 124-63]

1. *DZW*, n. 6, pp. 78-9; Andreas Kunz, op. cit., pp. 152-3. Nos meses de junho a agosto de 1944, o número de mortos no front oriental chegou a 589425. Nos seis últimos meses de 1944, foram 740821 mortos. O número total de mortos no front oriental no ano de 1944, 1233000, chegou a 45% da mortalidade naquela área desde a invasão da União Soviética em 22 de junho de 1941. Rüdiger Overmans, *Deutsche militärische Verluste im Zweiten Weltkrieg* (Munique, 1999), pp. 277-9.

2. *DRZW*, v. 8 (Frieser), p. 594, que apresenta o número de baixas no Grupo de Exércitos Centro como algo em torno de 390 mil homens, comparados a cerca de 330 mil em Verdun e 110 mil capturados em Stalingrado. Nos quatro fronts da Operação Bagration, os soviéticos utilizaram em torno de 2,5 milhões de homens, 45 mil peças de artilharia, 6 mil tanques e mais de 8 mil aviões sobre um front de aproximadamente 1,1 quilômetro com uma profundidade de avanço entre 550 a seiscentos quilômetros ao longo de um período de 69 dias (22 de junho a 29 de agosto). *DRZW*, v. 8 (Frieser), pp. 526-35 e 593, quanto às dimensões da ofensiva soviética e a relativa debilidade das forças alemãs.

3. *DRZW*, v. 8 (Frieser), p. 556. Os soviéticos perderam mais de 440 mil homens. Gerhard L. Weinberg, op. cit., fornece um bom resumo dos eventos no front oriental nesse período.

4. *DRZW*, v. 8 (Frieser), p. 612; Brian Taylor, *Barbarossa to Berlin: A Chronology of the Campaings on the Eastern Front 1941 to 1945*, v. 2 (Stroud, 2008), p. 218.

5. *DZW*, n. 6, pp. 52-60; *DRZW*, v. 8 (Schönherr), pp. 678-718.

6. O próprio Hitler havia dado a ordem, passada adiante por Himmler, para a destruição total de Varsóvia. BA/MA, RH19/II/213, v.d. Bach-Zelewski ao comando do Nono Exército, 11 out. 1944.

7. *DZW*, n. 6, p. 410. Para uma descrição detalhada dos terríveis eventos, ver Norman Davies, *Rising '44: "The Battle for Warsaw"* (Londres, 2004).

8. Esses números em *DZW*, n. 6, p. 70, divergem daqueles fornecidos por Weinberg, op. cit., p. 714 (380 mil mortos) e *DRZW*, v. 8 (Schönherr), p. 819 (286 mil homens mortos ou capturados no teatro de guerra romeno). O motivo para a discrepância nos números não está claro.

9. *DZW*, n. 6, pp. 62-70; *DRZW*, v. 8 (Schönherr), pp. 746-819.

10. *DRZW*, v. 8 (Frieser), pp. 626-7 e 668-72; *DZW*, n. 6, p. 72; Weinberg, op. cit., pp. 707-21; e o

ótimo e detalhado estudo feito por Howard D. Grier, *Hitler, Dönitz, and the Baltic Sea: The Third Reich's Last Hope, 1944-1945* (Annapolis, MD, 2007).

11. BA/MA, RH19/III/727: sobre as ordens duras de Schörner ao assumir o comando do Grupo de Exércitos Norte e sua exigência de fanatismo, mencionando ainda o receio de ficar isolado (25 jul. 1944, 28 jul. 1944); suas ameaças com relação à disciplina e o apelo ao fanatismo sem limites na guerra total "por nossa ameaçada existência como nação" (12 ago. 1944); suas exigências de punição implacável nas cortes marciais de acordo com as ordens de Hitler (1 out. 1944); seu apelo à determinação fanática após a "heroica" resistência em Riga (5 out. 1944); mais exigências de ação sem piedade e improvisação de métodos, com ameaças àqueles considerados em falta (7 out. 1944); exortações a seus generais para instruírem seus soldados a lutar com uma disposição cada vez maior, e ordens para a adoção de medidas de defesa adequadas ao comando de Hitler para manter o domínio da área (18 out. 1944, 21 out. 1944); a alegação de que eles não estavam conduzindo a guerra de maneira suficientemente "firme, radical e asiática" (2 nov. 1944); a extrema intolerância ao notar a ausência de espírito de luta (10 nov. 1944). Quando Schörner foi a julgamento, após seu retorno do cativeiro na União Soviética, em 1955, recebeu cartas de solidariedade de antigos camaradas, louvando seu comando do Grupo de Exércitos Norte e atribuindo o fato de terem sobrevivido à sua liderança. Ver BA/MA, N60/73, NL Schörner. Contudo, a corte considerou que o nível de sua brutalidade não poderia ser justificado, mesmo nas condições da guerra no front oriental em 1944.

12. Guderian, op. cit, pp. 376-7.

13. *DZW*, n. 6, pp. 70-6; *DRZW*, v. 8 (Frieser), pp. 623-57 (para número de soldados, pp. 657-8); Grier, op. cit., cap. 3.

14. *TBJG*, v. II, n. 13, pp. 524-5 (20 set. 1944), 536-42 (21 set. 1944).

15. *DRZW*, v. 8 (Frieser), pp. 602-3 e mapa, p. 573.

16. Noble, op. cit., pp. 20-2.

17. Noble, op. cit., caps. 1-3, p. 46, sobre o número de evacuados.

18. Ver Noble, pp. 85 e 176, nota 81. As autoridades dos serviços de inteligência britânicos puderam levantar muitas informações sobre o pânico na Alemanha Oriental lendo nas entrelinhas dos jornais alemães e de outras publicações. Ver NAL, FO 898/186, PWE, Resumo e Comentários sobre Transmissões Radiofônicas de Emissoras Alemãs para o Território Alemão, fólios 18 e 35-8 (relatórios de 24-31 jul. 1944 e 31 jul.-6 ago. 1944).

19. *MadR*, v. 17, pp. 6698-9 (10 ago. 1944).

20. *MadR*, v. 17, pp. 6702 (10 ago. 1944) e 6708 (17 ago. 1944).

21. BAB, R55/601, fólios 73-4 e 102-6, Tätigkeitsbericht, relatórios semanais de propaganda, 14 ago. 1944, 4 set. 1944.

22. Heinrich Schwendemann, "Ein unüberwindlicher Wall gegen den Bolschewismus: Die Vorbereitung der 'Reichsverteidigung' im Osten im zweiten Halbjahr 1944", em *Schlüsseljahr 1944* (Munique, 2007), p. 236.

23. Kunz, op. cit., p. 249.

24. Citação de Kunz, op. cit., pp. 250-1.

25. Noble, op. cit., p. 152.

26. Noble, op. cit., pp. 95, 100, 107-8 e 280, nota 28.

27. Noble, op. cit., pp. 95-9.

28. BAB, NS 6/792, fólios 17-22, Guderian aos comandos Wehrkreis etc., 28 jul. 1944; Stuckart aos *Gauleiter* do leste, 28 jul. 1944.

29. BAB, R43II/1648, fólio 36, Lammers aos Oberste Reichsbehörden, 6 set. 1944, transmitindo ordem do Führer de 1 set. 1944; também em BHStA, Reichsstatthalter Epp 681/1-8.

30. *DZW*, n. 6, pp. 234-5; Ralf Meindl, *Ostpreußens Gauleiter*, op. cit., pp. 417-22.

31. NAL, FO 898/187, PWE, Resumo e Comentários sobre Transmissões Radiofônicas de Emissoras Alemãs para o Território Alemão, fólio 685 (relatório de 7-13 ago. 1944, em inglês); Noble, op. cit., p. 106.

32. Guderian, op. cit., p. 360; Noble, op. cit., pp. 102-3, 127.

33. *MadR*, v. 17, pp. 6720-6, relatório ao tesoureiro do Reich do NSDAP, 28 out. 1944.

34. Noble, op. cit., pp. 108-13; *DZW*, n. 6, p. 236; também Marlis Steinert, *Hitlers Krieg und die Deutschen*, op. cit., pp. 504-5.

35. Noble, op. cit., p. 114.

36. *TBJG*, v. II, n. 13, p. 224 (4 ago. 1944); Noble, op. cit., p. 107.

37. Noble, op. cit., p. 108.

38. Noble, op. cit., pp. 126-7.

39. Noble, op. cit., pp. 107 e 127.

40. BAB, NS 19/4016, fólios 99-126, rascunho do discurso, 18 out. 1944 (citações, fólio 123); *VB*, 19 out. 1944.

41. BAB, R55/601, fólio 180, Tätigkeitsbericht, relatório semanal de propaganda, 23 out. 1944.

42. BAB, R55/601, fólio 208, Tätigkeitsbericht, relatório semanal de propaganda, 7 nov. 1944; Christian Tilitzki, *Alltag in Ostpreußen 1940-1945: Die geheimen Lageberichte der Königsberger Justiz 1940--1945* (Leer, 1991), pp. 283-4 e 286, relatórios de 17 out. 1944, 19 out. 1944; Edgar Günther Lass, *Die Flucht: Ostpreußen 1944/45* (Bad Nauheim, 1964), pp. 23-31. Ver também Yelton, op. cit., pp. 89-96; Noble, op. cit., p. 151; Steinert, op. cit., pp. 506-8.

43. Yelton, op. cit., p. 90.

44. Yelton, op. cit., p. 91; Noble, op. cit., p. 151.

45. Yelton, op. cit., pp. 97-102.

46. Klaus Mammach, op. cit.; Yelton, op. cit., p. 75.

47. Yelton, op. cit., p. 120.

48. BA/MA, RH 21/3/730, relato de pós-guerra escrito em 1955 pelo chefe do Estado-Maior do Terceiro Exército Panzer, major-general Mueller-Hillebrand, p. 1.

49. Theodor Schieder et al. (Orgs.), *Die Vertreibung der deutschen Bevölkerung aus den Gebieten östlich der Oder-Neiße*, v. 1 (Munique, 1984), pp. 1-4; ver também Noble, op. cit., pp. 130-2.

50. Guderian, op. cit., p. 376.

51. *DRZW*, v. 8 (Frieser), pp. 612-9; Noble, op. cit., pp. 132-5.

52. Ver Noble, op. cit., pp. 136-8.

53. Noble, op. cit., p. 130.

54. BA/MA, N245/3, NL Reinhardt; as entradas de diário de 11, 17, 22 out. 1944 e 1, 3, 4, 5, 7, 10, 14 nov. 1944 referem-se a suas frequentes e ásperas discussões com Koch — embora não diretamente relacionadas com a questão da evacuação —, assim como a carta à sua esposa de 23 out. 1944, em N245/2, fólio 40. Ver também N245/15 para seu protesto ante Himmler no que se refere à informação incorreta de Koch quanto às condições em seu Grupo de Exércitos (cartas de 26 out. 1944 e 27

nov. 1944). Parte do conflito estava relacionada ao fato de Koch ter entregue à *Volkssturm* armamentos destinados ao Exército (BA/MA, RH 19/II/213, fólio 303, Reinhardt a Guderian, 31 out. 1944).

55. Schieder et al. (Orgs.), *Die Vertreibung*, op. cit., v. 1, pp. 4-7.

56. Bernhard Fisch, *Nemmersdorf, Oktober 1944: Was in Ostpreußen tatsächlich geschah* (Berlin, 1997), cap. 5. Ver também Guido Knopp, *Die große Flucht: Das Schicksal der Vertriebenen* (Munique, 2001), pp. 37-49.

57. Citado em *DRZW*, v. 10, n. 1 (Zeidler), p. 700, e pp. 682 ss para um excelente relato da propaganda soviética destinada às tropas prestes a entrar em ação na Alemanha, incluindo o papel do arquipropagandista Ilya Ehrenburg. Ver também Guido Pöllmann, "Rote Armee in Nemmersdorf am 22.10.1944", em Franz W. Seidler e Alfred M. de Zayas (Orgs.), *Kriegsverbrechen in Europa und im Nahen Osten im 20. Jahrhundert* (Hamburgo, 2002), p. 215.

58. Citação de Manfred Nebelin, "Nazi Germany: Eastern Front", em David Wingeate Pike, op. cit., p. 98.

59. Schieder et al. (Orgs.), *Die Vertreibung*, op. cit, v. 1, pp. 7-8. Mais relatos horripilantes são apresentados em Lass, op. cit, pp. 44-50. A Comissão Internacional foi criada pelo Ministério da Propaganda. Ela se reuniu em 31 de outubro de 1944, em Berlim, com representantes de Espanha, França, Noruega, Suécia, Dinamarca, Estônia, Letônia, Itália e Sérvia, diante de uma plateia de aproximadamente seiscentas pessoas, principalmente membros do partido de Berlim, e contou com a presença de cem membros da imprensa e de emissoras alemãs e estrangeiras. Como era de esperar, os participantes concluíram que a União Soviética era culpada de sérias violações das leis internacionais. BA/MA, RH2/2684, fólios 7-8, relatório do major Hinrichs, Abteilung Fremde Heere Ost, 1 nov. 1944.

60. Bernhard Fisch, "Nemmersdorf 1944: ein bisher unbekanntes zeitnahes Zeugnis", *Zeitschrift für Ostmitteleuropa-Forschung*, v. 56, pp. 105-14, 2007. Ver também Fisch, *Nemmersdorf*, op. cit., caps. 6-7.

61. "Persönliches Kriegstagebuch des Generals der Flieger [Werner] Kreipe als Chef des Generalstabes der Luftwaffe für die Zeit vom 22.7-2.11.1944", anotação de 23 out. 1944, em Hermann Jung, *Die Ardennenoffensive 1944/45* (Göttingen, 1971), p. 227.

62. Günter K. Koschorrek, *Blood Red Snow: The Memoirs of a German Soldier on the Eastern Front* (Londres, 2002), p. 293 (22 out. 1944).

63. BA/MA, RH 20/4/593, folhas soltas; o relatório de Hauptmann Fricke ao Armeeoberkornmando 4, 26 out. 1944, contabiliza 45 cadáveres, 26 encontrados em Nemmersdorf e dezenove na vizinha Tutteln (juntamente com diversos outros cadáveres carbonizados num estábulo incendiado nas proximidades). A maioria dos mortos em Nemmersdorf não morava lá, mas estava fugindo do Exército Vermelho. Dois outros relatórios (BA/MA, RH 2/2684, fólios 2 e 5) citavam uma mulher provavelmente estuprada e em seguida morta ao ser golpeada com um machado ou uma pá em Schweizerau, em 22 de outubro, e onze civis, incluindo quatro mulheres violentadas, encontradas num estábulo em Bahnfelde, nas proximidades de Schulzenwalde. Uma relação de vítimas compilada posteriormente registrou noventa delas em vários locais da Prússia Oriental (maior número, 26, em Nemmersdorf), com muitos casos de violência sexual, incluindo o assassinato de cinco crianças cujas línguas, de acordo com alguns relatos, teriam sido pregadas a mesas. BA/MA, RH 2/2685, fólio 168. Karl-Heinz Frieser em *DRZW*, v. 8, p. 620, nota 77, fornece um provável número de 46 vítimas civis apenas em Nemmersdorf, sem contar as localidades vizinhas, embora sem apresentar base

para esse cálculo, que provavelmente erra na contagem das vítimas de Nemmersdorf e Tutteln. Como ele observa, as descobertas de Fisch baseavam-se quase inteiramente nas perguntas que fizera aos sobreviventes na década de 1990. Em sua tentativa de demonstrar que a propaganda em grande parte era mentirosa, ele dá a impressão, em alguns momentos, de tender a uma imagem algo favorável aos soldados do Exército Vermelho. Pöllmann, op. cit., p. 214, indica 26 vítimas civis em Nemmersdorf e 28 na vizinhança imediata.

64. BA/MA, N245/2, fólio 40. NL Reinhardt, carta à sua esposa, 26 out. 1944.

65. *TBJG*, v. II, n. 14, p. 110 (26 out. 1944). Ver também Von Oven, *Mit Goebbels bis zum Ende*, op. cit., v. 2, p. 170 (27 out. 1944). O próprio Hitler reagiu às notícias das atrocidades exigindo que elas fossem exploradas pela propaganda dentro da Wehrmacht, demonstrando impaciência com a demora para divulgar fotos e relatos das testemunhas oculares — IfZ, Nbg.-Dok. PS-1787. Ver também David Irving, *Hitler's War* (Londres, 1977), p. 893, nota à p. 726.

66. Citação de Steinert, op. cit., pp. 521-2.

67. Fisch, *Nemmersdorf*, op. cit., pp. 144 e 153, nota 8.

68. Schwendemann, op. cit., p. 240, nota 41.

69. Alguns, seguindo linhas análogas, foram acompanhados pelos serviços de inteligência britânicos: NAL, FO 898/187, PWE, Resumo e Comentários sobre Transmissões das Emissoras Alemãs para o próprio país, fólios 439 e 457-8 (relatórios de 23 set.-9 out. 1944 e 30 out.-5 nov. 1944).

70. Fisch, *Nemmersdorf*, op. cit., pp. 146-7.

71. *VB*, 1 nov. 1944.

72. BAB, R55/601, fólio 181, Tätigkeitsbericht, relatório semanal de propaganda, 23 out. 1944. Ver também Meindl, op. cit., p. 434.

73. Steinert, op. cit., p. 522.

74. *TBJG*, v. II, n. 14, p. 69 (10 out. 1944).

75. Ver IfZ, Fa-93, apresentação para Bormann, 12 out. 1944, em que Werner Naumann, secretário de Estado no Ministério da Propaganda, informa-o de que alemães nas áreas ocupadas do oeste não estavam se comportando de acordo com a "honra nacional"; e Himmler, aos HSSPF do oeste, 18 out. 1944 (também em BAB, NS 19/751, fólio 21), informando que relatórios da imprensa inimiga revelam conduta "desonrosa" de cidadãos alemães sob ocupação inimiga no oeste. Ver também Klaus-Dietmar Henke, *Die amerikanische Besetzung Deutschlands* (Munique, 1995), p. 172.

76. *TBJG*, v. II, n. 14, pp. 176 (8 nov. 1944) e 189 (10 nov. 1944).

77. BAB, R55/601, fólio 204, Tätigkeitsbericht, relatório semanal de propaganda, 7 nov. 1944; *TBJG*, v. II, n. 14, p. 192 (10 nov. 1944).

78. BHStA, MA 106696, relatório de RPvOF/MF, 8 nov. 1944.

79. BAB, R55/601, fólio 210, Tätigkeitsbericht, relatório semanal de propaganda, 7 nov. 1944.

80. BAB, R55/608, fólio 29, Mundpropagandaparole n. 4, 7 nov. 1944.

81. *TBJG*, v. II, n. 14, pp. 192-3 (10 nov. 1944).

82. Otto Dov Kulka e Eberhard Jäckel (Orgs.), *Die Juden in den geheimen NS-Stimmungsberichten 1933-1945* (Düsseldorf, 2004), p. 546, nota 749, relatório de SD-Leitabschnitt Stuttgart, 6 nov. 1944; também em IWM, "Aus deutschen Urkunden, 1935-1945", documentação inédita (c. 1945-6), pp. 275- -6; e citada por Steinert, op. cit., pp. 522-3.

83. BAB, R55/601, fólio 215, Tätigkeitsbericht, relatório semanal de propaganda, 14 nov. 1944.

84. BAB, R55/608, fólio 30, Mundpropagandaparole n. 5, 8 nov. 1944.

85. *TBJG*, v. II, n. 14, p. 169 (7 nov. 1944).

86. BAB, R55/601, fólio 223, Tätigkeitsbericht, relatório semanal de propaganda, 14 nov. 1944. No princípio de novembro, Goebbels havia concluído que "a publicação das atrocidades de Nemmersdorf já foi suficiente para deixar claro a todos os soldados o que está em jogo". No quartel--general do Führer, pensava-se que naquele momento não havia necessidade de levantar o moral das tropas com a publicação dos detalhes das atrocidades bolcheviques contra os soldados alemães. *TBJG*, v. III, n. 4, p. 159 (5 nov. 1944).

87. Traudl Junge, *Until the Final Hour: Hitler's Last Secretary* (Londres, 2002), p. 145.

88. Nicolaus von Below, *Als Hitlers Adjutant 1937-45* (Mainz, 1980), p. 340.

89. Max Domarus (Org.), *Hitler: Reden und Proklamationen 1932-1945* (Wiesbaden, 1973), p. 2045.

90. Himmler tinha os nomes daqueles que não compareceram à reunião — uma indicação de que o objetivo era assegurar o conhecimento e a cumplicidade com o que havia ocorrido. Irving, op. cit., pp. 575-6.

91. BA/MA, N245/2, NL Reinhardt, fólio 40 (anotação no diário em 26 out. 1944).

92. Udo von Alvensleben, *Lauter Abschiede: Tagebuch im Kriege* (Frankfurt sobre o Meno, 1971), pp. 439-40 (12 fev. 1945). Citado também em Kunz, op. cit., p. 253.

93. Ver o negativo das imagens das cartas do front em *DRZW*, v. 9, n. 2 (Müller), pp. 80-9.

94. Ver *DRZW*, v. 9, n. 1 (Förster), pp. 638-9.

95. Quase 10 mil sentenças de morte na Wehrmach (a maioria delas no Exército) foram executadas no final de 1944. *DRZW*, v. 9, n. 1 (Echternkamp), pp. 48-50.

96. Parte do título do livro de Omer Bartov, *The Eastern Front, 1941-45: German Troops and the Barbarisation of Warfare*, op. cit.

97. Antony Beevor, *D-Day*, op. cit., p. 522.

98. *TBJG*, v. II, n. 14, p. 199 (11 nov. 1944).

99. LHC, Dempsey Papers, n. 179, parte II, p. 8, carta de Johanna Ambross, Munique, 20 set. 1944 (texto em inglês).

100. BA/MA, N6/4, NL Model, relatório (para as autoridades dos Estados Unidos) sobre o Grupo de Exércitos B de meados de outubro de 1944 a meados de abril de 1945, elaborado por Oberst im Generalstab a.D. Günther Reichhelm, compilado em 1946-7, fólio 1.

101. Hans-Heinrich Wilhelm, "Hitlers Ansprache vor Generalen und Offizieren am 26. Mai 1944", *Militärgeschichtliche Mitteilungen*, v. 2, pp. 123-70, 1976.

102. Saul Friedländer, *The Years of Extermination: Nazi Germany and the Jews, 1939-1945* (Londres, 2007), pp. 615-9; Raul Hilberg, *The Destruction of the European Jews* (Nova York, 1973), p. 547.

103. Hilberg, op. cit., p. 629.

104. Friedländer, op. cit., p. 628.

105. Hilberg, op. cit., pp. 630-1.

106. Ver Jeffrey Herf, *The Jewish Enemy: Nazi Propaganda during World War II and the Holocaust* (Cambridge, MA, 2006), pp. 246-54.

107. Kulka e Jäckel, op. cit., p. 544, nota 744.

108. Peter Longerich, *"Davon haben wir nichts gewußt!" Die Deutschen und die Judenverfolgung 1933-1945* (Munique, 2006), pp. 304-11, em que também fica aparente uma crítica a essas avaliações grosseiras dos bombardeios.

109. Victor Klemperer, *Ich will Zeugnis ablegen bis zum letzten*, v. 2: *Tagebücher 1942-1945*, org. de Walter Nowojski e Hadwig Klemperer (Darmstadt, 1998), pp. 594-6 (27 set. 1944).

110. Ele comentou como um conhecido ficou deprimido com a derrota dos ingleses em Arnhem. Se não fosse isso, "eles agora dominariam o distrito de Ruhr e a guerra teria acabado". Klemperer, op. cit., p. 609 (30 out. 1944).

111. Klemperer, op. cit, p. 605 (17 out. 1944).

112. Klemperer, op. cit, pp. 609-10 (2 nov. 1944, 12 nov. 1944).

113. Klemperer, op. cit, p. 616 (26 nov. 1944).

114. Klemperer, op. cit., p. 609 (30 out. 1944).

115. Herbert, *Hitler's Foreign Workers: Enforced Foreign Labor in Germany under the Third Reich* (Cambridge, 1997), p. 298.

116. IWM, Memórias de P. E. von Stemann (jornalista dinamarquês que residiu em Berlim de 1942 até o final da guerra, compilado *c.* 1980), fólio 183.

117. Ver BAB, R55/601, fólio 124, Tätigkeitsbericht, relatório semanal de propaganda, 18 set. 1944.

118. BAB, R55/601, fólio 119, Tätigkeitsbericht, relatório semanal de propaganda, 11 set. 1944.

119. IWM, "Aus deutschen Urkunden, 1935-1945", documentação inédita, s.d. (*c.* 1945-6), p. 276.

120. BAB, R55/601, fólio 124, Tätigkeitsbericht, relatório semanal de propaganda, 18 set. 1944. fólios 123-4.

121. Max Domarus, op. cit., pp. 2160-7.

122. Jung, op. cit., pp. 103 e 218 (diário de Kreipe, entrada de 16 set. 1944); Guderian, op. cit., pp. 370-1.

123. Speer, op. cit., p. 423.

4. ESPERANÇAS CRIADAS — E DESFEITAS [pp. 164-205]

1. Citação em *DZW*, n. 6, p. 125; *KTB/OKW*, v. 4, n. I, p. 436, Jodl ao chefe do Estado-Maior Geral em OB Oeste, 1 nov. 1944. Ver também Scheurig, op. cit., pp. 303-6, sobre as dúvidas de Jodl a respeito da ofensiva das Ardenas — embora ele a justificasse. Quando Speer lhe disse que Hitler ia dar sua cartada final do jogo da guerra, o grande industrial Albert Vögler concluiu, de modo bastante lógico, que ela seria no front oriental. "Ninguém seria tão louco a ponto de deixar o leste desguarnecido para conter o inimigo no oeste", foi seu raciocínio. Speer, op. cit., p. 423.

2. Heiber e Glantz, op. cit., pp. 539-40 (12 dez. 1944).

3. Warlimont, op. cit., pp. 475-8; *DRZW*, v. 7 (Vogel), pp. 619-20.

4. Jung, op. cit., p. 218 (diário de Kreipe, 16 set. 1944); *DZW*, n. 6, pp. 124-5.

5. John Erickson, *The Road to Berlin* (Londres, 2003), pp. 394-7; Brian Taylor, op. cit., v. 2, pp. 248-59.

6. Hastings, *Armageddon*, op. cit., pp. 202-25.

7. *DRZW*, v. 7 (Vogel), p. 615.

8. *DZW*, n. 6, pp. 212-3; *DRZW*, v. 7 (Vogel), pp. 615-6; Hastings, *Armageddon*, op. cit., pp. 218-

-20; Balkoski, "Patton's Third Army: The Lorraine Campaign, 19 September-1 December 1944", op. cit., pp. 178-91.

9. Von Oven, *Finale Furioso*, op. cit., pp. 517-8 (3 dez. 1944); *TBJG*, v. II, n. 14, pp. 339-41 (3 dez. 1944); BAB, R55/608, fólio 34, Verbal Propaganda Slogan, n. 11 (18 dez. 1944). A rapidez da queda de Estrasburgo e as tentativas caóticas de proceder à evacuação dos moradores foram enfatizadas no depoimento de uma testemunha ocular, enviado posteriormente a Himmler. BAB, NS19/606, fólios 2-4ᵛ, relatório sobre os acontecimentos em Estrasburgo de 22 de outubro a 3 de novembro de 1944 (19 dez. 1944). Um relatório de propaganda de Baden ressaltou o "enorme efeito de choque" por toda a região em consequência da queda da cidade. Bandos de refugiados amontoaram-se na margem direita do Reno. O moral deprimido da população chegou a seu ponto mais baixo. A confiança ficou "profundamente abalada". BAB, R55/21504, folhas soltas, Gaupropagandaleiter, Reichspropagandaamt Baden, Bericht über die Propagandaführung im Gau Baden (15 jan. 1945).

10. Hastings, *Armageddon*, op. cit., p. 225.

11. Heiber e Glantz, op. cit., p. 541 (12 dez. 1944) e p. 1038, nota 1556.

12. Ver descrições detalhadas em Franz Kurowski, "Dietrich and Manteuffel", em Correlli Barnett (Org.), *Hitler's Generals*, op. cit., pp. 411-37.

13. *DZW*, n. 6, pp.126-8; *DRZW*, v. 7 (Vogel), pp. 621-2; Warlimont, op. cit., p. 485; Guderian, op. cit., p. 380.

14. Warlimont, op. cit., pp. 481-5; Guderian, op. cit., p. 380; Scheurig, op. cit., p. 305; BA/MA, RH21/5/66, Manteuffel: "Die 5. Panzerarmee in der Ardennenoffensive" (depoimento para a US Historical Division, 1946), fólio 50; BA/MA, N6/4, Oberst G. Reichhelm (chefe de Estado-Maior de Model), "Zusammenfassender Bericht über die Kampfhandlungen der deutschen Herresgruppe B von Mitte Oktober 1944 bis Mitte April 1945" (depoimento para a US Historical Division, 1946-7), fólios 14-5; Guenther Blumentritt, *Von Rundstedt: The Soldier and the Man* (Londres, 1952), pp. 264-9; *DRZW*, v. 7 (Vogel), p. 620; *DZW*, n. 6, p. 125; Westphal, op. cit., pp. 294-300; Görlitz, op. cit., pp. 222-5; David Downing, *The Devil's Virtuosos: German Generals at War 1940-5* (Londres, 1977), pp. 231-3.

15. Citação em Warlimont, op. cit., pp. 489-90. Jung, op. cit., pp. 201-2, argumenta que a única opção disponível para eles — pedir demissão — faria o comando passar para as mãos de generais menos hábeis, o que aumentaria as baixas alemãs.

16. Ver Warlimont, op. cit., pp. 481-2.

17. NAL, WO219/1651, fólios 144-5, SHAEF: interrogatório de Jodl, 23 maio 1945.

18. Citação em *DZW*, n. 6, pp. 129-30.

19. Para uma avaliação desse colapso catastrófico, especialmente na segunda metade de 1944, ver Zimmermann, *Pflicht zum Untergang*, op. cit., pp. 40-65.

20. IWM, FD 3063/49, box 368/54, depoimento de Speer (13 jun. 1945). Sobre o impacto econômico do bombardeio de 1944, ver Richard Overy, *Why the Allies Won* (Londres, 1995), pp. 130-1; e Dietrich Eichholtz, "Deutschland am Ende des Krieges: Eine kriegswirtschaftliche Bilanz", *Bulletin der Berliner Gesellschaft für Faschismus- und Weltkriegsforschung*, n. 6, pp. 22-3, 27-30, 1996.

21. IWM, FD 3063/49, box 367/26, depoimento de Speer (13 ago. 1945); box 368/67, depoimento de Saur (2-8 out. 1945). Sobre a situação dos armamentos levando à ofensiva das Ardenas, ver Jung, op. cit., cap. 2.

22. IWM, FD 3063/49, box 367/34, depoimentos de Saur e Kehrl (13 ago. 1945).

23. IWM, FD 3063/49, box 367/28, depoimento de Bosch (11 jun. 1945).

24. IWM, FD 3063/49, box 367/34, depoimento de Kehrl (26 jul. 1945).

25. IWM, FD 3063/49, box 367/34, depoimento de Röchling (10 ago. 1945).

26. IWM, FD 3063/49, box 367/35, supl. 1, depoimento de Röhland (22 out. 1945).

27. IWM, FD 3063/49, box 367/34 e box 368/93, depoimentos de Schulze-Fielitz (10 ago. 1945 e sem data, verão de 1945).

28. IWM, FD 3063/49, box 368/84, parte II, depoimento de Fiebig (25 maio 1946).

29. IWM, FD 3063/49, box 367/26, depoimento de Speer (13 ago. 1945).

30. IWM, FD 3063/49, box 368/67, depoimentos de Saur (2-8 out. 1945, 7 jun. 1945); Hans Kehrl, op. cit., p. 407, indicou também o fato de que, apesar das crescentes dificuldades, a produção de armamentos em 1944 foi maior do que nos anos de 1940 a 1943, quando a Alemanha tinha pleno controle de sua base econômica. Até mesmo em janeiro de 1945, o índice da produção de armamentos superou o de qualquer outro ano, com a exceção de 1944. Adam Tooze, op. cit., pp. 687-8, Tabela A6.

31. IWM, box 367/27, depoimento de Saur (11-13 jun. 1945).

32. Ver, sobre essas decisões de novembro e dezembro, Willi A. Boelcke (Org.), *Deutschlands Rüstung im Zweiten Weltkrieg*, op. cit., pp. 444-58; e sobre o enorme esforço de Speer para manter os níveis de produção nessa época, Alfred C. Mierzejewski, "When Did Albert Speer Give up?", op. cit., p. 394.

33. Pesados ataques aéreos atingiram seguidamente as grandes cidades industriais, bem como a rede de transportes. Mais da metade das bombas americanas desse período tinha o objetivo de destruir as instalações de transporte. Os ingleses, que nos últimos três meses de 1944 despejaram mais bombas do que em todo o ano de 1943, concentraram-se mais nas cidades, com ataques maciços a Dortmund, Duisburg, Essen, Colônia, Düsseldorf, Bochum e Gelsenkirchen, mas infligiram também grandes danos ao transporte, despejando 102 796 toneladas, principalmente em estações de triagem das ferrovias, entre novembro de 1944 e janeiro de 1945. Ver *DZW*, n. 6, pp. 163, 166-7; Adam Tooze, op. cit., p. 650; Jörg Friedrich, *Der Brand: Deutschland im Bombenkrieg 1940-1945* (Berlim, 2004), p. 150; Alfred C. Mierzejewski, *The Collapse of the German War Economy, 1944-1945: Allied Air Power and the German National Railway* (Chapell Hill, NC, 1988), caps. 6-7, apresenta uma descrição detalhada do impacto devastador dos bombardeios sobre os transportes no outono de 1944. Speer informou à liderança naval, em meados de novembro, sobre a gravidade dos ataques aéreos. A Reichsbahn fora bastante atingida. Cinco grandes estações já não tinham mais condições de funcionamento. Houve grande quedas nos níveis de produção de carvão e aço (quatro quintos das usinas siderúrgicas tinham sido destruídos ou seriamente danificados), e o fornecimento de gás sofreu uma redução de 40%. *KTB/SKL*, v. 63, n. II, p. 188 (17 nov. 1944).

34. BAB, R3/1528, fólios 1-48, relatório de Speer no Ruhrgebiet, 11 nov. 1944.

35. BAB, R3/1542, fólios 1-21, relatório de Speer sobre sua viagem ao Reno e ao Ruhr, 23 nov. 1944.

36. *Deutschlands Rüstung*, p. 444 (28 nov. 1944).

37. *TBJG*, v. II, n. 14, pp. 368-9 (7 dez. 1944).

38. BAB, R3/1543, fólios 3-15.

39. Speer, op. cit., p. 425.

40. BAB, R3/1544, fólios 56-73 (palavras citadas, fólio 71).

41. *DRZW*, v. 5, n. 2 (Müller), p. 771, vê isso, na prática, como o "programa de sobrevivência" de Speer para a fase final da guerra.

42. Speer, op. cit., p. 423. Depois de sua viagem ao Ruhr em novembro, Speer arquitetou a nomeação de Vögler por Hitler como plenipotenciário para Armamentos e Produção de Guerra no Ruhr, para tomar decisões *in loco* em seu nome, de modo a manter a produção naquela área. *Deutschlands Rüstung*, p. 445 (28 nov. 1944).

43. BAB, R3/1623, fólios 3-4, 8-10, 22 (26 jul. 1944, 2 ago. 1944), sobre retirada do leste; fólios 24-7, 46, 50-2, 66-8, 77 (10, 13, 16, 18, 19 e 22 set. 1944), sobre imobilização da indústria no oeste.

44. BAB, R3/1623, fólio 123, Keitel a Speer (6 dez. 1944).

45. BAB, R3/1623, fólios 125-6, Speer ao chefe da Comissão de Armamentos XIIb Kelchner, 6 dez. 1944; telegrama de Keitel, 10 dez. 1944. Mesmo a essa altura, Speer julgou necessário fazer nova intervenção, dessa vez junto ao grande almirante Dönitz, para impedir a destruição de plataformas de embarque e de suas instalações, com demolição programada por ordem do Comando da Costa do Leste (*Marinekommando Ost*) em 17 de novembro.

46. Observação feita por Müller em *DRZW*, v. 5, n. 2, p. 771.

47. BAB, NS19/1862, fólios 1-5, Bormann a Himmler, 23 out. 1944.

48. BAB, NS 19/4017, fólios 43-56, reunião em Klein-Berkel, 3 nov. 1944.

49. *TBJG*, v. II, n. 14, pp. 157-8 (5 nov. 1944).

50. Ver Dieter Rebentisch e Karl Teppe (Orgs.), op. cit., pp. 7-32; Longerich, *Hitlers Stellvertreter*, op. cit., pp. 256-64; Armin Nolzen, "Charismatic Legitimation and Bureaucratic Rule: The NSDAP in the Third Reich, 1933-1945", *German History*, n. 23, pp. 494-518, 2005.

51. Kurt Pätzoid e Manfred Weißecker, *Geschichte der NSDAP 1920-1945* (Colônia, 1981), p. 375; Rebentisch, op. cit., pp. 528-9.

52. Tudo isso está contido em BAB, R43II/692b: Deutscher Volkssturm, Bd. 2, fólios 1-18, sendo grande parte desse material de novembro e dezembro de 1944. Uma impressão da massa de assuntos heterogêneos com os quais a Chancelaria do partido se ocupava nesse período pode ser avaliada pela coleção *Akten der Partei-Kanzlei der NSDAP*, v. 1, Helmut Heiber (Org.), Munique, 1983, Regesten Bd. 1-2, e v. 2, Longerich (Org.), Munique, 1989, Regesten Bd. 4.

53. *TBJG*, v. II, n. 14, p. 432 (17 dez. 1944).

54. Trevor-Roper (Org.), *The Bormann Letters*, op. cit., p. 148 (11 dez. 1944).

55. Ver *TBJG*, v II, n. 14, p. 400 (12 dez. 1944) sobre a escassez de papel.

56. BAB, R43II/583a, fólio 64-64ᵛ, Reichspostminister às mais altas autoridades do Reich etc. (7 nov. 1944).

57. *TBJG*, v. II, n. 14, pp. 146-7 (3 nov. 1944), 191 (10 nov. 1944), 224 (17 nov. 1944), 232 (18 nov. 1944), 268 (24 nov. 1944), 308-9 (1 dez. 1944), 444 (19 dez. 1944); BAB, R3/1529, fólios 3-12, memorando de Speer a Hitler (6 dez. 1944).

58. *TBJG*, v. II, n. 14, pp. 394 (11 dez. 1944), 398 (12 dez. 1944); Von Oven, pp. 519 (5 dez. 1944), 520-3 (11 dez. 1944). Texto do decreto em Martin Moll (Org.), *"Führer-Erlasse" 1939-1944* (Stuttgart, 1997), pp. 469-70.

59. *TBJG*, v. II, n. 14, p. 305 (1 dez. 1944).

60. Von Oven, p. 517 (29 nov. 1944); *TBJG*, v. II, n. 14, p. 276 (25 nov. 1944).

61. *TBJG*, v. II, n. 14, pp. 317-34 (2 dez. 1944).

62. *TBJG*, v. II, n. 14, pp. 159-60 (5 nov. 1944).

63. *TBJG*, v. ii, n. 14, pp. 208-9 (13 nov. 1944); Von Oven, pp. 511-2 (12 nov. 1944).

64. Sobre o filme, ver David Welch, *Propaganda and the German Cinema 1933-1945*, Oxford, 1983, pp. 225-35.

65. *TBJG*, v. ii, n. 14, pp. 310-1 (1 dez. 44), 345 (3 dez. 1944); Welch, p. 234.

66. *TBJG*, v. ii, n. 14, pp. 469-70 (23 dez. 1944). Outras mudanças foram necessárias, mas, como ele esperava, a estreia ocorreu em 30 de janeiro de 1945, 12º aniversário da subida de Hitler ao poder.

67. BAB, R55/601, fólio 204, Tätigkeitsbericht, relatório semanal de propaganda, 7 nov. 1944; *TBJG*, v. ii, n. 14, p. 192 (10 nov. 1944).

68. *TBJG*, v. ii, n. 14, p. 147 (3 nov. 1944); também p. 310 (1 dez. 1944). Ele admitiu que o fracasso do regime em proteger sua população na guerra aérea foi sua grande fraqueza aos olhos do povo (p. 165 [6 nov. 1944]). Düren, ao leste de Aachen, uma das cidades mais atingidas por bombas durante a guerra, fornece um exemplo. Apenas treze de seus 9322 edifícios não foram danificados durante os ataques aéreos do outono, e mais de 3 mil pessoas morreram (Friedrich, op. cit., p. 144). No final de dezembro, Himmler relatou que a população estava "completamente hostil e de má vontade" e que a saudação *"Heil* Hitler" era quase totalmente ignorada, mesmo entre funcionários locais do partido (BAB, NS19/751, fólio 32, Himmler a Bormann, 26 dez. 1944; também em IfZ, Fa-93).

69. *TBJG*, v. ii, n. 14, pp. 133 (1 nov. 1944), 238 (19 nov. 1944); Robert Grosche, *Kölner Tagebuch 1944-46*, Colônia, 1969, pp. 52-6 (30 out.-6 nov. 1944); LHC, Dempsey Papers, n. 178, parte ii, pp. 7-8 (27 nov. 1944), "Total War Comes to Cologne" (relato de um prisioneiro de guerra que estava presente ao ataque).

70. *Widerstand und Verfolgung in Köln*, ed. Historisches Archiv der Stadt Köln, Colônia, 1974, pp. 395-6; Detlef Peukert, *Die Edelweißpiraten: Protestbewegungen jugendlicher Arbeiter im Dritten Reich*, Colônia, 1980, pp. 103-15; *TBJG*, v. ii, n. 14, p. 426 (16 dez. 1944).

71. *TBJG*, v. ii, n. 14, p. 269 (24 nov. 1944).

72. *TBJG*, v. ii, n. 14, p. 191 (10 nov. 1944).

73. Margarete Dörr, *"Wer die Zeit nicht miterlebt hat…": Frauenerfahrungen im Zweiten Weltkrieg und in den jahren danach*, v. 3 (Frankfurt sobre o Meno e Nova York, 1998), p. 437.

74. *TBJG*, v. ii, n. 14, p. 192 (10 nov. 1944).

75. *TBJG*, v. ii, n. 14, p. 269 (24 nov. 1944).

76. IWM, Box 367/35, supl. i, depoimento de Rohland, pp. 3-4 (22 out. 1945).

77. Von Oven, p. 518 (3 dez. 1944). O Plano Morgenthau, proposto pelos americanos na Conferência de Quebec em setembro de 1944, fora aprovado, ao que parece sem um exame mais detalhado, pelos ingleses (que, de maneira surpreendente, parecem ter mostrado pouco interesse em seu conteúdo). Embora o presidente Roosevelt fosse favorável a uma paz em termos duros, acabou sendo convencido a desistir do Plano Morgenthau devido à oposição conjunta de seus secretários de Estado, Cordell Hull, e de Guerra, Henry Stimson. Toby Thacker, *The End of the Third Reich: Defeat, Denazification and Nuremberg, January 1944-November 1946*, ed. pb., Stroud, 2008, pp. 58-60.

78. Von Oven, pp. 524-5 (14 dez. 1944); *TBJG*, v. ii, n. 14, pp. 407-13 (13 dez. 1944). Descrições detalhadas das terríveis condições depois dos ataques a Bochum ("uma cidade morta") e outros grandes centros no Reno e no Ruhr foram apresentadas num relatório secreto dos serviços de censura alemães em cartas vindas do front e para lá endereçadas, que caíram em mãos dos aliados. NAL, FO 898/187, resumo dos relatórios da mídia alemã, fólios 292-5 (27-31 dez. 1944).

79. *TBJG*, v. II, n. 14, pp. 408-9, 412 (13 dez. 1944).

80. *TBJG*, v. II, n. 14, p. 377 (8 dez. 1944).

81. Robert Ley, chefe de Organização do partido, enviou a Hitler um relatório um tanto ambíguo sobre as qualidades dos *Gauleiter* do oeste, após uma visita de duas semanas à região em novembro, mas não havia insinuação de deslealdade. BAB, NS 6/135, fólios 12-7, relatório de Ley a Hitler, 30 nov. 1944; resumido com precisão em *TBJG*, v. II, n. 14, pp. 355-7 (5 dez. 1944).

82. BAB, R55/603, fólio 513, Hauptreferat Pro.Pol. an das RPA Neustadt a.d. Weinstr (28 nov. 1944).

83. *TBJG*, v. II, n. 14, pp. 309-10, 316, 344, 382. (1-3 e 9 dez. 1944); BAB, R55/601, fólios 221-2, Tätigkeitsbericht, relatório semanal de propaganda, 14 nov. 1944; Von Oven, p. 509 (10 nov. 1944); Wolfram Wette, Ricarda Bremer e Detlef Vogel (Orgs.), *Das letzte halbe Jahr: Stimmungsberichte der Wehrmachtpropaganda 1944/45* (Essen, 2001), pp. 153, 160, 167 (21 e 29 nov. 1944, 9 dez. 1944).

84. *TBJG*, v. II, n. 14, p. 420 (15 dez. 1944).

85. BAB, NS19/751, fólios 23-5, chefe da SS-Hauptamt Gottlieb Berger a Himmler, 17 nov. 1944 (também em IfZ, Fa-93).

86. Citado em Andreas Kunz, *Wehrmacht und Niederlage: Die bewaffnete Macht in der Endphase der nationalsozialistischen Herrschaft 1944 bis 1945* (Munique, 2007), p. 269.

87. BA/MA, MSg2/2697, fólios 64-7, entradas no diário do tenente Julius Dufner (27 nov.-5 dez. 1944). Para o bombardeio de Friburgo, ver Peter Zolling, "Was machen wir am Tag nach unserem Sieg?" em Wolfgang Malanowski (Org.), *1945: Deutschland in der Stunde Null* (Reinbek bei Hamburgo, 1985), p. 121; e, especialmente, Friedrich, op. cit., pp. 306-11.

88. BfZ, Sterz-Sammlung, U'Fw. Hermann S., 6 dez. 1944.

89. BfZ, Sterz-Sammlung, SS-Rttf. Paul S., 5 dez. 1944.

90. BfZ, Sterz-Sammlung, SS-Rttf. Paul S., 11 nov. 1944. As repartições de propaganda indicaram mudanças positivas no moral da população civil em meados de novembro, atribuídas parcialmente ao anúncio dos ataques com as bombas V-2. BAB, R55/601, fólio 215, Tätigkeitsbericht, relatório semanal de propaganda, 14 nov. 1944.

91. BfZ, Sterz-Sammlung, Gefr. Michael M., 11 nov. 1944.

92. BfZ, Sterz-Sammlung, Kanonier Felix S., 10 nov. 1944.

93. LHC, Dempsey Papers, n. 199, parte II, p. 5 (20 dez. 1944), em inglês.

94. BA/MA, N712/15, NL Pollex, Kriegstagebuch, anotação de 26 dez. 1944. Pollex, nascido em 1898, havia servido brevemente como oficial sênior da intendência (Oberquartiermeister) no Grupo de Exércitos Centro em 1942 antes de ser transferido para o Estado-Maior Geral do Exército; mais tarde, no mesmo ano, foi promovido ao posto de coronel. Em dezembro de 1944 ele foi enviado a Döberitz para se encarregar dos cursos de treinamento de oficiais (*Regimentskommandeur-Lehrgang*), tornando-se, em 9 de janeiro de 1945, chefe de Estado-Maior do Chef der deutschen Wehrmachtrüstung.

95. Sönke Neitzel, *Ahgehört: Deutsche Generale in britischer Kriegsgefangenschaft 1942-1945* (Berlim, 2005), pp. 171, 432-3 (1 jan. 1945) (ed. ingl.: *Tapping Hitler's Generals: Transcripts of Secret Conversations, 1942-45*, Barnsley, 2007, p. 127).

96. Benjamin Ziemann, "Fluchten aus dem Konsens zum Durchhalten: Ergebnisse, Probleme und Perspektiven der Erforschung soldatischer Verweigerungsformen in der Wehrmacht 1939--1945", em Müller e Volkmann (Orgs.), op. cit., p. 594; Manfred Messerschmidt, "Die Wehrmacht in

der Endphase: Realität und Perzeption", *Aus Parlament und Zeitgeschichte*, 32-3 (1989) (4 ago. 1989), pp. 42-3. O general Schörner justificou a brutal disciplina militar imposta aos oficiais comandantes a ele subordinados em Courland pela necessidade de combater o número crescente de deserções. BA/MA, RH19/III/727, fólio 49-49^V, Schörner a todos os seus generais, 5 dez. 1944.

97. Kunz, p. 267.

98. BA/MA, N712/15, NL Pollex, entrada no diário de 8 dez. 1944.

99. Hastings, *Armageddon*, op. cit., p. 228. O major Hasso Viebig, oficial comandante da 27ª Divisão de Granadeiros, prisioneiro dos ingleses, recordou, quatro meses após a ofensiva, a determinação dos soldados, entusiasmados por estarem avançando novamente. Neitzel, *Abgehört*, pp. 200 e 539, n. 158. Ver também Zimmermann, op. cit., p. 94, sobre o moral reforçado com a ofensiva.

100. Para o andamento da ofensiva, ver *DZW*, n. 6, pp. 128-34, *DRZW*, v. 7 (Vogel), pp. 625-32; Jung, caps. 4-7; Lothar Gruchmann, *Der Zweite Weltkrieg* (Munique, 1975), pp. 310-2; Gerhard L. Weinberg, *A World at Arms: A Global History of World War II* (Cambridge, 1994), pp. 766-8; Stephen B. Patrick, "The Ardennes Offensive: An Analysis of the Battle of the Bulge", em Nofi, op. cit., pp. 206-24; e Hastings, *Armageddon*, op. cit., cap. 8. O regimento Panzer de Peiper foi responsável, no total, pela morte de mais de quatrocentos prisioneiros americanos e belgas. *DZW*, n. 6, p. 130. O massacre de 84 prisioneiros em Malmédy é discutido com muita ponderação por Michael Reynolds, *The Devil's Adjutant: Jochen Peiper, Panzer Leader* (Staplehurst, 1995), pp. 88-97.

101. LHC, Dempsey Papers, n. 241, parte II, p. 3 (30 jan. 1945), entrada do diário do tenente Behmen, 18ª Divisão de Granadeiros, em inglês.

102. LHC, Dempsey Papers, n. 217, parte II, p. 5 (6 jan. 1945), em inglês.

103. BAB, R55/793, fólios 16-8, Material para Propagandistas, n. 19 (11 dez. 1944). Essa propaganda teve um efeito reduzido. Goebbels notou, em meados de dezembro, que a população do oeste não tinha medo dos anglo-americanos, motivo pelo qual os fazendeiros relutavam em ser evacuados. — *TBJG*, v. II, n. 14, p. 402 (12 dez. 1944).

104. LHC, Dempsey Papers, n. 246, parte II, p. 3 (4 fev. 1945), em inglês.

105. BfZ, Sterz-Sammlung, Gefr. W.P., 17 dez. 1944.

106. BfZ, Sterz-Sammlung, Gefr. S.F., 17 dez. 1944.

107. BfZ, Sterz-Sammlung, Uffz. Werner F, 19 dez. 1944.

108. *TBJG*, v. II, n. 14, pp. 429, 433 (17 dez. 1944), 438-9 (18 dez. 1944), 445 (19 dez. 1944); Von Oven, pp. 526-9 (17 dez. 1944, 20 dez. 1944).

109. Ver *VB*, 19 dez. 1944, em que a manchete diz simplesmente: "Ofensiva alemã no oeste".

110. BAB, R55/601, fólios 249-50, Tätigkeitsbericht, relatório semanal de propaganda, 19 dez. 1944. Ver também Klaus-Dietmar Henke, *Die amerikanische Besetzung Deutschlands* (Munique, 1995), pp. 316-7.

111. *TBJG*, v. II, n. 14, p. 450 (20 dez. 1944); na mesma linha, p. 468 (23 dez. 1944).

112. *Das letzte halbe Jahr*, p. 183, relatório de 18-24 dez. 1944 (2 jan. 1945).

113. NAL, FO898/187, resumo do noticiário da mídia alemã, fólio 315 (18-26 dez. 1944).

114. *TBJG*, v. II, n. 14, p. 452 (20 dez. 1944).

115. *DRZW*, v. 7 (Vogel), p. 631.

116. IWM, Box 367/27, p. 7, relatórios do interrogatório do ministro Speer, depoimento de Saur, 11-13 jun. 1945. Segundo Rudolf Semmler, assessor de Goebbels, em 21 de dezembro a ofen-

siva "já parecia ser um completo fracasso". Rudolf Semmler, *Goebbels: The Man Next to Hitler* (Londres, 1947), p. 171 (21 dez. 1944).

117. Speer, op. cit., p. 425.

118. Guderian, op. cit., p. 381.

119. *DRZW*, v. 7 (Vogel), p. 629; Hastings, *Armageddon*, op. cit., p. 261.

120. *DZW*, n. 6, p. 133, e p. 137 sobre os números que se seguem.

121. *TBJG*, v. II, n. 14, pp. 436-7 (29 dez. 1944). Ele admitira uma "situação algo mais crítica" seis dias antes (p. 469, 23 dez. 1944) e uma deterioração em 28 dez. 1944 (pp. 480-1). Os agentes de propaganda da Wehrmacht em Berlim também se referiram nessa época à confiança dos soldados voltando do front, mas notaram que o entusiasmo entre a população havia diminuído. *Das letzte halbe Jahr*, p. 193, relatório de 25-31 dez. 1944 (3 jan. 1945).

122. *TBJG*, v. II, n. 14, p. 500 (31 dez. 1944).

123. BA/MA, MSg2/2697, diário do tenente Julius Dufner, fólio 78 (1 jan. 1945).

124. BAB, R55/612, Echo zur Führerrede, resumo de relatório para Goebbels, fólios 22-3, 2 jan. 1945; fólios 17-102 sobre respostas das repartições de propaganda aos pedidos de informação sobre a recepção aos discursos de Hitler e do próprio Goebbels, 1-2 jan. 1945.

125. Max Domarus, op. cit., pp. 2179-85 sobre o texto do discurso.

126. BHStA, Minn 72417, folhas soltas, 28 nov. 1944-5 jan. 1945.

127. BAB, R43II/1648, fólio 20, Lammers às mais altas autoridades do Reich, 17 dez. 1944.

128. *TBJG*, v. II, n. 14, pp. 282 (27 nov. 1944), 328-9 (2 dez. 1944), 370-2 (7 dez. 1944); David Irving, *Göring: A Biography* (Londres, 1989), pp. 447-8 e 476.

129. Michael Bloch, *Ribbentrop* (Londres, 1994), pp. 418-9.

130. Ronald Smelser, *Robert Ley: Hitler's Labor Front Leader*, Oxford, Nova York e Hamburgo, 1988, p. 291.

131. Trevor-Roper (Org.), *The Bormann Letters*, op. cit., pp. 152 (26 dez. 1944), 158 (1 jan. 1945).

132. Felix Kersten, *The Kersten Memoirs, 1940-1945* (Londres, 1956), pp. 238-9 (10 dez. 1944); BAB, NS19/3912, fólio 115, Berger a Himmler, sobre boatos acerca da desgraça de Himmler (21 dez. 1944). Himmler havia sido nomeado em novembro para o posto de comandante-chefe do Alto Reno. Como chefe das Forças de Reserva e da Polícia, considerava-se que ele estava numa boa posição para organizar um exército temporário, a ser utilizado como força defensiva, ajudando o XIX Exército alemão a conter o avanço dos Aliados na Alsácia. O recém-criado Grupo de Exércitos do Alto Reno, estacionado numa área entre a Floresta Negra e a fronteira suíça, era uma mistura improvisada de "desgarrados", *Volksgrenadier* e unidades de combate antiaéreas, polícia da fronteira, batalhões do leste cujos integrantes não eram alemães e homens da *Volkssturm*. Recusando-se a sair de seu quartel-general na Floresta Negra, Himmler criou um vácuo que fomentou intrigas no quartel-general do Führer, possivelmente envolvendo Bormann e alguns influentes líderes da SS que não lhe eram simpáticos. Heinz Höhne, *The Order of the Death's Head* (Londres, 1972), pp. 509-11; Peter Padfield, *Himmler: Reichsführer-SS* (Londres, 1990), pp. 546, 554-6. Berger requisitou Himmler para que abreviasse seu trabalho como comandante em chefe do Alto Reno e retornasse ao quartel-general do Führer. O pedido, ele disse, "provém não apenas da invenção de fortes boatos por certas fontes — Reichsführer-SS caídos em desgraça, grupos de pressão da Wehrmacht — Keitel certamente foi bem-sucedido —, mas porque sinto que se o *Reichsführer-SS* não estiver no quartel-general, nosso trabalho político, como a base de tudo mais, será imensamente prejudicado". Himmler respondeu

(fólio 116), por meio de seu assessor pessoal, o ss-*Standartenführer* Rudolf Brandt, em 29 de dezembro, dizendo que em pouco tempo passaria o comando do Grupo de Exércitos do Alto Reno para outras mãos, e que ele poderia ter a oportunidade de conversar rapidamente sobre o assunto com Berger. Cartas e telefonemas, acrescentou de maneira enigmática, não eram "um meio adequado para esse tema". Como parte da breve e débil ofensiva de janeiro na Alsácia, o comando de Himmler no Grupo de Exércitos do Alto Reno durou pouco e terminou em fracasso. No entanto, quaisquer que tivessem sido os boatos, obviamente não afetaram o bom conceito de que ele gozava junto a Hitler. Segundo Goebbels, Hitler estava "satisfeitíssimo" com o desempenho do *Reichsführer*. Peter Longerich, *Heinrich Himmler*, op. cit., pp. 736-7.

133. *TBJG*, v. II, n. 14, pp. 497-8 (31 dez. 1944); Von Oven, pp. 529-30 (26 dez. 1944), 534-6 (28 dez. 1944).

134. Speer, pp. 425-7.

135. NAL, WO204/6384, entrevista com o ss-*Obergruppenführer* Wolff, fólio 2, 15 jun. 1945.

136. Guderian, op. cit., pp. 382-4. Considera-se que "o papel fatal da ofensiva nas Ardenas, indiretamente, foi o enfraquecimento do front oriental", por recorrer a forças que seriam vitais para a defesa contra o Exército Vermelho. Heinz Magenheimer, *Hitler's War: German Military Strategy 1940-1945* (Londres, 1998), p. 264. Contudo, como observa Jung, p. 201, mesmo que a ofensiva das Ardenas tivesse obtido melhores resultados, a transferência de unidades extenuadas da Wehrmacht para o front oriental não seria suficiente para conter o avanço soviético. Ver também Henke, p. 342.

137. *DZW*, n. 6, p. 135; Warlimont, op. cit., pp. 491-4; IfZ, Nbg.-Dok., PS — 1787, notas de Jodl sobre as recomendações de Hitler, 22 dez. 1944 (não publicadas no julgamento de Nuremberg).

138. Jung, p. 229 (diário de Kreipe, 2 nov. 1944).

139. Nicolaus von Below, *Als Hitlers Adjutant 1937-45*, Mainz, 1980, p. 398.

5. CALAMIDADE NO LESTE [pp. 206-49]

1. Guderian, op. cit., p. 382.

2. Ibid., p. 382.

3. *DZW*, n. 6, pp. 498-9.

4. *DZW*, n. 6, pp. 503, 509; *DRZW*, v. 10, n. 1 (Lakowski), pp. 498, 502-4, 531; Erickson, op. cit., p. 449.

5. Erickson, op. cit., pp. 447-9.

6. Ver Warlimont, op. cit., pp. 212-9.

7. Jürgen Förster, "The Final Hour of the Third Reich: The Capitulation of the Wehrmacht", *Bulletin of the International Committee for the History of the Second World War* (Montreal, 1995), pp. 76-7.

8. IfZ, Nbg.-Dok., PS-1787, "Notizen zum Kriegstagebuch" e "Lage am 22.1.1945" (23 jan. 1945), de Jodl, que não constam da versão publicada sobre a documentação do tribunal. De acordo com Goebbels, Hitler afirmou que a prioridade era possuir petróleo, em seguida carvão e depois uma indústria de armamentos em funcionamento. *TBJG*, v. II, n. 15, p. 218 (25 jan. 1945). A Hungria produzia cerca de 22% do petróleo e 11% do óleo diesel necessários para o Reich. Heinrich Schwen-

demann, "Strategie der Selbstvernichtung: Die Wehrmachtführung im 'Endkampf' um das 'Dritte Reich", em Müller e Volkmann (Orgs.), op. cit., p. 226.

9. Guderian, op. cit., pp. 382-7, 392-3.

10. Erich von Manstein, *Lost Victories* (Londres, 1982), pp. 531-2; *DRZW*, v. 9, n. 1 (Förster), p. 605.

11. Schwendemann, "Strategie", op. cit., p. 231.

12. Os caixões de Hindenburg e de sua esposa foram, de início, tranportados para a capela da guarnição militar de Postdam, e pouco depois levados secretamente a um local mais seguro, numa mina de sal nas proximidades de Bernterode (pequena cidade da Turíngia). Os americanos encontraram os caixões lá, os nomes neles rabiscados com crayon vermelho, e em maio levaram-nos ao oeste, para Marburg, onde o ex-presidente do Reich e sua esposa tiveram enfim seu sepultamento definitivo, à noite, sem alarde, em agosto de 1946. Anna von der Goltz, *Hindenburg: Power, Myth, and the Rise of the Nazis* (Oxford, 2009), pp. 193-6.

13. Heinrich Schwendemann, "Das Kriegsende in Ostpreußen und in Südbaden im Vergleich", em Bernd Martin (Org.), *Der Zweite Weltkrieg und seine Folgen: Ereignisse — Auswirkungen — Reflexionen* (Friburgo, 2006), p. 96.

14. Onde não houver outra indicação, a descrição dos acontecimentos militares citados acima vem de *DZW*, n. 6, pp. 498-517; *DRZW*, v. 10, n. 1 (Lakowski), pp. 491-542, 568 ss; Schieder et al. (Orgs.), *Die Vertreibung*, op. cit., v. 1, pp. 16E-23E; Erickson, op. cit., cap. 7; Guderian, op. cit., pp. 389 ss.; Brian Taylor, op. cit., v. 2, pp. 267-79; Heinz Magenheimer, *Hitler's War: German Military Strategy 1940-1945* (Londres, 1998), pp. 264-71; Hastings, *Armageddon*, op. cit., caps. 9-10; Antony Beevor, *Berlin: The Downfall 1945* (Londres, 2007), caps. 3-4.

15. Ralf Meindl, *Ostpreußens Gauleiter: Erich Koch — eine politische Biographie*, Osnabrück, 2007, pp. 435-8; Kurt Dieckert e Horst Grossmann, *Der Kampf um Ostpreußen: Ein authentischer Dokumentarbericht* (Munique, 1960), pp. 119-20.

16. Hastings, *Armageddon*, op. cit., pp. 322-3.

17. Noble, op. cit., p. 320, n. 168; Meindl, op. cit., pp. 441-2.

18. Meindl, op. cit., p. 445. Segundo Noble, p. 210, Koch inicialmente mudou-se para o conforto de um hotel em Pillau, que foi bombardeado poucos dias mais tarde. Ver também Isabel Denny, *The Fall of Hitler's Fortress City: The Battle for Königsberg, 1945* (Londres, 2007), pp. 201-2. No princípio de fevereiro, Koch transferiu sua equipe para Heiligenbeil, para organizar a evacuação de refugiados sobre as águas geladas da baía de Haff. Meindl, op. cit., p. 447.

19. Heinrich Schwendemann, "Endkampf und Zusammenbruch im deutschen Osten", *Freiburger Unwersitätsblätter*, n. 130, p. 19, 1995; Hans Graf von Lehndorff, *Ostpreußisches Tagebuch: Aufzeichnungen eines Arztes aus den Jahren 1945-1947* (Munique, 1967), pp. 18 (23 jan. 1945), 40 (7 fev. 1945).

20. Alguns entre muitos exemplos em Edgar Günther Lass, op. cit., pp. 85-7.

21. Lehndorff, pp. 24-5 (28 jan. 1945).

22. Schieder et al. (Orgs.), *Die Vertreibung*, op. cit., v. 1, p. 28 (depoimento de 1951).

23. Christian Tilitzki, op. cit., pp. 300-4 (relatório do *Generalstaatsanwalt*, 18 jan. 1945). Ver também Heinrich Schwendemann, "Tod zwischen den Fronten", *Spiegel Special 2* (Hamburgo, 2002), p. 46. O *Gauleiter* Koch empenhou-se em fazer com que as autoridades judiciárias, diante das circunstâncias, adotassem uma visão pragmática dos saques. Lehndorff, op. cit., p. 27 (29 jan. 1945),

no hospital em Königsberg após um ataque aéreo, recordou seu desespero diante dos saques; também pp. 28-9 (30 jan. 1945). Relatos posteriores em algums casos minimizaram os saques nos apartamentos de Königsberg, enfatizando a punição severa dos "saqueadores". Hans-Burkhard Sumowski, *"Jetzt war ich ganz allein auf der Welt": Erinnerungen an eine Kindbeit in Königsberg 1944-1947* (Munique, 2009), p. 61.

24. Schwendemann, "Tod zwischen den Fronten", op. cit., pp. 44-5.

25. Denny, op. cit., p. 199.

26. Lehndorff, op. cit., p. 18 (23 jan. 1945).

27. Beevor, op. cit., p. 49.

28. Dieckert e Grossmann, op. cit., p. 129; Lehndorff, op. cit., p. 39 (7 fev. 1945).

29. Lehndorff, op. cit., pp. 19, 21 (24, 26 jan. 1945).

30. Schieder et al. (Orgs.), *Die Vertreibung*, op. cit., v. 1, pp. 144-6.

31. Lehndorff, op. cit., p. 23 (27 jan. 1945).

32. *DRZW*, v. 10, n. 1 (Rahn), p. 272; Schwendemann, "Endkampf", op. cit., p. 20.

33. Lass, op. cit., pp. 246 ss.

34. Schieder et al. (Orgs.), *Die Vertreibung*, op. cit., v. 1, p. 79 (depoimento de 1952).

35. Schwendemann, "Endkampf", op. cit., p. 20.

36. Franz W. Seidler e Alfred M. de Zayas, op. cit, p. 220. Vívidas descrições da fuga em massa da Prússia Oriental e das condições nas províncias podem ser encontradas no relato compilado apenas alguns anos após os acontecimentos por Jürgen Thorwald, *Es begann an der Weichsel: Flucht und Vertreibung der Deutschen aus dem Osten*, ed. pb. [Munique, 1995 (1. ed., 1949)], pp. 123-99; também em Guido Knopp, *Die große Flucht*, op. cit., pp. 57-85. Uma boa descrição das horríveis marchas é apresentada por Richard Bessel, *Germany 1945: From War to Peace* (Londres, 2009), cap. 4.

37. Manfred Zeidier, *Kriegsende im Osten: Die Rote Armee und die Besetzung Deutschlands östlich von Oder und Neiße 1944/1945* (Munique, 1996), pp. 135-8.

38. Zeidler, op. cit., pp. 140-1.

39. Schwendemann,"Endkampf", op. cit., p. 22.

40. Alguns entre muitos exemplos em Schieder et al. (Orgs.), *Die Vertreibung*, op. cit., v. 1, pp. 194, 297; v. 2, pp. 159-64, 224-34; Lass, op. cit., pp. 87, 121.

41. Schieder et al. (Orgs.), *Die Vertreibung*, op. cit., v. 1, p. 266.

42. Barbara Johr, "Die Ereignisse in Zahlen", em Helke Sander e Barbara Johr (Orgs.), *Befreier und Befreite: Krieg, Vergewaltigungen, Kinder* (Munique, 1992), pp. 47-8, 58-9.

43. O relato acima sobre o sofrimento dos refugiados da Prússia Oriental, onde não houver indicação em contrário, provém de Schieder et al. (Orgs.), *Die Vertreibung*, op. cit., v. 1, pp. 33E--41E, 60E ss., 79E ss., e os relatos, pp. 21-154. Dados sobre os alemães deportados estão em *Die Vertreibung*, v. 1, p. 83E, e Schwendemann, "Endkampf", p. 24 (calculando que o número tenha chegado a 400 mil). Detalhados relatos orais posteriores são fornecidos por Hastings, *Armageddon*, op. cit., pp. 319 ss.

44. Schieder et al. (Orgs.), *Die Vertreibung*, op. cit., v. 1, pp. 26E-32E, 345-404. Ver também Noble, p. 204, para a recusa por parte do *Gauleiter*, Emil Stürtz, a permitir uma evacuação mais cuidadosa.

45. BfZ, Sammlung Sterz, Pfarrer Heinrich M., 28 jan. 1945, dando o exemplo das fábricas de combustível sintético de Blechhammer e Heydebreck, na Alta Silésia. O enorme complexo indus-

trial de Blechhammer, nas proximidades de Cosel, a uns 75 quilômetros de Auschwitz, chegou a ter no seu apogeu cerca de 30 mil trabalhadores, dos quais aproximadamente 4 mil, pouco antes da evacuação em janeiro de 1945, eram prisioneiros num campo de concentração ligado a Auschwitz III (Monowitz). Sobre Blechhammer, ver Ernest Koenig, "Auschwitz III — Blechhammer. Erinnerungen", *Dachauer Hefte*, 15 (1999), pp. 134-52; e Andrea Rudorff, "Blechhammer (Blachownia)", em Wolfgang Benz e Barbara Distel (Orgs.), *Der Ort des Terrors: Geschichte der nationalsozialistischen Konzentrationslager*, v. 5 (Munique, 2007), pp. 186-91. Uma semana antes, Speer havia alertado Hitler sobre a importância da produção de combustível para aviões da fábrica, solicitando urgência na concentração de toda a Luftwaffe "na luta decisiva" para sua defesa e pedindo a opinião do Führer. Tinha comunicado às fábricas no mesmo dia que ele e o coronel-general Schörner iriam decidir quando a produção seria desativada, porém somente de tal modo que os soviéticos levariam de duas a três semanas até que ela estivesse em condições de funcionar outra vez. BAB, R3/1545, fólios 3-7, Speer a von Below, para ser imediatamente transmitido ao Führer; Speer às fábricas de Blechhammer e Heydebreck, ambas em 21 jan. 1945.

46. Schwendemann, "Tod zwischen den Fronten", p. 44.

47. Paul Peikert, *"Festung Breslau" in den Berichten eines Pfarrers 22. Januar bis 6. Mai 1945*, organização de Karol Jonca e Alfred Konieczny (Wroclaw, 1993), p. 29; BfZ, Sammlung Sterz, Pfarrer Heinrich M., 28 jan. 1945; Knopp, *Die große Flucht*, op. cit., p. 158. Aqueles que conseguiam lugar num trem enfrentariam uma viagem demorada e sofrida sob frio rigoroso. Alguns refugiados chegaram a Dresden com crianças que haviam morrido de frio durante a jornada e tiveram de pedir aos funcionários da ferrovia caixas de papelão para servir de caixões. Reinhold Maier, *Ende und Wende: Das schwäbische Schicksal 1944-1946. Briefe und Tagebuchaufzeichnungen* (Stuttgart e Tübingen, 1948), p. 172 (5 mar. 1945).

48. Schieder et al. (Orgs.), *Die Vertreibung*, op. cit., v. 1, pp. 51E-59E, 405-77; Friedrich Grieger, *Wie Breslau fiel...* (Metzingen, 1948), pp. 7-8; Ernst Hornig, *Breslau 1945: Erlebnisse in der eingeschlossenen Stadt* (Munique, 1975), pp. 18-9; Peikert, op. cit., pp. 29-31; Knopp, *Die große Flucht*, op. cit., pp. 158-62; Noble, op. cit., p. 202; Sebastian Siebel-Achenbach, *Lower Silesia from Nazi Germany to Communist Poland, 1942-49* (Londres, 1994), pp. 60-1, 72-4 (onde o número dos refugiados forçados a marchar em direção a Kanth, situada 25 quilômetros a sudoeste de Breslau, é apresentado como de 60 mil, dos quais calcula-se que 18 mil tenham morrido, e o número de civis na cidade, quando ela ficou isolada, é dado como algo entre 150 mil e 180 mil).

49. Hastings, *Armageddon*, op. cit., pp. 328-32. A falta de clareza quanto à quantidade de pessoas efetivamente a bordo significa que não se conhece o número de mortos. As estimativas são muito variáveis. Segundo Dieckert e Grossman, pp.130-1, de 5 mil pessoas, 904 sobreviveram; Seidler e De Zayas, p. 222, dão o número de 6,6 mil a bordo, dos quais 1,2 mil salvaram-se e 5,4 mil morreram afogados. Guido Knopp, *Der Untergang der Gustloff* (Munique, 2008), pp. 9, 156, avalia que as perdas podem ter chegado a 9 mil, e (p. 12) que até 40 mil refugiados morreram neste e em outros naufrágios nos últimos meses de guerra. Michael Schwartz em *DRZW*, v. 10, n. 2, p. 591, também concorda com o número de 9 mil mortos, mas corta pela metade o total de vítimas fatais nos desastres marítimos, que em suas estimativas foi de 20 mil. Um dos oficiais responsáveis pela contagem dos passageiros alega ter anotado no último registro o número de 7956 pessoas a bordo. Isso ocorreu vinte horas antes da partida do *Gustloff* e, de acordo com um cálculo, mais 2 mil pessoas foram admitidas a bordo antes da saída, fazendo com que o número total, incluindo a tripulação, passasse

de 10 mil. Knopp, *Die große Flucht*, op. cit., p. 104. Denny, pp. 202-3, diz que, de 9 mil pessoas, salvaram-se 996. Bessel, p. 75, traz o número de 239 resgatados entre os mais de 10 mil passageiros a bordo. De acordo com Beevor, p. 51, o número de mortos ficou entre 6,6 mil e 9 mil. Dois dos piores desastres marítimos posteriores ocorreram quase no final da guerra, com o afundamento na baía de Lübeck causado pelo ataque aéreo britânico ao *Thielbek* (50 sobreviventes, de 2,8 mil pessoas a bordo) e do *Cap d'Arcona* (4250 mortos, de 6,4 mil a bordo). As vítimas eram principalmente prisioneiros que tinham sido evacuados por guardas da ss do campo de concentração de Neuengamme, perto de Hamburgo, quando da aproximação das forças britânicas. David Stafford, *Endgame 1945: Victory, Retribution, Liberation* (Londres, 2007), pp. 291-301.

50. Sob a chefia do *Gauleiter* Franz Schwede-Coburg, a liderança do partido na Pomerânia, como em outras partes, exacerbou o sofrimento da população ao recusar-se a dar as ordens para a evacuação no momento adequado. Noble, op. cit., pp. 205-8.

51. Quanto às informações acima, a não ser que haja indicação em contrário, ver Schieder et al. (Orgs.), *Die Vertreibung*, op. cit., v. 1, pp. 41E-51E, 155-201.

52. Beevor, op. cit., pp. 48-9.

53. Andreas Kossert, "'Endlösung on the Amber Shore': The Massacre in January 1945 on the Baltic Seashore — A Repressed Chapter of East Prussian History", *Leo Baeck Year Book*, 40 (2004), pp. 3-21 (citações, pp. 15-7); e Andreas Kossert, *Damals in Ostpreußen: Der Untergang einer deutschen Provinz* (Munique, 2008), pp. 148-53; Schmuel Krakowski, "Massacre of Jewish Prisoners on the Samland Peninsula — Documents", *YVS*, 24 (1994), pp. 349-87; Reinhard Henkys, "Ein Todesmarsch in Ostpreußen", *Dachauer Hefte*, 20 (2004), pp. 3-21; o relato, como testemunha ocular, de um antigo membro da Juventude Hitlerista que esteve envolvido na atrocidade, Martin Bergau, "Tod an der Bernsteinküste: Ein ns-Verbrechen in Ostpreußen", em Elke Fröhlitch (Org.), *Als die Erde brannte: Deutsche Schicksale in den letzten Kriegstagen* (Munique, 2005), pp. 99-112; o relato, de 1952, do antigo administrador do distrito de Samland, em Schieder et al. (Orgs.), *Die Vertreibung*, op. cit., v. 1, p. 136; Martin Bergau, *Der Junge von der Bernsteinküste: Erlebte Zeitgeschichte 1938-1948* (Heidelberg, 1994), pp. 108-15, 249-75; e Daniel Blatman, *Les Marches de la mort: la dernière étape du génocide nazi, été 1944-printemps 1945* (Paris, 2009), pp. 132-40. Esse episódio terrível foi descrito também em Nicholas Stargardt, *Witnesses of War: Children's Lives under the Nazis* (Londres, 2005), pp. 284-6. Embora relatos de muitas testemunhas oculares concordem em que o fuzilamento em massa ocorreu na passagem de 31 de janeiro para 1º de fevereiro, há quem alegue que os fatos se passaram um pouco mais tarde — Henkys, p. 16. Bergau e, baseado em seus relatos, Kossert calculam que o número de sobreviventes não passou de quinze, mas Blatman, op. cit., p. 139, citando as conclusões a que chegou a corte que em 1967 julgou e condenou um dos autores das execuções, apresenta um número em torno de duzentos.

54. *VB*, ed. South German, 15 jan. 1945; Schieder et al. (Orgs.), *Die Wehrmachtberichte 1939--1945*, v. 3: 1. Januar 1944 bis 9. Mai 1945 (Munique, 1989), p. 402 (15 jan. 1945).

55. Isso foi registrado no acompanhamento da imprensa alemã feito pelos ingleses: NAL, FO 898/187, PWE, fólios 222-4, Resumo e Comentários sobre as Transmissões das Emissoras Alemãs para a Alemanha, 14 ago. 1944-7 maio 1945.

56. BAB, R55/601, fólios 272-6, Tätigkeitsbericht, relatório semanal de propaganda (24 jan. 1945).

57. BStA, MA 106696, relatório do RPvNB/OP, 9 fev. 1945.

58. BAB, R55/793, fólios 7-8, "Material für Propagandisten, Nr. 25: Betr. Bolschewistische Greuel", 16 jan. 1945.

59. *TBJG*, v. II, n. 15, p. 190 (23 jan. 1945), p. 216 (25 jan. 1945). No começo de fevereiro, Goebbels havia mudado de ideia. Passou a considerar importante enfatizar as atrocidades bolcheviques, não acreditando que sua divulgação fosse produzir pânico. *TBJG*, v. II, n. 15, pp. 322-3 (6 fev. 1945).

60. BStA, MA 106696, relatório do RPvNB/OP, 10 mar. 1945. O coronel Curt Pollex, basado em Berlim, notou que as atrocidades soviéticas, exploradas pela propaganda alemã, estavam causando "pânico total". BA/MA, N712/15, NL Pollex, Auszüge aus Briefen, fólio 14, 23 jan. 1945. Para o clima de pânico disseminado pelos refugiados e o medo dos russos, ver também Klemperer, op. cit., pp. 645-6 e 649-60 (25 jan. 1945, 29 jan. 1945).

61. *VB*, ed. South German, 9 fev. 1945.

62. BfZ, Sammlung Sterz, Josef E., 21 jan. 1945.

63. Jörg Echternkamp (Org.), *Kriegsschauplatz Deutschland 1945; Leben in Angst — Hoffnung auf Frieden. Feldpost aus der Heimat und von der Front* (Paderborn, 2006), pp. 138-9 (28 jan. 1945) e p. 268, n. 282-6. A carta retornou, com a informação "Aguarde o novo endereço". Não se sabe se o soldado sobreviveu.

64. BStA, MA 106695, relatório do RPvOB, 9 fev. 1945.

65. BStA, MA 106696, relatório do RPvOF/MF, 8 fev. 1945.

66. Ursula von Kardorff, *Berliner Aufzeichnungen 1942-1945* (Munique, 1981), pp. 228 (25 jan. 1945), 229 (30 jan. 1945).

67. Ruth Andreas-Friedrich, *Schauplatz Berlin: Ein deutsches Tagebuch* (Munique, 1962), p. 124 (22 jan. 1945).

68. LHC, Dempsey Papers, n. 249, parte II, p. 9 (em inglês).

69. IWM, Memoirs of P. E. von Stemann, p. 193.

70. Wolfram Wette, Ricarda Bremer e Detlef Vogel (Orgs.), *Das letzte halbe Jahr: Stimmungsberichte der Wehrmachtpropaganda 1944/45* (Essen, 2001), pp. 219-20, 229 (23 jan. 1945, 1º fev. 1945).

71. Andreas-Friedrich, op. cit., p. 126 (31 jan. 1945).

72. *Das letzte halbe Jahr*, p. 219 (23 jan. 1945), pp. 228-9 (1º fev. 1945).

73. IWM, Memoirs of P. E. von Stemann, p. 197.

74. *Das letzte halbe Jahr*, pp. 235-6 (7 fev. 1945).

75. Echternkamp, p. 129 (20 jan. 1945).

76. IWM, Memoirs of P. E. von Stemann, p. 200.

77. IWM, "Aus deutschen Urkunden 1935-1945", documentação inédita, s.d. (c. 1945-6), pp. 66-7, 276-8.

78. *Das letzte halbe Jahr*, pp. 218 (22 jan. 1945), 236 (7 fev. 1945).

79. BfZ, Sammlung Sterz, Gisela K., 3 fev. 1945.

80. BfZ, Sammlung Sterz, Luise G., 3 fev. 1945.

81. Heinrich Breloer (Org.), *Mein Tagebuch: Geschichten vom Überleben 1939-1947* (Colônia, 1984), p. 228 (27 jan. 1945).

82. Para uma boa descrição em uma região específica, ver Jill Stephenson, *Hitler's Home Front: Württemberg under the Nazis* (Londres, 2006), pp. 304-12.

83. BfZ, Sammlung Sterz, Gefr. Heinrich R., 23 jan. 1945.

84. BfZ, Sammlung Sterz, Sold. Willy F., 30 jan. 1945.

85. BfZ, Sammlung Sterz, Fw. Hugo B., 2 fev. 1945.

86. BfZ, Sammlung Sterz, ten. Thomas S., 23 jan. 1945.

87. BfZ, Sammlung Sterz, Hptm. Emerich P., 20 jan. 1945.

88. BfZ, Sammlung Sterz, Uffz. Hans ——, 24 jan. 1945.

89. BfZ, Sammlung Sterz, O'Gefr. Otto L., 24 jan. 1945.

90. BfZ, Sammlung Sterz, Gren. Kurt M., 30 jan. 1945.

91. Citado em Andreas Kunz, *Wehrmacht und Niederlage: Die bewaffnete Macht in der Endphase der nationalsozialistischen Herrschaft 1944 bis 1945* (Munique, 2007), p. 243; ver também, para estereótipos raciais, pp. 269-70.

92. BA/MA, MSg2/2697, fólio 88, diário do tenente Julius Dufner, 25 jan. 1945.

93. NAL, WO219/1587, fólio 860, SHAEF, Memorando da Diretoria de Pesquisas Psiquátricas do Exército, 45/03/12, jan. 1945.

94. Kunz, pp. 299-300.

95. BA/MA, N245/3, NL Reinhardt, "Kalenderblätter 1945", fólio 81 (14 jan. 1945); N245/2, Correspondência, fólio 41 (15 jan. 1945); N245/15, *Generalleutnant* Otto Heidkämper (ex-chefe do Estado-Maior do Grupo de Exércitos Centro), "Die Schlacht um Ostpreußen" (1953), fólio 32; Guderian, op. cit., pp. 382-3; *DRZW*, v. 10, n. 1 (Lakowski), pp. 536-7.

96. BA/MA, N245/3, NL Reinhardt, "Kalenderblätter 1945", fólio 82 (16-17 jan. 1945); N245/15, Heidkämper, fólios 40-3.

97. BA/MA, N245/2, NL Reinhardt, Correspondência, fólio 41 (19 jan. 1945).

98. BA/MA, N245/2, NL Reinhardt, Correspondência, fólio 41 (20 jan. 1945).

99. BA/MA, N245/2, NL Reinhardt, Correspondência, fólio 41^v (21 jan. 1945); N245/3, NL Reinhardt,"Kalenderblätter 1945", fólios 82-3 (20-21 jan. 1945); N245/15, Heidkämper, fólios 53-7.

100. O relato acima, exceto quando houver referência em contrário, baseia-se em BA/MA, N245/3, NL Reinhardt, "Kalenderblätter 1945", fólios 83-4 (22-27 jan. 1945); N245/2, NL Reinhardt, Correspondência, fólios 41-2 (22 jan. 1945, 26 jan. 1945); N245/15, Heidkämper, fólios 68-72, 76-87; N24/39, "Erinnerungen von General d.I. a.D. Friedrich Hoßbach", datilografado (maio 1945), pp. 45-6, 68. Ver também Friedrich Hoßbach, *Die Schlacht um Ostpreußen*, Überlingen, 1951, pp. 51-73; Guderian, op. cit., pp. 400-1; Dieckert e Grossmann, pp. 94-5, 110-8; *DZW*, n. 6, p. 511.

101. Por exemplo, BA/MA, RH21/3/730, fólios 3-6, "Auskünfte Gen. Major Mueller-Hillebrand (Chef des Stabes) über den Einsatz der 3. Pz. Armee in Ostpreußen, set. 1944-fev. 1945" (1955); "Auszug aus einem Bericht von Oberst i.G. Mendrzyk O.Qu. bei der 3. Panzer-Armee".

102. Citado em Schwendemann, "Das Kriegsende in Ostpreußen", p. 98.

103. Schwendemann, "Tod zwischen den Fronten", p. 43. Sou muito grato ao dr. Schwendemann pela referência à fonte para esses comentários, BA/MA, RH20/4/617, folhas soltas, Notizen über Ferngespräche 14-25.1.1945, Gesprächsnotizen vom 24.1.1945 (Hoßbach dirigindo-se a altos oficiais às 16h daquele dia, e conversando com Reinhardt às 22h15 daquela noite), bem como ao dr. Jürgen Förster por conseguir uma cópia do documento.

104. BA/MA, N712/15, NL Pollex, Auszüge aus Briefen, fólio 12, 22 jan. 1945.

105. N24/39, NL Hoßbach, "Erinnerungen", pp. 46-7; Hoßbach, p. 70. Parece claro que Rendulić não tinha uma compreensão completa da situação na Prússia Oriental quando chegou lá. Ainda em 17 de janeiro, ele havia sido nomeado por Hitler para o posto de comandante em chefe do Grupo de Exércitos Courland, e tinha estado em Courland havia apenas doze horas

quando subitamente foi informado de que deveria assumir o comando do Grupo de Exércitos Norte, que se encontrava cercado na Prússia Oriental. Lothar Rendulić, *Gekämpft, Gesiegt, Geschlagen*, Wels, 1952, pp. 331-2, 336.

106. Guderian, op. cit., pp. 400-1. Rendulić, pp. 337-55, fornece uma descrição do período que passou, pouco mais de seis semanas, no comando na Prússia Oriental, até 12 de março, embora o texto contenha apenas poucas e inconsequentes linhas sobre a demissão de Hoßbach, na página 343.

107. Guderian, op. cit., p. 394.

108. Hastings, *Armageddon*, op. cit., p. 283; Roland Kaltenegger, *Schörner: Feldmarschall der letzten Stunde* (Munique e Berlim, 1994), pp. 265-6; Siebel-Achenbach, pp. 59, 71-2. De início, Hitler pretendia que o marechal de campo Model assumisse o comando. Foi decidido, no entanto, que a presença dele era extremamente necessária no oeste e, por esse motivo, o comando foi entregue a Schörner. *TBJG*, v. II, n. 15, pp. 135 (16 jan. 1945), 138 (17 jan. 1945).

109. Citação em *DRZW*, v. 10, n. 2 (Kunz), p. 39.

110. BA/MA, N60/74, NL Schörner, "Tragödie Schlesien, März 1945", fólio 2 (1958).

111. BAB, NS6/353, fólios 157-8, Bormann, Bekanntgabe 28/45, Ungehorsam und falsche Meldungen, contendo a ordem de Keite num apêndice; também IfZ, Fa-91/4, fólio 1069.

112. Ao que parece, todos estavam de acordo com a nomeação de Himmler para o comando, principalmente porque, segundo Goebbels, era necessário "um pulso firme" para montar novas unidades de combate com os soldados que estavam sendo forçados a recuar em massa pelo avanço dos soviéticos. Goebbels chegou até a sugerir que Himmler assumisse o posto de comandante em chefe do Exército, liberando Hitler dessa função, mas o Führer não estava disposto a ir tão longe e afirmou que Himmler antes teria de provar ser capaz de dominar operações de comando. *TBJG*, v. II, n. 15, pp. 165 (20 jan. 1945), 181 (22 jan. 1945), 195 (23 jan. 1945).

113. *DZW*, n. 6, p. 513.

114. IWM, FO645/155, interrogatórios de Karl Dönitz, 30 nov. 1945, p. 5; 2 out. 1945, p. 2 (em inglês).

115. IfZ, ZS 1810, Bd. II, fólio 54, entrevista de Dönitz com Barry Pree, 18 nov. 1974.

116. Citação em Schwendemann, "Endkampf", p. 20; também Schwendemann, "Tod zwischen den Fronten", p. 45.

117. Goebbels julgou que Göring, quando conversou com ele em 27 de janeiro, parecera "quase derrotista" e deprimido, esperando, ainda àquela altura, que Hitler encontrasse uma solução política. *TBJG*, 15/II, p. 250 (28 jan. 1945).

118. *DZW*, n. 6, p. 572.

119. *DRZW*, v. 9, n. 1 (Heinemann), p. 884.

120. *DRZW*, v. 9, n. 1 (Heinemann), p. 882.

121. *DRZW*, v. 10, n. 1 (Lakowski), p. 559.

122. *DZW*, n. 6, pp. 575 e 591.

123. David K. Yelton, op. cit, p. 131.

124. Citação em *DZW*, n. 6, p. 513.

125. *DZW*, n. 6, pp. 513-4.

6. O TERROR DENTRO DE CASA [pp. 250-93]

1. Em geral, para uma interpretação semelhante, ver Robert Gellately, *Backing Hitler: Consent and Coercion in Nazi Germany*, Oxford, 2001.

2. Sobre o retrato malévolo dos judeus, que não foi abrandado quando eles foram deportados da Alemanha, ver Jeffrey Herf, *The Jewish Enemy: Nazi Propaganda during World War II and the Holocaust* (Cambridge, MA), 2006, e a contribuição de Herf, "'Der Krieg und die Juden': Nationalsozialistische Propaganda im Zweiten Weltkrieg", em *DRZW*, v. 9, n. 2, pp. 159 ss.

3. BAB, NS19/2454, fólios 1-3^v: SS-Kriegsberichter-Abteilung, SS-Standarte "Kurt Eggers", 26-30 jan. 1945.

4. *1945: Das Jahr der endgültigen Niederlage der faschistischen Wehrmacht. Dokumente*, Gerhard Förster e Richard Lakowski (Orgs.) (Berlim, 1975), p. 144 (5 fev. 1945).

5. NAL, WO219/4713, relatórios SHAEF, 15 fev. 1945, 20 fev. 1945. A ameaça da "responsabilização da família" de soldados que fossem considerados omissos no cumprimento do dever foi utilizada várias vezes pelos comandantes da Wehrmacht como elemento de dissuasão. Essa ameaça foi posta em prática em alguns casos, que no entanto eram exceções, e não a regra. Ver Robert Loeffel, "Soldiers and Terror: Re-evaluating the Complicity of the Wehrmacht in Nazi Germany", *German History*, 27 (2009), pp. 514-30.

6. Relato (em inglês) de um prisioneiro de guerra, capturado no oeste, que havia retornado do front oriental: LHC, Dempsey Papers, n. 273, parte II, p. 7 (3 mar. 1945).

7. BAB, NS6/135, fólios 44, 118-21, Gauleitung Mageburg-Anhalt, relatório de 16 fev. 1945; relatório de Landratsamt in Mähr.-Schönberg, 17 fev. 1945.

8. BAB, NS6/135, fólio 11, Auszug aus einem Bericht des Pg. Waldmann, Inspektion-Mitte, 7 mar. 1945 (referindo-se a impressões colhidas no início de fevereiro).

9. BAB, NS19/3705, fólios 6-13, "Beobachtungen im Heimatkriegsgebiet", 22 fev. 1945 e incluindo carta de Bormann a Himmler, 1 mar. 1945.

10. BAB, NS19/2068, fólios 6-6^v, 20-20^v. "Meldungen aus dem Ostraum", Müllrose, 16 fev. 1945, Mark Brandenburg, 21 fev. 1945. Relatos de saques disseminados na área do Oder como sinal de moral baixo também em *DZW*, n. 6, p. 514. Segundo o assessor de Goebbels, Wilfred von Oven, escrevendo em meados de fevereiro, "o moral dos soldados alemães no front oriental está piorando dia a dia". Wilfred von Oven, *Finale Furioso*, op. cit., p. 578 (11 fev. 1945).

11. BAB, R55/601, fólio 284, Tätigkeitsbericht der RPÄ, 21 fev. 1945.

12. Wette, Bremer e Vogel (Orgs.), op. cit., pp. 236-7 (7 fev. 1945).

13. Ibid., p. 251 (23 fev. 1945).

14. BHStA, MA 106695, relatório de RPvOB, 9 fev. 1945. Ver também mais exemplos em Klaus-Dietmar Henke, *Die amerikanische Besetzung Deutschlands* (Munique, 1995), pp. 819-20, e Marlis Steinert, op. cit., pp. 546 ss.

15. BAB, R55/620, fólios 129-31^v, relatório do SD ao secretário de Estado dr. Naumann, Ministério da Propaganda, "Situação em Viena", 1 mar. 1945. O clima popular em Viena era desanimador, de acordo com um relatório do último mês de setembro, quando se alegava que havia um derrotismo disseminado, tornando a população suscetível à agitação comunista. BAB, NS6/166, fólios 23-7, Kaltenbrunner a Bormann, 14 nov. 1944. Ver também Ludwig Jedlicka, "Ein unbekannter Bericht Kaltenbrunners über die Lage in Österreich im September 1944", em Ludwig Jedlicka, *Der 20. Juli*

1944 (Viena, 1985), pp. 82-6; e Timothy Kirk, *Nazism and the Working Class in Austria* (Cambridge, 1996), pp. 130-2.

16. StAM, LRA 29656, fólio 573, SD-Außenstelle Berchtesgaden, 7 mar. 1945.

17. NAL, WO 219/1587, resumo do SHAEF de relatórios dos serviços de inteligência preparados por informantes, 20-25 fev. 1945.

18. Goebbels notou que "o fracasso das marchas na Prússia Oriental é atribuído principalmente ao partido, e a liderança do partido lá vem sendo extremamente criticada". *TBJG*, v. II, n. 15, p. 374 (13 fev. 1945).

19. BAB, NS19/3833, fólio 1, Gottlob Berger ao SS-Standartenführer Rudolf Brandt, 18 fev. 1945.

20. BAB, NS6/135, fólio 44, relatório do Gauleitung Magdeburg-Anhalt, 16 fev. 1945.

21. StAM, NSDAP 35, folhas soltas, Gauorganisationsleiter München-Oberbayern ao Kreisleiter etc., 21 fev. 1945. No começo de janeiro, o *Gauleiter* havia feito fortes críticas ao uso de "uniformes de fantasia" e "figurinos", a propósito da tendência de funcionários do partido de criar cortes e cores pessoais para seus uniformes oficiais. StAM, NSDAP 52, folhas soltas, Gauorganisationsleiter München-Oberbayern aos Gauamtsleiter e Kreisleiter, 3 jan. 1945.

22. Ver Henke, p. 829.

23. Mark Mazower, *Hitler's Empire: Nazi Rule in Occupied Europe* (Londres, 2008), pp. 528-9. Frank acabou sendo preso pelas tropas americanas em 4 de maio, julgado em Nuremberg e enforcado pela participação em crimes de guerra e crimes contra a humanidade.

24. IfZ, NO-3501, relatório do SS-Staf. Hübner, 16 mar. 1945; Arquivos Nacionais, Washington, NND 871063, relatórios da prisão e do interrogatório de Greiser, 17 maio 1945, 1º jun. 1945; Jurgen Thorwald, *Es begann an der Weichsel: Flucht und Vertreibung der Deutschen aus dem Osten* (Munique, 1995; 1. ed. 1949), pp. 69-79; Catherine Epstein, *Model Nazi: Arthur Greiser and the Occupation of Western Poland*, Oxford, 2010, pp. 298-304.

25. *TBJG*, v. II, n. 15, pp. 223 (25 jan. 1945), 231-2 (26 jan. 1945), 357 (11 fev. 1945); Von Oven, *Finale Furioso*, p. 551 (23 jan. 1945).

26. BAB, R55/622, fólios 181-2, análise de cartas enviadas ao RPÄ. Ver também BAB, NS6/135, fólios 30-2, relatório de 20 fev. 1945 do tenente Klein, NS-Führungsstab OKH Potsdam, sobre impressões negativas quanto a membros do partido, especialmente um SS-*Obersturmführer*, durante marchas de Wartheland entre 19 e 25 de janeiro. É notável que em 20 de fevereiro, um mês após ter escapado, Greiser tenha enviado a Himmler e Bormann um relatório final, de sua posição segura em Karlsbad, sobre a montagem e a preparação da *Volkssturm* em Warthegau. BAB, R43II/692b, fólios 109-24 (20--21 fev. 1945).

27. BAB, NS6/353, fólio 30-30^v, PK circular 65/45,12 fev. 1945. Apenas alguns dias mais tarde, a Chancelaria do partido recebeu outro relatório sombrio sobre os fracassos das autoridades em Warthegau no mês de janeiro. BAB, NS6/135, fólios 30-2, relatório do tenente Horst Klein, NS--Führungsstab OKH Potsdam, com uma recomendação anexa ao Pg. Willi Ruder para o partido, a fim de restabelecer a confiança nele, que tomasse medidas drásticas contra todos os líderes do partido que não tivessem cumprido seu dever.

28. Von Oven, *Finale Furioso*, op. cit., p. 572 (7 fev. 1945).

29. IfZ, Fa 91/4, fólios 1075-8, GBV an die Obersten Reichsbehörden, 1 fev. 1945; *1945: Das Jahr der endgültigen Niederlage der faschistischen Wehrmacht*, p. 152.

30. *1945: Das Jahr der endgültigen Niederlage der faschistischen Wehrmacht*, pp. 152-4.

31. BAB, NS6/353, fólio 15, PK circular 43/45, 30 jan. 1945; fólio 49, PK circular 86/45, 17 fev. 1945; fólio 106, Anordnung 23/45, 21 jan. 1945.

32. BAB, NS6/354, fólio 134, PK Anordnung 48/45g, 1 fev. 1945.

33. BAB, NS6/353, fólios 121-2, PK Anordnung 98/45, 23 fev. 1945.

34. BAB, NS6/353, fólios 65-6ᵛ, PK circular 113/45, "25. Jahrestag der Verkündung des Parteiprogramms", 24 fev. 1945.

35. BAB, NS6/353, fólios 157-8, PK Bekanntgabe 28/45, 26 jan. 1945 e Anlage.

36. Um desses, o Feldjägerkommando II, baseado atrás das linhas do Grupo de Exércitos Centro, relatou ter detido em fevereiro 136 mil soldados, o que levou a julgamento duzentos deles, dos quais 46 foram condenados à morte. A relação entre o número de soldados detidos e a quantidade de soldados em combate não foi considerada muito alta, diante da situação militar. *DRZW*, v. 9, n. 1 (Förster), p. 638.

37. Ursula von Kardorff, *Berliner Aufzeichnungen 1942-1945* (Munique, 1981), p. 228 (25 jan. 1945).

38. IfZ, Fa-91/5, fólio 1239, Aufruf Himmlers, 31 jan. 1945; BAB, R55/610, fólios 161 ss., RPÄ Danzig ao secretário de Estado dr. Naumann, Ministério da Propaganda, 31 jan. 1945, anexando a proclamação de Himmler.

39. BAB, NS6/354, fólios 60-1ᵛ, PK circular 59/45g, "Erfassung von versprengten Wehrmachtangehörigen", 6 fev. 1945, e anexada, reprodução da ordem do Alto-Comando da Wehrmach de 2 fev. 1945. Um mês depois, em 5 de março, o marechal de campo Keitel transmitiu a ordem de Hitler suspendendo todo tipo de apoio financeiro às famílias de soldados feitos prisioneiros pelo inimigo sem que tivessem sido feridos ou que não houvessem comprovadamente lutado até o fim. Publicado em Rolf-Dieter Müller e Gerd R. Ueberschär, *Kriegsende 1945: Die Zerstörung des Deutschen Reiches* (Frankfurt sobre o Meno, 1994), p. 163.

40. Andreas Kunz, "Die Wehrmacht in der Agonie der nationalsozialistischen Herrschaft 1944/45: Eine Gedankenskizze", em Jörg Hillmann e John Zimmermann (Orgs.), *Kriegsende 1945 in Deutschland* (Munique, 2002), p. 103, n. 26.

41. BAB, NS19/3705, fólios 1-5, Bormann a Himmler, "Vorbereitungen für die bevorstehende Feindoffensive im Westen", anexada, circular aos *Gauleiter* do oeste, 8 fev. 1945.

42. BAB, NS6/354, fólios 135-6, PK Anordnung 67/45g, 13 fev. 1945.

43. BAB, NS6/354, fólios 81-4, PK circular 92/45g, Rs., 20 fev. 1945.

44. StAM, NSDAP 35, Gauleitung München-Oberbayern, circular n. 5, 22 fev. 1945.

45. BAB, NS19/2721, fólio 4-4ᵛ, Oberbefehlshaber der Heeresgruppe Weichsel, 12 fev. 1945.

46. *TBJG*, v. II, n. 15, p. 459 (9 mar. 1945. A visão de corpos de soldados alemães de uniforme pendurados numa ponte sobre o rio Oder, perto de Frankfurt, em meados de fevereiro, teria levado milhares de "desgarrados" a se apresentarem a suas unidades. Wilfred von Oven, *Mit Goebbels bis zum Ende*, op. cit., v. 2, p. 246 (16 fev. 1945).

47. BAB, NS6/756, fólios 2-6, Bormann, "Verstärkung der kämpfenden Truppe", 28 fev. 1945.

48. Norbert Haase, "Justizterror in der Wehrmacht", em Cord Arendes, Edgar Wolfrum e Jörg Zedler (Orgs.), *Terror nach Innen: Verbrechen am Ende des Zweiten Weltkrieges* (Göttingen, 2006), pp. 84-5, calcula que talvez meio milhão de soldados alemães tenham sido sentenciados por cortes militares ao longo da guerra, sugerindo, portanto, que os números até o final de 1944 teriam dobrado nos últimos quatro meses do conflito. Ao longo desses quatro meses, houve dezoito vezes mais condenações à morte do que no período entre junho de 1941 e novembro de 1944. Fritz Wullner,

NS-Militärjustiz und das Elend der Geschichtsschreibung (Baden-Baden, 1991), p. 461, calcula que teria havido aproximadamente 300 mil desertores até o fim de 1944. Para a organização do aparato de terror dentro da Wehrmacht, inclusive a utilização continuada da *Geheime Feldpolizei*, ver Zimmermann, op. cit., pp. 139-65.

49. Benjamin Ziemann, "Fluchten aus dem Konsens zum Durchhalten: Ergebnisse, Probleme und Perspektiven der Erforschung soldatischer Verweigerungsformen in der Wehrmacht 1939-1945", em Müller e Volkmann (Orgs.), op. cit., pp. 594-6, 599; Otto Hennicke, "Auszüge aus der Wehrmachtkriminalstatistik", *Zeitschrift für Militargeschichte*, 5 (1966), pp. 442-50; Manfred Messerschmidt e Fritz Wullner, *Die Wehrmachtjustiz*, Baden-Baden, 1987, p. 91; Richard Bessel, *Germany 1945: From War to Peace* (Londres, 2009), p. 63. O número de 35 mil subestima os níveis de deserção. Uma estimativa considera que o número de desertores ultrapassou 100 mil. Manfred Messerschmidt, "Deserteure im Zweiten Weltkrieg", em Wolfram Wette (Org.), *Deserteure der Wehrmacht* (Essen, 1995), p. 62. Um número adicional de 35 mil soldados foi condenado por outras infrações às leis militares (Ziemann, p. 604). Sobre os procedimentos para levar a cabo a pena de morte na Wehrmacht, ver Manfred Messerschmidt, *Die Wehrmachtjustiz 1933-1945* (Paderborn, 2005), pp. 393-400.

50. Messerschmidt, "Deserteure im Zweiten Weltkrieg", op. cit., p. 61; Haase, op. cit., p. 85 e p. 100, n. 26; *DRZW*, v. 9, n. 1 (Echternkamp), p. 50. Enquanto as democracias liberais do Ocidente executavam poucos soldados, a Alemanha não estava sozinha entre os regimes autoritários, com suas punições draconianas. O Japão executou 22 253 soldados; estimativas (embora pesquisas detalhadas ainda estejam por ser realizadas) sugerem que até 150 mil possam ter sido executados na União Soviética. Ulrich Baumann e Markus Koch (Orgs.), *"Was damals Recht war ...": Soldaten und Zivilisten vor Gerichten der Wehrmacht* (Berlim-Brandemburgo), 2008, p. 184.

51. BAB, R55/62O, fólio 132, relatório do SD ao secretário de Estado dr. Naumann, Ministério da Propaganda, "Stimmung und Haltung der Arbeiterschaft" (opiniões recolhidas entre trabalhadores em Mecklenburg), 1 mar. 1945.

52. BA/MA, N60/17, NL Schörner, carta de Schörner ao Oberst i.G. Thilo von Trotha, Generalstab des Heeres, Chef Operations-Abt., 22 fev. 1945. Parcialmente citado também em Andreas Kunz, *Wehrmacht und Niederlage: Die bewaffnete Macht in der Endphase der nationalsozialistischen Herrschaft 1944 bis 1945* (Munique, 2007), p. 113.

53. BAB, NS6/354, fólios 163-5^v, PK Bekanntgabe 149/45g, 19 mar. 1945, anexando uma cópia da mensagem de quatro páginas de Schörner, datada de 27 fev. 1945.

54. BA/MA, N712/15, NL Pollex, Coronel Curt Pollex, Auszüge aus Briefen, fólio 35, 18 fev. 1945.

55. BAB, R55/610, fólios 156-9, correspondência relacionada à propaganda no Ruhr, 19 dez. 1944-12 jan. 1945.

56. Von Oven, *Finale Furioso*, p. 584 (22 fev. 1945).

57. Ver a tentativa de Bormann para conter a divulgação de boatos em BAB, NS6/353, fólios 16-7, "Bekämpfung beunruhigender Gerüchte über die Frontlage", 1 fev. 1945.

58. IfZ, Fa 91/2, fólios 278-81, "Vorlage: Sondereinsatz Politischer Leiter an Brennpunkten der Ost- und Westfront", 17 fev. 1945.

59. BAB, R55/608, fólios 35-6, Chef des Propagandastabes, Mundpropagandaanweisung, betr. Kriegslage, 17 fev. 1945.

60. BHStA, Reichsstatthalter Epp 681/1-8, ministro do Interior do Reich a comissários de Defesa do Reich etc., 28 fev. 1945.

61. BA/MA, RH19/IV/228, fólio 10, Hinweis für die NS-Führung der Truppe, 4 fev. 1945.

62. *DZW*, n. 6, p. 627, citando uma carta a Bormann de Joachim Albrecht Eggeling, *Gauleiter* de Halle-Merseburg, 10 fev. 1945.

63. BAB, NS6/I37, fólios 40-1, Flugblatt (im Entwurf): "An die Verteidiger von Berlin", 24 fev. 1945.

64. Citado em Steinert, p. 559.

65. *TBJG*, v. II, n. 15, p. 352 (10 fev. 1945).

66. BAB, NS6/354, fólios 137-8ᵛ, PK Anordnung 79/45g, Standgerichte, 15 fev. 1945, e "Verordnung über die Errichtung von Standgerichten vom 15. February 1945", *Reichsgesetzblatt*, Teil 1, n. 6, 20 fev. 1945, p. 30; publicado em Müller e Ueberschär, op. cit., pp. 161-2.

67. BAB, NS19/3705, fólio 4, Vorbereitungen auf Feindoffensive im Westen, circular de Bormann aos *Gauleiter* do oeste, anexo sem data de sua carta a Himmler, 8 fev. 1945.

68. Henke, p. 845.

69. Henke, p. 846.

70. Haase, p. 86.

71. Moll (Org.), op. cit., p. 483; publicado também em Müller e Ueberschär, op. cit., pp. 163-4. Para o funcionamento das cortes marciais sumárias, ver Messerschmidt, *Die Wehrmachtjustiz 1933--1945*, pp. 411-5; e Jürgen Zarusky, "Von der Sondergerichtsbarkeit zum Endphasenterror: Loyalitätserzwingung und Rache am Widerstand in Zusammenbruch des NS-Regimes", em Cord Arendes, Edgar Wolfrum e Jörg Zedler (Orgs.), *Terror nach Innen: Verbrechen am Ende des Zweiten Weltkrieges* (Göttingen, 2006), p. 114. A extensão às "cortes marciais volantes" está indicada na circular de Bormann aos *Gauleiter*, NS6/354, fólio 88ᵛ, RS 123/45g, 9 mar. 1945.

72. Ver Henke, op. cit., pp. 846 ss., sobre exemplos de sua prática.

73. Herbert, *Fremdarbeiter*, op. cit., pp. 270-1, p. 430, n. 3.

74. BAB, R43II/650c, fólios 119-25, Kampfkommandant Reichskanzlei, Führerbefehl, v. 4.2.45 über "Verteidigung der Reichskanzlei bei inneren Unruhen", 4-10 fev. 1945.

75. NAL, WO208/5622, fólio 122A, 29 ago. 1944. O general em questão, Dietrich von Choltitz, havia sido o comandante da Wehrmacht em Paris na época da libertação da cidade, em agosto de 1944.

76. Jill Stephenson, *Hitler's Home Front: Württemberg under the Nazis* (Londres, 2006), p. 285.

77. Von Kardorff, op. cit., pp. 208-9 (30 nov. 1944).

78. Herbert, op. cit., pp. 327-35; Andreas Heusler, "Die Eskalation des Terrors: Gewalt gegen ausländische Zwangsarbeiter in der Endphase des Zweiten Weltkrieges", em Arendes, Wolfrum e Zedler, pp. 172-82.

79. Citado em Gerhard Paul e Alexander Primavesi, "Die Verfolgung der 'Fremdvölkischen': Das Beispiel der Staatspolizeistelle Dortmund", em Gerhard Paul e Klaus-Michael Mallmann (Orgs.), *Die Gestapo: Mythos und Realität* (Darmstadt, 1995), p. 398.

80. Gerhard Paul, "'Diese Erschießungen haben mich innerlich gar nicht mehr berührt': Die Kriegsendphasenverbrechen der Gestapo 1944/45", em Gerhard Paul e Klaus-Michael Mallmarm (Orgs.), *Die Gestapo im Zweiten Weltkrieg: "Heimatfront" und besetztes Europa* (Darmstadt, 2000), p. 548.

81. Paul e Primavesi, op. cit., p. 399; também Paul, op. cit., p. 549; Bessel, op. cit., p. 55.

82. Citado em Paul, op. cit., p. 550.

83. Para as circunstâncias especiais em Colônia, ver Bernd-A. Rusinek, "'Wat denkste, wat mir objerümt han': Massenmord und Spurenbeseitigung am Beispiel der Staatspolizeistelle Köln 1944/45", em Paul e Mallmann, *Die Gestapo: Mythos und Realität*, pp. 402-16.

84. Paul, op. cit., pp. 553-7; Herbert, op. cit., pp. 336-7; Nikolaus Wachsmann, *Hitler's Prisons: Legal Terror in Nazi Germany* (New Haven e Londres), 2004, pp. 332-3.

85. IWM, F.2, AL 1753, estatísticas de ss-Wirtschafts-Verwaltungshauptamt, chegando a 511537 homens e 202674 mulheres, num total de 714211 pessoas em 15 de janeiro de 1945, guardadas por 37674 homens e 3508 mulheres; Martin Broszat, "Nationalsozialistische Konzentrationslager 1933--1945", em Hans Buchheim et al., *Anatomie des SS-Staates*, v. 2 (Olten e Freiburg em Breisgau), 1965, p. 159; Wachsmann, p. 395; Daniel Blatman, "Die Todesmärsche — Entscheidungsträger, Mörder und Opfer", em Ulrich Herbert, Karin Orth e Christoph Dieckmann (Orgs.), *Die nationalsozialistischen Konzentrationslager*, v. 2 (Göttingen, 1998), p. 1067; Gerald Reitlinger, *The Final Solution* (Londres, 1971), pp. 501, 639, n. 30; Peter Longerich, *Holocaust: The Nazi Persecution and Murder of the Jews* (Oxford, 2010), p. 418.

86. Felix Kersten, *The Kersten Memoirs, 1940-1945* (Londres, 1956), p. 277 (12 mar. 1945) e p. 275 (2 mar. 1945); *DZW*, n. 6, p. 643 (onde a referência de Himmler a uma ordem do Führer tem a data de 5 mar. 1945). Himmler viu Kersten no sanatório, em Hohenlychen, todas as manhãs, de 4 a 13 de março (BAB, NS19/1793, Termine des Reichsführer-ss, fólios 5-15). Não se encontrou nenhuma ordem específica de Hitler para que se assassinassem os prisioneiros dos campos, embora uma diretriz de ordem geral — quase certamente verbal — parece ter chegado ao conhecimento dos altos oficiais da ss, segundo a qual não se deveriam deixar prisioneiros para trás quando da aproximação do inimigo. Essa diretriz pode ter sido usada como uma ordem implícita de matar os prisioneiros sob guarda sempre que houvesse o perigo de que o campo caísse em poder do inimigo. Contudo, na prática houve apenas poucos casos de assassinato de todos os prisioneiros antes da evacuação. As decisões finais sobre vida e morte dos prisioneiros eram tomadas nos postos mais baixos de comando, no nível local. Daniel Blatman, "Rückzug, Evakuierung und Todesmärsche 1944-1945", em Wolfgang Benz e Barbara Distei (Orgs.), *Der Ort des Terrors: Geschichte der nationalsozialistischen Konzentrationslager*, v. 1 (Munique, 2005), pp. 300-1.

87. Karin Orth, *Das System der nationalsozialtstischen Konzentrationslager: Eine politische Organisationsgeschichte* (Hamburgo, 1999), pp. 272-3.

88. Não se encontrou nenhuma ordem explícita em relação a isso (além da ordem para prisões no Governo Geral da Polônia). Paul, pp. 550-1 e nn. 31-3; Gabriele Hammermann, "Die Todesmärsche aus den Konzentrationslagern 1944/45", em Atendes, Wolfrum e Zedler, pp. 122-3, 125; Blatman, "Die Todesmärsche", op. cit., pp. 1068-70, 1086; Eberhard Kolb, "Die letzte Kriegsphase: Kommentierende Bemerkungen", em Herbert, Orth e Dieckmann (Orgs.), op. cit., p. 1131; *DZW*, n. 6, p. 643.

89. Martin Broszat, *Kommandant in Auschwitz: Autobiographische Aufzeichnungen des Rudolf Höss* (Munique, 963), p. 145, n. 1; Saul Friedländer, op. cit., p. 648; Daniel Blatman, "The Death Marches, January-May 1945: Who Was Responsible for What?", *YVS*, n. 28, pp. 168-71,198-9, 2000.

90. Rudolf Höss apresenta uma viva descrição do caos em *Kommandant in Auschwitz*, op. cit., pp. 145-7.

91. Walter Schellenberg, *Schellenberg* (Londres, 1965), pp. 167-70; Peter R. Black, *Ernst Kaltenbrunner: Ideological Soldier of the Third Reich* (Princeton, 1984), pp. 228-30; Friedländer, op. cit., pp. 621-5, 647-8; Longerich, *Heinrich Himmler*, op. cit., pp. 728-30; Heinz Höhne, *The Order of the Death's Head* (Londres, 1972), pp. 524-5; Hammermann, op. cit., p. 126; Yehuda Bauer, *Jews for Sale? Nazi-Jewish Negotiations, 1933-1945* (New Haven, 1994), pp. 239-51; Simone Erpel, *Zwischen Vernichtung und Befreiung: Das Frauen-Konzentrationslager Ravensbrück in der letzten Kriegsphase* (Berlim, 2005), pp. 97-154 (onde o número de prisioneiros dos campos salvos por essa ação no final da guerra, especialmente graças à iniciativa sueca, é apresentado como tendo sido de 15345, dos quais 7795 eram escandinavos — no entanto, como ela indica, trata-se de uma proporção que subestima o número dos prisioneiros resgatados que não eram escandinavos). Relatórios dos serviços de inteligência dos aliados ocidentais alegam que as negociações sobre a liberação de um número de judeus causaram "sensação" em Berlim e foram condenadas por líderes nazistas, entre eles Julius Streicher. — NAL, WO219/1587, fólio 734, relatório SHAEF, 25 fev. 1945.

92. Blatman, "Die Todesmärsche", op. cit., pp. 1069-72; Id., *Les Marches de la mort*, op. cit., pp. 96-100, 127-31.

93. Orth, op. cit., p. 279.

94. Wachsmann, op. cit., pp. 324-5.

95. Wachsmann, op. cit., pp. 325-33.

96. Laurence Rees, *Auschwitz: The Nazis and the "Final Solution"* (Londres, 2005), p. 301, baseado em dados fornecidos pelo Museu Auschwitz-Birkenau.

97. Sybille Steinbacher, *Auschwitz: A History* (Londres, 2005), p. 124.

98. Andrzej Strzelecki, "Der Todesmarsch der Häftlinge aus dem KL Auschwitz", em Herbert, Orth e Dieckmann (Orgs.), op. cit., p. 1103; Danuta Czech, *Kalendarium der Ereignisse im Konzentrationslager-Auschwitz-Birkenau 1939-1945*, Reinbek bei Hamburg, 1989, pp. 966-7.

99. *Kommandant in Auschwitz*, p. 146 (onde Höss também emprega o termo "colunas da miséria").

100. ITS, arquivo 80, fólio 00030a, Häftlingstransport von Birkenau nach Gablonz, 2 abr. 1946. Ver também *Kommandant in Auschwitz*, p. 146; e Czech, p. 968.

101. Monika Richarz, *Jüdisches Leben in Deutschland: Selbstzeugnisse zur Sozialgeschichte 1918-1945* (Stuttgart, 1982), pp. 443-6 (relato de Paul Heller baseado em anotações no diário que mantinha na época).

102. Richarz, op. cit., pp. 448, 450-1.

103. Strzelecki, op. cit., p. 1102; Blatman, *Les Marches de la mort*, op. cit., pp. 112, 140.

104. Richarz, op. cit., p. 452.

105. ITS, arquivo 80, fólio 60282a, Marches de La Mort, Groß-Rosen-Leitmeritz, 4 abr. 1946.

106. Isabell Sprenger, "Das KZ Groß-Rosen in der letzten Kriegsphase", em Herbert, Orth e Dieckmann (Orgs.), op. cit., pp. 1113-24. Numa única marcha (p. 1122) morreram quinhentos dos 3500 prisioneiros.

107. Orth, op. cit., pp. 282-7; Blatman, *Les Marches de la mort*, op. cit., pp. 126-32; Blatman, "The Death Marches", op. cit., pp. 174-9. Ver também Olga M. Pickholz-Barnitsch, "The Evacuation of the Stutthof Concentration Camp", *Yad Vashem Bulletin*, n. 16, pp. 37-9, 1965. De acordo com os dados da SS, em 15 de janeiro de 1945 havia em Stutthof 18436 prisioneiros homens e 30199 do sexo feminino, num total de 48635 pessoas. IWM, F.2, AL 1753, SS-Wirtschafts-Verwaltungshauptamt, Lista

de Campos de Concentração com números de guardas e prisioneiros. 1 e 15 jan. 1945. Quando começaram as evacuações, esse número tinha caído para 46331 prisioneiros. Blatman,"The Death Marches", 1965, p. 175, baseado (cf. n. 43) na última verificação, de 24 jan. 1945.

108. Blatman, *Les Marches de la mort*, op. cit., p. 140.

109. Hammermann, op. cit., pp. 140-1; Sprenger, op. cit., pp. 120-1; Katharina Elliger, *Und tief in der Seele das Ferne: Die Geschichte einer Vertreibung aus Schlesien* (Reinbek bei Hamburg, 2006), pp. 71-4 (onde ela menciona ter visto, quando menina, a coluna da miséria dos prisioneiros de Auschwitz passando por sua aldeia, perto de Ratibor, na Silésia; relata ter atirado pão para eles antes de fechar apressadamente a janela quando o guarda esboçou uma reação negativa).

110. Ver Richard Overy, *Why the Allies Won* (Londres, 1995), pp. 112-33, para uma avaliação de Harris e da estratégia de bombardeio dos aliados, concluindo (p. 133) que "a ofensiva aérea foi um dos elementos decisivos para a vitória aliada". A política de "bombardear áreas" das cidades já havia sido decidida — em seguida a uma mudança de tática sugerida pelo conselheiro militar de Churchill, lorde Cherwell (anteriormente conhecido como professor Frederick Lindemann), em razão do fracasso dos bombardeios "de precisão" — pouco antes que Harris assumisse o Comando dos Bombardeios, em 22 de fevereiro de 1942. Harris, que nessa época tinha um excelente relacionamento com Churchil, foi a grande inspiração por trás da adoção dessa política, dedicando-se "à necessidade vital de atacar a Alemanha em seu território natal, onde o ataque irá doer de verdade". Henry Probert, *Bomber Harris: His Life and Times* (Londres, 2001), pp. 122, 126-46; Max Hastings, *Finest Years: Churchill as Warlord 1940-45* (Londres, 2009), pp. 246-9.

111. Frederick Taylor, *Dresden: Tuesday 13 February 1945* (Londres, 2005), p. 216.

112. Lothar Gruchmann, *Der Zweite Weltkrieg* (Munique, 1975), pp. 197-8, 280-1, 414.

113. Taylor, op. cit., p. 427.

114. Jörg Friedrich, op. cit., pp. 108-9, 312-16; Taylor, op. cit., p. 428.

115. Rüdiger Overmans, "Die Toten des Zweiten Weltkriegs in Deutschland", em Wolfgang Michalka (Org.), *Der Zweite Weltkrieg: Analysen, Grundzüge, Forschungsbilanz* (Munique e Zurique, 1989), p. 860; Friedrich, op. cit., p. 63; *DRZW*, v. 10, n. 1 (Boog), p. 868; *United States Strategic Bombing Survey*, v. 4 (Nova York e Londres, 1976), pp. 7-10.

116. Müller e Ueberschär, op. cit., p. 160 (relato de 1955 de Theodor Ellgering, que em 1945 era *Geschäftsführer* do Interministeriellen Luftkriegsausschusses der Reichsregierung em Berlim, sobre suas impressões ao entrar em Dresden imediatamente após o ataque aéreo, para organizar as penosas operações de salvamento).

117. Baseado em Taylor, op. cit., caps. 21-4. Ver também Götz Bergander, *Dresden im Luftkrieg* (Weimar, Colônia e Viena, 1994), em especial caps. 9-12; Friedrich, op. cit., pp. 358-63; *DRZW*, v. 10, n. 1 (Boog), pp. 777-98; Olaf Groehler, *Bombenkrieg gegen Deutschland* (Berlim, 1990), pp. 400-12; Rolf-Dieter Müller, *Der Bombenkrieg 1939-1945* (Berlim, 2004), pp. 212-20; Paul Addison e Jeremy A. Crang (Orgs.), *Firestorm: The Bombing of Dresden, 1945* (Londres, 2006), em especial pp. 18-77 (contribuições de Sebastian Cox e Sönke Neitzel) e pp. 123-42 (a discussão de Richard Overy sobre o debate do pós-guerra); e Hastings, *Armageddon*, op. cit., pp. 382-7.

118. Klemperer, op. cit., pp. 661, 669 e 675-6 (13-14 fev. 1945, 19 fev. 1945). A discriminação contra os judeus era tanta que eles não tinham permissão para entrar nos abrigos "arianos" durante os ataques aéreos. Klemperer, op. cit., p. 644 (20 jan. 1945).

119. Este parágrafo baseia-se em Taylor, op. cit., pp. 397-402, 508. Um soldado de dezoito

anos de idade, profundamente chocado com o que vira em Dresden, escreveu em seu diário que se falava em 200 mil mortos. Klaus Granzow, *Tagebuch eines Hitlerjungen 1943-1945*, Bremen, 1965, p. 159 (18 fev. 1945). As alegações da propaganda, de que teriam havido até 250 mil vítimas, são criteriosamente analisadas e negadas por Rolf-Dieter Müller, "Der Feuersturm und die unbekannten Toten von Dresden", *Geschichte in Wissenschaft und Unterricht*, n. 59, pp. 169-75, 2008. Uma avaliação de toda a documentação disponível, e das grandes discrepâncias quanto ao número dos mortos (com algumas alegações de que teria havido meio milhão de vítimas fatais), por parte de uma comissão de historiadores especialmente indicada para essa finalidade, apresentou o resultado de seu trabalho em 2010, chegando ao número de 25 mil, estimativa que já havia sido feita por ocasião das investigações oficiais de 1945-1946. Disponível em: <www.dresden.de/de/02/035/01/2010/03/pm_060.php>. "Pressernitteilungen. 17.03.2010. Dresdner Historike-kommission veröffentlicht ihren Abschlussbericht".

120. Taylor, op. cit., p. 463.

121. Friedrich, op. cit., pp. 331-3, 533-6.

122. Friedrich, op. cit., pp. 312-6.

123. Taylor, op. cit., pp. 413-4; *DRZW*, v. 10, n. 1 (Boog), p. 798.

124. Taylor, op. cit., cap. 15.

125. Taylor, op. cit., pp. 412-24, 506. O assessor de Goebbels, Wilfred von Oven, calculou, numa anotação em seu diário em 15 de fevereiro, que teria havido um total de 200 mil a 300 mil vítimas, registrando mais tarde um assassinato historicamente sem precedentes de "300 mil mulheres, crianças e civis indefesos no espaço de poucas horas". Von Oven, *Finale Furioso*, op. cit, pp. 580-2 (15 fev. 1945).

126. *Das Reich*, 4 mar. 1945, p. 3, com a manchete: "A morte de Dresden. Um baluarte da resistência". O bombardeio, declarava o artigo, era uma tentativa de forçar a capitulação por meio do assassinato em massa, para que a "sentença de morte" fosse executada naqueles que haviam sobrevivido. "Contra essa ameaça", concluía o artigo, "não existe outra saída além de resistir lutando." Ver também Bergander, pp. 184-5; e Taylor, op. cit., p. 425.

127. Klemperer, op. cit., p. 676.

128. BfZ, Sterz-Sammlung, cartas da irmã da Cruz Vermelha alemã Ursel C, 16 fev. 1945, 20 fev. 1945; O'Gefr. Rudolf L., 16 fev. 1945, 18 fev. 1945; O'Gefr. Ottmar M., 26 fev. 1945. Somente uma carta em Jörg Echternkamp (Org.), *Kriegsschauplatz Deutschland 1945: Leben in Angst — Hoffnung auf Frieden. Feldpost aus der Heimat und von der Pront* (Paderborn, 2006), p. 152, menciona o bombardeio de Dresden, mas apenas para manifestar preocupação com a população da cidade e com os parentes na área. Uma carta que caiu nas mãos do Exército britânico, datada de 20 de fevereiro, embora tivesse sido enviada de Unna, na Westphalia, e sem menção direta ao ataque em Dresden, referia-se à amargura e à sensação de impotência diante dos "voos do terror" dirigidos à Alemanha, mas também da determinação de lutar e da certeza da vitória. LHC, Dempsey Papers, n. 288, parte II, p. 8 (18 mar. 1945). A população de Berlim parecia compreensivelmente preocupada com os ataques aéreos à capital; porém, segundo os relatórios de fevereiro de 1945, não havia comentários sobre Dresden observados pelos agentes da Wehrmacht que levantavam informações a respeito da opinião popular na cidade, embora vigorasse um sentimento geral (p. ex. p. 252) de que a guerra estava praticamente acabada e era inútil continuar. *Das letzte halbe Jahr*, pp. 248-93. Em seus relatórios de março de

1945, os presidentes de governo das províncias da Baviera não deram indicação alguma de reações da população — preocupada com seus próprios problemas — quanto ao bombardeio de Dresden.

129. BAB, R55/622, fólio 181, Briefübersicht n. 10, 9 mar. 1945.

130. Ver Von Oven, *Finale Furioso*, op. cit., p. 579 (12 fev. 1945), sobre a fúria de Goebbels com a alegação pública de Ley de que conter o Exército Vermelho no Oder havia sido "o milagre alemão" num momento em que dezenas de milhares fugiam em pânico, tentando desesperadamente chegar às margens ocidentais do Oder.

131. Citado em Taylor, op. cit., p. 428; Erich Kästner, *Notabene 1945: Ein Tagebuch* (Berlim, 1961), pp. 55-6 (8 mar. 1945); Jacob Kronika, *Der Untergang Berlins* (Flensburg, 1946), p. 70 (22 mar. 1945). Goebbels, muitas vezes frustrado com as declarações francas de Ley, anotou em seu diário a indignação com os comentários que este fez sobre Dresden. *TBJG*, v. II, n. 15, p. 457 (9 mar. 1945). O artigo de Ley, "Ohne Gepäck" ("Sem bagagem"), havia aparecido em 3 de março em *Der Angriff*, 53, p. 2. Num programa de rádio transmitido a partir da cidade cercada de Breslau, dois dias mais tarde, o *Gauleiter* Hanke abordou o tema, declarando que aquilo que tinha sido visto como uma propriedade cultural essencial (*unerläßliche Kulturgüter*) podia ser visto, numa observação mais próxima, como "a matéria totalmente dispensável da civilização" (*durchaus entbehrliches Zivilisationsgut*). Kästner, p. 47 (5 mar. 1945).

132. Ver David Irving, *Goebbels: Mastermind of the Third Reich* (Londres, 1996), p. 503.

133. BAB, NS19/1022, fólio 5, Brandt a Berlepsch, 3 jan. 1945. O *Lebensleuchter* parece ter tomado a forma de uma grande vela num elaborado candelabro em estilo nórdico. De acordo com uma notícia de arquivo, alguns dias mais tarde Himmler concordou em fazer com que todas as crianças cujos pais fossem professores nas "NAPOLAS" (Nationalpolitische Erziehungsanstalten) — escolas do partido — (naquela ocasião sob controle da SS) fossem presenteadas com a "luz da vida". O SS-*Obergruppenführer* Heißmeyer, chefe das NAPOLAS, deveria fornecer uma lista das crianças ao assessor de Himmler, o SS-*Standartenführer* dr. Rudolf Brandt. O número de candelabros disponíveis, porém, avisou Brandt, naquele momento era muito pequeno, e a intenção era destiná-los apenas a crianças que fossem o terceiro ou o quarto filho, e assim ele receava que a promessa de Himmler não pudesse ser cumprida. Heißmeyer disse que usaria algum pretexto para adquirir as peças necessárias, deixando que Brandt decidisse se a distribuição dos candelabros poderia ser realizada. A informação arquivada sobre essa questão absurda parece ter sido consultada no primeiro dia de fevereiro, março e abril de 1945, presumindo-se que pouca ou nenhuma providência tenha se seguido. BAB, NS19/424, fólio 2, Vermerk, 9 jan. 1945.

134. BAB, NS19/1318, fólio 3, Brandt a Berger, 10 jan. 1945.

135. BAB, NS19/2903, fólio 3, Brandt ao Justizwachtmeister Ernst Krapoth, Oberhausen, 1 mar. 1945.

136. Speer, op. cit., p. 435.

137. H. R. Trevor-Roper, *The Last Days of Hitler* (Londres, 1962), pp. 119-20, 134, 140.

138. IWM, EDS, F.3, M.I. 14/368 (2), folhas soltas, Krosigk: Memorandum zur heutigen Finanz- und Wahrungslage, 10 jan. 1945; IWM, EDS, F.3, M.I. 14/368 (1), folhas soltas, distribuído para Bormann, Goebbels, Göring, ministro da Economia Walther Funk e comissário de Preços Hans Fischböck (8 fev. 1945). Nos interrogatórios do pós-guerra, Krosigk reafirmou que as finanças do Reich estavam em profunda deterioração, depois de julho de 1944, causada pelo agravamento da situação militar. As pessoas não estavam economizando; era preciso imprimir dinheiro. No princípio de 1945, o déficit

fiscal era enorme e crescia constantemente. Ardsley Microfilms, Irving Collection, D1/Göring/1, interrogatório de Krosigk, 4 jun. 1945; segundo Funk (interrogatório em 4 jun. 1945), as reservas em ouro haviam caído de 900 milhões de marcos em 1940 para 400 milhões em 1944.

139. IWM, EDS, F.3, M.I. 14/368 (1), Krosigk a Speer, 26 fev. 1945 (também em M.I. 14/285 [n. 26], papéis pessoais de Albert Speer); Krosigk a Bormann, 26 fev. 1945, 27 fev. 1945; Krosigk a Funk, 28 fev. 1945; Krosigk ao dr. Gerhard Klopfer, chefe do departamento legal da Chancelaria do partido, braço direito e homem-chave de Bormann, 27 fev. 1945. Ver também a carta de Speer a Krosigk sobre a situação financeira, BAB, R3/1624, fólio 5, 14 fev. 1945, e Speer, op. cit., p. 435. Krosigk tentou reunir-se com Speer em 13 de fevereiro. IWM, EDS, F.3, M.I. 14/369, páginas soltas, Krosigk a Speer, 13 fev. 1945.

140. *TBJG*, v. II, n. 15, p. 613 (28 mar. 1945).

141. Trevor-Roper (Org.), *The Bormann Letters*, op. cit., p. 170 (4 fev. 1945).

142. Ibid., p. 173 (5 fev. 1945).

143. Ibid., p. 177 (7 fev. 1945).

144. Ibid., p. 186 (19 fev. 1945). Quando voou para o Tirol no final de abril, acompanhada por seus nove filhos, Gerda Bormann levou consigo tanto as suas cartas como as do marido. Ela morreu de câncer em 1946, mas seus papéis, inclusive as cartas, foram salvos por simpatizantes. Ver Trevor-Roper (Org.), *The Bormann Letters*, op. cit., pp. VIII, XXII-XXIII.

145. *TBJG*, v. II, n. 15, pp. 328-9 (7 fev. 1945), 334-5 (8 fev. 1945), 357, 359 (11 fev. 1945). Goebbels admitiu que precisava de uma nova diretriz de Hitler se tivesse de superar obstáculos para atingir a meta de 768 mil homens necessários para o mês de agosto, bem como forçar a indústria de armamentos a abrir mão de uma cota mensal de 80 mil homens, medida a que resistia. Suas frustrações foram registradas por Von Oven, *Finale Furioso*, op. cit., pp. 575-7 (8 fev. 1945).

146. Von Oven, *Finale Furioso*, op. cit., p. 587 (25 fev. 1945).

147. *TBJG*, v. II, n. 15, p. 364 (12 fev. 1945).

148. Rudolf Semmler, *Goebbels: The Man Next to Hitler* (Londres, 1947), pp. 183-4 (18-20 fev. 1945); Ralf Georg Reuth, *Goebbels* (Munique e Zurique, 1990), pp. 581-2. A sugestão agradou a Hitler e foi posta de lado só quando seus assessores militares advertiram que uma violação tão flagrante da Convenção de Genebra provavelmente se voltaria contra a Alemanha, uma vez que os aliados poderiam valer-se de sua superioridade no ar usando gás e armas químicas. De todo modo, eles mantinham mais prisioneiros do que os alemães. *IMT*, v. 35, pp. 181-6, doc. 606-D. Hitler já havia dito a Goebbels, antes do ataque a Dresden, que, se os ingleses recorressem à utilização do gás como arma, ele ordenaria o fuzilamento de 250 mil prisioneiros de guerra ingleses e americanos. *TBJG*, 11/15, p. 368 (12 fev. 1945).

149. Von Oven, *Finale Furioso*, op. cit., p. 571 (7 fev. 1945).

150. Von Oven, *Finale Furioso*, pp. 587-8 (25 fev. 1945); ver também p. 577 (9 fev. 1945). Goebbels sugeriu, em meados de fevereiro, que se abrisse uma relativa margem de negociação com os ingleses, mas Hitler julgou — como invariavelmente fazia — que o ponto certo para isso ainda não havia sido atingido. De todo modo, Goebbels dissera a Hitler, havia pouco, que era fundamental manter as posições no oeste; isso era mais importante do que perder terreno no front oriental. *TBJG*, v. II, n. 15, pp. 367-8 (12 fev. 1945).

151. *TBJG*, v. II, n. 15, pp. 337 (8 fev. 1945), 366 (12 fev. 1945).

152. Von Oven, *Finale Furioso*, op. cit., p. 582 (16 fev. 1945).

153. *TBJG*, v. ii, n. 15, pp. 379-81 (13 fev. 1945).

154. *TBJG*, v. ii, n. 15, p. 383 (28 fev. 1945).

155. bab, R3/1535, fólios 18-28, Zur Rüstungslage Februar-März 1945, mais um apêndice com estatísticas, fólios 29-31, citação fólio 28, 30 jan. 1945.

156. *TBJG*, v. ii, n. 15, p. 290 (1 fev. 1945).

157. Speer, op. cit., p. 432.

158. Speer, op. cit., p. 428, refere-se à discussão de Hitler com Guderian, este furioso com a questão da retirada de tropas de Courland, que havia solicitado com urgência, como um possível sinal de diminuição de autoridade. No entanto, a realidade era que Hitler sempre tinha a palavra final. Os soldados presos em Courland permaneceram lá.

159. *TBJG*, v. ii, n. 15, pp. 311 (5 fev. 1945), 338 (8 fev. 1945).

160. Von Oven, *Finale Furioso*, op. cit., p. 588 (25 fev. 1945). Forster alegou ter dito diretamente a Hitler que tentasse entrar em negociações com as potências ocidentais. Contudo, a secretária de Hitler, Christa Schroeder [*Er war mein Chef: Aus dem Nachlaß der Sekretarin von Adolf Hitler*, Munique e Viena, 1985, p. 74], recordou o que teria sido, provavelmente, uma reunião posterior em que Forster, decidido a relatar a Hitler da maneira mais clara possível a situação desesperadora em Danzig, saiu do encontro revitalizado e certo de que Hitler poderia salvar Danzig.

161. Karl Wahl, *"... es ist das deutsche Herz": Erlebnisse und Erkenntnisse eines ehemaligen Gauleiters* (Augsburgo, 1954), p. 385. Quase vinte anos depois, Wahl apresentou uma versão muito parecida desse encontro, mas em tom ainda mais defensivo, em Karl Wahl, *Patrioten oder Verbrecher* (Heusenstamm bei Offenbach am Main, 1973), pp. 155-61.

162. Wahl, *"... es ist das deutsche Herz"*, p. 386.

163. Rudolf Jordan, *Erlebt und erlitten: Weg eines Gauleiters von München bis Moskau*, Leoni am Starnberger See, 1971, pp. 251-8 (citações, pp. 257-8).

164. *TBJG*, v. ii, n. 15, p. 323 (6 fev. 1945); Speer, op. cit., p. 431.

165. *TBJG*, v. ii, n. 15, p. 377 sobre Hitler admitindo que Yalta significava que não haveria ruptura na coalizão; e p. 381 sobre o comunicado e a reação de Goebbels a ele. Um relatório dos serviços de inteligência britânicos sugeriu que a situação de total falta de perspectivas que aguardava a Alemanha depois da guerra talvez fosse um dos motivos para que ela prosseguisse na luta que a cada dia tornava-se mais desesperadora. Hastings, *Armageddon*, op. cit., p. 417. Sobre as negociações em Yalta, ver *DRZW*, v. 10, n. 2 (Loth), pp. 289-300. O resultado da conferência não foi imediatamente dado a conhecer à população alemã, embora informações detalhadas, colhidas sobretudo por meio de escutas clandestinas de emissoras estrangeiras, logo vazassem. *Das letzte halbe Jahr*, pp. 251-2 (23 fev. 1945).

166. Speer, op. cit., p. 433.

7. O DESMORONAMENTO DAS FUNDAÇÕES [pp. 294-344]

1. ba/ma, MSg2/2697, diário do tenente Julius Dufner, fólio 151, 7 abr. 1945.

2. Em todos os fronts, a Alemanha podia contar no princípio de 1945 com apenas 320 divisões enfraquecidas, inclusive aquelas imobilizadas em áreas periféricas como Courland e a Noruega. Elas precisavam enfrentar, no leste e no oeste, cerca de 630 divisões armadas com força

total, das quais quase quinhentas encontravam-se no front oriental. <http://www.angelfire.com/ct/ww2europe/stats.html>.

3. O filme recebeu uma série de prêmios. Aparentemente, porém, ficou apenas alguns dias em cartaz em Berlim, sendo exibido sobretudo para membros do partido e da Wehrmacht. Ver David Welch, *Propaganda and the German Cinema 1933-1945* (Oxford, 1983), p. 234. De acordo com Goebbels, Hitler ficou encantado com o impacto do filme, que teria causado uma ótima impressão no Estado-Maior. *TBJG*, v. II, n. 15, p. 370 (12 fev. 1945).

4. BAB, NS6/134, fólio 14, Kurzlage des Ob.d.M., 17 mar. 1945. Himmler requisitou em 8 de março, embora com pouco resultado, a ajuda de Karl Kaufmann, *Gauleiter* de Hamburgo e comissário do Reich para a Marinha Mercante, no sentido de conseguir navios para transportar refugiados de Danzig. BAB, NS19/2606, fólios 60-1, solicitação de Himmler — sendo passada para ele, do *Gauleiter* Albert Forster — e resposta de Kaufmann, 8 mar. 1945.

5. Goebbels pretendia omitir referência à evacuação no relatório da Wehrmacht. "Diante dos profundos efeitos psicológicos do filme de Kolberg, no momento podemos dispensar essa informação", ele observou. *TBJG*, v. II, n. 15, p. 542 (20 mar. 1945).

6. BA/MA, N647/13, NL Balck, Kriegstagebuch, Bd. 12, fólio 13.

7. A sequência de eventos militares baseia-se em: *DZW*, n. 6, pp. 517-61; *DRZW*, v. 10, n. 1 (Zimmermann), pp. 409-43, (Lakowski), pp. 550-608; *DRZW* (Ungváry), pp. 919-43; Lothar Gruchmann, *Der Zweite Weltkrieg* (Munique, 1975), pp. 418-35; Guderian, op. cit., pp. 411-29; Brian Taylor, op. cit., v. 2, pp. 280-306; Erickson, op. cit., pp. 443-7 e 508-26; Klaus-Dietmar Henke, *Die amerikanische Besetzung Deutschlands* (Munique, 1995), pp. 343-64, 377-90; Gerhard L. Weinberg, *A World at Arms: A Global History of World War II* (Cambridge, 1994), pp. 798-802, 810-4; Antony Beevor, *Berlin: The Downfall 1945*, op. cit., cap. 8; Hastings, *Armageddon*, op. cit., cap. 12.

8. Kurt Pätzold e Manfred Weißbecker, *Geschichte der NSDAP 1920-1945* (Colônia, 1981), p. 378.

9. BAB, NS6/137, fólio 6, nota de Willi Ruder, chefe do Arbeitsstab für NS-Führungsfragen na Chancelaria do partido, 5 mar. 1945; fólio 29, circular para ser distribuída aos *Gauleiter*, 5 mar. 1945.

10. O míssil de cruzeiro V1 e o foguete V2 havia muito tinham deixado de corresponder às expectativas. Escassez de combustível e de pilotos tornava limitada a utilização do caça Me262, dotado de propulsão a jato e capaz de alcançar velocidades maiores do que qualquer dos aviões aliados. Apenas cerca de duzentas unidades foram usadas, com pesadas perdas, e protótipos de novos foguetes e aviões mal tinham entrado em produção quando cessaram as hostilidades. *DRZW*, v. 10, n. 1 (Boog), pp. 828-9. Somente um punhado dos novos submarinos de tecnologia avançada, que Dönitz persuadira Hitler a usar, garantindo que teriam importância decisiva, estava disponível no final da guerra. Howard D. Grier, *Hitler, Dönitz and the Baltic Sea: The Third Reich's Last Hope, 1944-1945* (Annapolis, Md., 2007), pp. XVIII-XIX, 170-9.

11. BAB, NS6/137, fólios 19-21, esboço de linhas de propaganda para a Wehrmacht, 9 mar. 1945.

12. BAB, NS6/136, fólios 1, 16-9, Parteiredereinsatz, 6 mar. 1945, 13 mar. 1945, 24 mar. 1945.

13. BAB, NS6/137, fólios 9-14, comunicado, provavelmente para o Pg. Gerhard Klopfer, do SS-Obersturmbannführer dr. Beyer, da repartição III/V do SD, tendo anexada cópia parcial do rascunho de uma conferência do SS-Obersturmbannführer von Kilpinski, incluindo carta de 19 mar. 1945 de Ernst Kaltenbrunner, chefe do SD, 20 mar. 1945.

14. BAB, R55/610, fólios 182-3, Westfalen-Süd, Merkpunkte zur Versammlungsaktion Februar/März 1945, 12 mar. 1945.

15. Wette, Bremer e Vogel (Orgs.), op. cit., p. 310 (31 mar. 1945).

16. BA/MA, MSg2/2697, diário do tenente Julius Dufner, fólios 123-7 (entradas de 5, 7, 9, 12 mar. 1945). Hitler não depositou a coroa de flores em Berlim no derradeiro "Memorial para os Heróis". Göring o substituiu.

17. BAB, R55/622, fólio 181, Briefübersicht n. 10, 9 mar. 1945.

18. BAB, NS6/137, Der Reichspropagandaleiter der NSDAP an alle Gaupropagandaleiter, 5 mar. 1945.

19. TBJG, v. II, n. 15, p. 471 (11 mar. 1945).

20. Guderian, op. cit., p. 427.

21. BAB, NS6/169, fólios 115-21, Guderian a Bormann, 26 fev. 1945; Bericht des Dienstleiters der Partei-Kanzlei, Pg. Mauer, s.d. A atitude de depreciar os oficiais do Estado-Maior, típica dos comunicados dos propagandistas do partido, repete-se, por exemplo, em NS6/374, fólio 18, relatório ao dr. Gerhard Klopfer, chefe do Abteilung III (Staatliche Angelegenheitern) na Chancelaria do partido, pelo *Oberleutnant* Koiler, da equipe do Sondereinsatz, 16 mar. 1945, e em NS6/140, fólios 44-5, comunicado a Bormann, assinado por Willi Ruder, 6 mar. 1945, apresentando comentários críticos ao oficiais do Estado-Maior presentes a um curso do NSFO em Egerndorf. Até mesmo Goebbels foi contra as constantes tentativas de transformar os oficiais do Estado-Maior em bodes expiatórios das derrotas militares dos dois anos anteriores, considerando essa atitude uma simplificação grosseira, com consequências prejudiciais à autoridade dos oficiais. TBJG, v. II, n. 15, p. 406 (3 mar. 1945). A própria Chancelaria do partido decidiu que essa repetida insinuação a sabotagem e fracasso dos oficiais (que ela vinha promovendo havia muito tempo) deveria ser interrompida caso se pretendesse melhorar a confiança mútua entre a liderança do partido e a Wehrmacht. NS6/137, fólio 27, comunicado a Bormann, 7 mar. 1945.

22. BAB, NS19/2068, fólios 57, 65, Meldungen aus dem Ostraum, 15 mar. 1945 (inclui relatórios de Danzig, Stettin e Küstrin); para Küstrin, NS6/135, fólios 190,192-8, parte de um longo relatório para Bormann do *Kreisleiter* de Küstrin-Königsberg, 5 abr. 1945.

23. BAB, NS6/354, fólios 100-1^v, Bormann: circular 156/45g, Plünderungen durch deutsche Soldaten in geräumten Gebieten, aos *Gauleiter* e outros funcionários do partido, 24 mar. 1945, anexando uma cópia da ordem de Keitel de 8 mar. 1945 ameaçando punir com corte marcial todo soldado suspeito de cometer saques. Ver também NS6/135, fólio 83, Pg. Noack (de Abt. IIF da Chancelaria do partido, Arbeitsstab für NS-Führungsfragen) ao NS-*Führungsstab* da Wehrmacht, relatando queixas sobre saques e pilhagens praticados por soldados, 14 mar. 1945; e fólio 199, nota para Pg. Stosch, sobre pilhagens, 19 mar. 1945.

24. *DZW*, n. 6, pp. 549-50; Sönke Neitzel, *Abgehört: Deutsche Generäle in britischer Kriegsgefangenschaft 1942-1945* (Berlim, 2005), p. 190, 9 mar. 1945 (em inglês, *Tapping Hitler's Generals: Transcripts of Secret Conversations, 1942-45*, Barnsley, 2007, pp. 141-2).

25. BAB, NS6/135, fólios 79, 97, Erfahrungs- und Stimmungsberichte über die Haltung von Wehrmacht und Bevölkerung, 23 mar. 1945, 29 mar. 1945.

26. BfZ, Sammlung Sterz, O'Wm. Peter B., 9 mar. 1945.

27. Henke, p. 806 e n. 132.

28. BAB, R55/601, fólios 295-7, Tätigkeitsbericht, relatórios semanais de propaganda, 21 mar. 1945.

29. BAB, NS6/169, fólios 4-9, Bericht des Hauptgemeinschaftsleiters Twittenhoff über den Sondereinsatz der Partei-Kanzlei in Hessen-Nassau, para o período de 24-30 mar. 1945. O resultado

de ter apresentado uma descrição realista foi a recomendação de que Twittenhoff não era adequado para novos trabalhos na "Ação Especial" da Chancelaria do partido.

30. BAB, NS6/169, fólio 49, comunicado ao *Reichsleiter* Bormann, 19 mar. 1945; fólio 51, Sprenger a Bormann, 14 mar. 1945.

31. *DZW*, n. 6, pp. 550-1; *1945: Das Jahr der endgültigen Niederlage der faschistischen Wehrmacht. Dokumente*, Gerhard Förster e Richard Lakowski (Orgs.) (Berlim, 1975), pp. 212-4, Equipe do Grupo de Exércitos G ao *Gauleiter* Gustav Simon sobre sinais de atitudes hostis em relação às tropas alemãs e fuga de integrantes da *Volkssturm* em estado de embriaguês quando do ataque dos americanos em Trier. Para mais exemplos da postura negativa da população civil com relação à Wehrmacht — inclusive um caso, em Göttingen, em que, segundo relatos, civis atiraram nos próprios tanques alemães —, ver Zimmermann, op. cit., p. 75.

32. BAB, NS6/51, fólios 1-3, carta do *Hauptmann* Heinz Thieme, Pzjäger Abt. 246, agente do SD, Abt. Ostland, a Bormann, 15 mar. 1945.

33. Marlis Steinert, op. cit., p. 559; Neitzel, *Abgehört*, op. cit., p. 190 (9 mar. 1945) (em inglês, *Tapping Hitler's Generals*, p. 141). Ver também Saul K. Padover, *Psychologist in Germany: The Story of an American Intelligence Officer* (Londres, 1946), pp. 219, 230, 270, para suas experiências sobre atitudes derrotistas e sobre alemães dando boas-vindas à chegada dos americanos.

34. Ver John Zimmermann, "Die Kämpfe gegen die Westalliierten 1945 — ein Kampf bis zum Ende oder die Kreierung einer Legende?", em Jörg Hillmann e John Zimmermann (Orgs.), *Kriegsende 1945 in Deutschland* (Munique, 2002), pp. 130-1.

35. *TBJG*, v. II, n. 15, p. 406 (3 mar. 1945).

36. Katharina Elliger, *Und tief in der Seele das Ferne: Die Geschichte einer Vertreibung aus Schlesien*, Reinbek bei Hamburg, 2006, p. 107.

37. Segundo relatórios de março, trabalhadores em Berlim teriam dito que nenhuma punição seria suficientemente severa para a covardia dos desertores. *Das letzte halbe Jahr*, p. 277 (3 mar. 1945).

38. IfZ, Fa-91/2, fólios 330-1, Parteikanzlei, comunicado ao Pg. Walkenhorst, 10 mar. 1945. Sobre o procedimento brutal de Hanke em Breslau nos últimos meses de guerra, ver Guido Knopp, *Der Sturm: Kriegsende im Osten* (Berlim, 2006), pp. 150-62.

39. *DZW*, n. 6, p. 548, para a ordem de Rundstedt. Para a posição de Kesselring, depois de assumir o comando no oeste, de defender castigos sem a menor contemplação a desertores e a soldados que não tivessem cumprido seu dever, ver Andreas Kunz, *Wehrmacht und Niederlage: Die bewaffnete Macht in der Endphase der nationalsozialistischen Herrschaft 1944 bis 1945* (Munique, 2007), pp. 276, 279. A ordem de Hitler de instituir as "cortes marciais volantes" encontra-se em Müller e Ueberschär, op. cit., pp. 163-4; ver também Neitzel, *Abgehört*, op. cit., pp. 202-3, 540, n. 161 (em inglês, *Tapping Hitler's Generals*, pp. 150-1). Hübner, um fanático que havia tempo estava envolvido em tentativas de incutir a ideologia nazista nas tropas, recebeu poderes irrestritos para aplicar a pena de morte. *DRZW*, v. 9, n. 1 (Förster), pp. 580-2; Manfred Messerschmidt, *Die Wehrmachtjustiz 1933-1945* (Paderborn, 2005), p. 413. As cortes marciais volantes estavam sendo utilizadas no Grupo de Exércitos Norte desde 3 de fevereiro. BAB, NS6/354, fólio 88, RS 123/45g, Maßnahmen zur Stärkung der Front durch Erfassung Versprengter (transmitindo aos *Gauleiter* uma ordem do comandante-chefe do Grupo de Exércitos Norte, coronel-general Lothar Rendulić), 9 mar. 1945.

40. *1945: Das Jahr der endgültigen Niederlage der faschistischen Wehrmacht*, pp. 229-30.

41. Henke, p. 348.

42. *DZW*, n. 6, p. 548.

43. *DZW*, n. 6, p. 522; *Stettin/Szczecin 1945-1946*, Rostock, 1994, pp. 35 e 37.

44. BAB, NS6/354, fólios 163-5ᵛ, PK comunicado 149/45g, 19 mar. 1945, transmissão feita por Bormann da circular secreta de Schörner de 27 de fevereiro.

45. *DZW*, n. 6, p. 539.

46. Zimmermann, *Pflicht*, p. 338; Christopher Clark, "Johannes Blaskowitz — der christliche General", em Ronald Smelser e Enrico Syring (Orgs.), *Die Militärelite des Dritten Reiches* (Berlim, 1995), pp. 35 e 43.

47. *DZW*, n. 6, p. 545.

48. Citado em *DRZW*, v. 10, n. 1 (Zimmermann), p. 316; e Zimmermann, *Pflicht*, p. 293.

49. BAB, R3/1623a, fólio 71a, Bormann aos *Gauleiter*, Reichsleiter, Líder da Juventude do Reich etc., 30 mar. 1945, repassando a circular de Jodl da véspera a comandantes dos Grupos de Exército e Distritos de Defesa do oeste. Jodl ainda acreditava que qualquer sacrifício valia a pena para ganhar tempo e provocar uma ruptura na coalizão artificial do inimigo. Scheurig, op. cit., pp. 313-4, 319.

50. Para as iniciativas espontâneas dos generais na última fase, no sentido de garantir o continuado e mais extremo esforço militar, ver *DKZW*, 10/1 (Zimmermann), pp. 307-36.

51. BAB, NS6/134, fólio 19, Dönitz, Kurzlagebericht vom 4 mar. 1945.

52. *DRZW*, v. 9, n. 1 (Förster), pp. 554, 584-6. Ver, para a liderança fanática da marinha exercida por Dönitz, Sönke Neitzel, "Der Bedeutungswandel der Kriegsmarine im Zweiten Weltkrieg", em Müller e Volkmann (Orgs.), op. cit., pp. 259-62.

53. Kathrin Orth, "Kampfmoral und Einsatzbereitschaft in der Kriegsmarine 1945", em Jörg Hillmann e John Zimmermann (Orgs.), *Kriegsende 1945 in Deutschland* (Munique, 2002), pp. 137-55.

54. BA/MA, N574/22, NL Vietinghoff, "Die Generale", 25 jun. 1949.

55. BA/MA, N574/19, NL Vietinghoff, "Kriegsende in Italien", fólios 44-5 (1950). Ver também *DRZW*, v. 10, n. 1 (Zimmermann), p. 321; e Zimmermann, *Pflicht*, pp. 297-8.

56. Neitzel, *Abgehört*, pp. 180-1, 185 (citação, p. 186) (28-31 jan. 1945, 18-20 fev. 1945) (em inglês, *Tapping Hitler's Generals*, p. 138). Também NAL, WO208/4365, relatórios sobre conversas monitoradas de prisioneiros de guerra, n. 251-3, 28-31 jan. 1945. Um ex-comandante de corpo do Exército, um tenente-general, disse mais tarde a seus captores ingleses que, depois do fracasso da ofensiva das Ardenas, Rundstedt mostrou-se favorável à capitulação, contando com o apoio da maioria do corpo de oficiais do escalão superior, sabendo, no entanto, que o controle do regime nazista não deixava margem para se entabular negociações e que nenhum membro da Wehrmacht seria autorizado a entrar em contato com os aliados para tal objetivo. LHC, Dempsey Papers, n. 317 parte II, p. 5 (16 abr. 1945).

57. Neitzel, *Abgehört*, pp. 184-5, 187 (14-15 fev. 1945, 2-3 mar. 1945) (em inglês, *Tapping Hitler's Generals*, pp. 137,139).

58. NAL, WO208/5543, relatórios sobre as sessões de interrogatório de prisioneiros de guerra alemães, 16 abr. 1945, "Enemy Expectations, Intentions and Sources of Information", 16 mar. 1945.

59. BA/MA, N712/15, NL Pollex, fólios 43-4, 47, 49-51, 54, 57, 59-61, 65, anotações de 3, 5, 8, 12, 21, 25, 27 e 31 mar. 1945.

60. BA/MA, N265/118, NL Heinrici, fólio 74 a-b (1952).

61. Karl Dönitz, *Memoirs: Ten Years and Twenty Days*, Nova York, Da Capo, 1997, p. 432.

62. LHC, Dempsey Papers, n. 307, parte II, Apêndice A (6 abr. 1945).

63. Andreas Kunz, "Die Wehrmacht in der Agonie der nationalsozialistischen Herrschaft 1944/45: Eine Gedankenskizze", em Hillmann e Zimmermann, p. 131.

64. Ver Kunz, *Wehrmacht und Niederlage*, pp. 36-44.

65. Neitzel, *Abgehört*, p. 189, 9 mar. 1945 (em inglês, *Tapping Hitler's Generals*, p. 141).

66. Steinert, pp. 570-1.

67. StAM, LRA 29656, fólio 576, relatório do SD-Außenstelle Berchtesgaden, 4 abr. 1945; fólio 592, relatório do *Gendarmerie-Posten* Markt Schellenberg, 24 mar. 1945.

68. *MadR*, v. 17, pp. 6732-40 (relatório ao ministro da Propaganda, 28 mar. 1945, relatório s.d. do final de março); ver também Steinert, pp. 572-6; e Henke, pp. 815-6.

69. BAB, R55/603, fólios 533-8, excertos do semanário Tätigkeitsberichte der Reichspropagandaämter de 20-23 de março (4 abr. 1945).

70. Citação Steinert, p. 570.

71. NAL, FO898/187, resumo e comentários sobre transmissões radiofônicas alemãs para território da Alemanha, fólios 79-80, 140-1, monitoramento de relatos da imprensa alemã (26 fev. 1945-4 mar. 1945, 16 mar. 1945-1 abr. 1945).

72. *Das letzte halbe Jahr*, pp. 281 (3 mar. 1945), 311 (31 mar. 1945); LHC, Dempsey Papers, n. 291 parte II, p. 5 (21 mar. 1945), citando um relatório de 7 de março enviado pelo correspondente em Berlim de um jornal sueco.

73. NAL, WO219/4713, relatórios do SHAEF sobre as condições nas áreas recentemente ocupadas, 14 mar. 1945.

74. StAM, LRA 29656, fólios 574, 580, relatório do SD-Außenstelle Berchtesgaden, 7 mar. 1945.

75. BHStA, Reichsstatthalter Epp 528, folhas soltas, Bayerische Staatsminister für Wirtschaft, Landesernährungsamt Bayern, Abt. B, 22 mar. 1945.

76. BAB, NS6/353, fólio 146, ordem 184/45, 26 mar. 1945.

77. LHC, Dempsey Papers, n. 308, parte II, p. 8 (7 abr. 1945), citando uma carta de 19 de março de Vreden, pequena cidade próxima da fronteira com a Holanda, como exemplo típico da situação a leste do Reno antes da ofensiva dos aliados.

78. IWM, EDS, F.3, M.1. 14/369, correspondência entre Krosigk e o ministro da Educação Bernhard Rust etc., 23-6 mar. 1945.

79. BAB, NS6/353, fólio 75, Bormann, circular 125/45 (10 mar. 1945).

80. BHStA, Reichsstatthalter Epp 686/1, folhas soltas, rascunho de ordem de Bormann, em cooperação com o *Reichsführer-SS* e o *Reichsgesundheitsführer*, Heranziehung der Gefolgschaftsmitglieder der Krankenhäuser, Kliniken usw. zum Dienst im Deutschen Volkssturm, 9 mar. 1945.

81. BAB, R55/603, fólio 529, Reichspropagandaamt Mark Brandenburg, Referat Volkssturm, ao Reichsministerium für Volksaufklärung und Propaganda, Berlim, 5 mar. 1945.

82. Um exemplo: o dono de dois grandes jornais, o *Münchener Neueste Nachrichten* e o *München-Augsburger Abendzeitung*, desesperado para receber informações do *Deutsches Nachrichtenbüro* mas não conseguindo entrar em contato com Berlim, só pode fazê-lo quando o *Gauleiter* de Munique-Alta Baviera, Paul Giesler, lhe deu permissão especial para usar o telefone de seu posto de comando duas vezes por dia. StAM, NSDAP 13, fólios 144530-3, troca de cartas entre o *Gauleiter* Giesler e o senhor diretor A. Salat, da empresa Knorr & Hirth, 2-14 mar. 1945.

83. BAB, R470 altR48/11, Reichspostminister an die Presidenten der Reichspost-Direktion, 26 mar. 1945.

84. Ver Dietmar Süß, "Der Kampf um die 'Moral' im Bunker: Deutschland, Großbritannien und der Luftkrieg", em Frank Bajohr e Michael Wildt (Orgs.), *Volksgemeinschaft: Neue Forschungen zur Gesellschaft des Nationalsozialismus* (Frankfurt sobre o Meno, 2009), pp. 129-35.

85. *DZW*, n. 6, p. 628; Oron J. Hale, *The Captive Press in the Third Reich*, Princeton, 1973, pp. 306-7.

86. *DRZW*, v. 9, n. 1 (Blank), p. 415.

87. Por exemplo, no princípio de março deram-se instruções às autoridades locais da Baviera para que alterassem os planos orçamentários para 1945, enfatizando que os impostos locais deveriam ser repassados em tempo hábil às cidades e aos distritos rurais. StAM, LRA 31908, folhas soltas, Deutscher Gemeindetag, Dienststelle Bayern, Haushaltspläne der Gemeinden und Gemeindeverbände für 1945, 7 mar. 1945. Em 28 de abril de 1945, o administrador de Berchtesgaden ainda estava fazendo indagações para saber quando deveria começar a construção dos novos barracões, encomendados no mês de agosto, para acomodar os refugiados. StAM, LRA 31645, folhas soltas, Administrador de Berchtesgaden para OT-Sonderbauleitung, 28 abr. 1945.

88. Sobre o policiamento dos abrigos antiaéreos, ver *DRZW*, v. 9, n. 1 (Blank), pp. 385-8.

89. No final de março, bombeiros de pequenas comunidades de Sachsen-Anhalt queixavam-se de que quase todos os dias tinham que se afastar de seu trabalho, de grande importância, por serem chamados, muitas vezes sem necessidade, na fase de "pré-alarme", devido à frequência dos ataques aéreos. IWM, EDS, F.3, M.I. 14/369, Krosigk a Goebbels, 26 mar. 1945. Algumas pessoas apresentavam-se para trabalho voluntário no corpo de bombeiros para evitar a convocação para a *Volkssturm*. StAM, LRA 31919, Gauleitung München aos HSSPF Mühe de 30 dez. 1944 sobre o treinamento para a *Volkssturm* e proteção aérea, incluindo a tentativa de regulamentação, pelo *Regierungspräsident* de Oberbayern, do serviço de proteção aérea e do serviço dos bombeiros voluntários na *Volkssturm;* a questão dos bombeiros servindo na *Volkssturm*, 25 e 31 jan. 1945 e 21 fev. 1945.

90. *DRZW*, v. 9, n. 1 (Blank), p. 384.

91. Bernhard Gotto, *Nationalsozialistische Kommunalpolitik: Administrative Normalitat und Systemstabilisierung durch die Augsburger Stadtvenvaltung 1933-1945* (Munique, 2006), p. 373, supõe, muito provavelmente com razão, que na fase derradeira da guerra os representantes do partido em Augsburgo trabalhavam guiados mais pelo "impulso do movimento" do que propriamente pelo idealismo.

92. Para a organização e as funções de controle dos líderes de blocos do partido (que em meados da década de 1930 eram em torno de 200 mil), ver Detlef Schmiechen-Ackermann, "Der 'Blockwart': Die unteren Parteifunktionäre im nationalsozialistischen Terror- und Überwachungsapparat", *VfZ*, n. 48, pp. 594-6, 2000.

93. Pätzold e Weißbecker, p. 375. Ver também Herwart Vorländer, *Die NSV: Darstellung und Dokumentation einer NS-Organisation* (Boppard, 1988), p. 183 para a função de mobilização e controle dos NSVs. Os trabalhadores do NSV e da Cruz Vermelha alemã que não haviam sido pagos eram mais de 1 milhão. Embora o trabalho de assistência social do NSV sempre tivesse como fundamento os propósitos raciais do nazismo, os serviços que prestou na crise dos últimos meses da guerra tornaram-no popular, mesmo entre muitos alemães que não tinham simpatia pelo regime. Vorländer, *Die NSV*, pp. 173-6, 186; Herwart Vorländer, "NS-Volkswohlfahrt und Winterhilfswerk des deutschen Volkes", *VfZ*, n. 34, pp. 376-80, 1986; Armin Nolzen, "Die NSDAP und die deutsche Gesellschaft im Zweiten Weltkrieg", em *Kriegsende in Deutschland*, Hamburgo, 2005, pp. 192-3.

94. Ver *DRZW*, v. 9, n. 1 (Nolzen), p. 191; e Armin Nolzen, "Von der geistigen Assimilation zur

institutionellen Kooperation: Das Verhältnis zwischen NSDAP und Wehrmacht, 1943-1945", em Hillmann e Zimmermann, pp. 90-2.

95. IWM, EDS, F.3, M.I. 14/369, Krosigk a Speer, 13 fev. 1945.

96. IWM, EDS, F.3, M.I. 14/369, Krosigk a Goebbels, 22 mar. 1945.

97. Este parágrafo, quando não houver referência em contrário, baseia-se em Dieter Rebentisch, *Führerstaat und Verwaltung im Zweiten Weltkrieg* (Stuttgart, 1989), pp. 529-30.

98. Jill Stephenson, *Hitler's Home Front: Württemberg under the Nazis* (Londres, 2006), p. 324.

99. Gotto, p. 363.

100. StAA, Gauleitung Schwaben, 1/30, fólios 328904-6, Wahl a Bormann, 17 mar. 1945; também Gotto, pp. 374-5.

101. StAA, Kreisleitung Augsburg-Stadt, 1/8, fólios 300554-5, Rundspruch an alle Kreisleiter, 30 mar. 1945. Todo distrito deveria apresentar cem "voluntários" e Wahl escolhia — baseado não se sabe em quais critérios — os contingentes de cada distrito na sua região. Em meados de abril, ele criticou os Kreisleiter por não se empenharem o suficiente para conseguir recrutas. Gotto, p. 375.

102. Perry Biddiscombe, *Werwolf! The History of the National Socialist Guerrilla Movement 1944--1946*, Toronto e Buffalo, NY, 1998, pp. 12-4 (onde se discute a origem do nome).

103. Biddiscombe, pp. 38, 128,134-9.

104. *TBJG*, v. II, n. 15, pp. 630 (30 mar. 1945), 647 (31 mar. 1945). Para o radicalismo extremado de Ley em defender a luta até o fim, ver Ronald Smelser, *Robert Ley: Hitler's Labor Front Leader*, Oxford, Nova York e Hamburgo, 1988, pp. 291-2.

105. Biddiscombe, pp. 266-8; Henke, pp. 837-45.

106. Biddiscombe, p. 276, e capítulo 5 para muitas ações de resistência fracas, descoordenadas e esporádicas aos ocupantes aliados por antigos integrantes da Juventude Hitlerista, ex--membros da SS e outros nazistas obstinados, que ocorreram no final da primavera, no verão de 1945 e mais tarde, relacionadas apenas muito parcialmente aos grupos Werwolf estabelecidos nas últimas semanas da guerra.

107. Biddiscombe, p. 282, utiliza as avaliações dos aliados para sugerir que entre 10% e 15% dos alemães apoiaram o movimento dos partisans. No entanto, essa hipótese provavelmente confunde a adesão a uma resistência contínua contra os aliados e o apoio ao regime com apoio específico às atividades do movimento Werwolf. Ver em Henke, pp. 948-9, uma avaliação bem mais moderada desse apoio.

108. *TBJG*, v. II, n. 15, pp. 422, 424 (5 mar. 1945). Hitler também acreditava que o Mosel poderia ser defendido. *TBJG*, v. II, n. 15, p. 533 (18 mar. 1945).

109. De acordo com a sugestão de Bernd Wegner, "Hitler, der Zweite Weltkrieg und die Choreographie des Untergangs", *Geschichte und Gesellschaft*, 26 (2000), pp. 493-518; também em *DRZW*, v. 8, pp. 1192-209.

110. *TBJG*, v. II, n. 15, p. 479 (12 mar. 1945).

111. Max Domarus, op. cit., p. 2212.

112. *TBJG*, v. II, n. 15, pp. 422-3 (5 mar. 1945).

113. *TBJG*, v. II, n. 15, p. 425 (5 mar. 1945). Para as fantasias de heroísmo de Goebbels, à medida que o fim se aproximava, e a determinação relutante de sua esposa quanto a permanecer em Berlim, aceitando não apenas a própria morte como também a dos filhos, ver Ralf Georg Reuth, *Goebbels* (Munique e Zurique, 1990), pp. 587-8. Aparentemente Magda reconheceu tanto a certeza da derrota

alemã como o fato de que a morte "por nossas mãos, e não pelas mãos do inimigo", era a única escolha que restava. David Irving, *Goebbels*, op. cit., p. 506 (embora baseado em recordações, reproduzidas num artigo sobre Magda numa publicação de 1952 [Irving, p. 564, n. 9], escrito por sua cunhada Eleanor (Ello) Quandt, cujos testemunhos, como admite Irving, nem sempre eram confiáveis).

114. *TBJG*, v. II, n. 15, pp. 426-7 (5 mar. 1945), 525 (17 mar. 1945), 532-3 (18 mar. 1945); ver também Michael Bloch, op. cit., p. 422; Reimer Hansen, "Ribbentrops Friedensfühler im Frühjahr 1945", *Geschichte in Wissenschaft und Unterricht*, 18 (1967), pp. 716-30; Hansjakob Stehle, "Deutsche Friedensfühler bei den Westmächten im Februar/März 1945", *VfZ*, n. 30, pp. 538-55, 1982; Gerhard L. Weinberg, *A World at Arms: A Global History of World War II* (Cambridge, 1994), pp. 783-4.

115. IfZ, ZS 1953, "Iden des März. Ein zeitgeschichtliches Fragment über den letzten Kontaktversuch Ribbentrops mit Moskau in der Zeit vom 11-16. März 1945", fólios 1-13 (s.d., provavelmente, começo dos anos 1950). Para uma descrição de Mme. Kollontay, "a primeira-dama da diplomacia soviética", e para as vãs tentativas de Ribbentrop de estimular alguma forma de paz negociada com a União Soviética no princípio de 1945, ver Ingeborg Fleischhauer, *Die Chance des Sonderfriedens: Deutsch-sowjetische Geheimgespräche 1941-1945* (Berlim, 1986), pp. 58-61, 268-75.

116. *TBJG*, v. II, n. 15, pp. 450-1 (8 mar. 1945).

117. BA/MA, RH21/3/420, fólios 34, 40, relato pós-guerra (1950) do coronel-general Erhard Raus (ex-comandante em chefe do Terceiro Exército Panzer na Prússia Oriental, que assumira o comando, na Pomerânia, das forças remanescentes do 11º Exército Panzer) de seus encontros com Himmler em 13 fev. 1945 e 7 mar. 1945, e seus relatórios a Hitler em 8 mar. 1945.

118. Guderian, op. cit., p. 426.

119. O parágrafo acima baseia-se em Folke Bernadotte, *The Fall of the Curtain* (Londres, 1945), pp. 19-47; Walter Schellenberg, *Schellenberg* (Londres, 1965), pp. 171-5; Felix Kersten, *The Kersten Memoirs 1940-1945* (Londres, 1956), pp. 271-83; Peter Padfield, *Himmler: Reichsführer-SS* (Londres, 1990), pp. 565-6, 578-9; e Longerich, *Heinrich Himmler*, op. cit., pp. 742-8, 967-8, n. 131-2. Num interrogatório pós-guerra, Schellenberg — que se empenhara em ressaltar tanto sua importância quanto suas tentativas de influir num acordo negociado — alegou que em dezembro de 1944, na presença do *Reichsführer*, chegou a abordar a possibilidade da eliminação de Hitler. IWM, FO645/161, interrogatório 13 nov. 1945, p. 15 (1945-6).

120. *DZW*, n. 6, p. 152.

121. John Toland, *The Last 100 Days* (Londres, 1965), pp. 73, 238-44, 478-81; Padfield, op. cit., pp. 573-8; Weinberg, op. cit., p. 818; Peter R. Black, *Ernst Kaltenbrunner: Ideological Soldier of the Third Reich* (Princeton, 1984), pp. 242-5; BA/MA, N574/19, NL Vietinghoff, "Kriegsende in Italien", fólios 41-6.

122. Para uma interessante especulação sobre as ambições de poder de Speer nessa conjuntura, ver *DRZW*, v. 10, n. 2 (Müller), pp. 74-84; e os comentários de Müller na conclusão do volume, p. 718.

123. Speer, op. cit., p. 442.

124. Ele havia conseguido a aprovação de Hitler a suas novas responsabilidades em 14 de fevereiro, aproveitando-se da doença do ministro dos Transportes Julius Heinrich Dorpmüller. *DRZW*, v. 10, n. 2 (Müller), p. 82.

125. BAB, R3/1623a, fólios 18-23, Aktennotiz Speer, 7 mar. 1945. Naquele mesmo dia, Paul Pleiger, chefe da Associação de Carvão do Reich, chamou a atenção de Speer para a gravidade da situação do carvão em seguida à perda da Alta Silésia, aos problemas de transporte que na prática haviam descartado o carvão do Ruhr, bem como à grande queda de produção do Sarre. Se as coisas

não melhorassem, ele alertou, seria impossível fornecer carvão para armamentos ou evitar o colapso em transportes, gás e eletricidade. IWM, F.3, M.I. 14/163, Pleiger a Speer, 7 mar. 1945. Em 14 de março, Hitler ordenou que, devido à grave redução na capacidade de transportes, a prioridade quanto às áreas a evacuar deveria ser decidida por sua importância no prosseguimento da guerra: a Wehrmacht, o carvão e depois os gêneros alimentícios. Os refugiados só poderiam ser acolhidos onde houvesse espaço disponível. Ao transmitir a ordem, no dia seguinte, às autoridades competentes, Speer ressaltou que ela se baseava numa sugestão sua. BAB, R3/I623a, fólios 27-8.

126. *TBJG*, v. II, n. 15, pp. 579 (23 mar. 1945), 603 (27 mar. 1945).

127. *TBJG*, v. II, n. 15, pp. 500-1 (14 mar. 1945), 511-2 (15 mar. 1945).

128. BAB, R3/1623a, fólios 31-8, OKH, Chef Transportwesens/General der Pioniere und Festungen, esboço, março, sem data precisa; Speer ao Gen. stab des Heeres-General der Pioniere und Festungen, 15 mar. 1945; OKH, Chef Transportwesens/Gend di Pi u Fest, 14 mar. 1945; Speer, op. cit., p. 442; Guderian, op. cit., pp. 422-3.

129. BAB, R3/1536, fólios 3-12; *IMT*, v. 41, pp. 420-5. Aos rascunhos (fólios 28-30) estavam anexadas ordens limitando as destruições e dando a Speer poderes para decidir quanto a exceções na imobilização; Speer, pp. 442-3.

130. Ver Heinrich Schwendemann, "'Drastic Measures to Defend the Reich at the Oder and the Rhine...': A Forgotten Memorandum of Albert Speer of 18 March 1945", *Journal of Contemporary History*, 38 (2003), pp. 597-614; também Heinrich Schwendemann, "'Verbrannte Erde'? Hitlers 'Nero-Befehl' vom 19. März 1945", em *Kriegsende Deutschland*, p. 163; e uma interpretação diferente em *DRZW*, v. 10, n. 2 (Müller), pp. 86-8. Um excerto do memorando já fora publicado por Gregor Janssen, *Das Ministerium Speer: Deutschlands Rüstung im Krieg* (Berlim, Frankfurt sobre o Meno e Viena, 1968), p. 311, embora sem comentários, além de apontar (p. 310) sua conexão com a ordem de Keitel daquela manhã de evacuar a população da área de combate a oeste do Reno. Dietrich Eichholtz, *Geschichte der deutschen Kriegswirtschaft 1939-1945*, v. 3: *1943-1945* (Berlim, 1996), p. 662, n. 212, limita-se ao comentário de que Speer sem dúvida tinha objetivos táticos com o memorando. Nem Gitta Sereny, op. cit., pp. 476-7, tampouco Joachim Fest, *Speer: Eine Biographie* (Berlim, 1999), pp. 336-8, fazem menção a isso.

131. BAB, R3/1537, fólios 3-6 (18 mar. 1945).

132. No final de março, em conversa com Goebbels, Hitler referiu-se a Speer em termos extremamente negativos, dizendo que ele "não era confiável" e que "falharia" em momentos críticos, exibindo ainda um caráter "derrotista", tendências "incompatíveis com a visão nacional-socialista da guerra". *TBJG*, v. II, n. 15, pp. 619-20 (28 mar. 1945).

133. Este é o aspecto essencial da interpretação de Müller em *DRZW*, v. 10, n. 2, p. 87.

134. Sobre a tardia conversão de Speer à necessidade de salvar os "meios de existência do [...] povo numa guerra perdida", ver Henke, pp. 431-2.

135. BAB, R3/1538, fólio 16, carta manuscrita de Speer a Hitler, 29 mar. 1945.

136. Schwendemann, "Drastic Measures", p. 605, sugere, possivelmente indo longe demais, que Speer pretendia "apontar a Hitler uma saída, ao oferecer ao Führer seus serviços como uma espécie de salvador, conseguindo assim seus favores".

137. Speer, pp. 444-5; BAB, R3/1623ª, fólios 39-43, dois telegramas de Keitel, 18 mar. 1945; ordem de implementação de Bormann, 19 mar. 1945.

138. BAB, R3/1623a, fólios 46-7, "Zerstörungsmaßnahmen im Reichsgebiet", tenente-general

August Winter (subchefe do Estado-Maior de Operações do Alto-Comando das Forças Armadas) a Speer, 20 mar. 1945, transmitindo a ordem da véspera de Hitler (publicada em *IMT*, v. 41, pp. 430-1, e *Hitlers Weisungen für die Kriegführung 1939-1945: Dokumente des Oberkommandos des Wehrmacht*, Walther Hubatsch [Org.], Munique, 1965, pp. 348-9).

139. BAB, R3/1538, fólios 14-5, Speer a Hitler, 29 mar. 1945; *IMT*, v. 41, pp. 425-9; Speer, pp. 445-6.

140. Ver Henke, pp. 432-5; *DRZW*, v. 10, n. 2 (Müller), p. 93; e Eichholtz, pp. 663-9. Em algumas fábricas, peças de fundamental importância foram retiradas das máquina e escondidas, para que mais tarde pudessem ser novamente instaladas. Zimmermann, *Pflicht*, p. 60.

141. Speer, pp. 450-9; BAB, R3/1661, fólios 5-8, Reiseprogramm Speer, Schulze-Fielitz, Hupfauer etc., 22 fev. 5 mar. 1945; fólios 20-2, Walter Rohland: Niederschrift über die Ereignisse vom 15.3 bis 15.4.45; R3/1623a, fólio 50, Bormann aos *Gauleiter*, transmitindo as ordens de evacuação de Hitler, deixando claro que a evacuação não era para ser discutida, e que a acomodação das pessoas evacuadas no território alemão simplesmente "tinha de ser resolvida" por meio da improvisação; *IMT*, v. 41, pp. 491-3 (depoimento de Rohland em Nuremberg).

142. Speer, pp. 448, 453-4, para a postura de Model. O chefe do serviço de transportes da Wehrmacht falou em criar "um deserto de transportes" nas áreas abandonadas. BAB, R3/1623a, fólio 59, Chef des Transportwesens der Wehrmacht, telegrama 29 mar. 1945 (referência em Speer, op. cit., p. 459).

143. Speer, pp. 454-5; BAB, R3/1626, fólio 14, relato de testemunha ocular desconhecida, 13 nov. 1945.

144. Speer, pp. 457-61 (citação p. 460).

145. Essa é a maneira como Hitler viu a questão, comentando o assunto com Goebbels pouco depois. *TBJG*, v. II, n. 15, p. 643 (31 mar. 1945). A descrição de Speer de sua atitude foi, quase certamente, pelo menos em parte uma invenção. Ver *DKZW*, 10/2 (Müller), pp. 94-5.

146. Speer anotou em seus arquivos o fato de Hitler ter concordado que a política da "terra arrasada" não fazia sentido num país pequeno como a Alemanha e só teria efeito numa nação com as dimensões da Rússia. Ele de imediato passou adiante a nova ordem de Hitler, deixando a implementação em suas próprias mãos. BAB, R3/1623a, fólios 75, 78-80, 85-6 (30 mar. 1945). Em 3 de abril (fólios 106, 108) ele respondeu à solicitação do *Gauleiter* Ueberreither (Niederdonau) para esclarecimentos quanto à destruição do sistema de fornecimento de água e estações de transmissão de energia em sua região, declarando: "De acordo com a ordem do Führer de 30 de março de 1945 não existe 'terra arrasada'", e estipulando apenas uma imobilização temporária que "atende aos objetivos expressos do Führer".

147. O OKW, Alto-Comando das Forças Armadas, estipulou em 3 de abril que, apesar da ordem do Führer para que fossem destruídas todas as instalações que poderiam ser úteis ao inimigo, talvez se tornasse vantajoso, em alguns casos, limitar essa destruição a uma "prolongada interrupção" (*nachhaltige Unterbrechung*) que poderia ser reparada para utilização dos alemães se houvesse a possibilidade de retomar a posse das pontes. A Wehrmacht fez questão de deixar claro que cabia apenas a ela a responsabilidade pela destruição de instalações militares. Alguns dias depois, uma nova diretriz enfatizava a necessidade de destruir pontes de importância operacional, como havia sido determinado pelo OKW, sendo que o não cumprimento dessa determinação acarretaria a mais severa punição. *KTB/SKL*, parte A, v. 68, pp. 46 (3 abr. 1945), 75-7 (5 abr. 1945), 128 (8 abr. 1945).

148. Henke, p. 434. Uma interpretação bem mais positiva dos motivos de Speer encontra-se na avaliação anterior de Reimer Hansen, "Albert Speers Konflikt mit Hitler", *Geschichte in Wissenschaft und Unterricht*, 17 (1966), pp. 596-621, amplamente baseada em documentos e provas apresentados nos processos de Nuremberg. Pesquisas posteriores — em especial depois da publicação de Matthias Schmidt, *Albert Speer: Das Ende eines Mythos* (Berna e Munique, 1982) — tendem a adotar uma postura bem mais crítica em relação a Speer. Ver, por exemplo, Alfred C. Mierzejewski, "When Did Albert Speer Give up?", op. cit., pp. 391-7, e, mais recentemente, a contribuição de Rolf-Dieter Müller em *DRZW*, v. 10, n. 2.

149. *TBJG*, v. II, n. 15, p. 613 (28 mar. 1945).

150. Quanto a isso, ver também *DRZW*, v. 10, n. 2 (Müller), p. 92.

8. IMPLOSÃO [pp. 345-404]

1. Wette, Bremer e Vogel (Orgs.), op. cit., p. 338 (10 abr. 1945).

2. Sobre a destruição em Tiergarten e Grunewald e a atividade noturna na cidade (*"eine hektische Genußsucht"*), ver as anotações no diário do correspondente dinamarquês Jacob Kronika, *Der Untergang Berlins* (Flensburg, 1946), pp. 79, 91, 98-9, 149 (30 mar. 1945, 7 abr. 1945, 10 abr. 1945, 23 abr. 1945). Uma descrição — embora talvez parcialmente baseada em traições da memória — de Berlim, pouco antes do ataque soviético, encontra-se em IWM, "Second World War Memoirs of P. E. v. Stemann", correspondente em Berlim entre 1942 e 1945 do jornal dinamarquês *Berlinske Tidende*, fólios 236-7. Imagens bastante vivas da cidade em abril de 1945 são fornecidas por David Clay Large, *Berlin* (Nova York, 2000), pp. 358-9, e Roger Moorhouse, *Berlin at War: Life and Death in Hitler's Capital 1939-45* (Londres, 2010), pp. 365-9.

3. Goebbels observou em seu diário o vazio das ruas de Berlim na Páscoa de 1945 (*TBJG*, v. II, n. 15, p. 668, 5 abr. 1945).

4. Citado em Moorhouse, p. 367.

5. *TBJG*, v. II, n. 15, p. 692.

6. Termo apropriado, utilizado por Hans Mommsen, "The Dissolution of the Third Reich: Crisis Management and Collapse, 1943-1945", *Bulletin of the German Historical Institute*, Washington, DC, 27 (2000), p. 20, e Stephen G. Fritz, *Endkampf: Soldiers, Civilians, and the Death of the Third Reich* (Lexington, KY, 2004), cap. 5.

7. *DZW*, n. 6, p. 561; e NAL, WO219/1651, fólio 145, seleção de interrogatórios do pós-guerra de Jodl e Kesselring realizados pelo SHAEF, 23 maio 1945.

8. As perdas americanas na batalha pelo Ruhr chegaram a cerca de 10 mil homens. *DZW*, n. 6, p. 564.

9. Sobre o comportamento das tropas francesas, ver Heinrich Schwendemann, "Das Kriegsende in Ostpreußen und in Südbaden im Vergleich", em Bernd Martin (Org.), *Der Zweite Weltkrieg und seine Folgen: Ereignisse — Auswirkungen — Reflexionen* (Friburgo, 2006), pp. 101 e 104; e Richard Bessel, *Germany 1945: From War to Peace* (Londres, 2009), pp. 116-7, 158-9. Evidentemente, a simples cor da pele dos soldados da África do Norte no Exército francês provocou grande ansiedade na população, que em muitos casos nunca tinha visto outros que não brancos. Isso pode ter levado a um exagero no número de estupros que alegadamente teriam sido cometidos pelas tropas "coloniais".

Numerosos relatos de paróquias indicando estupros e saques — embora houvesse muitos casos em que nada foi relatado — surgem em Josef F. Göhri, *Die Franzosen kommen! Kriegsereignisse im Breisgau und in der Ortenau*, Horb am Neckar, 2005, pp. 17, 24-5, 43, 46, 50, 53, 60, 82, 88, 91, 94, 98, 119, 124-5; e Hermann Riedel, *Halt! Schweizer Grenzel*, Konstanz, 1983, pp. 233, 237-8, 263, 305 (onde mais de duzentos casos foram mencionados). Ver também Bernd Serger, Karin-Anne Böttcher e Gerd R. Ueberschär (Orgs.), *Südbaden unter Hakenkreuz und Trikolore: Zeitzeugen berichten über das Kriegsende und die französische Besetzung 1945* (Freiburg in Breisgau, Berlim e Viena, 2006), pp. 253, 257, 269, 311-25; Manfred Bosch, *Der Neubeginn: Aus deutscher Nachkriegszeit. Südbaden 1945-1950* (Konstanz, 1988), p. 34; Generallandesarchiv Karlsruhe (Org.), *Der deutsche Südwesten zur Stunde Null* (Karlsruhe, 1975), pp. 102-3; Paul Sauer, *Demokratischer Neubeginn in Not und Elend: Das Land Württemberg- -Baden von 1945 bis 1952* (Ulm, 1979), pp. 18-20; *Von der Diktatur zur Besatzung: Das Kriegsende 1945 im Gebiet des heutigen Landkreises Sigmaringen*, Sigmaringen, Landkreis Sigmaringen, 1995, pp. 92-3.

10. Essas informações, quando não indicado em contrário, baseiam-se em *DZW*, n. 6, pp. 561-71; *DRZW*, v. 10, n. 1 (Zimmermann), pp. 443-60; Fritz, caps. 3-6; Lothar Gruchmann, *Der Zweite Weltkrieg* (Munique, 1975), pp. 425-32; I. C. B. Dear e M. R. D. Foot (Orgs.), *The Oxford Companion to the Second World War* (Oxford, 1995), pp. 481-5; Hastings, *Armageddon*, op. cit., pp. 481-502.

11. Walther Hubatsch (Org.), *Hitlers Weisungen für die Kriegführung 1939-1945: Dokumente des Oberkommandos der Wehrmacht*, ed. pb., Munique, 1965, pp. 355-6. Dönitz e Kesselring receberam plenos poderes para a defesa de suas áreas apenas no caso em que uma pane nas comunicações impedisse a transmissão das ordens e decisões do Führer. Nos demais casos, a liderança de operações unificada de Hitler deveria permanecer sem alterações. Em 20 de abril, de acordo com sua expectativa de ir para o sul, Hitler deu poderes a Dönitz, que se encontrava no norte, de emitir diretrizes sobre defesa às autoridades civis de sua "zona". Na esfera militar, as atribuições de Dönitz ficavam limitadas à Marinha, uma vez que, em 25 de abril, Hitler finalmente decidiu permanecer em Berlim, mantendo sua direção de operações da Wehrmacht por meio do OKW em Rheinsberg. Herbert Kraus, "Karl Dönitz und das Ende des 'Dritten Reiches'", em Hans-Erich Volkmann (Org.), *Ende des Dritten Reiches — Ende des Zweiten Weltkriegs: Eine perspektivische Rückschau* (Munique e Zurique, 1995), pp. 7-8 e p. 20, n. 17. A divisão do Reich tornou-se uma realidade com a reunião das tropas soviéticas e americanas em Torgau em 25 de abril.

12. *DZW*, n. 6, p. 523. Uma descrição ilustrativa dos últimos dias em Königsberg antes da capitulação (e uma crítica à relutância de Lasch em capitular até o último minuto, e para salvar sua pele) é apresentada por Michael Wieck, *Zeugnis vom Untergang Königsbergs: Ein "Geltungsjude" berichtet* (Heidelberg, 1988), pp. 168-222.

13. Sua esposa e sua filha foram levadas para uma prisão militar. O noticiário sobre sua punição foi divulgado. Robert Loeffel, "Soldiers and Terror: Re-evaluating the Complicity of the Wehrmacht in Nazi Germany", *German History*, n. 27 (2009), pp. 527-8.

14. Schwendemann, p. 97.

15. Na proclamação, Hitler mais uma vez abordou o espectro do extermínio do povo alemão que, ele alegou, haveria de se seguir à vitória bolchevique. "Enquanto velhos e crianças são assassinados", ele bradou, "mulheres e crianças são enxotadas para barracas de prostitutas. O resto irá marchar para a Sibéria." Ao alertar as tropas para qualquer sinal de traição por parte de seus oficiais, Hitler ordenou que todo oficial que não fosse bem conhecido por seus soldados, dando ordens para retirada, deveria ser "morto imediamente". Max Domarus, op. cit., pp. 2223-4.

16. Dados de *DZW*, n. 6, pp. 686-705; *DRZW*, v. 10, n. 1 (Lakowski), pp. 631-49; *DRZW*, v. 8 (Ungváry), pp. 944-55; Gruchmann, pp. 434-6; Erickson, op. cit., pp. 563-77; Brian Taylor, op. cit., v. 2, pp. 307-20; *The Oxford Companion to the Second World War*, pp. 125-7; Antony Beevor, *Berlin: The Downfall 1945*, op. cit., caps. 15-6; Karl-Heinz Frieser, "Die Schlacht um die Seelower Höhen im April 1945", em Roland G. Foerster (Org.), *Seelower Höhen 1945* (Hamburgo, 1998), pp. 129-43; Manfried Rauchensteiner, *Der Krieg in Österreich 1945* (2. ed., Viena, 1984), cap. 6; Theo Rossiwall, *Die letzten Tage: Die militärische Besetzung Österreichs 1945* (Viena, 1969), pp. 78-183.

17. Para esboços sobre o homem e sua carreira, ver: Sam L. Lewis, "Albert Kesselring — Der Soldat als Manager", em Ronald Smelser e Enrico Syring (Orgs.), *Die Militärelite des Dritten Reiches* (Berlim, 1995), pp. 270-87; Elmar Krautkrämer, "Generalfeldmarschall Albert Kesselring", em Gerd. R. Ueberschär (Org.), *Hitlers militärische Elite*, v. 1: Von den Anfängen des Regimes bis Kriegsbeginn (Darmstadt, 1998), pp. 121-9; e Shelford Bidwell, "Kesselring", em Correlli Barnett (Org.), *Hitler's Generals*, op. cit., pp. 265-89.

18. BAB, R3/1661, fólio 20, "Niederschrift über die Ereignisse vom 15.3. bis 15.4.1945", s.d., assinado por Walther Rohland (anotação de 23 abr. 1945); Speer, op. cit., p. 446. Kesselring transmitiu a ordem de "terra arrasada" de Hitler de 19 de março aos comandantes que lhe estavam subordinados. Krautkrämer, p. 128, n. 10.

19. Speer, pp. 463-4. O general Westphal mais tarde salientou que Kesselring, ao assumir o posto de Rundstedt como comandante-chefe oeste, respondeu com ceticismo à tentativa de lhe apresentarem um resumo realista da situação, afirmando que recebera do Führer uma análise diferente. Westphal, op. cit., p. 327.

20. *The Memoirs of Field-Marshal Kesselring* (Londres, 1997), pp. 266 e 269.

21. Joachim Ludewig, "Walter Model — Hitlers bester Feldmarschall?", em Smelser e Syring, op. cit., p. 368.

22. Gerhard Förster e Richard Lakowski (Orgs.), *1945: Das Jahr der endgültigen Niederlage der faschistischen Wehrmacht. Dokumente* (Berlim, 1975), p. 230 (18 mar. 1945).

23. Citado *DRZW*, v. 10, n. 1 (Zimmermann), p. 332 (29 mar. 1945); ver também Manfred Messerschmidt, "Krieg in der Trümmerlandschaft: 'Pflichterfüllung' wofür?", em Ulrich Borsdorf e Mathilde Jamin (Orgs.), *Über Leben im Krieg: Kriegserfahrungen in einer Industrieregion 1939-1945* (Reinbek bei Hamburg, 1989), pp. 171, 177.

24. Carlo D'Este, "Model", em Barnett, p. 329; Kesselring, pp. 250-5, atribuiu grande parte dos problemas do Grupo de Exércitos B às decisões operacionais de Model.

25. BAB, R3/1626, fólios 15-7, "Kapitulationsverhandlungen mit Generalfeldmarschall Model und Gauleiter Hoffmann", notas recolhidas durante a prisão, em "Dustbin", junho de 1945, por Rohland; R3/1661, fólio 21, "Niederschrift über die Ereignisse vom 15.3. bis 15.4.1945", s.d., assinado por Walther Rohland (anotações de 31 mar., 2, 8 e 13 abr. 1945); Walter Rohland, *Bewegte Zeiten* (Stuttgart, 1978), pp. 105-7. Model também recusou-se a considerar o pedido em carta pessoal a ele de 17 de abril do tenente-general Matthew Ridgway, dos Estados Unidos, declarando que seu juramento ao Führer significava que ele deveria lutar até o fim. Hastings, *Armageddon*, op. cit., p. 482; Messerschmidt, op. cit., p. 177.

26. Ludewig, op. cit., pp. 382-4; Rohland, op. cit., p. 107; Görlitz, op. cit., pp. 263-8; John Zimmermann, *Pflicht zum Untergang: Die deutsche Kriegführung im Westen des Reiches 1944/45* (Paderborn, 2009), p. 2. A ordem de fazer com que as famílias ficassem como avalistas, para garantir que os sol-

dados lutassem até o fim, foi assinada por Keitel em nome de Hitler em 5 de março. *1945: Das Jahr der endgültigen Niederlage der faschistischen Wehrmacht*, p. 207. De maneira surpreendente, a iniciativa para essa medida veio da Wehrmacht. Ulrike Hett e Johannes Tuchel, "Die Reaktionen des NS--Staates auf den Umsturzversuch vom 20. Juli 1944", em Peter Steinbach e Johannes Tuchel (Orgs.), *Widerstand gegen den Nationalsozialismus* (Bonn, 1994), p. 387.

27. Citado *DRZW*, v. 10, n. 1 (Zimmermann), p. 317 (7 abr. 1945).

28. *DRZW*, v. 10, n. 1 (Zimmermann), pp. 331-2.

29. IWM, EDS, F.3, AL2697, "Doenitz orders Resistance to the last. 3 Orders — 7, 11, and 19 April 1945".

30. *KTB/SLK*, parte A, v. 68, pp. 331-2A, Kriegstagebuch des Ob. d. M., 25 abr. 1945.

31. BA/MA, N265/112, NL Heinrici, fólios 1-17 (redigido durante a prisão, 1945-7, incorporando memórias do coronel Eismann). Embora intitulado "Der Vortrag bei Hitler am 4.IV.1945", o encontro efetivamente parece (ver fólio 20) ter ocorrido não no dia 4, mas sim em 6 de abril. Heinrici já havia escrito um relato mais curto da reunião, mas semelhante quanto à essência, em 15 de maio de 1945 (BA/MA, N265/108, fólios 3-9, em que ele o situa "uns dez dias antes do início da batalha por Berlim").

32. BA/MA, N265/112, NL Heinrici, fólios 23-4. Speer, op. cit., p. 471, situa a reunião em 15 de abril, e não no dia 14 (como fez Heinrici) e menciona a discussão em torno de não se destruírem as instalações de Berlim, porém não a questão de assassinar Hitler (tópico ao qual, entretanto, ele se refere em outra parte de suas memórias). Em rascunhos posteriores das memórias, datados aproximadamente a partir de 1966, Heinrici volta a mencionar a discussão com Speer sobre a hipótese de matar Hitler e sua recusa em cometer um assassinato político devido às suas convicções cristãs. Ele acrescenta dois argumentos que não haviam sido abordados na versão anterior. Uma tentativa de assassinato teria sido contraproducente, devido à segurança de Hitler, muito reforçada desde julho de 1944. E, mesmo no caso de que a tentativa fosse bem-sucedida, o resultado seria uma revolução a cem quilômetros atrás da linha do front contra os russos. Com o caos que haveria de se seguir, a liderança não teria a menor possibilidade de sucesso numa negociação por um armistício. Não está claro se ele de fato tinha essas noções em mente em abril de 1945. Nas memórias redigidas mais tarde, ele concluiu que a única opção que lhe restava era cumprir sua missão de manter a posição de defesa no Oder da melhor maneira possível. BA/MA, N265/26, fólios 22-3 (c. 1966). Sobre as alegações de Speer de que teria considerado a possibilidade de assassinar Hitler, ver Matthias Schmidt, *Albert Speer; Das Ende eines Mythos*, Berna e Munique, 1982, pp. 147-51.

33. BA/MA, N245/3, NL Reinhardt, Kalenderblätter 1945, fólio 87, entradas de 5 abr. 1945, 13 abr. 1945.

34. Um telex do Departamento de Pessoal do Exército de 13 de abril designou um pequeno número de oficiais de vários grupos do Exército para a "Reserva do Führer", observando no entanto que agora eles teriam de administrar seus recursos humanos, não podendo contar com mais pessoal ou verbas adicionais no futuro previsível. — IWM, EDS, F.3, M.I. 14/163, FS para OB Noroeste etc., 13 abr. 1945. Sete novas divisões foram improvisadas no começo de abril, recebendo armamentos leves. Mas eram formadas por soldados com dezessete anos de idade. O objetivo era utilizar essas divisões para a defesa da Turíngia; porém elas só estariam prontas para entrar em ação depois de duas semanas. *TBJG*, v. II, n. 15, p. 685 (8 abr. 1945). Àquela altura, a Turíngia já estava perdida.

35. Por exemplo, StAA, Kreisleitung Günzburg 1/42., Gaustabsamt Gau da Suábia à Administração Distrital, 11 abr. 1945.

36. BAB, NS6/756, fólios 2-6, Verstärkung der kämpfenden Truppe, 28 fev. 1945.

37. BAB, NS6/135, fólio 160, Vorlage (para Bormann), ref. Panzernahbekämpfungstrupp der Hitler-Jugend, 3 mar. 1945.

38. Informação do dr. Hermann Graml, Institut für Zeitgeschichte, Munique, sobre sua experiência no Departamento de Trabalho do Reich durante os últimos dias de abril de 1945. Havia grande pressão sobre os adolescentes para que se inscrevessem. Era possível resistir se o garoto manifestasse bastante determinação, alegando por exemplo pronunciada fé católica ou, como no caso de Graml, mostrando papéis de convocação para a Wehrmacht. Muito mais tarde, uma contemporânea em Württemberg alegou lembrar-se de que seu irmão, então com dezessete anos, recebera uma carta em fevereiro de 1945 dizendo que ele havia se apresentado como voluntário para a Waffen-SS, o que não era verdade. Ele então rapidamente tratou de se apresentar ao Departamento de Trabalho do Reich para trabalhar como voluntário, livrando-se assim da Waffen-SS. *Zeitzeugen berichten ... Schwäbisch Gmünd — Erinnerungen an die Zeit von 1930 bis 1945*, Schwäbisch Gmünd, Stadtarchiv Schwäbisch Gmünd, 1989, p. 312.

39. Ver os testemunhos reunidos em Nicholas Stargardt, *Witnesses of War: Children's Lives under the Nazis* (Londres, 2005), pp. 268-9, 294-7, 303, 307.

40. Günter C. Behrmann, "'Jugend, die meinen Namen trägt': Die letzten Kriegseinsätze der Hitlerjugend", em *Kriegsende in Deutschland* (Hamburgo, 2005), p. 175.

41. StAA, Kreisleitung Günzburg 1/43, Strassen- und Flußbauamt, Neu-Ulm, 13 abr. 1945; Gauleitung Schwaben, 1/28, fólios 328841-2, 328845, Heeresgruppe G à Administração Distrital da Suábia, 13 abr. 1945, Bormann a todos os *Gauleiter*, 13 abr. 1945, transmitindo a diretriz de Keitel de 10 abr. 1945; fólios 328807-8, ordem de Bormann a dez *Gauleiter*, nomeados, do centro e do sul da Alemanha, 13 abr. 1945; Administração Distrital da Suábia, 1/29, fólio 328843, Aktnotiz für den Gauleiter: Versorgungslage der Wehrmacht und ziviler Behörden, 16 abr. 1945; fólio 328835, nota para o *Gauleiter* Wahl do administrador de Neu-Ulm, o qual, diante da aproximação do inimigo, sentiu necessidade de recorrer à *Volkssturm* e ao recrutamento de emergência para escavar trincheiras e aumentar o número de barreiras, 20 abr. 1945.

42. BAB, R3/1622, fólio 102, diretriz de Speer, transmitindo ordem de Hitler, 24 abr. 1945; publicada em Moll, op. cit., p. 497.

43. BAB, R3/1618, fólio 22, ref. Führer-Vorführung, 12 abr. 1945.

44. BfZ, Sammlung Sterz, Uffz. Werner F., 1 abr. 1945. As cartas da maioria dos soldados, bem como aquelas recebidas por eles, não tinham conteúdo político, abordando principalmente questões familiares inconsequentes e assuntos pessoais. Relatório de março de uma das repartições de censura informava, baseando-se na correspondência interceptada e controlada, que 91,8% das cartas analisadas naquele mês eram "sem interesse", 4,7% francamente favoráveis ao regime e 3,5% negativas (essas, com certeza, atenuando os verdadeiros sentimentos, levando-se em conta o perigo de manifestar críticas). Outro controle, relativo aos últimos oito dias de maio, realizado segundo critérios um pouco diferentes, deu um resultado de 77,08% "sem interesse", 8,82% "positivas", 6,64% "negativas e 7,46% "neutras". O relatório incluía 113 amostras variadas extraídas da correspondência. BA/MA, RH20/19/245, fólios 31-43, Feldpostprüfstelle bei AOK.I9, Monatsbericht für März 1945, 3 abr. 1945. Para a organização da correspondência para o front e vinda do front, ver

Richard Lakowski e Hans-Joachim Büll, *Lebenszeichen 1945: Feldpost aus den letzten Kriegstagen*, Leipzig, 2002, pp. 18-29.

45. BfZ, Sammlung Sterz, Tagebuch Uffz. Heinrich v., 10 abr. 1945.

46. BfZ, Sammlung Sterz, Tagebuch Uffz. Heinrich v., 12 abr. 1945.

47. Fritz, pp. 90-1.

48. LHC, Dempsey Papers, n. 319, parte II, pp. 8-9 (18 abr. 1945). Não se conhece o destino do oficial.

49. *TBJG*, v. II, n. 15, pp. 658 (1 abr. 1945), 684, 687 (8 abr. 1945), 691 (9 abr. 1945); *DRZW*, v. 10, n. 1 (Boog), pp. 830-83; Christian Hartmann e Johannes Hürter, *Die letzten 100 Tage des Zweiten Weltkriegs*, Munique, 2005, anotação do dia 33, 7 de abril de 1945. Hartmann e Hürter fornecem o número de treze bombardeiros destruídos. Esses dados aproximam-se da cifra americana de dezessete bombardeiros e cinco caças destruídos na batalha aérea, ainda que a maior parte dessas perdas não tenha sido diretamente causada por colisão. Alguns meses antes, um jovem, estudante de jornalismo cujo irmão fora morto no front oriental, evidentemente um nazista extremado, expressou seu desapontamento no jornal da SS, *Das Schwarze Korps*, por ter sido rejeitado para servir como piloto-suicida como torpedo humano, devido ao grande número de candidatos. Seu motivo, ele explicou, era o amor pela Alemanha. BAB, NS19/2936, carta manuscrita, s.d. (fim de 1944 ou princípio de 1945).

50. Fritz, pp. 72, 78-9, 88-9, 92.

51. Andreas Kunz, *Wehrmacht und Niederlage: Die bewaffnete Macht in der Endphase der nationalsozialistischen Herrschaft 1944 bis 1945*, Munique, 2007, p. 254.

52. BA/MA, MSg2/2697, diário do tenente Julius Dufner, fólios 154-61, entradas de 13-20 abr. 1945. Mais cedo, nesse mês, Goebbels havia se referido à desmoralização das tropas no distrito de Weser-Ems, semelhante, segundo ele, aos relatórios que tinham chegado até então das partes ocidentais do Reich, sobre soldados que abandonavam sua tropa em grupos, alguns deles jogando fora as armas, e passavam a cometer saques. *TBJG*, v. II, n. 15, p. 673 (4 abr. 1945).

53. *TBJG*, v. II, n. 15, pp. 654-5, 659-60 (1 abr. 1945). De acordo com as anotações no diário do assessor de Goebbels, Rudolf Semmler, no começo de abril estavam chegando relatórios de todas as cidades ou aldeias das quais tropas americanas ou inglesas se aproximavam, informando que "grande parte da população exibia bandeiras e lençóis de cor branca". Rudolf Semmler, *Goebbels: The Man Next to Hitler* (Londres, 1947), p. 190 (5 abr. 1945). Ver as anotações do diário reproduzidas em Gerhard Hirschfeld e Irina Renz, *"Vormittags die ersten Amerikaner": Stimmen und Bilder vom Kriegsende 1945* (Stuttgart, 2005), pp. 119, 125, 133, para exemplos de alegria ou alívio com a chegada das tropas americanas.

54. IWM, EDS, F.2, AI.2682, Bormann a Kaltenbrunner, 4 abr. 1945.

55. StAA, Administração Distrital da Suábia, 1/28, fólio 318839, Schulz à Administração Distrital da Suábia, tendo no pé nota manuscrita de Wahl.

56. StAA, Kreisleitung Günzburg 1/43, fólios 00991, 00999, líder distrital a todos os prefeitos, líderes locais e administradores do Serviço de Previdência do Partido Nazista, 18 abr. 1945, e ordem do líder distrital (s.d.).

57. *TBJG*, v. II, n. 15, pp. 612-3 (28 mar. 1945), comentário também relacionado com as ordens de Hitler de destruição das indústrias.

58. *TBJG*, v. II, n. 15, p. 684 (8 abr. 1945). As dificuldades de providenciar alimentação aos refugiados enviados a Allgäu, na região alpina do sul da Baviera, provocou pedidos para que se inter-

rompesse o fluxo de pessoas. StAA, Gauleitung Schwaben, 1/29, fólios 328886-7, relatório de Landesbauernführer Pg. Deininger on "Ernährungslage", 14 abr. 1945.

59. IfZ, Fa-91/5, fólio 1120d, Lagemitteilung Gauleiter Eigruber, 9 abr. 1945; BAB, NS6/277, fólio 101-101ᵛ, Dienstleiter Hund, Parteikanzlei Munique, a GL Wächtler, Bayreuth, 10 abr. 1945; fólio 31, Hund para Pg. Zander, Dienststelle Berlim, 10 abr. 1945; fólios 8-9, Lagebericht de Gauleitung Salzburg, 10 abr. 1945, Fernschreiben, Hund a Bormann, 14 abr. 1945; fólio 11, Aktenvermerk, 17 abr. 1945. O *Gauleiter* Hugo Jury, do distrito de Niederdonau, também procurou se aconselhar com Bormann (fólio 92) para saber para onde deveriam ser enviados 30 mil refugiados da Silésia, naquele momento no distrito de Iglau, no Protetorado, e que deveriam ser levados ao Reich. Ele disse que se esforçaria ao máximo para acomodar os que viessem do seu distrito, mas sem dúvida não estava disposto a receber aqueles provenientes de outras áreas. O *Gauleiter* Eigruber posteriormente lembraria as condições caóticas quando dezenas de milhares de refugiados húngaros, e 15 mil judeus do Baixo Danúbio e Styria que haviam sido despachados para o campo de concentração de Mauthausen, foram enviados à sua região, que não tinha como alimentá-los. IWM, FO 645/156, interrogatório de August Eigruber, 3 nov. 1945.

60. BAB, NS6/277, fólio 130, radiograma de Walkenhorsts para o *Reichsleiter* Bormann, 5 abr. 1945 (também IfZ, Fa-91/5, fólio 1106). Também: fólios 110-2, nota para Bormann de Pg. Zander, 5 abr. 1945; fólio 113, Walkenhorst, telefonema para o *Reichsleiter*, 5 abr. 1945; fólio 15, memorando referindo-se à dificuldade do *Gauleiter* Siegfried Uiberreither de Styria para contatar Berlim, com mensagem urgente para o general Jodl; fólio 4, Pg. Walkenhorst zur telefonischen Durchgabe nach Berlin (sobre diversas dificuldades de comunicação e tentativas de resolvê-las), 12 abr. 1945.

61. *TBJG*, v. II, n. 15, p. 677 (4 abr. 1945).

62. *1945: Das Jahr der endgültigen Niederlage der faschistischen Wehrmacht*, pp. 346-8.

63. BAB, NS6/756, fólios 7-9, Nota para o chefe da Polícia de Segurança e para a SD, sinais de atividade inimiga depois dos ataques aéreos, 10 mar. 1945. Ver também fólios 14-5 para um relatório do dia anterior do *Gauleiter* Ernst-Wilhelm Bohle, chefe da organização do Partido Nazista no exterior, sobre sua impressão das mulheres húngaras e de outros estrangeiros comportando-se como se Viena fosse uma estação de férias, e fólios 12-3 para um relato enviado a Walkenhorst em 2 de abril sobre a grave situação da cidade e a falta de liderança da Wehrmacht e do partido. Ver também *TBJG*, v. II, n. 15, pp. 687, 693 (8-9 abr. 1945). Uma breve indicação de como o colapso em Viena era visto pelo regime é fornecido por Karl Stadler, *Österreich 1938-1945 im Spiegel der NS-Akten* (Vienna, 1966), pp. 401-4. Ver também, para as condições cada vez piores e os crescentes problemas para a liderança nazista em Viena nas semanas anteriores à queda da cidade, Rauchensteiner, pp. 154-7, 163-6.

64. *TBJG*, v. II, n. 15, pp. 666, 680 (2 e 4 abr. 1945).

65. *TBJG*, v. II, n. 15, pp. 683, 687, 693 (8-9 abr. 1945).

66. BAB, NS6/353, fólio 103, RS 211/45, "Einsatzpflicht der Politischen Leiter", 15 abr. 1945. Um mês antes, referindo-se a diretrizes anteriores de conteúdo semelhante, Bormann (fólio 80, circular 140/45, "Persönlicher Einsatz der Hoheitsträger", 17 mar. 1945) havia exortado altos representantes do partido a cooperar com as tropas na assistência à população na zona de combate, fornecendo um exemplo de disposição para a luta.

67. *TBJG*, v. II, n. 15, p. 659 (1 abr. 1945).

68. *TBJG*, v. II, n. 15, p. 672 (4 abr. 1945).

69. Por exemplo, apesar de suas exortações para resistir, acompanhadas de ameaças, a maioria dos líderes distritais em Württemberg fugiu quando as tropas aliadas se aproximaram. Christine Arbogast, *Herrschaftsinstanzen der württembergischen NSDAP: Funktion, Sozialprofil und Lebensivege einer regionalen Elite 1920-1960* (Munique, 1998), p. 260. Um líder distrital da Floresta Negra, que apareceu em Munique oferecendo seus serviços à Chancelaria do partido, imediatamente recebeu ordem para retornar e servir com a *Volkssturm*, sendo advertido de que sua chegada num carro oficial só poderia ser encarada como fuga. BAB, NS6/277, fólio 24, memorando, 20 abr. 1945.

70. IfZ, ZS 597, fólio 113 (1950); *TBJG*, v. II, n. 15, p. 672 (4 abr. 1945); Karl Höffkes, *Hitlers politische Generale: Die Gauleiter des Dritten Reiches. Ein biographisches Nachschlagewerk*, Tübingen, 1986, pp. 112-3. Os funcionários da Polícia de Segurança desmontaram as instalações do organismo em 7 de março e, destruindo os arquivos, fugiram em trajes civis com documentos de identidade falsificados. NAL, KV3/188, interrogatório do *Ostubf.* Karl Hans Paul Hennicke, chefe da seção do Serviço de Segurança de Colônia-Aachen, 11 abr. 1945.

71. Ralf Blank, "Albert Hoffmann als Reichsverteidigungskommissar im Gau Westfalen-Süd, 1943-1945: Eine biografische Skizze", em Wolf Gruner e Armin Nolzen (Orgs.), *"Bürokratien": Initiative und Effizienz. Beiträge zur Geschichte des Nationalsozialismus*, v. 17 (Berlim, 2001), pp. 201-2.

72. Ralf Meindl, *Ostpreußens Gauleiter: Erich Koch — eine politische Biographie* (Osnabrück, 2007), p. 452.

73. Von Oven, *Finale Furioso*, op. cit., pp. 635-7 (12 abr. 1945); Meindl, p. 455; Noble, op. cit., p. 240; Isabel Denny, *The Fall of Hitler's Fortress City: The Battle for Königsberg, 1945* (Londres, 2007), p. 230; Speer, op. cit., p. 498. Se, como alegou Oven (p. 636), Koch influenciou Hitler na condenação à morte *in absentia* do general Lasch, comandante de Königsberg, por sua capitulação "covarde", é algo de que Meindl duvida, p. 454.

74. Höffkes, op. cit., p. 24.

75. BAB, NS6/277, fólios 76-8 (17 abr. 1945). Publicado in Karl Kunze, *Kriegsende in Franken und der Kampf um Nürnberg im April 1945*, Nuremberg, 1995, pp. 217-9.

76. Kunze, pp. 243-4, 265, 283-5; Höffkes, p. 156. As tentativas localizadas de corajosos indivíduos e grupos de cidadãos da Francônia Central de impedir a mania de nazistas fanáticos de provocar a destruição de suas cidades podem ser vistas em Hans Woller, *Gesellschaft und Politik in der amerikanischen Besatzungszone: Die Region Ansbach und Fürth* (Munique, 1986), pp. 46-57.

77. Ernst Hornig, *Breslau 1945: Erlebnisse in der eingeschlossenen Stadt*, Munique, 1975, pp. 129--31; Hans von Ahffen e Hermann Niehoff, *Sokämpfte Breslau: Verteidigung und Untergang von Schlesiens Hauptstadt*, Munique, 1959, p. 83; Friedrich Grieger, op. cit., pp. 23-4; Joachim Konrad, "Das Ende von Breslau", *VfZ*, n. 4, p. 388, 1956.

78. *TBJG*, v. II, n. 15, pp. 692-3 (9 abr. 1945). Höffkes, p. 122, indica a data da premiação como sendo 12 de abril, embora Goebbels já em 9 de abril tivesse se referido à concessão do prêmio.

79. BAB, R3/1625, fólio 2, Speer a Hanke, 14 abr. 1945.

80. Depois de sua fuga de Breslau, Hanke foi preso em 6 de maio por *partisans* checos, embora sem ser reconhecido, tendo sido morto nos primeiros dias do mês seguinte ao tentar escapar. Höffkes, pp. 122-3; Michael D. Miller e Andreas Schulz (Orgs.), *Gauleiter: The Regional Leaders of the Nazi Party and their Deputies*, CD-ROM (*c.* 2004), v. 1.

81. BAB, NS6/353, fólio 151, disposição de Bormann a todos os chefes políticos, *Gauleiter* e líderes de associações, 1 abr. 1945; também em IfZ, Fa-91/4, fólio 1099.

82. Ferdinand Stadlbauer, "Die letzten Tage des Gauleiters Wächtler", *Waldmünchner Heimatbote*, n. 12, pp. 3-10, 1985; Höffkes, op. cit., pp. 360-1; Joachim Lilla, *Die Stellvertretenden Gauleiter und die Vertretung der Gauleiter der NSDAP im "Dritten Reich"* (Koblenz, 2003), pp. 100-1.

83. Texto em C. F. Rüter e D. W. De Mildt (Orgs.), *Justiz und NS-Verbrechen: Sammlung deutscher Strafurteile wegen nationalsozialistischer Tötungsverbrechen 1945-1966, Register* (Amsterdã e Munique, 1998), p. 199; Klaus-Dietmar Henke, *Die amerikanische Besetzung Deutschlands* (Munique, 1995), p. 787. Rascunho de Himmler de 29 mar. 1945, mais o telex do OKW e o esboço enviado a ele estão em BA/MA, RH/20/19/196, fólios 103-5.

84. Reproduzido em Fritz Nadler, *Eine Stadt im Schatten Streichers*, Nuremberg, 1969, p. 41; *Justiz und NS-Verbrechen, Register*, p. 199. O decreto de Himmler do mesmo dia, ordenando que "todas as cidades e aldeias" deveriam ser "defendidas e mantidas de todos os modos possíveis" está publicado em *Justiz und NS-Verbrechen, Register*, p. 200, e em Müller e Ueberschär, op. cit., p. 171.

85. Ver, por exemplo, o bom estudo local de Herfried Münkler, *Machtzerfall: Die letzten Tage des Dritten Reiches dargestellt am Beispiel der hessischen Kreisstadt Friedberg* (Berlim, 1985).

86. Heinz Petzold, "Cottbus zwischen Januar und Mai 1945", em Werner Stang e Kurt Arlt (Orgs.), *Brandenburg im Jahr 1945* (Potsdam, 1995), pp. 121-4.

87. Norbert Buske (Org.), *Die kampflose Übergabe der Stadt Greifswald im April 1945* (Schwerin, 1993), pp. 15-30, 37.

88. Henke, op. cit., pp. 843-4; Zimmermann, *Pflicht*, op. cit., pp. 360, 363.

89. Paul Sauer, *Württemberg in der Zeit des Nationalsozialismus*, Ulm, 1975, pp. 492-4; Andreas Förschler, *Stuttgart 1945: Kriegsende und Neubeginn* (Gudensberg-Gleichen, 2004), pp. 8-19; Jill Stephenson, "'Resistance' to 'No Surrender': Popular Disobedience in Württemberg in 1945", em Francis R. Nicosia e Lawrence D. Stokes (Orgs.), *Germans against Nazism* (Oxford e Providence, RI, 1990), pp. 357-8; Jill Stephenson, *Hitler's Home Front: Württemberg under the Nazis* (Londres, 2006), pp. 324-5.

90. Hildebrand Troll, "Aktionen zur Kriegsbeendigung im Frühjahr 1945", em Martin Broszat, Elke Fröhlich e Anton Grossmann (Orgs.), *Bayern in der NS-Zeit*, v. 4 (Munique e Viena, 1981), pp. 650-4; Fritz, pp. 140-9.

91. Serger, Böttcher e Ueberschär, op. cit., pp. 255-7, entrada do diário de Gertrud Neumeister, 17 abr. 1945.

92. Ver Henke, pp. 844-61; Fritz, cap. 5; Elisabeth Kohlhaas, "'Aus einem Haus, aus dem eine weiße Fahnen erscheint, sind alie männlichen Personen zu erschießen': Durchhalteterror und Gewalt gegen Zivilisten am Kriegsende 1945", em Cord Arendes, Edgar Wolfrum e Jörg Zedler (Orgs.), *Terror nach Innen: Verbrechen am Ende des Zweiten Weltkrieges* (Göttingen, 2006), pp. 51-79; Egbert Schwarz, "Die letzten Tage des Dritten Reiches: Untersuchung zu Justiz und NS-Verbrechen in der Kriegsendphase März/April 1945", tese de mestrado, Universidade de Düsseldorf, 1990, pp. 14-9, 23-7, 35-8 (um estudo regional da Renânia do Norte-Vestfália); e *DZW*, n. 6, pp. 652-4, para inúmeros exemplos.

93. Troll, op. cit., p. 652; Fritz, op. cit., p. 146.

94. *Zeitzeugen berichten... Schwäbisch Gmünd*, pp. 43, 49, 77, 83-4; Adelheid L. Rüter-Ehlermann e C. F. Rüter (Orgs.), *Justiz und NS-Verbrechen*, v. 2 (Amsterdã, 1969), pp. 77-101; Albert Deible, *Krieg und Kriegsende in Schwäbisch Gmünd* (Schwäbisch Gmünd, 1954), pp. 26-8, 34-5, 66-8; Kohlhaas, p. 51.

95. Adelheid L. Rüter-Ehlermann e C. F. Rüter (Orgs.), *Justiz und NS-Verbrechen*, v. 1 (Amster-

dã, 1968), pp. 505-29; Henke, op. cit., pp. 848-9; Kohlhaas, op. cit., p. 51, traz catorze vítimas, embora esse número deva incluir as pessoas alvejadas mas que não chegaram a ser atingidas. Como aconteceu em muitos casos, o Kreisleiter dera a ordem de "defender a cidade até a última gota de sangue", enquanto a maioria das pessoas era inteiramente contrária a essa atitude. Robert Bauer, *Heilbronner Tagebuchblätter* (Heilbronn, 1949), p. 46. Drauz foi executado em 1946, e seu principal cúmplice condenado a quinze anos numa penitenciária. Sobre Drauz, famoso por seu fanatismo, ver também Stephenson, *Hitler's Home Front*, pp. 332-3.

96. Adelheid L. Rüter-Ehlermann, H. H. Fuchs e C. F. Rüter (Orgs.), *Justiz und NS-Verbrechen*, v. 10 (Amsterdã, 1973), pp. 205-40; Henke, op. cit., pp. 851-3.

97. Arquivos da BBC, *The Nazis: A Warning from History* (1997), escrito e produzido para a BBC2 por Laurence Rees, entrevista com Walter Fernau feita por Detlef Siebert, s.d., *c.* 1997, rolo 219, pp. 211, 213; rolo 221, pp. 352-3. Ver também o livro da série: Laurence Rees, *The Nazis: A Warning from History* (Londres, 1997), pp. 232-4 e 247. Grande parte da longa entrevista (rolos 217-21, 403 pp., em alemão, com tradução para o inglês) apresenta a versão de Fernau sobre a operação da "corte marcial volante" de Helm mais o julgamento e a execução de Karl Weiglein. Fernau foi condenado em 1952 a seis anos numa penitenciária por sua participação nos acontecimentos (e num outro caso).

98. Jürgen Zarusky, "Von der Sondergerichtsbarkeit zum Endphasenterror: Loyalitätserzwingung und Rache am Widerstand im Zusammenbruch des NS-Regimes", em Arendes, Wolfrum e Zedler, pp. 116-7; Andreas Heusler, "Die Eskalation des Terrors: Gewalt gegen ausländische Zwangsarbeiter in der Endphase des Zweiten Weltkrieges", em Arendes, Wolfrum e Zedler, p. 180.

99. Zarusky, p. 113.

100. Para inúmeros casos de assassinato em massa de prisioneiros em abril de 1945, ver Gerhard Paul, "'Diese Erschießungen haben mich innerlich gar nicht mehr berührt': Die Kriegsendphasenverbrechen der Gestapo 1944/45", em Gerhard Paul e Klaus-Michael Mallmann (Orgs.), *Die Gestapo im Zweiten Weltkrieg: "Heimatfronf und besetztes Europa* (Darmstadt, 2000), pp. 554-60.

101. Nikolaus Wachsmann, *Hitler's Prisons: Legal Terror in Nazi Germany* (New Haven e Londres, 2004), pp. 336-7.

102. Eberhard Kolb, "Bergen-Belsen: Die Errichtung des Lagers Bergen-Beisen und seine Funktion ais 'Aufenthaltslager' (1943/44)", em Martin Broszat (Org.), *Studien zur Geschichte der Konzentrationslager* (Stuttgart, 1970), p. 151; Eberhard Kolb, *Bergen-Belsen 1943 bis 1945* (Göttingen, 1985), pp. 47-51. Para as ordens de Himmler, ver Eberhard Kolb, *Bergen-Belsen: Geschichte des "Aufenthaltslagers" 1943-1945* (Hanover, 1961), pp. 157-60.

103. Kolb, *Bergen-Belsen 1943 bis 1945*, op. cit., p. 48; Katrin Greiser, *Die Todesmärsche von Buchenwald: Räumung, Befreiung und Spuren der Erinnerung*, Göttingen, 2008, p. 134.

104. Orth, *Das System der nationalsozialistischen Konzentrationslager*, op. cit., pp. 301-5, 308, 311--2; Longerich, *Heinrich Himmler*, op. cit., p. 745.

105. Orth, op. cit., p. 307.

106. Orth, op. cit., pp. 307-8, 311; *IMT*, v. 11, p. 450 (depoimento de Rudolf Höß). A ordem de "garantir" os campos de concentração numa emergência — presumivelmente um levante dos prisioneiros — havia sido emitida de início em 17 de junho de 1944, embora não se mencionasse o que deveria ser feito com os prisioneiros. IfZ, Nbg-Dok., PS-3683, "Sicherung der Konzentrationslager" (não incluído nos volumes publicados do julgamento), em que Himmler atribui a responsabilidade das medidas de segurança envolvendo os campos de concentração aos detento-

res de postos mais elevados da ss e da polícia; Orth, op. cit., p. 272. Segundo o depoimento de Höß, isso deixou a cargo deles decidir se um campo deveria ser evacuado ou deixado com o inimigo. No começo de 1945, com a aproximação do inimigo, a situação mudou. Em janeiro e fevereiro de 1945, os comandantes colocaram em prática as novas instruções, de matar prisioneiros "perigosos". A atitude de Himmler em março, concordando com a intenção de usar os judeus como "moeda de troca" em possíveis negociações com os aliados ocidentais, suspendeu temporariamente a ideia de matar todos os prisioneiros dos campos de concentração. Orth, op. cit., pp. 296-305. Mas em abril aconteceu nova mudança. Ao que parece, a ordem indicando que havia ocorrido uma volta à postura anterior foi emitida em 18 de abril (e não 14 de abril, como frequentemente se afirma) e recebida no dia seguinte no campo de Flossenbürg. Um texto alemão sobre essa ordem nunca apareceu, embora sua autenticidade tenha sido assegurada com base em diversas traduções contemporâneas parciais. Stanislav Zamecnik, "'Kein Häftling darf lebend in die Hände des Feindes fallen': Zur Existenz des Himmler-Befehls vom 14-18. April 1945", *Dachauer Hefte*, 1 (1985), pp. 219-31. Ver também *DZW*, n. 6, pp. 647-8.

107. *IMT*, v. 11, p. 450 (depoimento de Höß); Orth, op. cit., p. 312; Daniel Blatman, "The Death-Marches and the Final Phase of Nazi Genocide", em Jane Caplan e Nikolaus Wachsmann (Orgs.), *Concentration Camps in Nazi Germany: The New Histories* (Londres e Nova York, 2010), p. 175; *DZW*, n. 6, pp. 647-8.

108. Orth, op. cit., p. 307.

109. Orth, op. cit., pp. 305-9. As condições em Buchenwald durante os últimos dias e a libertação do campo estão descritas de maneira expressiva por um prisioneiro daquela época, Eugen Kogon, *Der SS-Staat: Das System der deutschen Konzentrationslager*, ed. pb., Munique, 1974, pp. 335-43.

110. Orth, op. cit., pp. 312-28. Os aliados ocidentais empenharam-se bastante depois da guerra para estabelecer a trajetória precisa das marchas, o número de prisioneiros assassinados em cada lugar por onde passavam e o local exato onde foram enterradas as vítimas. Esses amplos registros estão abrigados no ITS, especialmente caixas de fichários (83 arquivos) e "Evak" (nove arquivos).

111. Greiser, p. 138.

112. Blatman, "The Death-Marches and the Final Phase of Nazi Genocide", op. cit., p. 174.

113. "Reminiscences" não publicadas (1989) do dr. Michael Gero, Hamburgo, pp. 111-2, gentilmente enviadas a mim pelo sr. George Burton, filho de um dos prisioneiros assassinados tão casual e brutalmente. Não se sabe o que aconteceu ao assassino louro da ss.

114. Blatman, "The Death-Marches and the Final Phase of Nazi Genocide", op. cit., pp. 176-7, 180-1.

115. Blatman, "The Death-Marches and the Final Phase of Nazi Genocide", op. cit., pp. 177-8; Daniel Jonah Goldhagen, *Hitler's Willing Executioners: Ordinary Germans and the Holocaust* (Londres, 1997), p. 364; Greiser, op. cit., pp. 136, 140, conclui que, no que diz respeito ao campo de Buchenwald, os prisioneiros não judeus passavam pelos mesmos tormentos dos judeus.

116. ITS, arquivo 80, fólio 00044a, Celle (1946-7), calcula que no ataque aéreo teriam morrido mil prisioneiros. Avaliações posteriores apresentam grandes variações, mas as estimativas mais plausíveis indicam um número entre quatrocentos e quinhentos mortos. Bernhard Strebel, *Celle April 1945 Revisited*, Bielefeld, 2008, pp. 114-5.

117. Blatman, *Les Marches de la mort*, op. cit., pp. 282-8 (citação, p. 286). Strebel (cujo livro oferece uma cuidadosa avaliação das provas disponíveis sobre os terríveis acontecimentos em Celle)

calcula (p. 115) duzentas vítimas no massacre. Ver também *"Hasenjagd" in Celle: Das Massaker am 8. April 1945* (Celle, 2005), para relatos de testemunhas oculares e uma avaliação de como os habitantes da cidade mais tarde lidaram com a memória do massacre.

118. Blatman, *Les Marches de la mort*, op. cit., pp. 318-61; Joachim Neander, *Das Konzentrationslager "Mittelbau" in der Endphase der nationalsozialistichen Diktatur* (Clausthal-Zellerfeld, 1997), pp. 466-77; Joachim Neander, *Gardelegen 1945: Das Ende der Häftlingstransporte aus dem Konzentrationslager "Mittelbau"* (Magdeburgo, 1998), pp. 27-35, 40-5; Diana Gring, "Das Massaker von Gardelegen", *Dachauer Hefte*, n. 20, pp. 112-26, 2004; Goldhagen, op. cit., pp. 367-8; Robert Gellately, *Backing Hitler: Consent and Coercion in Nazi Germany* (Oxford, 2001), p. 246; *DZW*, n. 6, p. 648.

119. Zentrale Stelle der Landesjustizverwaltungen, Ludwigsburg, IV 409 AR-Z/ 78/72, fólios 1192, 1234; IV 409 AR-Z/105/72 1, fólio 96. Sou grato à dra. Simone Erpel por essas referências.

120. Ambas as citações em Greiser, op. cit., p. 258. Um menino de catorze anos na marcha que partiu de Flossenbürg em meados de abril recordou que "a maioria dos alemães olhava para nós, prisioneiros, como se fôssemos criminosos". Heinrich Demerer, "Erinnerungen an den Todesmarsch aus dem KZ Flossenbürg", *Dachauer Hefte*, n. 25, p. 154, 2009.

121. Goldhagen, op. cit., p. 365, e p. 587, n. 23; Simone Erpel, *Zwischen Vernichtung und Befreiung: Das Frauen-Konzentrationslager Ravensbrück in der letzten Kriegsphase* (Berlim, 2005), pp.176-7.

122. Citação Blatman, *Les Marches de la mort*, op. cit., p. 286.

123. ITS, arquivo 83, Hütten, fólio 00011a-b (1 abr. 1946, embora essas provas estejam enfraquecidas pelo fato de o prefeito anterior e o oficial da Wehrmacht terem assinado o relatório).

124. ITS, arquivo 4, Altendorf, fólios 00088a-00099b (jul. 1947).

125. Alguns exemplos são apresentados em Greiser, op. cit., pp. 259-75, e em Delia Müller e Madlen Lepschies, *Tage der Angst und der Hoffnung: Erinnerungen an die Todesmärsche aus dem Frauen-Konzentrationslager Ravensbrück Ende April 1945* (Berlim, s.d.), pp. 56-7, 87, 89-90. Heinrich Demerer recordou expressões de solidariedade em civis que observavam a marcha dos prisioneiros; eles com frequência lhe ofereciam pão, embora Demere imagine que isso ocorria pelo fato de ser muito pequeno, já que os demais prisioneiros praticamente nada recebiam. Demerer, pp. 152, 154. Memórias das marchas da morte de Ravensbrück apresentam casos em que crianças lembram-se de seus pais deixando nas ruas água e batatas fervidas para os prisioneiros. Muitos dos próprios prisioneiros, porém, não recordam essas manifestações de solidariedade, e sim rejeição por parte das pessoas nas ruas. Simone Erpel, "Machtverhältnisse im Zerfall: Todesmärsche der Häftlinge des Frauen-Konzentrationslagers Ravensbrück im April 1945", em Jörg Hillmann e John Zimmermann (Orgs.), *Kriegsende 1945 in Deutschland* (Munique, 2002), p. 198.

126. Blatman, "The Death-Marches and the Final Phase of Nazi Genocide", p. 180; ver também Goldhagen, p. 365.

127. Ardsley Microfilms, Irving Collection, rolo 1, R97481, interrogatório de Göring, 24 maio 1945.

128. Isso é o que especula Rolf-Dieter Müller em *DRZW*, v. 10, n. 2, pp. 102-4. Após a guerra, Speer admitiu em seu julgamento que ainda tinha sentimentos conflitantes e que, depois de todos os acontecimentos, ainda estava disposto a colocar-se à disposição de Hitler. *IMT*, v. 16, p. 582. Schmidt, pp. 162-3, sugere que Speer tentou influenciar Hitler para que nomeasse Dönitz como seu successor, na esperança de que lhe coubesse um papel importante no governo.

129. Speer, op. cit., pp. 487-8.

130. BAB, NS19/3118, fólio 3, ordem de Himmler de 24 jan. 1945, lembrando aos homens da SS da ordem de Hitler de 25 nov. 1944 (fólio 2) sobre o comportamento exigido de oficiais, oficiais não comissionados e homens "em situação aparentemente sem esperanças".

131. Von Oven, op. cit., pp. 647, 650 (19-20 abr. 1945).

132. Von Oven, op. cit., pp. 646-7 (18 abr. 1945). Goebbels também fez questão de se certificar de que seus diários fossem copiados em lâminas de vidro, uma forma primitiva de microfilme. *TBJG*, Register, Teil III, Elke Fröhlich, "Einleitung zur Gesamtedition", pp. 37-47. Na época, sua imagem póstuma estava muito presente nas recordações de Goebbels. Dirigindo-se a sua equipe em 17 de abril e citando o novo filme em cores *Kolberg*, produzido com o objetivo de estimular a resistência e a disposição para enfrentar circunstâncias adversas, o ministro da Propaganda teria dito: "Senhores, daqui a cem anos eles estarão exibindo outro belo filme em cores mostrando os dias terríveis que atravessamos. Os senhores não desejam desempenhar um papel nesse filme, para poder voltar à vida cem anos mais tarde? Todos agora têm a oportunidade de escolher o papel que vão representar nesse filme que será feito daqui a cem anos. Posso lhes garantir que será belo e inspirador. E para o êxito desse projeto vale a pena permanecer firme. Resistam agora, para que daqui a cem anos a plateia não vaie nem assovie quando vocês aparecerem na tela". Os homens que escutaram isso — uns cinquenta, aproximadamente — não sabiam se deveriam rir ou praguejar. Semmler, op. cit., p. 194 (17 abr. 1945).

133. Von Oven, op. cit., pp. 652-4 (22 abr. 1945). Ver também Semmler, op. cit., pp. 185-6 (25 fev. 1945). De acordo com o ex-*Gauleiter* de Süd-Hanover-Braunschweig Hartmann Lauterbacher, *Erlebt und mitgestalte* (Preußisch Oldendorf, 1984), p. 320, Goebbels lhe disse em seu último encontro, em 21 de abril, que todos os seus seis filhos tinham cápsulas de cianeto costuradas em suas roupas, para que nenhum deles caísse vivo nas mãos dos russos.

134. Andreas-Friedrich, op. cit., p. 166 (21 abr. 1945).

135. *DZW*, n. 6, p. 707.

136. BA/MA, NL Heinrici, NL 265/108, fólios 11-5, 39-40, 54 (15 maio 1945).

137. *DZW*, n. 6, p. 734.

138. BA/MA, NL Heinrici, NL265/108, fólios 52-7 (15 maio 1945).

139. BA/MA, NL Heinrici, NL265/108, fólios 22-5, 39-41 (15 maio 1945).

140. BA/MA, NL Heinrici, NL265/108, fólio 29 (15 maio 1945).

141. *DZW*, n. 6, pp. 705-26; *DRZW*, v. 10, n. 1 (Lakowski), pp. 656-73; Erickson, op. cit., pp. 577-618, e Beevor, op. cit., cap. 21, trazem descrições detalhadas da batalha de Berlim.

142. Jodl admitiu isso ao coronel-general Heinrici em 13 de maio de 1945. BA/MA, NL Heinrici, N265/108, fólios 57-8 (15 maio 1945).

143. Steiner tinha razões bem justificadas para não empreender o ataque e estava extremamente aflito por ter recebido uma ordem que, como qualquer pessoa que tivesse alguma noção da situação saberia, era impossível de ser cumprida. Ver BA/MA, NL Heinrici, N265/108, fólios 19--22 (15 abr. 1945).

144. A incerteza, também com relação à posição de Göring, causada pelo colapso de Hitler, está claramente resumida no relatório enviado três dias mais tarde a Hitler pelo general Karl Koller, chefe de Estado-Maior da Luftwaffe. IWM, EDS, F.3, AL 1985 (2), "An den Führer. Bericht über die wesentlichen Punkte der Vorgänge am 22,4. und meiner Meldung an den Herrn Reichsmarschall am 23.4." (25 abr. 1945). Uma breve descrição dos comentários de Hitler, registrados por uma testemu-

nha ocular, o tenente Hans Volck, assessor do Estado-Maior de Operações da Luftwaffe, encontra-se em IWM, EDS, F.3, AL 1985 (1), "Meldung über Führerlage am 22.4.1945. Lagebeginn: etwa 15.30 Uhr" (25 abr. 1945). Há pequenas discrepâncias entre o relato de Koller e sua posterior publicação, Karl Koller, *Der letzte Monat: Die Tagebuchaufzeichnungen des ehemaligen Chefs des Generalstabes der deutschen Luftwaffe vom 14. April bis zum 27. Mai 1945* (Mannheim, 1949), pp. 28-32.

145. Speer, op. cit., pp. 479, 484.

146. BA/MA, NL Heinrici, N265/108, fólios 38-9 (15 abr. 1945).

147. BA/MA, NL Heinrici, N265/108, fólios 41-4 (15 abr. 1945).

148. IfZ, ZS 145, Bd. III, Schwerin von Krosigk, fólio 61 (7 dez. 1962).

149. IfZ, ZS 988, Friedrich Wilhelm Kritzinger, interrogatório conduzido pelo dr. Robert Kempner, fólios 4, 7 e 10 (5 mar. 1947).

150. Krosigk escreveu a Speer em 29 de março, em meio às discussões sobre "terra arrasada", sugerindo que o bombardeio intensificado dos Aliados fora causado pelo desejo de não permitir que a indústria alemã caísse em mãos dos soviéticos, e que quanto mais o potencial industrial da Alemanha fosse preservado, maior seria a posição de barganha dos soviéticos diante do Ocidente. Em 6 de abril, tentando reunir-se com Goebbels, ele pressionou para que fossem tomadas ações no sentido de criar condições para que a Inglaterra rompesse com a coalizão inimiga, o que, segundo ele, era inteiramente possível. Escreveu de novo a Goebbels no dia 14 de abril, considerando a morte de Roosevelt como um "presente de Deus" que deveria ser explorado ao máximo, recomendando uma aproximação do papa com os Estados Unidos — que, de acordo com ele, teria interesse na indústria alemã como barreira a um Estado soviético fortalecido. Tudo em IWM, EDS, F.3, M.I. 14/369.

151. IfZ, ZS 145, Bd. III, Schwerin von Krosigk, fólios 58-61 (7 dez. 1962).

152. StAA, Gauleitung Schwaben, 1/29, fólio 328836, nota de arquivo, presumivelmente para o *Gauleiter* Wahl, 20 abr. 1945.

153. StAA, Gauleitung Schwaben, 1/37, folhas soltas, nota de telefonema do Kreisleiter de Lindau, s.d., c. 24-6 abr. 1945. Os relatórios vindos de Lindau, sugerindo que até 60% da população poderia ser vista como favorável ao nazismo, constituíram um ponto problemático para as autoridades francesas de ocupação (numa região que lhes deu algumas dores de cabeça relativas à segurança) durante algumas semanas depois do fim da guerra. Ocorreram alguns distúrbios, casos aparentes de incêndios provocados, e um oficial francês morreu fuzilado por um adolescente de catorze anos, ex-integrante da Juventude Hitlerista. Grande parte da população da cidade foi evacuada à força por um breve período e só teve permissão para voltar, dois dias depois, após humildes pedidos de clemência. Tropas francesas que chegaram nesse intervalo praticaram saques em grande parte da cidade deserta. Todo o episódio deixou os franceses embaraçados, chocando observadores americanos e suíços. Perry Biddiscome, *Werwolf! The History of the National Socialist Guerrilla Movement 1944-1946* (Toronto e Buffalo, NY, 1998), pp. 260-3.

154. *Justiz und NS-Verbrechen*, v. 2, pp. 236-52; IfZ, ED 195, Slg. Schottenheim, v. 1, pp. 87-91 (escrito para apresentar o autor, dr. Otto Schottenheim, médico e prefeito nazista de Regensburg desde 1933, da melhor maneira possível); Henke, op. cit., p. 854; Dieter Albrecht, "Regensburg in der NS-Zeit", em Dieter Albrecht (Org.), *Zwei Jahrtausende Regensburg* (Regensburg, 1979), p. 200, também sobre a citação de Ruckdeschel: "Regensburg wird verteidigt werden bis zum letzten Stein." Sobre Schottenheim, que morreu em 1980 como um cidadão honrado apesar do passado nazista, ver Helmut Halter, *Stadt unterm Hakenkreuz: Kommunalpolitik in Regensburg während der NS-*

-*Zeit* (Regensburg, 1994), pp. 77-87, e Albrecht, op. cit., pp. 195-6. Por sua participação nas matanças de Regensburg, Ruckdeschel foi condenado, em 1948, a uma pena de oito anos numa penitenciária (sentença mais tarde ampliada para treze anos em outro julgamento, por ter ordenado a execução de um civil em Landshut em 29 de abril de 1945). Adelheid L. Rüter-Ehlermann e C. F. Rüter (Orgs.), *Justiz und NS-Verbrechen*, v. 2 (Amsterdã, 1969), pp. 234-346; Id., *Justiz und NS-Verbrechen*, v. 3, pp. 763-94. Ruckdeschel morreu pacificamente em Wolfsburg em 1986. Miller e Schulz, op. cit., v. 1.

155. Troll, op. cit., pp. 660-71; Henke, op. cit., pp. 854-61; Heike Bretschneider, *Der Widerstand gegen den Nationalsozialismus in München 1973-1945* (Munique, 1968), pp. 218-39; Klaus Tenfelde, "Proletarische Provinz: Radikalisierung und Widerstand in Penzberg/Oberbayern 1900 bis 1945", em Broszat, Fröhlich e Grossmann, op. cit., v. 4, pp. 374-81; Georg Lorenz, *Die Penzberger Mordnacht vom 28. April 1945 vor dem Richter* (Garmisch-Partenkirchen, 1948), pp. 5-11; *Justiz und NS-Verbrechen*, v. 3, pp. 100-1; Irene Sagel-Grande, H. H. Fuchs e C. F. Rüter (Orgs.), *Justiz und NS-Verbrechen*, v. 13 (Amsterdã, 1975), pp. 532-40. Uma 16ª vítima foi fuzilada "enquanto fugia". Tenfelde, op. cit., pp. 378, 380. Os julgamentos de pós-guerra relacionados com os homicídios em Altötting e Munique estão em StAM, Staatsanwaltschaften 34876/25 (Altötting) e StAM, Staatsanwaltschaften 6571, 18848/2-3, "Fall Salisco" (Munique). Para uma avaliação das diversas formas de resistência ao se aproximar o fim da guerra, ver Edgar Wolfrum, "Widerstand in den letzten Kriegsmonaten", em Peter Steinbach e Johannes Tuchel (Orgs.), *Widerstand gegen den Nationalsozialismus* (Bonn, 1994), pp. 537-52. A mina de Penzberg não foi destruída no fim da guerra e deixou de produzir apenas em 1966. Tenfelde, op. cit., p. 382.

156. *Das letzte halbe Jahr*, p. 334 (10 abr. 1945).

157. BA/MA, N648/1, NL Dethleffsen, Erinnerungen, fólio 39.

158. Ingrid Hammer e Susanne zur Nieden (Orgs.), *Sehr selten habe ich geweint: Briefe und Tagebücher aus dem Zweiten Weltkrieg von Menschen aus Berlin* (Zurique, 1991), p. 358 (23 abr. 1945).

159. *Anonyma: Eine Frau in Berlin. Tagebuch-Aufzeichnungen vom 20. April bis 22. Juni 1945* (Munique, 2008), p. 30 (23 abr. 1945).

160. *Anonyma*, pp. 9-15, 20, 24-5, 34, 39 (20-25 abr. 1945).

161. *VB*, Munique, 20, 24-25 abr. 1945.

162. *Anonyma*, pp. 19-20 (21 abr. 1945), 30 (23 abr. 1945), 43 (26 abr. 1945); Kronika, pp. 138,152-3 (23 abr. 1945).

163. Andreas-Friedrich, op. cit., pp. 166-7 (21 abr. 1945).

164. "Dominados pela ansiedade, voltamos ao porão e ficamos esperando o que poderia acontecer", observou um dos autores do diário. Hammer and zur Nieden, op. cit., p. 364 (26 abr. 1945).

165. Longerich, op. cit., pp. 750-1; Peter Padfield, *Himmler: Reichsführer-SS* (Londres, 1990), pp. 593-8.

166. *KTB/SKL*, parte A, v. 68, p. 416A, Beitrag zum Kriegstagebuch Skl. am 2. Mai 1945; Heereslage vom 1.5.45; Anton Joachimsthaler, *Hitlers Ende: Legenden und Dokumente*, Munique, 1999, pp. 282-3.

9. LIQUIDAÇÃO [pp. 405-46]

1. Orth, "Kampfmoral und Einsatzbereitschaft in der Kriegsmarine 1945", op. cit., p. 141.

2. BfZ, Sammlung Sterz, Tagebuch Uffz. Heinrich V., 2 maio 1945.

3. BA/MA, NL Schörner, N601/18, folhas soltas, Tagesbefehl, 3 maio 1945.

4. Citado em Richard Bessel, *Germany 1945: From War to Peace* (Londres, 2009), p. 141.

5. BA/MA, N245/3, fólio 88, NL Reinhardt, Kalenderblätter de 1 maio 1945. A notícia da morte de Hitler também não foi uma surpresa para o coronel-general Lothar Rendulić quando a ouviu, em 1º de maio, na Áustria. A disciplina nas tropas não foi afetada, embora a morte de Hitler tenha sido encarada como possibilidade de melhorar as perspectivas de uma saída política por meio de colaboração com o Ocidente. Lothar Rendulić, *Gekämpft, Gesiegt, Geschlagen* (Wels, 1952), p. 378.

6. BA/MA, N648/1, NL Dethleffsen, Erinnerungen, fólio 57.

7. Sönke Neitzel, *Abgehört: Deutsche Generäle in britischer Kriegsgefangenschaft 1942-1945* (Berlim, 2005), pp. 210-2 (ed. em inglês, *Tapping Hitler's Generals: Transcripts of Secret Conversations, 1942-45* (Barnsley, 2007), pp. 156-8).

8. Marlis Steinert, op. cit., p. 582.

9. BfZ, Sammlung Sterz, Tagebuch Eveline B., 6 maio 1945. Erich Kästner, *Notabene 1945: Ein Tagebuch* (Berlim, 1961), p. 116 (2 maio 1945), observou que as pessoas estavam se cumprimentando em tom de humor com a exclamação *"Heil* Dönitz". O tocador de acordeão era outro, ele comentou, mas a música era a mesma.

10. Citado Bessel, op. cit., p. 141.

11. Andreas-Friedrich, op. cit., pp. 188-9 (2 maio 1945).

12. Jörg Echternkamp (Org.), *Kriegsschauplatz Deutschland 1945: Leben in Angst — Hoffnung auf Frieden. Feldpost aus der Heimat und von der Front* (Paderborn, 2006), p. 252, carta de Gerda J., Hamburg/Altona, 7 jul. 1945. Isso foi apenas um palpite inspirado sobre o que acontecera. Detalhes precisos sobre o suicídio de Hitler naquele momento não eram conhecidos fora do pequeno círculo daqueles diretamente envolvidos no drama final do bunker.

13. *Anonyma: Eine Frau in Berlin. Tagebuch-Aufzeichnungen vom 20. April bis 22. Juni 1945* (Munique, 2008), p. 143 (5 maio 1945).

14. Percy Ernst Schramm (Org.), *Die Niederlage 1945: Aus dem Kriegstagebuch des Oberkommandos der Wehrmacht* (Munique, 1962), p. 419.

15. Herbert Kraus, "Karl Dönitz und das Ende des 'Dritten Reiches'", em Hans-Erich Volkmann (Org.), *Ende des Dritten Reiches — Ende des Zwetien Weltkriegs: Eine perspektivische Rückschau* (Munique e Zurique, 1995), p. 11.

16. Herbert Kraus, "Großadmiral Karl Dönitz", em Gerd R. Ueberschär (Org.), *Hitlers militärische Elite*, v. 2: Vom Kriegsbeginn bis zum Weltkriegsende (Darmstadt, 1998), p. 51.

17. *Die Niederlage 1945*, p. 419.

18. *DRZW*, v. 10, n. 1 (Rahn), p. 61.

19. Jürgen Förster, "Die Wehrmacht und das Ende des 'Dritten Reichs'", em Arnd Bauerkämper, Christoph Kleßmann e Hans Misselwitz (Orgs.), *Der 8. Mai 1945 als historische Zäsur: Strukturen, Erfahrung, Deutungen* (Potsdam, 1995), p. 57.

20. Kraus, "Karl Dönitz und das Ende des 'Dritten Reiches'", op. cit., pp. 3-4, 8-11.

21. Heinrich Schwendemann, "'Deutsche Menschen vor der Vernichtung durch den Bolschewismus zu retten': Das Programm der Regierung Dönitz und der Beginn einer Legendenbildung", em Hillmann e Zimmermann, op. cit., p. 16.

22. BA/MA, N648/1, NL Dethleffsen, Erinnerungen, fólio 57.

23. Citado em *DRZW*, v. 10, n. 1 (Rahn), p. 55; ver também, sobre a inquestionável lealdade de Dönitz a Hitler e suas exortações fanáticas ao prosseguimento da luta, op. cit., pp. 57-60, 67.

24. IfZ, zs 145, Schwerin von Krosigk, Bd. 111, fólio 62, 7 dez. 1962.

25. *KTB/SKL*, parte A, v. 68, pp. 333-4-A, Kriegstagebuch des Ob. d. M., 25 abr. 1945. Uma semana antes, quando os soviéticos ultrapassaram o front do Oder, Dönitz já havia providenciado que contingentes da Marinha fossem lutar em terra. Schwendemann, op. cit., pp. 14-5.

26. ba/ma, RM7/851, Seekriegsleitung, fólio 169, Hitler a Dönitz, 29 abr. 1945; Schwendemann, op. cit., p. 15.

27. Max Domarus, Wiesbaden, op. cit., p. 2237.

28. Pouco depois da guerra, o major-general Dethleffsen recordou não ter ficado surpreso ao ouvir, em abril, indicações do chefe do Estado-Maior Geral, Hans Krebs, de que Dönitz estava sendo visto por Hitler como seu sucessor. Outros, no entanto, de acordo com Dethleffsen, ficaram mais surpreendidos com a nomeação. ba/ma, N6481, nl Dethleffsen, Erinnerungen, fólio 57.

29. iwm, fo645/155, interrogatório de Karl Dönitz, 12 set. 1945, pp. 19-20.

30. Karl Dönitz, *Memoirs: Ten Years and Twenty Days* (Nova York, 1997), p. 442.

31. Ver Müller e Ueberschär, op. cit., p. 101; e Kraus, "Karl Dönitz und das Ende des 'Dritten Reiches'", pp. 9 e 11. Já se sugeriu, no entanto — mesmo sem provas que sustentassem tal insinuação —, que a impressão de Dönitz segundo a qual Hitler queria que ele preparasse o caminho para uma capitulação pode ter surgido antes que o grande almirante partisse para Plön, ou então provindo de conversas com Himmler. Ver Jörg Hillmann, "Die 'Reichsregierung' in Flensburg", em Hillmann e Zimmermann, op. cit., p. 41. O comentário desesperado de Hitler, durante seu colapso nervoso temporário de 22 de abril — segundo o qual não haveria mais como lutar (opinião logo modificada) e que, se surgisse a necessidade de negociações, Göring era melhor do que ele para isso —, dificilmente pode ser visto como uma autorização para chegar a um acordo com o inimigo quando ele morresse. Ver Reimer Hansen, *Das Ende des Dritten Reiches: Die deutsche Kapitulation 1945* (Stuttgart, 1966), pp. 48-50; Walter Lüdde-Neurath, *Regierung Dönitz: Die letzten Tage des Dritten Reiches* (5. ed., Leoni am Starnberger See, 1981), p. 46; Marlis Steinert, *Die 23 Tage der Regierung Dönitz* (Dusseldorf e Viena, 1967), p. 45.

32. *DRZW*, v. 10, n. 1 (Zimmermann), pp. 469-70; *DRZW*, v. 9, n. 1 (Förster), p. 626; Schwendemann, op. cit., p. 15.

33. Ver o testamento de Hitler, *Hitler: Reden und Proklamationen*, op. cit., p. 2237 (que no entanto não era do conhecimento de Dönitz na época).

34. Schwendemann, op. cit., pp. 27-8.

35. iwm, fo645/158, interrogatório de Wilhelm Keitel, 10 out. 1945, p. 27.

36. IfZ, zs 1810, Großadmiral Karl Dönitz, Bd. ii, fólio 55, entrevista para o *Observer*, 18 nov. 1974.

37. Uma mulher em Berlim escreveu ainda em 21 de maio que "ainda não há notícias certas sobre Adolf". *Anonyma*, op. cit., p. 221.

38. Ver Christian Goeschel, "Suicide at the End of the Third Reich", *Journal of Contemporary History*, n. 41, pp. 153-73, 2006, e a monografia de Goeschel, *Suicide in Nazi Germany* (Oxford, 2009), cap. 5, sobre uma extensa análise do fenômeno. Ver também Richard J. Evans, *The Third Reich at War* (Londres, 2008), pp. 728-33.

39. Goeschel, *Suicide in Nazi Germany*, op. cit., pp. 153-4.

40. Joseph Goebbels, *Tagebücher 1945: Die letzten Aufzeichnungen* (Hamburgo, 1977), pp. 549, 556.

41. *Hitler: Reden und Proklamationen*, Goebbels, *Tagebücher* p. 2237.

42. Goeschel, "Suicide at the End of the Third Reich", p. 155.

43. *MadR*, v. 17, p. 6737.

44. Goeschel, "Suicide at the End of the Third Reich", Goebbels, *Tagebücher,* p. 158; Jacob

Kronika, *Der Untergang Berlins* (Flensburg, 1946), p. 41 (6 mar. 1945): "Alie Berliner wissen, daß die Russen in Kürze in Berlin eindringen werden — und nun sehen sie keine andere Möglichkeit, als sich Zyankali zu verschaffen".

45. *Anonyma*, op. cit., pp. 171, 174 (9 maio 1945), 207 (17 maio 1945); Goeschel, "Suicide at the End of the Third Reich", op. cit., p. 160; Goeschel, *Suicide in Nazi Germany*, op. cit., pp. 158-9.

46. Goeschel, "Suicide at the End of the Third Reich", op. cit., pp. 162-3 e n. 57.

47. Goeschel, "Suicide at the End of the Third Reich", op. cit., p. 169.

48. Klaus-Dietmar Henke, *Die amerikanische Besetzung Deutschlands* (Munique, 1995), pp. 964--5; ver também Goeschel, "Suicide at the End of the Third Reich", op. cit., pp. 169-70.

49. "Tief vergraben, nicht dran rühren", *Spiegel Special*, n. 2, p. 218, 2005. Sou muito agradecido a Klaus Wiegrefe e Michael Kloft por essa referência. Ver também, sobre a atmosfera de pânico e muitos suicídios, vários deles provocados por medo de estupro por soldados do Exército Vermelho, Joachim Schulz-Naumann, *Mecklenburg 1945* (Munique, 1989), pp. 161, 165, 173, 241-2 (relatos fornecidos na década de 1980).

50. Baseado nas recordações dos acontecimentos em "Tief vergraben, nicht dran rühren", Norbert Buske, *Das Kriegsende 1945 in Demmin: Berichte, Erinnerungen, Dokumente*, Schwerin, 1995, pp. 9-14, 17-40, 43, 44, n. 3, 48-50, n. 27-39; e o relato da testemunha ocular Waltraud Reski (nascida Gülzow), entrevistada por Tilman Remme, em BBC Archives, *The Nazis: A Warning from History* (1997), escrito e produzido para a BBC2 por Laurence Rees, rolo 263, pp. 1-42 (citação, p. 29). Ver ainda Goeschel, "Suicide at the End of the Third Reich", op. cit., p. 166.

51. *Die Niederlage 1945*, p. 420.

52. BA/MA, N54/8, NL Keitel, "Die letzten Tage unter Adolf Hitler", fólio 19.

53. *Die Niederlage 1945*, p. 447 (16 maio 1945); Gerhard Förster e Richard Lakowski (Orgs.), *1945: Das Jahr der endgültigen Niederlage der faschistischen Wehrmacht. Dokumente* (Berlim, 1975), pp. 422-5.

54. Hillmann, op. cit., pp. 46-7; *DZW*, n. 6, p. 770; *Die Niederlage 1945*, pp. 429-30 (5 maio 1945).

55. BA/MA, N54/8, NL Keitel, "Die letzten Tage unter Adolf Hitler", fólio 19.

56. IfZ, ZS 145, Schwerin von Krosigk, Bd. I, fólio 24, Eidesstattliche Erklärung, Nuremberg 1.4.1949 im Spruchverfahren gegen Ernst Wilhelm Bohle.

57. IfZ, ZS 145, Schwerin von Krosigk, Bd. III, fólio 62, 7 dez. 1962.

58. *Die Niederlage 1945*, pp. 431-2, Dönitz-Tagebuch, Tagesniederschrift 6.5.45; IfZ, ZS 145, Schwerin von Krosigk, Bd. III, fólio 62, 7 dez. 1962.

59. Hillmann, op. cit., pp. 5-7. Dönitz inicialmente pretendia mudar o comando da Wehrmacht. Ele e Krosigk concordaram que Keitel e Jodl seriam afastados e substituídos pelo marechal de campo Erich von Manstein como novo comandante da Wehrmacht. Mas não foi possível localizar o paradeiro de Manstein (de acordo com uma das versões). Ver Walter Baum, "Der Zusammenbruch der obersten deutschen militärischen Führung 1945", *Wehrwissenschaftliche Rundschau*, n. 10, p. 255, 1960. Em outra versão, Manstein disse ter sido intimado pelo OKW para encontrar-se com Dönitz, sem que lhe dissessem o motivo. Naquele dia, não pôde ir ao encontro e depois disso não soube mais nada do assunto. Dönitz disse a Krosigk que Manstein tinha se recusado a ficar no lugar de Keitel, mas isso não era verdade. Ver Lutz Graf Schwerin von Krosigk, *Es geschah in Deutschland* (Tübingen e Stuttgart, 1951), p. 374.

60. IfZ, ZS 145, Schwerin von Krosigk, Bd. III, fólio 62^v, 7 dez. 1962; Schwendemann, op. cit., p. 18.

61. IfZ, zs 1810, Großadrniral Karl Dönitz, Bd. ii, fólios 60-1, "Letzte Kriegszeit als Ob.d.M. Zeit als Staatsoberhaupt", s.d; Lüdde-Neurath, op. cit., pp. 81-2.

62. Müller e Ueberschär, op. cit., p. 103. O major-general Dethleffsen recordou-se alguns meses mais tarde (ba/ma, N648/I, nl Dethleffsen, Erinnerungen, fólio 57) de que, ao ouvir notícias sobre a morte de Hitler, não pôde deixar de mencionar ao nsfo do Grupo de Exércitos Vístula que ele deveria pensar de imediato numa nova forma de saudação, já que "Heil Hitler" não tinha mais razão de ser. O pensamento se mostrou um tanto prematuro.

63. DZW, n. 6, p. 776, enumera algumas sentenças das cortes militares e as execuções que se seguiram.

64. iwm, eds, hi, 2 maio 1945. Publicado em 1945: Das Jahr der endgültigen Niederlage der faschistischen Wehrmacht, pp. 361-4. Quando Dönitz consultara Ribbentrop sobre um novo ministro do Exterior, este último não conseguira pensar em ninguém mais qualificado para o cargo do que ele mesmo. Ver Lüdde-Neurath, p. 82.

65. As "Tagesniederschriften" (atas do dia), registradas pelo assessor de Dönitz — o capitão de corveta Walter Lüdde-Neurath —, estão em ba/ma, N374/8, nl Friedeburg com cópias em iwm, eds, F-3, al2893. Aqui, a citação vem da versão publicada em Die Niederlage 1945, p. 421 (2 maio 1945). Hillmann vê a tentativa de Dönitz de proceder por meio de capitulações parciais como continuidade, e não uma "caracterização de nova política", já que a maioria dos paladinos de Hitler tinha em algum momento tentado conseguir uma "paz em separado" ou uma capitulação parcial. Mas isso não leva em conta que, antes da morte de Hitler, tais ações permaneciam "não oficiais", articuladas à sua revelia, ou então eram sumariamente barradas, ao passo que, depois que Dönitz tornou-se chefe de Estado, elas de pronto tornaram-se política oficial. Ver Hillmann, pp. 48-9. Em declaração feita pouco após o fim da guerra, Dönitz voltou a dizer que considerava uma capitulação total e imediata impossível para a Alemanha. O horror diante do que os soviéticos haviam feito era tão grande que uma capitulação completa e imediata, abandonando os soldados no leste e a população de refugiados civis ao Exército Vermelho "teria sido um crime contra o meu povo alemão", e a ordem não seria obedecida pelas tropas, que continuariam tentando abrir caminho, combatendo, até o oeste. Ver IfZ, zs 1810, Karl Dönitz, Bd. ii, "Kriegsende 1945", 22 jun. 1945, fólio 3.

66. DZW, n. 6, p. 426

67. nal, Premier 3/221/12, n. 3736-7, fólios 413-5, Churchill a Eden, 16 abr. 1945, fólios 392-3, Eisenhower aos Chefes de Estado Reunidos, 23 abr. 1945, fólio 361, Eisenhower aos Chefes de Estado Reunidos, 1 maio 1945. Ver também Bob Moore, "The Western Allies and Food Relief to the Occupied Netherlands, 1944-45", War and Society, 10 (1992), pp. 106-9. Sou grato a Bob Moore por me fornecer essas referências.

68. Die Niederlage 1945, pp. 421 (2 maio 1945), 425 (3 maio 1945); bab, R3/1625, fólios 4-5, Blaskowitz a Lüdde-Neurath, s.d. (30 abr. 1945; o telex original em ba/ma, RM7/854, fólio 177, não tem data, embora à direita, no alto, esteja anotado a lápis "30.4"); Seyß-Inquart "an den Führer" (ou seja, a Dönitz), 2 maio 1945. Para a postura de Blaskowitz nos últimos dias da guerra, ver John Zimmermann, Pflicht zum Untergang: Die deutsche Kriegführung im Westen des Reiches 1944/45 (Paderborn, 2009), pp. 340-1.

69. Keitel comentou que a notícia surpreendeu Dönitz, mas que ele a apoiou. Ver ba/ma, N54/8, nl Keitel, "Die letzten Tage unter Adolf Hitler", fólio 20.

70. ba/ma, N574/I9, nl Vietinghoff, "Kriegsende in Italien" (1948), fólio 45; também Förster, p. 56.

71. BA/MA, N574/I9, NL Vietinghoff, "Kriegsende in Italien" (1948), fólios 53-4.

72. IWM, EDS, F.3, M.I. 14/284 (A), Kaltenbrunner a Hitler, 1 maio 1945.

73. *DZW*, n. 6, pp. 152-3.

74. BA/MA, N574/19, NL Vietinghoff, "Kriegsende in Italien", fólios 56-9.

75. IWM, EDS, F.3, M.I. 14/284 (A), Kesselring a Dönitz, Keitel e general Winter, subchefe de Operações do Estado-Maior, 2 maio 1945.

76. BA/MA, N574/19, NL Vietinghoff, "Kriegsende in Italien" (1948), fólios 60-2. Para o relato de Kesselring, ver *The Memoirs of Field-Marshal Kesselring* (Londres,1997), pp. 288-9. Ver ainda, para a capitulação na Itália, *DZW*, n. 6, pp. 749-52; *DRZW*, v. 10, n. 1 (Zimmermann), p. 472.

77. BA/MA, RW44II/3, fólio 20, Winter a Jodl, 2 maio 1945.

78. *Die Niederlage 1945*, p. 423 (2 maio 1945); Schwendemann, p. 18.

79. BA/MA, RM7/854, fólio 13, para a ordem de Dönitz de capitulação da cidade, emitida no dia anterior, 2 de maio.

80. BA/MA, RM7/854, fólios 33, 36, relatórios de Kdr. Adm. Deutsche Bucht, 4 maio 1945. Graves sinais de desagregação no interior do Terceiro Exército Panzer em Mecklenburg já haviam sido relatados em 27 de abril pelo general Hasso von Manteuffel, que se referiu a cenas que ele não vira nem em 1918. Ver *1945: Das Jahr der endgültigen Niederlage der faschistischen Wehrmacht*, pp. 343-4; *DRZW*, v. 10, n. 1 (Lakowski), p. 655.

81. *Die Niederlage 1945*, p. 429 (5 maio 1945); BA/MA, RM7/854, fólio 24, para a ordem de confirmação anterior, de 3 de maio de 1945, para afundar navios. Já havia sido emitida uma diretriz em 30 de abril, segundo a qual, "no caso de um desenvolvimento imprevisto da situação", ao receber a senha "Arco-Íris", todos os navios, inclusive os submarinos, deveriam ser imediatamente afundados. A exigência de entregar todas as armas, inclusive os submarinos, foi considerada por Keitel e Jodl incompatível com a honra alemã. Só com muita relutância Dönitz aceitou a exigência. Alguns submarinos 185 foram, efetivamente, afundados por seus comandantes, com o governo Dönitz "olhando para o outro lado" antes que a ordem para entregá-los tivesse entrado em vigor. Ver *KTB/SKL*, parte A, v. 68, p. 421A, Funksprüche der Skl., 3 maio 1945; Lutz Graf Schwerin von Krosigk, "Persönliche Erinnerungen", parte 2: "25 Jahre Berlin 1920 bis 1945", documento datilografado inédito, s.d., p. 324; *DRZW*, v. 10, n. 1 (Rahn), pp. 166-7.

82. *DZW*, n. 6, p. 742. Número que inclui membros da SS e da OT. Howard P. Grier, *Hitler, Dönitz and the Baltic Sea: The Third Reich's Last Hope, 1944-1945* (Annapolis, Md, 2007), p. 218, fala em 350 mil soldados da Wehrmacht.

83. *Die Niederlage 1945*, pp. 423 (3 maio 1945), 426-7 (4 maio 1945), 430 (5 maio 1945); *DRZW*, v. 10, n. 1 (Zimmermann), pp. 472-4; *DZW*, n. 6, pp. 773-4; Speer, op. cit., pp. 496-7; Schwendemann, pp. 18-9.

84. BA/MA, RM7/854, fólio 117, chefe OKW, 6 maio 1945.

85. *Die Niederlage 1945*, p. 425 (3 maio 1945).

86. *Die Niederlage 1945*, p. 432 (6 maio 1945); *DRZW*, v. 10, n. 1 (Zimmermann), pp. 474-5; *DZW*, n. 6, p. 758; Müller e Ueberschär, op. cit., pp. 102-3; Schwendemann, op. cit., p. 23.

87. BA/MA, RM7/854, fólio 71, telegrafado por Keitel, 5 maio 1945.

88. BA/MA, RM7/854, fólio 48, FS chefe SKL, 4 maio 1945.

89. De acordo com os cálculos do OKW, 1 850 000 soldados pertenciam ao Exército em 7 de maio de 1945. Ver *DRZW*, v. 10, n. 1 (Lakowski), p. 675.

90. *DZW*, n. 6, pp. 745, 761, 763; Schwendemann, p. 24, para os números acima, representando as estimativas do okw em 8 de maio. Segundo o *DRZW*, v. 10, n. 1 (Lakowski), p. 674, em 7 de maio o Grupo de Exércitos Centro contava com um efetivo calculado entre 600 mil e 650 mil homens.

91. *DZW*, n. 6, p. 740; Müller e Ueberschär, op. cit., p. 108. Na península de Hela, o comandante informou em 3 de maio que, com escassez de homens e de armas, as tropas estavam diante de "uma destruição inevitável". Ver ba/ma, RW44I/33, fólio 26, kr Blitz von General der Panzertruppe, aok Ostpreußen an Obkdo. d. WMFStOber (H) Nordost, 3 maio 1945. Na ocasião havia cerca de 150 mil soldados e 50 mil refugiados em Hela. Ver Schwendemann, p. 23.

92. ba/ma, RW44I/86, fólio 5, Bev. Gen. Kurland, gez. Möller, Brigadeführer, para Dönitz, 5 maio 1945.

93. *Die Niederlage 1945*, pp. 426-7 (4 maio 1945).

94. *DZW*, n. 6, p. 758; Rendulić, pp. 378-81; Schwendemann, pp. 25-6.

95. *Die Niederlage 1945*, p. 429 (5 maio 1945). O pedido de Löhr para que lhe permitissem oferecer ao marechal de campo Alexander sua cooperação no sentido de "evitar a total bolchevização da Áustria" foi publicado em *KTB/SKL*, parte A, v. 68, p. 439A.

96. *Die Niederlage 1945*, p. 430 (6 maio 1945); Schwendemann, p. 20.

97. *Die Niederlage 1945*, p. 425 (3 maio 1945).

98. *DZW*, n. 6, p. 761; *Die Niederlage 1945*, pp. 427-8 (4 maio 1945).

99. *Die Niederlage 1945*, p. 422 (2 maio 1945).

100. *Die Niederlage 1945*, p. 423 (3 maio 1945).

101. *Die Niederlage 1945*, p. 431 (6 maio 1945).

102. *DZW*, n. 6, pp. 758-67; Müller e Ueberschär, op. cit., p. 104.

103. *Die Niederlage 1945*, pp. 430-1 (6 maio 1945).

104. *Die Niederlage 1945*, pp. 432-3 (7 maio 1945). Eisenhower dera a Jodl meia hora para decidir-se, mas dificuldades de comunicação com Flensburg atrasaram a chegada de sua mensagem e o recebimento da aprovação de Dönitz. Ver *DZW*, n. 6, p. 774. Ver também Scheurig, op. cit., pp. 331-3.

105. Reproduzido em fac-símile em Müller e Ueberschär, op. cit., pp. 178-9. A Inglaterra tinha adotado o "horário duplo de verão" durante a Segunda Guerra Mundial, o que deixava os relógios britânicos uma hora adiantados em relação à Hora Central Europeia.

106. Müller e Ueberschär, pp. 106, 180-1; Schwendemann, p. 30; Baum, p. 261. Para uma descrição da cena, ver G. Zhukov, *Reminiscences and Reflections*, v. 2 (Moscou, 1985), pp. 399-400; também Antony Beevor, *Berlin: The Downfall 1945*, op. cit., pp. 403-5.

107. Speer, pp. 498-9.

108. iwm, eds, F.3, M.I. 14/284 (A), relato de uma discussão entre Keitel e o general Ivan Aleksandrovich Serov, vice-comissário da nkvd (o serviço de segurança interna da União Soviética, chefiado por Lavrenti Beria); publicado em *KTB/SKL*, parte A, v. 68, pp. 469-71A. A autenticação de parte de um osso da mandíbula que os soviéticos encontraram no jardim da Chancelaria do Reich como pertencente a Hitler foi realizada somente alguns dias mais tarde. Durante anos Stálin e as autoridades soviéticas continuaram sem acreditar nos relatos da morte de Hitler.

109. ba/ma, RM7/854, fólio 120, Kriegstagebuch Seekriegsleitung, 7 maio 1945; *KTB/OKW*, v. 4, n. ii, pp. 1482-3 (7 maio 1945); Schwendemann, p. 25.

110. Schwendemann, p. 26.

111. Klaus Granzow, *Tagebuch eines Hitlerjungen 1943-1945*, Brêmen, 1965, p. 177 (5 maio 1945).

112. BA/MA, NL Schörner, N60/18, folhas soltas, proclamação de Schörner aos soldados do Grupo de Exércitos Centro, 5 maio 1945.

113. *Die Niederlage 1945*, p. 431.

114. Schwendemann, p. 25.

115. *DZW*, n. 6, p. 767.

116. BA/MA, RW44I/54, folhas soltas 4pp. "Aufzeichnung über die Dienstreise des Oberst i.G. Meyer-Detring zu Feldmarschall Schörner am 8.5.45 (p. 3: Unterredung mit Feldmarschall Schörner); *Die Niederlage 1945*, p. 438, para o relatório de Meyer-Detring a Dönitz.

117. BA/MA, NL Schörner, N60/18, folhas soltas, proclamação de Schörner aos soldados do Grupo de Exércitos Centro, 5 maio 1945; publicado em Roland Kaltenegger, *Schörner: Feldmarschall der letzten Stunde*, Munique e Berlim, 1994, pp. 297-8.

118. Num caso que despertou grande interesse público, havendo muito apoio a Schörner, bem como pesadas críticas a seus atos, em outubro de 1957 o ex-marechal de campo foi considerado culpado pela condenação à morte por enforcamento, sem julgamento em tribunal, de um cabo que teria caído no sono, embriagado, ao volante de seu caminhão, em março de 1945. Ele recebeu a sentença de quatro anos e meio de prisão, tendo cumprido dois anos antes de ser solto por motivos de saúde. A República Federal recusou-se a lhe conceder uma pensão. Schörner levou uma existência isolada em Munique, sustentado por amigos e antigos camaradas militares, até sua morte, em 1973, com 81 anos. Ver Peter Steinkamp, "Generalfeld-marschall Ferdinand Schörner", em Gerd R. Ueberschär (Org.), *Hitlers militärische Elite*, v. 2: Von Kriegsbeginn bis zum Weltkriegsende (Darmstadt, 1998), pp. 240-2; Klaus Schönherr, "Ferdinand Schörner — Der idealtypische Nazi-General", em Ronald Smelser e Enrico Syring (Orgs.), *Die Militärelite des Dritten Reiches* (Berlim, 1995), pp. 506-7. Ver ainda, sobre a controvérsia quanto ao julgamento de Schörner, Kaltenegger, *Schörner*, op. cit., pp. 330-54.

119. *DZW*, n. 6, p. 767; *DRZW*, v. 10, n. 1 (Lakowski), p. 673; Schwendemann, p. 31; Sebastian Siebel-Achenbach, *Lower Silesia from Nazi Germany to Communist Poland, 1942-49* (Londres, 1994), pp. 77-8.

120. BA/MA, NL Schörner, N60/74, "Mein Verhalten bei der Kapitulation im Mai 1945" e "Zur Vorgeschichte der Kapitulation", ambos de 10 mar. 1958.

121. Steinkamp, op. cit., p. 238. Kaltenegger, *Schörner*, pp. 306-7, 315, sustenta o relato de Schörner. Ver também Roland Kaltenegger, *Operation "Alpenfestung": Das letzte Geheimnis des "Dritten Reiches"*, Munique, 2005, pp. 336-46.

122. Um soldado raso do exército de Schörner escreveu em seu diário como ele e alguns camaradas receberam ordem de descer do caminhão no qual estavam prontos para partir, tentando desesperadamente chegar às linhas americanas depois de determinada a dissolução de sua unidade. Os oficiais da companhia então subiram no caminhão e partiram. "Nós somos os trapaceados", concluiu o soldado. Granzow, p. 179 (9 maio 1945).

123. Schwendemann, p. 27.

124. *DRZW*, v. 10, n. 1 (Lakowski), p. 677. Segundo um relatório enviado ao comando da Marinha, navios fazendo o percurso de ida e volta pelo Báltico entre 11 e 17 de maio transportaram 109205 soldados, 6887 feridos e 5379 refugiados civis. BA/MA, RM7/854, fólio 333, Lage Ostsee, 18 maio 1945.

125. Müller e Ueberschär, op. cit., pp. 107-8.

126. *DRZW*, v. 10, n. 2 (Overmans), pp. 502-3.

127. Ver Schwendemann, p. 27.

128. Neitzel, *Abgehört*, p. 49.

129. *KTB/OKW*, v. 4, n. II, pp. 1281-2 (9 maio 1945); repr. em Müller e Ueberschär, op. cit., p. 181; *Die Wehrmachtberichte 1939-1945*, v. 3: 1. Januar 1944 bis 9. Mai 1945 (Munique, 1989), p. 569 (9 maio 1945).

130. Dönitz, op. cit., p. 471.

131. *Die Niederlage 1945*, pp. 440, 445 (12 e 15 maio 1945). Em 18 de maio, Dönitz ainda insistia em que não se deveria ceder às exigências aliadas de retirar "emblemas de soberania" dos uniformes militares alemães. *1945: Das Jahr der endgültigen Niederlage der faschistischen Wehrmacht*, pp. 411-3.

132. *Die Niederlage 1945*, p. 439 (11 maio 1945).

133. Speer, pp. 499-500, contém uma descrição da continuada administração de Dönitz; *Die Niederlage 1945*, pp. 433-49, contém as anotações no diário de Dönitz sobre o trabalho em seu governo entre 8 e 17 de maio de 1945.

134. *Die Niederlage 1945*, p. 446 (16 maio 1945). Para a continuidade nas ideias políticas de Dönitz, ver Steinert, pp. 283-6, e Lüdde-Neurath, p. 81.

135. BAB, R3/1624, fólios 10-3, Speer a Krosigk, 15 maio 1945; Dönitz, op. cit., p. 471; e ver Matthias Schmidt, *Albert Speer: Das Ende eines Mythos*, Berna e Munique, 1982, pp. 167-71.

136. Speer, op. cit., p. 500.

137. IWM, EDS, F.3., M.I. 14/950, memorando de Stuckart, 22 maio 1945; *Die Niederlage 1945*, pp. 433-5, 441-2. (8 maio 1945, 12 maio 1945) sobre discussões sobre a renúncia de Dönitz. Ver também Dönitz, op. cit., p. 472.

138. Descrição de David Stafford, *Endgame 1945: Victory, Retribution, Liberation* (Londres, 2007), pp. 407-8. Ver também Dönitz, pp. 473-4. Sobre a divisão de opiniões entre a liderança aliada quanto à maneira de lidar com o governo Dönitz e os passos que levaram à prisão de seus componentes, ver Marlis Steinert, "The Allied Decision to Arrest the Dönitz Government", *Historical Journal*, n. 31, pp. 651-63, 1988.

139. *United States Strategic Bombing Survey* (Nova York e Londres, 1976), v. 4, p. 7. Os números fornecidos aqui para os mortos, 305 mil pessoas, mostraram-se abaixo da realidade. Ver Jörg Friedrich, op. cit., p. 63, que situa o número entre 420 mil e 570 mil, e *DRZW*, v. 10, n. 1 (Boog), p. 868, que avalia o número de civis mortos — não o número total — entre 380 mil e 400 mil. Rüdiger Overmans calcula as perdas entre 400 mil e 500 mil. "Die Toten des Zweiten Weltkriegs in Deutschland", em Wolfgang Michalka (Org.), *Der Zweite Weltkrieg: Analysen, Grundzüge, Forschungsbilanz* (Munique e Zurique, 1989), p. 860. Ver também Rüdiger Overmans, "55 Millionen Opfer des Zweiten Weltkrieges? Zum Stand der Forschung nach mehr als 40 Jahren", *Militärgeschichtliche Mitteilungen*, n. 48, pp. 107 e 109, 1990. Outra estimativa aponta o número, que parece mais razoável, de 406 mil, embora o cálculo mais alto tenha chegado a 635 mil. Grande parte morreu na fase final da guerra. Dietmar Süß, "Die Endphase des Luftkriegs", em *Kriegsende in Deutschland* (Hamburgo, 2005), p. 55. Mais de metade dos civis morreram em bombardeios ocorridos nos oito últimos meses da guerra. Nicholas Stargardt, *Witnesses of War: Children's Lives under the Nazis* (Londres, 2005), pp. 264 e 430, n. 4.

140. Bessel, p. 69. Determinar números confiáveis para o número de mortes de refugiados nos derradeiros meses de guerra é tarefa extraordinariamente difícil. Com frequência, os números mais elevados ampliam as categorias dos refugiados, bem como o tempo e as áreas, de modo a in-

cluir, por exemplo, o "reassentamento" dos bálticos de origem germânica que se seguiu ao pacto nazi-soviético, os alemães da União Soviética deportados por Stálin e os alemães expulsos do leste depois da guerra. A estimativa mais próxima quanto ao número de mortes de refugiados em consequência de fuga parece ser de 473 mil. Overmans, "Die Toten des Zweiten Weltkriegs in Deutschland", op. cit., p. 868; Overmans, "55 Millionen Opfer des Zweiten Weltkrieges?", op. cit., p. 110.

141. Rüdiger Overmans, *Deutsche militärische Verluste im Zweiten Weltkrieg*, op. cit., pp. 238-9, 316, 318, 321. Segundo os cálculos de Overmans (p. 265), do total de mortes de militares alemães durante a guerra (5 318 000) 51,6% (2 743 000) ocorreram no front oriental; em combates travados na fase final (janeiro a maio de 1945), foram 23,1% (1 230 000); e no front ocidental 6,4% (340 mil).

142. As preocupações dos aliados sobre uma insurreição jamais se materializaram, embora o movimento Werwolf ainda fosse levado a sério semanas depois da capitulação. Bessel, pp. 175-6; Perry Biddiscombe, *Werwolf! The History of the National Socialist Guerrilla Movement 1944-1946* (Toronto e Buffalo, NY, 1998), pp. 279-82.

143. Ver Bessel, cap. 7, "The Beginning of Occupation", para um bom sumário das etapas iniciais.

144. *Die Niederlage 1945*, pp. 439, 447 (11 e 16 maio 1945).

145. Bessel, p. 167.

146. *Anonyma*, p. 183 (11 maio 1945).

147. StAM, LRA 31391, folhas soltas, relato da igreja evangélica luterana Pfarramt Berchtesgaden, 25 jun. 1946; relato da paróquia católica de St. Andreas, 24 jun. 1946.

148. BA/MA, N648/1, NL Dethleffsen, Erinnerungen, fólio 1.

149. NAL, WO208/5622, relatório de C.S.D.I.C. (Reino Unido), 13 maio 1945, comentários do vice-almirante Frisius.

150. A. J. e R. L. Merritt (Orgs.), *Public Opinion in Occupied Germany: The OMGUS Surveys, 1945-1949* (Urbana, Illinois, 1970), pp. 32-3. Experiências da ocupação e as inevitáveis dificuldades da vida cotidiana em cidades destruídas — escassez de alimentos, falta de moradia, moeda sem valor e um padrão de vida frequentemente abaixo daquele anterior a 1944-5 —, tudo isso, somado a um sentimento de humilhação nacional e à criação de julgamentos de desnazificação, em geral vistos como dirigidos ao "homem do povo" que, assim se pensava, fora forçado a agir de acordo com as exigências do regime, estavam entre os fatores que desempenharam seu papel na promoção de uma visão rósea dos "bons anos" do nacional-socialismo, antes dos desastres da fase final da guerra.

151. Ver também Peter Fritsche, *Life and Death in the Third Reich* (Cambridge, MA, e Londres, 2008), pp. 301-2.

152. "Tief vergraben, nicht dran rühren", p. 218.

153. Citado em Otto Dov Kulka, "The German Population and the Jews: State of Research and New Perspectives", em David Bankier (Org.), *Probing the Depths of German Antisemitism: German Society and the Persecution of the Jews, 1933-1941* (Nova York, Oxford e Jerusalém, 2000), p. 279.

154. Para um ponto de vista semelhante sobre 1918, ver Michael Geyer, *"Endkampf* 1918 and 1945: German Nationalism, Annihilation, and Self-Destruction", em Alf Lüdtke e Bernd Weisbrod (Orgs.), *No Man's Land of Violence: Extreme Wars in the 20th Century* (Göttingen, 2006), pp. 90-1.

CONCLUSÃO [pp. 447-63]

1. Argumentação apresentada com argúcia por Bernd Wegner, "The Ideology of Self-Destruction: Hitler and the Choreography of Defeat", *Bulletin of the German Historical Institute London*, 26/2 (2004), pp. 19-20. Ver também as reflexões de Wegner em DRZW, v. 8, pp. 1185-91.

2. Hans Rothfels, *The German Opposition to Hitler* (Londres, 1970), p. 146, insistiu em que "Casablanca destruiu qualquer esperança de uma paz tolerável que o movimento de resistência alemão ainda pudesse acalentar". Adam von Trott tentou em junho de 1944 convencer os Aliados ocidentais a suprimir a exigência, argumentando que muitos na oposição julgavam que, em caso contrário, não poderiam se arriscar a um levante interno. No entanto, foi precisamente isso que eles fizeram, apesar da exigência. De qualquer maneira, não fica claro se a exigência de rendição incondicional chegou ou não a causar um impacto significativo no movimento de resistência. Ver Anne Armstrong, *Unconditional Surrender: The Impact of the Casablanca Policy upon World War Two* (New Brunswick, NJ, 1961), pp. 205, 212-3.

3. Ver DRZW, v. 6 (Boog), p. 85; também Reimer Hansen, *Das Ende des Dritten Reiches: Die deutsche Kapitulation 1945* (Stuttgart, 1966), pp. 20-3, 36-9, 224-5; e Reimer Hansen, *Der 8. Mai 1945: Geschichte und geschichtliche Bedeutung* (Berlim, 1985), pp. 10-3, 22-3.

4. Para minimizar a possibilidade de a exigência da rendição incondicional estimular a resistência, ambos, Churchill e Roosevelt, em declarações públicas, procuraram garantir ao povo alemão que a exigência não significava que ele seria "escravizado ou destruído". Winston S. Churchill, *The Second World War*, v. 4: *The Hinge of Fate* (Londres, 1951), pp. 616-8.

5. *MadR*, v. 17, p. 6734 (fim de março de 1945).

6. Ver os comentários de Rolf-Dieter Müller em DRZW, v. 10, p. 2, pp. 705 e 716.

7. Ver Bernhard R. Kroener, "Auf dem Weg zu einer 'nationalsozialistischen Volksarmee': Die soziale Öffnung des Heeresoffizierkorps im Zweiten Weltkrieg", em Martin Broszat, Klaus-Dietmar Henke e Hans Woller (Orgs.), *Von Stalingrad zur Währungsreform: Zur Sozialgeschichte des Umbruchs in Deutschland* (Munique, 1988), pp. 653, 658-9, 671-3, 676-7; e MacGregor Knox, "1 October 1942: Adolf Hitler, Wehrmacht Officer Policy, and Social Revolution", *Historical Journal*, n. 43, pp. 801-25, 2000 (dados sobre o tamanho do corpo de oficiais, p. 810).

8. Klaus-Jürgen Müller, "The Wehrmacht: Western Front", em David Wingeate Pike, op. cit., pp. 55-6.

9. Ver as considerações sobre "o dever", tema central do livro, em John Zimmermann, *Pflicht zum Untergang: Die deutsche Kriegführung im Westen des Reiches 1944/45* (Paderborn, 2009), pp. 469-70.

10. Sönke Neitzel, *Abgehört: Deutsche Generäle in britischer Kriegsgefangenschaft 1942-1945* (Berlim, 2005).

11. Speer, op. cit., p. 434.

12. Em seu depoimento em Nuremberg, Speer descartou de maneira categórica a possibilidade de que algum grupo fosse capaz de desafiar Hitler com a exigência de encerrar a guerra. *IMT*, v. 16, p. 542. Rolf-Dieter Müller, "Speers Rüstungspolitik im Totalen Krieg", *Militargeschicbtliche Zeitschrift*, n. 59, p. 362, 2000, argumenta que, embora todos os líderes subordinados a Hitler em uma ou outra ocasião tenham pensado em procurar um meio de dar fim à guerra que não representasse derrota total e destruição, não havia, diferentemente do que ocorrera na Itália, alguém capaz de agir contra o ditador. Speer, ele acrescenta, "evidentemente em momento algum pensou em agir contra seu mentor".

Lista de fontes de arquivos citadas

Bayerisches Hauptstaatsarchiv, Munique: MInn 72417; Reichsstatthalter 257, 389/4, 644/2, 681/1-8, 686/1, 699, 482/1, 498, 527-8; MA 106695-6.

Arquivos da BBC, Londres: entrevistas da série da BBC-2 *The Nazis: A Warning from History* (1997).

Bibliothek für Zeitgeschichte, Stuttgart: Sammlung Sterz — Feldpostbriefe.

Bundesarchiv, Berlim/Lichterfelde: Parteikanzlei der NSDAP, NS6/51, 134-7, 153,166-7, 169, 277, 353-4, 374, 756, 791-2; Persönlicher Stab Reichsführer-SS, NS 19/424, 606, 612, 751, 772,1022,1029,1318,1793,1858,1862,1864, 2068, 2409, 2454, 2606, 2721, 2864, 2903, 2936, 3034, 3118, 3121, 3271, 3320, 3337, 3652, 3705, 3809, 3833, 3910-2, 3931,4015-7, Reichskanzlei, R43II/393a, 583a, 648a, 650c, 651d, 664a, 667b, 680a, 684, 692, 692a-b, 1648; Reichspostministerium, R4701 alt R48/II; Reichsministerium für Rüstung und Kriegsproduktion, R3/1511, 1522, 1526, 1528-9, 1531-3, 1535-45, 1583, 1618, 1620-3, 1623a, 1624-6, 1661, 1740; Reichsministerium für Volksaufklärung und Propaganda, R55/601, 603, 608, 610, 612, 620, 793, 21504.

Bundesarchiv/Militärarchiv, Friburgo: Materialsammlung: MSg2/2696-7, 5284; Nachlässe: N6/4, N24/39, N54/8, N60/17-8, 73-4, N245/2-3, 15, N265/26, 108, 112, 118, N374/8, N574/19, 22, 647/12-3, N648/1, N712/15; Heeresgruppen: RH2/319, 2682, 2684-5, RH19/II/204, 213, RH19/III/17, 667, 727, RH19/

IV/141, 228, 250, RH20/4/593, 617, RH20/19/196, 245, RH21/3/420, 730, RH21/5/66; Seekriegsleitung: RM7/851, 854; OKW: RW4/57, 494, 881. RW44I/33, 54.

Imperial War Museum, Duxford: EDS [Enemy Documents Section], Collection of Captured German Documents; FO645, Nuremberg Interrogation Files; FIAT interrogation reports on Albert Speer and senior members of his ministry; Memoirs of P. E. von Stemann.

Institut für Zeitgeschichte, Munique: ED 195 (Slg. Schottenheim); Fa-91/2-5 (Parteikanzlei); Fa-93 (Pers. Stab/RFSS); Nbg.-Dok., NS-3501, PS-1787, PS-3683; ZS 145 (Schwerin von Krosigk), 597 (Grohé), 988 (Kritzinger), 1810 (Dönitz), 1953 (Dankwort).

International Tracing Service, Bad Arolsen: Collection Todesmärsche: Tote, Boxes 1-83; Collection Evacuations: Evak 1-9; HNa 68.

Irving Collection: Selected Research Documents Relating to Hermann Göring, Reel 1 (microfilme de Microform Imaging Ltd., East Ardsley, Wakefield).

Liddell Hart Centre for Military Archives, King's College, Londres: Dempsey Papers, n. 72-336.

National Archives, Londres: Foreign Office: FO898/187; War Office: WO204/6384; WO208/4363-5, 5543, 5622; WO219/1587, 4713.

Staatsarchiv Augsburg: Gau Schwaben 1/28-37; Kreisleitung Augsburg-Stadt 1/8, 47, 65, 132; Ortsgruppe Wollmarkt 11/5; Kreisleitung Günzburg 1/42-3, 46-7, 55.

Staatsarchiv München: Gauleitung München, NSDAP 35, 52, 466a, 495, 499; Landratsamt Berchtesgaden, LRA 29656, 29715, 29718, 29728, 31391, 31645, 31908, 31919, 31921, 31936, 156108; Staatsanwaltschaften 6751, 18848/2-3, 34876/25.

Lista de obras citadas

ADDISON, Paul; CRANG, Jeremy A. (Orgs.). *Firestorm: The Bombing of Dresden, 1945*. Londres, 2006.

AHLFEN, Hans von; HERMANN, Niehoff. *So kämpfte Breslau: Verteidigung und Untergang von Schlesiens Hauptstadt*. Munique, 1959.

ALBRECHT, Dieter. "Regensburg in der NS-Zeit". In: ALBRECHT, Dieter (Org.). *Zwei Jahrtausende Regensburg*. Regensburg, 1979.

ALTMANN, Walter et al. "Hasenjagd" in Celle: Das Massaker am 8. April 1945. Celle, 2005.

ALVENSLEBEN, Udo von. *Lauter Abschiede: Tagebuch im Kriege*. Frankfurt sobre o Meno, 1971.

ALY, Götz. *Hitlers Volksstaat: Raub, Rassenkrieg und nationaler Sozialismus*. Frankfurt, 2005.

ANDREAS-FRIEDRICH, Ruth. *Schauplatz Berlin: Ein deutsches Tagebuch*. Munique, 1962.

ARBOGAST, Christine. *Herrschaftsinstanzen der württembergischen NSDAP: Funktion, Sozialprofil und Lebenswege einer regionalen Elite 1920-1960*. Munique, 1998.

ARCHIV PETER FÜR HISTORISCHE UND ZEITGESCHICHTLICHE DOKUMENTATION. *Spiegelbild einer Verschwörung: Die Kaltenbrunner-Berichte an Bormann und Hitler über das Attentat vom 20. Juli 1944. Geheime Dokumente aus dem ehemaligen Reichssicherheitshauptamt*. Stuttgart, 1961.

ARENDES, Cord; WOLFRUM, Edgar, ZEDLER, Jörg (Orgs.). *Terror nach Innen: Verbrechen am Ende des Zweiten Weltkrieges*. Göttingen, 2006.

ARENDT, Hannah. *The Origins of Totalitarianism*. Nova York, 1951.

ARMSTRONG, Anne. *Unconditional Surrender: The Impact of the Casablanca Policy upon World War II*. New Brunswick, 1961.

BAJOHR, Frank; WILDT, Michael (Orgs.). *Volksgemeinschaft: Neue Forschungen zur Gesellschaft des Nationalsozialismus*. Frankfurt sobre o Meno, 2009.

BALKOSKI, Joseph. "Patton's Third Army: The Lorraine Campaign, 19 September-1 December 1944".

In: NOFI, Albert A. (Org.). *The War against Hitler: Military Strategy in the West*, Conshohocken, Pensilvânia, 1995.

BARNETT, Correlli (Org.). *Hitler's Generals*. Londres, 1990.

BARTOV, Omer. *The Eastern Front, 1941-45: German Troops and the Barbarisation of Warfare*. Nova York, 1986.

BAUER, Robert. *Heilbronner Tagebuchblätter*. Heilbronn, 1949.

BAUER, Yehud. *Jews for Sale? Nazi-Jewish Negotiations, 1933-1945*. New Haven, 1994.

BAUM, Walter. "Der Zusammenbruch der obersren deutschen militärischen Führung 1945". *Wehrwissenschaftliche Rundschau*, n. 10, 1960.

BAUMANN, Ulrich; KOCH, Markus (Orgs.). *"Was damals Recht war...": Soldaten und Zivilisten vor Gerichten der Wehrmach*. Berlim, 2008.

BEEVOR, Antony. *Berlin: The Downfall 1945*. Londres, 2007.

_____. *D-Day: The Battle for Normandy*. Londres, 2009.

BEHRMANN, Günter C. "'Jugend, die meinen Namen trägt': Die letzten Kriegsein-sätze der Hitlerjugend'. In: GIORDANO, Ralph. *Kriegsende in Deutschland*. Hamburg, 2005.

BELOW, Nicolaus von. *Als Hitlers Adjutant 1937-45*. Mainz, 1980.

BERGANDER, Götz. *Dresden im Luftkrieg: Vorgeschichte, Zerstörung, Folgen*. Weimar, 1994.

BERGAU, Martin. *Der Junge von der Bernsteinküste: Erlebte Zeitgeschichte 1938-1948*, Heidelberg, 1994.

_____. "'Tod an der Bernsteinküste: Ein NS-Verbrechen in Ostpreußen". In: FRÖHLICH, Elke (Org.). *AIs die Erde brannte: Deutsche Schicksale in deu letzten Kriegstage*. Munique, 2005.

BERGEN, Doris L. "Death Throes and Killing Frenzies: A Response to Hans Mommsen's 'The Dissolution of the Third Reich: Crisis Management and Collapse, 1943-1945'". *German Historical Institute — Washington D. C. Bulletin*, n. 27, outono de 2000.

BERGHAHN, Volker. "NSDAP und 'geistige Führung' der Wehrmacht 1939-1943". *VfZ*, n. 17, 1969.

BERNADOTTE, Folke. *The Fall of the Curtain*. Londres; Toronto, 1945.

BESSEL, Richard. *Germany 1945: From War to Peace*. Nova York, 2009.

BESSON, Waldemar. "Zur Geschichte des nationalsozialistischen Führungsoffiziers (NSFO)". *VfZ*, n. 9, 1961.

BIDDISCOMBE, Perry. *Werwolf! The History of the National Socialist Guerrilla Movement 1944-1946*. Toronto; Buffalo, 1998.

BIDWELL, Shelford. "Kesselring". In: BARNETT, Correlli (Org.). *Hitler's Generals*. Londres, 1990.

BLACK, Peter R. *Ernst Kaltenbrunner: Ideological Soldier of the Third Reich*. Princeton, 1984.

BLANK, Ralf. "Albert Hoffmann als Reichsverteidigungskommissar im Gau Westfalen-Süd, 1943--1945: Eine biografische Skizze". In: GRUNER, Wolf; NOLZEN, Armin (Orgs.). *"Bürokratie": Initiative und Effizienz. Beiträge zur Geschichte des Nationalsozialismus*. Berlim, 2001, v. 17.

_____. "Kriegsalltag und Luftkrieg an der 'Heimatfront'". In: BLANK, Ralf et al. *Das Deutsche Reich und der Zweite Weltkrieg*. Munique, 2004. v. 9/1.

BLATMAN, Daniel. "Die Todesmärsche: Entscheidungstrager, Morder und Opfer". In: HERBERT, Ulrich; ORTH, Karin; DIECKMANN, Christoph (Orgs.). *Die nationalsozialistischen Konzentrationslager*. Göttingen, 1998. v. 2.

_____. "The Death Marches, January-May 1945: Who Was Responsible for What?". *YVS*, n. 28, 2000.

_____. "Rückzug, Evakuierung und Todesmärsche 1944-1945". In: BENZ, Wolfgang; DISTEL, Barbara (Orgs.). *Der Ort des Terrors: Geschichte der nationalsozialistischen Konzentrationslager*. Munique, 2005. v. 1.

BLATMAN, Daniel. *Les Marches de la mort: La dernière étape du génocide nazi, été 1944-printemps 1945*. Paris, 2009.

_____. "The Death-Marches and the Final Phase of Nazi Genocide". In: CAPLAN, Jane; WACHSMANN, Nikolaus (Orgs.). *Concentration Camps in Nazi Germany: The New Histories*. Londres; Nova York, 2010.

BLEYER, Wolfgang. "Plane der faschistischen Führung zum totalen Krieg im Sommer 1944". *Zeitschrift für Geschichtswissenschaft*, n. 17, 1969.

BLOCH, Michael. *Ribbentrop*. Londres, 1994.

BLUMENTRITT, Guenther. *Von Rundstedt: The Soldier and the Man*. Londres, 1952.

BOBERACH, Heinz (Org.) *Meldungen aus dem Reich*. Herrsching, 1984, v. 17.

BOELCKE, Willi A. *"Wollt Ihr den totalen Krieg?" Die geheimen Goebbels-Konferenzen 1939-1943*. Munique, 1969.

_____ (Org.). *Deutschlands Rüstung im Zweiten Weltkrieg: Hitlers Konferenzen mit Albert Speer 1942--1945*. Frankfurt sobre o Meno, 1969.

BOOG, Horst. "Die strategische Bomberoffensive der Alliierten gegen Deutschland und die Reichsluftverteidigung in der Schlußphase des Krieges". In: MULLER, Rolf-Dieter (Org.). *Das Deutsche Reich und der Zweite Weltkrieg*. Munique, 2008. v. 10.

BOREJSZA, Jerzy W. "Der 25 Juli 1943 in Italien und der 20 Juli 1944 in Deutschland: Zur Technik des Staatsstreichs im totalitären System". In: SCHMÄDEKE, Jürgen; STEINBACH, Peter (Orgs.). *Der Widerstand gegen den Nationalsozialismus: Die deutsche Gesellschaft und der Widerstand gegen Hitler*. Munique; Zurique, 1986.

BOSCH, Manfred. *Der Neubeginn: Aus deutscher Nachkriegszeit: Südbaden 1945-1950*. Konstanz, 1988.

BRELOER, Heinrich (Org.). *Mein Tagebuch: Geschichten vom Überleben, 1939-1947*. Colônia, 1984.

BRETSCHNEIDER, Heike. *Der Widerstand gegen den Nationalsozialismus in München, 1933-1945*. Munique, 1968.

BROSZAT, Martin. "Nationalsozialistische Konzentrationslager 1933-1945". In: BUCHHEIM, Hans et al. *Anatomie des SS-Staates*. Olten, 1965.

_____. *Der Staat Hitlers*. Munique, 1969.

_____. *Kommandant in Auschwitz: Autobiographische Aufzeichnungen des Rudolf Höss*. Munique, 1963.

_____. FRÖHLICH, Elke et al. (Orgs.). *Bayern in der NS-Zeit*. Munique; Viena, 1977-83.

BUCHBENDER, Ortwin; STERZ, Reinhold (Orgs.). *Das andere Gesicht des Krieges: Deutsche Feldpostbriefe, 1939-1945*. Munique, 1982.

BUCHHEIM, Hans et al. *Anatomie des SS-Staates*. Olten, 1965.

BUSKE, Norbert (Org.). *Die kampflose Übergabe der Stadt Greifswald im April 1945*. Schwerin, 1993.

_____. *Das Kriegsende 1945 in Demmin: Berichte, Erinnerungen, Dokumente*. Schwerin, 1995.

CHURCHILL, Winston S. *The Second World War*. Londres, 1951. v. 4: The Hinge of Fate.

CLARK, Christopher. "Johannes Blaskowirz: Der christliche General". In: SMELSER, Ronald; SYRING, Enrico (Orgs.). *Die Militärelite des Dritten Reiches*. Berlim, 1995.

CZECH, Danuta. *Kalendarium der Ereignisse im Konzentrationslager Auschwitz-Birkenau 1939-1945*. Reinbek, 1989.

DAS DEUTSCHE Reich und der Zweite Weltkrieg. Org. do Militärgeschichtliches Forschungsamt. Munique, 2004-8. v. 7-10.

DAVIES, Norman. *Rising '44: "The Battle for Warsaw"*. Londres, 2004.

DEAR, I. C. B.; FOOT, M. R. D. *The Oxford Companion to the Second World War*. Oxford, 1995.

DEIBLE, Albert. *Krieg und Kriegsende in Schwäbisch Gmünd*. Schwäbisch Gmünd, 1954.

DEMERER, Heinrich. "Erinnerungen an den Todesmarsch aus dem KZ Flossenbürg". *Dachauer Hefte*, n. 25, 2009.

DENNY, Isabel. *The Fall of Hitler's Fortress City: The Battle for Königsberg, 1945*. Londres; St. Paul, 2007.

DER DEUTSCHE Südwesten zur Stunde Null. Org. do Generallandesarchiv Karlsruhe. Karlsruhe, 1975.

D'ESTE, Carlo. "Model". In: BARNETT, Correlli (Org.). *Hitler's Generals*. Londres, 1990.

DEUTSCHLAND im Zweiten Weltkrieg, v. 6: *Die Zerschlagung des Hitlerfaschismus und die Befreiung des deutschen Volkes (juni 1944 biszum 8. Mai 1945)*. Org. coletiva dos autores sob a direção de Wolfgang Schumann e Olaf Groehler, com assistência de Wolfgang Bleyer. Berlim, 1985.

DIECKERT, Kurt; GROSSMANN, Horst. *Der Kampf um Ostpreußen: Ein authentischer Dokumentarbericht*. Munique, 1960.

DOMARUS, Max (Org.). *Hitler: Reden und Proklamationen 1932-1945*. Wiesbaden, 1973.

DÖNITZ, Karl. *Memoirs: Ten Years and Twenty Days*. Nova York, 1997.

DÖRR, Margarete. *"Wer die Zeit nicht miterlebt hat...": Frauenerfahrungen im Zweiten Weltkrieg und in den Jahren danach...* Frankfurt sobre o Meno; Nova York, 1998. v. 3.

DOWNING, David. *The Devil's Virtuosos: German Generals at War, 1940-5*. Londres, 1977.

ECHTERNKAMP, Jörg. "Im Kampf an der inneren und äußeren Front: Grundzüge der deutschen Gesellschaft im Zweiten Weltkrieg". In: BLANK, Ralf et al. *Das Deutsche Reich und der Zweite Weltkrieg*. Munique, 2004. v. 9.

_____. (Org.). *Kriegsschauplatz Deutschland 1945: Leben in Angst — Hoffnung auf Frieden. Feldpost aus der Heimat und von der Front*. Paderborn, 2006.

EICHHOLTZ, Dietrich. "Deutschland am Ende des Krieges: Eine kriegswirtschaftliche Bilanz". *Bulletin der Berliner Gesellschaft für Faschismus- und Weltkriegsforschung*, n. 6, 1996.

_____. *Geschichte der deutschen Kriegswirtschaft 1939-1945*. Berlim, 1996. v. 3: 1943-1945.

EINE Frau in Berlin. Tagebuch-Aufzeichnungen vom 20. April bis 22. de Juni 1945. Munique, 2008.

ELLIGER, Katharina. *Und tief in der Seele das Ferne: Die Geschichte einer Vertreibung aus Schlesien*. Reinbek, 2006.

EPSTEIN, Catherine. *Model Nazi: Arthur Greiser and the Occupation of Western Poland*, Oxford; Nova York, 2010.

ERICKSON, John. *The Road to Berlin*. Londres, 2003.

ERPEL, Simone. "Machtverhältnisse im Zerfall: Todesmärsche der Häftlinge des Frauen-Konzentrationslagers Ravensbrück im April 1945". In: HILLMANN, Jörg; ZIMMERMANN, John (Orgs.). *Kriegsende 1945 in Deutschland*. Munique, 2002.

_____. *Zwischen Vernichtung und Befreiung: Das Frauen-Konzentrationslager Ravensbrück in der letzten Kriegsphase*. Berlim, 2005.

ESCHENBURG, Theodor. "Die Rede Himmlers vor den Gauleitern am 3 August 1944". *VfZ*, n. 1, 1953.

EVANS, Richard. *The Third Reich at War*. Londres, 2008.

FEST, Joachim C. *The Face of the Third Reich*. Harmondsworth, 1972.

_____. *Speer: Eine Biographie*. Berlim, 1999.

FISCH, Bernhard. *Nemmersdorf, Oktober 1944: Was in Ostpreußen tatsächlich geschah*. Berlim, 1997.

560

FISCH, Bernhard. "Nemmersdorf 1944: ein bisher unbekanntes zeitnahes Zeugnis". *Zeitschrift für stmitteleuropa-Forschung*, n. 56, 2007.

FLEISCHHAUER, Ingeborg. *Die Chance des Sonderfriedens: Deutsch-sowjetisch Geheimgespräche 1941-1945*. Berlim, 1986.

FÖRSCHLER, Andreas. *Stuttgart 1945: Kriegsende und Neubeginn*. Gudensberg, 2004.

FÖRSTER, Gerhard; LAKOWSKI, Richard (Orgs.). *1945: Das Jahr der endgültigen Niederlage der faschistischen Wehrmacht — Dokumente*. Berlim, 1975.

FÖRSTER, Jürgen. "Geistige Kriegführung in Deutschland 1919 bis 1945". In: BLANK, Ralf et al. *Das Deutsche Reich und der Zweite Weltkrieg*. Munique, 2004. v. 9.

_____. "Die Wehrmacht und das Ende des 'Dritten Reichs'". In: BAUERKÄMPER, Arnd; KLEßMANN, Christoph; MISSELWITZ, Hans (Orgs.). *Der 8 Mai 1945 als historische Zäsur: Strukturen, Erfahrung, Deutungen*. Potsdam, 1995.

_____. "The Final Hour of the Third Reich: The Capitulation of the Wehrmacht". *Bulletin of the International Committee for the History of the Second World War*, Montreal, 1995.

_____. *Die Wehrmacht im NS-Staat: Eine strukturgeschichtliche Analyse*. Munique, 2007.

FRIEDLÄNDER, Saul. *The Years of Extermination: Nazi Germany and the Jews, 1939-1945*. Londres, 2007.

FRIEDRICH, C. Joachim; BRZEZINSKI, Zbigniew. *Totalitarian Dictatorship and Autocracy*. Cambridge, 1956.

FRIEDRICH, Jörg. *Der Brand: Deutschland im Bombenkrieg 1940-1945*. Berlim, 2004.

FRIESER, Karl-Heinz. "Die Schlacht um die Seelower Höhen im April 1945". In: FOERSTER, Roland G. (Org.). *Seelower Höhen 1945*. Hamburgo, 1998.

_____. et al. "Der Zusammenbruch im Osten: Die Rückzugskampfe seit Sommer 1944". In: FRIESER, Karl-Heinz et al. *Das Deutsch Reich und der Zweite Weltkrieg*. Munique, 2007, v. 8.

FRITSCHE, Peter. *Life and Death in the Third Reich*. Cambridge, 2008.

FRITZ, Stephen G. *Endkampf: Soldiers, Civilians, and the Death of the Third Reich*. Lexington, KY, 2004.

FRÖHLICH, Elke. "Ein junger Märtyrer". In: BROSZAT, Martin; FRÖHLICH, Elke; WIESEMANN, Falk (Orgs.). *Bayern in der NS-Zeit*. Munique; Viena, 1983. v. 6.

_____. "Hitler und Goebbels im Krisenjahr 1944: Aus den Tagebüchern des Reichspropagandaministers". *VfZ*, n. 39, 1990.

_____ (Org.). *Die Tagebücher von Joseph Goebbels*. Munique, 1995-6. v. 12-5.

GELLATELY, Robert. *Backing Hitler: Consent and Coercion in Nazi Germany*. Oxford, 2001.

GEYER, Michael. "Endkampf 1918 and 1945: German Nationalism, Annihilation, and Self-Destruction". In: LÜDTKE, Alf; WEISBROD, Bernd (Orgs.). *No Man's Land of Violence: Extreme Wars in the 20th Century*. Göttingen, 2006.

GOEBBELS, Joseph. *Tagebücher 1945: Die letzten Aufzeichnungen*. Hamburgo, 1977.

GOESCHEL, Christian. "Suicide at the End of the Third Reich". *Journal of Contemporary History*, n. 41, 2006.

_____. *Suicide in Nazi Germany*. Oxford; Nova York, 2009.

GÖHRI, Josef F. *Die Franzosen kommen! Kriegsereignisse im Breisgau und in der Ortenau*. Horb am Neckar, 2005.

GOLDHAGEN, Daniel Jonah. *Hitler's Willing Executioners: Ordinary Germans and the Holocaust*. Londres, 1997.

GOLZ, Anna von der. *Hindenburg: Power, Myth, and the Rise of the Nazis*, Oxford; Nova York, 2009.

GÖRLITZ, Walter. *Model: Strategie der Defensive*. Wiesbaden, 1975.

GOTTO, Bernhard. *Nationalsozialistische Kommunalpolitik: Administrative Normalität und Systemstabilisierung durch die Augsbitrger Stadtverwaltung 1933-1945*. Munique, 2006.

GRANZOW, Klaus. *Tagebuch eines Hitlerjungen, 1943-1945*. Bremen, 1965.

GREISER, Katrin. *Die Todesmärsche von Buchenwald: Räumung, Befreiung und Spuren der Erinnerung*. Göttingen, 2008.

GRIEGER, Friedrich. *Wie Breslau fiel...* Metzingen, 1948.

GRIER, Howard D. *Hitler, Dönitz and the Baltic Sea: The Third Reich's Last Hope, 1944-1945*. Annapolis, 2007.

GRING, Diana. "Das Massaker von Gardelegen". *Hefte — Das Ende der Konzentrationslager*, n. 20, 2004.

GROEHLER, Olaf. "Die Schlacht um Aachen (September/Oktober 1944)". *Militärgeschichte*, n. 18, 1979.

_____. *Bombenkrieg gegen Deutschland*. Berlim, 1990.

GROSCHE, Robert. *Kölner Tagebuch 1944-46*. Colônia, 1969.

GRUCHMANN, Lothar. *Der Zweite Weltkrieg*. Munique, 1975.

GUDERIAN, Heinz. *Panzer Leader*. Nova York, 1996.

HAASE, Norbert. "Justizterror in der Wehrmacht". In: ARENDES, Cord; WOLFRUM, Edgar; ZEDLER, Jörg (Orgs.). *Terror nach Innen: Verbrechen am Ende des Zweiten Weltkrieges*. Göttingen, 2006.

HALE, Oron J. *The Captive Press in the Third Reich*. Princeton, 1973.

HALTER, Helmut. *Stadt unterm Hakenkreuz: Kommunalpolitik in Regensburg während der NS-Zeit*. Regensburg, 1994.

HAMMER, Ingrid; NIEDEN, Susanne zur (Orgs.). *Sehr selten babe ich geweint: Briefe und Tagebücher aus dem Zweiten Weltkrieg von Menschen aus Berlin*. Zurique, 1992.

HAMMERMANN, Gabriele. "Die Todesmärsche aus den Konzentrationslagern 1944/45". In: ARENDES, Cord; WOLFRUM, Edgar; ZEDLER, Jörg (Orgs.). *Terror nach Innen: Verbrechen am Ende des Zweiten Weltkrieges*. Göttingen, 2006.

HANCOCK, Eleanor. *National Socialist Leadership and Total War 1941-45*. Nova York, 1991.

HANSEN, Reimer. "Albert Speers Konflikt mit Hitler". *Geschichte in Wissenschaft und Unterricht*, n. 17, 1966.

_____. *Das Ende des Dritten Reiches: Die deutsche Kapitulation 1945*. Stuttgart, 1966.

_____. "Ribbentrops Friedensfühler im Frühjahr 1945". *Geschichte in Wissenschaft und Unterricht*, n. 18, 1967.

_____. *Der 8. Mai 1945: Geschichte undgeschichtliche Bedeutung*. Berlim, 1985.

HARTMANN, Christian; HÜRTER, Johannes. *Die letzten 100 Tage des Zweiten Weltkriegs*. Munique, 2005.

HARTWIG, Dieter. *Großadmiral Karl Dönitz: Legende und Wirklichkeit*. Paderborn, 2010.

HASTINGS, Max. *Armageddon: The Battle for Germany 1944-45*. Londres, 2004.

_____. *Finest Years: Churchill as Warlord 1940-45*. Londres, 2009.

HEIBER, Helmut (Org.). *Akten der Partei-Kanzlei der NSDAP*. v. 1, Munique, 1983; v. 2, ed. Peter Longerich. Munique, 1989.

_____ (Org.). *Lagebesprechungen im Führerhauptquartier: Protokollfragmente aus Hitlers militärischen Konferenzen 1942-1945*. Berlim; Darmstadt; Viena, 1963.

HEIBER, Helmut; GLANTZ, David M. (Orgs.). *Hitler and his Generais: Military Conferences 1942-1945*. Londres, 2002.

HEINEMANN, Winfried. "Der militärische Widerstand und der Krieg". *DRZW*, v. 9, n. 1.

HENKE, Klaus-Dietmar. *Die amerikanische Besetzung Deutschlands*. Munique, 1995.

HENKYS, Reinhard. "Ein Todesmarsch in Ostpreußen". *Dachauer Hefte*, n. 20, 2004.

HENNICKE, Otto. "Auszüge aus der Wehrmachtkriminalstatistik". *Zeitschrift für Militärgeschichte*, n. 5, 1966.

HERBERT, Ulrich. *Fremdarbeiter: Politik und Praxis des "Ausländer-Einsatzes" in der Kriegswirtschaft des Dritten Reiches*. Bonn, 1985.

_____. *Hitler's Foreign Workers: Enforced Foreign Labor in Germany under the Third Reich*. Cambridge, 1997.

HERBST, Ludolf. *Der Totale Krieg und die Ordnung der Wirtschaft*. Stuttgart, 1982.

_____. *Hitlers Charisma: Die Erfindung eines deutschen Messias*. Frankfurt sobre o Meno, 2010.

HERF, Jeffrey. "'Der Krieg und die Juden': Nationalsozialistische Propaganda im Zweiten Weitkrieg". *DRZW*, v. 9, n. 2.

_____. *The Jewish Enerny: Nazi Propaganda during World War II and the Holocaust,* Cambridge, MA, 2006.

HERZSTEIN, Robert Edwin. *The War that Hitler Won*. Londres, 1979.

HETT, Ulrike; TUCHEI, Johannes. "Die Reaktionen des NS-Staates auf den Umsturzversuch vom 20. July 1944". In: STEINBACH, Peter; TUCHEI, Johannes (Orgs.). *Widerstand gegen den Nationalsozialismus*. Bonn, 1994.

HEUSLER, Andreas. "Die Eskalation des Terrors: Gewalt gegen ausländische Zwangsarbeiter in der Endphase des Zweiten Weltkrieges". In: ARENDES, Cord; WOLFRUM, Edgar, ZEDLER, Jörg (Orgs.). *Terror nach Innen: Verbrechen am Ende des Zweiten Weltkrieges*. Göttingen, 2006.

HILBERG, Raul. *The Destruction of the European Jews*. Nova York, 1973.

HILLMANN, Jörg. "Die 'Reichsregierung' in Flensburg". In: HILLMANN, Jörg; ZIMMERMANN, John (Orgs.). *Kriegsende 1945 in Deutschland*. Munique, 2002.

HIRSCHFELD, Gerhard; RENZ, Irina. *"Vormittags die ersten Amerikaner": Stirnmen und Bilder vom Kriegsende 1945*. Stuttgart, 2005.

HISTORISCHES ARCHIV DER STADT KÖLN. *Widerstand und Verfolgung in Köln*. Colônia, 1974.

HÖFFKES, Karl. *Hitlers politische Generale: Die Gauleiter des Dritten Reiches. Ein biographisches Nachschlagewerk*. Tübingen, 1986.

HOFFMANN, Peter. *Widerstand, Staatsstreich, Attentat: Der Kampfder Opposition gegen Hitler*. 4. ed. Munique, 1985.

HÖHNE, Heinz. *The Order of the Death's Head*. Londres, 1972.

HORNIG, Ernst. *Breslau 1945: Erlebnisse in der eingeschlossenen Stadt*. Munique, 1975.

HOßBACH, Friedrich. *Die Schlacht um Ostpreußen*. Überlingen, 1951.

HUBATSCH, Walther. *Hitlers Weisungen für die Kriegführung 1939-1945: Dokumente des Oberkommandos der Wehrmacht*. Munique, 1965.

IRVING, David. *Hitler's War*. Londres, 1977.

_____. *Göring: A Biography*. Londres, 1989.

_____. *Goebbels: Mastermind of the Third Reich*. Londres, 1996.

JACOBSEN, Hans-Adolf. *"Spiegelbild einer Verschwörung": Die Opposition gegen Hitler und der Staatsstreich vom 20. Juli 1944 in der SD-Berichterstattung*. Stuttgart, 1984. 2 v.

JAENECKE, Heinrich. "Mythos Hitler: Ein Nachruf". In: GIORDANO, Ralph. *Kriegsende in Deutschland*. Hamburgo, 2005.

JANSSEN, Gregor. *Das Ministerium Speer: Deutschlands Rüstung im Krieg,* Berlim. Frankfurt sobre o Meno; Viena, 1968.

JEDLICKA, Ludwig. "Ein unbekannter Bericht Kaltenbrunners über die Lage in Österreich im September: 1944". In: JEDLICKA, Ludwig. *Der 20 juli 1944.* Viena, 1985.

JESSE, Eckhard (Org.). *Totalitarismus im 20. Jahrhundert.* Bonn, 1999.

JOACHIMSTHALER, Anton. *Hitlers Ende: Legenden und Dokumente.* Munique, 1999.

JOHR, Barbara. "Die Ereignisse in Zahlen". In: SANDER, Helke; JOHR, Barbara (Orgs.). *Befreier und Befreite: Krieg, Vergewaltigungen, Kinder.* Munique, 1992.

JORDAN, Rudolf. *Erlebt und erlitten: Weg eines Gauleiters von München bis Moskau.* Leoni am Starnberger See, 1971.

JUNG, Hermann. *Die Ardennenoffensive 1944/45.* Göttingen, 1971.

JUNGE, Traudl. *Until the Final Hour: Hitler's Last Secretary.* Londres, 2002.

KAILIS, Aristotle A. "Der Niedergang der Deutungsmacht: Nationalsozialistische Propaganda im Kriegsverlauf". *DRZW,* v. 9, n. 2.

KALTENEGGER, Roland. *Schörner: Feldmarschall der letzten Stunde.* Munique; Berlim, 1994.

_____. *Operation "Alpenfestung": Das letzte Geheimnis des "Dritten Reiches".* Munique, 2005.

KARDORFF, Ursula von. *Berliner Aufzeichnungen 1942-1945.* Munique, 1981.

KÄSTNER, Erich. *Notabene 1945: Ein Tagebuch.* Berlim, 1961.

KATER, Michael. *The Nazi Party: A Social Profile of Members and Leaders, 1919-1945.* Oxford, 1983.

KEHRL, Hans. *Krisenmanager im Dritten Reich.* Düsseldorf, 1973.

KERSTEN, Felix. *The Kersten Memoirs 1940-1945.* Londres, 1956.

KESSELRING, Albert. *The Memoirs of Field-Marshal Kesselring.* Londres, 1997.

KILIAN, Katrin. "Kriegsstimmungen: Emotionen einfacher Soldaten in Feldpostbriefen". *DRZW,* v. 9, n. 2.

KIRK, Timothy. *Nazism and the Working Class in Austria.* Cambridge, 1996.

KISSEL, Hans. *Der Deutsche Volkssturm 1944/45.* Frankfurt sobre o Meno, 1962.

KLEMPERER, Victor. *Ich will Zeugnis ablegen bis zum letzten.* Darmstadt, 1998. v. 2: Tagebücher 1942- -1945. Org. de Walter Nowojski e Hadwig Klemperer.

KNOPP, Guido. *Die große Flucht: Das Schicksal der Vertriebenen.* Munique, 2001.

_____. *Der Sturm: Kriegsende im Osten.* Berlim, 2006.

_____. *Der Untergang der Gustloff.* 2. ed. Munique, 2008.

KNOX, MacGregor. "1 October 1942: Adolf Hitler, Wehrmacht Officer Policy, and Social Revolution". *Historical Journal,* n. 43, 2000.

KOENIG, Ernest. "Auschwitz III — Blechhammer: Erinnerungen". *Dachauer Hefte,* n. 15, 1999.

KOGON, Eugen. *Der SS-Staat: Das System der deutschen Konzentrationslager.* Munique, 1974.

KOHLHAAS, Elisabeth. "'Aus einem Haus, aus dem eine weiße Fahnen erscheint, sind alie männlichen Personen zu erschießen": Durchhalteterror und Gewalt gegen Zivilisten am Kriegsende 1945'. In: ARENDES, Cord; WOLFRUM, Edgar, ZEDLER, Jörg (Orgs.). *Terror nach Innen: Verbrechen am Ende des Zweiten Weltkrieges.* Göttingen, 2006.

KOLB, Eberhard. *Bergen-Belsen: Geschichte des "Aufenthaltslagers" 1943-1945.* Hanover, 1962.

_____. "Bergen-Belsen: Die Errichtung des Lagers Bergen-Belsen und seine Funktion als 'Aufenthaltslager' (1943-44)". In: BROSZAT, Martin (Org.). *Studien zur Geschichte der Konzentrationslager.* Stuttgart, 1970.

_____. *Bergen-Belsen 1943 bis 1945.* Göttingen, 1985.

KOLB, Eberhard. "Die letzte Kriegsphase: Kommentierende Bemerkungen". In: HERBERT, Ulrich; ORTH, Karin; DIECKMANN, Christoph (Orgs.). *Die nationalsozialistischen Konzentrationslager*. Göttingen, 1998. v. 2.

KOLLER, Karl. *Der letzte Monat: Die Tagebuchaufzeichnungen des ehemaligen Chefs des Generalstabes der deutschen Luftwaffe vom 14. April bis zum 27. Mai 1945*. Mannheim, 1949.

KONRAD, Joachim. "Das Ende von Breslau". *VfZ*, n. 4, 1956.

KOSCHORREK, Günter K. *Blood Red Snow: The Memoirs of a German Soldier on the Eastern Front*. Londres, 2002.

KOSSERT, Andreas. "'Endlösung on the Amber Shore': The Massacre in January 1945 on the Baltic Seashore — a Repressed Chapter of East Prussian History". *Leo Baeck Year Book*, n. 40, 2004.

———. *Damals in Ostpreußen: Der Untergang einer deutschen Provinz*. Munique, 2008.

KRAKOWSKI, Schmuel. "Massacre of Jewish Prisoners on the Samland Peninsula — Documents". *YVS*, n. 24, 1994.

KRAMARZ, Joachim. *Stauffenberg: The Life and Death of an Officer, November 15th 1907 — July 20th 1944*. Londres, 1967.

KRAUS, Herbert. "Karl Dönitz und das Ende des 'Dritten Reiches'". In: VOLKMANN, Hans-Erich (Org.). *Ende des Dritten Reiches — Ende des Zweiten Weltkriegs: Eine perspektivische Rückschau*. Munique; Zurique, 1995.

———. "Großadmiral Karl Dönitz". In: UEBERSCHÄR, Gerd R. (Org.). *Hitlers militärische Elite*. Darmstadt, 1998. v. 2: *Vom Kriegsbeginn bis zum Weltkriegsende*.

KRAUTKRÄMER, Elmar. "Generalfeldmarschall Albert Kesselring". In: UEBERSCHÄR, Gerd R. (Org.). *Hitlers militärische Elite*, vol. 1: *Von den Anfängen des Regimes bis Kriegsbeginn*. Darmstadt, 1998.

KRIEGSENDE in Deutschland. Hamburgo, 2005.

KROENER, Bernhard R. "'Menschenbewirtschaftung', Bevölkerungsverteilung und personelle Rüstung in der zweiten Kriegshälfte (1942-1944)". *DRZW*, v. 5, n. 2.

———. "Auf dem Weg zu einer 'nationalsozialistischen Volksarmee': Die soziale Öffnung des Heeresoffizierkorps im Zweiten Weltkrieg". In: BROSZAT, Martin; HENKE, Klaus-Dietmar; WOLLER, Hans (Orgs.). *Von Stalingrad zur Wahrungsreform: Zur Sozialgeschichte des Urnbruchs in Deutschland*. Munique, 1988.

———. "'Frontochsen' und 'Etappenbullen': Zur Ideologisierung militärischer Organisationsstrukturen im Zweiten Weltkrieg". In: MÜLLER, Rolf-Dieter; VOLKMANN, Hans-Erich (Orgs.). *Die Wehrmacht: Mythos und Realität*. Munique, 1999.

———. "Der starke Mann im Heimatkriegsgebiet": Generaloberst Friedrich Fromm — Eine Biographie*. Paderborn, 2005.

KRONIKA, Jacob. *Der Untergang Berlins*. Flensburg, 1946.

KROSIGK; Lutz Graf Schwerin von. *Es geschah in Deutschland*. Tübingen; Stuttgart, 1951.

———. "Persönliche Erinnerungen". Texto inédito digitado, [s.d]. Parte 2: 25 Jahre Berlin 1920 bis 1945.

KULKA, Otto Dov. "The German Population and the Jews: State of Research and New Perspectives". In: BANKIER, David (Org.). *Probing the Depths of German Antisemitism: German Society and the Persecution of the Jews, 1933-1941*. Nova York; Oxford; Jerusalém, 2000.

———. JÄCKEL, Eberhard (Orgs.). *Die Juden in den geheimen NS-Stimmungsberichten 1933-1945*. Düsseldorf, 2004.

KUNZ, Andreas. "Die Wehrmacht 1944/45: Eine Armee im Untergang". *DRZW*, v.10, n. 2.

KUNZ, Andreas. "Die Wehrmacht in der Agonie der nationalsozialistischen Herrschaft 1944/45: Eine Gedankenskizze". In: HILLMANN, Jörg; ZIMMERMANN, John (Orgs.). *Kriegsende 1945 in Deutschland*. Munique, 2002.

_____. *Wehrmacht und Niederlage: Die bewaffnete Macht in der Endphase der nationalsozialistischen Herrschaft 1944 bis 1945*. Munique, 2007.

KUNZE, Karl. *Kriegsende in Franken und der Kampfum Nürnberg im April 1945*. Nurembergue, 1995.

KUROWSKI, Franz. "Dietrich and Manteuffel". In: BARNETT, Correlli (Org.). *Hitler's Generals*. Londres, 1990.

LAKOWSKI, Richard. "Der Zusammenbruch der deutschen Verteidigung zwischen Ostsee und Karpaten". *DRZW*, v. 10, n. 1.

LAKOWSKI, Richard; BULL, Hans-Joachim. *Lebenszeichen 1945: Feldpost aus den letzten Kriegstagen*. Leipzig, 2002.

LANG, Jochen von. *Der Sekretär: Martin Bormann. Der Mann, der Hitler beherrschte*. Frankfurt sobre o Meno, 1980.

LARGE, David Clay. *Berlim*. Nova York, 2000.

LASS, Edgar Günther. *Die Flucht: Ostpreußen 1944/45*. Bad Nauheim, 1964.

LATZEL, Klaus. "Wehrmachtsoldaten zwischen 'Normalität' und NS-Ideologie, oder: Was sucht die Forschung in der Feldpost?". In: MÜLLER, Rolf-Dieter; VOLKMANN, Hans-Erich (Orgs.). *Die Wehrmacht: Mythos und Realität*. Munique, 1999.

LAUTERBACHER, Hartmann. *Erlebt und mitgestaltet*. Preußisch Oldendorf, 1984.

LEHNDORFF, Hans Graf von. *Ostpreußisches Tagebuch: Aufzeichnungen eines Arztes aus den Jahren 1945-1947*. Munique, 1967.

LEWIS, Sam L. "Albert Kesselring: der Soldat als Manager". In: SMELSER, Ronald; SYRING, Enrico (Orgs.). *Die Militärelite des Dritten Reiches*. Berlim, 1995.

LILLA, Joachim. *Die Stellvertretenden Gauleiter und die Vertretung der Gauleiter der NSDAP im "Dritten Reich"*. Koblenz, 2003.

LOEFFEL, Robert. "Soldiers and Terror: Re-evaluating the Complicity of the Wehrmacht in Nazi Germany". *German History*, n. 27, 2009.

LONGERICH, Peter. "Joseph Goebbels und der totale Krieg: Eine unbekannte Denkschrift des Propagandaministers vom 18. Juli 1944". *VfZ*, n. 35, 1987.

_____. *Hitlers Stellvertreter: Führung der Partei und Kontrolle des Staatsapparates durch den Stab Heß und die Partei-Kanzlei Bormann*. Munique, 1992.

_____. *"Davon haben wir nichts gewußt!" Die Deutschen und die Judenverfolgung 1933-1945*. Munique, 2006.

_____. *Heinrich Himmler: Biographie*. Munique, 2008.

_____. *Holocaust: The Nazi Persecution and Murder of the Jews*. Oxford, 2010.

LORENZ, Georg. *Die Penzberger Mordnacht vom 28. April 1945 vor dem Richter*. Garmisch-Partenkirchen, 1948.

LOTH, Wilfried. "Die deutsche Frage und der Wandel des internationalen Systems". *DRZW*, v. 10, n. 2.

LÜDDE-NEURATH, Walter. *Regierung Dönitz: Die letzten Tage des Dritten Reiches*. 5. ed. Leoni am Starnberger See, 1981.

LUDEWIG, Joachim. "Walter Model — Hitlers bester Feldmarschall?". In: SMELSER, Ronald; SYRING, Enrico (Orgs.). *Die Militärelite des Dritten Reiches*. Berlim, 1995.

MAGENHEIMER, Heinz. *Hitler's War: German Military Strategy 1940-1945*. Londres, 1998.

MAIER, Reinhold. *Ende und Wende: Das schwäbische Schicksal 1944-1946. Briefe und Tagebuchaufzeichnungen*. Stuttgart; Tübingen, 1948.

MALANOWSKI, Wolfgang (Org.). *1945: Deutschland in der Stunde Null*. Reinbek bei Hamburg, 1985.

MAMMACH, Klaus. *Der Volkssturm: Bestandteil des totalen Kriegseinsatzes der deutschen Bevölkerung 1944/45*. Berlim, 1981.

MAN, John. *The Penguin Atlas of D-Day and the Normandy Campaign*. Londres, 1994.

MANSTEIN, Erich von. *Lost Victoïïes*. Londres, 1982.

MASON, Timothy W. *Sozialpolitik im Dritten Reich: Arbeiterklasse und Volksgemeinschaft*. Opladen, 1977.

MAZOWER, Mark. *Hitler's Empire: Nazi Rule in Occupied Europe*, Londres, 2008. [Ed. bras.: *O império de Hitler*. São Paulo: Companhia das Letras, 2013.]

MEINDL, Ralf. "Erich Koch — Gauleiter von Ostpreußen". In: PLETZING, Christian (Org.). *Vorposten des Reichsf Ostpreußen 1933-1945*. Munique, 2006.

_____. *Ostpreußens Gauleiter: Erich Koch — einepolitische Biographie*. Osnabrück, 2007.

MERRITT, A. J.; MERRITT, R. L. (Orgs.). *Public Opinion in Occupied Germany: The OMGUS Surueys, 1945--1949*. Urbana, Illinois, 1970.

MESSERSCHMIDT, Manfred. *Die Wehrmacht im NS-Staat: Zeit der Indoktrination*. Hamburgo, 1969.

_____. "Krieg in der Trümmerlandschaft: 'Pflichterfüllung' wofür?". In: BORSDORF, Uirich; JAMIN, Mathilde (Orgs.). *Über Leben im Krieg: Kriegserfahrungen in einer Industrieregion 1939-1945*. Reinbek bei Hamburg, 1989.

_____. "Die Wehrmacht in der Endphase: Realität und Perzeption". *Aus Parlament und Zeitgeschichte*, v. 32, n. 3, 1989.

_____. "Deserteure im Zweiten Weltkrieg". In: WETTE, Wolfgang (Org.). *Deserteure der Wehrmacht*. Essen, 1995.

_____. "Die Wehrmacht: Vom Realitätsverlust zum Selbstbetrug". In: VOLKMANN, Hans-Erich (Org.). *Ende des Dritten Reiches — Ende des Zweiten Weltkriegs: Eine perspektivtsche Rückschau*. Munique; Zurique, 1995.

_____. *Die Wehrmachtfustiz 1933-1945*. Paderborn, 2005.

MESSERSCHMIDT, Manfred; WULLNER, Fritz. *Die Wehrmachtjustiz*. Baden-Baden, 1987.

MIERZEJEWSKI, Alfred C. *The Collapse of the German War Economy, 1944-1945: Allied Air Power and the German National Railway*. Chapel Hill, NC, 1988.

_____. "When Did Albert Speer Give Up?". *Historical Journal*, n. 31, 1988.

MILLER, Michael D.; SCHULZ, Andreas (Orgs.). *Gauleiter: The Regional Leaders of the Nazi Party and their Deputies*. CD-ROM (c. 2004).

MOLL, Martin. *"Führer-Erlasse" 1939-1945*. Stuttgart, 1997.

MOMMSEN, Hans. "Social Views and Constitutional Plans of the Resistance". In: GRAML, Hermann et al. *The German Resistance to Hitler*. Londres, 1970.

_____. "The Dissolution of the Third Reich: Crisis Management and Collapse, 1943-1945". *Bulletin of the German Historical Institute, Washington DC*, n. 27, 2000.

_____. "The Indian Summer and the Collapse of the Third Reich: The Last Act". In: MOMMSEN, Hans (Org.). *The Third Reich between Vision and Reality*. Oxford; Nova York, 2001.

_____. "The Dissolution of the Third Reich". In: BIESS, Frank; ROSEMAN, Mark; SCHISSLER, Hans

(Orgs.). *Conflict, Catastrophe and Continuity: Essays on Modern German History*. Oxford; Nova York, 2007.

MOORE, Bob. "The Western Allies and Food Relief to the Occupied Netherlands, 1944-45". *War and Society*, n. 10, 1992.

MOORHOUSE, Roger. *Berlin at War: Life and Death in Hitler's Capital 1939-45*. Londres, 2010.

MÜLLER, Delia; LEPSCHIES, Madlen. *Tage der Angst und der Hoffnung: Erinnerungen an die Todesmärsche aus dem Frauen-Konzentrationslager Ravensbrück Ende April 1945*. Berlim, [s.d].

MÜLLER, Klaus-Jürgen. "The Wehrmacht: Western Front". In: PIKE, David Wingeate (Org.). *The Closing of the Second World War; Twilight of a Totalitarianism*. Nova York, 2001.

MÜLLER, Rolf-Dieter. "Albert Speer und die Rüsrungspolitik im Totalen Krieg". *DRZW*, v. 5, n. 2.

_____. "Der Zusammenbruch des Wirtschaftslebens und die Anfänge des Wiederaufbaus". *DRZW*, v. 10, n. 2.

_____. "Das Deutsche Reich und das Jahr 1945: Eine Bilanz". *DRZW*, v. 10, n. 2.

_____. "Speers Rüstungspolitik im Totalen Krieg". *Militärgeschichtüche Zeitschrift*, v. 59, n. 2, 2000.

_____. *Der Bombenkrieg 1939-1945*. Berlim, 2004.

_____. "Der Feuersrurm und die unbekannten Toten von Dresden". *Geschichte in Wissenscbaft und Unterricht*, v. 59, 2008.

_____. ; UEBERSCHÄR, Gerd R. *Kriegsende 1945. Die Zerstörung des Deutschen Reiches*. Frankfurt sobre o Meno, 1994.

_____. ; VOLKMANN, Hans-Erich (Orgs.). *Die Wehrmacht: Mythos und Realität*. Munique, 1999.

MÜLLER, Sven Oliver. "Nationalismus in der deurschen Kriegsgesellschaft 1939 bis 1945". *DRZW*, v. 9, n. 2.

MÜNKLER, Herfried. *Machtzerfall: Die letzten Tage des Dritten Reiches dargestellt am Beispiel der hessischen Kreisstadt Friedberg*. Berlim, 1985.

NADLER, Fritz. *Eme Stadt im Schatten Streichers*. Nurembergue, 1969.

NEANDER, Joachim. *Das Konzentrationslager "Mittelbau" in der Endphase der nationahozialistischen Diktatur*. Clausthal-Zellerfeld, 1997.

_____. *Gardelegen 1945: Das Ende der Häftlingstransporte aus dem Konzentrationslager "Mittelbau"*. Magdeburg, 1998.

NEBELIN, Manfred. "Nazi Germany: Eastern Front". In: PIKE, David Wingeate (Org.). *The Closing of the Second World War: Twilight of a Totalitarianism*. Nova York, 2001.

NEITZEL, Sönke. "Der Bedeutungswandel der Kriegsmarine im Zweiten Weltkrieg". In: MÜLLER, Rolf-Dieter; VOLKRNANN, Hans-Erich (Orgs.). *Die Wehrmacht: Mythos und Realität*. Munique, 1999.

_____. *Ahgehört: Deutsche Generale in britischer Kriegsgefangenschaft 1942-1945*. Berlim, 2005.

_____. *Tapping Hitler's Generals: Transcripts of Secret Conversations, 1942-45*. Barnsley, 2007.

NOBLE, Alastair. *Nazi Rule and the Soviet Offensive in Eastern Germany, 1944-1945: The Darkest Hour*. Brighton; Portland, OR, 2009.

NOFI, Albert A. (Org.). *The War against Hitler: Military Strategy in the West*. Conshohocken, PA, 1995.

NOLZEN, Armin. "Die NSDAP, der Krieg und die deutsche Gesellschaft". *DRZW*, v. 9, n. 1.

_____. "Von der geistigen Assimilation zur institutionellen Kooperation: Das Verhältnis zwischen NSDAP und Wehrmacht, 1943-1945". In: HILLMANN, Jörg; ZIMMEEMANN, John (Orgs.). *Kriegsende 1945 in Deutschland*. Munique, 2002.

NOLZEN, Armin. "Charismatic Legitimation and Bureaucratic Rule: The NSDAP in the Third Reich, 1933-1945". *German History*, n. 23, 2005.

_____. "Die NSDAP und die deutsche Gesellschaft im Zweiten Weltkrieg". In: *Kriegsende in Deutschland*. Hamburgo, 2005.

OKW. *Die Wehrmachtberichte 1939-1945*. Munique, 1989. v. 3: 1. Januar 1944 bis 9. Mai 1945.

ORLOW, Dietrich. *The History of the Nazi Party*. Newton Abbot, 1973. v. 2: 1933-1945.

ORTH, Karin. *Das System der nationalsozialistiscben Konzentrationslager: Eine politische Organisationsgeschichte*. Hamburgo, 1999.

ORTH, Kathrin. "Kampfmoral und Einsatzbereitschaft in der Kriegsmarine 1945". In: HILLRNANN, Jörg; ZIMMERMANN, John (Orgs.). *Kriegsende 1945 in Deutschland*. Munique, 2002.

OVEN, Wilfred von. *Mit Goebbels bis zum Ende*. Buenos Aires, 1950. v. 2.

_____. *Finale Furioso: Mit Goebbels bis zum Ende*. Tübingen, 1974.

OVERMANS, Rüdiger. "Das Schicksal der deutschen Kriegsgefangenen des Zweiten Weltkrieges". *DRZW*, v. 10, n. 2.

_____. "Die Toten des Zweiten Weltkriegs in Deutschland". In: MICHALKA, Wolfgang (Org.). *Der Zweite Weltkrieg: Analysen, Grundzüge, Forschungsbilanz*. Munique; Zurique, 1989.

_____. *Deutsche militärische Verluste im Zweiten Weltkrieg*. Munique, 1999.

_____. "55 Millionen Opfer des Zweiten Weltkrieges? Zum Stand der Forschung nach mehr als 40 Jahren". *Militärgeschichtliche Mitteilungen*, n. 48, 1990.

OVERY, Richard. *Why the Allies Won*. Londres, 1995.

PADFIELD, Peter. *Himmler: Reichsführer-SS*. Londres, 1990.

PADOVER, Saul K. *Psychologist in Germany: The Story of an American Intelligence Officer*. Londres, 1946.

PARKER, R. A. C. *Struggle for Survival: The History of the Second World War*. Oxford, 1990.

PATRICK, Stephen B. 'The Ardennes Offensive: An Analysis of the Battle of the Bulge". In: NOFI, Albert A. (Org.). *The War against Hitler: Military Strategy in the West*. Conshohocken, PA, 1995.

PÄTZOLD, Kurt; WEIßBECKER, Manfred. *Geschichte der NSDAP 1920-1945*. Colônia, 1981.

PAUL, Gerhard. "'Diese Erschießungen haben mich innerlich gar nicht mehr berührt': Die Kriegsendphasenverbrechen der Gestapo 1944/45". In: PAUL, Gerhard; MALLMANN, Klaus-Michael (Orgs.). *Die Gestapo im Zweiten Weltkrieg: "Heimatfront" und besetztes Europa*. Darmstadt, 2000.

_____. ; PRIMAVESI, Alexander. "Die Verfolgung der 'Fremdvölkischen': Das Beispiel der Staatspolizeistelle Dortmund". In: PAUL, Gerhard; MALLMANN, Klaus-Michael (Orgs.). *Die Gestapo: Mythos und Realitat*. Darmstadt, 1995.

PEIKERT, Paul. *"Festung Breslau" in den Berichten eines Pfarrers 22. Januar bis 6. Mai 1945*. Wroclaw, 1993.

PETZOLD, Heinz. "Cottbus zwischen Januar und Mai 1945". In: STANG, Werner; ARLT, Kurt (Orgs.). *Brandenburg im Jahr 1945*. Potsdam, 1995.

PEUKERT, Detlef. *Die Edelweißpiraten: Protestbewegungen jugendlicher Arbeiter im Dritten Reich*. Colônia, 1980.

PICKHOLZ-BARNITSCH, Olga M. 'The Evacuation of the Stutthof Concentration Camp". *Yad Vashem Bulletin*, n. 16, 1965.

POLI, Bernhard (Org.). *Das Schicksal Aachens im Herbst 1944: Authentische Berichte*. Aachen, 1955.

_____. *Das Schicksal Aachens im Herbst 1944: Authentische Berichte II*. Aachen, 1961.

PÖLLMANN, Guido. "Rote Armee in Nemmersdorf am 22.10.1944". In: SEIDLER, Franz W.; ZAYAS, Alfred M. de (Orgs.). *Kriegsverbrechen in Europa und im Nahen Osten im 20. Jahrhundert*. Hamburgo, 2002.

POMMERIN, Reiner. "The Wehrmacht: Eastern Front". In: PIKE, David Wingeate (Org.). *The Closing of the Second World War: Twilight of a Totalitarianism*. Nova York, 2001.

PROBERT, Henry. *Bomber Harris: His Life and Times*. Londres, 2001.

RAHN, Werner. "Die deutsche Seekriegsführung 1943 bis 1945". *DRZW*, v. 10, n. 1.

_____.; SCHREIBER, Gerhard. Com Hansjoseph Maierhofer. *Kriegstagebuch der Seekriegsleitung 1939- -1945*. Berlim; Bonn; Hamburgo, 1996-7. v. 63-8, parte A.

RASS, Christoph. "Das Sozialprofil von Kampfverbänden des deutschen Heeres 1919 bis 1945". *DRZW*, v. 9, n. 1.

_____. *"Menschenmaterial": Deutsche Soldaten an der Ostfront. Innenansichten einer Infanteriedivision 1939-1945*. Paderborn, 2003.

_____.; ROHRKAMP, René; QUADFLIEG, Peter M. *General Graf von Schwerin und das Kriegsende in Aachen: Ereignis, Mythos, Analyse*. Aachen, 2007.

RAUCHENSTEINER, Manfried. *Der Krieg in Österreich 1945*. 2. ed. Viena, 1984.

REBENTISCH, Dieter. *Führerstaat und Verwaltung im Zweiten Weltkrieg*. Stuttgart, 1989.

_____.; TEPPE, Karl (Orgs.). *Verwaltung contra Menschenführung im Staat Hitlers*. Göttingen, 1986.

REES, Laurence. *Auschwitz: The Nazis and the "Final Solution"*. Londres, 2005.

REIBEL, Carl-Wilhelm. *Das Fundament der Diktatur: Die NSDAP-Ortsgruppen 1932-1945*. Paderborn, 2002.

REITLINGER, Gerald. *The Final Solution*. Londres, 1971.

RENDULIĆ, Lothar. *Gekämpft, Gesiegt, Geschlagen*. Wels, 1952.

REUTH, Ralf Georg. *Goebbels*. Munique; Zurique, 1990.

REYNOLDS, Michael. *The Devil's Adjutant: Jochen Peiper, Panzer Leader*. Staplehurst, 1995.

RICHARZ, Monika. *Jüdisches Leben in Deutschland: Selbstzeugnisse zur Sozialgeschichte 1918-1945*. Stuttgart, 1982.

RIEDEL, Hermann. *Halt! Schweizer Grenze!*. Konstanz, 1983.

ROHLAND, Walter. *Bewegte Zeiten*. Stuttgart, 1978.

ROSSIWALL, Theo. *Die letzten Tage: Die militärische Besetzung Österreichs 1945*. Viena, 1969.

ROTHFELS, Hans. *The German Opposition to Hitler*. Londres, 1970.

RUDORFF, Andrea. "Blechhammer (Blachownia)". In: BENZ, Wolfgang; DISTEL, Barbara (Orgs.). *Der Ort des Terrors: Geschichte der nationalsozialistischen vKonzentrationslager*. Munique, 2007. v. 5.

RUSINEK, Bernd-A. "'Wat denkste, wat mir objerümt han': Massenmord und Spurenbeseitigung am Beispiel der Staatspolizeistelle Köln 1944/45". In: PAUL, Gerhard; MALLMANN, Klaus-Michael (Orgs.). *Die Gestapo: Mythos und Realität*. Darmstadt, 1995.

RÜTER-EHLERMANN, Adelheid L.; RÜTER, C. F. et al. (Orgs.). *Justiz und NS-Verbrechen: Sammlung deutscher Strafurteile wegen nationalsozialistischer Tötungsverbrechen 1945-1966*. v. 1-3, 10 e 13, e *Register*. Amsterdam; Munique, 1968-98.

SAUER, Paul. *Württemberg in der Zeit des Nationalsozialismus*. Ulm, 1975.

_____. *Demokratischer Neubeginn in Not und Elend: Das Land Württemberg-Baden von 1945 bis 1952*. Ulm, 1979.

SCHELLENBERG, Walter. *Schellenberg*. Londres, 1965.

SCHEURIG, Bodo. *Alfred Jodl: Gehorsam und Verhängnis*. Berlim; Frankfurt sobre o Meno, 1991.

SCHIEDER, Theodor et al. *Die Vertreibung der deutschen Bevölkerung aus den Gebieten östlich der Oder- -Neiße*. Munique, 1984. v. 1-2.

SCHMIDT, Matthias. *Albert Speer: Das Ende eines Mythos*. Berna; Munique, 1982.

SCHMIECHEN-ACKERMANN, Detlef. "Der 'Blockwart': Die unteren Parteifunktionäre im nationalsozialistischen Terror- und Überwachungsapparat". *VfZ*, n. 48, 2000.

SCHMIER, Louis Eugene. "Martin Bormann and the Nazi Party 1941-1945". Chapel Hill: Universidade da Carolina do Norte, 1969. Tese (Doutorado).

SCHÖNHERR, Klaus. "Der Zusammenbruch im Osten: Die Rückzugskämpfe seit Sommer 1944". *DRZW*, v. 8.

_____. "Ferdinand Schörner: Der idealtypische Nazi-General". In: SMELSER, Ronald; SYRING, Enrico (Orgs.). *Die Militärelite des Dritten Reiches*. Berlim, 1995.

SCHRAMM, Percy Ernst. *Kriegstagebuch des Oberkommando der Wehrmacht Wehrmachtsführungsstab*. Frankfurt sobre o Meno, 1961. v. 4.

_____ (Org.). *Die Niederlage 1945: Aus dem Kriegstagebuch des Oberkommandos der Wehrmacht*. Munique, 1962.

SCHROEDER, Christa. *Er war mein Chef: Aus dem Nachlaß der Sekretärin von Adolf Hitler*. Munique; Viena 1985.

SCHULZ-NAUMANN, Joachim. *Mecklenburg 1945*. Munique, 1989.

SCHWARZ, Egbert. "Die letzten Tage des Dritten Reiches: Untersuchung zu Justiz und NS-Verbrechen in der Kriegsendphase März/April 1945". Düsseldorf: Universidade de Düsseldorf, 1990. Dissertação (Mestrado).

SCHWARZ, Michael. "Ethnische 'Säuberung' als Kriegsfolge: Ursachen und Verlauf der Vertreibung der deutschen Zivilbevölkerung aus Ostdeutschland und Osteuropa 1941 bis 1950". *DRZW*, v. 10, n. 2.

SCHWENDEMANN, Heinrich. "Endkampf und Zusammenbruch im deutschen Osten". *Freiburger Universitätsblätter*, n. 130, 1995.

_____. "Strategie der Selbstvernichtung: Die Wehrmachtführung im 'Endkampf' um das 'Dritte Reich'". In: MÜLLER, Rolf-Dieter; VOLKMANN, Hans-Erich (Orgs.). *Die Wehrmacht: Mythos und Realität*. Munique, 1999.

_____. "'Deutsche Menschen vor der Vernichtung durch den Bolschewismus zu retten': Das Programm der Regierung Dönitz und der Beginn einer Legendenbildung". In: HILLMANN, Jörg; ZIMMERMANN, John (Orgs). *Kriegsende 1945 in Deutschland*. Munique, 2002.

_____. "Tod zwischen den Fronten". *Spiegel Special*, Hamburgo, n. 2, 2002.

_____. "'Drastic Measures to Defend the Reich at the Oder and the Rhine...': A Forgotten Memorandum of Albert Speer of 18 March 1945". *Journal of Contemporary History*, n. 38, 2003.

_____. "'Verbrannte Erde'? Hitlers 'Nero-Befehl' vom 19. März 1945". *Kriegsende in Deutschland*, Hamburgo, 2005.

_____. "Das Kriegsende in Ostpreußen und in Südbaden im Vergleich". In: MARTIN, Bernd (Org.). *Der Zweite Weltkrieg und seine Folgen: Ereignisse — Auswirkungen — Reflexionen*. Freiburg, 2006.

_____. "Ein unüberwindlicher Wall gegen den Bolschewismus: Die Vorbereitung der 'Reichsverteidigung' im Osten im zweiten Halbjahr 1944". In: BAYERISCHE LANDESZENTRALE FÜR POLITISCHE BILDUNGSARBEIT. *Schlüsseljahr 1944*. Munique, 2007.

SEIDLER, Franz W. *"Deutscher Volkssturm": Das letzte Aufgebot 1944/45*. Munique; Berlim, 1989.

SEIDLER, Franz W.; ZAYAS, Alfred M. de (Orgs.). *Kriegsverbrechen in Europa und im Nahen Osten im 20. Jahrhundert*. Hamburgo, 2002.

SEMMLER, Rudolf. *Goebbels: The Man Next to Hitler*. Londres, 1947.

SERENY, Gitta. *Albert Speer: His Battle with Truth*. Londres, 1995.

SERGER, Bernd; BÖTTCHER, Karin-Anne; UEBERSCHÄR, Gerd R. (Orgs.). *Südbaden unter Hakenkreuz und Trikolore: Zeitzeugen berichten über das Kriegsende und die französische Besetzung*. Freiburg im Breisgau; Berlim; Viena, 2006.

SIEBEL-ACHENBACH, Sebastian. *Lower Silesia from Nazi Germany to Communist Poland, 1942-49*. Londres, 1994.

SIGMARINGEN, Landkreis. *Von der Diktatur zur Besatzung: Das Kriegsende 1945 im Gebiet des heutigen Landkreises Sigmaringen*. Sigmaringen, 1995.

SMELSER, Ronald. *Robert Ley: Hitler's Labor Front Leader*. Oxford; Nova York; Hamburgo, 1988.

_____. ; SYRING, Enrico (Orgs.). *Die Militärelite des Dritten Reiches*. Berlim, 1995.

SMITH, Bradley F.; PETERSON, Agnes F. (Orgs.). *Heinrich Himmler: Geheimreden 1933 bis 1945 und andere Aussprachen*. Frankfurt sobre o Meno, 1974.

SPEER, Albert. *Erinnerungen*. Frankfurt sobre o Meno; Berlim, 1969.

SPRENGER, Isabell. "Das KZ Groß-Rosen in der letzten Kriegsphase". In: HERBERT, Ulrich; ORTH, Karin; DIECKMANN, Christoph (Orgs.), *Die nationalsozialistischen Konzentrationslagcr*. Göttingen, 1998. v. 2.

STADLBAUER, Ferdinand. "Die letzten Tage des Gauleiters Wächtler". *Waldmünchner Heimatbote*, n. 12, 1985.

STADLER, Karl. *Österreich 1938-1945 in Spiegel der NS-Akten*. Viena, 1966.

STAFFORD, David. *Endgame 1945: Victory, Retribution, Liberation*. Londres, 2007.

STAHL, Friedrich-Christian. "Generaloberst Kurt Zeitzler". In: UEBERSCHÄR, Gerd R. (Org.). *Hitlers militärische Elite*. Darmstadt, 1998. v. 2: Vom Kriegsbeginn bis zum Weltkriegsende.

STARGARDT, Nicholas. *Witnesses of War: Children's Lives under the Nazis*. Londres, 2005.

STEHLE, Hansjakob. "Deutsche Friedensfühler bei den Westmächten im Februar / März 1945". *VfZ*, n. 30, 1982.

STEINBACH, Peter. "Hans Günther von Kluge — ein Zauderer im Zwielicht". In: SMELSER, Ronald; SYRING, Enrico (Orgs.). *Die Militärelite des Dritten Reiches*. Berlim, 1995.

STEINBACHER, Sybille. *Auschwitz: A History*. Londres, 2005.

STEINERT, Marlis. *Die 23 Tage der Regierung Dönitz*. Düsseldorf; Viena, 1967.

_____. *Hitlers Krieg und die Deutschen*. Düsseldorf; Viena, 1970.

_____. "The Allied Decision to Arrest the Dönitz Government". *Historical Journal*, n. 31, 1988.

STEINKAMP, Peter. "Generalfeldmarschall Ferdinand Schörner". In: UEBERSCHÄR, Gerd R. (Org.). *Hitlers militärische Elite*. Darmstadt, 1998. v. 2: Vom Kriegsbeginn bis zum Weltkriegsende.

STEPHENSON, Jill. "'Resistance' to 'No Surrender': Popular Disobedience in Württemberg in 1945". In: NICOSIA, Francis R.; STOKES, Lawrence D. (Orgs.). *Germans against Nazism*. Oxford; Providence, 1990.

_____. *Hitler's Home Front: Württemberg under the Nazis*. Londres, 2006.

STETTIN / Szczecin 1945-1946. Rostock, 1994.

STREBEL, Bernhard. *Celle April 1945 Revisited*. Bielefeld, 2008.

STRZELECKI, Andrzej. "Der Todesmarsch der Häftlinge aus dem KL Auschwitz". In: HERBERT, Ulrich;

ORTH, Karin; DIECKMANN, Christoph (Orgs.). *Die nationalsozialistischen Konzentrationslager*. Göttingen, 1998. v. 2.

SUMOWSKI, Hans-Burkhard. *"Jetzt war ich ganz allein auf die Welt": Erinnerungen an eine Kindheit in Königsberg 1944-1947*. Munique, 2009.

SÜß, Dietmar. "Die Endphase des Luftkriegs". In: *Kriegsende in Deutschland*. Hamburgo, 2005.

_____. "Der Kampf um die 'Moral' im Bunker: Deutschland, Großbritannien und der Luftkrieg". In: BAJOHR, Frank; WILDT, Michael (Orgs.). *Volksgemeinschaft: Neue Forschungen zur Gesellschaft des Nationalsozialismus*. Frankfurt sobre o Meno, 2009.

TAYLOR, Brian. *Barbarossa to Berlin: A Chronology of the Campaigns on the Eastern Front 1941 to 1945*. Stroud, 2008. v. 2.

TAYLOR, Frederick. *Dresden: Tuesday 13 February 1945*. Londres, 2005.

TENFELDE, Klaus. "Proletarische Provinz: Radikalisierung und Widerstand in Penzberg/ Oberbayern 1900 bis 1945". In: BROSZAT, Martin; FRÖHLICH, Elke; GROSSMANN, Anton (Orgs.). *Bayern in der NS-Zeit*. Munique; Viena, 1981. v. 4.

TEPPE, Karl. "Der Reichsverteidigungskommissar: Organisation und Praxis in Westfalen". In: REBENTISCH, Dieter; TEPPE, Karl (Orgs.). *Verwaltung contra Menschenführung im Staat Hitlers*. Göttingen, 1986.

THACKER, Toby. *The End of the Third Reich: Defeat, Denaziftcation and Nuremberg, January 1944-November 1946*. Stroud, 2008.

THORWALD, Jürgen. *Es begann an der Weichsel: Flucht und Vertreibung der Deutschen aus dem Osten*. Munique, 1995 (1. ed., 1949).

"TIEF vergraben, nicht dran rühren". *Spiegel Special*, n. 2, 2005.

TILITZKI, Christian. *Alltag in Ostpreußen 1940-1945: Die geheimen Lageberichte der Königsberger Justiz 1940--1945*. Leer, 1991.

TOLAND, John. *The Last 100 Days*. Londres, 1965.

TOOZE, Adam. *The Wages of Destruction: The Making and Breaking of the Nazi Economy*. Londres, 2006.

TREVOR-ROPER, H. R. *The Last Days of Hitler*. Londres, 1962.

_____(Org.). *The Bormann Letters*. Londres, 1954.

TROLL, Hildebrand. "Aktionen zur Kriegsbeendigung ira Frühjahr 1945". In: BROSZAT, Martin; FRÖHLICH, Elke; GROSSMANN, Anton (Orgs.). *Bayern in der NS-Zeit*. Munique; Viena, 1981. v. 4

UEBERSCHÄR, Gerd R. (Org.). *Hitlers militärische Elite*. Darmstadt, 1998. v. 2: Vom Kriegsbeginn bis zum Weltkriegsende.

UNGVÁRY, Krisztián. "Der Zusammenbruch im Osten: Die Rückzugskämpfe seit Sommer 1944". *DRZW*, v. 8.

UNITED STATES Strategic Bombing Survey. Nova York; Londres, 1976. v. 4.

VAGTS, Alfred. "Unconditional Surrender — vor und nach 1943". *VfZ*, n. 7, 1959.

VOGEL, Detlef. "Deutsche und Alliierte Kriegführung im Westen". *DRZW*, v. 7.

VORLÄNDER, Herwart. "NS-Volkswohlfahrt und Winterhilfswerk des deutschen Volkes". *VfZ*, n. 34, 1986.

_____. *Die NSV: Darstellung und Dokumentation einer NS-Organisation*. Boppard, 1988.

WACHSMANN, Nikolaus. *Hitler's Prisons: Legal Terror in Nazi Germany*. New Haven; Londres, 2004.

WAHL, Karl. *"'... es ist das deutsche Herz': Erlebnisse und Erkenntnisse eines ehemaligen Gauleiters*. Augsburg, 1954.

_____. *Patrioten oder Verbrecher*. Heusenstamm bei Offenbach am Main, 1973.

WARLIMONT, Walter. *Inside Hitler's Headquarters 1939-45*. Novato, CA, [19--]. (Ed. original em inglês, Londres, 1964.)

WEBER, Max. *Wirtschaft und Gesellschaft: Grundriß der verstehenden Soziologie*. 5. ed. rev. Tübingen, 1980.

WEGNER, Bernt. "Deutschland in Abgrund". *DRZW*, v. 8.

———. *Hitlers politische Soldaten*. Paderborn, 1981.

———. "Hitler, der Zweite Weltkrieg und die Choreographie des Untergangs". *Geschichte und Gesellschaft*, n. 26, 2000.

———. "The Ideology of Self-Destruction: Hitler and the Choreography of Defeat". *Bulletin of the German Historical Institute Londres*, v. 26, n. 2, 2004.

WEHLER, Hans-Ulrich. *Deutsche Gesellschaftsgeshichte*. 3. ed. Munique, 2008. v. 4: 1914-1919.

———. *Der Nationalsozialismus: Bewegung, Führerherrschaft, Verbrechen*. Munique, 2009.

WEINBERG, Gerhard L. "Adolf Hitler und der NS-Führungsoffizier (NSFO)". *VfZ*, n. 12, 1964.

———. *A World at Arms: A Global History of World War II*. Cambridge, 1994.

WELCH, David. *Propaganda and the German Cinema 1933-1945*. Oxford, 1983.

WESTPHAL, Siegfried. *Erinnerungen*. Mainz, 1975.

WETTE, Wolfram. *Die Wehrmacht: Feindbilder, Vernichtungskrieg, Legenden*. Frankfurt sobre o Meno, 2002.

———. ; BREMER, Ricarda; VOGEL, Detlef. *Das letzte halbe Jahr: Stirnmungsberichte der Wehrmachtpropaganda 1944/45*. Essen, 2001.

WIECK, Michael. *Zeugnis vom Untergang Königsbergs: Ein "Geltungsjude" berichtet*. Heidelberg, 1988.

WILDT, Michael. *Volksgemeinschaft als Selbstermächtigung*. Hamburgo, 2007.

WILHELM, Hans-Heinrich. "Hitlers Ansprache vor Generalen und Offizieren am 26. Mai 1944". *Militärgeschichtliche Mitteilungen*, n. 2, 1976.

———. "Heinz Guderian — 'Panzerpapst' und Generalstabschef". In: SMELSER, Ronald; SYRING, Enrico (Orgs.). *Die Militärelite des Dritten Reiches*. Berlin, 1995.

WOLFRUM, Edgar. "Widerstand in den letzten Kriegsmonaten". In: STEINBACH, Peter; TUCHEL, Johannes (Orgs.). *Widerstand gegen den Nationalsozialismus*. Bonn, 1994.

WOLLER, Hans. *Gesellschaft und Politik in der amerikanischen Besatzungszone: Die Region Ansbach und Fürth*. Munique, 1986.

WULLNER, Fritz. *NS-Militärjustiz und das Elend der Geschichtsschreibung*. Baden-Baden, 1991.

YELTON, David K. *Hitler's Volkssturm: The Nazi Militia and the Fall of Germany, 1944-1945*. Lawrence; Kansas, 2002.

ZAMECNIK, Stanislav. "'Kein Häftling darf lebend in die Hände des Feindes fallen': Zur Existenz des Himmler-Befehls vom 14-18. April 1945". *Dachauer Hefte*, n. 1, 1985.

ZARUSKY, Jürgen. "Von der Sondergerichtsbarkeit zum Endphasenterror: Loyalitätserzwingung und Rache am Widerstand im Zusammenbruch des NS-Regimes". In: ARENDES, Cord; WOLFRUM, Edgar, ZEDLER, Jörg (Orgs.). *Terror nach Innen: Verbrechen am Ende des Zweiten Weltkrieges*. Göttingen, 2006.

ZEIDLER, Manfred, "Die Rote Armee auf deutschem Boden", in *DRZW*, v. 10/1.

———. *Kriegsende im Osten: Die Rote Armee und die Besetzung Deutschlands östlich von Oder und Neiße 1944/45*. Munique, 1996.

ZEITZEUGEN berichten...: *Schwäbisch Gmünd — Erinnerungen an die Zeit von 1930 bis 1945*. Org. do Stadtarchiv Schwäbisch Gmünd. Schwäbisch Gmünd, 1989.

ZHUKOV, G. *Reminiscences and Reflections*. Moscou, 1985. v. 2.

ZIEMANN, Benjamin. "Fluchten aus dem Konsens zum Durchhalten: Ergebnisse, Probleme und Perspektiven der Erforschung soldatischer Verweigerungsformen in der Wehrmacht 1939-1945". In: MÜLLER, Rolf-Dieter; VOLKMANN, Hans-Erich (Orgs.). *Die Wehrmacht: Mythos und Realität*. Munique, 1999.

ZIMMERMANN, John. "Die deutsche militärische Kriegführung im Westen 1944-45". *DRZW*, v. 10, n. 1.

_____. "Die Kampfe gegen die Westalliierten 1945: ein Kampf bis zum Ende oder die Kreierung einer Legende?" In: HILLMANN, Jörg; ZIMMERMANN, John (Orgs.). *Kriegsende 1945 in Deutschland*. Munique, 2002.

_____. *Pflicht zum Untergang: Die deutsche Kriegführung im Westen des Reiches 1944/45*. Paderborn, 2009.

ZOLLING, Peter. "Was machen wir am Tag nach unserem Sieg?" In: MALANOWSKI, Wolfgang (Org.). *1945: Deutschland in der Stunde Null*. Reinbek, 1985.

Índice remissivo

12ª Divisão Panzer, 365
19º Exército, 426
12º Exército, 356, 396, 425-6
17º Exército, 207
21º Exército, 397

A4, foguetes *ver* V2, foguetes
Aachen, 86-7, 91-3, 95, 100, 111, 166, 168, 179, 255, 330; capitulação (outubro de 1944), 100, 123, 373; evacuação de, 91; Oppenhoff como prefeito designado pelos americanos, 330
Abwehr (contrainteligência militar alemã), 384
aço *ver* ferro e aço, produção de
Adriático, mar, 347
água e comida *ver* suprimentos de água e comida
Alemanha: administração *ver* burocracia/sistemas administrativos; *Gauleiter*; alvos/objetivos de guerra, 63; civis alemães *ver* população civil; colapso da, 250-69, 294-344; fim do Terceiro Reich, 438; pré-guerra, 30, 36, 131, 251, 444; *ver também* Primeira Guerra Mundial; províncias fronteiriças, 102, 116-7; *ver também* Prússia Oriental, 117; radicalização da, 80; totalitarismo na, 31-2; *ver também* Hitler, Adolf; Partido Nazista
Alemanha, ocupação da (1945 em diante), 30, 35, 101, 438-45; como Estado legítimo, 437; Conferência de Yalta e, 293; fase da reconstrução, 436; pela União Soviética, 439; prefeitos designados pelos Aliados, 329
Alexander, marechal de campo Sir Harold, 428
alimentos *ver* suprimentos de água e comida
Alsácia, 151, 166, 204, 210, 301; ofensiva na (Vento Norte, dezembro de 1944), 204
Altendorf, 391
Alto-Comando da Wehrmacht (Oberkommando der Wehrmacht, OKW), 30, 57, 74-5, 99, 100, 162, 165, 168, 171, 195-6, 203, 209, 246, 303, 338, 349, 356-7, 362, 378, 396, 399, 418, 448, 461; *ver também* Exército alemão; *cada oficial individualmente*
Alto-Comando do Exército (Oberkommando des Heeres, OKH), 191, 209, 239-43, 295, 441, 461
Altötting, 401

Alzey, 317

Angerapp, rio, 143-4

Ansbach, 25-7, 37

antissemitismo, 45, 158; *ver também* judeus

Antuérpia, 85-6, 163, 166, 168, 190, 193, 197-8, 449

Ardenas, ofensiva das *ver* ofensiva das Ardenas ("Brumas de outono", dezembro de 1944)

armamentos, 34, 41, 48-51, 53, 61-2, 65, 70, 89, 107-14, 126, 138, 145, 167, 171, 173-4, 176, 179, 183, 207, 235, 255, 291, 301, 303, 305, 319, 338, 343, 349, 358, 362, 365, 390, 458; "armas miraculosas", 39, 43, 96, 103, 157, 162, 169, 193, 199, 232, 292, 342; defesa antiaérea, 111, 170-1, 175, 318, 328; oferta de mão de obra na indústria de, 48-9; perda/destruição de, 126, 204, 303, 308; produção/oferta, 48-9, 70-1, 91, 107-10, 113, 170-1, 174, 223, 291; Speer como ministro de Armamentos e da Produção de Guerra do Reich, 34, 48, 61, 69, 80, 107, 114, 169, 175, 210, 338, 342, 458; *ver também* Speer, Albert

Arnhem, 87, 449

Aschaffenburg, 352

assistência social, 201, 325, 327-8

Associated Press, 285

atrocidades cometidas pelo Exército Vermelho: contra judeus, 456; Hitler sobre, 153; Nemmersdorf, 144-5, 147-8, 216, 456; *ver também* Exército Vermelho, 144

atrocidades nazistas, 131, 146, 151, 155, 193, 387, 389-92; cometidas pelas tropas alemãs, 131, 146; na Polônia, 158, 214, 312; tentativas dos alemães de negar responsabilidade no período pós-capitulação, 440; *ver também* táticas terroristas

Augsburgo, 268, 329, 399

Auschwitz-Birkenau, campo de extermínio de, 158, 212, 277-9, 385

Austrália, 360

Áustria, 44, 126, 279, 300, 354, 372, 386, 424, 426-8, 433-4; Exército Vermelho na, 353; invasão dos Aliados (1945), 353, 371; rendição, 426-7; Viena, 256, 300

aviões, 110, 156, 166, 168, 170, 175, 189, 208, 220, 232, 266, 292, 326, 329, 350, 354, 368, 398, 429

Avranches, 83-4, 97

Axmann, Artur, 364

Backe, Herbert (ministro da Agricultura na gestão Dönitz), 417, 436

Bad Windsheim (Baixa Francônia), 380-1

Baer, SS-*Sturmbannführer* Richard, 277

Bagramyan, marechal Ivan, 208

Bálcãs, 126, 128, 155, 422

Balck, general Hermann, 59-60, 87, 300

Báltico, região do, 44, 124, 126-8, 130, 133, 141, 143, 188, 208, 214-5, 218-9, 224-5, 247, 295, 351, 424, 431

bandeiras brancas, 310, 368, 375, 378, 380-2

Bastogne, 193, 196-8

"Batalha das Nações" (Leipzig, 1813), 139-40

Baviera, 29, 106, 217, 229, 258, 303, 329, 377, 399-401, 414, 422, 426, 432; Alta Baviera, 230, 371, 401

Bayern de Munique, 29

Bayreuth, 350, 371, 377

BBC, 326

Bedell Smith, general Walter, 421, 430

Behrens, Manja, 46

Bélgica, 44, 85, 87, 91, 164, 172, 195-6; Eupen-Malmédy, enclave alemão, 91

Belżec, campo de extermínio de, 158, 258

Berchtesgaden, 45, 257, 392, 396-7, 399, 411, 421, 440

Bergen-Belsen, campo de concentração de, 279, 385, 388-9

Berger, *Obergruppenführer* Gottlob, 118

Berghof, Obersalzberg, 45, 396

Berlim: avanço do Exército Vermelho sobre, 208, 213, 295, 300, 345, 353, 361, 371; bombardeio dos Aliados, 232, 281, 285, 289, 328, 333, 346, 362; Chancelaria do Reich em, 39, 49-50, 64, 69, 201, 288, 292, 316, 347, 365,

396-8, 404, 410, 455; colapso das comunicações com, 348, 372; condições de vida em, 230, 345, 402; defesa/cerco de, 271, 289, 314, 339, 345, 354, 361, 392, 458; evacuação de, 397, 402; Hitler em (bunker do Führer), 29, 34-5, 290, 334, 347, 353, 356, 359, 361-2, 392-4, 396-7, 399, 402-3, 408, 410, 422, 461, 463; instalações militares de Döberitz, 191; Orquestra Filarmônica de Berlim, 28; queda de (maio de 1945), 403, 407; refugiados em, 224, 230, 253

Bernadotte, conde Folke, 334-6, 385, 393, 403

Bernau, 355

Bitburg, 95-6

Blaskowitz, coronel-general Johannes, 88, 301, 312, 350, 421

Bochum, 186-7, 281, 349

Boêmia (parte da antiga Tchecoslováquia), 44, 222, 275, 361, 395, 406, 427-9, 431; Levante de Praga (maio de 1945), 428

bolchevismo, 57, 75, 77, 132, 149, 157, 160, 228, 268, 289-90, 292, 314, 317, 333, 357, 360, 366, 406, 408, 410, 412, 417, 420, 427-8, 456

Bolonha, 316

bombardeios aliados, 25, 110, 170, 183, 281-2, 368, 439, 459; abrigos antiaéreos, 326, 334; ameaças de Eisenhower de recomeçar (maio de 1945), 430; bombardeamento ininterrupto, 281; defesas antiaéreas, 170; efeitos dos, 110, 156, 170, 172, 307, 365, 376, 439; em Berlim, 232, 281, 285, 328, 333, 346, 362; em Dresden, 281; em Hamburgo, 281, 284; em Munique, 281, 284; número de vítimas, 232, 281, 288, 439; total de bombas despejadas, 282

Bonhoeffer, Dietrich, 384

Bonn, 302, 307

Bormann, Gerda (nome de solteira, Buch; esposa de Martin Bormann), 45, 122, 202, 288

Bormann, Martin, 34, 45-6, 64-70, 72, 79, 97, 108, 118-9, 121-2, 136, 174, 178-9, 182, 202, 250, 255, 261, 263-4, 269, 288, 292, 310, 325, 329, 370, 372-3, 377-8, 393, 398, 403, 408-9, 416, 454, 459, 462-3; como chefe administrativo do Partido Nazista, 45, 66, 80, 105, 201, 259, 374, 376; como chefe da Chancelaria do partido, 45, 66, 80, 105, 117, 121, 201, 254, 259, 267, 288, 304, 313, 324, 330, 370, 376, 393, 397, 454; como secretário do Führer, 45; Dönitz como presidente do Reich e, 408; filhos, 46; Goebbels e, 70, 372, 409; Göring e, 396; Himmler e, 117; Hitler e, 45, 121, 288, 416, 454, 458; Ley e, 121; Manja Behrens como sua amante, 46; milícia nacional *Volkssturm* fundada por, 117; personalidade/aparência física, 45-6, 202, 393; Speer e, 108, 114; suicídio de, 409, 413; tentativas de negociação com os Aliados, 409

Bosch, Werner, 171-2

Brandemburgo, 135, 260, 379, 414; leste de, 206, 222

Brandenberger, general Erich, 167

Brandt, Rudolf, 254, 287

Braun, Eva, 403

Braun, major Alois, 400

Braunschweig, 350

Bremen, 184, 350-1, 414

Breslau, 138, 208, 212, 215, 223, 230, 234, 236, 262, 278, 292, 299, 311, 351, 375-6, 424

Bromberg, 215, 260-1

Bruhn, major-general Johannes, 192

Buch, Gerda *ver* Bormann, Gerda

Buch, Walter (pai de Gerda Bormann), 46

Buchenwald, campo de concentração de, 279, 386, 390-1

Budapeste, 130, 166, 210, 300, 424

Buhle, general Walter, 72

Buissonville, 196

Bulgária, 126, 424

bunker de Hitler, 29, 34-5, 290, 334, 347, 353, 356, 359, 361-2, 392-4, 396-7, 399, 402-3, 408, 410, 422, 461, 463

Burgdorf, general Wilhelm, 239, 242

burocracia/sistemas administrativos, 28, 32-3, 46, 51, 64-5, 68-9, 80, 122, 181-2, 200-1, 287, 326-7, 409, 455; centros de poder, 398; fragmentação de, 37, 69; *Gauleiter* (governantes de província/região) *ver Gauleiter*; na Alemanha antes da guerra, 36; pós-capitulação, 436; sob direção de Dönitz como presidente do Reich, 416, 436; sob direção de Goebbels, 66, 105, 183, 288

Busch, marechal de campo Ernst, 53, 423

Busse, general Theodor, 298, 354-5, 394, 426

caças a jato, 175, 318

cadeias *ver* penitenciárias

Caen, 83

campos de concentração, 113, 115, 160, 225, 252, 270, 273-5, 277, 279, 281, 334-5, 348, 383-6, 390, 440, 443-4, 453; controle de Himmler sobre, 153, 274, 385; demolição pelos alemães, 158, 273; execuções em, 383, 388; guardas de, 384, 387, 390; liberação dos, 212, 275, 384; marchas da morte saindo de *ver* marchas da morte; mulheres em, 273; na "fase final", 383; na Polônia, 258; número de mortos, 258, 277-9, 388, 391; número de prisioneiros, 225, 273, 277-9, 384-5, 393; tentativas suecas de negociar libertação de prisioneiros, 334; tifo em, 385; *ver também cada campo individualmente*

canadenses *ver* Exército canadense

Canaris, almirante Wilhelm, 384

capitulação alemã (maio de 1945): áreas sob controle alemão no momento da, 423; ato de rendição (7 de maio de 1945), 430; exigências dos Aliados, 429; na Itália, 316, 336, 421, 423; negociações de paz com Eisenhower, 426-8, 434; negociações de paz com Montgomery, 425; negociações de paz de Dönitz, 408, 411-2, 420, 423; tribunal de Nuremberg no pós-guerra, 411; versão soviética do ato de rendição (8 de maio de 1945), 430

Carinhall, 202, 392

carvão, suprimento de, 110, 170, 172, 174, 176-7, 179, 231, 247, 255, 281, 291, 302, 324, 338, 401-2

catolicismo, 46

Celles, 196

116ª Divisão Panzer, 92

Chancelaria do Reich, 39, 49-50, 64, 69, 201, 288, 292, 316, 347, 365, 396-8, 404, 410, 455

Chełmno, campo de extermínio de, 158, 258

Chemnitz, 350

Cherbourg, 83, 87

Chernyakhovsky, general Ivan, 208, 212-3

Chuikov, general Vasily, 214

Churchill, Sir Winston, 30, 293, 349, 449; sobre exigência dos Aliados por rendição incondicional, 449

Coburg, 350

colapso econômico, 340

Colmar, 301

Colônia, 86, 88, 93, 179, 186, 255, 272, 351, 373, 424; bombardeio dos Aliados, 185, 189, 281; queda de, 302, 306

combustível, fornecimento de, 87, 93, 95, 110-2, 160, 167, 171, 176, 204, 354, 429; bombardeio dos Aliados, efeito sobre, 110; combustível para a aviação, 170

Comissão de Controle Aliado, 438

comissários de defesa do Reich *ver* RVKS

comunismo/comunistas, 39, 42, 63, 102, 115, 236, 247, 272, 349, 360, 372, 389, 401, 410, 419; *ver também* Rússia; União Soviética

condições de vida: em Berlim, 230, 345, 402; nos campos de concentração, 278, 385; nos campos de trabalho, 137; sob ocupação dos Aliados, 439

Conferência de Casablanca (janeiro de 1943), 30, 78

Conferência de Wannsee (1942), 417

Conferência de Yalta (1945), 293

Congresso Judaico Mundial, 393

Convenção de Genebra, considerações de Hitler sobre rejeitar, 307

Convenção de Haia (1907), 140

correios, 67, 106-7, 175, 182, 200, 230, 325, 413

cortes marciais, 250, 255, 269-70, 289, 309, 311, 382, 419, 452; sumárias ("cortes marciais volantes", *fliegendes Standgerichte*), 250, 269-70, 289, 309, 382, 452

Cottbus, 215, 379

Courland, 128, 132, 195, 230, 236, 246-7, 303, 351, 365, 427

Coventry, bombardeio alemão de, 282, 443

Cracóvia, 130, 212, 215, 258

crepúsculo dos deuses, O ver *Götterdämmerung* (Richard Wagner)

crianças, 32, 43, 47, 58, 77, 93-5, 142, 146-9, 164, 189, 194, 219-20, 223, 231, 237, 261, 264, 268, 285, 360, 371, 394, 400, 402, 406, 415, 443-4

crimes de guerra / criminosos de guerra, 293, 336, 421, 440

cristãos, 363

Croácia, 427

Cruz Vermelha, 58, 224, 233, 334

d'Alquen, capitão Rolf, 253

d'Alquen, coronel Gunter, 253

Dachau, campo de concentração de, 384, 386, 391

Dankwort, Werner, 333-4

Danúbio, rio, 130, 210, 351, 353-4, 371, 424

Danzig, 128, 130, 135, 143, 150, 188, 215, 219, 223, 279, 291, 295, 307, 351

Dargel, Paul, 145

Darmstadt, 281

defesa antiaérea *ver* armamento

defesa civil, 47, 122, 201, 291, 327

Demmin, 415-6

desertores, 186, 245, 255, 263-4, 272, 289, 308, 311-2, 399, 452

Dethleffsen, major-general Erich, 441

Deutscher Volkssturm ver *Volkssturm*

Devers, general Jacob, 167

Dia D, 41, 83

Dietrich, coronel-general Sepp, 167, 176, 210, 300, 335

Dietrich, Otto, 149

Dinamarca, 44, 350, 374, 395, 423-6

Dinant, 196-7

"Diretrizes para a liderança nacional-socialista", 74

Divisão Panzer Kurmark, 299

doenças, 224, 279; tifo nos campos de concentração, 385

Dönitz, grande almirante Karl, 74, 127, 247, 314, 320, 351, 359-62, 396, 399, 403, 408-12, 416-3, 425-40, 445, 448, 458, 460, 462; como comandante em chefe da Marinha, 65, 75, 209, 247, 313, 359, 458; como sucessor de Hitler, 403; Hitler e, 247, 353, 359, 395, 407, 462; interrogatório pós-guerra, 247, 411; na defesa de Berlim, 395; personalidade, 409, 435, 462; seus relatórios sobre a situação do conflito, 313

Dönitz, grande almirante Karl — como presidente do Reich (abril-maio de 1945) —: adequação como presidente, 409-11; negociações de paz, 408, 411-2, 420, 423; seu gabinete, 416, 436; Von Ribbentrop sobre, 419-20

Dora-Mittelbau, campo de concentração de, 279, 386, 389

Dorpmüller, Julius (ministro de Transportes na gestão Dönitz), 418, 436

Dorsch, Xaver, 94, 114

Dortmund, 272-3, 281, 350

Drauz, Richard, 382

Dresden, 159, 215, 282-6, 305, 351, 355, 362; bombardeio dos Aliados (fevereiro de 1945), 281, 289; judeus de, 283; população de, 283; propaganda nazista baseada em, 284; refugiados, 284-5

Dufner, tenente Julius, 95-6, 369

Duisburg, 186, 273, 349, 358

Dulles, Allen W., 336, 421

Dunquerque, 86, 166, 424

Düren, 166, 197, 301

Düsseldorf, 178-9, 272, 302

economia alemã, 291, 442

Eifel, balneário de, 95

Eigruber, August (*Gauleiter* de Oberdonau), 371

Eisenhower, general Dwight D., 85, 87, 193, 336, 417, 419, 421, 427-31, 434-6, 438, 448; como supremo comandante, 438; Kesselring e, 427; Montgomery e, 449; negociações de paz com os alemães, 426-9, 434

Eismann, coronel Hans-Georg, 361-2

Elba, rio, 215, 281, 283, 317-8, 320, 350-1, 353, 356, 395, 396, 424, 426, 431

Elbing, 143, 213, 215, 220, 241, 280, 295

eletricidade ver energia, suprimentos de

Elser, Georg, 384

Emmendingen, 189

Emsland, campo de concentração de, 384

energia, suprimentos de, 172, 175, 200, 239, 325, 346, 402; ver também carvão

entretenimento, 28, 326

Erfurt, 350-1

Escandinávia, 75, 303, 334, 419; ver também Dinamarca; Finlândia; Noruega; Suécia

Eslováquia, 126, 158

Espanha: bombardeio alemão de Guernica (1937), 282

Essen, 121, 179, 349; bombardeio dos Aliados, 281; instalações da Krupp em, 175, 187, 281

Estados Unidos, 26, 30, 43, 58, 187, 275, 318, 349, 417; Exército dos ver Exército americano; Hitler sobre, 165; Plano de Morgenthau, 187

Estocolmo, 130, 333-4, 424

Estônia, 127

estradas de ferro ver ferrovias

Estrasburgo, 86, 167, 351

estratégias/táticas dos Aliados, 33, 83-4, 449

estupros, 142, 148-9, 154, 216, 221-2, 352, 386, 389, 414

Eupen, 91, 166

Eupen-Malmédy, 91

Eutin, 398

evacuação: de militares, 96-7, 217; de prisioneiros de campos de concentração ver marchas da morte

evacuação de civis: atitude do Exército alemão para com refugiados, 243; compulsória (ordenada por Hitler em março de 1945), 341, 371; de Berlim, 397, 402; de mulheres, 216-21, 402; números, 132, 222-4

execuções: de alemães (pelo Exército Vermelho), 222; de civis, 373, 378, 382, 452; de desertores, 245, 263-4, 272, 311-2; de mulheres, 380; de prisioneiros de guerra americanos, 193; de trabalhadores estrangeiros (pela Gestapo), 272, 383; em campos de concentração ver campos de concentração; por covardia diante do inimigo, 378

Exército alemão, 75, 84, 97, 144, 208, 264-5, 355; amotinação no, 308, 321; armas para ver armamento; atrocidades cometidas pelo, 131, 146; "batalhão feminino", 364; desertores ver desertores; desintegração do, 98, 254, 263-5, 369; divisões de Volksgrenadier, 64, 93; execução de desertores ver execuções; fidelidade a Hitler, 58-9, 71, 191; Guderian como chefe do Estado-Maior, 72, 116, 135, 162, 198, 203, 209, 239, 248, 300, 307, 335, 339, 359; Hitler como comandante em chefe, 209-11, 243, 461; hostilidade da população civil em relação ao, 309-10; no front oriental, 427-9; planejamento de novas divisões (1944) ver Forças de Reserva; reorganização por Himmler, 61-2, 64; retaguarda (Etappe), 96; serviço militar obrigatório, 101; soldados alemães, 25, 82, 85, 131, 144, 164, 196, 254, 265, 268, 307-8, 354, 367-8, 370, 415, 425, 427, 434, 439, 448; tratamento dispensado aos refugiados, 243; tropas alemãs, 41, 84, 98, 132, 144, 146, 148, 155, 166, 190, 193, 214, 234, 285, 300, 302-3, 310, 316, 319, 322, 336, 404, 409, 425, 428; tropas húngaras no, 125; vítimas ver número de vítimas; Volkssturm ver Volkssturm; ver também cada unidade especificamente; Waffen-ss; Wehrmacht

Exército americano, 82-5, 166, 198, 302, 352; encontro com o Exército Vermelho (abril de 1945), 395; Nono Exército, 166; número de baixas, 167; Primeiro Exército, 87, 166; Quinta Divisão, 87; Sétima Divisão, 87; Sexto Exército, 166; soldados negros, 194; Terceiro Exército, 87, 198, 302, 352

Exército britânico, 82, 128, 301, 305, 317, 321,

323, 350, 425; libertação do campo de concentração de Bergen-Belsen, 385; na Itália, 425; na ofensiva das Ardenas, 166, 233; 21º Grupo do, 166

Exército canadense, 301, 350

Exército francês, 85, 301, 352, 381

Exército russo *ver* Exército Vermelho

Exército Vermelho, 34-5, 39, 43, 72, 89, 116, 120, 124-7, 129-30, 132, 134-5, 138, 141, 144-8, 150, 152, 154, 156, 158, 163, 185, 207, 211-6, 220, 222, 224-9, 232, 236-8, 242, 246, 258-60, 267-8, 276-7, 279, 285, 294-5, 299-300, 316, 335, 347, 349, 353, 362, 365, 367, 372, 374, 379, 394, 402, 406-7, 414-6, 425-30, 434, 439, 443, 445, 449, 456; avanço sobre Berlim, 208, 213, 295, 300, 345, 353, 361, 371; encontro com o Exército americano (abril de 1945), 395; Hitler sobre, 153; invasão da Alemanha (outubro de 1944 em diante), 41, 142, 144-5, 147-57, 166-7, 207-48; invasão da Hungria (1944), 166, 188, 210, 300, 335, 371; invasão da Polônia (1944), 146, 208, 210, 214, 216, 222; na Áustria, 353; na Boêmia (Tchecoslováquia), 429; planejamento operacional do, 449; superioridade do, 207; tratamento dado aos civis alemães, 216, 218-26; *ver também* Rússia; União Soviética

Falaise, 83-4, 86, 88, 97-8

Federação da Indústria do Aço, 177

Fegelein, Hermann, 63, 403

Fernau, Walter, 383

ferro e aço, produção de, 172, 175, 302, 339

ferrovias, 95, 107, 113, 172, 176, 179-81, 257, 279, 325, 339; Reichsbahn, 110, 174, 176; *ver também* transportes

Fiebig, Richard, 173

finanças / situação financeira, 45, 287; suprimento monetário na Alemanha, 399

Finlândia, 91, 127, 424

Flensburg-Mürwik, 416

Florença, 41, 281

Floresta Negra, 203, 275, 282, 352

Florian, Friedrich Karl (*Gauleiter* da área de Düsseldorf), 178

Flossenbürg, campo de concentração de, 279, 384, 386

Forças de Reserva, 55, 61-2, 64, 70, 76, 115, 118, 248, 411, 458; *ver também* Exército alemão

Forster, Albert (*Gauleiter* em Danzig), 291

fortificações, 91, 94, 99, 119-20, 134-9, 152, 174-5, 179, 213-4, 239, 267, 354; Ostwall, 135; Westwall, 91, 93-4, 99, 111, 120-1, 135, 166, 197

França, 44, 48, 73, 75, 83, 85-6, 88-9, 91, 94, 96-8, 110, 112, 140, 154-5, 164, 172, 195-6, 252, 263, 381; *ver também* Exército francês

Francônia, 25, 97, 230, 352, 368, 374, 378, 380, 382

Frank, Hans, 135, 258

Frankfurt an der Oder, 259, 273, 298, 361

Frankfurt sobre o Meno, 303

Frau meiner Träume, Die (filme), 28

Freiburgo, 352

Freikorps (grupos guerrilheiros), 330-1, 427

Freisler, juiz Roland, 76

Frente de Trabalho do Reich, 121, 329; Ley como chefe da, 286

Freudenstadt, 352

Frick, Wilhelm (ministro do Interior), 47

Frische Nehrung, península de, 217, 219, 223, 298, 353

Frisches Haff, lagoa de, 143, 213, 218, 298

Frísia oriental, 423

Fromm, general Friedrich, 61-2

front ocidental, 27, 43, 51, 59, 82, 84, 88-91, 93, 97-100, 105, 107, 109-10, 112, 133, 155-7, 163, 166, 169, 174, 176, 183, 187, 192, 199-200, 203, 209, 227, 237, 255, 288, 294, 301, 306, 310, 316, 321, 330, 336, 347, 349, 355, 365, 369, 370, 412, 434-5, 448-9

front oriental, 41, 43, 48, 53-4, 59, 66, 76, 87-9, 93, 99, 125-6, 131, 133, 154-7, 162, 166-8, 177, 183, 188, 191, 204-5, 207, 209-11, 227, 230, 237, 239, 244, 247-8, 253, 257, 262, 264-5, 267, 270, 275, 285, 294, 299-301, 307, 312,

320, 330, 332, 356, 358, 366, 368, 409, 412, 420, 428, 430-2, 434-5, 439, 445, 449-50, 455-7, 461; *ver também* Exército Vermelho

Führerprinzip ("princípio da liderança"), 408

futebol, jogos de, 28

Galícia (sul da Polônia), 125

Gardelegen, 389-90; massacre de prisioneiros de campos de concentração em (abril de 1945), 390

gasolina, 170, 389

Gauleiter (governantes/chefes regionais), 34, 46-7, 50, 67-70, 93-5, 97, 108, 114, 116-8, 120-1, 134-6, 139, 150, 153, 160, 174, 178, 180-1, 183, 201, 216, 243, 250, 257-9, 263, 269, 283, 291-2, 304, 309, 311-3, 324, 327, 329, 339, 342, 348, 352, 358, 360, 370-4, 376-8, 380, 393, 399-401, 417, 422, 425, 429, 461-2; controle centralizado de, 108, 112, 119; Hitler e, 291, 372, 375; poder exercido por, 454; Speer e, 341; suicídio entre (após abril de 1945), 413; tropas locais recrutadas por, 116; *ver também cada* Gauleiter *individualmente*

Gebhardt, Karl, 91, 147

Geheime Feldpolizei (polícia militar secreta), 97, 147

Gehlen, coronel Reinhard, 209-10

Genebra, Convenção de, 307

Gerland, Karl (*Gauleiter* de Kurhessen), 374

Gerngroß, capitão Rupprecht, 400

Gestapo, 92, 186, 251, 272-3, 381, 383

Giesler, Hermann, 290, 347

Giesler, Paul (*Gauleiter* de Munique-Alta Baviera), 257, 401

Glogau, distrito de, 229, 246, 299

Goebbels, Joseph (ministro da Propaganda), 34, 41, 47-8, 50, 61, 64-71, 77, 80, 93, 97, 103, 105-9, 112, 115-7, 120, 122, 137-8, 149-54, 156, 178, 181-8, 195-6, 198-9, 229, 231, 233, 259-60, 264, 266, 285-6, 288-91, 295, 304, 307, 310, 318-9, 329-30, 332, 334, 339, 343, 345, 347, 364, 366, 369-73, 398, 413-4, 416, 418, 421, 451, 453-4, 458-9, 462-3; assassinato de

sua família, 393-4, 404, 413; Bormann e, 69, 372, 409; diários de, 184, 188, 393; Guderian e, 73; Hitler e, 184, 289-90, 332, 392-3; negociações de paz e, 331, 333; personalidade/aparência física de, 48, 107, 183, 203, 289, 392; Plenipotenciário do Reich para o Esforço pela Guerra Total, 64-8, 105-9; propaganda relacionada ao bombardeio de Dresden, 285; proposta de paz com a União Soviética no front oriental, 128; sobre Göring, 290; sobre Von Ribbentrop, 290; Speer e, 49, 69, 105-9, 114, 183, 290, 339; suicídio de, 393-4, 403, 409, 413; tentativas de negociação com os Aliados, 409

Goebbels, Magda (esposa de Joseph Goebbels), 290; suicídio de, 394, 403, 413

Goldap, 143-4, 213, 215

Göring, Hermann, 45, 61, 65, 74, 107, 122, 148-9, 204, 248, 359, 369-70, 403, 460, 462; Bormann e, 396; como comandante em chefe da Luftwaffe, 45, 65, 71, 75, 187, 198, 201, 209, 247, 359, 362, 399; como sucessor nomeado por Hitler, 45, 396, 410, 459, 461; fuga de Berlim, 392; Goebbels sobre, 290; interrogatório no pós-guerra, 56, 392; negociações de paz e, 331; sob prisão domiciliar (abril de 1945), 396; suicídio de, 413

Gotenhafen (Gdynia), 188, 223-4, 279, 295

Gotha, 350, 364

Götterdämmerung (Richard Wagner), 28, 31, 353

Göttingen, 350, 407

Grã-Bretanha *ver* Inglaterra

Grande Conselho Fascista, 460

Gräser, general Fritz-Hubert, 354

Grécia, 126, 155

Greifswald, 351, 380

Greiser, Arthur (*Gauleiter* de Reichsgau Wartheland), 258-9

Grohé, Joseph (*Gauleiter* de Colônia-Aachen), 93, 373

Groß-Rosen, campo de concentração de, 277-9, 385

Grupo de Exércitos A (posteriormente Grupo

de Exércitos Centro da Wehrmacht), 41, 52-4, 57, 59, 73, 76-7, 105, 124-6, 135, 144-5, 158, 206-7, 238-9, 242-3, 245-6, 263, 299, 307, 354, 361, 406, 411, 427-8, 432-5

Grupo de Exércitos B, 88, 167-8, 175-6, 301, 349, 357, 369, 374

Grupo de Exércitos C, 336, 421

Grupo de Exércitos do Alto Reno, 203, 247, 253

Grupo de Exércitos E, 427

Grupo de Exércitos G, 88, 177, 301, 312, 350, 358, 365, 370, 426

Grupo de Exércitos H, 301, 312, 349-50

Grupo de Exércitos Noroeste, 423

Grupo de Exércitos Norte (posteriormente Grupo de Exércitos Courland), 77, 124, 126-8, 132-3, 246, 298

Grupo de Exércitos Norte da Ucrânia, 125-6

Grupo de Exércitos Ostmark, 427, 432

Grupo de Exércitos Sul da Ucrânia, 126

Grupo de Exércitos Vístula, 246, 254, 261, 263, 267, 295, 298, 312, 319, 335, 354, 394, 397, 411, 425

Guderian, coronel-general Heinz, 72-3, 75-6, 116-7, 135, 139, 162, 198, 204, 209-11, 239-42, 246, 248, 299-300, 303, 307, 335, 339, 359, 460; como chefe do Estado-Maior, 72, 116, 135, 162, 198, 203, 209, 239, 248, 300, 307, 335, 339, 359; como inspetor geral das Tropas Panzer, 53; Goebbels e, 73; Hitler e, 203, 209; Reinhardt e, 239, 241-2; sobre a invasão do Exército Vermelho, 144; Speer e, 460

Guernica, bombardeio alemão de (1937), 282

"guerra total", conceito de, 48-51, 55, 64-70, 80, 89-90, 102-3, 105, 107-9, 115, 123, 133, 181, 183, 195, 252, 454, 458

guerrilha, ações de, 117, 329, 331; *ver também* Werwolf

Gumbinnen, 124, 143-4, 148, 154, 213

Halder, general Franz (chefe do Estado-Maior), 54

Halle, 308, 350

Hamburgo, 194, 284, 351, 386-7, 393, 407, 414, 424, 438; bombardeio aliado em, 281, 284; capitulação de (maio de 1945), 425

Hamm, 350

Hanke, Karl (*Gauleiter* de Breslau), 292, 311, 375-6, 403

Hanover, 179, 350-1, 388

Harpe, coronel-general Josef, 207, 210, 238, 245, 265, 357-8

Harris, Arthur ("Bombardeador"), 281

Harz, montanhas, 356

Hausser, coronel-general Paul, 301, 312, 350, 358

Heidelberg, 303

Heidkämper, tenente-general Otto, 239

Heilbronn, 281, 352, 382

Heiligenbeil, 143, 213

Heilsberg, 143, 240-1, 243, 298

Heinrici, coronel-general Gotthard, 207, 319-21, 354, 361-3, 394-5, 397, 458

Hellmuth, Otto (*Gauleiter* de Würzburg), 342

Helm, major Erwin, 382-3

Hess, Rudolf, 46

Hessen-Nassau, 305, 309

Heusinger, general Adolf, 54

Himmler, Heinrich (Reichsführer-ss), 34, 47, 55, 61-5, 67, 69-70, 76, 91, 94-5, 97, 108, 115-8, 122-3, 139-41, 147, 158, 178-81, 188, 202-3, 209, 214, 254-63, 267, 272, 274-5, 286-7, 295, 334-6, 361-2, 378, 385-7, 399, 403, 408, 410-1, 417-21, 428-9, 458-63; Bormann e, 117; como comandante em chefe das Forças de Reserva, 61, 66, 410, 458; como comandante em chefe do Grupo de Exércitos do Alto Reno, 202, 246; como comandante em chefe do Grupo de Exércitos Vístula, 246, 254, 312, 319, 334, 410; estratégia de fuga de, 334, 335; Hitler e, 275, 334, 403, 410, 417; negociações de paz e, 331, 343; personalidade/aparência de, 47, 63, 286, 289, 334-5; poder/influência de, 47, 61, 69, 77, 80, 97, 113, 115, 335; sobre a Solução Final, 153, 274; Speer e, 286-7; suicídio de, 413; tentativas de negociação com os Aliados, 385-6, 393, 403

Hitler, Adolf: "carisma"/"dominação carismática" de, 36-8, 50, 52, 61, 80, 181, 188, 404, 461-2; como comandante em chefe do Exército alemão, 209-11, 243, 461; *ver também* Alto-Comando da Wehrmacht; declínio da fidelidade alemã a, 92, 104, 139, 157, 161, 187-91, 233, 252, 257, 307, 322, 342-3, 370, 372, 450-1; decreto da "terra arrasada" ("Ordem de Nero", março de 1945), 341-2, 356; discurso de Ano-Novo (1945), 199; em Berlim (bunker do Führer), 29, 34-5, 290, 334, 347, 353, 356, 359, 361-2, 392-4, 396-7, 399, 402-3, 408, 410, 422, 461, 463; estratégias e táticas de, 52-4, 73, 83, 126-8, 153, 163, 167-8, 199, 209-10, 238, 253, 303, 336-7, 341, 353, 362, 448; fidelidade da Alemanha a, 34, 36, 42-3, 55-8, 78,-9, 101, 103, 187, 191, 233, 443; *Mein Kampf*, 233; menção de Speer a Heinrici sobre possível assassinato de (abril de 1945), 363; na Alemanha pré-guerra, 36; negociações de paz recusadas por, 332, 334, 448, 459; personalidade/aparência de, 33-4, 43, 47, 51, 78, 290, 331, 337, 347, 361, 396, 403-4, 411, 458-9; resistência alemã a, 186; sobre as atrocidades do Exército Vermelho, 153; suicídio de, 29, 34, 347, 372, 396, 403, 422; tentativa de assassinato (plano de Von Stauffenberg, julho de 1944), 38, 55, 70, 76, 450, 458; testamento de, 403, 408, 410-1, 416; *ver também* Alemanha; Partido Nazista

Hodges, general Courtney, 87

Hofer, Franz (*Gauleiter* do Tirol), 371, 422

Hoffmann, Albert (*Gauleiter* da Vestfália do Sul), 374

Hohenlychen, 91, 334

Holanda, 166, 318, 420-1, 425; *ver também* Países Baixos

Holz, Karl (*Gauleiter* da Francônia), 97, 374-5, 378

hospitais, 96, 218-9, 226, 233, 236, 325, 334; *ver também* médicos

Hoßbach, general Friedrich, 52, 56, 60, 241-5, 265

Hübner, tenente-general Rudolf, 311

Hungria, 44, 126, 158, 167, 210, 371; Budapeste, 130, 166, 210, 300, 424; invasão do Exército Vermelho, 166, 188, 210, 300, 335, 371; judeus húngaros, 158; tropas húngaras no Exército alemão, 125

Hussein, Saddam, 30

Hütten, 391

Igreja católica, 46, 102

imprensa, 66, 149-51, 158, 275, 333; *ver também* jornais

incêndios, 53, 132, 140, 327, 389

indústria: bombardeio aliado e efeito sobre, 109, 113, 171, 176; cinturão industrial da Silésia, 131, 338; cinturão industrial de Reno-Ruhr, 186, 281; cinturão industrial do Saar, 172, 176-7; colapso da, 171-4; de armamentos, 68, 70, 80, 107-9, 111, 123, 174, 176, 255, 270; destruição/paralisação durante a retirada alemã, 68, 111-2, 176, 337-42; matérias-primas, 110, 166, 171; "Ordem de Nero" de Hitler (março de 1945), 341-2, 356; produção de ferro e aço, 172, 175, 302, 339

Inglaterra, 43-4, 46, 127, 165, 190, 203, 318, 321, 366, 417, 424; fuga de Hess para, 46; governo Churchill na, 30; Hitler sobre, 165; Londres, 43, 81, 86, 190, 282, 424, 430, 443

"inimigos raciais", 31, 80; *ver também* judeus

invasão dos Aliados no leste *ver* front oriental

invasão dos Aliados no oeste *ver* front ocidental

Iraque, 30

Itália, 44, 75, 155, 180, 209, 249, 302, 316, 336-7, 340, 347, 421-3, 435, 461; Bolonha, 316; capitulação alemã na (maio de 1945), 316, 336, 421, 423; Grande Conselho Fascista, 460; Kesselring na, 356, 458; queda de Roma (1944), 41; sob o governo de Mussolini, 29, 37, 75, 422, 460; Wehrmacht na, 203, 303, 315, 336

Iugoslávia, 126

Japão, 30, 202

Jena, 350

Jodl, general Alfred (chefe de Operações da Wehrmacht no Alto-Comando da Wehrmacht), 52, 71-2, 75, 78, 166-7, 169, 204, 209, 248, 312, 349, 357, 359, 361, 394, 396-7, 408, 418, 423, 425, 430, 434, 436, 438, 440, 460; interrogatório pós-guerra, 168; planejamento da ofensiva das Ardenas, 165, 168; signatário da rendição alemã, 429

Jordan, Rudolf (*Gauleiter* de Magdeburg-Anhalt), 292

jornais, 29, 106, 136, 195, 227, 266, 287, 289, 318, 326, 413; *ver cada título individualmente*; imprensa

judeus, 27, 32, 47, 80, 131, 140, 151-3, 157-60, 190, 202, 212, 225-6, 251-2, 258, 273-8, 280, 283, 308, 314, 335, 386-90, 393, 398, 413, 417, 442-4, 453; Congresso Judaico Mundial, 393; deportação de, 251; em campos de concentração *ver* campos de concentração; em Dresden, 283; húngaros, 158; mulheres judias, 393; poloneses, 158, 258; propaganda antissemita, 158; "Questão Judaica", 158, 417; "Solução Final", 47, 153, 159, 274, 417; tratamento dispensado pelo Exército Vermelho, 456

Junge, Traudl, 153

Jüterbog, 355

Jüttner, Hans, 62

Juventude Hitlerista, 26, 96, 104, 120-1, 129, 137, 153, 226, 306, 331, 364, 372, 375, 389, 415, 456

Kaiserslautern, 302

Kaltenbrunner, Ernst, 94-5, 272, 275, 337, 343, 370, 422

Karlsruhe, 86, 111, 352

Kassel, 281, 351

Kehrl, Hans, 171

Keitel, marechal de campo Wilhelm, 57, 64, 75, 99, 139, 177, 209, 248, 357, 359, 361, 378, 394-6, 408, 411, 418, 423, 425, 427-9, 431, 460; como chefe do OKW, 246, 262, 349, 418; inter-

rogatório pós-guerra, 412; ofensiva das Ardenas e, 167-8; preso pelos Aliados, 436, 440; signatário da rendição alemã, 431

Kersten, Felix, 274, 334

Kesselring, marechal de campo Albert, 209, 302, 311-2, 336, 356-8, 363, 422-3, 426-7; como comandante em chefe do oeste, 302, 311, 349, 355, 422; Hitler e, 353, 356, 422; memórias pós-guerra, 356; Model e, 357; na Itália, 356, 458; negociações de paz com Eisenhower, 427

Kielce, 210, 215

Klemperer, Victor, 159-60

Koblenz, 94, 189, 302

Koch, Erich (*Gauleiter* da Prússia Oriental), 46-7, 120, 136, 138-9, 141, 145, 150, 216-7, 243, 257, 292, 374

Kolberg (cidade costeira), 215, 295

Kolberg (filme de propaganda), 184, 295, 326

Kollontay, Alexandra Michailowna (emissária soviética em Estocolmo), 333

Konev, marechal Ivan, 208, 212, 214, 216, 222, 354-5

Königsberg, 57, 130, 136, 138, 143-4, 208, 213, 217-9, 225, 234, 241, 243, 298, 353, 374, 424; campo satélite em, 225; captura pelo Exército Vermelho, 353, 358, 367; evacuação de, 217-9, 245, 298

Köslin, 295

Krampnitz, 396, 399

Krebs, general Hans, 299, 359, 361-2

Krefeld, 301

Kreipe, general Werner (chefe do Estado-Maior da Luftwaffe), 147, 204

Kritzinger, Friedrich Wilhelm, 398, 455

Krupp, 175, 187, 281

Kurhessen, 374

Küstrin, 214-5, 298-9, 307

Kyllburg, 95

Lammers, Hans-Heinrich (chefe da Chancelaria do Reich), 50, 64-6, 69, 201, 397-8

Lammerz, Karl, 174

Landsturm (milícias prussianas), 116-7, 140

Lasch, general Otto, 353

Lattre de Tassigny, general Jean de, 431

Lauenburg, 279

"Leibstandarte-ss Adolf Hitler" (guarda pessoal), 300, 335

Leiling, tenente Ottoheinz, 400

Leipzig, 139, 215, 350-1; batalha em ("Batalha das Nações", 1813), 139-40

Letônia, 127, 427

Ley, Robert (líder da Frente Alemã do Trabalho), 46, 79, 108, 117, 120-1, 189-90, 202, 286, 329-30, 413

liderança, conceito/princípio de (*Menschenführung*), 181; "dominação carismática" de Hitler, 36-8, 50, 52, 61, 80, 181, 188, 404, 461-2; *Führerprinzip*, 408

Liebel, Willi (prefeito de Nuremberg), 375

Liège, 168, 197

Limpert, 25-7

Lindau, 399

Lindemann, coronel-general Georg, 426

Linha Siegfried *ver* Westwall (linha de fortificações)

Linz, 290, 347, 351, 386

Lituânia, 125, 127

Łód , gueto de, 158, 214

Löhr, coronel-general Alexander, 427-8

Londres, 43, 81, 86, 190, 282, 424, 430, 443; ataques de foguetes V2, 190; bombardeios alemães em, 282

Lorena, 87, 90-1, 95, 166, 172

Lötzen, 143, 213, 239-42

Lübeck, 353, 399

Luddendorff, Erich, 307

Ludwigshafen, 302-3

Luftwaffe, 25-6, 43, 45, 65, 75, 81, 89, 110, 144, 147, 168, 198, 201, 204-5, 209, 232, 247-8, 295, 303, 313, 318, 356, 359, 362, 399, 407, 411, 413, 431, 439, 461; armamentos para, 71; bombardeios aliados e, 282; combustível de aviões para, 170; Göring como comandante em chefe da, 45, 65, 71, 75, 187, 198, 201, 209, 247, 359, 362, 399; Kreipe como chefe do Estado-Maior da, 147, 204; transferência de pilotos para a Wehrmacht, 248

Lüneburg, 425

Luxemburgo, 44, 85, 87, 94-5, 172, 197, 351

Lyon, 85

Magdeburg, 215, 255, 292, 350-1, 389

Maier, dr. Johann, 400

Main, rio, 382

Mainz, 302, 317

Majdanek, campo de concentração de, 158

Malmédy, 193, 197

Mannheim, 189, 303

mão de obra, oferta de, 49-50, 64-5, 67, 70, 105-6, 108-9, 113, 135, 173, 175, 179, 183, 454; *ver também* trabalhadores estrangeiros

Mar do Norte, 44, 350-1, 424; *ver também* Bálcãs

"marchas da morte", 277, 280-1, 385, 387, 390, 444, 453; *ver também* campos de concentração

Marinha alemã, 219-20, 247, 303, 313, 407; Dönitz como comandante em chefe, 65, 75, 209, 247, 313, 359, 458; moral da, 313; transferências de marinheiros para a Wehrmacht, 248, 313, 362, 410; Von Friedeburg como comandante em chefe, 418

Marselha, 85

Mauthausen, campo de concentração de, 279, 386

Mecklenburg, 406, 414, 425

médicos, 147, 149, 226, 380

Mein Kampf (Hitler), 233

Memel (porto do mar Báltico), 127, 130, 141-4, 188, 215, 229

Menschenführung ver liderança, conceito/princípio de

Messerschmitt 262 (caças a jato), 175

Metz, 86-7, 91, 95, 111, 166

Meuse, rio, 87, 168, 193-8

Meyer, dr. Ernst, 25

Meyer-Detring, coronel Wilhelm, 432-3

milícias locais, 141

Mittelbau, campo de concentração de *ver* Dora-Mittelbau, campo de concentração de

Model, marechal de campo Walter, 53, 76, 84, 88, 98, 157, 168-9, 195, 198, 349-50, 357-8, 361, 374; ações contra prisioneiros, 384; como comandante em chefe do Grupo de Exércitos B, 168, 171, 188, 194, 198-9, 301, 311, 349, 357, 369; Kesselring e, 357; Speer e, 342; suicídio de, 358

Montgomery, marechal de campo Bernard, 85, 87, 302-3, 417, 419, 425-6, 449; Eisenhower e, 449; negociações de paz com os alemães, 425, 427

moral: na Marinha alemã, 313; no Exército alemão, 43, 77, 89, 98, 138, 154, 176, 188, 238, 249, 254, 304, 309, 335

Mortain, 84

Moscou, 44, 216, 289, 333

Mosela, rio, 87, 189, 302-3, 308, 310, 332

Movimento da Resistência Holandesa, 420

Mülheim, 349

mulheres, 43, 47, 50, 57, 77, 90, 93-5, 97, 104, 106, 121, 137-9, 142, 147-9, 154, 164, 189, 194, 218, 220, 222-3, 226, 237, 261-2, 264, 268, 271, 277, 280, 285, 328, 346, 360, 369, 371-2, 373, 380-2, 388, 393-4, 400-2, 414-6, 443; "batalhão feminino" no Exército alemão, 364; nos campos de concentração, 273, 386, 393; recrutadas a força para batalhões de trabalho, 119; trabalhadoras, 50, 106, 119, 134, 137; tratamento pelo Exército Vermelho, 147-9, 221, 229, 415

Müller, general Friedrich-Wilhelm, 245, 353

Munique, 29, 45, 58, 67, 188, 190, 200, 257, 351, 371, 374, 400-2, 424; bombardeio aliado em, 281, 284

Münster, 272

Murr, Wilhelm (*Gauleiter* de Württemberg), 329, 380

Mussolini, Benito, 29, 37, 75, 348, 422, 460; *ver também* Itália

Musy, Jean-Marie, 275

Mutschmann, Martin (*Gauleiter* da Saxônia), 160, 283

Napoleão Bonaparte, 50, 117, 140, 295

Narev, rio, 208

National-Zeitung (jornal), 121

Naumann, Werner, 105

negociações de paz, 331, 333, 343, 408, 411-2, 420, 423

Neiße, rio, 222, 265-6, 299, 354-5

Nemmersdorf, 124, 143-53, 213, 456; atrocidades cometidas pelo Exército Vermelho em, 144-8, 216, 456; propaganda nazista baseada em, 148-51, 156-7

Neuengamme, campo de concentração de, 386-9

Neumann, Balthasar, 284

Nijmegen, 301

Nogat, rio, 213

Nono Exército, 207, 298, 349, 354-5, 394, 425-6

Normandia, 41, 82, 88, 155, 165, 267, 449

Noruega, 44, 154, 340, 347, 350, 395, 423-4, 426

NSDAP *ver* Partido Nazista

NSFOS (*Nationalsozialistischer Führungsoffizier*, Líderes Oficiais Nacional Socialistas), 74, 79, 98-9, 123, 134, 176

NSV (*Nationalsozialistische Volkswohlfahrt*, Organização Nacional-Socialista de Previdência Social Popular), 57-8, 104, 106, 185, 201, 217, 224, 327-8

número de vítimas, 224, 285, 436, 438; alemãs, 43, 84, 124, 167, 189, 232, 298, 303, 353, 438; americanas, 167, 193; dos Aliados, 198; em campos de concentração *ver* campos de concentração; em marchas da morte *ver* marchas da morte; húngaros, 158; judeus, 157, 225, 258, 275, 386, 393; poloneses, 125, 151, 158, 258

Nuremberg, 49, 351, 375, 378; bombardeio aliado em, 230, 281; captura americana de, 352-3, 374-5; Tribunal Militar Internacional de Nuremberg (1945-6), 411

Oberdonau, 371

Oberhausen, 186

Obersalzberg, 45, 66, 257, 319, 440

Oder, rio, 39, 135, 206-8, 212, 214-5, 222, 229, 244, 246, 256, 295, 298-300, 303, 317, 319-20, 340, 351, 354-5, 361, 367, 369, 393, 424

ofensiva das Ardenas ("Brumas de outono", dezembro de 1944), 164, 166, 169-71, 173, 175-6, 182, 188, 193, 197, 199, 202-4, 250, 295, 317, 332, 347, 357, 449, 459

ofensiva Market Garden, 87

Ohlendorf, Otto, 417

Ohnesorge, Wilhelm, 325

OKH ver Alto-Comando do Exército

OKW ver Alto-Comando da Wehrmacht

óleo diesel, 170

Operação Bagration, 41, 124, 128

Operação Barbarossa, 155

Operação Cobra, 83

Operação Goodwood, 83

Oppenheim, 302

Oppenhoff, Franz, 330

Oradour-sur-Glane, 155

"Ordem de Nero" de Hitler (março de 1945), 341-2, 356

Organização Todt, 63-4, 180, 225

Orquestra Filarmônica de Berlim, 28

Oshima, Hiroshi (embaixador japonês na Alemanha), 202

OSS (Serviço Secreto Americano), 336

Oster, coronel Hans, 384

Ostpreußen (navio quebra-gelos), 374

Ostwall ("Muro do Leste"), 135

Países Baixos, 303, 312, 350, 416, 421, 425; Blaskowitz como comandante em chefe dos, 420; Dönitz como presidente do Reich e, 420; inundação de áreas litorâneas pela Wehrmacht, 420; Movimento da Resistência Holandesa, 420; Seyß-Inquart como comissário do Reich nos, 416; ver também Holanda

Palmnicken, massacre de (janeiro de 1945), 225-6, 280

Panzerfaust (bazuca alemã), 304, 358, 415

Paris, 44, 76, 83, 86-7, 199, 334, 424; libertação de (agosto de 1944), 85

Partido Nazista (Nationalsozialistische Deutsche Arbeiterpartei — NSDAP), 42, 56, 79, 96, 101, 104-5, 121, 131, 134, 153, 161, 189, 201, 221, 226, 235, 269, 293, 304, 322, 328, 369, 378, 382, 403, 408, 413, 415, 445, 451, 454, 458, 461, 463; apoio da população civil ao, 32, 103, 251-2, 285, 306-9; Bormann como chefe administrativo do, 45, 66, 80, 105, 201, 259, 374, 376; "comícios de lealdade" ao, 56; como "os faisões dourados" (Goldfasane), 94, 374; controle sobre a população civil, 115, 120, 129, 131, 138, 178, 200, 220, 249; dissolução do, 374; execução de membros do (em Bromberg), 260; governo Dönitz e, 418; hostilidade do Exército alemão em relação ao, 258; liderança do, 33, 43, 79, 176, 259, 327, 376; na Alemanha pré-guerra, 33, 36, 45; na Áustria, 372; número de membros do, 103; o "caso Greiser" e, 259; poder do, 33, 46, 67, 454; pós-capitulação, 440; resistência alemã ao, 186; Robert Ley como líder da organização do, 79; suicídio entre membros do, 413; Völkischer Beobachter (jornal do partido), 29, 149, 227, 229, 402; Wehrmacht e, 72, 80, 122; ver também Hitler, Adolf

partisans, 131, 186, 189, 244, 329-31, 422, 456

Patton, general George, 87, 166, 198, 302, 428-9

Pauly, Max, 387

Peiper, tenente-coronel Joachim, 193

penitenciárias, 276-7, 384

Penzberg, 401

petróleo, 126, 166, 170, 300, 318

Pforzheim, 282, 284

pilhagens, 77, 142, 147, 221, 352

Pillau, 143, 213, 214, 217-9, 223, 225, 236, 247, 298, 353, 374

pilotos suicidas, proposta de utilização de, 329, 368

Plano Morgenthau (Estados Unidos), 187

Ploesti, jazidas petrolíferas de, 126

Plön, 395-6, 403, 410, 416, 418

polícia/força policial, 26, 31, 47, 63, 97, 99, 103-4, 114-6, 118, 120, 137, 147, 186, 189, 200,

220, 231, 251, 254, 260-3, 269, 272-4, 276, 299, 308, 327, 336, 344, 348, 375, 384, 389-90, 399-400, 417, 453; polícia militar, 99, 147, 189, 220, 254, 262; suicídio por membros da, 413; *ver também* ss (Schutszstaffel)

Pollex, coronel Curt, 191-2, 318-9

Polônia, 44, 75, 125, 128, 132, 135, 146, 151, 158, 208, 222, 225, 271, 278, 449; atrocidades nazistas na, 158, 214, 312; Cracóvia, 130, 212, 215, 258; Exército Polonês de Resistência, 126; fuga de Arthur Greiser, 258; fuga de Hans Frank, 258; Galícia (sul da Polônia), 125; gueto de Łód , 158, 214; invasão do Exército Vermelho na (outubro de 1944), 146, 208, 210, 214, 216, 222; judeus poloneses, 158, 258; ocupação alemã da, 131, 134, 207, 222, 258; tropas polonesas, 214; Varsóvia, 125-6, 128, 130, 143, 180, 212, 214-5, 245, 282, 299, 424, 443

Pomerânia, 135, 137-8, 184, 190, 214, 218, 224, 246, 279, 295, 319, 335, 354, 380, 414-5, 425, 449

população civil, 68, 89, 96, 100, 105, 131, 134, 140, 146, 148, 152, 156, 161, 173-4, 183, 188, 192, 207, 211, 216, 228, 237, 243-4, 247, 249, 251, 253-7, 268, 304, 309-10, 314, 320, 323, 338-9, 341, 357, 373, 395, 406, 425-6, 435, 451; bombardeios aliados, efeitos sobre, 155, 161, 179-80, 183, 323; condições de vida *ver* condições de vida; controle do Partido Nazista sobre a, 115, 120, 129, 131, 138, 178, 200, 220, 249; estoque de comida *ver* suprimentos de água e comida; evacuação de *ver* evacuação de civis; execução de, 80, 269, 384; Exército alemão, sua hostilidade em relação à, 309-10; Exército Vermelho, trato com a, 216, 218-26; militarização da, 454; mortes *ver* número de vítimas; suicídio entre, 256

Posen, 208, 214-5, 229, 258-9

potências aliadas, tentativas dos alemães de negociar com: por Goebbels e Bormann, 409; por Himmler, 385-6; por Von Ribbentrop, 331, 333; por Wolff, 336

Praga (Boêmia), 76, 351, 362, 366, 405, 424, 428-9, 432; levante popular em (1945), 428

Primeira Guerra Mundial, 29-31, 34, 75, 88, 96, 125, 129, 135, 137, 193, 201, 253, 264-5, 292, 305, 307, 319, 322, 391, 436; carnificina de Verdun na, 125; rendição alemã, 28-9; Tratado de Versailles (junho de 1919), 131, 191

Primeiro Exército Panzer, 207

Primeiro Regimento Panzer-ss, 193

prisioneiros de guerra: aliados, 225; americanos, 193; Convenção de Genebra sobre, 307

prisioneiros de guerra alemães, 237, 369, 432; do Grupo de Exército Central, 434; em mãos dos Aliados, 58, 87, 212, 237; em mãos soviéticas, 126, 301, 428; mortes entre, 434; na Austrália, 360

prisioneiros políticos, 273

propaganda: antiamericana/inglesa, 285, 305, 329; antissemita, 158; "comícios de lealdade" ao Partido Nazista, 56; do bombardeio a Dresden, 284; *Kolberg* (filme de propaganda), 184, 295, 326; nazista, 30, 32, 159, 220, 266, 357, 410, 447; verbal, 267

Prússia Oriental, 43, 46, 55, 61, 72, 123-5, 129, 131-3, 135-9, 141-4, 149-50, 152-4, 160, 166, 185, 206-8, 210, 212, 214, 216-7, 220, 222-3, 225, 227, 229, 232, 236, 238, 240, 243-5, 247-8, 257, 262, 280, 291-2, 298, 353, 364, 374, 427, 443

Quarto Exército Panzer, 207, 212, 354

"Questão Judaica", 158, 417; *ver também* judeus

Quinto Exército Panzer, 167, 193, 196, 358

Rahn, Rudolf (embaixador alemão na Itália), 422

Rastenburg, 143, 213, 215

Ratibor, 299

Ravensbrück, campo de concentração de, 386, 390, 393

Regensburg, 378, 399-400

Reich, Das (jornal), 233, 285
Reichsbahn (rede ferroviária), 110, 174, 176
Reichsverteidigungskomissare ver RVKS
Reinecke, general Hermann, 74, 98
Reinhardt, coronel-general Georg-Hans, 59, 124, 145, 148, 154, 206-7, 210, 238-45, 248, 265, 364, 406; Guderian e, 239; Hitler e, 238, 242; no front oriental, 207, 210, 238, 244
religião ver cristãos; católicos; Igreja católica
Remagen, 302, 308, 311, 318, 329, 370
rendição incondicional, 30, 33, 78, 101, 293, 320, 336, 367, 419-20, 422, 431, 434, 437, 447-8, 450, 459
Rendulić, coronel-general Lothar, 245-6, 298, 312, 427-8, 432
Reno, rio, 86-7, 110, 112, 165, 167, 186-7, 189, 199, 244, 281, 301-3, 306, 308-10, 315, 317-21, 329, 332, 340, 349, 351, 370, 424
Reno-Ruhr, cinturão industrial de, 186, 281
Revolução Russa (1917), 29
Rheims, 430-3, 436
Ribbentrop, Joachim von, 45, 122, 333-4, 336, 416, 419-20; como ministro do Exterior, 45, 187, 202; Goebbels sobre, 290, 333; tentativas de negociação com os Aliados, 331, 343
Riga, 127, 130
Ritter von Greim, coronel-general Robert, 247
Röchling, Hermann, 111, 172
Roer, rio, 166
Rohland, Walther, 172, 186, 342, 357
Rokossovsky, marechal Konstantin, 208, 213, 223, 354
Roma, queda de (1944), 41
Rombach, 91
Romênia, 44, 91, 126, 132, 424
Rooks, major-general Lowell W., 438
Roosevelt, Franklin D., 30, 191, 293, 349, 364
Roterdã, 443
Röttiger, Hans, 423
Ruckdeschel, Ludwig, 377-8, 399-400
Rügen, 215, 219, 351
Ruhr, 85, 87, 110, 172, 174-5, 177, 186-7, 266,

281, 302-3, 338, 342, 349-50, 356-8, 368, 384, 443
Rundstedt, marechal de campo Gerd von, 53, 57, 88, 100, 168-9, 198, 312, 317
Rússia, 29, 36, 101, 129, 134, 190, 245, 321, 331, 395, 397, 419, 424; ver também União Soviética
RVKS (Reichsverteidigungskomissare, comissários de defesa do Reich), 68, 70, 80, 119-22, 134

SA (Sturmabteilung), 117, 375, 389-90
Saar, cinturão industrial do, 172, 176-7
Sachsenhausen, campo de concentração de, 384, 386, 388-9, 394
Saint-Vith, 196
Samland, 214, 219, 225-6, 241, 243, 245, 298, 353, 374
Sarre, 87, 90, 96, 111
Sauckel, Fritz, 114
Saur, Karl Otto, 70, 114, 170, 173, 178, 198, 343, 403, 409
Saxônia, 160, 222, 284, 350, 372, 432; Baixa, 179, 368
Schellenberg, SS-Brigadeführer Walter, 334-6
Schepmann, Wilhelm, 117
Schleswig-Holstein, 398, 403, 419, 423
Schneidemühl, 190, 263
Schorfheide, 202
Schörner, coronel-general (posteriormente marechal de campo) Ferdinand, 77, 79, 127, 245-6, 264-6, 307, 312-3, 358, 362, 403, 406, 411, 428-9, 432-3, 445; acusações de brutalidade, 433, 458; como comandante em chefe do Grupo de Exércitos A, 299, 411, 427; como comandante em chefe do Grupo de Exércitos C, 127, 263; julgamento e prisão na Alemanha, 245, 433; sobre desertores do Exército, 263; sobre o suicídio de Hitler, 406
Schulz, general Friedrich, 350, 358, 370
Schulze-Fielitz, Günther, 172
Schutzstaffel ver SS
Schwarze Korps, Das (jornal da SS), 253
Schweinfurt, fábricas de rolamento de esferas de, 342

Schwerin, 92, 287, 328, 398, 418, 425

Schwerin von Krosigk, Lutz Graf (ministro das Finanças), 287, 328, 398, 418

SD (*Sicherheitsdienst*; Serviço de Segurança), 43, 50, 56, 90, 103, 132, 151, 161, 233, 310, 323, 414, 417, 440

Seelow, colinas de, 355

Segundo Exército Panzer, 239

Segundo Front Bielorrusso, 208, 213, 354

Seldte, Franz, 418

serviços postais *ver* correios

Sétimo Exército, 167

Sexta Frota Aérea, 247

Sexto Exército, 126, 132

Sexto Exército Panzer-SS, 167, 193, 210, 300, 335

Seyß-Inquart, Arthur (comissário do Reich nos Países Baixos), 416, 420

Sibéria, 237, 308, 397, 407

Sicherheitsdienst ver SD

Siegen, 234

Silésia, 126, 135, 158, 207-8, 212, 222-3, 228-9, 231-2, 236, 258, 291, 299, 311, 414; cinturão industrial da, 131, 223, 338

Simon, Gustav (*Gauleiter* de Koblenz-Trier), 94

sistema judiciário/sistema legal, 251, 455; cortes marciais sumárias (*fliegendes Standgerichte*), 250, 269-70, 289, 309, 382, 452; na Alemanha pós-capitulação, 437; penitenciárias, 276-7, 384; *ver também* polícia/força policial

Smend, tenente-coronel Günther, 54-5

Smith, general Walter Bedell *ver* Bedell Smith, general Walter

Sobibor, campo de extermínio de, 158, 258

Solingen, 349, 369

"Solução Final", 47, 159, 417; *ver também* judeus

Spaatz, general Carl, 431

Speer, Albert, 34, 48-51, 64-5, 70-1, 93-4, 105, 107-9, 111-4, 122, 163, 170-8, 183, 198, 203, 223, 287, 291, 337-43, 356-7, 363, 374, 376, 393, 398, 403, 409, 418, 425, 437, 459-60, 463; Bormann e, 108; como arquiteto, 49; como ministro de Armamentos e da Produção de Guerra do Reich, 34, 48, 61, 69, 80, 107, 114, 169, 175, 210, 338, 342, 458; em defesa do Reich, 340; estratégia de fuga, 337, 393; Goebbels e, 49, 69, 105-9, 114, 183, 290, 339; Guderian e, 460; Hanke e, 376; Heinrici e, 363; Himmler e, 287; Hitler e, 64, 69, 108, 340, 343, 461; interrogatório/declarações no pós-guerra, 340, 460; menções de suposto assassinato de Hitler para Heinrici (abril de 1945), 363; Model e, 342; personalidade/aparência de, 49, 110, 169, 177, 203, 291, 340, 393; relacionamento com os *Gauleiter*, 341

Sprenger, Jakob (*Gauleiter* de Hessen-Nassau), 309

SS (Schutszstaffel), 47, 62, 91, 97, 99-101, 113, 115, 118, 190, 203, 220, 225-6, 251, 253-4, 256, 260, 263, 274, 278, 286-7, 312, 330, 336-7, 348, 358, 375, 377-81, 384, 388-90, 398, 401, 403, 417, 429, 436, 440, 453; Brigada de Construção de Ferrovias da, 180; em Varsóvia, 126; guardas da, 273, 385, 388-91; jovens recrutados para, 368; suicídios entre membros da, 413; transferências de homens da SS para a Wehrmacht, 362; Waffen-SS *ver* Waffen-SS; Wehrmacht e, 47

Stálin, Joseph, 128, 166, 191, 266, 293, 312, 332, 430, 443; *ver também* Exército Vermelho; Rússia; União Soviética

Stalingrado, batalha de (1942-3), 36, 48, 54, 73, 125-6, 251, 307

Standgerichte ver cortes marciais sumárias

Steiner, SS-*Obergruppenführer* Felix, 396, 409

Stettiner Haff, baía de, 219

Strölin, Karl (prefeito de Stuttgart), 380

Stuckart, Wilhelm, 65, 135, 260, 417, 437

Student, coronel-general Kurt, 301

Stumpff, coronel-general Hans-Jürgen, 431

Sturmabteilung ver SA

Stuttgart, 28, 151-2, 159, 233, 281, 324, 351-2, 380-1

Suábia, 292, 329, 370, 384, 399

submarinos, 83, 127, 173, 175, 184, 193, 224, 292, 314, 318, 374, 425

Sudetos, 222, 255, 299

Suécia, 44, 275, 334, 424; Estocolmo, 130, 333-4

Suíça, 44, 88, 189, 192, 275, 399, 421, 424

suicídios, 29, 34, 56, 78, 84, 90, 240, 256, 313, 321, 347, 358, 370, 372, 413-5, 459

superioridade aérea dos Aliados, 168

suprimentos de água e comida, 28, 95, 151, 160, 174, 180, 185, 201, 218, 226, 230-2, 234, 257, 272, 278, 287, 304, 324, 338-9, 346, 391, 401-2; em Berlim, 231, 324, 346, 373; nos Países Baixos, 421; pós-capitulação, 440

Susloparov, general Ivan, 430

tanques de guerra, 72, 83, 87, 89-90, 96, 99, 112, 119, 167, 173, 176, 194, 198, 207-8, 212, 214, 218, 228, 249, 301, 303, 308, 310, 330, 354-5, 357-8, 364, 369, 377, 415, 429

táticas terroristas: atividades da *Werwolf*, 330, 372, 375, 401, 426; crimes na fase final da guerra, 379-84, 453; uso de tortura, 115; *ver também* atrocidades nazistas

Tchecoslováquia (antiga), 222, 377, 411, 427; *ver também* Boêmia; Praga

Tedder, marechal do ar Arthur W., 431

Terceiro Exército Panzer, 59, 141, 207, 213, 298, 354, 406

Terceiro Front Bielorrusso, 208, 212

"terra arrasada", política de, 93, 146, 177, 339, 341-3, 363, 426

Thiele, Gerhard, 389

Thierack, Otto Georg, 269

Tiergarten (Berlim), 345

tifo, epidemia de, 385

Tilsit, 130, 143, 213, 215

Toca do Lobo (antigo quartel-general de Hitler), 213

Todt, Fritz, 49

Torgau, 395

totalitarismo, 31-2

trabalhadores estrangeiros, 27, 42, 49, 114, 116, 121, 134, 137, 160, 170, 174, 186, 251-2, 271-3, 383, 453; em Berlim, 270; números, 271; perseguidos/executados pela Gestapo, 270;

trabalho forçado, 135, 271; *ver também* mão de obra, oferta de

transportes, 28, 92, 110, 162, 170-2, 174-5, 179-80, 183, 186, 230, 234, 287, 338, 341; efeito dos bombardeios aliados sobre os, 110, 171, 176, 178, 338; ferrovias *ver* ferrovias

Tratado de Versailles (1919), 131, 191

Treblinka, campo de extermínio de, 158, 258

Tribunal Militar Internacional de Nuremberg (1945-6), 411

Trier, 86-7, 91, 93, 95-6, 111, 302, 308

trincheiras, 96, 119, 121, 123, 134, 136-9, 142, 156, 175, 179

TSV 1860 Munique (time), 29

Turíngia, 222, 350, 352, 377

Ucrânia, 124-5

União Soviética, 42, 127-8, 131-2, 155, 207, 221-2, 270-1, 318, 333, 349, 367, 409, 419, 434-5, 439, 443, 450; batalha de Stalingrado, 36, 48, 54, 73, 125-6, 251, 307; como poderio de ocupação, 439; prisioneiros alemães na, 126, 301, 428, 434; propaganda alemã contra os soviéticos, 131, 228, 268, 367, 414; proposta de Goebbels de paz apenas com, 128; sob Stálin, 128, 191, 293, 430; *ver também* Exército Vermelho; Rússia

V1, mísseis, 43, 91

V2, foguetes, 49, 190

Varsóvia, 125, 128, 130, 143, 180, 212, 214-5, 245, 282, 299, 424, 443; levante de (agosto de 1944), 126

Vestfália do Sul, 374

Viena, 76, 153, 256, 268, 300, 351, 353, 371-2, 424

Vietinghoff, coronel-general Heinrich von, 246, 315-6, 336, 421-3

Vístula, rio, 125, 130, 143, 207-8, 212-5, 238, 245, 279, 298, 351, 424

Vögler, Albert, 177

Völkischer Beobachter (jornal do Partido Nazista), 29, 149, 227, 229, 402

Volksgrenadier, divisões de (granadeiros do povo), 64, 93

Volkssturm (milícia local), 117-20, 123, 139-42, 147, 152, 173, 180-1, 184, 207, 220, 248, 256, 263, 302-3, 305, 307-10, 323, 325, 340, 352, 361, 365, 377, 379, 382-4, 388-9, 391, 455

von Below, Nicolaus, 205, 340

von Berlepsch, *Obersturmführer* Freiherr, 286

von Brauchitsch, Walther, 57

von Dohnanyi, Hans, 384

von Friedeburg, almirantel-general Hans-Georg (como chefe da Marinha alemã sob direção de Dönitz), 418, 431, 437; negociações de paz com Eisenhower, 427-9; negociações de paz com Montgomery, 423, 425; presente no momento da assinatura capitulação alemã (7-8 de maio de 1945), 430

von Kardorff, Ursula, 271

von Kluge, marechal de campo Hans Günther, 73, 84

von Manteuffel, general Hasso, 167

von Natzmer, tenente-general Oldwig, 428

von Neurath, Konstantin, 418

von Oven, Wilfred, 66, 184, 290

von Pückler-Burghaus, *Gruppenführer* Carl Graf von, 429

von Ribbentrop, Joachim *ver* Ribbentrop, Joachim von

von Richthofen, tenente Freiherr, 81

von Rundstedt, marechal de campo Gerd, 76, 99, 165, 209, 302

von Salisch, coronel Carl, 260

von Schirach, Baldur, 153

von Schweppenburg, marechal de campo Geyr, 53

von Schwerin, general Gerd Graf, 92

von Stauffenberg, conde Claus Schenk Graf, 54-6, 59, 61, 69, 71, 73, 80, 83, 211, 255, 317, 381, 405, 448, 450-1, 457-8

von Tippelskirch, general Kurt, 397

von Trotha, coronel Thilo, 265

von Vietinghoff-Scheel, coronel-general Heinrich, 315, 421

Wächtler, Fritz (*Gauleiter* de Bayreuth), 371-2, 377-8, 399

Waffen-ss, 47, 57, 63, 100, 102, 116, 118, 155, 157, 203, 255, 269, 301, 312, 350, 364, 368, 409, 439-40

Wagner, Richard: *Götterdämerung*, 28, 31, 353

Wahl, Kurt (*Gauleiter* da Suábia), 292, 329, 370-1

Wannsee, Conferência de (1942), 417

Warlimont, general Walter, 30

Warthe, rio, 135, 215, 351

"Wartheland" (centro de comunicações), 214, 222, 299

Wegener, Paul (*Gauleiter* de Weser-Ems), 417, 425, 428-9

Wehrmacht, 25, 27, 32, 41, 46, 227, 420; desnazificação (pós-capitulação), 440; estrutura de comando da, 208; fragmentação/colapso da, 27, 43; nazificação da, 72-9, 100; operações de defesa locais, 116; recrutamento para a, 47, 67, 99, 106, 116, 183, 289, 327, 410; reputação pós-capitulação, 440; suprimento de armas, 34; transferências de marinheiros e pilotos para a, 248, 313, 362, 410; *ver também* Exército alemão; *cada grupo do exército individualmente*

Weiglen, Karl, 382-3

Weimar, 75, 135, 350, 386, 390

Weiß, general Walter, 298

Wenck, general Walther, 240, 242, 396, 426

Werwolf (grupos guerrilheiros), 330-1, 372, 375, 401, 426

Wesel, 301, 303

Westwall (linha de fortificações), 91, 93-4, 99, 111, 120-1, 135, 166, 197

Wiesbaden, 308

Wilck, coronel Gerhard, 100

Wilhelm Gustloff (navio usado em cruzeiros turísticos), 224

Winter, tenente-general August, 249, 423

Wismar, 425

Wöhler, general Otto, 300

Wolff, ss-*Obergruppenführer* Karl, 203, 336-7, 343, 421

Worms, 302, 317

Wriezen, 355

Württemberg, 329, 352, 365, 380-1, 391

Würzburg, 25, 282, 284, 342, 364

Yalta, Conferência de *ver* Conferência de Yalta (1945)

Zeitzler, general Kurt (chefe do Estado-Maior), 54-5, 72

Zellingen, 382-3

Zhukov, marechal Georgi, 208, 214, 216, 222, 354-5, 409, 431

Zirkl, Joseph, 400

Zossen, 317, 355

Zurique, 336

ESTA OBRA FOI COMPOSTA PELA SPRESS EM DANTE E IMPRESSA EM OFSETE
PELA RR DONNELLEY SOBRE PAPEL PÓLEN SOFT DA SUZANO PAPEL E CELULOSE
PARA A EDITORA SCHWARCZ EM MAIO DE 2015